L'AMOUR D'UNE MÈRE

MADAME DE SÉVIGNÉ
ET SON TEMPS

FRANCES MOSSIKER

L'AMOUR D'UNE MÈRE

MADAME DE SÉVIGNÉ ET SON TEMPS

Traduit de l'anglais
par Christine de Montauzon
avec la collaboration d'Antoine Wyss

JULLIARD
8, rue Garancière
PARIS

Titre original :

*Madame de Sévigné
A life and Letters*

© 1983 by Frances Mossiker
© Julliard 1984 pour la traduction française

ISBN 2-260-00373-7

A la mémoire de ma mère, Evelyn Warrene Beekman Sanger, qui, par son charme exquis et son élégance raffinée, fut pour ceux qui l'entouraient une nouvelle Mme de Sévigné.

« Cette grande dame à l'écriture forte et riche eût sans doute été l'une des meilleures romancières de notre époque. Et dans l'esprit des lecteurs d'aujourd'hui, elle se détache plus nettement et revit plus intensément qu'aucun de ses contemporains qui s'estompent dans le flou d'une époque passée. »

Virginia Woolf.

CHRONOLOGIE

1669   Janvier : mariage de Mlle de Sévigné avec le comte de Grignan.
Novembre : la comtesse de Grignan fait une première fausse couche.

1670   Avril : départ du comte de Grignan pour la Provence.
Novembre : naissance de Marie-Blanche de Grignan.

1671   Février : départ de Mme de Grignan pour la Provence.
Mai : départ de Mme de Sévigné et de son fils, Charles, pour la Bretagne.
Novembre : naissance de Louis-Provence, marquis de Grignan.
Décembre : retour de Mme de Sévigné à Paris.

1672   Mort de Mme de La Trousse, tante de Mme de Sévigné.
Juillet : Mme de Sévigné rejoint sa fille en Provence.

1673   Deuxième fausse couche de Mme de Grignan.
Octobre : retour de Mme de Sévigné à Paris.

1674   Mme de Grignan rejoint Mme de Sévigné à Paris.
Septembre : naissance de Pauline de Grignan.

1675   Mai : départ de Mme de Grignan pour la Provence.
Septembre : départ de Mme de Sévigné pour la Bretagne.

1676   Mme de Sévigné a une crise de rhumatisme.
Naissance de Jean-Baptiste de Grignan, prématuré et difforme.
Marie-Blanche de Grignan est envoyée au couvent, à Aix-en-Provence.
Août : séjour à Vichy de Mme de Sévigné.
Septembre : retour à Paris de Mme de Sévigné.
Décembre : Mme de Grignan rejoint Mme de Sévigné à Paris.

1677   Mort de Jean-Baptiste de Grignan à l'âge de seize mois.
Juin : départ de Mme de Sévigné pour Vichy, via la Bourgogne.
Octobre : retour de Mme de Sévigné à Paris, location de l'hôtel Carnavalet.
Novembre : Mme de Grignan rejoint Mme de Sévigné à l'hôtel Carnavalet.

1679   Disgrâce du marquis de Pomponne.
Septembre : départ de Mme de Grignan pour la Provence.

1680   Mort du duc de La Rochefoucauld.
Mort de Fouquet.
Mai : départ de Mme de Sévigné pour la Bretagne.
Octobre : retour de Mme de Sévigné à Paris.
Décembre : Mme de Grignan rejoint Mme de Sévigné à Paris.

1684   Février : mariage de Charles de Sévigné avec Marguerite de Mauron, à Rennes.
Septembre : départ de Mme de Sévigné pour la Bretagne.

1685   Septembre : retour de Mme de Sévigné à Paris où elle retrouve sa fille.

1686   Mme de Grignan fait une troisième fausse couche.

1687   Août : mort de l'abbé de Coulanges, oncle de Mme de Sévigné.
Septembre : départ de Mme de Sévigné pour Bourbon-l'Archambault.
Octobre : retour à Paris de Mme de Sévigné.

1688   Octobre : retour de Mme de Grignan en Provence.

1689   Avril : départ de Mme de Sévigné pour la Bretagne.

1690   Octobre : départ de Mme de Sévigné pour la Provence où elle va rejoindre sa fille.

1691   Décembre : retour de Mme de Sévigné à Paris en compagnie de sa fille, son gendre et sa petite-fille, Pauline de Grignan.

1693   Mort du comte de Bussy-Rabutin.
Mort de la comtesse de La Fayette.

1694   Mars : départ de Mme de Grignan pour la Provence.
Mai : départ de Mme de Sévigné pour la Provence où elle rejoint sa fille.
Mort du marquis de Lavardin, ami de Mme de Sévigné.

1695   Janvier : mariage du petit-fils de Mme de Sévigné, le marquis de Grignan, avec Anne-Marguerite de Saint-Amans.
Juillet : maladie de Mme de Grignan.
Novembre : mariage de Pauline de Grignan à Louis, marquis de Simiane.

1696   17 avril : mort de Mme de Sévigné.

1704   Mort du marquis de Grignan.

1705   Mort de Mme de Grignan.

1713   Mort de Charles de Sévigné.

1714   Mort du comte de Grignan.

1715   Mort de Louis XIV.

1725   Première édition des *Lettres* de Mme de Sévigné.

1737   Mort de Pauline de Simiane.

PRÉFACE

Etant bilingue depuis ma plus tendre enfance et lisant aussi facilement le français que l'anglais, je devais naturellement rencontrer d'assez bonne heure Mme de Sévigné, ne fût-ce que dans des anthologies de morceaux littéraires, comme le font malheureusement la plupart des écoliers. Je dis bien « malheureusement », car les anthologies ne nous offrent que des extraits de lettres, coupés çà et là de leur contexte pour mieux montrer la virtuosité de conteuse et les prouesses linguistiques de l'écrivain. De tels joyaux, malgré tout leur éclat, ne peuvent que faiblement suggérer la richesse du trésor dans son ensemble. C'est la continuité (comme le dit Jean Cordelier dans son superbe ouvrage *Mme de Sévigné par elle-même*) qui est la dimension essentielle de ses *Lettres*. C'est l'intégralité de la correspondance qui nous livre la vie de Mme de Sévigné et l'évolution de sa personnalité et de son esprit tout au long des années. Le temps qui passe est dans ses *Lettres* un élément tout aussi fondamental que dans une pièce de Tchekhov. C'est la totalité de ces *Lettres* dans leur flot puissant et régulier, jour après jour, semaine après semaine, mois après mois, sur une période de vingt-cinq ans, qui est le « Sésame, ouvre-toi ! » du cœur et de l'âme de la femme brillante, passionnée et talentueuse qui les a écrites.

L'idéal était donc, me semble-t-il, de concilier l'auteur et son œuvre, de fusionner biographie et autobiographie, de faire raconter, dans la mesure du possible, l'histoire de sa propre vie par Mme de Sévigné elle-même ; de laisser son style incomparable mener la narration, ce qui est rarement possible à un biographe.

Il se peut qu'à l'origine j'aie été tentée de voir en Mme de Sévigné la figure de la Mère : j'ai grandi, comme

Mme de Grignan, dans l'ombre d'une mère éblouissante et fascinante et en ai ressenti le même malaise que la fille de la marquise de Sévigné. Dans les années 1960, alors que je préparais *l'Affaire des poisons*, j'ai pu me rendre compte du talent hors pair de Mme de Sévigné. Son récit du scandale qui avait bouleversé la cour de Louis XIV s'avéra une inestimable source de richesses pour mon travail : il ne me fallut faire qu'une traduction convenable de sa correspondance pour que celle-ci vînt embellir chacune des pages où elle apparaissait. Puis, plus récemment, lors des recherches intensives que j'entrepris pour cette biographie de Mme de Sévigné, j'eus l'occasion à maintes reprises de me sentir profondément proche de cette femme extraordinaire. Je me trouvais dans la situation curieuse d'être en train de relire et de traduire les *Lettres* de l'âge mûr alors que j'en approchais, moi aussi. Je communiais à ses appréhensions et à son désarroi devant la vieillesse qui nous guette. Je me trouvais en train de répéter ses propres mots — en est-il de meilleurs ? — qui disent son désir de voir une étincelle de foi illuminer tout ce qui, dans son esprit, n'est que sèche spéculation théologique. Et j'ai pu apprécier pleinement l'hygiène mentale implicite dans la résolution avec laquelle elle ne manque jamais de couper net à de sombres pensées... en passant à un autre sujet.

L'on peut considérer Mme de Sévigné comme le sujet le plus parfait qui soit pour une biographie : cette figure charmante, et fascinante dans sa complexité, tient sa place dans l'histoire comme dans la littérature : farouche érudite mais ardente terrienne, elle était tout ensemble une grande dame, un bas-bleu, une coquette, une femme aux mille facettes. Un biographe peut-il demander davantage ?

La biographe ici présente reconnaît sa dette envers les générations de sévignistes distingués qui ont édifié au cours des ans l'immense bibliographie où la marquise se trouve enchâssée, telle une relique : les nombreuses éditions de ses *Lettres,* les biographies complètes, les portraits, les analyses et les critiques innombrables. Il n'est pas un aspect de son existence qui n'ait été exploré en détail : de savantes études abondent sur sa généalogie, sa bibliothèque, ses croyances et sa vie religieuse, ses voyages, ses menus, sa garde-robe, les remèdes qu'elle prenait, ses affaires financières ou de cœur, ses animaux.

Sainte-Beuve, grand arbitre de la littérature française, se trompait fort lorsqu'il déclarait, au milieu du XIXe siècle, que tout avait été dit sur Mme de Sévigné. L'impact des *Lettres* de

Mme de Sévigné, comme c'est si souvent le cas pour les œuvres de génie, diffère d'un siècle à l'autre.

Ainsi l'avènement de l'ère freudienne jette une nouvelle lumière sur cette relation mère-fille. Aux yeux des féministes du xxᵉ siècle, Mme de Sévigné apparaît comme une suffragette avant l'heure, car elle proteste violemment contre le manque d'instruction qui est le lot des femmes de son temps et contre les lois qui privent ces mêmes femmes de leurs droits les plus évidents en les livrant à la merci de leurs père, frères ou mari.

1.

Mme de Sévigné pouvait se targuer, et le faisait avec un certain orgueil, de remonter par les hommes jusqu'à des ancêtres bourguignons des XIe et XIIe siècles — c'est-à-dire jusqu'à « la nuit des temps », terme à la mode chez les généalogistes officiels de la cour, qui décernaient les certificats d'ancienneté sans lesquels un gentilhomme n'était pas introduit auprès des coteries intimes de la cour de France. Les Rabutin s'étaient distingués au cours des Croisades, en servant sous la bannière des ducs de Bourgogne puis sous celle des rois de France, lorsque au XVe siècle ces derniers s'étaient adjoint le duché de Bourgogne. Les Rabutin étaient de vieille souche : ils appartenaient à la noblesse d'épée, caste guerrière chargée de défendre la patrie. Cinq siècles de chevalerie avaient montré que les Rabutin de Bourgogne étaient de fieffés batailleurs, pleins d'audace et se riant du danger, au propre et au figuré : Amé de Rabutin, une des figures de la famille au XVe siècle, s'était, dit-on, jeté au plus fort de la mêlée, la main au fourreau, d'un air si cocasse et avec des hurlements si grotesques qu'amis comme ennemis avaient éclaté de rire. Peut-être les Rabutin tenaient-ils de lui cette réputation qu'ils avaient d'être pleins d'esprit et d'humour. Ils possédaient un sens aigu de la repartie qui leur faisait décocher des traits railleurs que l'on nomma plus tard, à ce que nous en dit un dictionnaire du XVIIe siècle, des « rabutinages ». Génération après génération, les langues et les plumes des Rabutin brillèrent, aussi vives et aiguisées que leurs rapières — hommes aussi spirituels que vaillants, assemblage surprenant pour l'époque et même pour toute époque.

Toujours du côté des hommes, Mme de Sévigné pouvait se targuer d'avoir une sainte pour grand-mère ou plutôt une grand-mère qui allait devenir une sainte : sainte Jeanne de Chantal, que l'Eglise catholique du temps allait béatifier en 1751 et canoniser en 1767.

La baronne Jeanne de Chantal, restée veuve avec plusieurs jeunes enfants en 1600, mit dix ans à reconnaître sa vocation au sein de l'Eglise ; sur quoi elle prit le voile, abandonnant deux filles et son fils adolescent pour se donner entièrement à la fondation de l'ordre des Visitandines. Son fils, alors âgé de quinze ans, Celse Bénigne de Rabutin-Chantal, futur baron de Chantal, futur père de Mme de Sévigné, se jeta tout en pleurs en travers du seuil que devait franchir sa mère pour quitter le château. Mais si elle aimait tendrement son seul fils, elle aimait encore davantage l'œuvre à laquelle Dieu l'avait appelée, et indifférente aux cris du jeune homme, elle enjamba le corps prostré pour prendre la route d'Annecy et de son lac, merveilleux site qui allait devenir le siège de l'ordre et l'emplacement du premier des quelques centaines de couvents de la Visitation qu'elle allait fonder à travers toute la France.

Celse Bénigne fut placé sous la tutelle d'un oncle maternel, Bénigne Fremyot, président du parlement de Bourgogne, puis envoyé chez les jésuites de Dijon afin d'y parfaire son éducation.

En 1617, âgé de vingt ans, le baron de Chantal, héritier en titre de la branche aînée des Rabutin, se mit en route pour Paris et la cour du jeune Louis XIII, où il pouvait espérer se voir offrir un poste ou une « charge » honorables. Son père n'avait-il pas rendu de grands services à Henri IV, premier des Bourbons à régner et père de l'actuel monarque ? Et le jeune baron de Chantal n'était-il pas lui-même fait pour agrémenter les plaisirs d'une cour ? Grand, beau, valeureux, c'était un magnifique cavalier, aussi brillant à l'épée et à la danse que dans une conversation ; il était aussi à l'aise dans un salon que dans une salle de bal ou sur un champ de bataille ! Fine lame, joyeux luron, fougueux, intraitable et bien résolu à battre le record de son père, qui était de dix-huit duels. Les bruits qui couraient sur ses frasques parisiennes, ses duels de bravache et ses montagnes de dettes auraient dû finir par lasser une sainte, fût-elle sa mère. Cette dernière avançait d'un air quelque peu chagrin « qu'il était au fond un brave garçon, une bonne nature, que c'était la jeunesse qui bouillonnait en lui et était responsable de tous ses excès ». Elle priait pour que la maturité lui vînt avec le mariage — mariage avec une riche héritière, s'entend. Pour que lui advînt une telle bénédiction, sa mère fit plus que prier. Elle prit contact en vue d'un excellent

*Ce n'est pas Louis XV
que l'aient essayé*

mariage grenoblois. Tout allait selon ses vœux lorsque à l'horizon parisien, en 1623, pointa le nez d'une héritière encore bien mieux pourvue, qui avait nom Marie de Coulanges. Pour un Rabutin, épouser une Coulanges était une mésalliance, mais une escarcelle vide n'a plus le choix, et les Rabutin avaient vu fondre la fortune familiale dans les guerres de religion du siècle précédent, guerres de la Sainte Ligue menées par les catholiques français contre les protestants français ou huguenots.

Du côté des femmes, les ancêtres de Mme de Sévigné, les Coulanges, étaient beaucoup moins distingués et avaient infiniment moins de panache que les Rabutin. Ils étaient d'origine bourgeoise et « nouveaux riches » par-dessus le marché. Philippe de Coulanges, père de Marie de Coulanges et grand-père de Mme de Sévigné, avait amassé son immense fortune en tant que percepteur d'impôts pour une bonne partie de la France. Sous l'Ancien Régime à la lourde bureaucratie, la perception des impôts était confiée à un certain nombre d'individus. (L'injuste répartition de ces impôts peut être considérée comme l'une des causes fondamentales de la Révolution de 1789 : l'Eglise ne payait pas plus d'impôts que maintenant ; les nobles payaient de leur sang, en assumant la défense de la nation selon le pacte féodal, et les bourgeois se voyaient largement exemptés des impôts généraux. Le plus lourd des charges retombait donc sur la classe la moins apte à le supporter, les paysans. Comme le fit remarquer un contemporain, le démon en personne eût-il mijoté la chute de l'Ancien Régime qu'il n'eût rien inventé de mieux que ce système d'impôts.)

Philippe de Coulanges était l'exemple même de l'ascension sociale permise aux nouveaux riches dans cette France du xviie siècle : le premier échelon qu'il gravit sur l'échelle parisienne fut l'acquisition de l'une des trente-sept superbes demeures donnant sur la place Royale (rebaptisée place des Vosges après la Révolution, et toujours un des plus beaux endroits de Paris au xxe siècle), première place de la capitale à avoir été conçue et à s'être développée harmonieusement, dans un ensemble architectural de trente-sept façades rose pâle, et toutes identiques. La place Royale, en ce début du xviie siècle, était un lieu d'habitation que seuls pouvaient s'offrir un noble de haut rang ou un opulent financier... ce qu'était Philippe de Coulanges.

Le second échelon à gravir consistait à s'allier par mariage à la noblesse : la charmante fille de Philippe de Coulanges, la jeune Marie, simple, douce et jolie, fut fiancée en 1623 à Celse

Bénigne de Rabutin, baron de Chantal, ce cavalier brillant, au sang chaud et au sourire dédaigneusement aristocratique. Aux yeux des Rabutin, c'était là se mésallier et s'abaisser indignement ; pas un membre de la famille n'allait se commettre à signer le contrat de mariage, comme le voulait la coutume. Mais l'archevêque de Bourges, frère de sainte Jeanne de Chantal et oncle du marié, arrangea les choses en célébrant la cérémonie à Sucy, dans la ravissante maison de campagne des Coulanges, aux alentours de Paris. L'archevêque avait réglé les dettes de son neveu et lui avait garanti une rente légère. Les nouveaux mariés s'installèrent donc dans un luxueux appartement situé au-dessus de celui des Coulanges, dans la demeure de la place Royale, où bientôt les extravagances du baron dépassèrent tout ce que les Coulanges avaient pu imaginer.

Si les folles dépenses du baron — au jeu ou en d'autres prodigalités insensées — inquiétaient l'économe, le prudent et sobre de Coulanges, l'humeur belliqueuse du jeune homme et ses duels incessants, en dépit des récents interdits royaux, ne l'alarmaient pas moins. Se battre en duel était devenu une manie chez les nobles de cette époque qui pensaient être à eux-mêmes leur propre loi : ils avaient toujours en mémoire la souveraineté qu'ils avaient exercée sur leurs territoires ; ils étaient jaloux de leurs privilèges et se méfiaient terriblement de l'avidité du pouvoir royal. Ils rêvaient des temps anciens qui avaient vu la chevalerie à son apogée dans la gloire du combat singulier : un chevalier sans peur et sans reproche (comme Bayard) contre un autre chevalier sans peur et sans reproche, mettant un terme à la guerre sans recourir à l'aide d'aucune armée. Susceptibles, difficiles, l'honneur à fleur de peau, ils se ruaient au combat comme des rats à la curée. Le cardinal de Richelieu, tout-puissant Premier ministre de Louis XIII, en vint à considérer cette coutume comme un désastre national et l'interdit sous peine de mort.

Même cette menace ne put retenir le baron de Chantal en ce dimanche de Pâques 1624 : alors qu'il assistait à la messe aux côtés de sa femme et de sa famille, un message lui parvint de son ami le comte de Bouteville, le sommant de se rendre dans les plus brefs délais à la porte Saint-Antoine, afin de lui servir de second dans un duel contre le comte de Pontgibaut. Sans même prendre le temps de troquer ses mules de velours noir contre ses bottes, le baron de Chantal fila directement de l'église à son rendez-vous sanglant. Profaner le jour du Seigneur, et tout particulièrement, dans un duel interdit par édit royal, était un cas de lèse-majesté contre Dieu et contre le roi. L'affaire fut portée devant le parlement de Paris qui se prononça comme suit : les quatre participants au duel, les deux protagonistes et leurs seconds seraient dépouillés de leurs rangs et de leurs titres, verraient leurs biens confisqués par la couronne, leurs châteaux rasés et les douves comblées ; puis ayant été déclarés « ignobles », les quatre coupables seraient condamnés à la mort par pendaison sur la place publique, exécution à laquelle aucun noble ne pouvait accepter de se soumettre. C'était une dure sentence, aussi s'échappèrent-ils tous quatre — ou les laissa-t-on s'échapper — hors de Paris, pour aller se cacher en province y attendre le pardon royal.

La faveur royale dont le baron avait joui jusque-là, la sainteté des œuvres bienfaisantes de sa mère, l'intercession de son oncle l'archevêque de Bourges semblèrent adoucir la colère du roi. En tout cas, ce fut après quelques mois de retraite sur les terres bourguignonnes de sa sœur la comtesse de Toulongeon que le baron de Chantal jugea bon de rentrer à Paris afin d'y reprendre la vie conjugale.

Le premier enfant, un fils né en 1624, l'année du duel scandaleux, ne survécut pas à l'année de sa naissance. Une fille, née en 1625, mourut le jour même où elle vint au monde. Le 5 février 1625, naquit un troisième enfant, une fille, qui était, elle, d'une robuste constitution. Elle avait été dotée d'une heureuse nature et d'un brin de génie. Le 6 février, on la baptisa Marie de Rabutin-Chantal : c'était la future marquise de Sévigné, dernier fleuron — bien qu'aucun des phallocrates de la famille n'eût reconnu le fait — de la toujours superbe et bien souvent douée race des Rabutin.

Sa naissance sembla calmer son père. Et au printemps de cette même année, il s'en fut dûment rendre hommage à son souverain, à Fontainebleau, comme le remarqua son oncle l'archevêque : « Le voici maintenant père de famille, et par conséquent qui doit songer à la conduite. » Sa mère, encouragée par ces signes de changement, répondit à l'archevêque : « Dieu veuille affirmer mon fils en la nécessaire résolution qu'il a prise pour son salut et repos. »

Mais son fils n'allait pas échapper si facilement aux conséquences de ses folles années. Son impétueux ami, le comte de Bouteville, provoqua en duel le comte de Beuvron en plein midi, place Royale, par une belle journée de mai 1627. Cette fois-là, on ne les laissa pas s'échapper : de Bouteville et son second furent saisis, condamnés à mort et exécutés en place de Grève dans le mois qui suivit. Le baron de Chantal n'avait pas été activement impliqué dans l'affaire, mais de Bouteville avait trouvé refuge chez les Coulanges d'où il avait tenté de fuir à la faveur de la nuit. Le baron de Chantal réalisa alors qu'il ne pouvait plus compter sur les faveurs du roi. Le cardinal de Richelieu avait persuadé Louis XIII que Chantal était un fauteur de troubles, menaçant le régime parce que ami, non seulement de l'incorrigible Bouteville, mais aussi du subversif prince de Chalais, dont la tête était tombée sous la hache l'année précédente, car il avait trempé dans un complot contre le cardinal. Richelieu chatouilla la corde sensible du jeune roi, sa nature soupçonneuse, et lui remit en mémoire le caractère moqueur et sarcastique de Chantal, insinuant que le souverain lui-même n'était pas à l'abri de cette langue caustique.

Ayant vu passer deux de ses meilleurs amis dans l'au-delà, et son propre crédit à la cour sérieusement diminué, le baron de Chantal déclara que l'air de la capitale n'était plus très sain et s'embarqua pour l'île de Ré où il offrit les services de son épée à son ami, le marquis de Toiras, qui commandait cette petite île fortifiée dans la baie de Biscaye. Le roi Charles Ier d'Angleterre avait menacé d'intervenir en faveur des huguenots assiégés dans leur forteresse de La Rochelle. Pour faire lever le siège, la flotte anglaise devait prendre l'île de Ré, avant-poste de La Rochelle, aussi, le 22 juillet 1627, deux mille solides gaillards passèrent-ils à l'attaque. Le baron de Chantal, qui commandait l'un des quatre escadrons de nobles volontaires en garnison sur l'île, contribua grandement à repousser les Anglais par des prodiges de bravoure qui firent durer le combat six heures. Il eut trois chevaux tués sous lui avant de s'écrouler, succombant à des forces supérieures en nombre, le corps transpercé de vingt-sept coups de lance (le dernier, le coup mortel frappé de la main même d'Olivier Cromwell, à ce que dit la légende). Suivant en cela le code de l'honneur en vigueur, le commandant anglais retourna au commandant français le corps du galant baron afin qu'il fût enterré dans la chapelle de l'île. Mais auparavant l'on préleva le cœur de cet intrépide combattant, afin de le rapporter à sa veuve éplorée qui le fit déposer dans l'église des Minimes, place Royale, à Paris.

Sa fille, Marie de Rabutin-Chantal, à dix-huit mois, était trop jeune pour pleurer, trop jeune pour réaliser qu'elle avait perdu son père. Si toutefois elle le réalisa jamais. Dans les quelque quinze cents lettres qui nous restent d'elle, on ne trouve que quatre ou cinq brèves allusions à ce père. Une fois seulement, en passant, lors du cinquantième anniversaire de sa mort en 1671, ajoute-t-elle sous la date de sa lettre cette remarque évasive : « Aux Rochers, mercredi 22 juillet, jour de la Made-

leine, où fut tué, il y a quelques années, un père que j'avois »...
comme si elle lui en voulait de l'avoir si cavalièrement privée
de l'amour et de l'attention qu'un père doit à son enfant. Il y a
une théorie bien connue qui dit qu'un enfant réagit souvent
avec agressivité contre un père ou une mère dont la mort est
ressentie comme une désertion. Le manque de respect dont
Mme de Sévigné fait preuve ici en parlant de la mort de son
père sous-entend qu'à tenir moins du héros, il eût été bien plus
un père. (Elle appréciait cependant beaucoup son brio, car
ailleurs dans sa correspondance, elle cite et commente une
lettre de son père, pleine d'humour et d'originalité — une sorte
d'habile jeu de mots — et elle s'exclame : « Il avait du style,
mon père ! »)

Lorsque quelques-uns, parmi la multitude de ses biographes
à travers les siècles, suggèrent que Marie de Rabutin-Chantal,
orpheline de père, a souffert dans sa vie de l'absence d'une forte
influence masculine, c'est là oublier tous les hommes qui
marquèrent sa jeunesse : avant tout, son grand-père, Philippe
de Coulanges, le patriarche de la famille, qui assuma activement le rôle paternel, vivant sous le même toit que sa petite-
fille et suivant de très près tout ce qui la concernait. Il lui servit
de père et plus tard, lorsque la mère de l'enfant mourut, il
devint son tuteur légal. Philippe II, l'aîné des Coulanges, allait
succéder à son père en tant que tuteur, et le second des
Coulanges, Christophe, abbé de Livry, tiendrait dans le cœur et
la vie de sa nièce une place telle que peu d'oncles peuvent
jamais se vanter d'en avoir tenu. Les mâles dominaient la
maison de la place Royale : il n'y avait qu'une seule et unique
tante (Henriette, marquise de La Trousse) mais par contre un
régiment d'oncles qui raffolaient de leur nièce. Les trois
derniers des Coulanges étaient encore des adolescents et ne
pensaient pas perdre la face à jouer et plaisanter avec une nièce
de sept ans.

Si Marie de Rabutin-Chantal était trop jeune pour avoir
réellement souffert de la mort de son père, elle ne l'était pas, en
1633, à l'âge de sept ans, pour que la mort soudaine de sa jeune
mère ne la marquât point profondément. Sa volumineuse
correspondance n'y fait aucune allusion, mais la frénésie
désespérée avec laquelle elle s'accrochera à sa fille des années
plus tard est probablement une réaction à ce terrible sentiment
d'abandon qui bouleversa son enfance.

Heureusement, dans son malheur, deux solides piliers de son
univers lui restaient : son grand-père et sa grand-mère mater-
nels, du côté Coulanges. Cette famille très unie entoura chaude-

ment la « pauvre petite orpheline », comme l'appelait sa
grand-mère. Elle eut la chance de grandir dans l'atmosphère
aimante, vivante et luxueuse qu'offrait la demeure de la place
Royale : elle n'eut pas à changer de décor et put poursuivre son
existence sous le même toit, dans l'appartement même qu'elle
avait partagé avec sa mère, servie par les mêmes domestiques
(dont Anne Gohory, femme de chambre de sa mère, qui allait
passer le reste de ses jours aux côtés de l'enfant de sa première
maîtresse).

Si quelque chose put distraire l'esprit de la petite fille de la
mort de sa mère, ce fut — le jour même des funérailles — la
naissance de son premier cousin, Philippe-Emmanuel de Coulanges, fils aîné de Philippe II de Coulanges et de sa femme,
Marie d'Ormesson. La petite fille de sept ans restait penchée
des heures sur le berceau — un bébé vivant, c'était tellement
mieux qu'une poupée ! — et elle se l'appropria bientôt comme
son enfant à elle ! Ce fut là le début d'une affection qui ne
finirait qu'avec la mort. Il l'avait aimée dès qu'il avait ouvert
les yeux... une habitude difficile à perdre, lui faisait-elle
remarquer des années plus tard.

Il l'appelait son adorable gouvernante et elle l'appelait son
« petit Coulanges ». Ils allaient correspondre durant toute leur
vie, chaque fois qu'ils seraient séparés (beaucoup de ces lettres
ont, hélas, été perdues).

Avant que Marie ait eu le temps de se remettre de la perte de
sa mère, elle dut en assumer une autre : la disparition de sa
grand-mère de Coulanges, en 1634, suivie, deux ans plus tard,
de celle de son grand-père. En 1636, à l'âge de dix ans, elle avait
perdu les quatre personnes qui lui étaient les plus proches :
père, mère, grand-mère, grand-père. L'un après l'autre, tous
ceux qu'elle avait chéris l'avaient abandonnée. Il se peut
qu'ait pesé sur elle toute sa vie la menace de perdre des êtres
aimés. Et si son amour pour sa fille apparaît comme terrible,
anormal, obsessionnel et morbide, peut-être faut-il en chercher
la cause dans la triste expérience qu'elle fit de la mort dans son
enfance. Etre séparée de sa fille, ne fût-ce que pour une courte
période, revêtait pour Mme de Sévigné l'aspect d'une petite
mort.

La disparition du patriarche provoqua la convocation d'un
conseil de famille qui devait confier la tutelle de l'enfant,
quatre fois orpheline, à un nouveau tuteur. Un peu plus d'une
douzaine de représentants de la famille, côtés maternel et
paternel, se retrouvèrent en janvier 1637 à la cour du Châtelet à
Paris, devant un magistrat. Ils se disputèrent âprement la

garde de la personne et de la fortune de la petite fille. Son cousin, Léonor de Rabutin-Chantal (chef de la branche cadette de la famille, lieutenant général du roi en Bourgogne, dans le Nivernais), pensant plus à l'héritière qu'à l'orpheline, projetait de marier la petite fille de dix ans à son fils et héritier de dix-huit ans, Roger de Rabutin — le jeune âge de Marie n'étant, à cette époque, en rien un obstacle au mariage — et pour cela, il demandait avec insistance que sa sœur, la comtesse de Toulongeon, se vît confier la garde de sa nièce et la surveillance de ses biens : il savait qu'avec la comtesse, le mariage se ferait sans difficulté ; mais cette dernière, en proposant de prendre sa nièce en charge — quoi de plus normal, disait-elle, que de confier à une tante l'éducation de sa nièce ? —, pouvait fort bien avoir sa petite idée derrière la tête : peut-être espérait-elle pouvoir plus tard mettre sa nièce au couvent et s'approprier sa fortune afin d'augmenter la dot de sa propre fille ?

En tout cas, la cabale des Rabutin était près de l'emporter — le côté paternel ayant là plus de droits que le côté maternel — lorsque l'archevêque de Bourges appuya de son influence les Coulanges, soutenant Philippe II pour qu'il succédât à son père comme tuteur et que son épouse servît de mère à l'orpheline — ce qu'elle faisait déjà depuis une année ou deux. L'archevêque déclara que l'enfant ne pouvait se trouver en de meilleures mains que celles qui s'étaient occupées d'elle depuis sa naissance. Il semble que la grand-mère paternelle de l'enfant, Jeanne de Chantal, ait donné son accord, car des lettres de l'archevêque montrent qu'il avait consulté sa sœur (il n'aurait jamais osé aller contre sa volonté en cette matière) : il la trouvait « si bien nourrie et si parfaitement gouvernée... », lui écrivait-il un jour, qu'il ne souhaitait pas qu'elle changeât d'éducation.

Le magistrat qui présidait le conseil de famille accepta et confia la tutelle de l'enfant mineure au côté maternel de la famille, à Philippe II de Coulanges et à sa femme Marie — née d'Ormesson, une des familles de parlementaires parisiens les plus distinguées. La petite orpheline allait vivre heureuse au sein de la famille de sa mère, dans la maison de la place Royale, dans la grande et belle propriété de Sucy-en-Brie, entourée d'affection par ses oncles et tantes, ses petits cousins et compagnons de jeux comme son bien-aimé Philippe-Emmanuel et ses deux sœurs, ou les trois enfants de la tante Henriette de Coulanges (qui, ayant fait un mariage noble, était devenue marquise de La Trousse). « Ma belle jeunesse », dirait plus tard Marie de Rabutin-Chantal. Et repensant de nouveau à cette

période de sa vie : « Jamais il ne fut une jeunesse si riante »...
et cela malgré le chagrin d'avoir perdu ses parents et ses
grands-parents à l'âge de dix ans. Elle jouissait apparemment
d'une indépendance que peu de fillettes de son temps connaissaient, « toute liberté de faire ce qu'elle voulait », comme le
constatait avec inquiétude sa grand-mère de Chantal. Peut-être
son grand-père, qui l'adorait, l'avait-il quelque peu gâtée ; et
pourtant « il la gouvernait si doucement qu'il en faisait tout
ce qu'il voulait » disait à sa sœur l'archevêque de Bourges.
La mère supérieure du couvent de la Visitation à Paris
ne pouvait que confirmer l'opinion de l'archevêque. Sainte
Jeanne de Chantal allait donc écrire plus tard : « Il est fort
certain qu'elle ne pouvait pas être mieux élevée qu'elle l'est,
grâce à Dieu. » La grand-mère n'était pas sans apprécier les
solides vertus bourgeoises des Coulanges. L'enfant avait sûrement hérité de son père le sang des Rabutin, et bien assez de
leurs extravagances aristocratiques, de leurs faiblesses et de
leurs préjugés élitistes. Il fallait considérer comme une bénédiction qu'aient été inculqués à l'enfant, dès son plus jeune âge,
un solide sens bourgeois de l'équilibre, sinon de l'épargne, ainsi
qu'une forte dose de bon sens. La sobriété, la décence et la
moralité de la vie des Coulanges témoignaient de tout cela. Ils
ne vivaient pas au-dessus de leurs moyens, et pourtant vivaient
bien — exemple que Mme de Sévigné n'était pas prête à
oublier. L'immoralité à la cour, sous le règne de Louis XIV —
règne sous lequel Mme de Sévigné allait vivre sa vie d'adulte
—, était célèbre. Le souvenir des solides vertus domestiques
qui gouvernaient la maison maternelle allait protéger Mme de
Sévigné sa vie durant.

On peut se demander si elle réalisa jamais combien, en 1637,
elle avait échappé de peu au couvent. Si sainte Jeanne de
Chantal, à ce moment-là, avait souhaité le couvent pour sa
petite-fille, il est peu probable que le conseil de famille s'y fût
opposé. Ce fut probablement à nouveau l'archevêque de Bourges qui la sauva : il dut démontrer à sa sœur que cette enfant
indépendante, vive, pleine d'esprit et remarquablement intelligente ne montrait manifestement aucune disposition pour la
vie religieuse. Car si elle pouvait être sérieuse et capable d'une
attention soutenue, elle pouvait aussi être franchement frivole
et adorait s'amuser. Si on l'avait sacrifiée et enfermée bon gré,
mal gré, au couvent de la Visitation d'Annecy, elle aurait dû
accepter sa destinée, il y aurait eu une sœur Quelque Chose,
mais pas de marquise de Sévigné, pas de fille bien-aimée à qui
écrire des monceaux de lettres, trésor littéraire qui fait les

délices du monde entier depuis trois siècles. Elle n'eût rien
laissé à la postérité.

2.

Marie de Rabutin-Chantal allait recevoir l'éducation d'une
dame de qualité — et même davantage : leçons de chant, de
danse, d'équitation, de déclamation, de latin, d'espagnol, et
d'italien... l'italien étant la langue à la mode en France à cette
époque, tout comme le français serait la langue à la mode un
peu plus tard en Angleterre, en Russie et dans la plus grande
partie de l'Europe et des Etats-Unis. Marie de Rabutin-Chantal
pouvait lire les classiques latins dans la langue (avec peut-être
un peu d'aide) ou en traduction italienne ; elle lisait aussi dans
le texte les grandes œuvres de la littérature italienne et
espagnole. Ses connaissances en littérature française, sacrée et
profane, étaient immenses ; car à cette période encore précarté-
sienne, on mettait l'accent sur la littérature bien plus que sur
les sciences. Elle fut stimulée dans son amour des livres par
d'excellents précepteurs mais surtout par son oncle, l'archevêque, grand bibliophile, dont la riche bibliothèque lui était
ouverte, place Royale, dans sa demeure proche de celle des
Coulanges. Elle allait être plus cultivée que la plupart des
femmes de son temps, à quelques exceptions près ; parmi ces
dernières, il y aurait trois de ses amies : la très intelligente
comtesse de La Fayette, Mlle de Scudéry, la romancière, et
Mme de Maintenon, dernière maîtresse et épouse morganatique de Louis XIV. Mme de Sévigné devait se montrer pleine de
reconnaissance encore des années plus tard envers les « grands
maîtres » qui lui avaient formé l'esprit : il s'agissait de Jean
Chapelain et Gilles Ménage, hommes de lettres réputés dans la
capitale. Chapelain était le conseiller littéraire du cardinal de
Richelieu et membre influent de la prestigieuse Académie
française qui se forma en 1635 sous l'égide du cardinal. Quant à
l'abbé Ménage, c'était la coqueluche des salons littéraires de
l'époque, et de plus un critique, grammairien et étymologiste
de renom. Qu'ils aient été, comme le voudraient certains

biographes, ses professeurs ou bien qu'ils n'aient joué le rôle que de conseillers pédagogiques, choisissant lesdits professeurs et suggérant le programme d'études (comme le prétendent d'autres biographes), toujours est-il que lorsqu'elle fit ses débuts dans la société parisienne, à l'âge de seize ou dix-sept ans, ils se considéraient comme ses amis. Les lettres qu'elle leur écrivit sont celles d'une amie et disciple, mais ne révèlent rien de plus. (Nous ne possédons que très peu de chose en ce qui concerne les années précédant le début de sa fameuse correspondance avec sa fille, qui est la source de tout ce que nous connaissons sur sa vie. Pour ce qui est de sa jeunesse, ses biographes, à part quelques bribes d'informations glanées çà et là, ont dû recourir à des documents officiels : archives d'églises, de la cour et de la ville pour les certificats de naissance et de décès, les contrats de mariage, testaments et autres sortes de papiers légaux ; et aussi les archives de famille : lettres, journaux et autres témoignages, tels que les livres de comptes très bien tenus de Marie de Coulanges, la correspondance personnelle et officielle de sainte Jeanne de Chantal ou les pages de poésie d'Emmanuel de Coulanges.)

Plusieurs biographes pensent que l'abbé Ménage était amoureux de sa charmante et intelligente élève. Mais plusieurs autres pensent aussi qu'aucun homme de son entourage ne lui résistait, pas plus ses jeunes oncles, éblouis par l'adolescente, que son tuteur lui-même, pourtant plus âgé, mais pareillement séduit par la jeune fille. N'était-elle pas — à en croire un de ses plus ardents admirateurs et biographes — la femme pour laquelle le mot « charme » eût été inventé, s'il ne s'était déjà trouvé dans le dictionnaire ?

« Hélas ! ai-je été jamais si jolie qu'elle ? » s'interrogeait-elle dans une lettre à sa fille, en réponse à une lettre dans laquelle la beauté de sa petite-fille, Pauline de Grignan, était comparée à celle de sa grand-mère. Et à cette question toute rhétorique, elle répondait par ces mots : « On dit que je l'étais beaucoup. » Mme de La Guette, voisine des Coulanges durant l'été à Sucy, écrivit dans ses Mémoires que « Mlle de Chantal... était une beauté à attirer tous les cœurs. Elle a été depuis Mme la marquise de Sévigné que tout le monde connaît par le brillant de son esprit et par son enjouement ».

Dans le journal d'un ami de la famille, Olivier d'Ormesson (beau-frère de Philippe II de Coulanges), nous avons un autre aperçu de Marie de Rabutin-Chantal à la fleur de l'âge, à dix-huit ans, en 1644, « plus belle qu'un ange », en train de faire la quête dans l'église des Frères Minimes, en présence de la reine mère Anne d'Autriche, veuve de Louis XIII et régente durant la minorité de son fils de seize ans, Louis XIV.

Après cette fugitive vision, nous perdons toute trace de Marie de Rabutin-Chantal jusqu'aux demandes en mariage. Ces dernières peu étonnantes, car l'héritière, une beauté, avait atteint l'âge avancé de seize, dix-sept ou dix-huit ans. (On se mariait, au XVIIᵉ siècle, beaucoup plus jeune que cela : la fille de sainte Jeanne de Chantal n'avait-elle pas été unie à l'âge de onze ans au frère de saint François de Sales ?) Le nom de Marie de Rabutin-Chantal sonnait noblement à l'oreille, mais les Coulanges ne s'étaient pas réellement élevés socialement malgré leur fortune croissante et une série de mariages huppés. Cependant, même ainsi, la dot de Marie de Rabutin-Chantal étant considérable, de nombreux soupirants se présentèrent qui furent éconduits pour une raison ou pour une autre. Roger de Rabutin, cousin de la jeune fille, fut très probablement l'un d'entre eux. De huit ans son aîné et déjà connu dans les milieux militaires, il allait raconter plus tard, dans sa scandaleuse *Histoire amoureuse des Gaules,* que son père aurait vu d'un œil favorable un mariage avec cette cousine si bien dotée, mais que lui-même ne s'y était pas prêté parce qu'il la trouvait un brin trop coquette à son goût ; et il terminait malicieusement : « Je la trouvais la plus jolie fille du monde pour être femme d'un autre. » Il faut, bien sûr, rappeler que lorsque Roger de Rabutin écrivait ces lignes, il était alors en froid avec sa cousine — froid d'ailleurs très éphémère, car ils étaient trop solidement liés par leur mutuelle estime pour le sang des Rabutin. Roger se mariera en 1643 avec une autre cousine, Gabrielle de Toulongeon, une autre petite-fille de sainte Jeanne de Chantal.

Marie allait se marier l'année suivante, en 1644 : l'époux qu'on lui avait choisi était Henri, marquis de Sévigné, de vieille noblesse bretonne. Le fait que les jeunes gens fussent tous deux physiquement fort beaux n'était pour rien dans l'affaire, car le goût des futurs époux comptait rarement dans cette France de l'Ancien Régime. Concluaient le mariage, principalement, les membres masculins des deux familles concernées, et seuls étaient pris en considération les avantages financiers, sociaux et parfois politiques de l'alliance. En l'occurrence, les deux fiancés étaient de bonne souche : les Sévigné de Bretagne étant de lignage tout aussi ancien et illustre que les Rabutin de Bourgogne. Si la fiancée apportait une dot considérable, le fiancé pouvait se targuer de posséder des hectares et des hectares de terres qui s'étendaient en long, en large et en travers de cette province de l'Ouest que bordait l'océan. Il était bien évident que ces propriétés et leurs châteaux étaient pour la plupart grevés de dettes, car ils n'avaient pas suffi à entretenir des châtelains qui menaient grand train. Les Sévigné n'étaient d'ailleurs pas une exception, bien au contraire, c'était là le lot commun de cette grande noblesse du xviie et du xviiie siècle. Le jeune Sévigné n'avait ni troupes, ni poste, ni charge à la cour de Louis XIII, mais il avait des relations importantes dans le clergé et à la cour, car les Sévigné étaient apparentés aux célèbres et puissantes familles des Retz et des Gondi.

Dans l'ensemble, on ne pouvait dire que ce jeune noble provincial, qui ne s'était encore distingué nulle part, fût un parti brillant pour notre héritière parisienne. Marie de Rabutin-Chantal, elle, n'avait pas objecté : peut-être même trouvait-elle le jeune homme attirant et cette union désirable. Olivier d'Ormesson, bon ami et conseiller légal de la famille, qui aida à rédiger le fort compliqué contrat de mariage, note dans son journal que le jeune Sévigné « est beau cavalier et bien fait, et paraît avoir de l'esprit ».

C'était aussi probablement une nature impétueuse et prête à dégainer pour la moindre broutille. La cérémonie nuptiale dut être retardée à la dernière minute, car la veille du mariage, le fiancé avait reçu une blessure au cours d'un duel, qui le laissa immobilisé plusieurs mois. Le mariage fut finalement célébré le 3 août 1644, de très bonne heure le matin, ce qui était curieusement la coutume dans la haute société parisienne de cette époque. C'est le journal de d'Ormesson qui nous rapporte la seule image que nous ayons de la jeune mariée au lendemain de la cérémonie : et ce n'était point une jeune épousée rougissante aux yeux baissés que notre marquise de Sévigné, fort élégante, allongée comme le voulait aussi la coutume sur une couche d'apparat savamment drapée à cet effet, et recevant allégrement le flot de visiteurs venus la féliciter. « L'après-disnée je fus voir Mme de Sévigné qui était fort gaie ; elle avait été mariée à deux heures après minuit à Saint-Gervais par M. L'Evesque de Châlons. » L'oncle de la mariée avait célébré la cérémonie, mais l'oncle du marié, coadjuteur de l'archevêque de Paris, et futur cardinal de Retz, avait béni les époux. Ces derniers allèrent passer leur lune de miel en Bretagne, au château des Rochers, résidence principale des Sévigné depuis 1485, couronné de nombreuses tours et situé sur un des domaines boisés que possédait la famille à une lieue et demie de Vitré. A une Parisienne née et élevée dans la capitale, cette cité médiévale fortifiée dut paraître affreusement minuscule et sinistre.

Durant les années qui suivirent, le couple passa son temps entre la Bretagne et Paris où leur premier enfant naquit en 1646 : c'était une fille, Françoise-Marguerite de Sévigné, que sa mère allait rapidement chérir comme la prunelle de ses yeux et qui, plus tard, ferait le tourment et les délices de cette même mère dans une relation mère-fille d'une infinie complexité. C'est encore au journal de d'Ormesson et non aux lettres de Mme de Sévigné que nous devons quelques détails sur cette naissance : « Le soir Mme de Sévigné accoucha heureusement, écrivait d'Ormesson le 10 octobre 1646,... où ma mère et ma femme furent, n'ayant personne auprès d'elle » — personne, en tout cas, capable de jamais couper ce cordon ombilical.

Deux années plus tard, un second enfant naquit de cette union : un fils, Charles de Sévigné, qui aurait dû en tout état de cause devenir le préféré de Mme de Sévigné. Mais l'affection profonde qu'il lui montra toute sa vie, pas plus que ses attentions assidues auprès d'elle, ne purent distraire sa mère de l'amour obsessionnel qu'elle portait à sa fille. Charles, qui fut le fidèle et charmant compagnon de sa mère toute son existence, ne put jamais réellement trouver le chemin de son cœur tant sa sœur y tenait une place importante.

Charles était né au château des Rochers où son père s'était retiré en 1648, non seulement pour surveiller ses terres bretonnes, mais pour y vivre sans trop de frais du produit de ses vassaux et essayer ainsi de combler le déficit financier que les dépenses inconsidérées de son dernier séjour parisien avaient causé.

Ni le mariage ni la paternité ne purent détourner le marquis de sa vie de joyeux débauché follement dépensier et entamant les biens de sa femme aussi bien que les siens propres. Devant ce ruineux train de vie, les oncles de sa femme, Philippe II de Coulanges et Christophe, abbé de Coulanges, insistèrent pour que fût instituée une séparation légale des biens des deux époux, afin, tout simplement, d'empêcher le mari de ruiner plus avant sa femme.

Mme de Sévigné n'avait pas été très surprise de découvrir que son mari était une fine lame et un fougueux bretteur, car c'était là le fait de tout jeune noble français de l'époque ; mais elle avait certainement cruellement souffert de s'apercevoir que c'était un roué et un noceur qui la trompait sans vergogne. Ayant laissé sa femme et son fils nouveau-né dans les brumes et les landes bretonnes, il eut, avec la fameuse courtisane Ninon de Lenclos, une liaison qui défraya la chronique.

Ninon était, non seulement de son vivant, mais aussi fort jeune, passée dans la légende, car à l'âge de trente ans, elle était déjà célèbre pour son intelligence et bien d'autres talents encore. (Le bruit courait que le cardinal de Richelieu lui avait offert une somme énorme pour qu'elle devînt sa maîtresse et que Ninon avait décliné cette offre en déclarant que s'il lui avait plu, la somme eût été exorbitante, mais comme il ne lui plaisait pas, la somme était alors largement insuffisante.) Fille d'un petit gentilhomme de Touraine, Ninon était une femme sensuelle, dotée d'un corps magnifique et d'un esprit solide, libre penseuse en matière de religion et de sexe, en révolte contre la tyrannie maritale du xviie siècle ; cette féministe française d'avant-garde avait bien failli se retrouver par édit royal entre les quatre murs d'un couvent. (Tout au long de son règne, Louis XIV la surveilla sans relâche : il s'enquérait régulièrement auprès de ses informateurs de ce que manigançait encore cette téméraire avocate des droits de la femme.) Son salon était devenu l'un des plus distingués de France, fréquenté par de célèbres figures littéraires, des nobles de haut rang et des dignitaires de la cour. (Mme de Sévigné aurait peut-être pu s'entendre avec Ninon si cette dernière n'avait chassé sur ses terres.) Le défilé constant et régulier de ses amants était réglé par ses soins : elle les prenait et les rejetait selon son bon plaisir.

Pouvoir jouir des faveurs de cette dame faisait éclater d'orgueil le marquis de Sévigné qui se vanta ouvertement de sa bonne fortune devant le cousin de sa femme, Roger de Rabutin (alors comte de Bussy-Rabutin, le titre et les biens de son père lui étant revenus après la mort de ce dernier en 1644).

Alors qu'il lui décrivait une voluptueuse nuit d'amour, Henri de Sévigné avoua à son cousin qu'il l'avait passée avec Ninon et non avec sa femme ! A quoi Bussy répliqua, du moins si nous en croyons sa truculente *Histoire amoureuse des Gaules* : « Tant pis pour vous, lui dis-je, ma cousine vaut mille fois mieux, et je suis assuré que, si elle n'était pas votre femme, elle serait votre maîtresse. »

Sur quoi Bussy s'empressa de rapporter toute la conversation à Mme de Sévigné, qui était venue rejoindre son galant mari dans la capitale. Bussy venait de perdre sa femme et se comportait comme le chevalier servant de sa cousine dont il était tombé amoureux fou. Lui rappelant que la jalousie est un puissant aphrodisiaque, ce dangereux conseiller lui suggéra de prendre un amant et se proposa carrément pour la chose.

« Si vous le faites revenir par là, dit Bussy, je vous aime assez pour recommencer mon premier personnage de votre agent auprès de lui, et me faire sacrifier encore pour vous rendre heureuse ; et s'il faut qu'il vous échappe, aimez-moi, ma cousine, et je vous aiderai à vous venger de lui en vous aimant toute ma vie. »

Elle repoussa cette offre galante en répliquant assez froidement : « Tout beau, monsieur le comte, me dit-elle, je ne suis si fâchée que vous le pensez. » Bussy, avec une vanité masculine évidente, attribua cette rebuffade à la « frigidité de sa nature ».

Du dialogue avec Bussy pris *in extenso*, il paraît clair que la marquise de Sévigné s'était transformée en une femme du monde sophistiquée ; de ce grand monde aux manières élégantes, mais moralement pourri qui sévissait dans ce Paris du xviie siècle. Elle avait acquis une réputation de frivolité, de gaieté forcée et quelque peu excessive, et surtout d'un certain manque de retenue. Sa conversation, d'après son cousin, le comte de Bussy, était plutôt piquante et savoureuse. « Pour une femme de qualité, déclarait Bussy (il était fort en colère et dépité lorsqu'il écrivait ces lignes), son caractère est un peu trop badin. » Le médisant Tallemant des Réaux déplorait également chez elle des excès langagiers : « Elle est brusque et ne peut se tenir de dire ce qu'elle croit poli, quoique assez souvent ce soient des choses un peu gaillardes, même si elle affecte et trouve moyen de les faire venir à propos. » Pas trace de la pruderie (« frigidité ») que lui attribuait Bussy dans sa conversation ; ce dernier la peint transportée — émotive et peut-être instable —, transportée par l'excitation du flot verbal et de la riposte : « La chaleur de la plaisanterie l'emporte et, en cet état, elle reçoit avec joie tout ce qu'on lui veut dire de libre, pourvu qu'il soit enveloppé ! »

Si, à cette époque, elle fit parler d'elle, ce fut probablement parce que, embarrassée par les infidélités flagrantes de son mari, elle encouragea de manière un peu trop vive les avances des galants qui se pressaient autour d'elle, comme si elle avait voulu prouver à la face du monde et à elle-même que, malgré les frasques de son époux, elle ne manquait pas de séduction féminine.

Henri n'échappa point, lui non plus, au venin de la plume de Tallemant qui, dans une de ses *Historiettes* — ramassis de potins calomnieux sur les personnalités parisiennes —, refusait au marquis le titre d' « honnête homme ». Un honnête homme, au sens où l'entendait le XVIIe siècle, signifiait, bien sûr, un homme intègre, mais surtout un homme d'honneur, de courage et de culture, bref le gentilhomme idéal. Mais lorsqu'on parlait d'une « honnête femme », l'on signifiait une femme chaste, vertueuse, à l'honneur intact — honnête : qualificatif dont use ce même colporteur de ragots de Tallemant dans sa description de la marquise.

La _Gazette_ de Loret, qui était écrite en vers exécrables, consacra son texte du 18 juillet 1650 au récit d'une soirée aux chandelles fort tapageuse, offerte par le marquis (et sans doute aussi la marquise) de Sévigné, dans un cabaret parisien : ce n'aurait été que décolletés, flots de vin, chansons à boire et vaisselle brisée.

La réputation de Mme de Sévigné ne pouvait qu'être ternie par la promiscuité des compagnons de débauche de son mari et par de fréquents scandales publics. Elle se vit bientôt, avec la comtesse de Fiesque et Mme de Montglas, deux amies de réputation douteuse, interdire la porte du prince d'Harcourt. Ces trois jeunes femmes brillantes, pleines d'esprit et coquettes, étaient soupçonnées par le prince d'être trop agitées et donc des compagnes peu souhaitables pour son écervelée de femme (qu'il ferait enfermer plus tard au château de Montreuil pour l'éloigner plus complètement de toute corruption). Se voir refuser l'accès à l'hôtel d'Harcourt, qui était la demeure parisienne du prince, était une insulte que Mme de Sévigné ne pouvait prendre à la légère.

Elle n'était sûrement pas non plus ravie d'être reléguée par son époux au fin fond d'une province, en ces mois d'automne brumeux de l'année 1650. Le marquis avait déposé sa femme et ses deux jeunes enfants (comme c'était son habitude, disaient les mauvaises langues parisiennes) sur ses terres de Bretagne, et était revenu seul au plus vite à Paris. Des affaires à régler, un procès avec sa belle-mère, avaient servi de prétexte à son retour vers la Bretagne, mais ce fut une affaire de cœur qui le ramena précipitamment vers la capitale. Peut-être Ninon de Lenclos lui avait-elle signifié son congé, ou avait-elle été éclipsée par une nouvelle étoile, une drôlesse éhontée du nom de Mme de Gondran, appelée plus communément la belle Lolo, et dont Sévigné s'était triomphalement assuré les faveurs à la barbe de tous les galants de la cour.

Si l'on se demande comment il se fait qu'une femme assez indépendante de caractère et possédant sa propre fortune ait encore une fois accepté cet affront sans mot dire, l'on doit se souvenir que la juridiction du mariage au XVIIe siècle ne lui laissait pas le choix : la femme était soumise à son mari qui était alors le maître et le chef de famille, comme le père ou le frère l'avaient été avant le mariage. Un mari, un père ou un frère pouvaient, sur un motif valable, requérir du monarque une lettre de cachet, ordre royal tout à fait arbitraire d'emprisonnement, de mise au couvent ou d'exil, qui était utilisée contre une épouse, une fille ou une sœur récalcitrante ou insoumise. Un mari pouvait aussi faire tout simplement enfermer sa femme dans quelque château éloigné, ce qui fut le cas de la pauvre princesse d'Harcourt, séquestrée à Montreuil.

Sa liaison avec la belle Lolo allait coûter au marquis de Sévigné, non seulement sa fortune, mais aussi sa vie. En février 1651, le chevalier d'Albret, un « fort joli garçon qui tuait très bien son monde », réclama l'exclusivité des faveurs de la dame en portant la dispute au champ d'honneur (le mot « honneur » étant quelque peu inapproprié ici, en relation avec la courtisane objet du duel !). Touché au cœur, le marquis de Sévigné mourut à l'âge de vingt-huit ans le matin suivant, le 5 février 1651, jour anniversaire des vingt-cinq ans de sa femme.

Parmi les mille lettres et plus que Mme de Sévigné nous a laissées, il n'y en a qu'une qui fasse référence aux fredaines amoureuses de son mari, et cette lettre concerne non pas la belle Lolo mais Ninon de Lenclos, son égale socialement et intellectuellement, que Mme de Sévigné considérait comme une adversaire valable. Ninon, qu'elle blâme pour son influence désastreuse sur la vie de son mari — tout en évitant adroitement, ce qui est fort intéressant, de prononcer le mot « mari ». C'est en parlant de la liaison de son fils Charles avec cette même dame en 1671 — exactement vingt années plus tard — qu'elle parle de Ninon, et écrit que Charles était « sous les lois de Ninon », qui avait « gâté son père ». Et là encore, elle évite soigneusement le mot « mari ».

La nouvelle de la mort du marquis mit certainement plusieurs jours avant de parvenir à sa veuve et à ses enfants dans la lointaine Bretagne : il n'y avait que deux courriers par semaine à parcourir les quatre cents kilomètres environ qui séparaient Vitré de Paris. A moins que sa tante, la marquise de La Trousse, qui était veuve, ou son oncle, l'abbé de Coulanges, n'aient fait eux-mêmes ce voyage de cinq ou six jours pour annoncer en personne la triste nouvelle à leur nièce.

Mme de Sévigné resta plusieurs mois en Bretagne, peut-être à cause de son deuil, peut-être tout simplement pour attendre que Paris oublie le scandale associé à la mort du marquis ; peut-être aussi pour surveiller les nombreux domaines bretons et trouver une solution à tous les problèmes juridiques que le marquis laissait en mourant, peut-être pour essayer de remettre un peu d'ordre dans le chaos créé par cette vie de dissipation et sauver les biens — assez écornés — qui revenaient à ses enfants du côté de leur père.

Elle n'eut pas loin à chercher pour trouver un conseiller en matière financière : au sein même de la famille se tenait son rocher de Gibraltar, son oncle, l'abbé de Coulanges, homme d'Eglise plus versé dans la finance que dans les affaires ecclésiastiques et plus attentif à ses livres de comptes qu'à son bréviaire.

Il était son « Bien Bon », son très cher ange gardien ! « Il m'a tirée, écrira-t-elle des années plus tard, de l'abîme où j'étais à la mort de M. de Sévigné. » C'est à son Bien Bon qu'elle allait devoir sa sécurité financière et donc la possibilité qu'elle aurait de suivre son inclination pour une vie intellectuelle et sociale intense. L'Abbé avait mis autant d'application à restaurer sa fortune que le marquis avait pu en mettre à la dévaster.

Comme elle le fit remarquer, c'était aussi à ce cher oncle que ses amis devaient cette gaieté, cet humour pétillant et contagieux qu'ils appréciaient si fort chez elle.

Lorsque Mme de Sévigné, accompagnée de sa fillette de cinq ans et de son fils de trois ans, rentra à Paris à la fin de l'hiver 1651, elle était remontée, du moins en partie, « des abîmes » où elle avait été plongée, disait-elle, par le choc que lui avait causé la mort soudaine, mélodramatique et quelque peu scandaleuse de son mari au début du printemps.

Pleura-t-elle cet époux qui l'avait publiquement insultée en racontant à la ronde qu'elle « eût été très agréable pour un autre, mais que pour lui, elle ne lui pouvait plaire » ? Pleura-t-elle un homme qui l'avait ouvertement humiliée et avait délibérément étalé ses infidélités en gaspillant non seulement ses biens mais aussi ceux de sa femme ? (« Je suis malheureuse en maris », écrirait-elle en 1671.)

Selon Loret et sa populaire gazette en vers, *la Muse historique*, elle pleura abondamment : « Sévigné, jeune, veuve et belle / Comme une chaste tourterelle. / Ayant, d'un cœur triste et marri, / Lamenté Monsieur son mari. » D'un autre côté, le cousin de la tourterelle, le sémillant et galant comte de Bussy, à nouveau sur les rangs de ses admirateurs, dément cela en écrivant (dans son *Histoire amoureuse des Gaules*) que, tandis que la veuve « parut inconsolable de sa mort ; les sujets qu'elle avait de le haïr étant connus de tout le monde, on crut que sa douleur n'était que grimace ».

L'état émotionnel de la veuve fut un sujet de controverse parmi les amis et relations du couple. Valentin Conrart attire l'attention sur le fait qu'elle aimait son mari, même si elle ne pouvait avoir de l'estime pour lui — tandis que de son côté à lui, c'était exactement l'inverse. Tallemant des Réaux insiste fort sur la sincérité et la profondeur du chagrin de la veuve, racontant, comme preuve de ses dires, l'histoire de sa tragique rencontre, lors d'un bal en 1653, avec le chevalier d'Albret qui avait embroché le marquis deux ans plus tôt : d'après Tallemant, Mme de Sévigné s'évanouit presque à la vue du sinistre personnage (qui allait lui-même périr par l'épée en 1671).

Pour connaître sa propre version des sentiments qu'elle éprouva à la disparition de son mari, il nous faut nous tourner vers une allusion indirecte mais révélatrice, allusion à son veuvage qu'elle fit une trentaine d'années plus tard : dans sa correspondance avec Bussy, en 1687, elle se laisse entraîner par inadvertance à parler des années les plus importantes de sa vie. Une ou deux seulement lui paraissent dignes d'être retenues :

> *Je n'avais retenu de dates que l'année de ma naissance et celle de mon mariage, mais sans augmenter le nombre, je m'en vais oublier celle où je suis née, qui m'attriste et qui m'accable, et je mettrai à la place celle de mon veuvage, qui a été assez douce et assez heureuse, sans éclat et sans distinction*

Ce fut, semble-t-elle dire, l'accalmie qui suit la tempête ; une pause tranquille après la débâcle de cette union, un intermède où elle trouva réconfort auprès de ses proches, de ses deux jeunes enfants, de sa toute dévouée tante Henriette de La Trousse, de son oncle adoré, l'abbé de Coulanges... une pause qui lui permit de retrouver un équilibre, de se reprendre, de regagner confiance en elle et en son pouvoir de séduction ?... car elle n'était plus tournée en dérision par son mari, n'était plus la victime de ses scandales, n'était plus à sa botte, mais bien au contraire en pleine possession d'elle-même et de son avenir, maîtresse de son sort, de son corps et de son âme, de son cœur et de son esprit, libre enfin ! — privilège rarissime pour une femme de l'époque — libre de vivre comme elle l'entendait.

3.

Paris reçut Mme de Sévigné à bras ouverts, dans un concert de madrigaux. Emergeant de sa chrysalide de deuil, ce papillon éminemment sociable prit son essor d'une aile brillante vers la capitale où elle vint se poser à l'automne de 1651.

Ce sont les poètes qu'il nous faut remercier du peu que nous savons de sa vie dans les années qui suivirent immédiatement la mort de son mari. Ce sont les poètes qui, par leurs œuvres imprimées ou manuscrites, annoncent sa fuite hors de la province, les poètes qui chantent son retour au sein du tourbillon parisien, qui chantent sa grâce et sa beauté, son charme inouï et la fascination puissante qu'elle exerçait sur son entourage.

Il est en tout cas certain qu'elle était à Paris le 1er novembre 1651 : la gazette de Loret *(la Muse historique)* publiée ce jour-là annonce son arrivée : « Est de retour de la campagne / Et malgré ses sombres atours / Qui semblent ternir ses beaux jours, / Viennent augmenter dans nos ruelles / L'agréable nombre des belles. » Voici que nous arrive Mme de Sévigné, « Bel ange en deuil que m'êtes apparue... », pour citer ici les vers de Paul Scarron (ce poète de second ordre marié à une épouse de premier ordre qui, sous le nom de Mme de Maintenon, atteindra le pinacle de la gloire et partagera le lit — sinon le trône — du plus grand des Bourbons).

Célèbre pour sa verve et sa beauté, la jeune veuve du marquis de Sévigné fut bientôt la coqueluche du Tout-Paris, brillant au firmament de la capitale comme la plus scintillante des étoiles, recherchée et courtisée au plus haut point.

Les poètes rivalisaient pour lui rendre hommage en la couvrant de compliments : l'abbé Ménage, dédiant un recueil de vers *(Miscellanea)* en 1652 à sa disciple chérie, s'adresse à elle comme à « Des ouvrages du Ciel le plus parfait ouvrage, / Ornement de la Cour, merveille de notre âge / Aimable Sévigné dont les charmes puissants / Captivent la raison et maîtrisent les sens... ». Elle était en passe de devenir un objet de culte, une déesse de l'Amour, invoquée par les poètes, courtisée par les nobles de haut lignage — les ducs, les princes, les maréchaux de France. L'abbé Ménage, dans un autre de ses ouvrages, publié en 1668, s'agenouille devant elle comme devant le « Digne objet de mes vœux, à qui tous les mortels/Partout à mon exemple élèvent les autels... ». Dans un recueil de poèmes édité par Sercy en 1653, Michel de Montreuil rend hommage à Mme de Sévigné en la comparant à Vénus, et Marigny y célèbre « l'adorable et belle marquise, plus belle mille fois qu'un satin blanc tout neuf ». Un quatrain de Beauchâteau en 1657 la supplie de voiler ses charmes et d'atténuer les éclairs éblouissants de son esprit : « Pour nous faire rendre les armes, Votre extrême beauté suffit. » Saint-Gabriel l'appelle « une Ange en terre, la gloire du Monde », tandis que Jean Segrais dans ses *Diverses Poésies* publiées en 1657 inclut trois lettres où il met en vers l'adoration qu'elle lui inspire.

Tout concourt à montrer qu'aux environs de 1650, Mme de Sévigné trônait majestueusement sur la scène parisienne. Vingt ans plus tard, on parlait encore (comme Mme de La Guette dans ses *Mémoires*) de Mme de Sévigné « que tout le monde connaît par le brillant de son esprit et par son enjouement ». Vers 1664, la réputation de son extraordinaire personnalité avait même atteint les murs du couvent de la Visitation, rue Saint-Antoine, à Paris. Mère Agnès Arnauld, qui s'y était retirée, se refusa le plaisir d'une visite de Mme de Sévigné : « J'aurai beaucoup perdu du fruit de ma solitude », écrivait-elle : mère Agnès savait bien qu' « une seule personne qui lui ressemble tient lieu d'une grande compagnie ».

Avec les poètes, les écrivains en prose saluèrent aussi Mme de Sévigné : elle servit de sujet à de nombreux portraits, une fantaisie littéraire de l'époque, lancée par Madeleine de Scudéry, la romancière la plus populaire du moment. La marquise de Sévigné est dépeinte sous les traits d'un personnage important dans le volume III de la romance en dix volumes de Mlle de Scudéry, *Clélie*, qui fut publiée entre 1654 et 1660 et eut un énorme succès. C'était un roman à clef où les contemporains en vue, travestis sous des déguisements historiques, étaient très facilement identifiables par les familiers des hautes sphères sociales. Mme de Sévigné y apparaissait sous le nom de princesse Clarinte, à « l'air si libre, l'action si naturelle, et le port si noble qu'on connoit, dès le premier instant qu'on la voit, qu'il faut qu'elle soit de haute naissance... » Son physique y est décrit en détail avec des louanges qui n'en finissent plus : « Elle est blonde... les yeux bleus et pleins de feu... pour les lèvres, elle les a de la plus belle couleur du monde. » Bref, « on ne peut la voir sans l'aimer ! » Mais de tous les dons que ses contemporains louaient chez Mme de Sévigné, le plus apprécié était certainement son art de la conversation. Sa conversation était, d'après Mlle de Scudéry, « aisée, divertissante et naturelle. Elle parle juste, elle parle bien » (sa maîtrise de la langue française était quasi magique, comme le laisse deviner sa correspondance : le choix des mots y est exquis, précis, inspiré, bien supérieur à ce que l'on trouvait chez la plupart des grandes dames du royaume). La culture de Mme de Sévigné était si vaste et ce, en plusieurs langues, qu'elle était certainement capable de s'entretenir avec les plus érudits comme avec les plus frivoles habitués des salons parisiens à la mode. Ayant rendu hommage à la voix de Mme de Sévigné lorsqu'elle chantait (principalement quand elle chantait certaines chansons italiennes qui lui plaisaient plus que celles de son pays parce qu'elles étaient plus passionnées), Mlle de Scudéry reporte son attention sur la voix parlée qui était « douce, juste et charmante ». Enfin la romancière prolixe souligne le fait que Mme de Sévigné « écrit comme elle parle, c'est-à-dire le plus agréablement et le plus galamment qu'il est possible... ». Les admirateurs de Mme de Sévigné, qui ne la connaissent qu'à travers ses écrits, pourraient paraphraser Mlle de Scudéry en affirmant que Mme de Sévigné parlait sûrement comme elle écrivait — c'est-à-dire divinement ! — et que sa conversation devait être aussi merveilleuse que ses lettres.

De tous les portraits littéraires de la charmante marquise, c'est celui que traça la plume sèchement analytique et parfaitement aiguisée de la comtesse de La Fayette qui a le plus de poids : l'intuition qui la guide jaillit d'une amitié profonde, durable et sans nuages. En plus de leurs goûts communs — leur fréquentation assidue des cercles cultivés, leur rôle comme arbitres des élégances dans la capitale —, les deux jeunes femmes étaient liées de plus près encore par un lien de parenté, si ténu fût-il. La mère de la comtesse avait épousé en secondes noces Renaud de Sévigné, oncle de feu Henri de Sévigné. Dans son portrait de Mme de Sévigné, la comtesse de La Fayette, qui signe « Une Inconnue », étale son dédain pour le ton bassement flatteur des portraitistes en général :

> *Je ne veux point vous en accabler, ni m'amuser à vous dire que votre taille est admirable, que votre teint a une beauté et une fleur qui assurent que vous n'avez que vingt ans ; que votre bouche, vos dents et vos cheveux sont incomparables ; je ne veux point vous dire toutes ces choses,*

*votre miroir vous le dit assez : mais, comme vous ne vous
amusez pas à lui parler, il ne peut vous dire combien vous
êtes aimable quand vous parlez, et c'est ce que je veux vous
apprendre. Sçachez donc, Madame, si par hazard vous ne le
sçavez pas, que votre esprit pare et embellit si fort votre
personne, qu'il n'y en a point sur la terre de si charmante,
lorsque vous êtes animée dans une conversation dont la
contrainte est bannie. Tout ce que vous dites a un tel
charme, et vous sied si bien, que vos paroles attirent les ris
et les graces autour de vous ; et le brillant de votre esprit
donne un si grand éclat à votre teint et à vos yeux, que,
quoiqu'il semble que l'esprit ne dût toucher que les oreilles,
il est pourtant certain que le vôtre éblouit les yeux, et que,
quand on vous écoute, on ne voit plus qu'il manque quelque
chose à la régularité de vos traits, et l'on vous cède la beauté
du monde la plus achevée... Votre présence augmente les
divertissemen, et les divertissemen augmentent votre beauté,
lorsqu'ils vous environnent.*

Mme de La Fayette montre clairement que la vie en société
était — du moins à ce moment-là — l'élément dans lequel
baignait avec ravissement Mme de Sévigné. Elle brossait des
épigrammes et des bons mots avec une telle profusion que ceux
qui l'entouraient en partageaient la gloire, se flattant d'avoir
quelque peu contribué à ces feux d'artifice. Ses mots d'esprit
étaient cités et imprimés dans des recueils comme les *Ména-
giana* de Ménage ou les *Historiettes* de Tallemant. Impossible
de s'ennuyer en sa compagnie, s'écriait Bussy dans un de ses
bons moments. Rien d'étonnant à ce qu'elle fût si populaire et
extrêmement recherchée par les uns et les autres ! La reine
Christine de Suède, de passage à Paris en 1657 après son
abdication, demanda que la fameuse marquise de Sévigné se
joignît aux dames qui devaient lui être présentées au château
de Fontainebleau ; elle déclara plus tard avoir succombé,
comme tout un chacun, au charme et à l'intelligence de la
marquise.

En plus de ce célèbre portrait par la comtesse de La Fayette,
il en existe un non moins célèbre par le comte de Bussy. Le
premier est dû à la meilleure amie de la marquise. Le second à
son cousin. Percevoir cette personnalité à travers des yeux si
proches d'elle — et tous deux par surcroît d'excellents écrivains, malgré le dédain tout aristocratique de Bussy pour la
profession — est ce qui nous rapproche le plus d'une rencontre
en chair et en os avec la marquise de Sévigné.

Pour faire le portrait de sa cousine, le comte de Bussy avait trempé sa plume dans l'acide (pour des motifs que nous éclaircirons bientôt!) ; même ainsi sa peinture semble plus fidèle que les conventionnels et sirupeux panégyriques habituels. Avec une arrière-pensée malicieuse, il fait remarquer les imperfections : des yeux vairons, « elle les a de différente couleur » (l'un bleu, l'autre vert !) ; le nez et la mâchoire carrés. Il lui accorde « la jambe bien faite » (mais « la gorge, les bras, et les mains » sont « mal taillés » et « elle a la taille belle » mais « sans avoir bon air » !).

Tout ce cercle parisien d'aristocrates distingués au sein duquel Mme de Sévigné rayonnait si intensément, dansait et banquetait dans de superbes hôtels particuliers et dans les palais de notables comme le prince de Condé (premier prince du sang) et de Mlle de Montpensier, cousine germaine du jeune roi Louis XIV, plus connue sous le nom superbe de la Grande Mademoiselle et qui résidait au palais du Luxembourg. Mais c'est surtout à l'hôtel de Rambouillet, résidence parisienne de la marquise de Rambouillet, que l'on pense si l'on évoque le lieu de rendez-vous à la mode de cette élite sociale et intellectuelle qui allait donner à la France son ton, son style et sa renommée mondiale pour les générations montantes. Grâce à ce milieu aristocratique, brillant, élégant et cultivé, le code français de la courtoisie, ses bonnes manières, son « urbanité » (l'un des mots les plus utilisés parmi ceux qui avaient vu le jour sous les plafonds de l'hôtel de Rambouillet), l'amabilité raffinée de cette société française allaient devenir un modèle pour le monde entier.

Toujours grâce à ce même groupe de Rambouillet, le français allait devenir la langue internationale, celle de la diplomatie. Les poètes, les dramaturges, les grammairiens et les étymologistes fréquentaient le salon de Mme de Rambouillet, mais c'est à l'hôtesse elle-même — secondée par Mme de Sévigné, Mme de La Fayette et Mlle de Scudéry — que l'on doit en grande partie la pureté, la finesse et le vernis de la langue de cette époque. Le langage — tout comme les manières — était fruste, négligé et grossier dans les antichambres de la cour du roi Henri IV. Ce fut pour réagir contre ce laisser-aller que Mme de Rambouillet ouvrit son salon, le premier et le plus célèbre dans l'histoire de la France : un salon, aimait-elle à préciser, pas une académie, où l'on pouvait se divertir aussi bien que s'instruire au milieu de jeunes beautés rivalisant d'esprit avec de lettrés savants ; et puis, surtout, de grands seigneurs, certains pairs du royaume, qui, pour la première fois dans l'histoire de ce pays, daignaient se mêler aux hommes de lettres. Si sérieux que fût le sujet de la discussion — philosophie, religion, histoire, théâtre — Mme de Rambouillet faisait en sorte qu'il fût traité légèrement. Point de longs discours mais une conversation toujours enjouée et pourtant cultivée. Dans ce petit cercle, la conversation était devenue tout un art... et Mme de Sévigné y était l'une des plus brillantes personnalités.

Il n'est donc pas surprenant que lorsque, enfin, en 1671, elle prit la plume et se mit à écrire, elle se révéla une véritable virtuose linguistique. Comme tous les fidèles de l'hôtel de Rambouillet, son idylle avec le langage remontait à fort loin. A l'instar de ses compagnons, elle jouait avec les mots comme d'autres jouent aux fléchettes, aux cartes ou aux dés. On débattait sans fin sur la définition ou l'origine d'un mot. On se mit à élaguer délibérément le vocabulaire de ses aspects grossiers, gauches et démodés, à simplifier l'orthographe, à éliminer les termes vulgaires, à restructurer la phrase, à établir des règles de grammaire. Il ne fait aucun doute que l'hôtel de Rambouillet contribua de manière significative à la précision et à la beauté de la langue française, la menant à son point d'ultime perfection afin qu'elle pût servir de véhicule idéal à la conversation.

L'hôtel de Rambouillet fut inévitablement tourné en ridicule pour sa préciosité, sa prétention, ses discours et sentiments excessifs, ses affectations, son hypersensibilité. Ce fut Molière qui fit, avec ses *Précieuses ridicules*, la satire la plus poussée de ce grand salon. *Les Précieuses ridicules* passent encore la rampe aujourd'hui, comme la plupart des comédies de mœurs de Molière, mais il semble qu'en ce xxe siècle, le point de vue de l'auteur soit maintenant légèrement démodé. Jean Cordelier, dont l'excellent livre *Mme de Sévigné par elle-même* fut publié en 1970, considère que

> *... la préciosité en elle-même n'était nullement un excès, rien qu'une réaction de défense contre la rudesse des mœurs et du langage, plus profondément une réaction des femmes contre la servitude à elles imposée par les lois, les règles, les usages, les coutumes, servitude qui faisait de leur vie entière un esclavage plus ou moins doré... On pourrait dire que la préciosité, c'est la révolte des femmes qui, insatisfaites de leur vie conjugale — et quelle que soit la nature de leur insatisfaction — cherchent à s'en évader, quelles que soient les directions vers lesquelles s'oriente leur volonté — ou leurs velléités — d'évasion. Mme de Sévigné, mariée non pas contre son gré mais assurément mal mariée, ne pouvait*

*qu'applaudir aux revendications des précieuses en faveur de
la libération de la femme et contre la « grossièreté » des
hommes.*

4.

Mme de Sévigné, n'ayant aucun désir de retomber sous le
joug conjugal de la soumission et de l'humiliation tel qu'elle
l'avait connu, se faisait allégrement une place dans la capitale,
fêtée et adulée au plus haut point. Elle avait, d'après son cousin
Bussy, un net penchant pour les plaisirs ; elle était une
charmante veuve joyeuse que suivait dans son sillage un flot
d'amoureux transis et d'amants éconduits. Elle invita sa tante,
veuve elle aussi, la marquise de La Trousse, à lui servir de
chaperon.

Encore heureux que Mme de La Trousse ait été là le jour où le
duc de Rohan-Chabot et le marquis de Tonquedec faillirent
s'entre-tuer dans la ruelle[1] de Mme de Sévigné. Les deux
gentilshommes allaient se battre pour une affaire de pré-
séance : le marquis refusait obstinément de laisser au duc, plus
titré que lui, la chaise qu'il occupait au chevet de la dame. La
jalousie les dévorait : « Ils étaient tous deux amoureux de la
marquise de Sévigné », écrit Valentin Conrart dans ses *Mémoires* où il consacre une page ou deux à l'incident, incident
d'autant plus scandaleux qu'il eut lieu environ un an après la
mort du marquis de Sévigné. Mme de Sévigné promit d'interdire sa porte à Tonquedec mais le duc de Rohan revint la
semaine suivante pour trouver à nouveau l'insolent personnage
en la place. Cette fois, il y eut des éclats de voix, des insultes et
on tira l'épée ; Mme de La Trousse poussa des cris d'orfraie,
« Mme de Sévigné cria plusieurs fois à Tonquedec qu'il s'en
allât et le duc de Rohan le poussa dehors. » Chacun menaçait
de lancer un défi à l'autre. Le duc d'Orléans, frère du roi,
intervint pour empêcher qu'on versât le sang. « Tout le monde

---

1. Alcôve entourant le lit sur lequel une Parisienne à la mode recevait ses
visiteurs.

et principalement toutes les dames blâmèrent fort le procédé du duc de Rohan à l'égard de la marquise de Sévigné », écrit Conrart. Mais *la Muse historique* de Loret (du 23 juin 1652) mentionna la querelle dans la ruelle, et les cancans parisiens allèrent bon train, faisant sans nul doute du tort à une jeune veuve soucieuse de sa réputation.

Des galants aux noms illustres et aux fortunes démesurées se pressaient à sa porte. Le souvenir d'une romance allait sans doute la poursuivre toute sa vie. Il s'agit de sa relation avec le comte de Lude (futur duc de Lude et grand maître de l'artillerie). Que les intentions de ce dernier aient été honorables ou non, il semble au comte de Bussy que notre belle marquise ait eu un grand faible pour lui, qu'il fut « celui pour qui elle eut le plus d'inclination, quelque plaisanterie qu'elle ait voulu en faire ». Bussy attribuait le succès de Lude auprès des dames à ce qu'il était « discret » et avait « de grands talents pour l'amour ». Malheureusement « il ne les aime pas longtemps... Mme de Sévigné est une de celles pour qui il a eu de l'amour ; mais sa passion finissant lorsque cette belle commençait d'y répondre (toujours dans l'esprit de Bussy), ces contretemps l'ont sauvée ». Quoi qu'il ait pu se passer entre eux dans les années 1650, elle allait, en 1680, se rendre trois fois au château de Saint-Germain, où il reposait, gravement malade, pour avoir de ses nouvelles... C'est l'aveu que, assez embarrassée, elle fit à sa fille, qui la taquinait toujours au sujet du duc. Et en 1690, alors qu'elle faisait route vers la Provence en venant de Bretagne, elle fit un détour considérable jusqu'au château de Lude — pour venir y prier sur la tombe du duc.

La ruelle de Mme de Sévigné n'étant sans doute pas suffisamment encombrée par les deux bravaches jaloux, les médisances indiquent l'existence d'un troisième galant aux manières plus civilisées, le jeune Jacques de Marigny, qui lui faisait sa cour en vers. En 1653, il lui écrivit un madrigal, où il l'appelait « Philis ».

Le tendre abbé Ménage n'écrivit pas de madrigal à Philis, mais sa correspondance avec Mme de Sévigné à cette époque montre qu'il ne la quittait guère, languissant après elle, guettant son moindre caprice et boudant à l'idée d'être négligé (« la tigresse au cœur d'acier », lui lançait-il en vers). La différence d'âge entre eux — il était de huit ans son aîné — n'était pas aussi importante que la différence de leur statut social : elle, une dame de qualité et de grande fortune ; lui, empêtré dans sa soutane et bataillant pour se tailler une petite place au panthéon des lettres. Il partageait ses galanteries entre les deux « bas-bleus », se vantant « d'avoir adoré Mme de La Fayette en vers et Mme de Sévigné en prose ».

Bussy lui-même s'était mis sur les rangs pour obtenir les faveurs de sa cousine, à son retour de la campagne de Catalogne en 1654, où il s'était distingué avec son régiment, aux côtés du prince de Conti (frère cadet du prince de Condé, lui-même chef de la branche collatérale des Bourbons). Bussy, veuf, s'était remarié en 1649, mais il n'était pas du genre à ronger son frein sous le joug conjugal. Il prétend, dans ses *Mémoires*, que — « Cependant, comme j'étais son plus proche parent du côté le plus honorable » — il avait été le tout premier à courtiser la jeune femme lors de son retour à Paris en 1651, et qu'il avait tacitement accepté de jouer l'éternel soupirant. Comme il la voyait chaque jour et se délectait de sa compagnie, il « ne fut pas fâché de demeurer sur ce pied-là auprès d'elle... ». Mme de Sévigné semblait, elle aussi, satisfaite, disait-il, « tant que je n'aimai point ailleurs ». Mais lorsque sa liaison avec Mme de Montglas devint publique, les choses changèrent.

Mme de Sévigné voulait à la fois avoir le drap (maintenir intacte sa réputation) et l'argent (garder Bussy à ses pieds !). Durant plusieurs années, Bussy accepta cet état de fait, comme il le lui écrit en juillet 1654 :

> *Mon Dieu, que vous avez d'esprit, ma cousine ! Que vous écrivez bien ! Que vous êtes aimable ! Il faut avouer qu'étant aussi prude que vous l'êtes, vous m'avez grande obligation que je ne vous aime pas plus que je fais. Ma foi, j'ai bien de la peine à me retenir. Tantôt je condamne votre insensibilité, tantôt je l'excuse, mais je vous [estime] toujours. J'ai tant de raisons de ne vous pas déplaire en cette rencontre, mais j'en ai de si fortes de vous désobéir ! Quoi ! vous me flattez, ma cousine, vous me dites des douceurs, et vous ne voulez pas que j'aie les dernières tendresses pour vous ! Eh bien, je ne les aurai pas ; il faut bien vouloir ce que vous voulez, et vous aimer à votre mode.*

Et il écrit de nouveau, en octobre :

> *Vous êtes les délices du genre humain : l'antiquité vous aurait dressé des autels et vous auriez assurément été déesse de quelque chose. Dans notre siècle, où l'on n'est pas si prodigue d'encens, et surtout pour le mérite vivant, on se contente de dire qu'il n'y a point de femme à votre âge plus aimable ni plus vertueuse que vous. Je connais des princes du sang, des princes étrangers, des grands seigneurs façon*

de princes, des grands capitaines, des ministres d'Etat, des gentilshommes, des magistrats et des philosophes qui fileraient, si vous les laissiez faire, pour vous. En pouvez-vous souhaiter davantage ? A moins que d'en vouloir à la liberté des cloîtres, vous ne sauriez aller plus loin.

Les « magistrats » et « princes étrangers » n'ont jamais été identifiés malgré des siècles de recherche ; l'on peut ranger Ménage parmi les « philosophes », Fouquet est peut-être le « ministre d'Etat », le maréchal Turenne, le « grand capitaine ». Le « prince du sang » n'est autre qu'Armand de Bourbon, prince de Conti, sous les ordres de qui Bussy se battait en Catalogne ; un intellectuel et un homme de lettres comme Bussy ; comme Bussy, un bel esprit, cynique et railleur ; et comme Bussy enfin, un vaillant soldat. Les deux hommes étaient faits pour s'entendre. « Il m'honorait d'une affection très particulière », écrivait Bussy avec gratitude. Mais cette gratitude était-elle si grande qu'il ait accepté de se faire l'avocat du prince auprès de Mme de Sévigné ? Cela semble le cas, à en juger d'après une lettre qu'il écrivit en juin, à sa cousine, de Montpellier, échantillon de Bussy au meilleur de son cynisme :

Ne vous souvenez-vous point de la conversation que vous eûtes chez Mme de Montausier, avec M. le prince de Conti, l'hiver dernier ? Il m'a conté qu'il vous avait dit quelques douceurs, qu'il vous avait trouvée fort à son gré, et qu'il vous le dirait plus fortement cet hiver. Tenez-vous bien, ma belle cousine ; telle dame, qui n'est pas intéressée, est quelquefois ambitieuse, et qui peut résister aux finances du Roi ne résiste pas toujours aux cousins de Sa Majesté. De la manière que le prince m'a parlé de son dessein, je vois bien que je suis désigné confident. Je crois que vous ne vous y opposerez pas, sachant, comme vous faites, avec combien de capacité je me suis acquitté de cet emploi en d'autres rencontres. Pour moi, j'en suis ravi, dans l'espérance de la succession, vous m'entendez bien, ma belle cousine. Si après tout ce que la fortune vous veut mettre en main, je ne fais pas la mienne, ce ne sera que votre faute.

Bussy pensait-il à sa carrière militaire, en jouant le rôle de confident du maréchal de Turenne dans ses amours avec Mme de Sévigné ? Probablement, si l'on en juge par la lettre qu'il écrivit à sa cousine à ce sujet en 1655 :

Il y a deux ou trois jours que, M. de Turenne et moi parlant de quelque chose, je vins à vous nommer. Il me demanda si je vous voyais ; je lui répondis qu'étant cousins germains vous et moi, et de même maison, je ne voyais pas une femme plus souvent que vous. Il me dit qu'il vous connaissait, et qu'il avait été vingt fois à votre porte sans vous rencontrer ; qu'il vous estimait fort, et qu'une marque de cela était qu'il ne voyait aucune femme. Je lui dis que vous m'aviez parlé de lui, que vous aviez su l'honneur qu'il vous avait fait, et que vous m'aviez témoigné lui en être très obligée.

Mais il n'y eut aucune affaire de cœur entre le maréchal et Mme de Sévigné — autant qu'on puisse en juger. Le grand stratège préféra sans doute lever le siège plutôt que de se reconnaître battu. Les lettres que Mme de Sévigné écrivit lors de sa mort sur le champ de bataille, en 1675, expriment toute l'estime qu'elle avait pour l'homme et pour le héros, et sont de plus un exemple superbe de son art épistolaire. Aucun document de cette époque ne décrivit l'événement de façon plus émouvante.

Nicolas Fouquet montra, lui, plus d'entêtement que Turenne et mit plus de temps à reconnaître sa défaite en amour. Peut-être croyait-il Boileau sur parole, qui disait en parlant de Fouquet, « jamais surintendant ne trouve cruelle » ; aucune assez cruelle, en tout cas, pour se refuser à l'irrésistible surintendant des Finances. Les armoiries de Fouquet étaient un écureuil sur champ d'argent et sa devise : *Quo non ascendet ?* (« Où ne montera-t-il pas ? »). Les désirs de cet homme étaient d'une ambition démesurée : son château de Vaux-le-Vicomte, splendeur sans précédent, servit de modèle pour Versailles, et resta aux yeux de certains une création plus belle, car plus homogène. En fin connaisseur, Fouquet avait engagé les architectes, les paysagistes, les sculpteurs et les peintres les plus doués de sa génération — Le Vau, Le Brun, Le Nôtre — pour travailler à ce chef-d'œuvre situé à une cinquantaine de kilomètres de Paris. Lorsque le roi vit cette merveille, jalousie, suspicion et amertume l'envahirent. Fouquet, qui avait été chaudement recommandé au roi par le cardinal Mazarin sur son lit de mort, pensait succéder à ce dernier comme Premier ministre. C'était se méprendre totalement sur ce souverain de vingt-deux ans, que de croire qu'il n'avait pas l'intention de gouverner en personne ni d'être à lui-même son Premier ministre. Fouquet se considérait comme un mécène... rôle que Louis XIV allait aussi se réserver, décidé qu'il était à étendre l'hégémonie de la France sur toute l'Europe, dans le domaine artistique aussi bien que politique. Il n'est donc pas étonnant que Fouquet et ce monarque ambitieux — qui prit comme emblème personnel le soleil, et comme devise, le mot gloire — en soient arrivés à une sorte de rivalité.

Le surintendant des Finances, avec presque toutes les richesses du royaume à sa disposition, pouvait tenter considérablement toute femme qu'il honorait de ses poursuites. Dans le cas de Mme de Sévigné, si elle résista aux joyaux, domaines ou richesses qui lui furent offerts — selon ses dires — qu'en fut-il des plus subtiles tentations qui se présentèrent ? Resta-t-elle également insensible à l'influence qu'il lui était donné d'exercer sur le sort d'autrui — accorder une pension à un écrivain ou à un poète nécessiteux, une place de choix au gouvernement ou dans l'armée pour un ami cher ou encore une faveur pour un parent ? (Elle avoua du moins, plus tard, avoir mendié une petite faveur pour son cousin germain, le fils de sa fidèle tante, la marquise de La Trousse.) Les attentions que Fouquet prodiguait à Mme de Sévigné firent beaucoup jaser sur le moment. Ses amis et relations se posaient déjà la question de savoir ce que lui était Hécube, ce qu'il était à Hécube ; et ses admirateurs se la posent encore de nos jours.

C'en était assez pour tourner la tête de toute dame que d'être poursuivie par les assiduités du seigneur de Vaux-le-Vicomte où Fouquet tint sa cour bien avant que Louis XIV eût établi la sienne à Versailles, et sur un pied beaucoup plus fastueux : les cinquante fontaines déversaient leurs eaux comme les orchestres leurs flots de musique, les deux cents jets d'eau jaillissaient vers le ciel, et les festivités succédaient aux festivités. Il était extrêmement flatteur d'avoir à dresser pour Fouquet la liste des jeunes génies littéraires dignes de sa protection. La Fontaine lui-même, plus tard célèbre pour ses *Fables,* a, dit-on, reçu une pension de Fouquet sur la recommandation de Mme de Sévigné. Cette dernière garda-t-elle vraiment la tête froide face aux multiples séductions du surintendant ? Nous avons des lettres d'elle qui prouvent combien fort était le charme qu'il exerçait sur elle, et profond l'émoi qu'il faisait naître en son sein.

Il nous reste aussi des lettres du comte de Bussy qui semblent attester que Mme de Sévigné ne succomba pas au pouvoir aphrodisiaque des séductions de Fouquet — en tout cas pas d'après Bussy. Ami du surintendant et confident de sa cousine, Bussy était bien placé pour en savoir plus que les autres : « Je suis bien aise que vous soyez satisfaite du surintendant... », écrivait Bussy à Mme de Sévigné en 1654.

> *... c'est une marque qu'il se met à la raison, et qu'il ne prend plus tant les choses à cœur qu'il faisait. Quand vous ne voulez pas ce qu'on veut, Madame, il faut bien vouloir ce que vous voulez ; on est encore trop heureux de demeurer de vos amis. Il n'y a guère que vous dans le royaume qui puisse réduire ses amants à se contenter de l'amitié ; nous n'en voyons point qui d'amant éconduit ne devienne ennemi, et je suis persuadé qu'il faut qu'une femme ait un mérite extraordinaire, pour faire en sorte que le dépit d'un amant maltraité ne le porte pas à rompre avec éclat.*

Puis de nouveau, la même année, Bussy écrivit à sa cousine en lui demandant : « Mandez-nous, je vous prie, des nouvelles de l'amour du surintendant pour vous. » Mme de Sévigné eut la complaisance de mettre le comte de Bussy au courant de sa relation avec Fouquet : « ... toujours avec lui les mêmes précautions et les mêmes craintes, de sorte que cela retarde notablement » tout progrès et elle ajoute son sentiment qu'il finira par se lasser.

Et il semble bien que ce soit ce qui arriva : la passion de Fouquet se transforma en respect pour une vertu jusque-là jamais rencontrée dans sa carrière de séducteur confirmé. Bussy, d'un naturel suffisant et présomptueux, n'eut aucun mal à croire sur parole que Mme de Sévigné avait résisté aux avances de Fouquet. Si Bussy n'avait pu vaincre les scrupules de la dame, Fouquet, pensait-il, n'avait certes pu faire mieux : elle était « entêtée de la vertu », comme le lui lança Bussy dans une lettre datée de juin 1654.

5.

L'amitié et l'intimité de cœur et d'esprit si longtemps partagées par Mme de Sévigné et le comte de Bussy prirent fin brusquement en 1658 ; le lien familial, si étroit à ce jour, se rompit brusquement. La cause de cette rupture fut une affaire d'argent et non de sentiments. En mai, les Espagnols envahirent Dunkerque ; le maréchal de Turenne rassembla ses trou-

pes autour d'Amiens. Bussy, colonel de la cavalerie légère,
devait rejoindre sur-le-champ son supérieur, mais il se trouva
face à un dilemme financier : chevaux, uniformes et armes
nécessaires à son régiment pour cette campagne requéraient
une somme considérable d'argent liquide et il n'avait pas le
moindre centime à ce moment-là. Le Trésor royal le rembourserait par la suite bien évidemment, mais on allait livrer
bataille sous peu sur les côtes de la mer du Nord et l'honneur
voulait qu'il partît immédiatement pour les Flandres. Il pensa
tout à coup à sa riche cousine : si ses hauts faits d'armes
couvraient de gloire la lignée des Rabutin, cette gloire rejailli-
rait bientôt sur la marquise et ses enfants. D'autant plus qu'elle
rendait là, comme il le lui démontrait, un service à un véritable
ami, à un cousin chéri, sans courir aucun risque : la mort de
leur oncle, l'évêque de Châlons, les avait laissés cohéritiers
d'une petite fortune ; il demanda à sa cousine de rassembler la
somme qui lui était alors nécessaire, sur sa part des biens au
moment du partage.

Elle acquiesça, promit, puis revint sur sa promesse.

Bussy rendit leur oncle l'abbé responsable de ce soudain
retournement : « Si vous n'eussiez consulté que votre cœur,
écrivit-il à sa cousine deux ans plus tard, mais vous prîtes
conseil de gens qui ne m'aimaient pas tant que vous faisiez » ;
il sous-entendait le « Bien Bon », qu'il soupçonnait, avec
raison d'ailleurs, de critiquer les mœurs dissolues de l'aristocratie. Comme c'était au même « Bien Bon » que Mme de
Sévigné devait sa sécurité financière au sein de la débâcle
provoquée par les frasques de son défunt mari, il lui était
difficile de ne pas tenir compte de son avis s'il s'opposait à ce
prêt. Bussy entra dans une rage folle, et fulmina tant et plus
contre ce qu'il appelait trahir sa confiance. (On peut imaginer
d'ici sa bordée d'insultes contre le sang vil et bourgeois des
Coulanges, qui avait corrompu la noblesse du sang Rabutin
coulant dans les mêmes veines !) Sa vengeance, après avoir
longtemps mûri, devait prendre la forme d'un portrait littéraire, satirique cette fois, et écrit d'une plume aussi aiguisée
que le fil d'une épée.

La maîtresse de Bussy, Mme de Montglas, moins riche que
Mme de Sévigné, se montra plus généreuse, et mit en gage ses
bijoux pour lever les fonds nécessaires à son amant. Grâce à
elle, Bussy arriva en Flandres la veille du combat, juste à temps
pour prendre le commandement de l'une des trois ailes de
l'armée de Turenne. Il se battit vaillamment aux côtés du
maréchal et contribua largement, nous dit l'histoire, à la

victoire des Français sur les Espagnols à la bataille des Dunes. Le cardinal Mazarin lui écrivit personnellement pour lui exprimer sa reconnaissance ainsi que celle du roi.

Le bâton de maréchal semblait être à portée de Bussy au lendemain de la bataille, lorsqu'il lui glissa entre les doigts et lui échappa à jamais, car un scandale éclata soudain.

Bussy, alors âgé de quarante-deux ans, assoiffé de gloire et d'honneurs militaires, aurait dû se montrer plus prudent et ne pas être assez fou pour se rendre chez le duc de Vivonne [1] qui donnait une grande fête durant le samedi et le dimanche de Pâques. Le groupe restreint et distingué qui se réunit à Roissy se composait de libertins et de débauchés qui avaient délibérément choisi de profaner le jour le plus saint de l'année : une orgie pascale ! Du sexe pervers et licencieux ! Les rumeurs grossirent probablement les faits les plus excessifs : on parla de sacrilège sur l'autel, de grenouilles et de porcelets portés directement des fonts baptismaux à la table du banquet ; on parla de meurtre et même de cannibalisme — tout cela n'étant que le signe avant-coureur de l'affaire des poisons, avec ses avortements, ses empoisonnements, ses assassinats et ses messes noires, qui allait secouer la cour de Louis XIV dix ans plus tard.

Une partie des divertissements se trouvait être la lecture par Bussy des pages érotiques de ses portraits, dont les sujets étaient pour la plupart des dames de mœurs plus que légères. Ce fut tout à fait déplacé de sa part d'y avoir inclus Mme de Sévigné. Mais lorsque toute cette belle compagnie passablement ivre entonna, sur l'air de l'Alléluia, des vers attribués à Bussy et totalement irrespectueux envers « Dieu-Donné » (Louis, le donné par Dieu) et sa maîtresse du moment, Louise de La Vallière, cela devint un crime de lèse-majesté.

Même au sein d'une société aussi libertine, ce qui s'était passé à Roissy choqua terriblement. Les pairs du royaume eux-mêmes n'eussent pas commis en toute impunité de tels affronts envers l'Eglise et l'Etat — dix ans plus tôt, peut-être, mais pas en 1659, alors que l'autorité royale s'affirmait de plus en plus forte et que la noblesse courbait l'échine. Même le tout-puissant duc de Vivonne n'allait pas échapper complètement à la colère royale. Bussy fut lui aussi banni et exilé sur ses terres

---

1. Le duc de Vivonne était premier gentilhomme de la chambre du roi, et sa sœur, Mme de Montespan, allait bientôt succéder à Louise de La Vallière comme maîtresse officielle du roi.

de Bourgogne — et cela pour la première fois mais non pas la dernière !

Pour pimenter la fadeur de son séjour provincial, Bussy se choisit de transformer les portraits (qui avaient si fort amusé son public à Roissy) en un long roman situé dans la Gaule ancienne. Bien qu'ayant toujours crié sur les toits que se faire publier était son dernier souci, un manuscrit arriva, on ne sait par quel hasard, en Hollande, où il fut édité en 1665 sous le titre *Histoire amoureuse des Gaules.* Pour tout familier de la cour et de la capitale, ce fut un jeu d'enfant que de reconnaître qui était qui : Le roi Théodosius de Gaule n'était autre que Louis XIV ; Mme de Cheneville était Mme de Sévigné, comme elle le découvrit bientôt avec quelque dépit.

C'était une caricature, et pourtant le portrait de Mme de Sévigné était assez ressemblant pour accabler l'original. Les allusions peu flatteuses à son physique étaient moins blessantes pour sa vanité que la description peu indulgente de son caractère. Bussy la peignait comme une assoiffée de plaisir, à qui les compliments avaient tourné la tête et qui ne pensait qu'à allumer le désir des hommes sur son passage.

> *La plus grande marque d'esprit qu'on lui peut donner, c'est d'avoir de l'admiration pour elle ; elle aime l'encens ; elle aime d'être aimée, et pour cela, elle sème afin de recueillir ; elle donne de la louange pour en recevoir. Elle aime généralement tous les hommes, quelque âge, quelque naissance et quelque mérite qu'ils aient, et de quelque profession qu'ils soient ; tout lui est bon ; depuis le manteau royal jusqu'à la soutane, depuis le sceptre jusqu'à l'écritoire. Entre les hommes, elle aime mieux un amant qu'un ami, et, parmi les amants, les gais que les tristes. Elle est d'un tempérament froid, au moins si on en croit feu son mari : aussi lui avait-il l'obligation de sa vertu, comme il disait ; toute sa chaleur est à l'esprit. Si l'on s'en rapporte à ses actions, je crois que la foi conjugale n'a point été violée ; si l'on regarde l'intention, c'est une autre chose. Pour en parler franchement, je crois que son mari s'est tiré d'affaire devant les hommes, mais je le tiens cocu devant Dieu.*

Bussy ne l'épargnait pas, la punissant ainsi de ce qu'il considérait comme sa trahison dans l'affaire du prêt.

> *Il y a des gens qui ne mettent que les choses saintes pour bornes à leur amitié, et qui feroient tout pour leurs amis, à la réserve d'offenser Dieu. Ces gens-là s'appellent amis*

> *jusques aux autels. L'amitié de Mme de Cheneville a*
> *d'autres limites : cette belle n'est amie que jusques à la*
> *bourse. Il n'y a qu'elle de jolie femme au monde qui se soit*
> *déshonorée par l'ingratitude : il faut que la nécessité lui*
> *fasse grand-peur, puisque, pour en éviter l'ombre, elle*
> *n'appréhende pas la honte. Ceux qui la veulent excuser*
> *disent qu'elle défère en cela au conseil de gens qui savent ce*
> *que c'est que la faim et qui se souviennent encore de leur*
> *pauvreté...*

(Une pique lancée au « Bien Bon », le parcimonieux, l'igno-ble bourgeois, l'oncle de Coulanges.)

Les instincts « ignoblement bourgeois » de sa cousine sau-taient aux yeux, soulignait malignement Bussy, dans la façon dont elle s'aplatissait et rampait devant les souverains :

> *Pour avoir de l'esprit et de la qualité, elle se laisse un peu*
> *trop éblouir aux grandeurs de la cour ; le jour que la reine*
> *lui aura parlé, et peut-être demandé seulement avec qui elle*
> *sera venue, elle sera transportée de joie ; et, longtemps après,*
> *elle trouvera moyen d'apprendre à tous ceux desquels elle se*
> *voudra attirer le respect, la manière obligeante avec*
> *laquelle la reine lui aura parlé. Un soir que le roi venoit de*
> *la faire danser, s'étant remise à sa place, qui étoit auprès de*
> *moi : « Il faut avouer, me dit-elle, que le roi a de grandes*
> *qualités ; je crois qu'il obscurcira la gloire de tous ses*
> *prédécesseurs. » Je ne pus m'empêcher de lui rire au nez,*
> *voyant à quel propos elle lui donnoit ses louanges et de lui*
> *répondre : « On n'en peut pas douter, madame, après ce*
> *qu'il vient de faire pour vous. » Elle était alors si satisfaite*
> *de Sa Majesté, que je la vis sur le point, pour lui témoigner*
> *sa reconnaissance, de crier Vive le roi !*

Le roi réagit avec encore plus de vigueur que Mme de Sévigné lorsque parut l'*Histoire amoureuse des Gaules*. L'angle peu flatteur sous lequel sa cour et ses courtisans étaient dépeints irrita le monarque, jaloux de sa gloire chez lui comme ailleurs. Il signa une lettre de cachet, ordre royal d'incarcéra-tion qui signifiait la Bastille pour Bussy... où on le laissa moisir treize mois !

Et moisir dans le sens le plus littéral du terme, car en mai 1666, Bussy, malade et réclamant des soins médicaux urgents, fut transporté en litière de la sinistre forteresse parisienne jusque chez un chirurgien, par permission spéciale du roi. Trois mois de traitement lui rendirent la santé et il put alors retourner chez lui, en Bourgogne, où il resta exilé à vie par le roi.

Mme de Sévigné, qui n'était pas encore entièrement remise du coup que son orgueil et sa réputation avaient reçu, fut prise de pitié pour le sort de son malheureux cousin et se présenta la première à son chevet lorsqu'on le relâcha de la Bastille. Le lien du sang entre les Rabutin était toujours là, plus fort que jamais ! (Elle le sentait, écrivait-elle, dans la moelle des os : « Nous sommes proches, et du même sang. Nous nous plaisons ; nous nous aimons, nous prenons intérêt dans nos fortunes », lui écrivait-elle plus tard.) Les deux cousins, tous deux pétris d'orgueil, et chacun convaincu des torts de l'autre, arrivèrent à un statu quo ambigu et reprirent leur correspondance de manière quelque peu décousue.

Elle pardonnait mais n'oubliait pas. Il pouvait bien battre sa coulpe en se frappant la poitrine et en tentant de se justifier. Ils en revenaient éternellement à leur querelle. Elle voulait bien lui accorder son pardon, mais pas avant de lui avoir raconté par le menu les angoisses qu'elle avait endurées. Elle avait eu vent, lui écrivit-elle, de son portrait empoisonné, lorsqu'il avait circulé de main en main sous le manteau ; mais elle avait toujours refusé de croire que son ami, son cousin, l'avait ainsi clouée au pilori !

> *Enfin le jour malheureux arriva, où je vis moi-même et de mes propres yeux* bigarrés, *ce que je n'avais pas voulu croire. Si les cornes me fussent venues à la tête, j'aurais été bien moins étonnée. Je le lus, et je le relus, ce cruel portrait ; je l'aurais trouvé très joli s'il eût été d'une autre que de moi, et d'un autre que de vous.*
>
> *...Etre dans les mains de tout le monde, se trouver imprimée, être le livre de divertissement de toutes les provinces, où ces choses-là font un tort irréparable, se rencontrer dans les bibliothèques, et recevoir cette douleur, par qui ?*

Cela lui coûta, dit-elle : « J'en passais les nuits entières sans dormir. »

Il fallait aller à Canossa, cela seul pouvait la satisfaire : il fallait reconnaître publiquement sa défaite et s'humilier jusqu'au bout. Elle utilisait la métaphore du duel : le vaincu devait s'agenouiller devant elle et lui remettre son épée, se rendant à sa merci car la mort ou le pardon dépendaient du vainqueur. « Levez-vous, Comte, je ne veux point vous tuer à terre, ou reprenez votre épée pour recommencer notre combat. Mais il vaut mieux que je vous donne la vie, et que nous vivions en paix. Vous avouerez seulement la chose comme elle s'est passée ; c'est tout ce que je veux. »

Bussy reconnut : « Je passe donc condamnation sur le portrait, Madame », écrivit-il dans une lettre et il fit des dizaines d'années plus tard amende encore plus honorable, dans la Préface de ses *Lettres* (publiées en 1697) : « Je ne saurais jamais assez me condamner en cette rencontre, ni avoir assez de regret d'avoir offensé la plus jolie femme de France, ma proche parente, que j'avais toujours fort aimée, et de l'amitié de laquelle je ne pouvais pas douter — c'est une tache à ma vie. »

6.

Les dix années qui commencèrent en 1660 ne portèrent pas bonheur à Mme de Sévigné ; la comète qui traversa le ciel en 1664 fut-elle un mauvais présage ? Les superstitieux de l'époque le prirent ainsi. Mme de Sévigné écrivit à une amie qu'elle resterait debout toute la nuit pour la voir (la nuit du 17 décembre 1664). Les années qui suivirent virent son nom mêlé non pas à un seul mais à deux vilains scandales, car l'affaire Fouquet fit autant de bruit, sinon plus, que la publication des portraits grivois de Bussy.

Ce fut provocation de la part du ministre des Finances que de surpasser son royal maître en munificence et en splendeur ; que de le convier à une fête si somptueuse qu'on n'avait jamais rien vu de tel en Ile-de-France. Ce fut par une nuit de mai 1661 : les deux cents jets d'eau s'élançaient vers le ciel, les cinquante fontaines cascadaient mélodieusement tandis que vingt-quatre violonistes promenaient leurs arpèges à travers le parc, que des nymphes — sur une musique de Lully — dansaient dans les verts bosquets et au milieu des parterres de tulipes. La première comédie de Molière se donna sous les étoiles en cette nuit de gala. Des feux d'artifice illuminèrent les cieux ; Vatel, premier chef de France (et peut-être même de toute l'histoire de la cuisine française), déploya avec orgueil ses chefs-d'œuvre gastronomiques devant la famille royale et des centaines d'invités fort distingués.

Le monarque interpréta ce luxueux divertissement comme un affront à sa majesté ; et c'est à peine s'il put se retenir de faire arrêter son hôte sur-le-champ. Il lui fallut tout son sang-froid pour attendre septembre avant de donner à d'Artagnan alors capitaine des mousquetaires (et l'un des célèbres « trois mousquetaires ») l'ordre de se saisir du surintendant et de le conduire à la Bastille. Les chefs d'accusation officiels étaient la trahison (crime d'Etat) et la malversation (détournement de fonds).

En réalité, le crime de Fouquet avait été de suivre l'exemple de Richelieu et de Mazarin : mais alors que Louis XIII se laissait gentiment dominer par ses tout-puissants ministres, il n'en allait pas de même avec Louis XIV. (Il avait recommandé au Grand Conseil de ne délivrer de passeport que sur son ordre.) L'erreur fatale pour Fouquet fut de n'avoir pas compris la différence qui existait entre les deux rois, entre le père et le fils ; de n'avoir pas saisi que le jeune monarque avait l'intention de renverser la stratégie politique suivie depuis plus d'un demi-siècle.

Une autre erreur fatale de Fouquet, fatale à ses amis en tout cas, fut d'avoir conservé sa correspondance privée avec ses papiers officiels. Les autorités, en confisquant tous ses biens, tombèrent sur un coffre plein de lettres galantes, de la main de dames fort connues pour leurs fredaines, d'autres signées de grandes dames jusque-là au-dessus de tout soupçon.

Tandis que la chose faisait grand bruit à Paris, ces nouvelles choquantes arrivèrent jusqu'aux oreilles de Mme de Sévigné en Bretagne (elle s'y rendait régulièrement afin de surveiller les immenses domaines des Sévigné). Ce fut là qu'elle apprit avec angoisse que le bientôt célèbre coffre de Fouquet contenait des lettres de sa main.

Elle fut saisie de panique et écrivit lettre sur lettre à ses amis parisiens pour leur demander, non seulement de la tenir fidèlement au courant de l'évolution des choses, mais aussi pour les pousser à prendre sa défense dans ce scandale qui pouvait rejaillir sur son nom.

A l'abbé Ménage, son mentor littéraire, elle écrivit en 1661 :

> *Je pense que vous savez bien le déplaisir que j'ai eu d'avoir été trouvée dans le nombre de celles qui lui ont écrit. Il est vrai que ce n'était ni la galanterie, ni l'intérêt qui m'avaient obligée d'avoir un commerce avec lui ; l'on voit*

clairement que ce n'était que pour les affaires de M. de La Trousse. Mais cela n'empêche pas que je n'aie été fort touchée de voir qu'il les avait mises dans la cassette de ses poulets, et de me voir nommée parmi celles qui n'ont pas eu des sentiments si purs que moi. Dans cette occasion, j'ai besoin que mes amis instruisent ceux qui ne le sont pas. Je vous crois assez généreux pour vouloir bien en dire ce que Mme de La Fayette vous en apprendra.

Lorsqu'elle lui écrivit à nouveau brièvement pour le remercier de ses bons offices, elle lui demanda « un compliment à Mlle de Scudéry sur le même sujet ».

Son premier précepteur, Chapelain, écrivit immédiatement à Mme de La Trousse, la tante de Mme de Sévigné, pour l'assurer que comme elle pouvait le penser il était le champion (de Mme de Sévigné) pour ce qu'il nommait « cette abominable occasion où on la comprend parmi de beaucoup moins vertueuses personnes qu'elle ». Et il écrivait à Mme de Sévigné par le même courrier : « Vous n'avez point d'amis qui n'aient combattu pour votre cause, et vous en pouvez vivre et dormir en repos. »

Il existe encore un intéressant échange de lettres entre Mme de Sévigné et Simon Arnauld, marquis de Pomponne, son ami de longue date, diplomate et homme d'Etat distingué, partisan de Fouquet. Ils s'apitoyaient ensemble sur le triste sort de leur ami Fouquet. Dans une lettre du 11 octobre 1661, elle le conjure, lui aussi, de porter témoignage en sa faveur :

Mais que dites-vous de tout ce qu'on a trouvé dans ces cassettes ? Eussiez-vous jamais cru que mes pauvres lettres, pleines du mariage de M. de La Trousse et de toutes les affaires de sa maison, se trouvassent placées si mystérieusement ? Je vous avoue que, quelque gloire que je puisse tirer, par ceux qui me feront justice, de n'avoir jamais eu avec lui d'autre commerce que celui-là, je ne laisse pas d'être sensiblement touchée de me voir obligée à me justifier, et peut-être fort inutilement, à l'égard de mille personnes qui ne comprendront jamais cette vérité. Je pense que vous comprenez bien aisément la douleur que cela fait à un cœur comme le mien. Je vous conjure de dire sur cela ce que vous en savez ; je ne puis avoir assez d'amis en cette occasion.

L'ami qui se précipita avec le plus d'énergie pour prendre sa défense le fit sans qu'on l'en ait prié et de façon tout à fait inattendue. Ce ne fut autre que son cousin, le comte de Bussy, qui — après trois années de brouille — éleva la voix à la cour et dans la capitale pour proclamer son innocence ; et il l'éleva suffisamment pour étouffer les ricanements sceptiques. Bussy était absolument convaincu qu'il ne fallait pas compter sa cousine au nombre des maîtresses de Fouquet. Il épousa sa cause avec une telle véhémence qu'il faillit en venir aux poings avec son beau-frère de Rouville qui lui dit que cela était plaisant de la lui voir défendre après en avoir parlé comme il l'avait fait. A quoi Bussy lui objecta que, dans toute sa colère, il n'avait jamais touché à sa reputation. Après avoir fait tant de bruit contre elle, ce n'était pas à lui de la défendre, persistait de Rouville. Bussy lui répliqua avec une bonne logique qu'il n'aimait pas le bruit s'il ne le faisait lui-même. Mme de Sévigné fit savoir à Bussy combien elle était touchée de le voir prendre ainsi sa défense. Bussy saisit avec joie le rameau d'olivier qu'elle lui tendait et leur correspondance intime reprit de plus belle.

La question que se posèrent ses amis en 1664, et que se posent encore ses biographes, ses admirateurs et ses critiques à ce jour, est de savoir si la boîte de Pandore de Fouquet et sa collection de lettres ne contenaient de la main de Mme de Sévigné que des lettres ayant trait au mariage de son cousin — comme elle le prétendait — ou si la lettre concernant La Trousse servait d'alibi à d'autres missives plus compromettantes.

Chapelain fut au comble de la joie de pouvoir lui écrire, le 7 novembre, qu'il tenait d'une personne aussi haut placée que la marquise de Montausier, dame d'honneur de la reine, qu'il n'y avait pas trace de lettre de Mme de Sévigné dans la scandaleuse collection de Fouquet. Mme de Montausier le tenait de la reine qui le tenait elle-même du roi ! Mais cette affirmation est en contradiction avec ce que le secrétaire d'Etat Le Tellier apprit au comte de Bussy, et que ce dernier relate dans ses *Mémoires* pour mieux défendre l'honneur de sa cousine :

> *Je suppliai [Le Tellier] de me dire si dans les lettres d'amour qui s'étaient trouvées dans les cassettes du Surintendant, il y en avait quelqu'une de Mme de Sévigné, comme on le disait. Il me dit que les lettres qu'on avait trouvées d'elle étaient les plus honnêtes du monde et d'un caractère de plaisanterie.*

Qu'en est-il au juste ? Une lettre concernant le mariage de La Trousse, comme le proclamait Mme de Sévigné ? Ou quelques billets inoffensifs comme ceux qu'échangent de bons amis au fil des années, comme Le Tellier semble le dire ? Ou pas de lettre du tout si l'on en croit la reine et Mme de Montausier ? De ces trois versions, laquelle sonne le plus juste ? Pour connaître la vérité, il eût fallu avoir accès au contenu du fameux coffre, ce qui se révéla tout à fait impossible.

Chapelain ne cessait d'incriminer Fouquet : « N'était-ce pas assez », écrivait-il avec flamme à Mme de Sévigné, « de ruiner l'Etat et de rendre le Roi odieux (...) ; Fallait-il encore... s'ériger un trophée des faveurs, ou véritables ou apparentes, de la pudeur de tant de femmes de qualité, et tenir un registre honteux de la communication qu'il avait avec elles, afin que le naufrage de sa fortune emporte avec lui leur réputation ? » Mme de Sévigné souhaitait de tout son cœur que Fouquet eût eu la bonne idée de brûler cette damnée collection de lettres ; elle souhaitait aussi qu'il eût épargné sa réputation ; mais malgré tout cela, ni rien ni personne ne réussit à la détourner de son « pauvre ami » dont le triste sort fut d'être écroué à la Bastille où on le soumit, trois années durant, à de multiples interrogatoires.

Lorsque Fouquet fut enfin mené devant la cour le 17 novembre 1664, le marquis de Pomponne — en disgrâce car il avait été une « créature de Fouquet » — avait été exilé sur ses terres de Pomponne, dans la Marne, à environ quarante kilomètres de Paris. Aussi suivit-il le procès de leur ami commun grâce aux lettres quotidiennes de Mme de Sévigné : quarante lettres en tout, qui constituent un précieux document sur la manière dont on rendait la justice sous l'Ancien Régime ; quarante lettres heureusement toutes conservées par Pomponne. Un tribunal spécial, nommé par ordre du roi, devait siéger à la chambre de l'Arsenal pour juger l'ancien surintendant des Finances avec l'ami de Mme de Sévigné, Olivier d'Ormesson, comme l'un des deux rapporteurs à la cour. Ce fut grâce à lui que Mme de Sévigné put suivre l'évolution quotidienne des débats.

Tous les documents, et pas seulement les lettres de Mme de Sévigné qui soutenaient évidemment Fouquet, concordent pour affirmer que la manière dont il se défendit fut splendide : il résista brillamment à de longues semaines d'interrogatoire ; il soutint avec énergie les attaques de la lourde machine juridique mise en branle par le roi. Les témoignages contre lui n'étaient pas probants, les charges de trahison et de malhonnêteté nullement fondées ; mais il est plus que probable que le roi voulait la tête de Fouquet et qu'il l'avait demandée aux juges.

Au fil des semaines, la tension monta et Mme de Sévigné n'en put bientôt plus. « Je ne suis pas connaissable, et je ne crois pas que je puisse aller jusque-là ! » se lamentait-elle dans une lettre du 5 décembre. « M. d'Ormesson m'a priée de ne le plus voir que l'affaire ne soit jugée. Il est dans le conclave, et ne veut plus avoir de commerce avec le monde. Il affecte une grande réserve ; il ne parle point, mais il écoute, et j'ai eu le plaisir, en lui disant adieu, de lui dire tout ce que je pense. » « Adieu, mon cher Monsieur, disait-elle à Pomponne en terminant sa lettre, je suis si triste et si accablée ce soir que je n'en puis plus... » Le 19 décembre, elle écrivait à nouveau : « Je vous assure que ces jours-ci sont bien longs à passer, et que l'incertitude est une épouvantable chose... ce sera un vrai miracle si la chose va comme nous la souhaitons... Cependant, au fond de mon cœur, j'ai un petit brin de confiance. Je ne sais d'où il vient ni où il va, et même il n'est pas assez grand pour faire que je puisse dormir en repos... Je lui disais avec la plus grande vérité du monde que si nous avions un arrêt tel que nous le souhaitons, le comble de ma joie était de penser que je vous enverrais un homme à cheval, à toute bride, qui vous apprendrait cette agréable nouvelle... »

« ... et si nous avions de bonnes nouvelles, je vous les manderais par un homme exprès à toute bride. (Je ne saurais dire ce que je ferai si cela n'est pas. Je ne comprends pas moi-même ce que je deviendrai... » avait-elle écrit le 11 décembre.)

Une fois, mais une seule, elle parvint à apercevoir le visage livide du prisonnier : « Il faut que je vous conte ce que j'ai fait », écrivit-elle à Pomponne la nuit du 28 novembre :

imaginez-vous que des dames m'ont proposé d'aller dans une maison qui regarde droit dans l'Arsenal pour voir revenir notre pauvre ami ; j'étais masquée. Je l'ai vu venir d'assez loin. M. d'Artagnan était auprès de lui ; cinquante mousquetaires derrière, à trente ou quarante pas. Il paraissait assez rêveur. Pour moi, quand je l'ai aperçu, les jambes m'ont tremblé, et le cœur m'a battu si fort que je n'en pouvais plus. En s'approchant de nous pour rentrer dans son trou, M. d'Artagnan l'a poussé, et lui a fait remarquer que nous étions là. Il nous a donc saluées, et a pris cette mine riante que vous connaissez. Je ne crois pas qu'il m'ait reconnue, mais je vous avoue que j'ai été étrangement saisie, quand je l'ai vu rentrer dans cette petite porte. Si vous saviez combien on est malheureuse quand on a le cœur fait comme je l'ai, je suis assurée que vous auriez pitié de moi.

A la mi-décembre, les sessions traînaient encore mais certains bruits couraient : quelques-uns, parmi les vingt-deux juges qui siégeaient, avaient parlé et l'on raconta qu'il fallait s'attendre à la peine ultime : la hache, le bûcher ou la roue. Lorsque l'affaire était à ses débuts, il avait été facile à l'homme de la rue de haïr Fouquet comme étant le fonctionnaire responsable de la lourdeur des impôts, mais tandis que le procès traînait en longueur, Fouquet avait en quelque sorte gagné la sympathie du peuple.

> *Tout le monde s'intéresse dans cette grande affaire. On ne parle d'autre chose ; on raisonne, on tire des conséquences, on compte sur ses doigts ; on s'attendrit, on espère, on craint, on peste, on souhaite, on hait, on admire, on est triste, on est accablé ; enfin, mon pauvre Monsieur, c'est une chose extraordinaire que l'état où l'on est présentement.*

Le 19 décembre (« Voici un jour qui nous donne de grandes espérances ») elle connaissait la répartition des votes : six juges en faveur de la peine de mort ; sept contre. Le 20, elle put écrire : « Louez Dieu, Monsieur, et le remerciez : notre pauvre ami est sauvé. » Le vote final avait révélé neuf voix pour la peine de mort et treize contre (y compris celle de M. d'Ormesson, qui allait voir sa carrière ruinée en récompense de son intégrité !).

Le dimanche 21 décembre, elle écrivait à Pomponne :

> *Je mourais de peur qu'un autre que moi vous eût donné le plaisir d'apprendre la bonne nouvelle. Mon courrier n'avait pas fait une grande diligence ; il avait dit en partant qu'il n'irait coucher qu'à Livry. Enfin il est arrivé le premier, à ce qu'il m'a dit. Mon Dieu, que cette nouvelle vous a été sensible et douce, et que les moments qui délivrent tout d'un coup le cœur et l'esprit d'une si terrible peine font sentir un inconcevable plaisir ! De longtemps je ne serai remise de la joie que j'eus hier. Tout de bon, elle était trop complète ; j'avais peine à la soutenir...*

Elle avait entendu dire de source sûre, ajoutait-elle, que le roi allait commuer la peine du bannissement perpétuel en celle de prison perpétuelle. (Précaution assez sûre, malgré les gémissements de Mme de Sévigné, car l'on pouvait craindre qu'un homme aussi averti que Fouquet en ce qui concernait les affaires de l'Etat ne devînt une menace pour les intérêts de la France à l'étranger.)

La « source sûre » de Mme de Sévigné ne s'était pas trompée : « Ce matin à 11 heures, rapportait-elle le lundi 22 décembre à Pomponne, il y avait un carrosse prêt, où M. Foucquet est
entré avec quatre hommes. M. d'Artagnan à cheval avec
cinquante mousquetaires le conduira jusque à Pignerol », une
terrible prison-forteresse située dans les Alpes piémontaises.

Mme de Sévigné trouva que séparer Fouquet de sa femme
était un châtiment cruel et tout à fait inusité, contraire aux
mœurs du temps. Empruntant à *l'Énéide* un vers qu'elle cita
dans la langue originale, elle s'interrogeait, comme Virgile :
« Peut-il y avoir de si violentes colères dans le cœur des
dieux ? » « Mais non ! » s'exclamait-elle en réponse à sa propre
question. « Cc n'est point de si haut que cela vient. De telles
vengeances rudes et basses ne sauraient partir d'un cœur
comme celui de notre maître. On se sert de son nom, et on le
profane... »

Elle voulait dire là que ce n'était pas Louis XIV, mais
Colbert, le froid et rancunier ministre du Commerce et des
Affaires intérieures, ancien rival et ennemi juré de Fouquet, qui
était responsable de la sévérité dc la sentence. Elle n'avait pas
tort de s'exprimer prudemment : lc courrier de Pomponne était
certainement surveillé et ses lettres à elle probablement
ouvertes. C'eût été pure folie que dc critiquer un monarque
absolu, ayant droit de vie et de mort sur tous ses sujets.

De surcroît, elle avait une bonne raison pour ne pas commettre d'impair : il fallait penser à sa fille de vingt ans, Mlle de
Sévigné, qui avait fait ses débuts à la cour en 1663 et en
décembre 1664, répétait alors un ballet qui devait être dansé
devant le roi en janvier 1665.

7.

Durant ses années d'exil à Sainte-Hélène, Napoléon lut les
lettres que Mme de Sévigné avait écrites à Pomponne et
déclara que la marquise avait été amoureuse de Fouquet. En
lisant le procès de Fouquet dans les *Lettres* de Mme de Sévigné
(d'après le deuxième volume du *Mémorial de Sainte-Hélène*), il

remarquait que l'intérêt de Mme de Sévigné « était chaud, bien vif, bien tendre pour de la simple amitié ». Ironiquement, c'était dans les lettres de Mme de Sévigné à Pomponne concernant son procès que l'ex-tout-puissant ministre aurait pu trouver l'expression de cette tendresse et de cette affection qu'il avait espérées d'elle en des jours meilleurs : les lettres mêmes qu'il eût chéries dans sa collection de billets doux, ce fut Pomponne qui les reçut et non lui.

S'agissait-il entre Fouquet et Mme de Sévigné d'une liaison amoureuse ou d'une simple amitié, nul ne le sait. Il est possible que Mme de Sévigné elle-même n'ait pas réalisé l'attirance qu'elle éprouvait pour Fouquet avant le malheur qui lui arriva, et avant qu'il fût perdu pour elle à tout jamais. Le comte de Bussy refusa catégoriquement d'ajouter foi à la rumeur qui disait qu'elle avait été la maîtresse du surintendant, mais il était presque le seul de son espèce, comme le prouve son altercation à ce sujet avec son beau-frère. Tallemant des Réaux, toujours prêt à salir l'honneur d'une femme, n'a pourtant jamais porté préjudice à Mme de Sévigné qu'il appelle « une honnête femme », une femme d'honneur, de bon renom et moralement intègre.

Sa réputation a fourni le sujet de débats sans fin, *ad nauseam*, depuis le jour de sa mort et depuis la publication de ses *Lettres* qui ont assuré sa réputation internationale de femme de lettres. Le long défilé des biographes qui, l'idolâtrant, ont mis l'accent sur sa vertu, reflète les préoccupations morales d'un autre siècle, notamment le XIXe. A notre époque, cette discussion semble bien futile et inintéressante, si ce n'est dans la mesure où la vie sexuelle de Mme de Sévigné, dans la licence ou dans l'abstinence, a pu affecter son équilibre émotionnel et par conséquent sa relation à sa fille.

Que Mme de Sévigné ait aimé Fouquet — le comte de Lude, le chevalier de Méré, le duc de Rohan ou n'importe quel autre parmi ses soupirants — et ait eu une liaison, elle n'avait certainement pas à craindre de critiques de la part de son groupe d'amis, où régnait une presque totale liberté de mœurs. Le roi, avec son chapelet de maîtresses plus ou moins déclarées (parmi lesquelles se trouvaient de très grandes dames), et ses huit bâtards reconnus, n'imposait pas à sa cour une rigueur morale qui eût été mal venue.

Que Mme de Sévigné ait été ou non la maîtresse de Fouquet, elle était indubitablement la sienne, n'obéissant qu'à elle-même — financièrement indépendante et libre — à moins que les scrupules moraux bourgeois qui régnaient chez les Coulanges ne l'eussent retenue. Elle était jeune et avait vingt-cinq ans lorsque son mari mourut : elle était belle, saine et vigoureuse, marchait beaucoup, montait à cheval et chassait. Elle était très sensible, romantique, ouverte à l'amour et à l'affection. Ne serait-il pas anormal qu'après la mort de son mari cette femme n'ait eu aucune relation affective ou sexuelle avec un autre homme ? Si elle était frigide, comme Bussy prétend que l'affirmait son mari, peut-être était-ce une frigidité dont ce même mari refusait de porter la responsabilité ? S'il n'avait pas réussi à éveiller sa passion, peut-être était-ce parce que — malgré toute son expérience de viveur — sa propre libido était moins excitée par une pure et virginale épouse que par une libertine, sexuellement très au fait comme l'était la belle Lolo, pour les faveurs de laquelle il mourut en duel.

Sainte-Beuve, le doyen des critiques français, définissait Mme de Sévigné comme « nullement sensuelle » ; le jugement arbitraire de Sainte-Beuve rappelle celui du marquis de Lassay qui déclarait que Mme de Maintenon avait été chaste du jour où le poète Scarron en mourant l'avait rendue veuve. « Comment faites-vous, Monsieur, pour être si sûr de ces choses-là ? » s'exclama la marquise de Lassay. En dépit de Sainte-Beuve, Mme de Sévigné abordait l'existence avec une sensualité des plus éveillées. Elle s'extasiait sur les splendeurs automnales des bois de Livry, sur la lumière du clair de lune filtrant à travers les frondaisons des Rochers. Ses descriptions du beurre riche et doré du Pré-Valé, des ortolans faisandés et des savoureuses figues de Provence nous mettent l'eau à la bouche et nous montrent là une femme extrêmement sensuelle.

Si Mme de Sévigné mettait toujours une frontière entre les hommes et elle, il paraît tout aussi évident qu'elle était amoureuse de l'amour ; qu'elle adorait et encourageait les avances masculines, qu'elle semblait retarder le plus longtemps possible le « non » final et que celui-ci tenait plus du « oui » que du « non » ! Tallemant, comme Bussy, raconte que ses propos étaient souvent provocants. Elle flirtait et était ce que les Français appellent une « allumeuse ». Ses admirateurs une fois excités, pouvait-elle vraiment toujours les garder à distance ? Jeune, jolie, avide de plaisir et de flatterie, elle semblait, à ce que beaucoup disent, vouloir s'étourdir d'une gaieté un peu forcée pouvant provenir d'une certaine tension nerveuse, peut-être d'origine sexuelle. Elle jouait sûrement un jeu dangereux ; en perdait-elle parfois le contrôle ?

Sa position eût-elle été si pénible et sa réputation si vulnérable lors du scandale Fouquet, si on ne l'avait pas déjà classée comme téméraire, provocante, libre dans ses manières comme dans ses paroles, si son nom n'était pas déjà trop souvent apparu dans les gazettes rimées, les madrigaux amoureux et les portraits littéraires qu'on avait distribués à tous vents ?

La question de savoir si elle eut une liaison avec Fouquet ou quelqu'un de ses nombreux soupirants n'est pas aussi intéressante que celle de savoir pourquoi elle ne s'est jamais remariée. A son époque et dans son milieu, la plupart des veuves de son âge se remariaient : jeune, belle, de bonne famille, elle dut être l'objet de nombreuses demandes. Elle les rejeta toutes. Dire qu'elle évita de se remarier pour ses deux enfants n'est guère convaincant : car c'est précisément pour eux qu'elle aurait pu choisir un second mari — pour la seule et simple raison que tous les enfants ont besoin d'un père. Elle aurait pu cette fois-là sélectionner celui de ses prétendants le plus apte à rendre heureux, et ses enfants, et elle-même. Elle aurait pu expliquer ce remariage comme le devoir qu'elle se faisait de redonner un père à ses enfants.

D'un autre côté, elle ne pouvait manquer de prendre en considération le fait que, sous l'Ancien Régime, se remarier c'était redonner à un homme tout pouvoir sur elle. Une femme d'une telle envergure n'allait pas renoncer si facilement à la liberté dont elle jouissait. Sa vie conjugale avait été un désastre ; son expérience de la société libertine, au sein de laquelle elle vivait, l'avait confirmée dans sa vision cynique du mariage : peu importait la tendresse du soupirant qui lui faisait la cour ; il pouvait avec les années se transformer en un mari acariâtre et infidèle. Nous connaissons ses idées sur le sujet : c'est elle-même qui parle dans une lettre datée du 12 juillet 1690. A propos des lourdes pertes subies par l'armée royale victorieuse, elle manifeste sa sympathie envers les mères ayant perdu leurs fils, et pas du tout envers les jeunes veuves : « Pour les jeunes veuves, elles ne sont guère à plaindre, écrit-elle. Elles seront bien heureuses d'être leur propre maîtresse ou de changer de maître. »

Qu'elle ait été ou non tentée de se remarier est une autre affaire : a-t-elle hésité au dernier moment ? A-t-elle été attirée par un homme au point d'être ébranlée dans sa résolution de ne pas se remarier ? — si jamais semblable résolution fut même consciemment prise. La seule demande en mariage qu'elle mentionne dans ses *Lettres* est celle que lui fit le duc de Luynes alors qu'elle avait cinquante-neuf ans : elle le refusa, lui et son tabouret. (Snob comme elle l'était, le titre de duchesse et le tabouret ou petit siège pliant auquel seuls les pairs et pairesses du royaume avaient droit en présence du roi, durent être bien tentants !) Des années plus tard, elle écrirait que si c'était l'intensité de son amour maternel qui l'avait préservée de la tentation d'un engagement sentimental — licite ou pas —, eh bien, elle lui en était fort reconnaissante ! A ce moment, sa fille avait entre vingt et trente ans, et son amour de mère n'était pas encore aussi fiévreux qu'il le deviendrait plus tard. S'il est vrai qu'après la mort de son mari, elle s'abstint de toute relation intime ou sexuelle avec un homme, alors son besoin d'amour a fort bien pu prendre la forme de cet amour excessif, obsessionnel, anormal — si ce n'est incestueux —, pour sa fille, amour qui allait bien compliquer leur relation. Ce n'était pas à proprement parler un amour maternel mais plutôt une passion maternelle, « passion qui était perverse et morbide », d'après Virginia Woolf.

Il n'existe aucune indication — aucun commentaire d'ami ou de connaissance — qui nous pousse à croire que l'amour maternel que Mme de Sévigné vouait à ses enfants tout jeunes avait quelque chose d'exceptionnel. Si elle avait été une mère plus zélée et plus attentive que d'autres envers ses jeunes enfants, cette caractéristique se serait certainement dégagée de l'un des trois portraits de plume que l'on fit d'elle à la fin des années 1650. A cette époque et dans le milieu de Mme de Sévigné, les enfants ne devaient en rien être une gêne pour les adultes : ils passaient de la nourrice à la bonne d'enfants, de la bonne d'enfants à la gouvernante et de la gouvernante au précepteur. Il n'y a nulle raison de penser qu'il en ait été autrement chez Mme de Sévigné. Sa vie était d'ailleurs orientée à ce moment-là vers le salon et non vers la chambre d'enfants. Son nom apparaît maintes et maintes fois dans les chroniques mondaines du temps : c'est un papillon qui ne manque jamais une fête ni un gala. La seule allusion à sa situation maternelle dans cette période de sa vie se trouve dans les *Mémoires* de l'abbé Arnauld, frère du marquis de Pomponne : « Il me semble que je la vois encore, écrit-il en cette journée de 1657, telle qu'elle me parut la première fois que j'eus l'honneur de la voir, arrivant dans le fond de son carrosse tout ouvert, au milieu de Monsieur son fils et de Mademoiselle sa fille, tous trois tels que les poètes représentent Latone au milieu du jeune Apollon et de la petite Diane, tant il éclatait d'agréments et de beauté dans la mère et les enfants. »

Nous n'avons que cet aperçu de Charles de Sévigné alors âgé de neuf ans, en 1657, tel un jeune Apollon, et puis plus rien. Nous n'entendrons plus parler de lui jusqu'à ce qu'il apparaisse dans une lettre de sa mère datée du 28 août 1668, date à laquelle il s'embarque pour l'île de Crète afin d'y défendre la ville de Candie assiégée par les Infidèles. La France, sous la bannière de l'Eglise, envoya en 1668 un corps expéditionnaire aider les Vénitiens à repousser les Turcs. Charles de Sévigné, âgé de vingt ans, décida sur un mouvement d'humeur de se porter volontaire.

> *Mon fils est allé en Candie*, écrit Mme de Sévigné au comte de Bussy. *Cette fantaisie lui est entrée fortement dans la tête. Il l'a dit à M. de Turenne, au cardinal de Retz, à M. de La Rochefoucauld : voyez quels personnages. Tous ces messieurs l'ont tellement approuvé, que la chose a été résolue et répandue avant que j'en susse rien. Enfin il est parti. J'en ai pleuré amèrement. J'en suis sensiblement affligée. Je n'aurai pas un moment de repos pendant tout ce voyage. J'en vois tous les périls ; j'en suis morte. Mais enfin je n'en ai pas été la maîtresse et, dans ces occasions-là, les mères n'ont pas beaucoup de voix au chapitre.*

L'on ne sait rien de l'éducation de Charles de Sévigné si ce n'est qu'il était fort cultivé. L'on peut donc en déduire qu'il avait eu d'excellents précepteurs et qu'on l'avait envoyé terminer ses études dans un bon collège, très probablement celui de Clermont[1], où l'accent était mis sur les lettres classiques. Nous retrouvons donc un Charles d'une vingtaine d'années qui est à la fois un homme cultivé, un épicurien et un panier percé. Adorable, séduisant, charmant et gracieux comme sa mère — toutes qualités que ne possédait pas sa sœur. Charles avait une chaleur humaine, une douceur et une gentillesse qui manquaient totalement à sa sœur. Par ses goûts et ses humeurs, il était beaucoup plus proche de sa mère que cette dernière ne l'était de sa fille. En fait, sa mère et lui étaient faits pour s'entendre, ce qui n'était pas le cas de la mère et de la fille. La relation mère-fils fut toujours beaucoup plus harmonieuse que la relation mère-fille.

La sœur de Charles, Françoise-Marguerite de Sévigné, était aussi cultivée et avait probablement joui de la même instruction que son frère. Cependant nous n'avons que des bribes d'information sur sa jeunesse et son éducation. C'était alors la coutume de faire élever les filles au couvent dès leur plus jeune âge et Mme de Sévigné ne faillit point à cette habitude. Elle fait de temps en temps vaguement référence dans ses *Lettres* au

---

1. Aujourd'hui lycée Louis-le-Grand.

séjour de sa fille au couvent, séjour qui dura des mois ou des années, nous n'en savons rien. Mais nous connaissons au moins deux des couvents que Mlle de Sévigné fréquenta en tant qu'enfant : le couvent de Sainte-Marie à Paris et le couvent des Visitandines à Nantes, où elle fut placée durant au moins l'un des nombreux séjours que fit sa mère en Bretagne. « Vous aviez dix ans, vous étiez à Sainte-Marie..., allait lui rappeler Mme de Sévigné vingt ans plus tard, en 1675. Je trouvai l'autre jour une lettre de vous où vous m'appeliez " ma bonne maman ". » Dans une autre lettre, de 1676, elle insiste sur le fait qu'il est absolument barbare d'envoyer des fillettes au couvent — même si elle l'a fait : « J'admire comme j'eus le courage de vous y mettre ; la pensée de vous voir souvent et de vous en retirer bientôt me fit résoudre à cette barbarie. »

Dans un couvent, au XVIIe siècle, le programme éducatif était des plus minces, peu de nonnes étant capables d'enseigner autre chose que le catéchisme. A une jeune personne de qualité, l'on apprenait à rédiger une lettre de condoléances ou de félicitations ; à coudre joliment ; à chanter de préférence des chants religieux ; à entrer et à sortir gracieusement d'un salon ; à distinguer la manière de s'adresser à une princesse du sang ou à une duchesse de celle de s'adresser à une simple marquise ou à une comtesse.

L'érudition de Mlle de Sévigné ne pouvait être l'œuvre que des excellents précepteurs trouvés par sa mère, qui avait elle aussi joui de ces avantages dans sa jeunesse. Mme de Sévigné n'enseignait probablement rien elle-même à sa fille, mais elle surveillait son éducation et toutes deux travaillaient souvent ensemble. Mme de Sévigné fera plus tard allusion à la poésie italienne qu'elles lisaient de concert à haute voix lorsque sa fille était jeune. En 1639, avec la publication du *Discours de la méthode* de Descartes — pierre de touche de la philosophie moderne —, la pensée scientifique prit un nouveau tournant et une nouvelle place dans le programme d'éducation, comme le prouve le tour d'esprit de Mlle de Sévigné comparé à celui de sa mère (Mme de Sévigné tira profit de la facilité qu'avait sa fille à penser par abstraction, ce qui lui faisait défaut).

Le groupe d'éducateurs assemblés par Mme de Sévigné comprenait sans aucun doute un maître à danser, et certainement le meilleur de la capitale, car il forma si bien Mlle de Sévigné qu'elle fut invitée à danser les premiers rôles dans des ballets alors populaires à la cour de Louis XIV (comme ils l'avaient été à la cour de son père, Louis XIII).

Le ballet était à cette époque considéré en France comme un

exercice viril — et même royal. Louis XIV était la vedette des luxueuses productions du palais, dont on confiait les costumes et les décors splendides aux plus grands artistes du royaume, et la musique aux meilleurs musiciens ; les poètes en vogue écrivaient les livrets des chants qui accompagnaient les danses. Louis XIV, dans sa folle jeunesse, était appelé dans tout Paris « le roi du ballet ». (C'est à cet engouement pour le ballet qu'avait la cour française au XVIIe siècle que le ballet moderne doit son origine.)

En 1663, Mlle de Sévigné, âgée de dix-sept ans, fit ses débuts à la cour dans le Ballet Royal des Arts où elle tenait le rôle important de l'une des quatre bergères dansant avec le roi en personne dans le rôle du berger. Elle était sur cette scène en illustre compagnie : l'une des trois autres bergères était Madame (Henriette Stuart, fille de Charles Ier d'Angleterre), épouse de Monsieur, le duc d'Orléans (frère du roi) ; Louise de La Vallière, favorite du roi, était une autre bergère ; la quatrième, et non la moindre, était Athénaïs de Mortemart-Rochechouart, future marquise de Montespan et qui voulait évincer Mlle de La Vallière.

Mlle de Sévigné avait tout à fait sa place dans un quatuor aussi distingué. Le poète lyrique Benserade fait son éloge : « Déjà cette beauté fait craindre sa puissance, / Et pour nous mettre en butte à d'extrêmes dangers, / Elle entre justement dans l'âge où l'on commence/A distinguer les loups d'avecque les bergers. » Loret, dans sa gazette en vers, parle de cette représentation du Ballet Royal des Arts et chante les louanges de la jeune fille : « Fille jeune, fille brillante, / Fille de mère ravissante. » Et le marquis de Tréville, qui s'y connaissait en femmes, prédit : « Cette beauté brûleroit le monde. »

Mme de Sévigné devait rayonner devant l'effet produit par sa fille lors de sa première apparition au palais du Louvre. (Mme de Sévigné ne put jamais — aussi longtemps qu'elle vécut — contempler un menuet bien dansé sans comparer immédiatement la grâce et la technique de la danseuse avec celles de sa fille, et cela invariablement à l'avantage de cette dernière.)

En 1664, Monsieur, frère du roi, invita Mlle de Sévigné à prendre part à un ballet qui se déroulait chez lui, au Palais royal. Il devait y danser le rôle d'un dieu marin, et elle, celui d'une nymphe, prestation qui lui valut un autre flot de louanges de la part de Benserade pour sa grâce et sa beauté.

Elle allait de succès en succès. La saison de 1665 vit la production d'un ballet ayant pour titre *la Naissance de Vénus*, dans lequel Louis XIV dansait le rôle d'Alexandre et Mlle de Sévigné celui d'Omphale.

En juillet 1668, le jeune souverain, superbe et radieux, reçut ses hôtes, dans les jardins de Versailles illuminés pour une fête digne du *Songe d'une nuit d'été*. Au souper fin qui suivit la première d'une comédie de Molière, Mme de Sévigné et sa fille siégèrent à la table du roi — distinction qui fit jaser. Le roi était à ce moment-là entre deux liaisons : il semblait fatigué de la peut-être trop douce, trop modeste et trop patiente La Vallière ; il lorgnait les beautés de la cour et celle-ci attendait, le souffle court, de voir qui il honorerait de ses faveurs. Sa dévote et boulotte reine, Marie-Thérèse d'Espagne, avait enfin appris à contrôler sa violente jalousie ; elle savait maintenant qu'il était inévitable de se soumettre totalement aux quatre volontés de son cher époux : il visitait son lit chaque nuit afin d'y accomplir ses devoirs envers la dynastie ; la reine se contentait de cela et de sa courtoisie raffinée.

En 1668, les commérages allaient bon train à la cour : l'entourage du monarque voyait en Mlle de Sévigné un morceau de choix pour le roi. Le nom du marquis de Villeroy (surnommé le Charmant, l'un des compagnons préférés du souverain) se trouvait mentionné, grâce à une rengaine populaire, sur la liste des admirateurs de Mlle de Sévigné. Mais joignait-on au sien un nom plus célèbre encore ? Le bruit en courait : un bruit que Mme de Montmorency rapportait par écrit au comte de Bussy alors en exil sur une de ses terres de Bourgogne : « Madame fait valoir autant qu'elle peut [Mme de Soubise] auprès du Roi. D'un autre côté, La Feuillade fait ce qu'il peut pour Mlle de Sévigné, mais cela est encore bien faible. »

La réponse de Bussy ne lui fait pas honneur : « Je serais bien aise que le Roi s'attache à Mlle de Sévigné, car la demoiselle est fort de mes amies, et il ne pourrait être mieux en maîtresse. » Bussy espérait évidemment que la nouvelle favorite obtiendrait la clémence du roi pour son cousin, lui en l'occurrence, qui reviendrait à la cour regagner les faveurs royales. Il faut dire pour sa défense qu'à cette époque il y aurait eu bien peu de pères, de maris ou de frères qui ne se seraient réjouis de voir leur fille, épouse ou sœur devenir la concubine du roi. Même un noble de haut rang comme le duc de Rohan chercha à attirer l'attention du roi sur la princesse de Soubise, sa propre sœur : « Les femmes naissent avec l'ambition de devenir les favorites du roi », selon Primi Visconti. La noblesse française était devenue complètement dépendante des faveurs royales et du bon vouloir du souverain. Le roi était à la source de toute fortune, de tout honneur, et de sa main auguste pleuvaient toutes sortes de bénédictions.

L'on encourageait donc ce roi adultère à se regarder comme un dieu descendu de l'Olympe et se tenant au-dessus des mortels et de leurs lois. Le plus grand des poètes français, Molière, dans *Amphitryon*, pardonne cette éthique toute païenne en des vers immortels : « Un partage avec Jupiter / N'a rien du tout qui déshonore. »

Mais le regard du roi était destiné à se poser non pas sur Mlle de Sévigné, mais sur Athénaïs, marquise de Montespan, plus orgueilleuse, impudente, belle et intelligente qu'aucune créature du royaume. Ce n'était certes pas une modeste violette comme celle qu'elle remplaçait. (« Elle lui reprocha une fois, de n'être point amoureux d'elle, mais de se croire seulement redevable au public d'être aimé de la plus belle femme de son royaume. ») Elle pouvait prendre, elle aussi, son envol vers les hauteurs de l'Olympe pour y rejoindre le roi ; elle était faite pour lui dans toute sa splendeur et elle allait pouvoir régner sur Versailles plus royalement que la reine elle-même.

Une personne introvertie comme Mlle de Sévigné — réservée, solitaire, inhibée, hypersensible — devait très probablement savoir qu'elle n'était pas faite pour le rôle de maîtresse officielle du souverain. Elle se serait d'ailleurs d'elle-même retirée de la compétition, si jamais elle s'y était seulement prêtée.

La Fontaine, qui lui dédicace sa fable *le Lion amoureux,* note son « indifférence » : « Sévigné, de qui les attraits / Servent aux Grâces de modèle, / Et qui naquites toute belle, / A votre indifférence près. » Le mot « indifférence » employé là par La Fontaine n'est sans doute qu'un euphémisme pour arrogance et hauteur. Les vers de Benserade pour le ballet *la Naissance de Vénus* nous la montrent inflexible, froide et distante.

> *Elle verrait mourir le plus fidèle amant*
> *Sans daigner l'assister d'un regard seulement.*
> *Injuste procédé, sotte façon de faire*
> *Que la pucelle tient de Madame sa mère,*
> *Et que la bonne dame, au courage inhumain,*
> *Se lassant aussi peu d'être belle que sage,*
> *Encore tous les jours applique à son usage*
> *Au détriment du genre humain.*

Mlle de Sévigné est une véritable énigme : était-elle froide et vertueuse, comme le dit le poète ? Ou galante et encline à l'amour, comme le prétendaient certains de ses contemporains ? Quelques chansons du temps font allusion, en 1665, à une liaison entre Mlle de Sévigné et le charmant Villeroy ; dans les *Mémoires* de Primi Visconti — le mystagogue italien alors à la cour du Roi-Soleil — il est écrit en toutes lettres que l'ambassadeur italien connut intimement Mlle de Sévigné. Sa réputation, comme celle de sa mère avant elle, eut quelque peu à souffrir de certains racontars. Sa beauté et ses qualités de danseuse l'avaient introduite facilement dans le cercle des intimes de Louis XIV. Peut-être eût-il été plus prudent de la part de Mme de Sévigné de ne pas encourager sa fille à fréquenter de trop près la coterie royale, célèbre pour son immoralité totale ? Et même en admettant qu'elle eût souhaité un éloignement, eût-elle pu le mettre en œuvre discrètement ? Quitter Paris pour le château des Rochers en prétextant des affaires en Bretagne ? Si l'on se souvient des piques que le comte de Bussy lui lançait sur sa servilité obséquieuse à l'égard du trône, il est fort probable que Mme de Sévigné se laissa aveugler par les compliments qu'on lui faisait au Louvre sur sa fille. La manière flatteuse dont la cour de France avait reçu Mlle de Sévigné avait fait entrevoir à sa mère des châteaux en Espagne. Sans doute son imagination lui avait-elle dépeint la splendide destinée et le brillant mariage qui assureraient à sa fille le rang élevé, le titre ronflant, la fortune et l'honneur pour lesquels cette perle avait été mise au monde. Mais l'heure de gloire de Mlle de Sévigné ne dura point : sa course dans les nuées avait été celle d'une étoile filante qui brille un instant dans les cieux pour disparaître à jamais dans l'obscurité.

8.

Si Mlle de Sévigné était, comme le dit le comte de Bussy, « la plus jolie fille de France », pourquoi alors n'était-elle ni mariée ni fiancée à l'âge de vingt ans en 1667 ? Pas plus qu'à vingt et un ans en 1668. Il était tout à fait inhabituel à cette époque qu'une fille ne se marie pas toute adolescente. Mlle de Sévigné n'avait pas montré d'inclination pour la vie religieuse. Etait-il possible qu'un tel parangon de beauté et d'intelligence restât vieille fille ? Cette jeune dame au nom noble, à la dot considérable, et dont la beauté était portée aux nues par les poètes, n'avait-elle donc point de prétendants ? Peut-être était-elle trop célèbre, trop louangée pour attirer les héritiers des familles nobles plus rangées et plus conservatrices ? D'un autre côté, sa famille n'avait pas place dans l'entourage royal : sa mère veuve n'avait point de mari en faveur auprès du roi. Pour ce qui est des Rabutin, le comte de Bussy était en disgrâce ; et les Sévigné, eux, avaient choisi le mauvais parti dans les guerres de la Fronde et n'avaient donc aucun crédit ni statut à la cour.

Ou bien était-ce Françoise-Marguerite de Sévigné elle-même qui effarouchait ses soupirants éventuels ? Elle était exquise de visage et bien proportionnée, intelligente et instruite, et cependant, elle manquait de chaleur, de grâce et de charme, et ne gagnait pas le cœur des hommes, séduits de prime abord par son esprit et sa beauté. Sa mère et elle ne trouvaient sans doute personne au monde d'assez bien pour elle, comme l'indiquent les vers de Saint-Pavin :

> *Aussi la terre est trop petite*
> *Pour y trouver qui la mérite ;*
> *Et la belle, qui le sait bien,*
> *Méprise tout et ne veut rien.*

Le madrigal, qui se voulait un beau compliment, laisse entrevoir l'arrogance et le narcissisme encouragés par sa mère comme par les poètes.

Les critiques qu'on lui adressa toute sa vie et même après sa mort portent sur cette hauteur, cette raideur et cette attitude désagréable qui furent toujours son fait. Sa mère et les portraitistes vantèrent la perfection de ses traits, mais ils avaient une expression rébarbative de dédain et de froideur ; et si l'on observait bien ce visage, il arborait souvent un je-ne-sais-quoi de sarcastique, au demeurant fort déplaisant. Le comte de Bussy jugeait sa petite-cousine de manière peu flatteuse : « Cette femme-là a de l'esprit, mais un esprit aigre, une gloire insupportable... Elle se fera autant d'ennemis que sa mère s'est fait d'amis et d'admiration. »

On envisagea un certain nombre de possibilités matrimoniales : des négociations eurent lieu auxquelles on ne donna pas suite. En 1666, Mlle de Sévigné parut sur le point d'épouser Charles des Montiers de Mérinville : la chose allait se faire, fondée sur des clauses financières très précises notées dans le contrat de mariage, mais tout fut brusquement interrompu (selon les archives des Mérinville). Puis le duc de Caderousse fit sa demande et fut éconduit. Mlle de Sévigné n'était apparemment pas attirée par le duc, tout grand, bien bâti, intelligent et cultivé qu'il fût ! Le titre prestigieux de duchesse ne la tenta même pas. Elle n'allait pas non plus agréer le comte d'Etauges et son immense fortune (« riche, mais assez sot », comme le disait une lettre de la comtesse de Fiesque à Bussy). Mme de Sévigné en fut elle-même surprise si l'on en juge par les dernières lignes d'une lettre qu'elle écrivit à Bussy le 6 juin 1668 : « Ma fille a pensé être mariée ; cela s'est rompu, je ne sais pourquoi. »

En juillet, en réponse à une lettre dans laquelle Bussy envoyait ses compliments à « la plus jolie fille de France », la mère de cette merveille terminait sur une note plutôt chagrine : « La plus jolie fille de France vous fait des compliments. Ce nom me parait assez agréable ; je suis pourtant lasse d'en faire les honneurs. » Sur quoi Bussy réplique le 29 juillet que la plus jolie fille de France connaissait les bons sentiments qu'il lui portait, mais qu'il était grand temps que ce ne fût plus seulement sa mère qui lui fît les honneurs ; il s'étonnait aussi de « la bizarrerie du destin » de sa jeune cousine. A quoi Mme de Sévigné répondit, le 28 août : « La plus jolie fille de France est plus digne que jamais de votre estime, et de votre amitié ; elle vous fait des compliments. Sa destinée est si difficile à comprendre que pour moi je m'y perds. »

Le 4 décembre 1668, l'on fut enfin fixé sur la destinée de Mlle de Sévigné : « Il faut que je vous apprenne une nouvelle qui, sans doute, vous donnera de la joie », écrivit Mme de Sévigné à son cousin.

C'est qu'enfin la plus jolie fille de France épouse, non pas le plus joli garçon, mais un des plus honnêtes hommes du royaume ; c'est M. de Grignan, que vous connaissez il y a longtemps. Toutes ses femmes sont mortes pour faire place à votre cousine, et même son père et son fils, par une bonté extraordinaire, de sorte qu'étant plus riche qu'il n'a jamais été, et se trouvant d'ailleurs, et par sa naissance, et par ses établissements, et par ses bonnes qualités, tel que nous le pouvons souhaiter, nous ne le marchandons point comme on a accoutumé de faire ; nous nous en fions bien aux deux familles qui ont passé devant nous. Il paraît fort content de notre alliance ; et aussitôt que nous aurons des nouvelles de l'archevêque d'Arles son oncle, son autre oncle l'évêque d'Uzès étant ici, ce sera une affaire qui s'achèvera avant la fin de l'année. Comme je suis une dame assez régulière, je n'ai pas voulu manquer à vous en demander votre avis, et votre approbation. Le public paraît content, c'est beaucoup ; car on est si sot que c'est quasi sur cela qu'on se règle.

Bussy ayant répondu que lui aussi approuvait cette union, Mme de Sévigné répondit, ravie : « Je suis fort aise que vous approuviez le mariage de Grignan. Il est vrai que c'est un très bon et très honnête garçon, qui a du bien, de la qualité, une charge, de l'estime et de la considération dans le monde. »

Bussy connaissait déjà François Adhémar de Monteil de Grignan, comte de Grignan. Mme de Sévigné n'avait nul besoin de donner plus ample information à Bussy sur la famille. Le nom de Grignan était connu de toute la France — nom prestigieux dont Mme de Sévigné faisait des gorges chaudes. Les Grignan étaient de la très vieille et très illustre noblesse de Provence, du Dauphiné et du Comtat Venaissin. Honoré Bouche, historien du xviie, fait remonter l'histoire des Adhémar jusqu'à un Lambert Adhémar de Monteil qui aurait vécu au viie siècle [1]. En tant que chefs des Croisades, les Adhémar ont leur nom dans l'histoire et dans les vers du Tasse. Au xie siècle, ils rendirent hommage aux empereurs germaniques pour se déclarer plus tard souverains de leurs propres territoires. Les Grignan étaient alliés à une autre illustre famille noble, celle des Castellane. L'arbre généalogique s'ornait d'un duc de Gênes. Le comte de Grignan avait deux oncles haut placés dans la hiérarchie ecclésiastique : l'un était l'archevêque d'Arles et l'autre l'évêque d'Uzès. Deux de ses frères étaient dans les ordres et deux autres dans l'armée : deux pour Dieu et deux pour le roi.

Le comte de Grignan ne pouvait plus revendiquer — comme l'avaient fait ses ancêtres au xie siècle — vingt et une lieues sur la rive gauche fertile du Rhône, mais il avait encore de vastes domaines : d'après les archives de famille, ses propriétés en Provence et dans le Dauphiné étaient évaluées à environ quinze millions de francs ; on en estimait les revenus annuels à un demi-million de francs.

Ce que Mme de Sévigné savait ou ne savait pas, c'était que les trois quarts des revenus annuels de son futur gendre étaient hypothéqués, ce dernier étant endetté jusqu'au cou. Ce qu'elle

1. La ville de Montélimar tient son nom de la famille de Monteil.

n'imaginait pas, c'était que les extravagances du comte étaient
légendaires, qu'il vivait sur un pied royal (ou plutôt « gothi-
que », comme elle le dirait elle-même plus tard !). Mais elle ne
pouvait pas ignorer ses difficultés financières, puisque le
contrat de mariage stipulait que des deux cent mille livres
payées sur la dot la veille des noces, cent quatre vingt mille
seraient immédiatement versées aux créanciers du comte.
(Tandis que se négociaient les tenants et aboutissants de cette
union, on racontait que Mme de Sévigné aurait eu ce bon mot :
elle ne pouvait comprendre pourquoi il lui fallait payer le
comte de Grignan 200 000 livres pour coucher avec la plus jolie
fille du royaume !) La question se pose de savoir si elle avait
pleinement réalisé l'étendue de la désastreuse situation financière dans laquelle se trouvait son futur gendre. Le cardinal de
Retz, ami dévoué et parent du côté des Sévigné, l'avait dûment
avertie : il nous reste une lettre de lui où il exprime son malaise
à la pensée que Mme de Sévigné n'a pas demandé et qu'on ne
lui a donc point fourni un aperçu des finances du comte, à
l'idée qu'elle a tout simplement accepté cette union comme
étant la destinée de sa fille. Le cardinal poursuit en disant qu'il
comprend difficilement sa hâte à conclure la chose sans
prendre plus amples renseignements. Ce qui paraît encore plus
étrange est que l'abbé de Coulanges, oncle et conseiller financier de Mme de Sévigné, très tatillon en matière d'argent, ait
laissé signer à sa petite-nièce un contrat de mariage aussi peu
sûr.

Pourquoi, pourrait-on se demander avec le cardinal, cette
hâte à contracter une union loin d'être entièrement satisfai-
sante ? Etait-ce à cause de cette « opinion publique » à laquelle
Mme de Sévigné avait fait allusion dans une lettre adressée à
Bussy : y avait-il un certain malaise dans la famille, suite aux
rumeurs qui avaient couru sur Mlle de Sévigné et le roi — ou
même d'autres galants ? Mlle de Sévigné se montrait-elle
simplement difficile, ou sa mère était-elle, comme elle le
confessait à Bussy, « lasse d'en faire les honneurs » ? N'importe
comment, voir d'autres fiançailles se terminer par un fiasco eût
été fort embarrassant pour la mère et la fille. On peut ainsi
penser que c'est Mlle de Sévigné elle-même qui poussa sa mère
à signer le contrat de mariage. Tout porte en effet à croire
qu'elle était tombée amoureuse du comte de Grignan : une
lettre de Mme de Sévigné au comte, écrite quelques mois plus
tard, montre clairement que Mlle de Sévigné avait été attirée
par le comte comme elle ne l'avait jamais été par aucun
homme.

Le comte pouvait bien être laid et même franchement laid — cette laideur étant d'ailleurs souvent un sujet de plaisanterie dans la famille, comme l'admettaient affectueusement sa femme et sa belle-mère —, c'était cependant un homme extrêmement attirant et séduisant, car très viril, dans le meilleur sens du terme : sa haute taille lui donnait belle allure et c'était un parfait athlète (marcheur, chasseur et fine lame) — bref, un homme racé à la chevelure et à la barbe noir corbeau, et au nez busqué comme tous les Grignan. Un homme du monde, brillant spécimen de la société française la plus raffinée ; musicien, avec une jolie voix de baryton, très bon officier (colonel du célèbre régiment de Champagne, capitaine de la cavalerie de la reine) — rien d'étonnant à ce que toutes les femmes l'eussent trouvé fascinant ! En 1668, Grignan obtint le poste de lieutenant général du Languedoc (dont la capitale était Toulouse).

Il avait eu pour première femme Angélique-Clarice d'Angennes, fille de la célèbre marquise de Rambouillet, dont le salon exerça une telle influence sur la culture française au XVIIe siècle. A sa mort en 1664, après six ans de mariage, le comte se retrouva veuf avec deux petites filles : l'un de ses problèmes financiers urgents était alors de donner à ses filles ce qui leur revenait de leur mère. En 1666, il épousa Angélique de Puy-du-Fou, qui mourut l'année suivante en mettant au monde un fils qui ne survécut à sa mère que quelques mois.

Le comte de Bussy, dans une lettre pleine d'humour écrite en décembre 1668, la veille du mariage, à la future belle-mère de Grignan, trouve que le futur gendre ne laisse rien à désirer du point de vue des prouesses sexuelles : « ... c'est que Grignan, qui n'est pas vieux, est déjà à sa troisième femme ; il en use presque autant que d'habits, ou du moins que de carrosses. A cela près, je trouve ma cousine bien heureuse, mais pour lui, il ne manque rien à sa bonne fortune. »

La mère de la troisième épouse de Grignan, ignorant la mise en garde de Bussy, apposa sa signature — aux côtés de celles de soixante-treize amis et parents — au contrat de mariage, le 27 janvier 1669. La cérémonie se déroula deux jours plus tard avec tout le faste requis. Bussy, toujours en exil, n'était point là, et Mme de Sévigné lui écrivit pour lui dire combien on allait le regretter : « ... par mon goût vous seriez tout le beau premier à la fête. Bon Dieu, que vous y tiendriez bien votre place ! Depuis que vous êtes parti de ce pays-ci, je ne trouve plus d'esprit qui me contente pleinement, et mille fois je dis en moi-même : " Bon Dieu, quelle différence ! " ».

En avril, quelques mois après le mariage, les nouveaux époux vinrent rejoindre Mme de Sévigné en louant assez bon prix une jolie maison, rue de Thorigny, dans le vieux quartier à la mode du Marais où Mme de Sévigné se sentait vraiment chez elle, près de la place Royale où elle était née et avait grandi — une belle demeure neuve et spacieuse un peu en retrait de la rue avec une vaste cour et un jardin. Il y avait là bien assez de place pour tout le monde. Mme de Sévigné n'avait pas à craindre que le mariage la séparât de sa fille. Elle allait vivre avec les Grignan et faire heureux ménage avec ses enfants, semblait-il. On ne savait qui était le plus enchanté, du comte de Grignan, de la belle-mère ou de l'épouse.

Mme de Sévigné écrivit au comte de Bussy en juin 1669, six mois après le mariage, pour tenter de résoudre un pointilleux problème d'étiquette qui mettait aux prises les deux comtes, chacun d'eux insistant pour que l'autre prît l'initiative de lui écrire suite à l'alliance conclue entre les Grignan et les Rabutin par le mariage avec Mlle de Sévigné. « Mme de Grignan vous écrit pour Monsieur son époux », commence fort diplomatiquement Mme de Sévigné

> *Il jure qu'il ne vous écrira point sottement, comme tous les maris ont accoutumé de faire à tous les parents de leur épousée. Il veut que ce soit vous qui lui fassiez un compliment sur l'inconcevable bonheur qu'il a eu de posséder Mlle de Sévigné. Il prétend que, pour un tel sujet, il n'y a point de règle générale. Comme il dit tout cela fort plaisamment et d'un bon ton, et qu'il vous aime et vous estime avant ce jour, je vous prie, Comte, de lui écrire une lettre badine, comme vous savez si bien faire. Vous me ferez plaisir, à moi que vous aimez, et à lui qui, entre nous, est le plus souhaitable mari et le plus divin pour la société qui soit au monde.*

Mme de Sévigné pouvait se féliciter du mariage de sa fille. Non seulement celle-ci semblait heureuse avec son mari, mais encore Mme de Sévigné elle-même — comme elle l'avait écrit à Bussy — ne pouvait rêver gendre plus à son goût. Il y avait tout lieu d'espérer que le comte, avec son grand nom, son charme personnel, son passé militaire et son expérience administrative dans le Languedoc, serait bientôt promu à un poste distingué à la cour et que les Grignan et Mme de Sévigné couleraient des jours heureux rue de Thorigny, ou dans quelque autre endroit convenant à leur rang et à leur statut social.

9.

La famille se retrouva au complet en mars 1669, lorsque, sa périlleuse aventure crétoise terminée, le jeune Charles de Sévigné regagna la capitale. Le corps expéditionnaire chrétien n'avait pas réussi à repousser les hordes païennes. Ces dernières avaient enlevé la ville de Candie aux Vénitiens qui la détenaient depuis bientôt quatre cents ans. Les pertes avaient été rudes ; Charles en était revenu sain et sauf, et manifestait quelque envie de poursuivre dans cette voie. La carrière militaire lui était, bien sûr, ouverte (les jeunes nobles de cette époque n'avaient guère le choix car seules deux carrières se présentaient à eux : l'Eglise et l'armée). Sa mère lui acheta, à grands frais, une charge d'enseigne dans un corps d'élite, les gendarmes-Dauphin.

La comtesse de Grignan était enceinte et la famille passa la plus grande partie de l'été à Livry. L'oncle de Mme de Sévigné, le « Bien Bon », l'abbé de Coulanges, dirigeait alors l'abbaye de Livry où il se trouvait avec quatre autres moines en bure noire. Ses vertes forêts et ses jardins, ses champs fertiles qui voyaient paître les troupeaux, ses cours d'eau limpides, ses étangs et ses ponts, tout cela constituait, à peu de distance en voiture de Paris, une retraite rustique qui resta toujours chère au cœur de Mme de Sévigné et de sa fille — l'une des rares choses qu'elles eurent en commun, d'ailleurs !

Mais cet Eden fut bientôt troublé, au début de novembre, lorsque Mme de Grignan fit une fausse couche — à la suite, disait-on, de la frayeur qu'elle avait ressentie à voir son beau-frère, le beau chevalier de Grignan, jeté bas de son cheval sur un des chemins de Livry. (Les mauvaises langues racontaient que c'était l'intérêt tout particulier que Mme de Grignan prenait à son jeune beau-frère qui lui avait causé si forte émotion.)

Mme de Sévigné, qui veillait anxieusement sur la convalescence de sa fille, allait subir un autre choc en provenance cette fois de la cour. La nouvelle tomba comme un coup de tonnerre : le comte de Grignan venait d'être nommé par une lettre patente du 29 novembre 1669 lieutenant-gouverneur de Provence, afin de représenter Sa Majesté dans cette ancienne province de la France méridionale. Le duc de Vendôme, âgé de quinze ans (arrière-petit-fils du premier roi bourbon, Henri IV), était, lui, gouverneur de Provence, mais il n'en avait que le titre. Il ne mettrait d'ailleurs jamais le pied en Provence et ne gouvernerait rien du tout. Pourtant, financièrement, ce serait lui qui récolterait la part du lion.

C'était, sans aucun doute, une très flatteuse promotion pour Grignan que d'être nommé vice-roi de cette grande et importante province — sa province natale. Mais c'était très différent de son poste en Languedoc où n'étant que l'un des lieutenants généraux, il pouvait remplir son office à distance. Mme de Sévigné reçut un coup au cœur lorsqu'elle apprit que le comte — et la comtesse avec lui — devrait passer de très longues périodes dans la ville d'Aix-en-Provence, siège du parlement provincial, et à Lambesc où l'assemblée des communes de Provence se réunissait annuellement (pour voter les subsides nécessaires à l'administration de la province et ratifier les impôts que le Trésor royal y levait).

L'idée d'être séparée de sa fille dut remplir Mme de Sévigné de panique. Une telle pensée ne lui était naturellement jamais venue à l'esprit lorsqu'elle avait marié sa fille au comte de Grignan.

Elle allait avoir un sursis : le comte de Grignan n'était pas attendu à son nouveau poste avant le printemps, et, à ce moment-là, la comtesse se trouva enceinte à nouveau — condition qui, d'après sa mère, lui interdisait d'accompagner son mari dans ce long et pénible voyage.

En avril 1670, Mme de Sévigné — avec sa fille à ses côtés et l'heure de la séparation indéfiniment repoussée — écrivait gaiement au comte de Bussy : « Vous ne voulez pas que je vous parle de Mme de Grignan (l'une des plaisanteries favorites de Bussy étant de se déclarer amoureux de Mme de Grignan et jaloux de son mari), et moi je vous en veux parler. Elle est grosse et demeure ici pour y faire ses couches. Son mari en Provence, c'est-à-dire il s'y en va dans trois jours. » En mai, elle répondit à une lettre de Bussy : « Mme de Grignan est si indigne de votre amitié, elle aime tant son mari, elle est si grosse, que je n'ose vous dire qu'elle se souvient fort de vous. » Et un peu plus tard : « Je ne suis pas accoutumée à la voir grosse ; j'en suis scandalisée aussi bien que vous. » (Depuis leur querelle, la correspondance de Bussy et de Mme de Sévigné avait connu des hauts et des bas, car ils étaient tous deux prompts à prendre la mouche, et tout aussi prompts à oublier leurs différends. Durant les mois qui venaient de s'écouler, Bussy s'était offensé de ce que le comte de Grignan ne lui eût pas formellement fait part de son mariage. Mme de Sévigné s'était, elle, offensée du refus de Bussy de céder et d'écrire le premier à Grignan, et comme elle le faisait chaque fois qu'elle se mettait en colère, elle lui avait rappelé son acte de haute trahison : le portrait — chose qu'elle avait une douzaine de fois promis de ne plus mentionner ! Mais en juillet 1670, elle était, une fois encore, prête à tout oublier et lui écrivait pour l'en assurer : « Nous ne nous perdons point ; de notre race nos liens s'allongent quelquefois, mais ils ne se rompent jamais. »)

En juin, le comte de Grignan arriva en Provence. Le 25 juin, Mme de Sévigné lui adressait sa première lettre, première d'une série qui pourrait servir de modèle à bien des belles-mères.

> *Vous m'avez écrit la plus aimable lettre du monde ; j'y aurais fait plus tôt réponse, si je n'avais su que vous couriez par votre Provence. Je voulais d'ailleurs vous envoyer les motets que vous m'aviez demandés. Je n'ai pu encore les avoir, de sorte qu'en attendant, je veux vous dire que je vous aime toujours très tendrement, et que si cela peut vous donner quelque joie, comme vous me le dites, vous devez être l'homme du monde le plus content. Vous le serez sans doute beaucoup du commerce que vous avez avec ma fille ; il me paraît très vif de sa part. Je ne crois point qu'on puisse plus aimer qu'elle vous aime. Pour moi, j'espère que je vous la rendrai saine et entière, avec un petit enfant de même.*

La lettre suivante que Mme de Sévigné adressa à son gendre est datée du 6 août :

> *Est-ce qu'en vérité je ne vous ai pas donné la plus jolie femme du monde ? Peut-on être plus honnête, plus régulière ? Peut-on vous aimer plus tendrement ? Peut-on avoir des sentiments plus chrétiens ? Peut-on souhaiter plus passionnément d'être avec vous ? Et peut-on avoir plus d'attachement à tous ses devoirs ? Cela est assez ridicule que je dise tant de bien de ma fille, mais c'est que j'admire sa conduite comme les autres ; et d'autant plus que je la vois de plus près, et qu'en vérité, quelque bonne opinion que j'eusse d'elle sur les choses principales, je ne croyais point du tout qu'elle dût être exacte sur toutes les autres au point qu'elle*

*l'est. Je vous assure que le monde aussi lui rend bien justice,
et qu'elle ne perd aucune des louanges qui lui sont dues.*

*Elle a été dans des peines de votre santé qui ne sont pas
concevables ; je me réjouis que vous soyez guéri, pour
l'amour de vous, et pour l'amour d'elle. Je vous prie que si
vous avez encore quelque bourrasque à essuyer de votre bile,
vous obteniez d'elle d'attendre que ma fille soit accouchée.
Elle se plaint encore tous les jours de ce qu'on l'a retenue
ici, et dit tout sérieusement que cela est bien cruel de l'avoir
séparée de vous. Il semble que ce soit par plaisir que nous
vous ayons mis à deux cents lieues d'elle. Je vous prie sur
cela de calmer son esprit, et de lui témoigner la joie que vous
avez d'espérer qu'elle accouchera heureusement ici. Rien
n'était plus impossible que de l'emmener dans l'état où elle
était ; et rien ne sera si bon pour sa santé, et même pour sa
réputation, que d'y accoucher au milieu de ce qu'il y a de
plus habile, et d'y être demeurée avec la conduite qu'elle a.
Si elle voulait après cela devenir folle et coquette, elle le
serait plus d'un an avant qu'on le pût croire, tant elle a
donné bonne opinion de sa sagesse. Je prends à témoin tous
les Grignan qui sont ici de la vérité de tout ce que je dis. La
joie que j'en ai a bien du rapport à vous, car je vous aime de
tout mon cœur, et suis ravie que la suite ait si bien justifié
votre goût.*

*Je ne vous dis aucune nouvelle ; ce serait aller sur les
droits de ma fille. Je vous conjure seulement de croire qu'on
ne peut s'intéresser plus tendrement que je fais à ce qui vous
touche.*

L'invocation aux Grignan afin qu'ils témoignent de la bonne
conduite de Mme de Grignan vient ici renforcer l'impression
que les calomnies à son égard avaient été de taille et que peut-
être elles persistaient encore. Il cst aussi fort intéressant de voir
Mme de Sévigné demander au comte de convaincre sa femme
que la séparation était réellement nécessaire et qu'il désirait,
tout autant que sa mère, qu'elle restât à Paris.

Le 15 août, une lettre de Mme de Sévigné en provenance de
Paris commence ainsi :

*Je vois un commerce si vif entre vous et une certaine
dame qu'il serait ridicule de prétendre vous rien mander. Il
n'y a pas seulement la moindre espérance de vous apprendre
qu'elle vous aime : toutes ses actions, toute sa conduite,
tous ses soins, toute sa tristesse vous le disent assez. Je suis
fort délicate en amitié, et ne m'y connais pas trop mal. Je
vous avoue que je suis contente de celle que je vois, et que je
n'en souhaiterais pas davantage. Jouissez de ce plaisir, et*

n'en soyez pas ingrat. S'il y a une petite place de reste dans votre cœur, vous me ferez un plaisir extrême de me la donner, car vous en avez une très grande dans le mien. Je ne vous dis point si j'ai soin de votre chère moitié, si j'ai la dernière application pour sa santé, et si je souhaite que toute la barque arrive à bon port ; si vous savez aimer, vous jugerez aisément de tous mes sentiments.

Plût à Dieu que votre pauvre femme fût aussi heureuse que la petite Deville[1]. Elle vient d'accoucher d'un garçon qui paraît avoir trois mois. Ma fille disait tout à l'heure : « Ah ! que je suis fâchée ! la petite Deville a pris mon garçon ; il n'en vient point deux dans une même maison. » Je lui ai donné, c'est-à-dire à ma fille, un livre pour vous ; vous le trouverez d'une extrême beauté. Il est de l'ami intime de Pascal. Il ne vient rien de là que de parfait ; lisez-le avec attention. Voilà aussi de très beaux airs, en attendant des motets. N'abandonnez point votre voix, n'abandonnez point votre taille ; enfin ne cessez point d'être aimable, puisque vous êtes aimé.

Le premier enfant des Grignan naquit le 15 novembre, mais ce n'était pas l'héritier mâle si impatiemment attendu : les premières lignes de la lettre annonçant la nouvelle sont de la main de la comtesse :

Si ma bonne santé peut vous consoler de n'avoir qu'une fille, je ne vous demanderai point pardon de ne vous avoir pas donné un fils. Je suis hors de tout péril, et ne songe qu'à vous aller trouver. Ma mère vous dira le reste.

La mère continue gaillardement :

Mme de Puisieux dit que si vous avez envie d'avoir un fils, vous preniez la peine de le faire ; je trouve ce discours le plus juste et le meilleur du monde. Vous nous avez laissé une petite fille, nous vous la rendons. Jamais il n'y eut un accouchement si heureux. Vous saurez que ma fille et moi nous allâmes, samedi dernier, nous promener à l'Arsenal ; elle sentit de petites douleurs. Je voulus au retour envoyer quérir Mme Robinet ; elle ne le voulut jamais. On soupa, elle mangea très bien. Monsieur le Coadjuteur et moi nous voulûmes donner à cette chambre un air d'accouchement ; elle s'y opposa encore avec un air qui nous persuadait qu'elle n'avait qu'une colique de fille. Enfin, comme j'allais

---

1. Mme Deville, femme du maître d'hôtel des Grignan, était la dame de compagnie de la comtesse.

envoyer malgré elle quérir la Robinette, voilà des douleurs si vives, si extrêmes, si redoublées, si continuelles, des cris si violents, si perçants, que nous comprîmes très bien qu'elle allait accoucher. La difficulté, c'est qu'il n'y avait point de sage-femme. Nous ne savions tous où nous en étions ; j'étais au désespoir. Elle demandait du secours et une sage-femme. C'était alors qu'elle la souhaitait ; ce n'était pas sans raison, car comme nous eûmes fait venir en diligence la sage-femme de la Deville, elle reçut l'enfant un quart d'heure après. Dans ce moment Pecquet arriva, qui aida à la délivrer. Quand tout fut fait, la Robinette arriva, un peu étonnée ; c'est qu'elle s'était amusée à accommoder Madame la Duchesse, pensant en avoir pour toute la nuit. D'abord Hélène me dit : « Madame, c'est un petit garçon. » Je le dis au Coadjuteur ; et puis quand nous le regardâmes de plus près, nous trouvâmes que c'était une petite fille...

Rien ne console que la parfaite santé de ma fille ; elle n'a pas eu la fièvre de son lait. Sa fille a été baptisée et nommée Marie-Blanche...

Les médisants disent que Blanche d'Adhémar ne sera pas d'une beauté surprenante, et les mêmes gens ajoutent qu'elle vous ressemble ; si cela est, vous ne doutez pas que je ne l'aime fort.

En réponse à la lettre de félicitations que Bussy lui adressait pour sa première petite-fille, Mme de Sévigné répliqua, plutôt aigrement : « Je vous remercie de votre compliment sur l'accouchement de ma fille ; c'en est trop pour une troisième fille de Grignan. »

Si grande que fût la joie de Mme de Sévigné à voir avec quelle rapidité sa fille recouvrait ses forces, c'était ce regain même de santé qui la terrifiait, car il annonçait le départ proche de Mme de Grignan. Mme de Sévigné ressentait une angoisse aiguë à l'idée de cette séparation. Le 10 décembre, elle écrit au comte :

Je serai bientôt dans l'état où vous me vîtes l'année passée. Il faut que je vous aime bien pour vous envoyer ma fille par un si mauvais temps. Quelle folie de quitter une si bonne mère, dont vous m'assurez qu'elle est si contente, pour aller chercher un homme au bout de la France ! Je vous assure qu'il n'y a rien qui choque tant la bienséance que ces sortes de conduites...

Si le ton de la lettre paraît badin, c'est qu'il cache chez Mme de Sévigné quelque chose de très profondément sérieux.

Elle perd la tête à contempler les préparatifs de départ de sa fille. « Aimez-moi toujours mon cher comte, dit-elle à la fin de sa lettre, je vous quitte d'honorer ma grand-maternité, mais il faut m'aimer, et vous assurer que vous n'êtes aimé en nul lieu du monde si chèrement qu'ici. » (De ses trois belles-mères, lui avait-elle déclaré une fois, « je ne crois pas qu'aucune de vos belles-mères vous ait jamais autant aimé que moi ».)

10.

Le 15 décembre, Mme de Sévigné — sa fille et sa petite-fille allant bien — put reprendre sa correspondance. Elle écrivit à un autre membre de la famille qui lui était plus proche et plus cher encore que son cousin Bussy. Il s'agissait de son cousin Philippe-Emmanuel de Coulanges, né le jour des funérailles de sa mère, comme pour compenser cette perte douloureuse. Il était son « petit Coulanges », comme elle l'appelait affectueusement, et du premier au dernier jour de leur relation, il n'y eut jamais entre eux l'ombre d'une brouille. Petit homme boulot, jovial et spirituel, il n'avait pas réussi dans la carrière parlementaire que son père lui destinait et lui avait facilitée. Sa seule et unique profession consistait donc à se rendre de château en château, comme invité professionnel, tant le plaisir de sa compagnie était universellement apprécié. Le travail de sa vie fut de faire les délices de ses amis et de sa famille, en les amusant. Un charmeur, menant une existence charmante, c'était un homme à qui le qualificatif de « joyeux luron » allait comme un gant ; mais il raffolait du vin et des chansons plus que des femmes. (Il composait ses propres chants et publia un volume de ses poèmes en 1694.) « C'était un très petit homme, gros, à face réjouie (ainsi le décrit le duc de Saint-Simon dans ses célèbres *Mémoires*), de ces esprits faciles, gais, agréables, qui ne produisent que de jolies bagatelles, mais qui en produisent toujours et de nouvelles et sur-le-champ, léger, frivole, à qui rien ne coûtait que la contrainte et l'étude, et dont tout était naturel. » (En dépit de sa frivolité, il resta toute sa vie fidèle à son affection pour Mme de Sévigné. « Il ne souffre pas

même ses douleurs sérieusement », disait de lui Mme de
Sévigné — pas même les coquetteries ou liaisons de sa femme
malgré lesquelles le couple s'entendait à merveille, peut-être
justement parce que souvent séparé. Son épouse, Angélique de
Coulanges, fille de l'intendant de Lyon, pouvait se targuer
d'avoir des accointances avec la cour, ce qui rendait encore
plus curieux le fait que son mari n'y fût point en grâce. M. de
Coulanges avait espéré partager l'intendance de Lyon avec son
beau-père — pour lui succéder plus tard — mais la nomination
n'arriva jamais. Peut-être Mme de Coulanges ne fit-elle rien
pour qu'elle arrivât car, en bonne Parisienne, elle tremblait à
l'idée de se retrouver en province. Aussi spirituelle que jolie et
charmante, Mme de Coulanges était connue dans la capitale et
à la cour pour ses reparties, ses bons mots et ses lettres. Elle
était même plus célèbre, à cette époque, que Mme de Sévigné,
qu'elle adorait, tout comme son mari. Le prêtre qui lui servait
de confesseur trouvait la tâche fort plaisante, car l'aveu de
chaque péché ressemblait à une épigramme.

En décembre 1670, M. et Mme de Coulanges s'en allèrent
visiter leurs parents de Lyon. Le 15 de ce mois, Mme de Sévigné
leur écrivit en toute hâte car elle voulait être la première à leur
annoncer la nouvelle qui mettait tout Paris en émoi : « Je m'en
vais vous mander », commençait-elle sans se douter que cette
lettre deviendrait la plus célèbre des quelque onze cents qu'elle
laisserait derrière elle :

> *la chose la plus étonnante, la plus surprenante, la plus
> merveilleuse, la plus miraculeuse, la plus triomphante, la
> plus étourdissante, la plus inouïe, la plus singulière, la plus
> extraordinaire, la plus incroyable, la plus imprévue, la plus
> grande, la plus petite, la plus rare, la plus commune, la plus
> éclatante, la plus secrète jusqu'aujourd'hui, la plus bril-
> lante, la plus digne d'envie ; enfin une chose dont on ne
> trouve qu'un exemple dans les siècles passés, encore cet
> exemple n'est-il pas juste ; une chose que nous ne saurions
> croire à Paris (comment la pourrait-on croire à Lyon ?) ;
> une chose qui fait crier miséricorde à tout le monde ; une
> chose qui comble de joie Mme de Rohan et Mme de
> Hauterive ; une chose enfin qui se fera dimanche, où ceux
> qui la verront croiront avoir la berlue ; une chose qui se fera
> dimanche, et qui ne sera peut-être pas faite lundi. Je ne puis
> me résoudre à la dire. Devinez-la ; je vous le donne en trois.
> Jetez-vous votre langue aux chiens ? Eh bien ! il faut donc
> vous la dire : M. de Lauzun épouse dimanche au Louvre,
> devinez qui ? Je vous le donne en quatre, je vous le donne en*

dix ; je vous le donne en cent. Mme de Coulanges dit : Voilà
qui est bien difficile à deviner ; c'est Mlle de La Vallière —
Point du tout, Madame. — C'est donc Mlle de Retz ? — Point
du tout, vous êtes bien provinciale. — Vraiment nous
sommes bien bêtes, dites-vous, [c'est Mlle Colbert ? —
Encore moins. —] C'est assurément Mlle de Créquy ? —
Vous n'y êtes pas. Il faut donc à la fin vous le dire : il
épouse, [dimanche, au Louvre,] avec la permission du Roi,
Mademoiselle, Mademoiselle de... Mademoiselle... devinez
le nom : il épouse Mademoiselle, ma foi ! par ma foi ! ma foi
jurée ! Mademoiselle, la Grande Mademoiselle ; Mademoi-
selle, fille de feu Monsieur ; Mademoiselle, petite-fille de
Henri IV ; mademoiselle d'Eu, mademoiselle de Dombes,
mademoiselle de Montpensier, mademoiselle d'Orléans ;
Mademoiselle, cousine germaine du Roi ; Mademoiselle,
destinée au trône ; Mademoiselle, le seul parti de France qui
fût digne de Monsieur. Voilà un beau sujet de discourir. Si
vous criez, si vous êtes hors de vous-même, si vous dites que
nous avons menti, que cela est faux, qu'on se moque de
vous, que voilà une belle raillerie, que cela est bien fade à
imaginer ; si enfin vous nous dites des injures, nous
trouverons que vous avez raison ; nous en avons fait autant
que vous.

Pour une princesse du sang, épouser un simple duc comme
Lauzun était se fourrer dans un véritable guêpier : la famille
royale, la reine, et Monsieur, frère du roi, plus que tout autre, se
récrièrent contre cette mésalliance. Ils voyaient bien le tout
autre usage que l'on pourrait faire de l'immense fortune de la
Grande Mademoiselle, au cas où cette dernière ne se marierait
pas ! Ils firent si fortement pression sur le roi que ce dernier
retira son consentement. La Grande Mademoiselle pleura
jusqu'à la fin de ses jours ; un an plus tard, le duc de Lauzun
s'en alla rejoindre Fouquet en prison, à la forteresse de
Pignerol, où il passa dix ans de sa vie pour avoir eu l'imperti-
nence d'aspirer à la main de la cousine du roi.

Mme de Sévigné fit une visite de condoléances à son amie, la
Grande Mademoiselle. « Je la trouvai dans son lit », écrivit-elle
à Coulanges, le 31 décembre 1670.

> *Elle redoubla ses cris en me voyant ; elle m'appela,*
> *m'embrassa, et me mouilla toute de ses larmes. Elle me dit :*
> *« Hélas ! vous souvient-il de ce que vous me dîtes hier ? Ah !*
> *quelle cruelle prudence ! ah ! la prudence ! » Elle me fit*
> *pleurer à force de pleurer. J'y suis encore retournée deux*
> *fois ; elle est fort affligée, et m'a toujours traitée comme une*

personne qui sentait ses douleurs ; elle ne s'est pas trompée.
J'ai retrouvé dans cette occasion des sentiments qu'on ne
sent guère pour des personnes d'un tel rang.

Il est étonnant qu'en décembre 1670, Mme de Sévigné se soit
laissée distraire par les tristes aventures sentimentales de la
cour. Car avec la nouvelle année, l'univers de Mme de Sévigné
allait s'écrouler. Mme de Grignan avait fixé la date de son
départ. « Hélas ! je l'ai encore », écrivait-elle à son gendre le
16 janvier 1671,

cette pauvre enfant et, quoi qu'elle ait pu faire, il n'a pas été
en son pouvoir de partir le 10 de ce mois, comme elle en
avait le dessein. Les pluies ont été et sont encore si
excessives qu'il y aurait eu de la folie à se hasarder. Toutes
les rivières sont débordées, tous les grands chemins sont
noyés, toutes les ornières cachées ; on peut fort bien verser
dans tous les gués. Enfin la chose est au point que Mme de
Rochefort, qui est chez elle à la campagne, qui brûle d'envie
de revenir à Paris où son mari la souhaite et où sa mère
l'attend avec une impatience incroyable, ne peut pas se
mettre en chemin, parce qu'il n'y a pas de sûreté et qu'il est
vrai que cet hiver est épouvantable. Il n'a pas gelé un
moment, et il a plu tous les jours comme des pluies d'orage.
Il ne passe plus aucun bateau sous les ponts ; les arches du
Pont-Neuf sont quasi comblées. Enfin c'est une chose
étrange. Je vous avoue que l'excès d'un si mauvais temps a
fait que je me suis opposée à son départ pendant quelques
jours. Je ne prétends point qu'elle évite le froid, ni les boues,
ni les fatigues du voyage ; mais je ne veux pas qu'elle soit
noyée.
Cette raison, quoique très forte, ne la retiendrait pas
présentement, sans le Coadjuteur qui part avec elle, et qui
est engagé de marier sa cousine d'Harcourt. Cette cérémonie
se fait au Louvre ; M. de Lyonne est le procureur. Le Roi lui
a parlé (je dis à Monsieur le Coadjuteur) sur ce sujet. Cette
affaire s'est retardée d'un jour à l'autre, et ne se fera peut-
être que dans huit jours. Cependant je vois ma fille dans une
telle impatience de partir que ce n'est pas vivre que le temps
qu'elle passe ici présentement ; et si le Coadjuteur ne quitte
là cette noce, je la vois disposée à faire une folie, qui est de
partir sans lui. Ce serait une chose si étrange d'aller seule,
et c'est une chose si heureuse pour elle d'aller avec son
beau-frère, que je ferai tous mes efforts pour qu'ils ne se
quittent pas. Cependant les eaux s'écouleront un peu.
Je veux vous dire de plus que je ne sens point le plaisir de
l'avoir présentement. Je sais qu'il faut qu'elle parte ; ce

qu'elle fait ici ne consiste qu'en devoirs et en affaires. On ne s'attache à nulle société, on ne prend aucun plaisir, on a toujours le cœur serré, on ne cesse de parler des chemins, des pluies, des histoires tragiques de ceux qui se sont hasardés. En un mot, quoique je l'aime comme vous savez, l'état où nous sommes à présent nous pèse et nous ennuie. Ces derniers jours-ci n'ont aucun agrément.

Je vous suis très obligée, mon cher Comte, de toutes vos amitiés pour moi, et de toute la pitié que je vous fais. Vous pouvez mieux que nul autre comprendre ce que je souffre, et ce que je souffrirai. Je suis fâchée pourtant que la joie que vous aurez de la voir puisse être troublée par cette pensée. Voilà les changements et les chagrins dont la vie est mêlée. Adieu, mon très cher Comte, je vous tue par la longueur de mes lettres ; j'espère que vous verrez le fonds qui me les fait écrire.

Ces longues lettres dont elle s'excusait tenaient plusieurs pages — une page imprimée équivalant à peu près à une page manuscrite de Mme de Sévigné. Elle se servait de grandes feuilles de papier sur lesquelles s'étalait une écriture ample et déliée. Quelques-unes des lettres qu'elle écrivit à sa fille représentent vingt-six à vingt-sept pages manuscrites. (L'écriture des rois et des personnes de qualité au XVIIᵉ siècle était fort belle ; on écrivait à la plume d'oie.)

Le 4 février, Mme de Grignan quitta Paris et l'angoisse de la séparation commença pour Mme de Sévigné. « Ma douleur serait bien médiocre si je pouvais vous la dépeindre », écrivit-elle à sa fille le vendredi 6, deux jours après son départ,

je ne l'entreprendrai pas aussi. J'ai beau chercher ma chère fille, je ne la trouve plus, et tous les pas qu'elle fait l'éloignent de moi. Je m'en allai donc à Sainte-Marie, toujours pleurant et toujours mourant. Il me semblait qu'on m'arrachait le cœur et l'âme, et en effet, quelle rude séparation ! Je demandai la liberté d'être seule. On me mena dans la chambre de Mme du Housset, on me fit du feu. Agnès me regardait sans me parler ; c'était notre marché. J'y passai jusqu'à cinq heures sans cesser de sangloter ; toutes mes pensées me faisaient mourir. J'écrivis à M. de Grignan ; vous pouvez penser sur quel ton. J'allai ensuite chez Mme de La Fayette, qui redoubla mes douleurs par la part qu'elle y prit. Elle était seule, et malade, et triste de la mort d'une sœur religieuse ; elle était comme je la pouvais désirer. M. de La Rochefoucauld[1] y vint. On ne parla que de

1. Le duc de La Rochefoucauld, grande noblesse de France, auteur des *Maximes,* eut avec Mme de La Fayette une liaison de plus de quinze ans, et qui sidéra de nombreuses générations, la nôtre comprise.

vous, de la raison que j'avais d'être touchée, et du dessein de
parler comme il faut à Mélusine. Je vous réponds qu'elle
sera bien relancée. D'Hacqueville vous rendra un bon
compte de cette affaire. Je revins enfin à huit heures de chez
Mme de La Fayette. Mais en entrant ici, bon Dieu !
comprenez-vous bien ce que je sentis en montant ce degré ?
Cette chambre où j'entrais toujours, hélas ! j'en trouvai les
portes ouvertes, mais je vis tout démeublé, tout dérangé, et
votre pauvre petite fille qui me représentait la mienne.
Comprenez-vous bien tout ce que je souffris ? Les réveils de
la nuit ont été noirs, et le matin je n'étais point avancée d'un
pas pour le repos de mon esprit. L'après-dîner se passa avec
Mme de La Troche à l'Arsenal. Le soir, je reçus votre lettre,
qui me remit dans les premiers transports, et ce soir
j'achèverai celle-ci chez M. de Coulanges, où j'apprendrai
des nouvelles.

Par « des nouvelles », Mme de Sévigné entendait les ragots
de la cour et de la capitale, si chers à toute Parisienne éloignée
de Paris — et pour qui cet éloignement signifiait quasiment le
bagne ! Paris était, à cette époque, non seulement la capitale de
France, mais de l'univers entier ; la cour de Louis XIV était le
cœur même de la toute-puissance. Dès sa première lettre aux
Grignan, Mme de Sévigné allait essayer de les tenir au courant
des affaires du pays aussi bien que des derniers potins, de les
amuser et de les divertir. Ces nouvelles du jour et cancans de la
dernière heure devaient être un trait constant de ses lettres
parisiennes. Nous avons éliminé ce qui n'est que commérage
pour nous aujourd'hui, mais nous avons gardé tout ce qui
concerne les amours de Louis XIV et qui nous fait pénétrer les
mœurs d'un autre âge, pour la plus grande joie des historiens.
D'un coup de baguette magique, la plume de Mme de Sévigné
invite ses lecteurs à la rejoindre au sein de la cour du Roi-
Soleil. Comme le duc de Saint-Simon dans ses *Mémoires*, elle
va nous offrir, dans ses *Lettres*, des images d'une époque
révolue, petits tableaux de la vie quotidienne au XVIIᵉ siècle
ou fines analyses psychologiques, inconnues des chroniques historiques, et venant jeter une lumière sur ce passé
lointain.

« Toutes les nouvelles », ce 6 février, c'était :

Le mariage de Mlle d'Houdancourt et de M. de Ventadour
a été signé ce matin. L'abbé de Chambonnas a été nommé
aussi ce matin à l'évêché de Lodève. Madame la Princesse
partira le mercredi des Cendres pour Châteauroux, où

Monsieur le Prince désire qu'elle fasse quelque séjour. M. de La Marguerie a la place du conseil de M. d'Etampes, qui est mort. Mme de Mazarin arrive ce soir à Paris ; le Roi s'est déclaré son protecteur, et l'a envoyé quérir au Lys avec un exempt et huit gardes, et un carrosse bien attelé.

Et il y en a ainsi plus d'une page. « Je vous conjure, ma chère fille », continue cette première lettre du 6 :

d'avoir soin de votre santé. Conservez-la pour l'amour de moi, et ne vous abandonnez pas à ces cruelles négligences, dont il ne me semble pas qu'on puisse jamais revenir. Je vous embrasse avec une tendresse qui ne saurait avoir d'égale, n'en déplaise à toutes les autres.

(La supériorité de l'amour maternel sur l'amour conjugal devait être le leitmotiv de cette correspondance.)

C'est ainsi que commença cet échange de lettres qui allait devenir immortel ; Mme de Sévigné pensait parler à sa bien-aimée fille dans l'intimité de son boudoir, et ne pouvait savoir qu'elle s'adressait alors à l'univers entier.

11.

Le 9 février, Mme de Sévigné avait reçu une deuxième lettre de sa fille faisant route vers la Provence, et elle lui répondit immédiatement pour lui dire qu'elle l'avait bien reçue :

Je reçois vos lettres, [ma bonne,] comme vous avez reçu ma bague. Je fonds en larmes en les lisant ; il semble que mon cœur veuille se fendre par la moitié. Il semble que vous m'écriviez des injures ou que vous soyez malade ou qu'il vous soit arrivé quelque accident, et c'est tout le contraire. Vous m'aimez, ma chère enfant, et vous me le dites d'une manière que je ne puis soutenir sans des pleurs en abondance ; vous continuez votre voyage sans aucune aventure fâcheuse. Et lorsque j'apprends tout cela, qui est justement

*tout ce qui me peut être le plus agréable, voilà l'état où je
suis. Vous vous amusez donc à penser à moi, vous en parlez,
et vous aimez mieux m'écrire vos sentiments que vous
n'aimez à me les dire. De quelque façon qu'ils me viennent,
ils sont reçus avec une tendresse et une sensibilité qui n'est
comprise que de ceux qui savent aimer comme je fais. Vous
me faites sentir pour vous tout ce qu'il est possible de sentir
de tendresse. Mais, si vous songez à moi, ma [pauvre
bonne], soyez assurée aussi que je pense continuellement à
vous. C'est ce que les dévots appellent une pensée habituelle ; c'est ce qu'il faudrait avoir pour Dieu, si l'on faisait
son devoir. Rien ne me donne de distraction. Je suis
toujours avec vous. Je vois ce carrosse qui avance toujours
et qui n'approchera jamais de moi. Je suis toujours dans les
grands chemins. Il me semble que j'ai quelquefois peur qu'il
ne verse. Les pluies qu'il fait depuis trois jours me mettent
au désespoir. Le Rhône me fait une peur étrange. J'ai une
carte devant mes yeux ; je sais tous les lieux où vous
couchez. Vous êtes ce soir à Nevers, vous serez dimanche à
Lyon, où vous recevrez cette lettre.*

*Je n'ai pu vous écrire qu'à Moulins par Mme de Guéné-
gaud. Je n'ai reçu que deux de vos lettres ; peut-être que la
troisième viendra. C'est la seule consolation que je souhaite ; pour d'autres, je n'en cherche pas. Je suis entièrement incapable de voir beaucoup de monde ensemble ; cela
viendra peut-être, mais il n'est pas venu. Les duchesses de
Verneuil et d'Arpajon me veulent réjouir ; je les prie de
m'excuser encore. Je n'ai jamais vu de si belles âmes qu'il y
en a en ce pays-ci. Je fus samedi tout le jour chez Mme de
Villars à parler de vous, et à pleurer ; elle entre bien dans
mes sentiments. Hier je fus au sermon de Monsieur d'Agen
et au salut et chez Mme de Puisieux, [chez Monsieur d'Uzès]
et chez Mme du Puy-du-Fou, qui vous fait mille amitiés. [Si
vous aviez un petit manteau fourré, elle aurait l'esprit en
repos.] Aujourd'hui je m'en vais souper au faubourg, tête à
tête. Voilà les fêtes de mon carnaval. Je fais tous les jours
dire une messe pour vous ; c'est une dévotion qui n'est pas
chimérique. Si vous voulez me faire un véritable plaisir,
ayez soin de votre santé, dormez dans ce joli petit lit[1],
mangez du potage, et servez-vous de tout le courage qui me
manque.*

Plus tard dans la soirée, Mme de Sévigné allait reprendre sa
lettre pour y ajouter certaines choses et la terminer, car le
courrier ne quittait Paris que deux fois par semaine en

---

1. Lit portatif prêté par son beau-frère à Mme de Grignan pour le voyage car
les auberges étaient fort peu confortables.

direction de la Provence. C'était l'habitude de Mme de Sévigné que de commencer une lettre un jour, puis de la poursuivre les jours suivants, en y ajoutant quelques incidents ou remarques, jusqu'au moment où elle se trouvait prête à fermer la lettre et à la mettre à la poste.

> *Avant que d'aller au faubourg, je fais mon paquet, et l'adresse à Monsieur l'Intendant à Lyon. La distinction de vos lettres m'a charmée. Hélas ! je la méritais bien par la distinction de mon amitié pour vous...*
>
> *Adieu, ma chère enfant, l'unique passion de mon cœur, le plaisir et la douleur de ma vie. Aimez-moi toujours ; c'est la seule chose qui me peut donner de la consolation.*

Sa lettre du mercredi 11 février commençait comme suit :

> *Je n'en ai reçu que trois, de ces aimables lettres qui me pénètrent le cœur ; il y en a une qui me manque. Sans que je les aime toutes, et que je n'aime point à perdre ce qui me vient de vous, je croirais n'avoir rien perdu. Je trouve qu'on ne peut rien souhaiter qui ne soit dans celles que j'ai reçues. Elles sont premièrement très bien écrites, et de plus si tendres et si naturelles qu'il est impossible de ne les pas croire. La défiance même en serait convaincue. Elles ont ce caractère de vérité que je maintiens toujours, qui se fait voir avec autorité, pendant que le mensonge demeure accablé sous les paroles sans pouvoir persuader ; plus elles s'efforcent de paraître, plus elles enveloppées. Les vôtres sont vraies et le paraissent. Vos paroles ne servent tout au plus qu'à vous expliquer et, dans cette noble simplicité, elles ont une force à quoi l'on ne peut résister. Voilà, ma bonne, comme vos lettres m'ont paru. Mais quel effet elles me font, et quelle sorte de larmes je répands, en me trouvant persuadée de la vérité de toutes les vérités que je souhaite le plus sans exception ! Vous pourrez juger par là de ce que m'ont fait les choses qui m'ont donné autrefois des sentiments contraires. Si mes paroles ont la même puissance que les vôtres, il ne faut pas vous en dire davantage ; je suis assurée que mes vérités ont fait en vous leur effet ordinaire.*
>
> *Mais je ne veux point que vous disiez que j'étais un rideau qui vous cachait. Tant pis si je vous cachais ; vous êtes encore plus aimable quand on a tiré le rideau ; il faut que vous soyez à découvert pour être dans votre perfection ; nous l'avons dit mille fois.*

Mme de Sévigné fait ici, pour la première fois, allusion à certains différends qu'elles auraient eus durant les derniers mois que Mme de Grignan avait passés à Paris. C'est la première fois que nous la voyons reconnaître le fait que sa fille était si inhibée qu'elle n'arrivait pas à exprimer verbalement son affection, ni à s'ouvrir à sa mère lorsqu'elle était en face d'elle. Dans une autre lettre, quelques semaines plus tard, le 18 mars, Mme de Sévigné nous fournit encore des preuves de leur incapacité à communiquer quand elles sont ensemble.

> *Vous me dites que vous êtes fort aise que je sois persuadée de votre amitié, et que c'est un bonheur que vous n'avez pas eu quand nous avons été ensemble. Hélas ! ma bonne, sans vouloir vous rien reprocher, tout le tort ne venait pas de mon côté. A quel prix inestimable ai-je toujours mis les moindres marques de votre amitié ! En ai-je laissé passer ~ aucune sans en être ravie ? Mais aussi combien me suis-je trouvée inconsolable quand j'ai cru voir le contraire !*

Ce qui est à la fois étrange, frustrant et fascinant dans ces *Lettres*, c'est que Mme de Grignan n'y parle jamais pour elle-même — toutes ses lettres à sa mère ont disparu et, selon toute probabilité, ont été volontairement détruites. A travers toute cette correspondance, jamais on n'entend la voix de Mme de Grignan ; au mieux, c'est sur les lèvres de sa mère que nous en trouvons un certain écho. C'est la réaction de Mme de Sévigné aux lettres de sa fille, c'est son interprétation des paroles de sa fille que nous entendons. La personnalité et le caractère de Mme de Grignan ne nous sont connus qu'à travers les yeux de sa mère. Les reproches qu'elle fait à Mme de Sévigné de la laisser dans l'ombre et de se mettre en avant pour mieux l'éclipser, sa mère ne songe même pas à les récuser. Elle les prend à la légère. Pour aussi complexe que fût cette relation, cette complexité se complique encore pour nous du fait que nous ne voyons et ne connaissons Mme de Grignan qu'à travers le regard et la plume de sa mère — regard évidemment partial — où elle vient se refléter comme dans une succession de miroirs déformants.

Si Mme de Grignan est passée dans la littérature pour une femme arrogante, froide, distante, inhibée, c'est — ô suprême ironie ! — à sa mère qu'elle le doit. Quel désespoir que celui de Mme de Sévigné si elle avait su cela ! Pour ne point faire de tort à Mme de Grignan, le lecteur doit se rappeler qu'elle dut lutter énergiquement pour conquérir son indépendance vis-à-vis de sa mère ; que cette mère était terriblement possessive, abandonnant à contrecœur sa fille à un époux, et peu disposée à voir cette même fille mener, loin d'elle, une vie qui lui fût propre.

La lettre de Mme de Sévigné du 11 février continuait ainsi :

> *Il nous semble que vous êtes à Moulins aujourd'hui ; vous y recevrez une de mes lettres. Je ne vous ai point écrit à Briare. C'était ce cruel mercredi qu'il fallait écrire, c'était le propre jour de votre départ. J'étais si affligée et si accablée que j'étais même incapable de chercher de la consolation en vous écrivant. Voici donc ma troisième, et ma seconde à Lyon ; ayez soin de me mander si vous les avez reçues. Quand on est fort éloignés, on ne se moque plus des lettres qui commencent par J'ai reçu la vôtre, etc. La pensée que vous aviez de vous éloigner toujours, et de voir que ce carrosse allait toujours en delà, est une de celles qui me tourmentent le plus. Vous allez toujours, et comme vous dites, vous vous trouverez à deux cents lieues de moi. Alors, ne pouvant plus souffrir les injustices sans en faire à mon tour, je me mettrai à m'éloigner aussi de mon côté, et j'en ferai tant que je me trouverai à trois cents. Ce sera une belle distance, et ce sera une chose digne de mon amitié que d'entreprendre de traverser la France pour vous aller voir.*
>
> *Je suis touchée du retour de vos cœurs entre le Coadjuteur et vous. Vous savez combien j'ai toujours trouvé que cela était nécessaire au bonheur de votre vie. Conservez bien ce trésor, ma pauvre bonne. Vous êtes vous-même charmée de sa bonté ; faites-lui voir que vous n'êtes pas ingrate.*
>
> *Je finirai tantôt ma lettre. Peut-être qu'à Lyon vous serez si étourdie de tous les honneurs qu'on vous y fera que vous n'aurez pas le temps de lire tout ceci. Ayez au moins celui de me mander toujours de vos nouvelles, et comme vous vous portez, et votre aimable visage que j'aime tant, et si vous vous mettez sur ce diable de Rhône. Vous aurez à Lyon Monsieur de Marseille.*

Elle allait terminer sa lettre le mercredi soir :

> *Je viens de recevoir tout présentement votre lettre de Nogent. Elle m'a été donnée par un fort honnête homme, que j'ai questionné tant que j'ai pu. Mais votre lettre vaut mieux que tout ce qui se peut dire. Il était bien juste, ma bonne, que ce fût vous la première qui me fissiez rire, après m'avoir tant fait pleurer. Ce que vous mandez de M. Busche est original ; cela s'appelle des traits dans le style de l'éloquence. J'en ai donc ri, je vous l'avoue, et j'en serais honteuse, si depuis huit jours j'avais fait autre chose que pleurer. Hélas ! je le rencontrai dans la rue, ce M. Busche,*

qui amenait vos chevaux. Je l'arrêtai, et tout en pleurs je lui demandai son nom ; il me le dit. Je lui dis en sanglotant : « Monsieur Busche, je vous recommande ma fille, ne la versez point ; et quand vous l'aurez menée heureusement à Lyon, venez me voir et me dire de ses nouvelles. Je vous donnerai de quoi boire. » Je le ferai assurément, et ce que vous m'en mandez augmente beaucoup le respect que j'avais déjà pour lui. Mais vous ne vous portez point bien, vous n'avez point dormi ? Le chocolat vous remettra. Mais vous n'avez point de chocolatière ; j'y ai pensé mille fois. Comment ferez-vous ?

Hélas ! ma bonne, vous ne vous trompez pas, quand vous pensez que je suis occupée de vous encore plus que vous ne l'êtes de moi, quoique vous me le paraissiez beaucoup. Si vous me voyiez, vous me verriez chercher ceux qui m'en veulent parler ; si vous m'écoutiez, vous entendriez bien que j'en parle. C'est assez vous dire que j'ai fait une visite d'une heure [à l'abbé Guéton,] pour parler seulement des chemins et de la route de Lyon. Je n'ai encore vu aucun de ceux qui veulent, disent-ils, me divertir, parce qu'en paroles couvertes, c'est vouloir m'empêcher de penser à vous, et cela m'offense. Adieu, ma très aimable bonne, continuez à m'écrire et à m'aimer ; pour moi, mon ange, je suis tout entière à vous.

Le jeudi 12 février, il y eut une autre lettre :

La duchesse de La Vallière manda au Roi, par le maréchal de Bellefonds, outre cette lettre que l'on n'a point vue, qu'elle aurait plus tôt quitté la cour, après avoir perdu l'honneur de ses bonnes grâces, si elle avait pu obtenir d'elle de ne le plus voir ; que cette faiblesse avait été si forte en elle qu'à peine était-elle capable présentement d'en faire un sacrifice à Dieu ; qu'elle voulait pourtant que le reste de la passion qu'elle a eue pour lui servît à sa pénitence, et qu'après lui avoir donné toute sa jeunesse, ce n'était pas trop encore du reste de sa vie pour le soin de son salut. Le Roi pleura fort, et envoya M. Colbert à Chaillot[1] la prier instamment de venir à Versailles, et qu'il pût lui parler encore. M. Colbert l'y a conduite. Le Roi a causé une heure avec elle et a fort pleuré, et Mme de Montespan fut au-devant d'elle, les bras ouverts et les larmes aux yeux. Tout cela ne se comprend point. Les uns disent qu'elle demeurera à Versailles, et à la cour ; les autres qu'elle reviendra à Chaillot.

---

1. Le couvent des Visitandines à Chaillot où la duchesse avait trouvé refuge après avoir été remplacée par Mme de Montespan.

Et le vendredi 13, elle continuait :

> *M. de Coulanges veut que je vous écrive encore à Lyon. Je*
> *vous conjure, ma chère enfant, si vous vous embarquez, de*
> *descendre au Pont. Ayez pitié de moi ; conservez-vous, si*
> *vous voulez que je vive. Vous m'avez si bien persuadée que*
> *vous m'aimez qu'il me semble que dans la vue de me plaire,*
> *vous ne vous hasarderez point. Mandez-moi bien comme*
> *vous conduirez votre barque. Hélas ! qu'elle m'est chère et*
> *précieuse cette petite barque que le Rhône m'emporte si*
> *cruellement. J'ai été farouche au point de ne pouvoir pas*
> *souffrir quatre personnes ensemble. J'étais au coin du feu*
> *de Mme de La Fayette. L'affaire de Mélusine est entre les*
> *mains de Langlade, après avoir passé par celles de M. de La*
> *Rochefoucauld et de d'Hacqueville. Je vous assure qu'elle*
> *est bien confondue et bien méprisée par ceux qui ont*
> *l'honneur de la connaître. Je n'ai pas encore vu Mme d'Ar-*
> *pajon : elle a une mine satisfaite qui m'importune. Le bal*
> *du Mardi gras pensa être renvoyé ; jamais il ne fut une telle*
> *tristesse. Je crois que c'était votre absence qui en était la*
> *cause. Bon Dieu, que de compliments j'ai à vous faire ! que*
> *d'amitiés ! que de soins de savoir de vos nouvelles ! que de*
> *louanges l'on vous donne ! Je n'aurais jamais fait si je*
> *voulais nommer tous ceux et celles dont vous êtes aimée,*
> *estimée, adorée. Mais quand vous aurez mis tout cela*
> *ensemble, soyez assurée, ma fille, que ce n'est rien en*
> *comparaison de ce que j'ai pour vous. Je ne vous quitte pas*
> *un moment. Je pense à vous sans relâche, et de quelle*
> *façon !*
>
> *J'ai embrassé votre fille, et elle m'a baisée, et très bien*
> *baisée de votre part. Savez-vous bien que je l'aime cette*
> *petite, quand je songe de qui elle vient ?*

Le 18 février, en réponse aux nombreuses lettres affectueuses
écrites par sa fille durant son voyage, Mme de Sévigné se
déclare enfin convaincue de cette affection :

> *Méchante ! pourquoi me cachez-vous quelquefois de si*
> *précieux trésors ? Vous avez peur que je ne meure de joie ?*
> *mais ne craignez-vous point aussi que je meure du déplaisir*
> *de croire voir le contraire ? Je prends d'Hacqueville[1] à*
> *témoin de l'état où il m'a vue autrefois. Mais quittons ces*
> *tristes souvenirs, et laissez-moi jouir d'un bien sans lequel*

---

1. L'abbé d'Hacqueville était un vieil ami de la famille et le confident même
dont Mme de Sévigné avait besoin lorsqu'il s'agissait de sa fille.

la vie m'est dure et fâcheuse ; ce ne sont point des paroles, ce sont des vérités. Mme de Guénégaud m'a mandé de quelle manière elle vous a vue pour moi. Je vous conjure, ma bonne, d'en conserver le fond, mais plus de larmes, je vous en conjure ; elles ne vous sont pas si saines qu'à moi. Je suis présentement assez raisonnable. Je me soutiens au besoin et, quelquefois, je suis quatre ou cinq heures tout comme un autre, mais peu de chose me remet à mon premier état. Un souvenir, un lieu, une parole, une pensée un peu trop arrêtée, vos lettres surtout, les miennes même en les écrivant, quelqu'un qui me parle de vous, voilà des écueils à ma constance, et ces écueils se rencontrent souvent.

Ah ! ma bonne, que je voudrais bien vous voir un peu, vous entendre, vous embrasser, vous voir passer, si c'est trop que le reste ! Eh bien, par exemple, voilà de ces pensées à quoi je ne résiste pas. Je sens qu'il m'ennuie de ne vous plus avoir ; cette séparation me fait une douleur au cœur et à l'âme, que je sens comme un mal du corps. Je ne puis assez vous remercier de toutes les lettres que vous m'avez écrites sur le chemin. Ces soins sont trop aimables, et font bien leur effet aussi ; rien n'est perdu avec moi. Vous m'avez écrit partout. J'ai admiré votre bonté. Cela ne se fait point sans beaucoup d'amitié ; sans cela on serait plus aise de se reposer et de se coucher. Ce m'a été une consolation grande. L'impatience que j'ai d'en avoir encore, et de Roanne et de Lyon et de votre embarquement, n'est pas médiocre ; et si vous avez descendu au Pont, et de votre arrivée à Arles, et comme vous avez trouvé ce furieux Rhône en comparaison de notre pauvre Loire, à qui vous avez tant fait de civilités. Que vous êtes honnête de vous en être souvenue comme [d']une de vos anciennes amies[1] ! Hélas ! de quoi ne me souviens-je point ? Les moindres choses me sont chères ; j'ai mille aragons. Quelle différence ! Je ne revenais jamais ici sans impatience et sans plaisir ; présentement j'ai beau chercher, je ne vous trouve plus. Mais comment peut-on vivre quand on sait que, quoi qu'on fasse, on ne retrouvera plus une si chère enfant ? Je vous ferai bien voir si je la souhaite par le chemin que je ferai pour la retrouver. J'ai reçu une lettre de M. de Grignan. Il n'y en a point pour vous. Il me mande qu'il reviendra cet hiver ; vous quittera-t-il, ou le suivrez-vous ? Mais dans cette incertitude louerai-je votre appartement ? On est tous les jours sur le point d'en conclure le marché. Faites-moi réponse.

Monsieur le Dauphin était malade ; il se porte mieux. On sera à Versailles jusqu'à lundi. Mme de La Vallière est toute

---

1. La mère et la fille avaient descendu la Loire en bateau en 1666 pour aller de Paris en Bretagne.

rétablie à la cour. Le Roi la reçut avec des larmes de joie, et Mme de Montespan ; elle a eu plusieurs conversations tendres. Tout cela est difficile à comprendre, il faut se taire[1].

Je vois tous les jours votre fille, ce qui s'appelle à l'âtre. Je veux qu'elle soit droite ; voilà mon soin. Cela serait plaisant d'être votre fille et de M. de Grignan, et qu'elle ne fût pas bien faite.

Mon Dieu ! le Rhône ! vous y êtes présentement. Je ne pense à autre chose !

12.

Mme de Grignan eût très bien pu servir de modèle à ce que Marcel Proust appelait « le fugitif » : « Cet être de fuite », dit la métaphore de Proust, nous glissant entre les doigts, insaisissable, inaccessible à jamais.

Pour Mme de Sévigné, la séparation d'avec sa fille fut un choc terrible, qui marqua l'explosion d'une passion amoureuse jusqu'ici contenue. C'était une passion typiquement proustienne sans impliquer que Mme de Sévigné fût pour cela une âme perdue. (Le fait qu'elle ait terminé une de ses lettres par : « Pensez-vous que je ne baise point aussi de tout mon cœur vos belles joues et votre belle gorge ? » peut faire naître quelques soupçons freudiens quant à la nature de cet attachement.) C'était une passion proustienne, plutôt, dans le sens que l'expérience de Mme de Sévigné illustre parfaitement l'analyse proustienne de la passion amoureuse telle qu'il la décrit dans *A la recherche du temps perdu* : « On n'aime que ce qu'on ne possède pas tout entier. »

Mme de Sévigné n'eut plus l'entière possession de sa fille après qu'elle l'eut mariée au comte de Grignan et après le départ des Grignan vers la Provence. Mme de Sévigné avait perdu sa fille, maintenant vouée à une autre existence, une autre famille, d'autres intérêts, et surtout à un époux.

---

1. Mme de Sévigné ne voulait pas en dire davantage car il était de notoriété publique que le courrier était surveillé.

Loin de sa fille, Mme de Sévigné allait languir d'amour. Mais si elles s'étaient retrouvées face à face, elles eussent immédiatement repris leurs querelles habituelles et retrouvé le conflit profond qui les séparait. Les lettres de Mme de Sévigné trahissent sans le savoir les tensions qui avaient troublé leur vie en commun durant les mois qui avaient suivi le mariage de Françoise-Marguerite et la naissance de Marie-Blanche. La relation mère-fille était loin d'être parfaite : c'est la mère qui, après la séparation, tenterait de l'idéaliser. La fille, pour sa part, partait, la joie au cœur, rejoindre son mari le vice-roi, pour devenir la première dame de Provence, et ne plus simplement être reléguée au second plan derrière sa trop brillante et célèbre mère.

La passion de Mme de Sévigné pour sa fille se révélera une passion malheureuse, justifiant ainsi la théorie de Proust qui dit que toute passion amoureuse est inévitablement vouée à l'échec.

Ce qui rend la situation assez curieuse est que les parents ou amis de Mme de Sévigné ne lui aient jamais fait la réputation d'une mère abusive, ou même très attentive à ses enfants ; sa vie sociale hyperactive prouve d'ailleurs qu'elle ne s'est pas donnée corps et âme à leur éducation. Nous nous souvenons de son ton impatient lorsque à la fin de 1670 elle se voit obligée, pour « la plus jolie fille de France », de continuer à « faire les honneurs » ; cette si jolie personne avait été vraiment trop souvent fiancée, semblait sous-entendre Mme de Sévigné dans sa lettre à son cousin Bussy. Faire faire un beau mariage à sa fille avait été le premier but de cette mère : la marier et pouvoir rester auprès d'elle avaient été son ambition, mais non de la voir s'en aller et si loin de Paris ! Il est étrange de constater que cette possibilité n'ait jamais effleuré Mme de Sévigné.

Il est encore plus étrange que de ses deux enfants, Mme de Sévigné ait choisi la lointaine, secrète et ombrageuse Mme de Grignan comme objet de son amour. Pourquoi pas, plutôt, le délicieux Charles, si aimable, si ouvert, si assoiffé d'affection maternelle et qui ressemblait à sa mère beaucoup plus que sa sœur. Simplement parce que, toujours selon les théories de Proust sur l'amour, nous gravitons autour de la personne la plus susceptible de nous faire souffrir. « Aimer est un mauvais sort, écrivait Proust, comme ceux qu'il y a dans les contes, contre quoi on ne peut rien, jusqu'à ce que l'enchantement ait cessé. »

Proust cite Mme de Sévigné de manière très nette dans ses

spéculations sur l'amour. Il met les paroles suivantes dans la bouche d'un personnage de *A la recherche du temps perdu* : « L'important dans la vie, dit le baron de Charlus à propos de Mme de Sévigné, n'est pas ce qu'on aime, c'est d'aimer. »

Mme de Sévigné a peut-être été la source d'inspiration pour la princesse de Clèves, héroïne du roman célèbre de Mme de La Fayette paru en 1678. La princesse, femme d'une moralité remarquable, réprime l'amour qu'elle éprouve pour le duc de Nemours, tout au long des années que dure son union avec le prince de Clèves, épousé sans amour. Mais, de manière surprenante, elle refusera d'épouser le duc lorsque à la mort de son mari, elle se retrouvera soudainement libre. Elle ne se donnera pas à cet homme qu'elle a si longtemps et si désespérément aimé. L'analyse de Mme de La Fayette — elle-même condamnée à un mariage sans amour — nous amène à la triste conclusion de la princesse : le duc, si ardent soupirant soit-il, pourrait par la suite devenir un mari volage et infidèle, aussi ne veut-elle point risquer la liberté ni la sérénité qu'elle vient de retrouver. Mais refuser cet amant si digne d'amour est pour elle le plus atroce des tourments. Ce que Mme de La Fayette affirme ici, deux cent cinquante ans avant Proust, c'est que l'amour complique terriblement la vie et que c'est la plus inconfortable des émotions.

La princesse de Clèves a rejeté l'amour. Mme de Sévigné, elle aussi, l'a rejeté, cet amour — l'amour d'un homme, c'est-à-dire « l'autre », comme elle appelait « cette fièvre trop violente pour durer », distinguant ainsi la passion amoureuse et l'affection, l'affection, douce émotion comme celle qu'elle ressentait ou croyait ressentir pour sa fille.

L'amour, cependant, est une force aussi indomptable que la violence du volcan, nous dit Jean Cordelier : l'amour s'est vengé de Mme de Sévigné et de son rejet en s'installant dans son cœur sous une autre forme, celle de la passion qu'elle éprouva pour sa fille, passion aussi fervente, violente et destructrice que celle d'une femme pour un homme. Aucune lettre d'amour jamais écrite à un homme ne dépassa en ferveur les lettres que Mme de Sévigné écrivit à sa fille. Quelle amusante coïncidence de voir que le XVIIe siècle a produit un autre recueil célèbre de lettres d'amour, les *Lettres d'une religieuse portugaise*[1], écrites par une nonne portugaise à un officier français qui l'avait aimée et quittée. Mme de Sévigné,

---

1. Gabriel Joseph de Lavergne, vicomte de Guilleragues, ami de Mme de Sévigné, est probablement l'auteur des *Lettres d'une religieuse portugaise*.

qui lisait généralement tout ce qui paraissait, lut probablement ces *Lettres* lorsqu'elles furent publiées en 1669, car elle s'y réfère plus d'une fois dans sa correspondance. S'est-elle aperçue de la ressemblance qui existe entre la religieuse qui a perdu son amant et la marquise qui a perdu sa fille, toutes deux exprimant leur profond désespoir d'avoir été abandonnées ? Est-ce consciemment ou inconsciemment que Mme de Sévigné emprunta le langage amoureux de la nonne pour écrire à sa fille ? Les lettres de la religieuse sont au nombre de cinq, celles de Mme de Sévigné atteignent le millier et sont mille fois plus lyriques, plus poignantes, plus originales.

Mme de Sévigné avait certes le cœur brisé mais elle était trop rusée et connaissait trop bien la nature humaine pour permettre aux lettres qu'elle adressait à sa fille de devenir sinistres. Elle n'allait pas risquer de déprimer ni d'ennuyer Mme de Grignan, de peur que cette dernière n'arrêtât de lire ou de répondre. Pour faire vivre une correspondance, Mme de Sévigné le savait bien, il fallait que les deux parties en eussent du plaisir.

Elle faisait en sorte d'amuser sa fille tout en se distrayant elle-même à lui écrire les lettres si divertissantes que nous lisons fréquemment dans les anthologies. Celle du 20 février en est un bel exemple :

> *Vous saurez, ma petite, qu'avant-hier, mercredi, après être revenue de chez M. de Coulanges, où nous faisons nos paquets les jours d'ordinaire, je revins me coucher, cela n'est pas extraordinaire. Mais ce qui l'est beaucoup, c'est qu'à trois heures après minuit, j'entendis crier au voleur, au feu, et ces cris si près de moi et si redoublés que je ne doutai point que ce ne fût ici. Je crus même entendre qu'on parlait de ma petite-fille, je ne doutai pas qu'elle ne fût brûlée. Je me levai dans cette crainte, sans lumière, avec un tremblement qui m'empêchait quasi de me soutenir. Je courus à son appartement, qui est le vôtre ; je trouvai tout dans une grande tranquillité. Mais je vis la maison de Guitaut toute en feu ; les flammes passaient par-dessus la maison de Mme de Vauvineux. On voyait dans nos cours, et surtout chez M. de Guitaut, une clarté qui faisait horreur. C'étaient des cris, c'était une confusion, c'étaient des bruits épouvantables, des poutres et des solives qui tombaient. Je fis ouvrir ma porte ; j'envoyai mes gens au secours. M. de Guitaut m'envoya une cassette de ce qu'il a de plus précieux. Je la mis dans mon cabinet, et puis je voulus aller dans la rue pour bayer comme les autres. J'y trouvai M. et Mme de*

Guitaut quasi nus, Mme de Vauvineux, l'ambassadeur de Venise, tous ses gens, la petite de Vauvineux qu'on portait tout endormie chez l'Ambassadeur, plusieurs meubles et vaisselles d'argent qu'on sauvait chez lui. Mme de Vauvineux faisait démeubler. Pour moi, j'étais comme dans une île, mais j'avais grand-pitié de mes pauvres voisins. Mme Guéton et son frère donnaient de très bons conseils. Nous étions tous dans la consternation ; le feu était si allumé qu'on n'osait en approcher, et l'on n'espérait la fin de cet embrasement qu'avec la fin de la maison de ce pauvre Guitaut. Il faisait pitié. Il voulait aller sauver sa mère, qui brûlait au troisième étage ; sa femme s'attachait à lui, qui le retenait avec violence. Il était entre la douleur de ne pas secourir sa mère et la crainte de blesser sa femme, grosse de cinq mois. Il faisait pitié. Enfin, il me pria de tenir sa femme ; je le fis. Il trouva que sa mère avait passé au travers de la flamme et qu'elle était sauvée. Il voulut aller retirer quelques papiers ; il ne put approcher du lieu où ils étaient. Enfin il revint à nous dans cette rue, où j'avais fait asseoir sa femme.

Des capucins, pleins de charité et d'adresse, travaillèrent si bien qu'ils coupèrent le feu. On jeta de l'eau sur les restes de l'embrasement, et enfin, c'est-à-dire après que le premier et second étage de l'antichambre et de la petite chambre et du cabinet, qui sont à main droite du salon, eurent été entièrement consommés. On appela bonheur ce qui restait de la maison, quoiqu'il y ait pour le pauvre Guitaut pour plus de dix mille écus de perte, car on compte de faire rebâtir cet appartement, qui était peint et doré. Il y avait aussi plusieux beaux tableaux à M. Le Blanc, à qui est la maison ; il y avait aussi plusieurs tables, et miroirs, miniatures, meubles, tapisseries. Ils ont grand regret à des lettres ; je me suis imaginée que c'étaient des lettres de Monsieur le Prince. Cependant, vers les cinq heures du matin, il fallut songer à Mme de Guitaut. Je lui offris mon lit, mais Mme Guéton la mit dans le sien, parce qu'elle a plusieurs chambres meublées. Nous la fîmes saigner. Nous envoyâmes quérir Boucher ; il craint bien que cette grande émotion ne la fasse accoucher devant les neuf jours (c'est grand hasard s'il ne vient). Elle est donc chez cette pauvre Mme Guéton ; tout le monde les vient voir, et moi je continue mes soins, parce que j'ai trop bien commencé pour ne pas achever.

Vous m'allez demander comment le feu s'était mis à cette maison ; on n'en sait rien. Il n'y en avait point dans l'appartement où il a pris. Mais si on avait pu rire dans une si triste occasion, quels portraits n'aurait-on point faits de l'état où nous étions tous ? Guitaut était nu en chemise, avec des chausses. Mme de Guitaut était nu-jambes, et avait perdu une de ses mules de chambre. Mme de Vauvineux était en petite jupe, sans robe de chambre. Tous les valets, tous les voisins, en bonnets de nuit. L'Ambassadeur était en robe de chambre et en perruque, et conserva fort bien la gravité de la Sérénissime. Mais son secrétaire était admirable. Vous parlez de la poitrine d'Hercule ! vraiment, celle-ci était bien autre chose. On la voyait tout entière ; elle est blanche, grasse, potelée, et surtout sans aucune chemise, car le cordon qui lu devait attacher avait été perdu à la bataille. Voilà les tristes nouvelles de notre quartier. Je prie M. Deville de faire tous les soirs une ronde pour voir si le feu est éteint partout ; on ne saurait avoir trop de précaution pour éviter ce malheur.

En plus de ces nouvelles locales, Mme de Sévigné emploie encore deux à trois pages à faire un rapport complet des derniers ragots parisiens et termine sa lettre par le paragraphe qui suit :

Voilà bien des lanternes, ma pauvre bonne. Mais toujours vous dire que je vous aime, que je ne songe qu'à vous, que je ne suis occupée que de ce qui vous touche, que vous êtes le charme de ma vie, que jamais personne n'a été aimée si chèrement que vous, cette répétition vous ennuierait.

Le voyage de Mme de Grignan, en carrosse, litière ou bateau était certes difficile, et la pensée des dangers courus — mauvaises routes, cols à franchir, rivières en crue — réduisait sa mère à un état de frayeur et d'angoisse épouvantables. Elle ne put prendre aucun repos avant d'être assurée que sa fille fût saine et sauve à Aix-en-Provence. Mais la poste fonctionnait très lentement. Il fallait quatre jours à un courrier à cheval pour aller de Lyon à Paris, sept ou huit jours pour venir d'Aix : « Songez, ma chère enfant, lui écrivait-elle le 11 mars, qu'il y a huit jours que je n'en ai eu ; c'est un siècle pour moi. »

« Je n'ai point sur mon cœur de m'être divertie, avait-elle écrit le 25 février, ni même d'être distraite pendant votre voyage. Je vous ai suivie pas à pas, et... je vous suis aussi fidèle sur l'eau que sur la terre. »

Un accident évité de justesse sous le pont d'Avignon explique la phobie de Mme de Sévigné pour le « diable de Rhône ». Le comte de Grignan venu à la rencontre de la comtesse l'avait encouragée dans sa témérité. « Je sais bien que le danger est passé », écrivit le 4 mars Mme de Sévigné,

mais il est impossible de se représenter votre vie si proche de
sa fin, sans frémir d'horreur. Et M. de Grignan vous laisse
conduire la barque ! et quand vous êtes téméraire, il trouve
plaisant de l'être encore plus que vous ! Au lieu de vous faire
attendre que l'orage fût passé, il veut bien vous exposer, et
vogue la galère ! Ah mon Dieu ! qu'il eût été bien mieux
d'être timide, et de vous dire que si vous n'aviez point de
peur, il en avait, lui, et ne souffrirait point que vous
traversassiez le Rhône par un temps comme celui qu'il
faisait ! Que j'ai de la peine à comprendre sa tendresse en
cette occasion ! Ce Rhône qui fait peur à tout le monde ! Ce
pont d'Avignon où l'on aurait tort de passer en prenant de
loin toutes ses mesures ! Un tourbillon de vent vous jette
violemment sous une arche ! Et quel miracle que vous
n'ayez pas été brisée et noyée dans un moment ! Ma bonne, je
ne soutiens pas cette pensée ; j'en frissonne, et m'en suis
réveillée avec des sursauts dont je ne suis pas la maîtresse.
Pour moi, je suis persuadée que les messes que j'ai fait dire
tous les jours pour vous ont fait ce miracle.
C'est le malheur des commerces si éloignés : toutes les
réponses paraissent rentrées de pique noire.

(Manque de synchronisation, eût-elle dit aujourd'hui ; le
décalage dans le temps de leur correspondance ne cessera
jamais de l'affliger !)
Un mois, jour pour jour, après le départ de Mme de Grignan,
sa mère ressentait toujours un chagrin aussi vif.

Il n'y a lieu dans cette maison qui ne me blesse le cœur :
Toute votre chambre me tue ; j'y ai fait mettre un paravent
tout au milieu, pour rompre un peu la vue d'une fenêtre sur
ce degré par où je vous vis monter dans le carrosse de
d'Hacqueville, et par où je vous rappelai. Je me fais peur
quand je pense combien alors j'étais capable de me jeter par
la fenêtre, car je suis folle quelquefois ; ce cabinet, où je
vous embrassai sans savoir ce que je faisais ; ces Capucins,
où j'allai entendre la messe ; ces larmes qui tombaient de
mes yeux à terre, comme si c'eût été de l'eau qu'on eût
répandue ; Sainte-Marie, Mme de La Fayette, mon retour
dans cette maison, votre appartement, la nuit et le lende-
main ; et votre première lettre, et toutes les autres, et encore
tous les jours, et tous les entretiens de ceux qui entrent dans
mes sentiments. Ce pauvre d'Hacqueville est le premier ; je
n'oublierai jamais la pitié qu'il eut de moi. Voilà donc où
j'en reviens : il faut glisser sur tout cela, et se bien garder de
s'abandonner à ses pensées et aux mouvements de son cœur.

*J'aime mieux m'occuper de la vie que vous faites présente-
ment; cela me fait une diversion, sans m'éloigner pourtant
de mon sujet et de mon objet, qui est ce qui s'appelle
poétiquement l'objet aimé. Je songe donc à vous, et je
souhaite toujours de vos lettres. Quand je viens d'en
recevoir, j'en voudrais bien encore. J'en attends présentement, et reprendrai ma lettre quand j'en aurai reçu.*

« Il est aujourd'hui le 6 mars », commençait elle en ce jour
de 1671 :

*je vous conjure de me mander comme vous vous portez. Si
vous vous portez bien, vous êtes malade, mais si vous êtes
malade, vous vous portez bien. Je souhaite, ma fille, que
vous soyez malade, afin que vous ayez de la santé au moins
pour quelque temps. Voilà une énigme bien difficile à
comprendre et à deviner; j'espère que vous me l'expliquerez.*

S'immiscer dans cette conversation intime entre mère et fille
— car elles pensaient toutes deux que cela ne concernait
qu'elles, bien évidemment! — tient quelque peu du voyeu-
risme. En effet, ce que Mme de Sévigné veut dire là, c'est
qu'elle sait que Mme de Grignan doit avoir ses règles le 6 mars
et qu'elle espère ardemment que sa fille n'est pas enceinte.

« Vous me faites une relation divine de votre entrée dans
Arles. » L'épouse du gouverneur, comme le gouverneur lui-
même, était accueillie officiellement et en grande pompe par
les villes placées sous leur autorité.

*... Vous êtes là comme la Reine. Elle ne se repose jamais;
elle est toujours comme vous êtes depuis quelque temps. Il
faut donc prendre son esprit, et avoir patience au milieu de
toutes vos cérémonies. Je suis persuadée que M. de Grignan
est bien charmé de la réception qu'on vous fait.*

*Nous sommes en peine de savoir si vous riez quand on
vous harangue; c'est une incommodité à quoi je craignais
que vous ne fussiez sujette. Si vous faites aussi bien que
vous dites, ils font fort bien de vous adorer. Le nombre de
ceux qui me font des compliments, et qui me prient de vous
en faire, et qui me demandent de vos nouvelles, est infini;
j'aurais le visage aussi las que vous, si je les embrassais
tous.*

*Le P. Bourdaloue a prêché, ce matin, au-delà de tous les
plus beaux sermons qu'il ait jamais faits. La cour va et vient
à Versailles. [Monsieur] le Dauphin et [Monsieur] d'Anjou
se portent mieux. Voilà de belles nouvelles.*

Mme de La Fayette, et tout ce qui est ordinairement chez elle, vous fait souvenir de l'amitié qu'ils ont pour vous et vous prie d'en avoir un peu pour eux. Mme de La Fayette dit qu'elle aimerait fort à jouer le rôle que vous jouez, quand ce ne serait que pour changer.

Votre fille est jolie ; je l'aime et j'en ai beaucoup de soin. Mme de Tourville est morte ; la Gouville pleure fort bien. Madame la Princesse est à Châteauroux ad multos annos. Je suis à vous, ma très chère, avec une tendresse qu'il n'est pas aisé d'expliquer, et j'embrasse M. de Grignan malgré le pont d'Avignon.

Elle écrit dans une lettre du 11 mars :

J'ai été enrhumée malgré moi, et j'ai gardé mon logis. Quasi tous vos amis ont pris ce temps pour me venir voir. L'abbé Têtu m'a fort priée de le distinguer en vous écrivant. Je n'ai jamais vu une personne absente être si vive dans tous les cœurs ; c'était à vous qu'était réservé ce miracle. Vous savez comme nous avons toujours trouvé qu'on se passait bien des gens ; on ne se passe point de vous. Je passe ma vie à parler de vous ; ceux qui m'écoutent le mieux sont ceux que je cherche le plus. N'allez point craindre que je sois ridicule, car outre que le sujet ne l'est pas, c'est que je connais parfaitement bien et les gens et le lieu, et ce qu'il faut dire et ce qu'il faut taire. Je dis un peu de bien de moi en passant ; j'en demande pardon au Bourdaloue et au Mascaron. J'entends tous les matins ou l'un ou l'autre ; un demi-quart des merveilles qu'ils disent devrait faire une sainte.

Je vous avoue, de bonne foi, ma petite, que je ne puis du tout m'accoutumer à vous savoir à deux cents lieues de moi. Je suis plus touchée que je ne l'étais lorsque vous étiez en chemin ; je repleure sur nouveaux frais. Je ne vois goutte dans votre cœur. Je me représente et m'imagine cent choses désagréables que je ne vous puis dire ; je ne vois pas même ce que pense M. de Grignan, ou enfin je ne sais comme tout est brouillé dans ma tête. Je vous vois accablée d'honneurs, et d'honneurs qui tiennent fort au nom que vous portez. Rien n'est plus grand ni plus considéré. Nulle famille ne peut être plus aimable ; vous y êtes adorée, à ce que je crois, car le Coadjuteur ne m'écrit plus. Mais je ne sais comme vous vous portez dans tout ce tracas.

Mme de Sévigné émet évidemment quelques doutes sur la capacité qu'a Mme de Grignan à se faire à la vie de province, malgré tous les honneurs et hommages qu'on lui rend : « C'est une sorte de vie étrange que celle des provinces ; on fait des affaires de tout », écrit-elle.

> *Je me représente que vous faites des merveilles, mais il faut savoir ce que ces merveilles vous coûtent, pour vous plaindre ou pour ne vous plaindre pas. L'idée que j'ai de vous ne me persuade pas que vous puissiez sans peine vous accoutumer à cette sorte de vie. Hélas ! Puis-je me flatter que je vous serais quelquefois bonne un moment ?*

Et à une autre occasion :

> *Je vous vois faire toutes vos révérences et vos civilités ; vous faites fort bien, je vous en assure. Tâchez, mon enfant, de vous accommoder un peu de ce qui n'est pas mauvais ; ne vous dégoûtez point de ce qui n'est que médiocre ; faites-vous un plaisir de ce qui n'est pas ridicule.*

Mme de Sévigné nous révèle ici que Mme de Grignan joue son rôle avec une certaine condescendance et se gausse de ces petites provinciales sans aucune allure, qui viennent rendre visite au lieutenant général et à son épouse. Un portrait de Mme de Grignan émerge peu à peu des lettres de sa mère, portrait subtilement et indirectement esquissé qui, assez curieusement — lorsqu'on considère l'admiration aveugle de la mère pour la fille — est vraiment peu flatteur. Mme de Grignan nous y est dépeinte comme une jeune femme impatiente, méprisante et sarcastique, parfois incapable de garder son sang-froid, parfois maladroite dans ses rapports sociaux — sérieux inconvénients chez une personne exerçant une fonction publique [1].

> *Du reste, vous me le représentez très plaisamment, avec votre embarras et vos civilités déplacées. Et moi, ma petite, hélas ! que je vous serais bonne ! Ce n'est pas que je fisse mieux que vous, car je n'ai pas le don de placer si vite les noms sur les visages (au contraire, je fais tous les jours mille sottises là-dessus), mais je vous aiderais à faire des révérences. Ah ! que vous êtes lasse, mon pauvre cœur, et que ce métier est tuant pour Mademoiselle de Sévigné, et même pour Madame de Grignan, toute civile qu'elle est !*

écrivait Mme de Sévigné un autre jour. D'après sa belle-mère, M. de Grignan lui-même n'était guère convaincu des talents de

---

1. Le duc de Saint-Simon écrira bien des années plus tard dans ses *Mémoires* que Mme de Grignan était loin d'être populaire en Provence.

sa femme dans le rôle de vice-reine. C'est ce qu'elle écrivait un peu plus tard, en mars 1671 :

> *Je n'ai jamais pensé que vous ne fussiez pas très bien avec M. de Grignan ; je ne crois pas avoir témoigné que j'en doutasse. Tout au plus, je souhaitais d'en entendre un mot de lui ou de vous, non point par manière de nouvelle, mais pour me confirmer une chose que je souhaite avec tant de passion. La Provence ne serait pas supportable sans cela, et je comprends bien aisément les craintes qu'il a de vous y voir languir et mourir d'ennui. Nous avons, lui et moi, les mêmes symptômes.*

Mme de Grignan, dans sa lettre du 4 mars, dit qu'elle a bien reçu la lettre de sa mère racontant l'incendie chez le comte de Guitaut ; lettre à laquelle Mme de Sévigné répond dans les dernières pages d'une lettre commencée le 11 mars :

> *Mais vous êtes bien plaisante, Madame la Comtesse, de montrer mes lettres. Où est donc ce principe de cachoterie pour ce que vous aimez ? Vous souvient-il avec combien de peine vous vous résolviez enfin à nous confier les dates de celles de M. de Grignan ? Vous pensez m'apaiser par vos louanges, et me traiter toujours comme la Gazette de Hollande ; je m'en vengerai. Vous cachez les tendresses que je vous mande, friponne ; et moi je montre quelquefois, et à certaines gens, celles que vous m'écrivez. Je ne veux pas qu'on croie que j'ai pensé mourir, et que je pleure tous les jours, pour qui ? pour une ingrate [1] ? Je veux qu'on voie que vous m'aimez, et que si vous avez mon cœur tout entier, j'ai une place dans le vôtre. Je ferai tous vos compliments. Chacun me demande : « Ne suis-je point nommé ? » Et je dis : « Non, pas encore, mais vous le serez. » Par exemple, nommez-moi un peu M. d'Ormesson, et les Mesmes. Il y a presse à votre souvenir ; ce que vous en envoyez ici est tout aussitôt enlevé. Ils ont raison, ma pauvre bonne, vous êtes aimable, et rien n'est comme vous. Voilà du moins ce que vous cacherez, car, depuis Niobé, une mère n'a point parlé ainsi.*
>
> *Je dîne tous les vendredis chez Le Mans avec M. de La Rochefoucauld, Mme de Brissac et Benserade, qui toujours y fait la joie [de] la compagnie. Votre santé y est toujours bue, et votre absence toujours regrettée. Si la Provence m'aime, je suis fort sa servante aussi. Conservez-moi*

---

1. Citation de l'*Andromaque* de Racine. Oreste dit « Je deviens parricide, assassin, sacrilège ! Pour qui ? Pour une ingrate... » (Acte IV, Scène V).

*l'honneur de ses bonnes grâces ; j'y ferai mes compliments
quand vous voudrez. Je vous ai donné un voyage : c'est à
vous de le placer.*

*J'aime votre fille à cause de vous ; mes entrailles n'ont
point encore pris le train des tendresses d'une grand-mère.*

*Adieu, ma très chère enfant. Je suis si absolument et si
entièrement à vous qu'il n'est pas possible d'y ajouter la
moindre chose. Je vous prie que je baise vos belles joues
et que je vous embrasse tendrement, mais cela me fait
pleurer.*

Sa correspondance avec sa fille allait devenir son seul intérêt
et son seul plaisir dans la vie :

*Lire vos lettres et vous écrire font la première affaire de
ma vie. Tout fait place à ce commerce ; aussi les autres me
paraissent plaisants. Aimer comme je vous aime fait trouver
frivoles toutes les autres amitiés. Pour vous écrire, soyez
assurée que je n'y manque point deux fois la semaine. Si
l'on pouvait doubler, j'y serais tout aussi ponctuelle, mais
ponctuelle par le plaisir que j'y prends, et non point pour
l'avoir promis.*

« Me voici à la joie de mon cœur, toute seule dans ma
chambre à vous écrire paisiblement ; rien ne m'est si agréable
que cet état », écrivait-elle une autre fois.

Ou exprimé d'une autre façon :

*Enfin je reçois cette lettre, et me voilà dans ma chambre,
toute seule pour vous faire réponse. Voilà comme je fais
avec tout le plaisir du monde. Au sortir d'un lieu où j'ai
dîné, je reviens fort bien ici, et quand j'y trouve une de vos
lettres, j'entre et j'écris. Rien n'est préféré à ce plaisir, et je
languis après les jours de vous écrire, comme on craint les
jours de poste pour écrire à ceux qu'on n'aime pas.*

« Mon Dieu, que j'ai d'envie de recevoir de vos lettres ! écrit-
elle ailleurs. Il y a déjà près d'une demi-heure que je n'en ai
reçu. »

Cette correspondance était aussi régulière que le permettait
l'irrégularité des courriers. Le XVIIe siècle différant peu du
nôtre à cet égard, se plaindre de la poste était devenu un des
thèmes majeurs de cet échange épistolaire.

« Je ne comprends rien aux postes », gémissait sans cesse
Mme de Sévigné.

Elles sont déréglées, et ces gens si obligeants, qui partent à minuit pour porter mes lettres, n'ont point assez de soin de me rapporter vos réponses.

Mais je veux revenir à mes lettres qu'on ne vous envoie point ; j'en suis au désespoir. Croyez-vous qu'on les ouvre ? croyez-vous qu'on les garde ? Hélas ! je conjure ceux qui prennent cette peine de considérer le peu de plaisir qu'ils ont à cette lecture, et le chagrin qu'ils nous donnent. Messieurs, du moins ayez soin de les faire recacheter, afin qu'elles arrivent tôt ou tard.

13.

A la fin de février 1671, quelques semaines après le départ de Mme de Grignan, Charles de Sévigné fait son apparition sur la scène de cette correspondance. Dans la lettre fort prolixe qu'elle envoie à ce moment-là à sa fille, Mme de Sévigné n'accorde que quelques lignes à l'arrivée de son fils, qui était à Nancy où son régiment avait pris ses quartiers d'hiver, mais qu'elle avait très peu vu, car il séjournait à Saint-Germain (avec la cour).

Début mars, Charles ajoutait quelques mots à une des lettres que sa mère envoyait à Mme de Grignan, la félicitant d'avoir échappé au péril du Rhône et d'avoir été si royalement reçue en son « royaume d'Arles ! ».

Ce que nous apprenons ensuite du jeune et bel officier de cavalerie, c'est qu'il était devenu l'amant de qui — je vous le donne en mille ! — d'une Ninon de Lenclos, plus mûre certes, mais portant toujours beau. Il prenait la suite de son père dans le lit de la célèbre courtisane. Tel père, tel fils, pensait sans doute la mère de Charles, lorsqu'elle écrivait avec une certaine amertume :

Votre frère entre sous les lois de Ninon. Je doute qu'elles lui soient bonnes ; il y a des esprits à qui elles ne valent rien. Elle avait gâté son père. Il faut le recommander à Dieu ; quand on est chrétienne, ou du moins qu'on le veut être, on ne peut voir ces dérèglements sans chagrin.

A la mi-mars, la situation avait même empiré : « Votre frère est à Saint-Germain, et il est entre Ninon et une comédienne. » « Mais qu'elle est dangereuse, cette Ninon ! » écrivait en avril Mme de Sévigné :

> *Si vous saviez comme elle dogmatise sur la religion, cela vous ferait horreur. Son zèle pour pervertir les jeunes gens est pareil à celui d'un certain M de Saint-Germuin, que nous avons vu une fois à Livry. Elle trouve que votre frère a la simplicité de la colombe ; il ressemble à sa mère. C'est Mme de Grignan qui a tout le sel de la maison.*
>
> *Je suis vivement touchée du mal qu'elle fait à mon fils sur ce chapitre ; ne lui en mandez rien. Nous faisons nos efforts, Mme de La Fayette et moi, pour le dépêtrer d'un engagement si dangereux. Il a de plus une petite comédienne[1], et tous les Despréaux et les Racine, et paie les soupers. Enfin c'est une vraie diablerie.*

Le 8 avril, il y eut du nouveau et fort excitant :

> *Parlons un peu de votre frère ; il a eu son congé de Ninon. Elle s'est lassée d'aimer sans être aimée. Elle a redemandé ses lettres, on les a rendues. J'ai été fort aise de cette séparation. Je lui disais toujours un petit mot de Dieu, et le faisais souvenir de ses bons sentiments passés, et le priais de ne point étouffer le Saint-Esprit dans son cœur. Sans cette liberté de lui dire en passant quelque mot, je n'aurais pas souffert cette confidence dont je n'avais que faire. Mais ce n'est pas tout. Quand on rompt d'un côté, on croit se racquitter de l'autre ; on se trompe. La jeune merveille n'a pas rompu, mais je crois qu'elle rompra. Voici pourquoi : mon fils vint hier me chercher du bout de Paris pour me dire l'accident qui lui était arrivé. Il avait trouvé une occasion favorable, et cependant oserais-je le dire ? Son dada demeura court à Lérida[2]. Ce fut une chose étrange ; la demoiselle ne s'était jamais trouvée à telle fête. Le cavalier en désordre sortit en déroute, croyant être ensorcelé. Et ce qui vous paraîtra plaisant, c'est qu'il mourait d'envie de me conter sa déconvenue. Nous rîmes fort ; je lui dis que j'étais ravie qu'il fût puni par où il avait péché. Il s'est pris à moi, et me dit que je lui avais donné de ma glace,*

---

1. Cette comédienne était la Champmeslé, célèbre actrice du moment, maîtresse de Racine.
2. Cette citation vient d'un jeu de mots plutôt scabreux attribué au prince de Condé lors d'une mésaventure espagnole amoureuse où sa virilité lui fit défaut.

*qu'il se passerait fort bien de cette ressemblance, que
j'aurais bien mieux fait de la donner à ma fille.*

S'il était vrai, comme le soutenait le comte de Bussy, que la
conversation de Mme de Sévigné frisât le grivois, il était aussi
très clair — comme le montre ce passage — qu'elle savait
manier ce genre de choses avec la plus grande délicatesse. Il
faut dire, à sa décharge, qu'elle avait grandi sous le règne de
Louis XIII où les mœurs étaient passablement dissolues.

« Il (Charles) voudrait que Pecquet le restaurât », continue
sa lettre du 1er avril :

*Il disait les plus folles choses du monde, et moi aussi.
C'était une scène digne de Molière. Ce qui est vrai, c'est qu'il
a l'imagination tellement bridée que je crois qu'il n'en
reviendra pas sitôt. J'eus beau l'assurer que tout l'empire
amoureux est rempli d'histoires tragiques, il ne peut se
consoler. La petite Chimène dit qu'elle voit bien qu'il ne
l'aime plus, et se console ailleurs. Enfin c'est un désordre
qui me fait rire, et que je voudrais de tout mon cœur qui le
pût retirer d'un état si malheureux à l'égard de Dieu.*

Le 15 avril, Mme de Sévigné écrivait de nouveau à sa fille :

*La lettre que vous écrivez à votre frère est admirable
aussi, et celle de M. de Coulanges. J'aime vos lettres
passionnément. Vous avez très bien deviné : votre frère est
dans le bel air par-dessus les yeux. Point de pâques, point de
jubilé, avaler le péché comme de l'eau, tout cela est
admirable. Je n'ai rien trouvé de bon en lui que la crainte de
faire un sacrilège ; c'était mon soin aussi que de l'en
empêcher. Mais la maladie de son âme est tombée sur son
corps, et ses maîtresses sont d'une manière à ne pas
supporter cette incommodité avec patience ; Dieu fait tout
pour le mieux ! J'espère qu'un voyage en Lorraine rompra
toutes ces vilaines chaînes. Il est plaisant. Il me réjouit, il
cherche à me plaire. Je connais la sorte d'amitié qu'il a
pour moi. Il est ravi, à ce qu'il dit, de celle que vous me
témoignez. Il me donne mille attaques en riant de l'attachement que j'ai pour vous. Je vous avoue, ma bonne, qu'il est
grand, quand même je le cache.*

Mais les ennuis de Charles ne firent qu'empirer. Il n'épargnait aucun détail à sa mère : « Mon fils n'est pas encore guéri
de ce mal qui fait douter ses précieuses maîtresses de sa
passion », écrivait-elle un peu plus tard en avril.

Il me disait hier au soir que, pendant la semaine sainte, il avait été si épouvantablement dévergondé, qu'il lui avait pris un dégoût de tout cela qui lui faisait bondir le cœur. Il n'osait y penser ; il avait envie de vomir. Il lui semblait toujours de voir autour de lui des panerées de tétons, et quoi encore ? des tétons, des cuisses, des panerées de baisers, des panerées de toutes sortes de choses en telle abondance qu'il en avait l'imagination frappée et l'a encore, et ne pouvait pas regarder une femme ; il était comme les chevaux rebutés d'avoine. Ce mal n'a pas été d'un moment. J'ai pris mon temps pour faire un petit sermon là-dessus. Nous avons fait ensemble des réflexions chrétiennes ; il entre dans mes sentiments, et particulièrement pendant que son dégoût dure encore. Il me montra des lettres qu'il a retirées de cette comédienne. Je n'en ai jamais vu de si chaudes ni de si passionnées : il pleurait, il mourait. Il croit tout cela quand il écrit, et s'en moque un moment après. Je vous dis qu'il vaut son pesant d'or.

Mme de Sévigné reprit son rapport sur les amours de Charles quelques jours plus tard :

Il a quitté la comédienne, après l'avoir aimée par-ci, par-là. Quand il la voyait, quand il lui écrivait, c'était de bonne foi ; un moment après, il s'en moquait à bride abattue. Ninon l'a quitté. Il était malheureux quand elle l'aimait ; il est au désespoir de n'en être plus aimé, et d'autant plus qu'elle n'en parle pas avec beaucoup d'estime : « C'est une âme de bouillie, dit-elle, c'est un corps de papier mouillé, un cœur de citrouille fricassé dans de la neige. »

La Champmeslé lui ayant retourné ses lettres, Charles était sur le point de montrer à Ninon celles de la belle actrice lorsque sa mère l'arrêta :

Je lui dis que c'était infâme que de couper ainsi la gorge à cette petite créature pour l'avoir aimé ; qu'elle n'avait point sacrifié ses lettres, comme on lui voulait faire croire pour l'animer ; qu'elle les lui avait rendues ; que c'était une vilaine trahison et basse et indigne d'un homme de qualité, et que même dans les choses malhonnêtes, il y avait de l'honnêteté à observer. Il entra dans mes raisons. Il courut chez Ninon, et moitié figue moitié raisin, moitié par adresse, moitié par force, il retira les lettres de cette pauvre diablesse ; je les ai fait brûler. Vous voyez par là combien le nom de comédienne m'est de quelque chose. Cela est un peu de la Visionnaire de la comédie ; elle en eût fait autant, et je fais comme elle. Mon fils a conté ses folies à M. de La Rochefoucauld, qui aime les originaux. Il approuva ce que je lui dis l'autre jour, que mon fils n'était point fou par la tête ; c'est par le cœur. Ses sentiments sont tout vrais, sont tout faux, sont tout froids, sont tout brûlants, sont tout fripons, sont tout sincères ; enfin son cœur est fou. Nous rîmes fort de tout cela, et avec mon fils même, car il est de bonne compagnie, et dit tôpe à tout. Nous sommes très bien ensemble. Je suis sa confidente, et je conserve cette vilaine qualité, qui m'attire de si vilaines confidences, pour être en droit de lui dire mes sentiments sur tout. Il me croit autant qu'il peut, il me prie [que] je le redresse ; je le fais comme une amie. Il veut venir avec moi en Bretagne pour cinq ou six semaines ; s'il n'y a point de camp en Lorraine...

Tandis que Charles profanait la semaine sainte par ses débauches, sa mère s'en était allée retrouver son bien-aimé Livry, le mardi, pour se préparer aux fêtes de Pâques. « Je suis partie de Paris », écrivait-elle le 24 mars 1671,

avec l'Abbé, Hélène, Hébert et Marphise [1], dans le dessein de me retirer pour jusqu'à jeudi au soir du monde et du bruit. Je prétends être en solitude. Je fais de ceci une petite Trappe ; je veux y prier Dieu, y faire mille réflexions. J'ai dessein d'y jeûner beaucoup par toutes sortes de raisons, marcher pour tout le temps que j'ai été dans ma chambre et, sur le tout, m'ennuyer pour l'amour de Dieu. Mais, ma pauvre bonne, ce que je ferai beaucoup mieux que tout cela, c'est de penser à vous. Je n'ai pas encore cessé depuis que je suis arrivée, et ne pouvant tenir tous mes sentiments, je me suis mise à vous écrire au bout de cette petite allée sombre que vous aimez, assise sur ce siège de mousse où je vous ai vue quelquefois couchée. Mais, mon Dieu, où ne vous ai-je point vue ici.

Elle reprit la plume le jeudi saint à Livry.

Si j'avais autant pleuré mes péchés que j'ai pleuré pour vous depuis que je suis ici, je serais très bien disposée pour faire mes pâques et mon jubilé.
J'ai trouvé de la douceur dans la tristesse que j'aie eue ici. Une grande solitude, un grand silence, un office triste, des

---

1. L'Abbé était son oncle, l'abbé de Coulanges ; Hélène, sa bonne. Hébert un domestique ; et Marphise son petit chien qui portait le nom d'un personnage de l'*Orlando Furioso* d'Arioste.

Ténèbres chantées avec dévotion (je n'avais jamais été à Livry la semaine sainte), un jeûne canonique, et une beauté dans ces jardins, dont vous seriez charmée : tout cela m'a plu. Hélas ! que je vous y ai souhaitée ! Quelque difficile que vous soyez sur les solitudes, vous auriez été contente de celle-ci. Mais je m'en retourne à Paris par nécessité. J'y trouverai de vos lettres, et je veux demain aller à la Passion du P. Bourdaloue ou du P. Mascaron ; j'ai toujours honoré les belles passions. Adieu, ma chère Comtesse. Voilà ce que vous aurez de Livry, j'achèverai cette lettre à Paris. Si j'avais eu la force de ne vous point écrire d'ici, et de faire un sacrifice à Dieu de tout ce que j'y ai senti, cela vaudrait mieux que toutes les pénitences du monde. Mais, au lieu d'en faire un bon usage, j'ai cherché de la consolation à vous en parler. Ah ! ma bonne, que cela est faible et misérable !

Ce fut à Livry, durant cette semaine sainte, que Mme de Sévigné se rendit compte pour la première fois combien son cœur était partagé entre l'amour qu'elle ressentait pour sa fille et celui qu'elle vouait au Seigneur : « l'amour du Créateur », comme elle le disait, face à « l'amour de la Créature », de l'être humain. Elle allait souffrir de ce partage au plus profond d'elle-même des années durant. Et si elle n'en avait pas encore pris conscience, sa visite à Pomponne, fin avril, lui eût ouvert les yeux. Elle allait y revoir son cher et vieil ami, Arnauld d'Andilly, père du marquis de Pomponne (auquel elle avait adressé toute une correspondance sur le procès de Fouquet). Ce noble vieillard de quatre-vingt-deux ans touchait à la sainteté !

Je partis hier assez matin de Paris. J'allai dîner à Pomponne. J'y trouvai notre bonhomme qui m'attendait ; je n'aurais pas voulu manquer à lui dire adieu. Je le trouvai dans une augmentation de sainteté qui m'étonna ; plus il approche de la mort, et plus il s'épure. Il me gronda très sérieusement et, transporté de zèle et d'amitié pour moi, il me dit que j'étais folle de ne point songer à me convertir ; que j'étais une jolie païenne ; que je faisais de vous une idole dans mon cœur ; que cette sorte d'idolâtrie était aussi dangereuse qu'une autre, quoiqu'elle me parût moins criminelle ; qu'enfin je songeasse à moi. Il me dit tout cela si fortement que je n'avais pas le mot à dire. Enfin, après six heures de conversation très agréable, quoique très sérieuse, je le quittai, et vins ici, où je trouvai tout le triomphe du mois de mai.

Le rossignol, le coucou, la fauvette,
Ont ouvert le printemps dans nos forêts.

Je m'y suis promenée tout le soir toute seule. J'y ai retrouvé toutes mes tristes pensées, mais je ne veux plus vous en parler. (Ce matin on m'a apporté vos lettres du [22] de ce mois. Qu'elles viennent de loin quand elles arrivent à Paris !) J'ai destiné une partie de cet après-dîner à vous écrire dans le jardin, où je suis étourdie de trois ou quatre rossignols qui sont sur ma tête.

De tels passages ne sont pas sans nous rappeler Proust, qui fait dire à Charlus dans *A l'ombre des jeunes filles en fleurs* : « Ce que ressentait Mme de Sévigné pour sa fille peut prétendre beaucoup plus justement ressembler à la passion que Racine a dépeinte dans *Andromaque* ou dans *Phèdre*, que les banales relations que le jeune Sévigné avait avec ses maîtresses. »

Mme de Sévigné, ce printemps-là, trouva le temps d'aller au château de Saint-Germain faire sa cour aux monarques qui s'y trouvaient alors : il lui semblait judicieux de rappeler au bon souvenir de Leurs Majestés les lointains Grignan, car on avait la mémoire courte dans les hautes sphères. Sa Majesté la reine l'avait fort cordialement accueillie, comme elle le rapporta à sa fille :

la Reine, qui fit un pas vers moi, et me demanda des nouvelles de ma fille (et qu'elle avait ouï dire que vous aviez pensé vous noyer). Je la remerciai de l'honneur qu'elle vous faisait de se souvenir de vous. Elle reprit la parole, et me dit : « Contez-moi comme elle a pensé périr. » Je me mis à lui conter votre belle hardiesse de vouloir traverser le Rhône par un grand vent, et que ce vent vous avait jetée rapidement sous une arche, à deux doigts du pilier, où vous auriez péri mille fois, si vous l'aviez touché. Elle me dit : « Et son mari était-il avec elle ? — Oui, Madame, et Monsieur le Coadjuteur aussi. — Vraiment ils ont grand tort », reprit-elle, et fit des hélas, et dit des choses très obligeantes pour vous.

Ce même soir, la reine eut la bonté de s'adresser une seconde fois à Mme de Sévigné pour lui demander :

« A qui ressemble votre petite-fille ? — Madame, lui dis-je, elle ressemble à M. de Grignan. » Elle fit un cri : « J'en suis fâchée », et me dit doucement : « Elle aurait bien mieux fait

de ressembler à sa mère ou à sa grand-mère. » *Voilà comme vous me faites faire ma cour, ma pauvre bonne.*

En 1671, la cour résidait à Saint-Germain tandis que le roi concevait et dirigeait l'immense projet architectural du château et des paysages de Versailles où il s'installerait en 1682. Mme de Sévigné pouvait raconter à Mme de Grignan comment avançait ce chef-d'œuvre grâce à Mme de La Fayette qui, invitée à Versailles, avait visité les lieux.

> *Mme de La Fayette fut hier à Versailles ; Mme de Thianges lui avait mandé d'y aller. Elle y fut reçue très bien, mais très bien, c'est-à-dire que le Roi la fit mettre dans sa calèche avec les dames, et prit plaisir à lui montrer toutes les beautés de Versailles, comme un particulier que l'on va voir dans sa maison de campagne. Il ne parla qu'à elle, et reçut avec beaucoup de plaisir et de politesse toutes les louanges qu'elle donna aux merveilleuses beautés qu'il lui montrait. Vous pouvez penser si l'on est contente d'un tel voyage.*

Mais beaucoup plus que les splendeurs de Versailles, ce qui intéressait Mme de Sévigné était l'état de santé de sa fille chaque première semaine du mois. Le mois d'avril n'y fit pas exception et elle glissa adroitement une allusion discrète dans le dernier paragraphe de sa lettre :

> *Mandez-moi comme vous vous portez le sixième de ce mois. Vos habits si bien faits, cette taille si bien remplie dans son naturel, Ô mon Dieu ! Conservez-la donc pour mon voyage de Provence.*

Elle y mit aussi quelques mots pour le comte.

> *Mon cher Grignan, puisque vous trouvez votre femme si belle, conservez-la. C'est assez d'avoir chaud cet été en Provence, sans y être malade. Vous croyez que j'y ferais des merveilles ; je vous assure que je ne suis pas au point que vous pensez là-dessus. La contrainte m'est aussi contraire qu'à vous, et je crois que ma fille fait mieux que je ne pourrais faire.*

La réponse de Mme de Grignan fut des plus évasives et contribua peu à réconforter sa mère inquiète. « J'ai très mauvaise opinion de vos langueurs », écrivait Mme de Sévigné le 27 avril.

*Je suis du nombre des méchantes langues, et je crois tout
le pis ; voilà ce que je craignais. Mais, ma chère enfant, si ce
malheur se confirme, ayez soin de vous. Ne vous ébranlez
point dans ces commencements par votre voyage de Marseille, laissez un peu établir les choses. Songez à votre
délicatesse, et que ce n'est qu'à force de vous être conservée
que vous avez été jusqu'au bout. Je suis déjà bien en peine
du dérangement que le voyage de Bretagne apportera à notre
commerce. Si vous êtes grosse, comptez que je n'ai plus
aucun dessein que de faire ce que vous voudrez ; je ferai ma
règle de vos désirs, et laisserai tout autre arrangement et
toute autre considération à mille lieues de moi.*

*Je vous conjure, ma fille, de me mander sincèrement des
nouvelles de votre santé, de vos desseins, de ce que vous
souhaitez de moi. Je suis triste de votre état ; je crains que
vous ne le soyez aussi. Je vois mille chagrins et j'ai une suite
de pensées dans ma tête, qui ne sont bonnes ni pour la nuit
ni pour le jour.*

« Que je suis fâchée de ce malheur, mais que je l'ai bien
prévu ! » s'exclamait-elle dans la lettre suivante.

L'on ne peut guère s'étonner de la réaction du comte de
Grignan lorsque sa belle-mère qualifiait la grossesse de la
comtesse de « malheur ». N'était-il pas un peu présomptueux
de sa part de formuler la chose ainsi quand toute la famille de
Grignan et la comtesse elle-même espéraient vivement un
héritier mâle — que les deux premières femmes du comte ne lui
avaient pas donné — afin d'assurer une descendance à la
longue et noble lignée des Grignan ? Il est donc peu surprenant
de voir ce désaccord détériorer sensiblement la relation entre
la mère et la fille.

14.

Si Mme de Sévigné se faisait du souci pour sa fille, enceinte
pour la troisième fois en deux ans, elle ne s'en faisait pas moins
pour la situation financière des Grignan. Si prestigieuse que fût

leur position en Provence et malgré tout l'orgueil qu'en tirait Mme de Sévigné, cette dernière ne pouvait que s'inquiéter des frais énormes que comportait la charge de gouverneur. Il arrivait même qu'un fonctionnaire se ruinât au service du roi. L'allocation fournie par le Trésor royal ne suffisait pas à financer le luxueux style de vie d'un représentant de la Couronne ; il fallait avoir une fortune personnelle importante pour accepter ce genre de poste.

Dans la capitale d'Aix-en-Provence, l'ancien palais des comtes de Provence et du légendaire roi René abritait non seulement le parlement de la province, mais aussi les Grignan et leur suite : le comte avec ses gardes et ses gentilshommes ; la comtesse avec les dames de sa suite. C'était là que les Grignan tenaient leur cour où se pressait la Provence entière dans un tourbillon incessant de réceptions officielles, de bals, de banquets, de fêtes, de galas, de mascarades, de concerts et de représentations théâtrales. Et pour couronner le tout, on jetait littéralement l'argent par les fenêtres lors de ces réjouissances : le bon peuple n'en attendait pas moins des gens du palais. « Noblesse oblige », et cela coûtait aux Grignan une petite fortune. Mais il y avait plus encore, la comtesse tout comme le comte s'adonnaient aux jeux de hasard. Déjà, dès mars 1671, on ne parlait à Paris que du somptueux train de vie des Grignan en Provence. Ce bruit parvint aux oreilles de Mme de Sévigné qui s'en montra fort soucieuse : « Ne faites point si grande chère ; on en parle ici comme d'un excès. M. de Monaco ne s'en peut taire. Mais surtout essayez de vendre une terre ; il n'y a point d'autre ressource pour vous. »

« Nous parlons sans cesse de vos affaires, l'Abbé et moi », écrivait Mme de Sévigné le 15 mars.

Il vous rend compte de tout ; c'est pourquoi je ne vous dis rien. Votre santé, votre repos, vos affaires, ce sont les trois points de mon esprit, d'où je tire une conclusion que je vous laisse méditer.

Vous me donnez une bonne espérance de votre affaire ; suivez-la constamment, et n'épargnez aucune civilité pour la faire réussir. Si vous la faites, soyez assurée que cela vaudra mieux qu'une terre de dix mille livres de rente. Pour vos autres affaires, je n'ose y penser et j'y pense pourtant toujours. Rendez-vous la maîtresse de toutes choses ; c'est ce qui vous peut sauver, et mettez au premier rang de vos desseins celui de ne vous point abîmer par une extrême dépense et de vous mettre en état, autant que vous pourrez, de ne pas renoncer à ce pays-ci. J'espère beaucoup de votre habileté et de votre sagesse. Vous avez de l'application ; c'est la meilleure qualité qu'on puisse avoir pour ce que vous avez à faire.

A une autre occasion, elle écrivait ce printemps-là :

L'Abbé est fort content du soin que vous voulez prendre de vos affaires. Ne perdez point cette envie, ma bonne ; soyez seule maîtresse : c'est le salut de la maison de Grignan.

Pour ce qui est de leur contenu, les lettres de Mme de Sévigné offrent toute la gamme, du ridicule au sublime et du caustique au plus tendre. La variété des thèmes y est aussi grande que celle des spécimens d'un jardin botanique. Sa plume court à se « casser le cou » (selon ses propres mots), des affaires de famille aux événements nationaux ou internationaux, des ragots locaux au reportage littéraire, musical ou théâtral, du cercle de la cour aux dernières fantaisies de la mode. Elle consacre plusieurs pages, à la mi-mars 1671, à une nouvelle coiffure grand style, connue sous le nom de « hurluberlu » : la belle duchesse de Ventadour (qui venait d'épouser le gentilhomme le plus hideux et le plus débauché du royaume) fut la première à faire son apparition dans la capitale avec cette coiffure superbement ébouriffée.

« Elle avait donc tous les cheveux coupés sur la tête, rapporte Mme de Sévigné, et frisés naturellement par cent papillotes, qui lui font souffrir toute la nuit mort et passion. » (Ce qui était sûrement moins pénible, sous-entendait Mme de Sévigné, que de coucher avec le duc qu'elle n'appelait que le « monstre » !) « Mme de Nevers y vint, coiffée à faire rire ; il faut m'en croire, car vous savez comme j'aime la mode. »

Mme de Sévigné était si entichée de la dernière mode que quelques jours après, elle se trouva « charmée » par cette nouvelle coiffure qu'elle conseilla vivement à sa fille d'essayer sur-le-champ, « afin que vous ne vous amusiez plus à faire cent petites boucles sur vos oreilles, qui sont défrisées en un moment, qui siéent mal, et qui ne sont non plus à la mode présentement que la coiffure de la reine Catherine de Médicis ».

« Je vis hier la duchesse de Sully et la comtesse de Guiche », continuait-elle :

Leurs têtes sont charmantes ; je suis rendue. Cette coiffure est faite justement pour votre visage ; vous serez comme un ange, et cela est fait en un moment... Imaginez-vous une tête blonde partagée à la paysanne jusqu'à deux doigts du bourrelet. On coupe ses cheveux de chaque côté, d'étage en étage, dont on fait de grosses boucles rondes et négligées, qui ne viennent point plus bas qu'un doigt au-dessous de l'oreille ; cela fait quelque chose de fort jeune et de fort joli, et comme deux gros bouquets de cheveux de chaque côté. Il ne faut pas couper les cheveux trop court, car comme il les faut friser naturellement, les boucles qui en emportent beaucoup ont attrapé plusieurs dames, dont l'exemple doit faire trembler les autres. On met les rubans comme à l'ordinaire, et une grosse boucle nouée entre le bourrelet et la coiffure ; quelquefois on la laisse traîner jusque sur la gorge. Je ne sais si nous vous avons bien représenté cette mode ; je ferai coiffer une poupée pour vous envoyer... Ce qui est vrai, c'est que la coiffure que sait Montgobert[1] n'est plus supportable... Je vous vois, vous me paraissez, et cette coiffure est faite pour vous. Mais qu'elle est ridicule à de certaines dames, dont l'âge ou la beauté ne conviennent pas !

En ce printemps de 1671, Mme de Sévigné et son oncle, le Bien Bon, se préparaient à partir pour la Bretagne : après cinq années d'absence, il était grand temps qu'elle allât jeter un œil sur l'administration de ces vastes domaines.

« Je crains plus que vous mon voyage de Bretagne », écrivit-elle à sa fille fin mars : « Il me semble que ce sera encore une autre séparation, une douleur sur une douleur, une absence sur une absence ; enfin je commence de m'en affliger tout de bon. Ce sera vers le commencement de mai. »

Le moment du départ approchant, Mme de Sévigné se trouvait de plus en plus désorientée : « Je serai donc touchée de voir que ce n'est pas assez d'être à deux cents lieues de vous, écrivait-elle fin avril, il faut que je sois à trois cents, et tous les pas que je ferai, ce sera sur cette troisième centaine. C'est trop ; cela me serre le cœur. »

Elle avait été tentée d'emmener avec elle la petite Marie-Blanche, « pour me divertir », mais la nouvelle nourrice ne voulait pas sortir de la capitale. « Pour votre enfant », écrivait-elle à Mme de Grignan le 8 avril,

voici de ses nouvelles. Je la trouvai pâle ces jours passés. Je trouvai que jamais les tétons de sa nourrice ne s'enfuyaient. La fantaisie me prit de croire qu'elle n'avait pas assez de lait. J'envoyai quérir Pecquet, qui trouva que j'étais fort

---

1. Mlle Montgobert était la dame de compagnie de Mme de Grignan.

habile et me dit qu'il fallait voir encore quelques jours. Il revint au bout de deux ou trois ; il trouva que la petite diminuait. Je vais chez Mme du Puy-du-Fou. Elle vient ici ; elle trouve la même chose, mais parce qu'elle ne conclut jamais, elle disait qu'il fallait voir. « Et quoi voir, lui dis-je, madame ? » Je trouve par hasard une femme de Sucy, qui me dit qu'elle y connaissait une nourrice admirable ; je l'ai fait venir. Ce fut samedi. Dimanche, j'allai chez Mme de Bournonville lui dire le déplaisir que j'avais d'être obligée de lui rendre sa jolie nourrice. M. Pecquet était avec moi, qui dit l'état de l'enfant. L'après-dîner, une demoiselle de Mme de Bournonville vient au logis, et sans rien dire du sujet de sa venue, elle prie la nourrice de venir [faire] un tour chez Mme de Bournonville. Elle y va. On l'emmène le soir, on lui dit qu'elle ne retournerait plus ; elle se désespère. Le lendemain, je lui envoie dix louis d'or pour quatre mois et demi, voilà qui est fait. Je fus chez Mme du Puy-du-Fou, qui m'approuva. Et pour la petite, je la mis dès dimanche entre les mains de l'autre nourrice. Ce fut un plaisir de la voir téter ; elle n'avait jamais tété de cette sorte. Sa nourrice avait peu de lait ; celle-ci en a comme une vache. C'est une bonne paysanne, sans façon, de belles dents, des cheveux noirs, un teint hâlé, âgée de vingt-quatre ans. Son lait a quatre mois ; son enfant est beau comme un ange. Pecquet est ravi de songer que la petite n'a plus de besoin. On voyait qu'elle en avait et qu'elle cherchait toujours. J'ai acquis une grande réputation dans cette occasion ; je suis du moins, comme l'apothicaire de Pourceaugnac, expéditive. Je ne dormais plus en repos de songer que la petite languissait, et de chagrin aussi d'ôter cette jolie femme, qui pour sa personne était à souhait ; il ne lui manquait rien que du lait. Je donne à celle-ci deux cent cinquante livres par an[1] et je l'habillerai, mais ce sera fort modestement. Voilà comme nous disposons de vos affaires.

Je pars à peu près dans un mois, ou cinq semaines. Ma tante demeure ici, qui sera ravie d'avoir cet enfant ; elle ne va point cette année à La Trousse. Si la nourrice était femme à quitter de loin son ménage, je crois que je la mènerais en Bretagne, mais elle ne voulait seulement pas venir à Paris. Votre petite devient aimable ; on s'y attache. Elle sera dans quinze jours une pataude blanche comme de la neige, qui ne cessera de rire. Voilà, ma bonne, de terribles détails. Vous ne me connaissez plus. Me voilà une vraie commère ; je m'en vais régenter dans mon quartier. Pour vous dire le vrai, c'est que je suis une autre personne, quand

---

1. Il faut comparer les gages de la nourrice avec les 1 500 livres de loyer annuel payées par les Grignan pour leur maison à Paris.

je suis chargée d'une chose toute seule ou que je la partage
avec plusieurs. Ne me remerciez de rien; gardez vos
cérémonies pour vos dames. J'aime votre petit ménage
tendrement. Ce m'est un plaisir et point du tout une charge.

La petite-fille de Mme de Sévigné était en train, lentement
mais sûrement, de gagner le cœur de sa grand-mère. « Ma
petite enfant a été tout le jour dans ma chambre, parée de ses
belles dentelles et faisant l'honneur du logis », écrit-elle. Et
dans une autre lettre : « Elle est jolie, cette pauvre petite. Elle
vient le matin dans ma chambre ; elle rit, elle regarde. Elle
baise toujours un peu malhonnêtement, mais peut-être que le
temps la corrigera. Je l'aime ; elle m'amuse. Je la quitterai avec
regret. »

Mais si Marie-Blanche n'était pas de la partie, Charles, lui,
allait accompagner sa mère dans son voyage. « Je l'emmène en
Bretagne, écrit-elle fin avril, où j'espère que je lui ferai
retrouver la santé de son corps et de son âme ; nous ménageons,
La Mousse[1] et moi, de lui faire faire une bonne confession. »

Il n'est aucune Parisienne, à quelque époque que ce soit, qui
quitterait la ville sans renouveler sa garde-robe. Mme de
Sévigné ne fait pas exception et écrit le 24 avril 1671 :

J'ai acheté pour me faire une robe de chambre une étoffe
comme votre dernière jupe. Elle est admirable. Il y a un peu
de vert, mais le violet domine ; en un mot, j'ai succombé. On
voulait me la faire doubler de couleur de feu, mais j'ai
trouvé que cela avait l'air d'une impénitence finale. Le
dessus est la pure fragilité, mais le dessous eût été une
volonté déterminée qui m'a paru contre les bonnes mœurs ;
je me suis jetée dans le taffetas blanc. Ma dépense est petite.
Je méprise la Bretagne, et n'en veux faire que pour la
Provence, afin de soutenir la dignité d'une merveille entre
deux âges, où vous m'avez élevée.

Sa lettre du 24 avril commence par un rapport sur la cour :
tous les Français avaient, cette semaine-là, les yeux fixés sur le
château de Chantilly où le roi et sa cour rendaient visite au
prince de Condé, cousin du roi :

Voilà le plus beau temps du monde. Il commença dès hier
après des pluies épouvantables. C'est le bonheur du Roi, il y
a longtemps que nous l'avons observé, et c'est, pour cette

1. Pierre de La Mousse, prêtre, docteur en théologie et cartésien, avait été
l'un des précepteurs de Mme de Grignan et était resté un habitué de la famille.

fois, aussi le bonheur de Monsieur le Prince, qui a pris ses mesures à Chantilly pour l'été et pour le printemps ; la pluie d'avant-hier aurait rendu toutes ces dépenses ridicules. Sa Majesté y arriva hier au soir ; elle y est aujourd'hui. D'Hacqueville y est allé ; il vous fera une relation à son retour. Pour moi, j'en attends une petite ce soir, que je vous enverrai avec cette lettre, que [j'écris] le matin

Mme de Sévigné reprend sa plume le mercredi soir, chez M. de La Rochefoucauld :

> *Je fais donc ici mon paquet. J'avais dessein de vous conter que le Roi arriva hier au soir à Chantilly. Il courut un cerf au clair de la lune ; les lanternes firent des merveilles. Le feu d'artifice fut un peu effacé par la clarté de notre amie, mais enfin le soir, le souper, le jeu, tout alla à merveille. Le temps qu'il a fait aujourd'hui nous faisait espérer une suite digne d'un si agréable commencement. Mais voici ce que j'apprends en entrant ici, dont je ne puis me remettre, et qui fait que je ne sais plus ce que je vous mande : c'est qu'enfin Vatel, le grand Vatel, maître d'hôtel de M. Foucquet, qui l'était présentement de Monsieur le Prince, cet homme d'une capacité distinguée de toutes les autres, dont la bonne tête était capable de soutenir tout le soin d'un Etat ; cet homme donc que je connaissais, voyant à huit heures, ce matin, que la marée n'était point arrivée, n'a pu souffrir l'affront qu'il a vu qui l'allait accabler, et en un mot, il s'est poignardé. Vous pouvez penser l'horrible désordre qu'un si terrible accident a causé dans cette fête. Songez que la marée est peut-être ensuite arrivée comme il expirait.*

Mme de Sévigné n'attendit pas le courrier ; dès le dimanche, elle relatait en détail l'événement :

> *[Il est dimanche 26 avril ; cette lettre ne partira que mercredi, mais ce] n'est pas une lettre, c'est une relation que vient de me faire Moreuil, à votre intention, de ce qui s'est passé à Chantilly touchant Vatel. Je vous écrivis vendredi qu'il s'était poignardé ; voici l'affaire en détail.*
>
> *Le Roi arriva jeudi au soir. La chasse, les lanternes, le clair de la lune, la promenade, la collation dans un lieu tapissé de jonquilles, tout cela fut à souhait. On soupa. Il y eut quelques tables où le rôti manqua, à cause de plusieurs dîners où l'on ne s'était point attendu. Cela saisit Vatel. Il dit plusieurs fois : « Je suis perdu d'honneur ; voici un affront que je ne supporterai pas. » Il dit à Gourville : « La*

tête me tourne, il y a douze nuits que je n'ai dormi. Aidez-moi à donner des ordres. » Gourville le soulagea en ce qu'il put. Ce rôti qui avait manqué, non pas à la table du Roi, mais aux vingt-cinquièmes, lui revenait toujours à la tête. Gourville le dit à Monsieur le Prince. Monsieur le Prince alla jusque dans sa chambre et lui dit : « Vatel, tout va bien ; rien n'était si beau que le souper du Roi. » Il lui dit : « Monseigneur, votre bonté m'achève ; je sais que le (rôti) a manqué à deux tables. — Point du tout, dit Monsieur le Prince ; ne vous fâchez point : tout va bien. » La nuit vient. Le feu d'artifice ne réussit pas ; il fut couvert d'un nuage. Il coûtait seize mille francs. A quatre heures du matin, Vatel s'en va partout ; il trouve tout endormi. Il rencontre un petit pourvoyeur qui lui apportait seulement deux charges de murée ; il lui demanda : « Est-ce là tout ? » Il lui dit : « Oui, monsieur. » Il ne savait pas que Vatel avait envoyé à tous les ports de mer. Il attend quelque temps ; les autres pourvoyeurs ne viennent point. Sa tête s'échauffait ; il croit qu'il n'aura point d'autre marée. Il trouve Gourville et lui dit : « Monsieur, je ne survivrai pas à cet affront-ci ; j'ai de l'honneur et de la réputation à perdre. » Gourville se moqua de lui. Vatel monte à sa chambre, met son épée contre la porte, et se la passe au travers du cœur, mais ce ne fut qu'au troisième coup, car il s'en donna deux qui n'étaient pas mortels ; il tombe mort. La marée cependant arrive de tous côtés. On cherche Vatel pour la distribuer. On va à sa chambre. On heurte, on enfonce la porte, on le trouve noyé dans son sang. On court à Monsieur le Prince, qui fut au désespoir. Monsieur le Duc pleura ; c'était sur Vatel que roulait tout son voyage de Bourgogne. Monsieur le Prince le dit au Roi fort tristement. On dit que c'était à force d'avoir de l'honneur en sa manière ; on le loua fort. On loua et blâma son courage. Le Roi dit qu'il y avait cinq ans qu'il retardait de venir à Chantilly, parce qu'il comprenait l'excès de cet embarras. Il dit à Monsieur le Prince qu'il ne devait avoir que deux tables et ne se point charger de tout le reste ; il jura qu'il ne souffrirait plus que Monsieur le Prince en usât ainsi. Mais c'était trop tard pour le pauvre Vatel. Cependant Gourville tâche de réparer la perte de Vatel ; elle le fut. On dîna très bien, on fit collation, on soupa, on se promena, on joua, on fut à la chasse. Tout était parfumé de jonquilles, tout était enchanté. Hier, qui était samedi, on fit encore de même. Et le soir, le Roi alla à Liancourt.

L'abbé d'Hacqueville, ce bon ami de la famille, s'était trouvé parmi les invités à Chantilly, et fit à Mme de Grignan un récit de ce qu'il avait vu là-bas. « Mais comme son écriture n'est pas plus lisible que la mienne, explique Mme de Sévigné, j'écris toujours. » Et bien lui en prit : si le nom de Vatel est resté dans l'histoire de la cuisine française, et donc du monde entier, comme celui d'un chef hors pair, c'est à la lettre de Mme de Sévigné qu'il le doit ; et aucune anthologie de *Lettres* ne saurait se passer de celle-ci !

15.

L'idée de mettre entre sa fille et elle une plus grande distance encore, alors même que sa fille était enceinte, rendait ce départ en Bretagne infiniment plus pénible à Mme de Sévigné. Car non seulement Mme de Grignan avait confirmé la nouvelle à sa mère, mais on en parlait aussi dans tout Paris, comme le lui racontait Mme de Sévigné dans sa lettre du 6 mai 1671 :

> *Monsieur de Marseille*[1] *a mandé à l'abbé de Pontcarré que vous étiez grosse. J'ai fait assez longtemps mon devoir de cacher ce malheur, mais enfin l'on se moque de moi... J'embrasse mille fois M. de Grignan, malgré toutes ses iniquités. Je le conjure au moins que,* puisqu'il fait les maux, il fasse les médecines, *c'est-à-dire qu'il ait un soin extrême de votre santé.*

Le voyage à Marseille que devait faire la comtesse de Grignan rendait Mme de Sévigné très anxieuse car elle appréhendait les cahots de la route, la petite vérole qui sévissait alors dans la région, et les salves de canon tirées pour accueillir la femme du gouverneur. « Je tremble pour votre santé », écrivait Mme de Sévigné, craignant une fausse couche provoquée par les coups de canon.

« Quelle rage, s'exclamait-elle dans une lettre écrite à la mi-mai juste avant son départ pour la Bretagne, de prendre un chemin opposé à celui de son cœur ! »

> *Si jamais je ne vois plus rien entre la Provence et moi, je serai transportée de joie. L'envie continuelle que j'ai de*

1. Monsieur de Marseille était l'évêque de Marseille.

recevoir de vos lettres et d'apprendre l'état de votre santé est une chose si dévorante pour moi que je ne sais comme je la pourrai supporter. J'attends dimanche de vos lettres, et puis je pars lundi matin. Je suis occupée à donner tous les ordres nécessaires pour en avoir souvent ; je pense y avoir réussi autant qu'il se peut.

« Il me semble que vous voulez savoir mon équipage », écrivait-elle en mai.

Je vais à deux calèches ; j'ai sept chevaux de carrosse, un cheval de bât qui porte mon lit, et trois ou quatre hommes à cheval. Je serai dans ma calèche, tirée par mes deux beaux chevaux ; l'Abbé sera quelquefois avec moi. Dans l'autre, mon fils, La Mousse et Hélène ; celle-ci aura quatre chevaux avec un postillon. Quelquefois le bréviaire assemblera le second ordre, et laissera place à un certain bréviaire de Corneille, que nous avons envie de dire, Sévigné et moi.

Sa dernière lettre de Paris était datée du 18 mai : « Lundi matin, en partant », et commençait ainsi :

Enfin, ma bonne, me voilà prête à monter dans ma calèche. Voilà qui est fait, je vous dis adieu. Jamais je ne vous dirai cette parole sans une douleur sensible. Ce départ me fait souvenir du vôtre. C'est une pensée que je ne soutiens point tout entière que l'air de la veille et du jour que je vous quittai. Ce que je souffris est une chose à part dans ma vie, qui ne reçoit nulle comparaison. Ce qui s'appelle déchirer, couper, déplacer, arracher le cœur d'une pauvre créature, c'est ce qu'on me fit ce jour-là ; je vous le dis sans exagération...
Je m'en vais donc en Bretagne, ma très aimable bonne. Je sens la douleur de m'éloigner de vous. Est-il possible qu'il y ait encore quelque chose à faire à un éloignement, quand on est à deux cents lieues l'une de l'autre ? Cependant j'y trouve encore à le perfectionner, et comme vous avez trouvé que votre ville d'Aix n'était pas encore assez loin, je trouve aussi que Paris est dans votre voisinage. Vous êtes allée à Marseille pour me fuir, et moi je m'en vais à Vitré pour le renvier sur vous.
Tout de bon, ma bonne, j'ai bien du regret à notre commerce ; il m'était d'une grande consolation et d'un grand amusement. Il sera présentement d'une étrange façon. Je crois pourtant que mes ordres sont bons ; j'aurai pour le moins tous les vendredis de vos lettres. Mon petit ami de la poste est fort affectionné ; il s'appelle M. Dubois,

ne l'oubliez pas... C'est ma vie que la joie de savoir de vos nouvelles ! N'aspirez point, ma petite, à me persuader que mes lettres vous soient comme les vôtres me sont. Hélas ! que vous vais-je dire du milieu de mes bois ? Je vous parlerai à cœur ouvert de Mlle du Plessis et de Jacquine[1] : les jolies peintures !

Je suis fort contente de ce que vous me dites de votre santé. Cela prend un chemin à ne vous point défigurer ni languir, comme je vous ai vue. J'ai ouï dire que madame votre mère était comme vous vous dépeignez. Elle rendait un peu sa gorge les matins, et le reste du jour elle était gaillarde, sans qu'il fût question d'aucune bile. On mande ici que vous êtes belle comme le beau jour. Cette confiance que vous me donnez en votre bonne santé me confirme dans le dessein de ne point joindre, pour cette année, la Provence à la Bretagne... Mais, mon ange, au nom de Dieu, si vous m'aimez, conservez-vous. Ne dansez point, ne tombez point, ne vous blessez point, n'abusez point de votre santé, reposez-vous souvent, ne poussez point votre courage à bout, et surtout prenez vos mesures pour accoucher à Aix, au milieu de tous les prompts secours. Vous savez comme vous êtes expéditive, rangez-vous-y plus tôt que plus tard. Bon Dieu ! que ne souffrirai-je point en ce temps-là.

Hébert revient de Sucy, où je l'avais envoyé pour savoir des nouvelles de mon enfant avant que de partir. Elle est fort jolie, fort belle, fort gaillarde ; elle a ri de fort bonne grâce. La nourrice et Marie ne sont occupées qu'à la bien gouverner ; elle reçoit des visites de Mme Amelot, de Mme d'Ormesson. Tout va jusqu'ici à merveille.

M. de Coulanges donna un grand souper où tout le monde s'assembla pour me dire adieu. J'emmène votre frère et le dérobe à toute la honte de ses mauvais procédés. Vous jugez bien que ses maîtresses ne seront pas inconsolables :

Le paragraphe suivant était destiné au comte de Grignan :

Ah ! mon cher, je le crois assurément, il n'y a personne qui n'en eût fait autant que vous, s'il eût été à votre place. Vous me payez de raison, et vous le prenez sur un ton qui mérite qu'on vous pardonne, mais songez pourtant que la jeunesse, la beauté, la santé, la gaieté et la vie d'une dame que vous aimez, toutes ces choses sont détruites par les rechutes fréquentes du mal que vous faites souffrir.

Ma bonne, je reviens à vous, après avoir dit adieu à votre époux. Il nous revient ici que vous perdez tout ce que vous

1. Mlle du Plessis était une fort ennuyeuse voisine et Jacquine une paysanne qui servait aux Rochers.

jouez l'un et l'autre. Eh, mon Dieu! pourquoi tant de malheur...

La prochaine lettre de Mme de Sévigné allait être datée « A Malicorne, samedi 23 mai ». Malicorne, près du Mans, était le nom du château de Mme de Lavardin, une des très chères amies de Mme de Sévigné qui faisait partie de son « corps des veuves [1] ». Les auberges le long du chemin étant très inconfortables, les voyageurs se ménageaient autant que possible des haltes dans des châteaux amis.

J'arrive ici, où je trouve une lettre de vous, tant j'ai su donner un bon ordre à notre commerce; je vous écrivis lundi en partant de Paris. Depuis cela, mon enfant, je n'ai fait que m'éloigner de vous avec une telle tristesse et un souvenir de vous si pressant qu'en vérité la noirceur de mes pensées m'a rendue quelquefois insupportable. Je suis partie avec votre portrait dans ma poche... Un de mes beaux chevaux demeura dès Palaiseau; les autres six ont tenu bon jusqu'ici. Nous partons dès deux heures du matin pour éviter l'extrême chaleur... Il me fallait toute l'eau que j'y ai trouvée, pour me rafraîchir du fonds de chaleur que j'ai depuis six jours. Notre Abbé se porte bien; mon fils et La Mousse me sont d'une grande consolation. Nous avons relu des pièces de Corneille, et repassé avec plaisir sur toutes nos vieilles admirations. Nous avons aussi un livre nouveau de Nicole. C'est de la même étoffe que Pascal et l'Education d'un Prince, mais cette étoffe est merveilleuse; on ne s'en ennuie point.

Nous serons le 27 aux Rochers, où je trouverai une de vos lettres; hélas! c'est mon unique joie. Vous pouvez ne me plus écrire qu'une fois la semaine, parce qu'aussi bien elles ne partiront de Paris que le mercredi, et j'en recevrais deux à la fois. Il me semble que je m'ôte la moitié de mon bien; cependant, j'en suis aise, parce que c'est autant de fatigue retranchée en l'état où vous êtes. Il faut que je sois devenue de bonne humeur pour vouloir bien que vous preniez cela sur moi. Mais, ma fille, au nom de Dieu, conservez-vous, si vous m'aimez. Ah! que j'ai de regret à votre aimable personne! N'aurez-vous jamais un moment de repos? Faut-il user sa vie à cette continuelle fatigue? Je comprends les raisons de M. de Grignan, mais en vérité, quand on aime une femme, quelquefois on en a pitié...

Mon fils vous embrasse mille fois. Il me désennuie extrêmement; il songe fort à me plaire. Nous lisons, nous

1. Mme de Sévigné appelait ainsi son groupe d'amies « veuves ».

causons, comme vous le devinez fort bien. La Mousse tient
bien sa partie, et par-dessus tout notre Abbé, qui se fait
adorer parce qu'il vous adore. Il m'a enfin donné tout son
bien ; il n'a point eu de repos que cela n'ait été fait. N'en
parlez à personne ; la famille le dévorerait, mais aimez-le
bien sur ma parole, et, sur ma parole, aimez-moi aussi.
J'embrasse ce fripon de Grignan, malgré ses forfaits.

« Enfin, ma fille, nous voici, commençait sa lettre du 31 mai,
dans ces pauvres Rochers. Quel moyen de revoir ces allées, ces
devises [1], ce petit cabinet, ces livres, cette chambre, sans
mourir de tristesse ? Il y a des souvenirs agréables, mais il y en
a de si vifs et de si tendres qu'on a peine à les supporter ; ceux
que j'ai de vous sont de ce nombre. » Les Rochers lui rappe-
laient-ils son mari et la lune de miel qu'ils avaient passée là ?

Ses paysans bretons, sous la direction de Vaillant, le majordome des Rochers, avaient préparé un accueil somptueux à
Charles et à ses compagnons :

Ils avaient fait ici une manière d'entrée à mon fils.
Vaillant avait mis plus de quinze cents hommes sous les
armes, tous fort bien habillés, un ruban neuf à la cravate.
Ils vont en très bon ordre nous attendre à une lieue des
Rochers. Voici un bel incident : Monsieur l'Abbé avait
mandé que nous arriverions le mardi, et puis tout d'un coup
il l'oublie. Ces pauvres gens attendent le mardi jusqu'à dix
heures du soir, et quand ils sont tous retournés chacun chez
eux, bien tristes et bien confus, nous arrivons paisiblement
le mercredi, sans songer qu'on eût mis une armée en
campagne pour nous recevoir. Ce contretemps nous a
fâchés ; mais quel remède ? Voilà par où nous avons débuté

« Les Rochers » était un petit édifice moyenâgeux, triste et
gris, construit au XIVᵉ siècle, hérissé de tourelles et de tours, et
qui tenait plus du manoir que du château. Ce qui lui manquait
en stature et en élégance était largement compensé par la
beauté du parc et des bois qui l'entouraient. Il s'y trouvait deux
cours, de larges étables et un manège, une terrasse avec des
jardins, une promenade, un labyrinthe, de belles allées bordées
d'arbres et des sentiers serpentant à travers bois. Ce grand
domaine abritait aussi une rivière, des ruisseaux, des étangs et
des fermes.
Mme de Sévigné, dans sa lettre du 31 mai, continuait :

---

1. Les devises étaient des proverbes ou citations, en latin ou en italien,
gravés sur des troncs d'arbres.

Mes petits arbres sont d'une beauté surprenante. Pilois les élève jusqu'aux nues avec une probité admirable. Tout de bon, rien n'est si beau que ces allées que vous avez vu naître.

Hélas! ma fille, que mes lettres sont sauvages! Où est le temps que je parlais de Paris comme les autres? C'est purement de mes nouvelles que vous aurez et, voyez ma confiance, je suis persuadée que vous aimez mieux celles-là que les autres.

La compagnie que j'ai ici me plaît fort. Notre Abbé est toujours plus admirable; mon fils et La Mousse s'accommodent fort bien de moi, et moi d'eux. Nous nous cherchons toujours, et quand les affaires me séparent d'eux, ils sont au désespoir, et me trouvent ridicule de préférer un compte de fermier aux contes de La Fontaine.

Le 7 juin, les deux premières lettres de la comtesse de Grignan arrivaient aux Rochers.

J'ai reçu vos deux lettres avec une joie qu'il n'est pas aisé d'expliquer dans une lettre. Enfin, ma bonne, je les reçois deux jours après qu'elles sont arrivées à Paris; cela me rapproche de vous. Je voulais vous épargner, et vous empêcher d'écrire plus d'une fois la semaine, et moi, je croyais ne le pouvoir qu'une fois; mais puisque vous avez tant de courage, et que vous le prenez par là, vogue la galère!

Il est bien clair que ce n'était pas pour leur valeur littéraire que Mme de Sévigné tenait si fort aux lettres de sa fille qui ne faisaient que résumer la vie de cette dernière en Provence; cette correspondance était le cordon ombilical qui devait les lier toutes deux malgré la distance. Non pas qu'elle trouvât à redire à l'art épistolaire de sa fille, loin de là! Si la comtesse de Grignan s'excusait sans cesse de sa gaucherie — ce qu'elle n'arrêtait pas de faire si l'on en juge par les réponses de sa mère —, Mme de Sévigné ne cessait de la rassurer et de l'encourager. « Vous écrivez divinement à votre frère »; « Personne n'écrit mieux »; « Vous écrivez délicieusement; on se plaît à les lire comme à se promener dans un beau jardin. » « Et si j'ai contribué quelque chose à l'agrément de votre style, je croyais ne travailler que pour le plaisir des autres et non pas pour le mien. Mais la Providence, qui a mis tant d'espaces et tant d'absences entre nous, m'en console un peu par les charmes de votre commerce. »

Il est difficile de porter un jugement littéraire sur les lettres de la comtesse, puisque, malheureusement, aucune des missives écrites à sa mère n'a été retrouvée. Il ne subsiste que trois ou quatre lettres à son mari, une ou deux à sa fille, et à peu près le même nombre à des amis. Le matériel n'est pas suffisant et les préjugés favorables de Mme de Sévigné sont trop évidents pour que nous la croyions sur parole lorsqu'elle déclare que sa fille est un écrivain de premier ordre. Les quelques lettres de Mme de Grignan qui nous soient parvenues n'ont nullement la grâce, la finesse, l'élan, la spontanéité, l'humour, le rythme — bref l'inspiration ! — qui caractérisent les épîtres de sa mère.

Les nouvelles arrivant difficilement jusqu'au fin fond de la Bretagne, l'existence morose qu'elle y menait et le manque de vie sociale aux Rochers ne firent qu'aiguillonner la verve littéraire de Mme de Sévigné, stimuler son imagination et parfaire, si cela se pouvait encore, sa technique d'écrivain : « C'est bien une marque de votre amitié, ma chère enfant, que d'aimer toutes les bagatelles que je vous mande d'ici », écrivait-elle au mois de juin à sa fille comme pour s'excuser.

Sur la longue liste de personnages qui apparaissent au cours de ces vingt années de correspondance — liste si longue que seuls quelques-uns sont présentés dans les extraits que nous avons choisis —, il en est plusieurs qu'elle utilise (si même elle ne les invente pas !) [1] à seule fin de faire rire. Il y a, par exemple, un abominable et horrible Breton, un gentilhomme dénommé Pomenars — un original s'il en fut et croqué sur le vif ! — dont elle ne peut parler sans un certain plaisir. En 1671, il est condamné pour faux, enlèvement et viol, crimes punis de la peine capitale sous l'Ancien Régime : « Pomenars est toujours accablé de procès criminels », écrit-elle en juin 1671.

Il sollicitait l'autre jour à Rennes avec une grande barbe. Quelqu'un lui demanda pourquoi il ne se faisait point raser : « Moi, dit-il, je serais bien fou de prendre de la peine après ma tête, sans savoir à qui elle doit être. Le Roi me la dispute. Quand on saura à qui elle doit demeurer, si c'est à moi j'en aurai du soin.

Un autre sujet d'épigramme en Bretagne se trouvait être une vieille fille stupide, minaudière et pleurnicharde, un vrai poison du nom de Mlle du Plessis (dont la propriété jouxtait

---

1. Edward Fitzgerald, célèbre écrivain de l'époque victorienne, connu surtout pour sa traduction de *The Rubayiat of Omar Khayyam*, consacra les dernières années de sa vie à un *Dictionnaire de Mme de Sévigné* où se trouve la liste de ces personnages.

celle des Rochers), qui suivait Mme de Sévigné comme un toutou lorsqu'elle venait sur ses terres, et l'ennuyait de mille attentions qui se voulaient affectueuses. La pire chose, se plaignait Mme de Sévigné à sa fille, « mais surtout elle me contrefait, de sorte qu'elle me fait toujours le même plaisir que si je me voyais dans un miroir qui me fît ridicule, et que je parlasse à un écho qui me répondît des sottises ». Cette provinciale prétentieuse et maniérée nous fait rire dès qu'elle entre en scène et se révèle un personnage si comique que nous nous demandons si Mme de Sévigné ne l'a pas inventée de toutes pièces pour amuser sa fille; mais il ne semble pas, car les histoires de Charles concernant leur disgracieuse voisine à l'œil torve viennent confirmer celles de sa mère[1].

Pilois, intendant, fermier, bûcheron et jardinier des Rochers ne prêtait pas à rire, lui : « Pilois est toujours mon favori, et je préfère sa conversation à celle de plusieurs qui ont conservé le titre de chevalier au parlement de Rennes », déclarait Mme de Sévigné.

Même le triste temps breton n'échappait pas à ses railleries : « Pour nous, depuis trois semaines, nous avons eu des pluies continuelles », écrivait-elle le 21 juin :

> ... au lieu de dire, après la pluie vient le beau temps, nous disons, après la pluie vient la pluie. Tous nos ouvriers en ont été dispersés ; Pilois en était retiré chez lui, et au lieu de m'adresser votre lettre au pied d'un arbre, vous auriez pu me l'adresser au coin du feu.

Les lugubres brumes bretonnes la touchaient pourtant : « Je suis dans une tristesse épouvantable. La Mousse est tout chagrin aussi. Nous lisons ; cela nous soutient la vie. » Elle sortait avec le soleil. « Je me promène extrêmement ; il fait beau et chaud. On n'en a nulle incommodité dans cette maison. Quand le soleil entre dans ma chambre, j'en sors et m'en vais dans le bois, où l'on trouve un frais admirable. »

« Le beau temps a remis tous mes ouvriers », écrit-elle le 28 juin,

> cela me divertit. Quand j'ai du monde, je travaille au beau parement d'autel que vous m'avez vu traîner à Paris. Quand je suis seule, je lis, j'écris, je suis en affaires dans le cabinet

---

1. La famille du Plessis qui réside toujours près des Rochers garde encore aujourd'hui quelque rancune à Mme de Sévigné d'avoir caricaturé leur ancêtre.

de notre Abbé. Je vous le souhaite quelquefois pour deux ou trois jours seulement.

La marche et la lecture étaient les distractions essentielles ; le 21 juin, Mme de Sévigné écrit :

> *Nous lisons fort ici. La Mousse m'a priée qu'il pût lire Le Tasse avec moi. Je le sais fort bien parce que je l'ai très bien appris ; cela me divertit. Son latin et son bon sens le rendent un bon écolier, et ma routine et les bons maîtres que j'ai eus me rendent une bonne maîtresse. Mon fils nous lit des bagatelles, des comédies, qu'il joue comme Molière, des vers, des romans, des histoires. Il est fort amusant ; il a de l'esprit, il entend bien, il nous entraîne, et nous a empêchés de prendre aucune lecture sérieuse, comme nous en avions le dessein. Quand il sera parti, nous reprendrons quelque belle Morale de ce M. Nicole. Il s'en va dans quinze jours à son devoir.*

La solitude des Rochers lui laissait le temps de penser à son âme immortelle :

> *Une de mes grandes envies, c'est d'être dévote ; j'en tourmente tous les jours La Mousse. Je ne suis ni à Dieu, ni au diable ; cet état m'ennuie, quoiqu'entre nous je le trouve le plus naturel du monde. On n'est point au diable, parce qu'on craint Dieu et qu'au fond on a un principe de religion ; on n'est point à Dieu aussi, parce que sa loi est dure et qu'on n'aime point à se détruire soi-même. Cela compose les tièdes, dont le grand nombre ne m'inquiète point du tout ; j'entre dans leurs raisons. Cependant Dieu les hait ; il faut donc en sortir, et voilà la difficulté.*

Si tiède que fût sa religion, Mme de Sévigné était catholique pratiquante et la messe quotidienne à laquelle elle assistait à Paris lui manquait beaucoup aux Rochers. « Je suis ici avec mes trois prêtres (son oncle l'abbé de Coulanges, l'abbé La Mousse et l'abbé Rahuel, gardien des Rochers), qui font chacun leur personnage admirablement, hormis la messe ; c'est la seule chose dont je manque en leur compagnie », écrivait-elle. L'on allait remédier à ce manque : le « Bien Bon » était, cet été-là, en train de construire une chapelle qui permettrait de célébrer la messe aux Rochers : « Ces travaux occupent l'Abbé et me distraient beaucoup. »

A la mi-juin, deux lettres de Mme de Grignan se perdirent et Mme de Sévigné en fut catastrophée : « Ah, ma fille (écrivit-elle le 14), de quelque endroit que vienne ce retardement, je ne puis vous dire ce qu'il me fait souffrir. J'ai mal dormi ces deux nuits passées. J'ai renvoyé deux fois à Vitré pour chercher à m'amuser de quelque espérance, mais c'est inutilement. Je vois par là que mon repos est entièrement attaché à la douceur de recevoir de vos nouvelles... »

Le 17, n'ayant toujours pas de nouvelles de Provence, Mme de Sévigné déchargea son triste cœur auprès de son ami et confident, l'abbé d'Hacqueville :

Je vous écris avec un serrement de cœur qui me tue ; je suis incapable d'écrire à d'autres qu'à vous, parce qu'il n'y a que vous qui ayez la bonté d'entrer dans mes extrêmes tendresses. Enfin, voilà le second ordinaire que je ne reçois point de nouvelles de ma fille. Je tremble depuis la tête jusqu'aux pieds, je n'ai pas l'usage de raison, je ne dors point ; et si je dors, je me réveille avec des sursauts qui sont pires que de ne pas dormir. Je ne puis comprendre ce qui empêche que je n'aie des lettres comme j'ai accoutumé. Dubois me parle de mes lettres qu'il envoie très fidèlement, mais il ne m'envoie rien, et ne me donne point de raison de celles de Provence. Mais, mon cher Monsieur, d'où cela vient-il ? Ma fille ne m'écrit-elle plus ? Est-elle malade ? Me prend-on mes lettres ? car, pour les retardements de la poste, cela ne pourrait pas faire un tel désordre. Ah ! mon Dieu, que je suis malheureuse de n'avoir personne avec qui pleurer ! J'aurais cette consolation avec vous, et toute votre sagesse ne m'empêcherait pas de vous faire voir toute ma folie. Mais n'ai-je pas raison d'être en peine ? Soulagez donc mon inquiétude, et courez dans les lieux où ma fille écrit, afin que je sache au moins comme elle se porte. Je m'accommoderai mieux de voir qu'elle écrit à d'autres que de l'inquiétude où je suis de sa santé. Enfin, je n'ai pas reçu de ses lettres depuis le 5ᵉ de ce mois, elles étaient du 23 et 26ᵉ mai. Voilà donc douze jours et deux ordinaires de poste. Mon cher Monsieur, faites-moi promptement réponse. L'état où je suis vous ferait pitié. Ecrivez un peu mieux ; j'ai peine à lire vos lettres, et j'en meurs d'envie. Je ne réponds point à toutes vos nouvelles ; je suis incapable de tout. Mon fils est revenu de Rennes ; il y a dépensé quatre cents francs en trois jours. La pluie est continuelle. Mais tous ces chagrins seraient légers, si j'avais des lettres de Provence. Ayez pitié de moi ; courez à la poste, apprenez ce qui m'empêche d'en avoir comme à l'ordinaire. Je n'écris à personne, et je serais honteuse de vous faire voir tant de faiblesses si je ne connaissais vos extrêmes bontés.

Le 21, enfin, elle pouvait écrire :

> *Enfin, ma bonne, je respire à mon aise. Je fais un soupir comme M. de La Souche ; mon cœur est soulagé d'une presse et d'un saisissement qui en vérité ne me donnaient aucun repos. Bon Dieu ! que n'ai-je point souffert pendant deux ordinaires que je n'ai point eu de vos lettres ! Elles sont nécessaires à ma vie ; ce n'est point une façon de parler, c'est une très grande vérité...*
>
> *Mais savez-vous bien ce qu'elles étaient devenues ces chères lettres que j'attends et que je reçois avec tant de joie ? On avait pris la peine de les envoyer à Rennes, parce que mon fils y a été... vous pouvez penser si j'ai fait un beau sabbat à la poste.*

Mais elle pardonna bien vite à la poste pour ensuite la porter au pinacle :

> *A propos de Pascal, je suis en fantaisie d'admirer l'honnêteté de ces messieurs les postillons, qui sont incessamment sur les chemins pour porter et reporter nos lettres. Enfin, il n'y a jour dans la semaine qu'ils n'en portent quelqu'une à vous et à moi ; il y en a toujours et à toutes les heures par la campagne. Les honnêtes gens ! qu'ils sont obligeants ! et que c'est une belle invention que la poste, et un bel effet de la Providence que la cupidité ! J'ai quelquefois envie de leur écrire pour leur témoigner ma reconnaissance, et je crois que je l'aurais déjà fait, sans que je me souviens de ce chapitre de Pascal, qu'ils ont peut-être envie de me remercier de ce que j'écris, comme j'ai envie de les remercier de ce qu'ils portent mes lettres.*

Cette correspondance, qui était devenue la vie même de Mme de Sévigné, restait cependant un faible succédané à un contact quotidien et intime entre la mère et la fille, comme Mme de Grignan l'avait d'ailleurs noté : « Vous dites fort bien, lui répondrait Mme de Sévigné cet été-là, on se parle et on se voit au travers d'un gros crêpe. »

16.

Les chaleurs de juin s'annonçant, le lieutenant général de Provence et son épouse abandonnèrent leur capitale d'Aix pour aller passer l'été dans les hauteurs, en leur château de Grignan (« les nuages sont sous vos pieds », disait la comtesse), perché sur un piton rocheux qui se dresse, abrupt, au-dessus de la verte et fertile vallée du Rhône, à quelques kilomètres au nord d'Avignon. Ce château, campé de si pittoresque manière, avait un certain renom et soutenait la comparaison, souvent faite d'ailleurs, avec les superbes châteaux de la Loire. Philippe-Emmanuel de Coulanges, ce petit-cousin joyeux et rondouillard de Mme de Sévigné qui sautait d'un château à l'autre, invité qu'il était par les familles de France les plus huppées sur leurs magnifiques domaines, parlait toujours de Grignan comme du « château royal de Grignan » ; et Mme de Sévigné, qui connaissait les splendeurs de Versailles, Fontainebleau, Saint-Germain et Vaux-le-Vicomte, appelait le château de son gendre « le palais d'Apollidon ». Grignan avait été édifié au XIIIᵉ siècle comme un nid d'aigle, imprenable, fortifié et entouré de douves ; transformés au XVIᵉ siècle, créneaux et mâchicoulis avaient laissé la place à un style Renaissance plus gracieux. Le village de Grignan était accolé aux parois à pic de la colline et niché à l'ombre protectrice du château. La route montait en serpentant jusqu'à ce dernier depuis le fond de la vallée. Le château était adossé aux Alpes du Sud et l'hiver, les quelques centaines de fenêtres des façades ouest et sud reflétaient, en scintillant, le sommet enneigé du mont Ventoux.

C'est en juin 1671 que la comtesse fit connaissance avec cette demeure ancestrale, et on peut lire, dans les lettres qu'elle écrivit alors à sa mère, l'enthousiasme soulevé par la « beauté de son château ». « Vous m'y représentez un air de grandeur et une magnificence dont je suis enchantée », lui répondit Mme de Sévigné.

>   J'avais vu, il y a longtemps, des relations pareilles de la
>   première Mme de Grignan ; je ne devinais pas que toutes ces
>   beautés seraient un jour sous l'honneur de vos commande-

ments. En vérité, c'est un grand plaisir que d'être, comme vous êtes, une véritable grande dame. Je comprends bien les sentiments de M. de Grignan, en vous voyant admirer son château. Une grande insensibilité là-dessus le mettrait dans un chagrin que je m'imagine plus aisément qu'une autre ; je prends part à la joie qu'il a de vous voir contente.

« Mais je reviens, et je trouve que le château de Grignan est parfaitement beau », écrivait-elle un autre jour des Rochers, « il sent bien les anciens Adhémar... » Mme de Sévigné se réjouissait infiniment du bonheur de sa fille : « Vous avez un mari qui vous adore. Rien ne manque à votre grandeur. Tâchez de faire quelque miracle à vos affaires... »

Seule manquait à ce tableau idyllique la sécurité financière. Le comte avait de nouveau dû faire de gros emprunts.

Après les ordres doriques et les titres de votre maison, il n'y a rien à souhaiter que l'ordre que vous y allez mettre, car sans un peu de subsistance, tout est dur, tout est amer. Ceux qui se ruinent me font pitié ; c'est la seule affliction dans la vie qui se fasse toujours sentir également, et que le temps augmente au lieu de la diminuer.

« L'Abbé attend avec impatience le plan de Grignan, écrivait en juillet Mme de Sévigné, et la conversation de Monsieur d'Arles. »

Parmi les nombreuses bouches à nourrir qu'abritait le château cet été-là, se trouvaient plusieurs membres de la famille de Grignan : l'archevêque d'Arles et son coadjuteur, l'évêque d'Uzès, tous deux oncles du comte de Grignan, le chevalier de Grignan et le chevalier d'Adhémar, tous deux frères du comte et Mme de Rochebonne, l'une des trois sœurs du comte. Ce n'était pas à eux que Mme de Sévigné faisait grief de la place qu'ils occupaient sous le toit ancestral : « Vous avez une tribu de Grignan, ma chère fille, écrivait-elle un peu plus tard dans l'année, mais ils sont tous si aimables qu'on doit se réjouir avec vous de cette bonne compagnie. »

Malgré le départ de son fils Charles, Mme de Sévigné allait, elle aussi, avoir de la compagnie durant l'été de 1671. Vitré se mit en fête au mois d'août, lorsque le duc de Chaulnes, gouverneur de Bretagne, y arriva afin d'ouvrir et de présider la session annuelle des Etats généraux de la province. En plus des vingt-cinq représentants du roi, les trois ordres de la nation se trouvaient là réunis : le premier, le clergé, avait vingt-deux représentants, le second, la noblesse, cent soixante-quatorze, et le troisième, ou tiers état, soixante-dix.

Le lendemain de son arrivée, le duc de Chaulnes envoya un des gentilshommes de sa suite aux Rochers afin d'inviter à souper Mme de Sévigné :

> *On mangea à deux tables... quatorze couverts à chaque table. Monsieur en tient une, Madame l'autre. La bonne chère est excessive ; on reporte les plats de rôti comme si on n'y avait pas touché. Mais pour les pyramides du fruit, il faut faire hausser les portes. Nos pères ne prévoyaient pas ces sortes de machines, puisque même ils n'imaginaient pas qu'il fallût qu'une porte fût plus haute qu'eux. Une pyramide veut entrer, ces pyramides qui font qu'on est obligé de s'écrire d'un côté de la table à l'autre, mais ce n'est pas ici qu'on en a du chagrin ; au contraire, on est fort aise de ne plus voir ce qu'elles cachent. Cette pyramide, avec vingt porcelaines, fut si parfaitement renversée à la porte que le bruit en fit taire les violons, les hautbois, les trompettes.*

Le dîner fut suivi de danses bretonnes que Mme de Sévigné admira fort ; puis, après les danses, il y eut une grande réception où avaient été conviés tous les participants à la session des Etats généraux, soit un peu plus de trois cents personnes.

« Cette province est pleine de noblesse », continuait Mme de Sévigné.

> *Il n'y en a pas un à la guerre ni à la cour ; il n'y a que votre frère, qui peut-être y reviendra un jour comme les autres. Je n'ai pas voulu en voir l'ouverture, c'était trop matin. Les Etats ne doivent pas être longs. Il n'y a qu'à demander ce que veut le Roi. On ne dit pas un mot ; voilà qui est fait. Pour le Gouverneur, il y trouve, je ne sais comment, plus de quarante mille écus qui lui reviennent. Une infinité d'autres présents, de pensions, de réparations de chemins et de villes, quinze ou vingt grandes tables, un jeu continuel, des bals éternels, des comédies trois fois la semaine, une grande braverie : voilà les Etats[1]. J'oublie quatre cents pipes de vin qu'on y boit, mais si j'oubliais ce petit article, les autres ne l'oublieraient pas*

« Plût à Dieu qu'à proportion on fût aussi libéral en votre Provence ! », s'exclamait Mme de Sévigné dans une autre

---

1. C'était infiniment plus que ce que touchait le gouverneur de Provence.

lettre. « J'aime nos Bretons ; ils sentent un peu le vin, mais votre fleur d'orange ne cache pas de si bons cœurs. J'en excepte les Grignan... »

Sa lettre du 19 août était en provenance des Rochers :

> *Si vous me demandez comme je me trouve ici après tout ce bruit, je vous dirai que j'y suis transportée de joie. J'y serai pour le moins huit jours, quelque façon qu'on me fasse pour me faire retourner. J'ai un besoin de repos qui ne se peut dire. J'ai besoin de dormir. J'ai besoin de manger (car je meurs de faim à ces festins). J'ai besoin de me rafraîchir. J'ai besoin de me taire. Tout le monde m'attaquait, et mon poumon était usé. Enfin, [ma bonne,] j'ai trouvé mon Abbé, ma Mousse, ma chienne, mon mail, Pilois, mes maçons ; tout cela m'est uniquement bon, en l'état où je suis. Quand je commencerai à m'ennuyer, je m'en retournerai.*

Le 23 août, elle rassure sa fille en lui affirmant qu'elle ne s'ennuie nullement :

> *Le pauvre La Mousse a eu mal aux dents, de sorte que, depuis longtemps, je me promène toute seule jusqu'à la nuit, et Dieu sait à quoi je ne pense point. Ne craignez point pour moi l'ennui que me peut donner la solitude. Hors les maux qui viennent de mon cœur, contre lesquels je n'ai point de forces, je ne suis à plaindre sur rien. Mon humeur est heureuse, et s'accommode et s'amuse de tout ; et je me trouve mieux d'être ici toute seule que du fracas de Vitré. Il y a huit jours que je suis ici, dans une paix qui m'a guérie d'un rhume épouvantable. J'ai bu de l'eau, je n'ai point parlé, je n'ai point soupé, et quoique je n'en aie point raccourci mes promenades, je me suis guérie.*

(« Je suis persuadée, écrit-elle ailleurs — et de manière tout à fait inélégante — sur la marche à pied, que la plupart des maux viennent d'avoir le cul sur la selle ! »)

Le lieutenant général et son épouse ne pouvaient se passer d'elle, et le 26 du mois, elle fut priée de les rejoindre à Vitré : « M. de Chaulnes fit la plaisanterie de m'envoyer quérir par ses gardes, m'écrivant que j'étais nécessaire pour le service du Roi...! »

La session des Etats avait été officiellement clôturée le 5 septembre 1671 :

> « *Il n'est si bonne compagnie qui ne se sépare* », dit M. de Chaulnes aux Bretons, quand il les renvoya chez eux. Les

Etats finirent à minuit. J'y fus avec Mme de Chaulnes et d'autres femmes. C'est une très belle, très grande et très magnifique assemblée

« Adieu, ma chère enfant, terminait-elle sa lettre, songez quelquefois à moi avec vos Grignan. Je m'en vais aux Rochers... »

Mais le temps d'automne tournant tristement à la pluie, l'humeur de Mme de Sévigné s'attrista elle aussi : « Enfin, ma chère bonne », écrit-elle le 23 septembre,

> *... nous voilà retombés dans le plus épouvantable temps qu'on puisse imaginer.*
>
> *Il y a quatre jours qu'il fait un orage continuel. Toutes nos allées sont noyées; on ne s'y promène plus. Nos maçons, nos charpentiers gardent la chambre. Enfin j'en hais ce pays, et je souhaite à tous moments votre soleil. Peut-être que vous souhaitez ma pluie; nous faisons bien (toutes) deux.*
>
> *Du reste, je suis dans ma chambre à lire, sans oser mettre le nez dehors. Mon cœur est content, parce que je crois que vous vous portez bien. Cela me fait souffrir les tempêtes, car ce sont des tempêtes continuelles. Sans ce repos que me donne mon cœur, je ne souffrirais pas impunément l'affront que me fait le mois de septembre. C'est une trahison, dans la saison où nous sommes, au milieu de vingt ouvriers; je ferais un beau bruit : Quos ego !*
>
> *Je poursuis cette Morale de Nicole que je trouve délicieuse. Elle ne m'a encore donné aucune leçon contre la pluie, mais j'en attends, car j'y trouve tout. Et la conformité à la volonté de Dieu me pourrait suffire, si je ne voulais un remède spécifique. Enfin je trouve ce livre admirable. Personne n'a écrit sur ce ton que ces Messieurs, car je mets Pascal de moitié à tout ce qui est de beau. On aime tant à entendre parler de soi et de ses sentiments que, quoique ce soit en mal, nous en sommes charmés. J'ai même pardonné l'enflure du cœur en faveur du reste, et je maintiens qu'il n'y a point d'autre mot pour expliquer la vanité et l'orgueil, qui sont proprement du vent; cherchez un autre mot. J'achèverai cette lecture avec plaisir.*
>
> *Nous lisons aussi l'histoire de France depuis le roi Jean. Je veux la débrouiller dans ma tête, au moins autant que l'histoire romaine où je n'ai ni parents, ni amis; encore trouve-t-on ici des noms de connaissance. Enfin, tant que nous aurons des livres, nous ne nous pendrons point.*

Si le séjour à Grignan, qui n'offrait que peu d'assistance médicale à la comtesse, très avancée dans sa grossesse, avait rendu Mme de Sévigné anxieuse, la nouvelle de l'arrivée des Grignan à Lambesc ne la rassura pas. Lambesc était une petite ville proche d'Aix, où devait se tenir l'Assemblée des communes de Provence que le comte de Grignan présiderait en septembre : « Je vous plains de quitter Grignan. Vous y êtes en bonne compagnie ; c'est une belle maison, une belle vue, un bel air. Vous allez dans une petite ville étouffée, où peut-être il y aura des maladies et du mauvais air ; cela me déplaît. »

Mais si le temps maussade ennuyait Mme de Sévigné, elle ne voulait pas encore quitter la Bretagne ; l'abbé et elle avaient encore des tas de choses à voir.

« Je serai ici jusqu'à la fin novembre, écrivait-elle fin septembre,

> *... et puis j'irai embrasser et mener chez moi mes petites entrailles, et au printemps, la Provence, si Dieu nous donne la vie. Notre Abbé la souhaite pour vous aller voir avec moi, et vous ramener. Il y aura bien longtemps que vous serez en Provence.*

(Il ne faisait pas bon se laisser oublier à la cour, lui recommandait Mme de Sévigné un peu plus tard.)

Mme de Sévigné avait été très bouleversée par la requête de sa fille demandant que la petite Marie-Blanche de Grignan fût envoyée à ses parents :

> *Vous me parlez, dans votre lettre, ma bonne, qu'il faudra songer aux moyens de vous envoyer votre fille ; je vous prie de n'en point chercher d'autre que moi, qui vous la mènerai assurément, si sa nourrice le veut bien. Toute autre voiture me donnerait beaucoup de chagrin. Je compte comme un amusement tendre et agréable de l'avoir cet hiver au coin de mon feu. Je vous conjure, ma bonne, de me laisser prendre ce petit plaisir. J'aurai d'ailleurs de si vives inquiétudes pour vous qu'il est juste que, dans les jours où j'aurai quelque repos, je trouve cette espèce de petite consolation.*

Le mois d'octobre fut meilleur en Bretagne, mais Mme de Sévigné, au cours de ses promenades nocturnes, devait maintenant faire face à un péril bien plus grand que la pluie :

> *A propos, il y a des loups dans mon bois ; j'ai deux ou trois gardes qui me suivent les soirs, le fusil sur l'épaule ;*

Beaulieu est le capitaine. Nous avons honoré depuis deux jours le clair de la lune de notre présence, entre onze heures et minuit,

écrivit-elle le 21 octobre.

Depuis le début de la grossesse de sa fille, Mme de Sévigné n'avait cessé de se faire du souci — pour un rhume qu'avait eu la comtesse au quatrième mois, parce qu'elle avait eu une grande frayeur durant le cinquième, à cause du voyage à Lambesc pendant le septième. Et plus novembre approchait, plus l'anxiété de Mme de Sévigné grandissait : « Je fais dire tous les jours la messe pour vous ! » confessait-elle. « Vous voilà donc à Lambesc, ma fille, écrivait-elle le 18 octobre, mais vous êtes grosse jusqu'au menton. »

La mode de votre pays me fait peur. Quoi ! ce n'est donc rien que de ne faire qu'un enfant ; une fille n'oserait s'en plaindre, et les dames en font ordinairement deux ou trois. Je n'aime point cette grosseur excessive ; tout au moins cela vous donne de cruelles incommodités.

Ecoutez, Monsieur de Grignan, c'est à vous que je parle : vous n'aurez que des rudesses de moi pour toutes vos douceurs. Vous vous plaisez dans vos œuvres ; au lieu d'avoir pitié de ma fille, vous ne faites qu'en rire. Il paraît bien que vous ne savez ce que c'est que d'accoucher. Mais écoutez, voici une nouvelle que j'ai à vous dire : c'est que, si après ce garçon-ci vous ne lui donnez quelque repos, je croirai que vous ne l'aimez point, que vous ne m'aimez point aussi, et je n'irai point en Provence. Vos hirondelles auront beau m'appeler, point de nouvelles. Et de plus j'oubliais ceci, c'est que je vous ôterai votre femme. Pensez-vous que je vous l'aie donnée pour la tuer, pour détruire sa santé, sa beauté, sa jeunesse ? Il n'y a point de raillerie ; je vous demanderai cette grâce à genoux en temps et lieu. En attendant, admirez ma confiance de vous faire une menace de ne point aller en Provence. Vous voyez par là que vous ne perdez ni votre amitié, ni vos paroles. Nous sommes persuadés, notre Abbé et moi, que vous serez aise de nous voir ; nous vous mènerons La Mousse aussi, qui vous rend grâce de votre souvenir. Et pourvu que je ne trouve point une femme grosse et toujours grosse et encore grosse, vous verrez si nous ne sommes pas des gens de parole. En attendant, ayez-en un soin extrême et prenez garde qu'elle n'accouche à Lambesc. Adieu, mon cher Comte.

La véritable raison pour laquelle Mme de Sévigné voulait rester aux Rochers passer le mois de novembre était simplement son désir d'y attendre des nouvelles de l'accouchement de sa fille :

> *Je ne crois pas que je puisse me résoudre à quitter ce lieu avant que d'en savoir des nouvelles. Cette sorte d'inquiétude ne se peut porter sur des chemins où je ne recevrais point de lettres. C'est donc vous, ma fille, qui m'arrêtez,*

écrivait-elle le 22 novembre.

Et aussi longtemps qu'elle resta là, elle poursuivit ses projets d'aménagement de la propriété :

> *Je ne sais pas, ma bonne, ce que vous avez fait ce matin; pour moi, je me suis mise dans la rosée jusqu'à mi-jambes pour rendre des alignements. Je fais des allées de retour tout autour de mon parc, qui seront d'une grande beauté; si mon fils aime les bois et les promenades, il bénira bien ma mémoire.*

Même lorsque la température baissa fortement, elle n'abandonna pas la partie et resta aux côtés de ses hommes. Fin novembre, elle dut tout de même baisser pavillon devant le mauvais temps :

> *L'hiver est ici dans toute son horreur. Je suis dans les jardins, ou au coin de mon feu. On ne peut s'amuser à rien; quand on est loin de ses tisons, il faut courir. Je passerai encore deux vendredis aux Rochers, où j'espère que j'apprendrai votre heureux accouchement. M. de Grignan est obligé d'avoir soin de moi, comme j'ai eu soin de lui en pareille occasion.*

« Je souhaite que le temps passe », écrivait-elle plaintivement par un lugubre dimanche de cet interminable mois de novembre où elle ne faisait qu'attendre des nouvelles en provenance de Lambesc. « Je souhaite que le temps passe; à quel prix ? Hélas ! au prix de ma vie. C'est une grande folie que de vouloir acheter si cher une chose qui vient infailliblement, mais enfin cela est ainsi... »

Enfin, le dimanche 29 novembre, les nouvelles arrivèrent :

> *Il m'est impossible, très impossible de vous dire, ma chère fille, la joie que j'ai reçue en ouvrant ce bienheureux paquet qui m'a appris votre heureux accouchement. En voyant une lettre de M. de Grignan, je me suis doutée que vous étiez*

accouchée ; mais de ne point voir de ces aimables dessus de lettre de votre main, c'était une étrange affaire. Il y en avait pourtant une de vous du 15, mais je la regardais sans la voir, parce que celle de M. de Grignan me troublait la tête. Enfin je l'ai ouverte avec un tremblement extraordinaire, et j'ai trouvé tout ce que je pouvais souhaiter au monde. Que pensez-vous qu'on fasse dans ces excès de joie ? Savez-vous donc ce que l'on fait ? Le cœur se serre, et l'on pleure sans pouvoir s'en empêcher. C'est ce que j'ai fait, ma chère fille, avec beaucoup de plaisir ; ce sont des larmes d'une douceur qu'on ne peut comparer à rien, pas même aux joies les plus brillantes. Comme vous êtes philosophe, vous savez les raisons de tous ces effets. Pour moi, je les sens, et je m'en vais faire dire autant de messes, pour remercier Dieu de cette grâce, que j'en faisais dire pour la lui demander... La jolie chose d'accoucher d'un garçon et de l'avoir fait nommer par la Provence !

Ce qu'elle voulait dire, c'était que l'Assemblée des communes de Provence — c'est-à-dire les députés des trois ordres siégeant alors à Lambesc — allait parrainer l'héritier mâle du lieutenant général, en se tenant aux côtés de l'heureux père devant les fonts baptismaux où l'enfant serait baptisé Louis-Provence d'Adhémar de Monteil de Grignan, le nom de la province faisant officiellement partie de son nom. « Voilà qui est à souhait », s'extasiait la grand-mère :

Ma fille, je vous remercie plus de mille fois des trois lignes que vous m'avez écrites ; elles m'ont donné l'achèvement d'une joie complète. Mon Abbé est transporté comme moi, et notre Mousse est ravi. Adieu, mon ange ; j'ai bien d'autres lettres à écrire que la vôtre.

Cela faisait certes beaucoup de lettres à écrire car la liste des correspondants de Mme de Sévigné était fort longue : tout d'abord, sa famille : sa tante, la marquise de La Trousse, qui avait veillé sur elle du temps de son joyeux veuvage ; ses cousins, les Coulanges ; son cousin Bussy ; son très cher ami, le cardinal de Retz, son confident, d'Hacqueville ; son amie de cœur, la comtesse de La Fayette ; son « corps des veuves », comme elle aimait à les appeler : Mmes de Lavardin, de La Troche, d'Huxelles, de Moussy, de Marbœuf ; et puis le marquis de Pomponne, ministre des Affaires étrangères ; le duc de La Rochefoucauld ; ses amis et ses neveux bourguignons, le comte et la comtesse de Guitaut ; le duc et la duchesse de Chaulnes ; et en tout dernier, mais non les moins importants, sa coterie de savants : Chaplain, Ménage, Corbinelli.

Pourtant, le 2 décembre, elle se sentit légèrement déprimée, comme si elle-même relevait de couches.

> *Enfin, ma bonne, après les premiers transports de ma joie, j'ai trouvé qu'il me faut encore vendredi des lettres de Provence, pour me donner une entière satisfaction. Il arrive tant d'accidents aux femmes en couches, et vous avez la langue si bien pendue, à ce que me dit M. de Grignan, qu'il me faut pour le moins neuf jours de bonne santé pour me faire partir joyeusement. J'aurai donc mes lettres de vendredi, et puis je partirai, et je recevrai celles de l'autre vendredi à Malicorne. Je suis tout étonnée de ne plus trouver sur mon cœur, ni le jour, ni la nuit, ce caillou que vous y aviez mis par l'inquiétude de votre accouchement. Je me trouve si heureuse que je ne cesse d'en remercier Dieu ; je n'espérais point d'en être si tôt quitte. J'ai reçu des compliments sans nombre et sans mesure, et du côté de Paris par mille lettres, et du côté de la Bretagne. On a bu la santé du petit bambin à plus d'une lieue autour d'ici. J'ai donné de quoi boire ; j'ai donné à souper à mes gens, ni plus ni moins que la veille des Rois. Mais rien ne m'a été plus agréable que le compliment de Pilois, qui vint le matin, avec sa pelle sur le dos, et me dit : « Madame, je viens me réjouir, parce qu'on m'a dit que Madame la Comtesse était accouchée d'un petit gars. » Cela vaut mieux que toutes les phrases du monde.*

17.

« Je pars tout présentement, ma fille, pour m'en aller à Paris », écrivait, des Rochers, Mme de Sévigné ce 9 décembre :

> *Je quitte avec regret cette solitude, quand je songe que je ne vous trouverai pas ; sans la Provence, je doute que j'y fusse retournée cet hiver, mais le dessein que j'ai de faire ce voyage me fait prendre cette avance, n'étant pas possible d'y aller d'ici, ni de passer à Paris comme on passe à Orléans...*

Le 13 décembre, elle écrivait de Malicorne où elle faisait
étape chez son amie Mme de Lavardin :

> *Enfin, ma chère bonne, me voilà par voie et par chemin,*
> *par le plus beau temps du monde. Je fais fort bien une lieue*
> *ou deux à pied, aussi bien que Madame*[1].
> *Nous avons quatre chevaux à chaque calèche; cela va*
> *comme le vent.*

Elle s'était trouvée, disait-elle, à la poste de Laval, juste au
moment où le courrier arrivait au grand galop de Paris :

> *Pendant que je discourais à la poste, je vois arriver*
> *justement cet honnête homme, cet homme si obligeant,*
> *crotté jusqu'au cul, qui m'apportait votre lettre; je pensai*
> *l'embrasser.*
> *Je reviens à la joie que j'eus de recevoir vos deux lettres*
> *dans un même paquet, de la main crottée de ce postillon. Je*
> *vis défaire la petite malle devant moi. Et en même temps,*
> *frast, frast, je démêle le mien, et je trouve enfin, ma bonne,*
> *que vous vous portez bien.*

« Vous avez eu la colique, vous avez eu la fièvre de votre lait,
mais vous voilà quitte de tout ! » écrivait-elle dans une autre
lettre. « Je veux parler de mon petit garçon. Ah ! ma bonne,
qu'il est joli ! Ses grands yeux sont bien une marque de votre
honnêteté, mais c'est assez... »
La comtesse de Grignan avait écrit que le petit marquis avait
les grands yeux de son père, et qu'il tenait d'elle sa petite
bouche, mais qu'il était encore trop tôt pour savoir si son nez
deviendrait le promontoire busqué des Grignan — c'était à
craindre ! — ou le joli petit nez court de sa mère, ce qu'il fallait
espérer. « Ah ! ma bonne, qu'il est joli ! » répondit Mme de
Sévigné :

> *Je vous prie que le nez ne demeure point longtemps entre*
> *la crainte et l'espérance; que cela est plaisamment dit !*
> *Cette incertitude est étrange; jamais un petit nez n'eut tant à*
> *craindre ni à espérer : il y a bien des nez entre les deux, qu'il*

---

1. Madame, duchesse d'Orléans, robuste belle-sœur allemande du roi, était
comme Mme de Sévigné une marcheuse invétérée. C'était la seconde femme du
duc d'Orléans, la première ayant été la princesse anglaise Henriette-Marie
dont on soupçonnait qu'elle avait été empoisonnée.

> *peut choisir. Puisqu'il a de grands yeux, qu'il songe à vous contenter.*

Grand ou petit nez, mais nez « sur qui tous les astrologues disent que les fées ont soufflé », exultait sa grand-mère, qui les avait bien évidemment consultés, ces astrologues.

Le nouveau-né était encore au berceau que Mme de Sévigné s'inquiétait déjà d'une autre grossesse possible :

> *Je commence même à croire qu'il est temps de faire souvenir M. de Grignan de la parole qu'il m'a donnée. Enfin songez que voici la troisième fois que vous accouchez au mois de novembre ; ce sera au mois de septembre cette fois si vous ne le gouvernez. Demandez-lui cette grâce en faveur du joli présent que vous lui avez fait. Voici encore un autre raisonnement. Vous avez beaucoup plus souffert que si on vous avait rouée ; cela est certain. Ne serait-il point au désespoir, s'il vous aime, d'être cause que tous les ans vous souffrissiez un pareil supplice ? Ne craint-il point, à la fin, de vous perdre ? Après toutes ces bonnes raisons, je n'ai plus rien à dire, sinon que, par ma foi, je n'irai pas en Provence si vous êtes grosse...*

Mais elle allait encore en dire, et même beaucoup plus :

> *Je vous prie, ma bonne, ne vous fiez point aux deux lits ; c'est un sujet de tentation. Faites coucher quelqu'un dans votre chambre ; sérieusement, ayez pitié de vous, de votre santé, et de la mienne.*

Et ailleurs : « J'embrasse votre Comte. Je l'aime encore mieux dans son appartement que dans le vôtre. Hélas ! quelle joie de vous voir belle, de belle taille, en santé, en état d'aller et de trotter comme une autre ! Donnez-moi la joie de vous voir ainsi. » Et puis encore : « Enfin Mme de Guerchi n'est morte que par avoir le corps usé à force d'accoucher. J'honore bien les maris qui se défont de leurs femmes sous prétexte d'en être amoureux. »

La première lettre écrite de Paris est datée du 18 décembre 1671 :

> *J'arrive tout présentement, ma très chère bonne. Je suis chez ma tante, entourée, embrassée, questionnée de toute ma famille et de la sienne ; mais je quitte tout pour vous dire bonjour, aussi bien qu'aux autres. M. de Coulanges m'attend pour m'amener chez lui, où il dit que je loge, parce*

qu'un fils de Mme de Bonneuil[1] a la petite vérole chez moi.
Elle avait dessein très obligeamment d'en faire un secret,
mais on a découvert le mystère. On a mené ma petite chez
M. de Coulanges ; je l'attends pour retourner avec elle, parce
que ma tante veut voir notre entrevue. C'eût été une chose
fâcheuse pour moi que d'exposer cet enfant et d'être bannie,
durant six semaines, du commerce de mes amis, parce que
le fils de Mme de Bonneuil a la petite vérole.

Mme de Sévigné, sa petite-fille, et toute sa domesticité allaient s'installer chez les cousins Coulanges pour plusieurs mois en attendant de trouver à louer une autre maison, assez grande pour accueillir les Grignan, quand et s'ils revenaient jamais à Paris. Tandis que Mme de Coulanges jouissait de la présence de son invitée, écrivant à Mme de Grignan que « c'est une chose délicieuse que de demeurer avec Mme de Sévigné », l'invitée goûtait fort la présence de son hôte et de son hôtesse, mais plus particulièrement celle de son hôte qui rentrait juste d'une visite faite aux Grignan à Lambesc, et entretenait sans fin Mme de Sévigné de sa fille bien-aimée. « C'est un grand bonheur que le hasard m'ait fait loger chez lui ! » écrivait Mme de Sévigné à sa fille. « Je me trouve très bien ici..., ajoutait-elle un peu plus tard dans le mois. M. de Coulanges m'est délicieux ; nous parlons sans cesse de vous... » Et un autre jour : « Enfin j'ai parlé quinze ou seize heures à M. de Coulanges ! Je ne crois pas qu'on puisse parler à d'autres qu'à lui. »

Deux jours avant Noël : « J'ai reçu mille visites de tous vos amis et les miens... cela fait une assez grande troupe. »

« Je m'amuse à votre fille. Vous n'en faites pas grand cas, mais croyez-moi, que nous vous le rendrons bien. On m'embrasse, on me connaît, on me rit, on m'appelle. Je suis *Maman* tout court, et de celle de Provence, pas un mot », écrivait la grand-mère avec un attendrissement qui n'allait que grandissant :

« Votre enfant est jolie. Elle a un ton de voix qui m'entre dans le cœur. Elle a de petites manières qui plaisent. Je m'en amuse, et je l'aime, mais je n'ai pas encore compris que ce degré puisse jamais vous passer par-dessus la tête. »

« Hélas ! vous dites bien, quand vous dites que la Provence est ma demeure fixe, puisque c'est la vôtre. [Paris me suffoque], et je voudrais déjà être partie pour Grignan », écrivait-elle à la fin décembre. Le seul intérêt d'être à Paris, était, pensait-elle, le service postal :

---

1. L'appartement des Grignan leur avait été sous-loué.

... je n'ai pas huit jours à attendre ici comme aux Rochers[1].
Voilà le plus grand agrément que je trouve ici ; car enfin,
ma bonne, de bonne foi, vous m'êtes toutes choses, et vos
lettres que je reçois deux fois la semaine font mon unique et
sensible consolation en votre absence. Elles sont agréables,
elles me sont chères, elles me plaisent. Je les relis aussi bien
que vous faites les miennes ; mais comme je suis une
pleureuse, je ne puis pas seulement approcher des premières
sans pleurer du fond de mon cœur.
     Est-il possible que les miennes vous soient agréables au
point que vous me le dites ? Je ne les trouve point telles au
sortir de mes mains ; je crois qu'elles deviennent ainsi
quand elles ont passé par les vôtres. Enfin, ma bonne, c'est
un grand bonheur que vous les aimiez, car, de la manière
dont vous en êtes accablée, vous seriez fort à plaindre si cela
était autrement. M. de Coulanges est bien en peine de savoir
laquelle de vos Madames y prend goût. Nous trouvons que
c'est un bon signe pour elle, car mon style est si négligé qu'il
faut avoir un esprit naturel et du monde pour s'en pouvoir
accommoder.

Y avait-il un peu de coquetterie à propos de ses lettres,
lorsqu'elle écrivait à nouveau à la mi-janvier 1672 :

     Ne vous trompez-vous point, ma chère fille, dans l'opi-
nion que vous avez de mes lettres ? L'autre jour un pendard
d'homme, voyant ma lettre infinie, me demanda si je
pensais qu'on pût lire cela. J'en tremblai, sans dessein
toutefois de me corriger ; et me tenant à ce que vous m'en
dites, je ne vous épargnerai aucune bagatelle, grande ou
petite, qui vous puisse divertir. Pour moi, c'est ma vie et
mon unique plaisir que le commerce que j'ai avec vous ;
toutes choses sont ensuite, bien loin après.
     Je suis en peine de votre petit frère. Il a bien froid, il
campe, il marche vers Cologne pour un temps infini.
J'espérais de le voir cet hiver, et le voilà !

Le régiment de Charles faisait partie des forces françaises
qui, en plein hiver 1671, allaient marcher sur le Rhin. Au
printemps 1672, Louis XIV lancerait son attaque sur la Hollande. Les intérêts nationaux français tout autant que « les
justes prétentions » des Bourbons réclamaient l'annexion des
Pays-Bas espagnols à la France. Ce n'étaient point seulement la
soif de gloire et l'ambition sans frein du jeune monarque qui

_____

1. Le courrier était acheminé d'Aix à Paris en six ou sept jours.

étaient à l'origine de la guerre de Hollande : les plus mesurés et les plus intelligents ministres du Roi-Soleil s'accordaient à dire que la conquête de la Hollande méridionale était vitale au bien-être politique, militaire et économique du royaume.

Puis Mme de Sévigné terminait sa lettre sur une note de tendresse :

> *Enfin il se trouve que Mlle d'Adhémar est la consolation de ma vieillesse. Je voudrais aussi que vous vissiez comme elle m'aime, comme elle m'appelle, comme elle m'embrasse. Elle n'est point belle, mais elle est aimable. Elle a un son de voix charmant ; elle est blanche, elle est nette. Enfin, je l'aime. Vous me paraissez folle de votre fils ; j'en suis fort aise.*

Une nouvelle édition des *Maximes* du duc de La Rochefoucauld parut au début de l'année 1672. (De ton pessimiste et moraliste, les *Maximes* sont un modèle de prose dans la plus pure tradition classique.) « Voilà les *Maximes* de M. de La Rochefoucauld revues, corrigées et augmentées ; c'est de sa part que je vous les envoie, écrivit Mme de Sévigné à Mme de Grignan. Il y en a de divines, et, à ma honte, il y en a que je n'entends point ; Dieu sait comme vous les entendrez. »

L'hiver 1671-1672 fut une période pénible dans la carrière de lieutenant général du comte de Grignan : alors que les autres provinces françaises acceptaient sans mot dire les nouvelles levées d'impôts réclamées par le roi, la Provence renâclait à s'y soumettre : il fallait passer de 400 000 livres à 600 000 en temps de guerre. Le comte de Grignan avertit solennellement l'assemblée provinciale de Lambesc qu'il fallait s'attendre à des représailles du monarque : dissolution de l'assemblée, lettres de cachet et exil pour les meneurs de la rébellion. Ce fut grâce à l'intervention du comte de Grignan que le roi finit par accepter un compromis avec le chiffre de 450 000 livres.

« Nous avons eu de terribles alarmes hier », écrivit Mme de Sévigné à sa fille le 30 décembre,

> *sans Mme de Coulanges, nous aurions mal dormi... Mais enfin Mme de Coulanges courut de bonne grâce chez M. Le Tellier[1], et nous rapporta qu'enfin le Roi avait la bonté de se contenter, pour cette fois, du présent que lui faisait la Provence, qu'il avait égard à ses raisons, et qu'il était*

---

1. Michel Le Tellier était son oncle, secrétaire d'Etat aux Armées.

> *content de M. de Grignan. Cette bonne nouvelle nous fit revenir de mort à vie, et nous avons dormi.*

Le 1ᵉʳ janvier 1672, Mme de Sévigné fulminait encore contre les critiques adressées à son gendre :

> *Si vous saviez comme certaines gens blâment M. de Grignan pour avoir trop peu considéré son pays en comparaison de l'obéissance qu'il voulait établir, vous verriez bien qu'il est difficile de contenter tout le monde ; et s'il avait fait autrement, ce serait encore pis. Ceux qui admirent la beauté de la place où il est n'en savent pas les difficultés.*

Le comte, de son côté, obtint finalement de l'assemblée — et non sans mal — une maigre gratification de 5 000 livres, qui était la somme annuelle requise pour l'entretien de ses gardes.

Mme de Sévigné ne négligeait rien de ce qui pouvait être utile aux Grignan. C'était pour eux, surtout, qu'elle conservait ses relations avec la cour : « Je fus hier à Saint-Germain, écrit-elle en juin 1672. La Reine m'attaqua la première ; je fis ma cour à vos dépens, comme j'ai coutume. On traita à fond le chapitre de l'accouchement, à propos du vôtre. »

Mme de Sévigné savait bien que dans ce « pays-là », comme elle appelait la cour, plus qu'ailleurs encore se vérifiait l'adage : loin des yeux, loin du cœur ; seuls les familiers du monarque qui le côtoyaient quotidiennement jouissaient de ses faveurs et de ses bontés. Mme de Sévigné faisait de son mieux pour qu'on se souvînt des Grignan. Elle ne rêvait pour eux que d'un poste de choix à la cour :

> *Mais qui est-ce qui ne m'en parle point ? Et qui ne souhaiterait point votre établissement au milieu de la cour ? Y a-t-il rien qui vous y vaille l'un et l'autre ?*
>
> *Mon Dieu ! ma fille, que je voudrais bien voir M. de Grignan ici avec une belle charge, auprès de son maître, et envoyer promener tous vos Provençaux !*

On parla, ce printemps-là, de nommer le comte de Grignan gouverneur du Canada, mais ce fut le comte de Frontenac qui partit, et Mme de Sévigné poussa sûrement un immense soupir de soulagement à la pensée de ce qu'eût été l'acheminement de sa correspondance vers ce lointain pays. Une lettre mettait des mois à aller de Paris à Québec et vice versa.

Par une heureuse coïncidence, la Provence tomba sous la juridiction du grand ami de Mme de Sévigné, le marquis de

Pomponne, qui venait d'être nommé ministre des Affaires étrangères. « Enfin, nous ne pouvions pas souhaiter à cette place un homme qui fût plus de nos amis », écrivait-elle au début de février : « J'ai eu une heure de conversation avec M. de Pomponne, (Mme de Sévigné n'avait certes pas omis, à son retour de Bretagne, d'aller présenter ses respects au père du secrétaire.) Son père lui a fait comprendre qu'il ne pouvait l'obliger plus sensiblement qu'en m'obligeant en toutes choses. Mille autres raisons, à ce qu'il dit, lui donnent ce même désir, et surtout il se trouve que j'ai le gouvernement de Provence sur les bras. »

Pour Mme de Sévigné, ce mois de février fut un mois de deuil : le 6 février était le premier anniversaire de la séparation d'avec sa fille bien-aimée. Mme de Sévigné allait le célébrer dans le chagrin, se retirant au jardin du couvent Sainte-Marie comme à Gethsémani :

> *Me voici dans un lieu, ma bonne, qui est le lieu du monde où j'ai pleuré, le jour de votre départ, le plus abondamment et le plus amèrement ; la pensée m'en fait tressaillir. Il y a une bonne heure que je me promène toute seule dans le jardin. Toutes nos sœurs sont à vêpres, embarrassées d'une méchante musique, et moi, j'ai eu l'esprit de m'en dispenser. Ma bonne, je n'en puis plus. Votre souvenir me tue en mille occasions ; j'ai pensé mourir dans ce jardin, où je vous ai vue mille fois. Je ne veux point vous dire en quel état je suis ; vous avez une vertu sincère, qui n'entre point dans la faiblesse humaine. Il y a des jours, des heures, des moments où je ne suis pas la maîtresse ; je suis faible et ne me pique point de ne l'être pas.*

En datant sa lettre du 5 février 1672, elle ajoutait : « Il y a aujourd'hui mille ans que je suis née. » Légère exagération : elle en était, non pas à son millième mais à son quarante-sixième anniversaire. Mais ce jour n'avait de sens pour elle que par la séparation cruelle qui lui avait enlevé sa fille : « J'en avais sans cesse les larmes aux yeux malgré moi. »

Mme de Grignan répondit très probablement qu'au lieu de pleurer sur leur séparation, sa mère ferait aussi bien d'y mettre un terme en venant vite les rejoindre en Provence. « Vous me dites que je pleure, et que je suis la maîtresse. Il est vrai, ma fille », écrivait-elle le 17 février,

> *que je ne puis m'empêcher de pleurer quelquefois ; mais ne croyez pas que je sois tout à fait la maîtresse de partir,*

quand je le voudrai. Je voudrais que ce fût demain, par
exemple ; et mon fils a des besoins de moi très pressants
présentement. J'ai d'autres affaires pour moi. Enfin il me
faut jusqu'à Pâques. Ainsi, mon enfant, on est la maîtresse,
et l'on ne l'est point, et l'on pleure.

Il avait fallu, pour financer l'équipement de Charles dans
cette campagne, négocier de nouveaux prêts et en réviser
d'anciens. Ce n'était pas chose facile car les temps étaient durs.
« On est au désespoir », écrivait-elle un peu plus tard au
printemps :

On n'a pas un sou, on ne trouve rien à emprunter, les
fermiers ne payent point, on n'ose faire de la fausse
monnaie, on ne voudrait pas se donner au diable, et
cependant tout le monde s'en va à l'armée avec un équipage.
De vous dire comment cela se fait, il n'est pas aisé. Le
miracle des cinq pains n'est pas plus incompréhensible.

La mi-mars fut bientôt là, et elle n'avait toujours pas fixé la
date de son départ. C'était maintenant la maladie de sa tante,
la marquise de La Trousse, qui la retenait, se lamentait-elle le
16 mars :

Vous me parlez de mon départ ; ah, ma fille ! je languis
dans cet espoir charmant. Rien ne m'arrête que ma tante,
qui se meurt de douleur et d'hydropisie. Elle me brise le
cœur par l'état où elle est, et par tout ce qu'elle dit de
tendresse et de bon sens... Nous verrons entre ici et Pâques.
Si son mal augmente comme il a fait depuis que je suis ici,
elle mourra entre nos bras ; si elle reçoit quelque soulage-
ment ou qu'elle prenne le train de languir, je partirai dès
que M. de Coulanges sera revenu... Vous ne sauriez avoir
tant d'envie de me voir que j'en ai de vous embrasser.

Vous me demandez, ma chère enfant, si j'aime toujours
bien la vie. Je vous avoue que j'y trouve des chagrins
cuisants. Mais je suis encore plus dégoûtée de la mort ; je me
trouve si malheureuse d'avoir à finir tout ceci par elle, que
si je pouvais retourner en arrière, je ne demanderais pas
mieux. Je me trouve dans un engagement qui m'embar-
rasse ; je suis embarquée dans la vie sans mon consente-
ment. Il faut que j'en sorte ; cela m'assomme. Et comment
en sortirai-je ? Par où ? Par quelle porte ? Quand sera-ce ?
En quelle disposition ? Souffrirai-je mille et mille douleurs,
qui me feront mourir désespérée ? Aurai-je un transport au
cerveau ? Mourrai-je d'un accident ? Comment serai-je avec

Dieu ? Qu'aurai-je à lui présenter ? La crainte, la nécessité, feront-elles mon retour vers lui ? N'aurai-je aucun autre sentiment que celui de la peur ? Que puis-je espérer ? Suis-je digne du paradis ? Suis-je digne de l'enfer ? Quelle alternative ! Quel embarras ! Rien n'est si fou que de mettre son salut dans l'incertitude, mais rien n'est si naturel, et la sotte vie que je mène est la chose du monde la plus aisée à comprendre. Je m'abîme dans ces pensées, et je trouve la mort si terrible que je hais plus la vie parce qu'elle m'y mène que par les épines qui s'y rencontrent. Vous me direz que je veux vivre éternellement. Point du tout, mais si on m'avait demandé mon avis, j'aurais bien aimé à mourir entre les bras de ma nourrice ; cela m'aurait ôté bien des ennuis et m'aurait donné le ciel bien sûrement et bien aisément. Mais parlons d'autre chose.

18.

Mme de La Trousse resta suspendue entre la vie et la mort durant tout ce printemps de 1672, et si elle ne semblait pas se remettre de cette maladie mortelle, elle ne semblait pas non plus vouloir en mourir. Mme de Sévigné, fidèle, attentionnée et dévouée, ne pouvait se résoudre à quitter sa tante sur son lit de mort pour rejoindre sa fille en Provence. Pâques allait arriver et Mme de Sévigné se morfondait toujours à Paris.

« Je ne sais où j'en suis, par la maladie de ma tante », écrivait-elle le 6 avril, au début de la semaine sainte :

L'Abbé et moi nous pétillons, et nous sommes résolus, si son mal se tourne en langueur, de nous en aller en Provence ; car enfin où sont les bornes du bon naturel ? Pour moi, je ne sais que vous, et j'ai une telle impatience de vous aller voir, que mes sentiments pour les autres n'en ont pas bien toute leur étendue. Je suis très désolée aussi de ne point partir avec M. et Mme de Coulanges. C'était une chose résolue, sans l'état pitoyable où se trouve ma tante. Mais il faut avoir encore patience ; rien ne m'arrêtera, dès que je le pourrai. Je viens d'acheter un carrosse de campagne ; je fais faire des habits. Enfin, je partirai du jour au lendemain, et

jamais je n'ai rien souhaité avec tant de passion. Fiez-vous
en moi pour n'y pas perdre un moment de temps. C'est mon
malheur qui me fait trouver des retardements où les autres
n'en trouvent point. Je casserais quelquefois aussi bien des
porcelaines que vous...

Ce n'est pas là la seule allusion que fait Mme de Sévigné au
caractère emporté de sa fille : petite, cette dernière pinçait
jusqu'au sang ceux qui avaient l'audace de lui tenir tête,
racontait sa mère qui lui écrivit un autre jour : « Ma fille,
quand vous voulez rompre du fer, trouvant les porcelaines
indignes de votre colère, il me semble que vous êtes bien
fâchée. »
Le vendredi saint, elle écrivait :

[*Vous voyez ma vie ces jours-ci, ma chère fille. J'ai de*
plus la douleur de ne vous avoir point, et de ne pas partir
tout à l'heure. L'envie que j'en ai] me fait craindre que Dieu
ne permette pas que j'aie jamais une si grande joie ;
cependant je me prépare toujours. Mais n'est-ce pas une
chose cruelle et barbare que de regarder la mort d'une
personne qu'on aime beaucoup, comme le commencement
d'un voyage qu'on souhaite avec une véritable passion ?
Que dites-vous des arrangements des choses de ce monde ?
Pour moi, je les admire ; il faut profiter de ceux qui nous
déplaisent, pour en faire une pénitence.

« Je m'en vais présentement, écrivait-elle le 22 avril, me
promener trois ou quatre heures à Livry. » Mais malgré son
amour pour Livry et les visites fréquentes qu'elle y faisait pour
le bien de son âme, l'abbaye restait toujours pour elle hantée
par le souvenir de sa fille.

Il est bien difficile que je revoie ce lieu, ce jardin, ces
allées, ce petit pont, cette avenue, cette prairie, ce moulin,
cette petite vue, cette forêt, sans penser à ma très chère
enfant.

Quelle exaltation lorsque Mme de Sévigné lut l'appel que
Mme de Grignan lançait au comte de Guitaut : « Envoyez-moi
ma mère ! »

Ma (bonne), que vous êtes aimable, et que vous justifiez
agréablement l'excessive tendresse qu'on voit que j'ai pour
vous ! Hélas ! je ne songe qu'à partir ; laissez-m'en le soin.
Vous seule au monde me pouvez faire résoudre à la

quitter dans un si pitoyable état. *Nous verrons. Je vis au jour la journée, et n'ai pas le courage de rien décider. Un jour je pars ; le lendemain je n'ose.*

A la mi-mai, déchirée entre l'amour et le devoir, elle s'apitoyait avec complaisance sur son triste sort :

> *Ayez pitié de notre impatience, aidez-nous à la soutenir, et ne croyez pas que nous perdions un moment à partir, quand même il en devrait coûter quelque petite chose à la bienséance. Parmi tant de devoirs, vous jugez bien que je péris ; ce que je fais m'accable, et ce que je ne fais pas m'inquiète. Ainsi le printemps, qui me redonnerait la vie, n'est pas pour moi...*

Ce fut un printemps sinistre car la guerre était là : « Tout le monde pleure son fils, son frère, son mari, son amant ; il faudrait être bien misérable pour ne se pas trouver intéressé au départ de la France tout entière » — la France entière, y compris son roi qui partit le 27 avril rejoindre ses troupes en Flandres et en Allemagne ; sans oublier le « petit ami » que Mme de Sévigné s'était fait au bureau des postes :

> *Le petit Dubois est parti pour suivre M. de Louvois[1] ; je m'aperçois déjà de son absence. Je passai hier à la poste pour tâcher d'y refaire des amis, et voir s'il ne m'avait recommandée à personne. Je trouve des visages nouveaux, qui ne furent pas fort touchés de mon mérite.*

« Qui est-ce qui ne part point ? » demande-t-elle dans la même lettre :

> *Hélas ! c'est moi. Mais j'aurai mon tour comme les autres. J'approuve fort votre promenade et le voyage de Monaco ; il s'accordera fort bien avec mon retardement. Je crois que j'arriverai à Grignan un peu après vous.*
> *Je suis ravie, ma bonne, que vous ne soyez point grosse ; j'en aime M. de Grignan de tout mon cœur. Mandez-moi si on doit ce bonheur à sa tempérance ou à sa véritable tendresse pour vous[2], ou si vous n'êtes point ravie de pouvoir un peu trotter et vous promener dans cette Pro-*

1. Louvois était ministre de la Guerre.
2. Au XVIIᵉ siècle, les seuls moyens contraceptifs connus étaient l'abstinence ou le coïtus interruptus. Il existe cependant trois lignes dans les *Lettres* de Mme de Sévigné, qui semblent faire allusion à une certaine mesure contraceptive qui reste peu claire.

> *vence, à travers des allées d'orangers, et de me recevoir sans crainte de tomber et d'accoucher.*

Son emménagement dans la nouvelle demeure qu'elle avait louée dans le quartier du Marais, rue des Trois-Pavillons, occupa la plupart du temps de Mme de Sévigné ce printemps-là : « J'ai été fort occupée à parer ma petite maison », écrit-elle le 4 mai :

> *... j'y coucherai demain. Je vous jure, ma bonne, que je ne l'aime que parce qu'elle est faite pour vous. Vous serez très bien logée dans mon appartement, et moi très bien aussi. Vous ne serez point dans la chambre de votre frère. Vous serez très bien. Encore une fois, fiez-vous-en à moi, et vous n'aurez besoin d'aucun meuble. Je vous conterai comme tout cela est tourné joliment. J'ai des inquiétudes extrêmes de votre pauvre frère. On croit cette guerre si terrible qu'on ne peut assez craindre pour ceux que l'on aime.*

Mme de Sévigné envisageait sérieusement l'idée d'emmener avec elle la petite Marie-Blanche de Grignan afin de la remettre à ses parents, mais elle fut découragée dans cette entreprise par son amie, Mme du Puy-du-Fou :

> *Mme du Puy-du-Fou ne veut pas que je mène la petite enfant. Elle dit que c'est la hasarder, et là-dessus je rends les armes. Je ne voudrais pas mettre en péril sa petite personne ; je l'aime tout à fait. Je lui ai fait couper les cheveux. Elle est coiffée hurluberlu ; cette coiffure est faite pour elle. Son teint, sa gorge, tout son petit corps est admirable. Elle fait cent petites choses, elle parle, elle caresse, elle bat, elle fait le signe de la croix, elle demande pardon, elle fait la révérence, elle baise la main, elle hausse les épaules, elle danse, elle flatte, elle lève le menton ; enfin elle est jolie de tout point. Je m'y amuse [des] heures entières. Je ne veux point que cela meure. Je vous le disais l'autre jour, je ne sais point comme l'on fait pour ne pas aimer sa fille.*

La fille de Mme de Sévigné était à ce moment-là avec son époux en visite chez le prince et la princesse de Monaco. Le récit de son voyage par terre et par mer, en litière et en bateau, à travers les Alpes maritimes ou sur la Méditerranée, passionna sa mère durant tout le mois de mai : « Rien n'est plus romanesque, s'exclamait Mme de Sévigné, que vos fêtes sur la mer, et vos festins dans le *Royal-Louis,* ce vaisseau d'une si grande réputation[1]. »

« Vos descriptions sont excellentes », écrit-elle le 15 mai.

> *Votre relation est admirable, ma très bonne. Je crois lire un joli roman, dont l'héroïne m'est extrêmement chère. Je prends intérêt à toutes ces aventures ; je ne puis croire que cette promenade dans les plus beaux lieux du monde, dans les délices de tous vos admirables parfums, reçue partout comme la Reine, ce morceau de votre vie est si extraordinaire et si nouveau, et si loin de pouvoir être ennuyeux, que je ne puis croire que vous n'y trouviez du plaisir.*

Etre « reçue comme une Reine » impliquait beaucoup de choses, ne fût-ce qu'une suite royale et une prodigalité à la hauteur de ce luxe !

> *Je comprends fort bien, ma fille, et l'agrément, et la magnificence, et la dépense de votre voyage. Je l'avais dit à notre Abbé comme une chose pesante pour vous, mais ce sont des nécessités. Il faut cependant examiner si l'on veut bien courir le hasard de l'abîme où conduit la grande dépense...*

écrivait Mme de Sévigné le 20 mai. Non seulement la promenade royale que les Grignan faisaient le long de la côte coûtait un prix fou, mais il y avait, en ce printemps 1672, à faire face aux énormes frais qu'imposait la charge de lieutenant général : il fallait maintenir à Aix et à Lambesc une sorte de cour, et un train de vie des plus seigneuriaux à Grignan. Non seulement le traitement alloué n'y suffisait pas, mais le ministère des Finances, harassé par le poids de la guerre, ne se pressait guère de remplir ses obligations. Au mois de mai, Mme de Sévigné rendait compte à son gendre de ses démarches :

> *J'ai été chez M. de Bartillat pour votre pension. Il faudra que je parle à M. Colbert. C'est une affaire présentement ; on détourne tous les fonds. Il faut solliciter ce qui n'était pas une affaire autrefois. Voici un brave temps.*

Même en ces temps difficiles, les Grignan continuaient à jeter sans vergogne l'argent par les fenêtres : « Je n'oserais

---

1. Le *Royal-Louis* était le bateau amiral ancré à Toulon.

songer, s'exclamait Mme de Sévigné, c'est un labyrinthe plein d'amertume, d'où je ne sors point. »

Mais en avril, elle se mit soudain à jouer les belles-mères, en vitupérant contre un somptueux costume que le comte de Grignan se faisait faire à Paris :

> *M. de Grignan demande un très beau justaucorps. C'est une affaire de sept ou huit cents francs ; qu'est devenu un très beau qu'il avait ?... Au nom de Dieu, sauvez au moins quelque chose de l'excessive dépense...*

Mais ce qui la désespérait le plus était que les Grignan s'adonnaient au jeu avec fureur : « Il y a longtemps que le jeu vous abîmait, j'en étais toute triste. » Et de plus ils perdaient ! « Enfin, ma bonne, j'en hais la fortune », écrivait-elle un autre jour.

> *Mais à propos d'écus, quelle folie d'en perdre deux cents à ce chien de hoca[1] ! un coupe-gorge qu'on a banni de ce pays-ci, parce qu'on y fait de furieux voyages. Vous jouez d'un malheur insurmontable, vous [perdez] toujours. Voilà bien de l'argent qui vous épuise ; je ne puis croire que vous en ayez assez pour ne vous point sentir de ces pertes continuelles.*

Puis, se demandant tout à coup si elle n'était pas allée trop loin dans ses récriminations, elle écrivait en avril. « Vous ne faites point connaître si les avis que je vous donne quelquefois sur votre dépense vous déplaisent ou non ; vous devriez m'en dire un mot. »

Le silence de Mme de Grignan sur le sujet en disait long, si seulement sa mère avait eu la finesse de le percevoir : son intrusion permanente dans la vie sexuelle et financière des Grignan était totalement déplacée et ces derniers commençaient franchement à s'en irriter.

Malgré cela, les siècles qui suivirent ont montré peu d'indulgence pour Mme de Grignan, alors que tous les biographes ou presque ont élevé des statues à Mme de Sévigné, comblant de louanges la chaleureuse, gaie, tendre, ouverte et charmante mère aux dépens de la fille inhibée, froide, distante, lointaine, grave, parfois mélancolique, parfois hautaine. C'est le duc de Saint-Simon, ce vieil atrabilaire, qui dans ses célèbres *Mémoi-*

---

1. Hoca, ce jeu de cartes fut interdit par le Parlement de Paris en 1658, mais la cour ne respectait pas cette interdiction.

res donne le ton en condamnant la comtesse de Grignan tandis qu'il jette des fleurs à Mme de Sévigné. Comme ce sont les *Mémoires* de Saint-Simon et les *Lettres* de Mme de Sévigné qui fournissent aux historiens le tableau le plus vivant, et donc le plus précieux, du Roi-Soleil et de sa cour, Mme de Grignan n'a jamais réussi à faire mentir le méchant petit duc qui lui a laissé une si mauvaise réputation. Janet Murbach, qui a écrit *Le vrai visage de Mme de Grignan*, prétend que Saint-Simon était de parti pris, n'ayant jamais pardonné à Mme de Grignan un affront qu'elle avait fait à sa sœur.

Mais même le plus partial des biographes, le plus fervent admirateur de Mme de Sévigné ne peut totalement l'absoudre des tensions qui se développèrent entre la mère et la fille. Cet amour extravagant, possessif, obsessionnel — « cet amour excessif », comme elle le disait elle-même — n'allait pas sans quelque inconvénient pour l'objet de cette passion, c'est-à-dire pour sa fille.

Quelle ironie du sort de voir que, si Mme de Grignan est condamnée au tribunal de l'histoire littéraire, c'est à l'adoration de sa mère qu'elle doit d'être accusée. Quelle ironie aussi de penser qu'une personne secrète et réservée comme l'était Mme de Grignan nous laisse finalement pénétrer dans sa vie privée et étaler au grand jour les détails les plus intimes de sa vie conjugale et les problèmes financiers les plus scabreux — tout cela grâce à une correspondance qu'elle avait toujours considérée comme absolument confidentielle. C'est à tout instant que Mme de Sévigné devait rassurer Mme de Grignan sur le secret de cette correspondance, en lui promettant de ne montrer que certains passages dûment choisis qu'à des amis triés sur le volet.

Mme de Grignan ne cessait de recommander à sa mère de faire preuve de beaucoup de discrétion en ce qui concernait les affaires de famille : « J'ai trop de respect ou, pour mieux dire, de tendresse, protestait Mme de Sévigné en mai 1672, pour ne pas conserver ce que vous confieriez. Quand on aime au point que je fais, on craint trop de déplaire et de fâcher, et il ne faut que la crainte des reproches qu'on se pourrait faire à soi-même pour fermer la bouche. » Mère et fille eussent été horrifiées à l'idée que leurs lettres, imprimées, réimprimées, analysées, annotées, cataloguées, devinssent un jour bien public.

L'ironie suprême de la chose est que Mme de Grignan en personne, bien qu'involontairement, doit être tenue pour responsable de tout cela. Car si elle n'avait pas soigneusement rangé dans les coffres du château de Grignan toutes les lettres de sa mère, nul n'aurait eu vent des secrets d'alcôve des Grignan.

En dernier lieu, il est bien évident que c'est la renommée mondiale des *Lettres* de Mme de Sévigné qui a provoqué l'envahissement de la vie privée des Grignan. Sans la gloire littéraire qui s'attache aux *Lettres* de sa mère, le nom de Mme de Grignan ne lui eût pas survécu. Sans ces *Lettres* immortelles de la mère, la fille aurait glissé doucement dans l'oubli des générations futures.

19.

Le mois de mai tirait à sa fin et Mme de Sévigné ne faisait toujours que parler de son départ : « Mais, ma bonne », écrivait-elle le 23 mai,

> il est question de partir. Un jour nous disons, l'Abbé et moi : « Allons-nous-en, ma tante ira jusqu'à l'automne » ; voilà qui est résolu. Le jour d'après nous la trouvons si extrêmement bas que nous disons : « Il ne faut pas songer à partir, ce serait une barbarie, la lune de mai l'emportera. » Et ainsi nous passons d'un jour à l'autre, avec le désespoir dans le cœur.

Trois jours plus tard, le moral de Mme de Sévigné était assez bon pour qu'elle s'en allât faire quelques emplettes. Elle écrivait le 27 mai :

> Je fus hier lever pour bien de l'argent d'étoffes chez Gautier, pour me faire belle en Provence. Ma bonne, je ne vous ferai nulle honte...
> Je trouvai la plus jolie jupe du monde, à la mode, avec un petit joli manteau. Tout l'univers ne m'empêcherait pas de vous faire ce petit présent, et si vous ne voulez point me déplaire au dernier excès, vous me direz que vous en êtes fort aise, et que je suis une bonne femme ; voilà le ton qui m'est uniquement agréable.
> Je suis très ennuyée de n'avoir point de lettres de mon

fils; il y a un tel dérangement au commerce de l'armée qu'on n'en reçoit quasi que par des courriers extraordinaires.

Je ne sais nulle nouvelle aujourd'hui. Je hais tant de dire des faussetés que j'aime mieux ne rien dire ; ce que je vous mande est toujours vrai, et vient de bon lieu.

Je m'en vais présentement à Livry. J'y mène ma petite enfant, et sa nourrice, et tout le petit ménage ; je veux qu'ils respirent cet air de printemps. Je reviens demain, ne pouvant quitter ma tante plus longtemps. Et pour la petite, je l'y laisserai pour quatre ou cinq jours ; je ne puis m'en passer ici ; elle me réjouit tous les matins. Il y a si longtemps que je n'ai respiré et marché, qu'il faut que j'aie pitié de moi un moment aussi bien que des autres.

Je me prépare tous les jours. Mes habits se font ; mon carrosse est prêt il y a huit jours. Enfin, ma bonne, j'ai un pied en l'air. Et si Dieu nous conserve notre pauvre tante plus longtemps qu'on ne croit, je ferai ce que vous m'avez conseillé, c'est-à-dire je partirai dans l'espérance de la revoir.

Le fait que sa fille fût partie sans régler aucun de ses fournisseurs parisiens embarrassait beaucoup Mme de Sévigné. Et ce fut elle qui suggéra, dans le cas du marchand de tissus Gautier, que Mme de Grignan, si elle ne pouvait envoyer d'argent, envoie au moins un petit mot : « Faites-lui écrire quelque honnêteté ; il ne faut pas joindre le silence avec les longs retardements. Si nous pouvons lui donner quelque chose sur votre pension, nous le ferons, mais vous devez beaucoup, sans rien compter que ce que je compte moi-même. »

« Voilà déjà la mode d'être blessé qui commence, écrit-elle le 30 mai. J'ai le cœur fort triste dans la crainte de cette campagne. Mon fils m'écrit fort souvent ; il se porte bien jusqu'à présent. »

Pour finir sur une note joyeuse, elle racontait « une histoire sur Livry » afin d'amuser sa fille ; c'était l'histoire de Mme Paul, veuve de M. Paul, le jardinier-chef, dont la disparition l'année précédente avait — selon Mme de Sévigné — fait que « notre jardin est tout triste ».

Mme Paul, qui est devenue éperdue, et s'est amourachée d'un grand benêt de vingt-cinq ans ou vingt-six ans, qu'elle avait pris pour faire le jardin. Vraiment il a fait un beau ménage ; cette femme l'épouse. Ce garçon est brutal ; il est fou. Il la battra bientôt ; il l'a déjà menacée... Ce sont tous les plus violents sentiments qu'on puisse imaginer... Je me suis extrêmement divertie à méditer sur ces caprices de l'amour.

Le dénouement suivit quelques jours plus tard :

> *Mais la femme de maître Paul est outrée ; il s'est trouvé une anicroche à son mariage. Elle devient fort bien fontaine. Son grand benêt d'amant ne l'aime guère ; il trouve Marie bien jolie, bien douce. Ma bonne, cela ne vaut rien. Je vous le dis franchement : je vous aurais fait cacher, si j'avais voulu être aimée. Ce qui se passe ici est ce qui fait tous les romans, toutes les comédies, toutes les tragédies. Il me semble que je vois un de ces petits Amours, qui sont si bien dépeints dans le prologue de l'Aminte, qui se cachent et qui demeurent dans les forêts. Je crois, pour son honneur, que celui-là visait à Marie. Mais le plus juste s'abuse ; il a tiré sur la jardinière, et le mal est incurable. Si vous étiez ici, cet original grossier vous divertirait extrêmement. Pour moi, j'en suis occupée, et j'emmène Marie, afin de ne point couper l'herbe sous le pied de sa mère. Ces pauvres mères !*

« Vous dites que je ne vous dis rien de votre frère », écrit-elle dans la même lettre :

> *Je ne sais pourquoi ; j'y pense à tout moment, et j'en suis dans des inquiétudes extrêmes. Je l'aime fort, et il vit avec moi d'une manière charmante. Ses lettres sont aussi d'une manière, que si on les trouve jamais dans ma cassette, on croira qu'elles sont du plus honnête homme de mon temps ; je ne crois pas qu'il y ait un air de politesse et d'agrément pareil à celui qu'il a pour moi. Cette guerre me touche donc au dernier point ; il est présentement dans l'armée du Roi, c'est-à-dire à la gueule au loup, comme les autres.*

« Je suis dans le mouvement de l'agitation de mes habits, écrivait-elle en terminant la lettre du 2 juin. Je suis partagée entre l'envie d'être bien belle et la crainte de dépenser.

« Adieu, ma chère enfant, (jusqu'à demain) à Paris. Je m'en vais me promener et penser à vous très assurément dans toutes ces belles allées, où je vous ai vue mille fois. »

La lettre se terminait sur un petit mot à part destiné à M. de Grignan :

> *Vous me flattez trop, mon cher Comte ; je ne prends qu'une partie de vos douceurs, qui est le remerciement que vous me faites de vous avoir donné une femme qui fait tout*

l'agrément de votre vie. Pour celui-là, je crois que j'y ai un peu contribué... Vous avez fait faire à ma fille le plus beau voyage du monde. Elle en est ravie, mais vous l'avez bien menée par monts et par vaux, et bien exposée sur vos Alpes, et aux flots de votre Méditerranée. J'ai quasi envie de vous gronder, après vous avoir embrassé tendrement.

Il n'y avait rien d'étonnant à ce que Mme de Sévigné eût le cœur gros et fût un peu déprimée cet été-là, car elle allait du lit d'une moribonde au lit d'un malade : « Mme de La Fayette est toujours languissante », écrivait-elle. Dépérir était l'état permanent de Mme de La Fayette dont la fragilité était proverbiale. Et M. de La Rochefoucauld est « toujours éclopé » — après une de ses terribles crises de goutte :

Nous faisons quelquefois des conversations d'une tristesse qu'il semble qu'il n'y ait plus qu'à nous enterrer. Le jardin de Mme de La Fayette est la plus jolie chose du monde. Tout est fleuri, tout est parfumé. Nous y passons bien des soirées, car la pauvre femme n'ose pas aller en carrosse.

Enfin, ma fille, en attendant ce jour heureux de mon départ, je passe du faubourg au coin du feu de ma tante, et du coin du feu de ma tante à ce pauvre faubourg.

Le 14 juin, on sut que les Français avaient passé le Rhin au prix de lourdes pertes. Trois des fils du duc de La Rochefoucauld avaient été touchés : son plus jeune fils, le chevalier, était mort ; l'aîné, le prince de Marsillac, gravement blessé ; mort aussi, son fils illégitime, le duc de Longueville, né d'une histoire d'amour entre La Rochefoucauld et une princesse du sang, Anne-Geneviève de Bourbon-Condé, duchesse de Longueville :

J'étais chez Mme de La Fayette quand on vint l'apprendre à M. de La Rochefoucauld, avec la blessure de M. de Marsillac et la mort du chevalier de Marsillac. Cette grêle est tombée sur lui en ma présence. Il a été très vivement affligé. Ses larmes ont coulé du fond du cœur, et sa fermeté l'a empêché d'éclater.

Après ces nouvelles, je ne me suis pas donné la patience de rien demander. J'ai couru chez (Mme) de Pomponne, qui m'a fait souvenir que mon fils est dans l'armée du Roi, laquelle n'a eu nulle part à cette expédition.

« Vous n'avez jamais vu Paris comme il est, écrit-elle le 20 juin. Tout le monde pleure, ou craint de pleurer. » Le 24 juin, se répandit dans Paris le bruit erroné que la paix était proche : « Songez que nous aurions la Hollande, sans qu'il nous en eût rien coûté. » Mais le roi parut moins chanceux lorsqu'on apprit à Paris que les Hollandais avaient ouvert les digues et transformé la victoire en fiasco.

Restée des jours et des nuits à la dernière extrémité, Mme de La Trousse rendit l'âme le dernier jour de juin 1672, et le 1ᵉʳ juillet Mme de Sévigné en informait Mme de Grignan :

> *Enfin, ma fille, notre chère tante a fini sa malheureuse vie. La pauvre femme nous a bien fait pleurer dans cette triste occasion ; et pour moi, qui suis tendre aux larmes, j'en ai beaucoup répandu. Je me mis à genoux, et vous pouvez penser si je pleurai abondamment en voyant ce triste spectacle. J'allai ensuite voir Mlle de La Trousse, dont la douleur fend les pierres. [Je les amenai toutes deux ici[1]. Le soir, Mme de La Trousse vint prendre ma cousine pour la mener chez elle, et à La Trousse dans trois jours, en attendant le retour de M. de La Trousse. Mlle de Méri a couché ici.] Nous avons été ce matin au service. (Elle retourne ce soir chez elle, parce qu'elle le veut.) Et me voilà prête à partir. Ne m'écrivez donc plus, ma belle. Pour moi, je vous écrirai encore, car, quelque diligence que je puisse faire, je ne puis quitter encore de quelques jours.*

Durant « quatre jours » elle ne vit que « des larmes, du deuil, des services, des enterrements et la mort enfin ». Pour échapper à tout cela, elle s'enfuit à la campagne où elle écrivit le dimanche 3 juillet :

> *Je m'en vais à Livry mener ma petite enfant. Ne vous mettez nullement en peine d'elle ; j'en ai des soins extrêmes, et je l'aime assurément beaucoup plus que vous ne l'aimez...*

Le 8 juillet, Mme de Sévigné était de retour à Paris où elle avait une foule de choses à régler :

> *Enfin, ma [bonne], vous êtes à Grignan, et vous m'attendez sur votre lit. Pour moi, je suis dans l'agitation du départ, et si je voulais être tout le jour à rêver, je ne vous verrais pas sitôt. Mais je pars, et si je vous écris encore*

---

1. Les deux filles célibataires de Mme de La Trousse : Mlle de La Trousse et Mlle de Méri.

lundi, c'est le bout du monde. Soyez bien paresseuse avant que j'arrive, afin de n'avoir plus aucune paresse dans le corps quand j'arrive. Il est vrai que nos humeurs sont un peu opposées, mais il y a bien d'autres choses sur quoi nous sommes d'accord, et puis, comme vous dites, nos cœurs nous répondent quasi de notre degré de parenté, [et vous doivent assurer de n'avoir jamais été prise sous un chou]... on espère toujours la paix et la conquête entière de la Hollande.

C'était se montrer présomptueuse. Guillaume d'Orange avait, dès le début de juillet, commencé à organiser la résistance.

Le 11 juillet, plus d'une semaine après la mort de sa tante, Mme de Sévigné écrivait toujours de Paris :

Ne parlons plus de mon voyage, ma pauvre bonne ; il y a si longtemps que nous ne faisons autre chose qu'enfin cela fatigue. C'est comme les longues maladies qui usent la douleur ; les longues espérances usent toute la joie. Vous aurez dépensé tout le plaisir de me voir en attendant ; quand j'arriverai, vous serez tout accoutumée à moi.

J'ai été obligée de rendre les derniers devoirs à ma tante ; il a fallu encore quelques jours au delà. Enfin, voilà qui est fait. Je pars mercredi, et vais coucher à Essonnes ou à Melun. Je vais par la Bourgogne[1].

Pour moi, je veux vous louer de n'être point grosse, et vous conjurer de ne la point devenir. Si [ce] malheur vous arrivait dans l'état où vous êtes de votre maladie, vous seriez maigre et laide pour jamais[2]. Donnez-moi le plaisir de vous retrouver aussi bien que je vous ai donnée et de pouvoir un peu trotter avec moi, où la fantaisie nous prendra d'aller. M. de Grignan vous doit donner, et à moi, cette marque de sa complaisance.

Vous me parlez de votre dauphin. Je vous plains de l'aimer si tendrement ; vous aurez beaucoup de douleurs et de chagrins à essuyer. Je n'aime que trop la petite de Grignan. Contre toutes mes résolutions je l'ai donc ôtée de Livry ; elle est cent fois mieux ici. Enfin je la laisse en parfaite santé, au milieu de toutes sortes de secours. Mme du Puy-du-Fou et Pecquet la sèvreront à la fin d'août.

M. de Coulanges et Mme de Sanzei, qui en auront un soin extrême. Et de cette sorte, nous en aurons l'esprit en repos.

---

1. Mme de Sévigné allait faire dix-sept jours de route pour couvrir les 156 lieues entre Paris et Grignan.
2. La comtesse avait été malade après son voyage à Monaco.

(Le seul sujet de discorde qui pouvait advenir entre sa fille et elle, de l'avis de Mme de Sévigné, porterait sur les petits-enfants : « Vous voudrez que j'aime votre fils plus que votre fille, et je ne crois pas que cela puisse être. »)

Enfin, le 13 juillet, on se mit en route :

> *Enfin, ma fille, nous voilà... Je partis mercredi de Paris, avec le chagrin de n'avoir pas reçu de vos lettres le mardi. L'espérance de vous trouver au bout d'une si longue carrière me console...*
>
> *Tout le monde nous assurait agréablement que je voulais faire mourir notre cher Abbé, de l'exposer dans un voyage de Provence au milieu de l'été. Il a eu le courage de se moquer de tous ces discours, et Dieu l'en a récompensé par un temps à souhait. Il n'y a point de poussière, il fait frais et les jours sont d'une longueur infinie. Voilà tout ce qu'on peut souhaiter. Notre Mousse prend courage. Nous voyageons un peu gravement ; M. de Coulanges nous eût été bon pour nous réjouir. Nous n'avons point trouvé de lecture qui fût digne de nous que Virgile, non pas travesti, mais dans toute la majesté du latin et de l'italien. Pour avoir de la joie, il faut être avec des gens réjouis ; vous savez que je suis comme on veut, mais je n'invente rien.*

La dernière lettre, écrite en route, est datée du 27 juillet à Lyon :

> *Monsieur l'Intendant me vint prendre au sortir du bateau, lundi, avec madame sa femme et Mme de Coulanges ; je soupai chez eux. Hier j'y dînai. On me promène, on me montre ; je reçois mille civilités. J'en suis honteuse ; je ne sais ce qu'on a à me tant estimer. Je voulais partir demain ; Mme de Coulanges a voulu encore un jour, et met à ce prix son voyage de Grignan. J'ai cru vous faire plaisir de conclure ce marché. Je ne partirai donc que vendredi matin ; nous irons coucher à Valence. J'ai de bons patrons ; surtout j'ai prié qu'on ne me donnât pas les vôtres, qui sont de francs coquins. On me recommande comme une princesse. Je serai samedi à une heure après midi à Robinet... Notre cher Abbé se porte bien ; [c'est à lui que vous devez adresser tous vos compliments.] La Mousse est encore en vie. Nous vous souhaitons, et le cœur me bat quand j'y pense.*
>
> *Mon équipage est venu jusqu'ici sans aucun malheur ni sans aucune incommodité. Hier au soir, on mena abreuver mes chevaux ; il s'en noya un, de sorte que je n'en ai plus que cinq. Je vous ferai honte, mais ce n'est pas ma faute.*

20.

Le samedi 30 juillet, à une heure de l'après-midi, au port fluvial de Robinet, sur la rive ouest du Rhône, la mère et la fille se jetèrent dans les bras l'une de l'autre.

Mme de Sévigné, dont le talent fait revivre si facilement le temps, le lieu et l'atmosphère d'un événement, nous pousse à revoir en imagination ces retrouvailles tant attendues. Nous sentons l'émotion qui monte tandis que les gardes du lieutenant général galopent le long du fleuve devant le carrosse du comte et de son épouse. Les villageois, bouche bée, regardent le bateau en provenance de Valence s'arrimer au quai et cinq passagers en descendre : deux prêtres d'un certain âge en soutane noire ; deux jeunes servantes à l'air mutin et une noble dame qui n'est plus dans sa prime jeunesse mais encore blonde, belle et très élégamment vêtue.

Puis la mère et la fille doivent s'arracher l'une à l'autre pour saluer le reste des arrivants : la comtesse de Grignan serre son grand-oncle, l'abbé de Coulanges, dans ses bras et accueille gentiment l'abbé La Mousse. Mme de Sévigné se précipite sur son gendre et l'embrasse, nullement gênée par cette barbe noire si bien fournie (pour laquelle elle lui a apporté la plus belle pince à épiler de tout Paris !).

Qu'a dit Mme de Sévigné lorsqu'elle a vu, pour la première fois, le château de Grignan et sa masse imposante perchée sur son piton rocheux ? Comment a-t-elle décrit à ses amis parisiens les appartements superbes qu'on lui réservait depuis des mois et qu'on avait fait décorer tout spécialement pour elle — ces appartements que les guides de Grignan nous font visiter aujourd'hui comme « la suite de Mme de Sévigné », donnant sur les larges terrasses à balustrade du château et ouvrant sur une vallée verdoyante et un panorama s'étendant jusqu'au pied des Alpes ? Ses exclamations ravies sont perdues à jamais pour nous, car ses correspondants de la capitale se sont peut-être passé ses lettres de main en main, mais ils ont négligé de les conserver précieusement afin de les léguer à de futures générations de sévignistes.

Les voyageurs débarquent à Robinet, on échange baisers et caresses, on embarque les bagages dans les voitures, le postillon remonte à cheval et le cocher fait claquer son fouet, puis on se met en route pour Grignan qui n'est qu'à une dizaine de kilomètres : le rideau tombe alors et là s'achève ce petit tableau que nous venons d'évoquer.

La correspondance entre la mère et la fille va s'interrompre durant le séjour de Mme de Sévigné en Provence, c'est-à-dire du 30 juillet 1672 au 3 octobre 1673. Et nous perdons quelque peu le fil de notre récit, faute de documents. Nous avons cependant une vague idée de ce que furent ces mois de retrouvailles grâce à quelques lettres de Mme de Coulanges, Mme de La Fayette et du comte de Bussy, et à celles qu'écrivit Mme de Sévigné juste après avoir quitté Grignan en octobre 1673.

Ce fut une période de joie mitigée. Car si deux semaines plus tôt Mme de Sévigné avait félicité sa fille de n'être pas enceinte, elle arriva à Grignan pour découvrir que la comtesse et son époux attendaient avec la plus grande joie un nouvel enfant pour le début du printemps : il fallait plus d'un seul héritier mâle pour assurer la descendance illustre des Grignan et chacun dans la famille du comte se réjouissait à l'idée du second fils qui allait peut-être naître. Mme de Sévigné avait jusqu'à ce jour montré fort peu de compréhension pour le point de vue des Grignan. Cette quatrième grossesse de la comtesse en quatre ans fut très probablement une source de frictions entre les deux femmes.

Le deuxième sujet de dispute dut être les problèmes financiers des Grignan. L'Abbé, qui manquait souvent de tact, mit le nez dans leurs affaires et exprima sans ambages son désarroi devant l'abîme de dettes où s'enfonçaient quotidiennement le comte et la comtesse. Ses remontrances piquèrent sans aucun doute le comte au vif.

D'autres tensions résultèrent probablement du fait que Mme de Sévigné eut de la peine à se faire à l'indépendance que sa fille avait prise et chèrement gagnée vis-à-vis d'elle. On ne coupe pas le cordon sans douleur. Et s'il avait jamais existé dans cette relation mère-fille quelque élément symbiotique, ce dernier avait bel et bien disparu. Mme de Sévigné dut ressentir un choc lorsqu'elle se vit soudain confrontée à la nouvelle personnalité de sa fille maintenant engagée dans sa propre vie à jouer les rôles d'épouse, de mère et de châtelaine. Elle était la première dame de Provence, situation importante peu familière à sa mère. La comtesse de Grignan ne se cachait plus dans l'ombre de Mme de Sévigné.

Si le lien du sang n'avait pas existé entre ces deux femmes, il est peu probable qu'elles eussent jamais été intimes ; elles avaient peu de chose en commun. Curieusement, Mme de Grignan — malgré l'amour et l'admiration extravagante que lui portait sa mère — ne ressemblait en rien à celle-ci. Alors que Mme de Sévigné était chaleureuse, ouverte, expansive, sociable, Mme de Grignan était froide, distante, secrète et renfermée — elles étaient les deux exemples types de l'extravertie et de l'introvertie. On dit que les contraires s'attirent, mais des tempéraments aussi différents risquent souvent de se heurter : Mme de Grignan, alanguie, léthargique, sommeillant des heures durant sur sa couche, contrastait fort avec l'incroyable énergie de sa mère, et son hyperactivité qui la faisait marcher des kilomètres à travers bois, diriger ses ouvriers et ses jardiniers, garder le contact avec le tourbillon parisien, écrire à sa fille et à beaucoup d'autres personnes, et s'adonner avidement à la lecture dès qu'elle le pouvait.

Mme de Grignan ressentait pour sa mère un amour filial, une affection calme et tranquille, qu'elle considérait comme un fait acquis se passant de commentaires. Mais Mme de Sévigné, elle, ne prenait jamais rien pour argent comptant et avait sans cesse besoin d'être confortée dans son sentiment d'être aimée par ses amis comme par sa fille. (« Vos défiances seules, lui avait dit une fois Mme de La Fayette, composent votre unique défaut. ») Pour Mme de Sévigné qui verbalisait comme elle respirait, chaque sentiment devait être explicité. Mme de Grignan n'avait pas ce besoin. Et si Mme de Sévigné se plaignait de la réserve de Mme de Grignan, Mme de Grignan était gênée par les débordements de Mme de Sévigné, ce qui était entre elles une autre source de conflit. Ce que Mme de Sévigné ressentait pour sa fille était plus proche d'une passion effrénée que d'un calme sentiment maternel : c'était un amour douloureusement intense et qui cherchait son répondant au même diapason. Point n'est besoin d'être très versée en psychanalyse pour comprendre que la vie émotionnelle de Mme de Grignan était parfaitement équilibrée par un heureux mariage alors que celle de Mme de Sévigné n'était fixée que sur sa fille.

Ces tensions entamèrent-elles la robuste santé de Mme de Sévigné ? Ou bien la ménopause commença-t-elle à se manifester cet automne-là ? En tout cas, on lui appliqua en octobre le remède universel de l'époque, la saignée, et le pied qu'on incisa s'enflamma, comme nous l'apprend une lettre de Mme de Coulanges à Mme de Sévigné datée du 30 octobre 1672 : « Je suis très en peine de vous, ma belle... Fallait-il vous mettre sur ce pied-là après avoir été saignée. »

En novembre, on prit la décision d'aller consulter à la célèbre faculté de médecine de Montpellier. La comtesse de Grignan, enceinte de quatre mois, préféra ne pas y aller ; mais le comte accompagna sa belle-mère et son oncle dans ce voyage d'une dizaine de jours.

Une lettre de Mme de Sévigné à sa fille a pour en-tête : « A Montpellier, le samedi 25 novembre » :

> *Enfin, ma bonne, nous arrivâmes hier ici après avoir eu toutes les frayeurs du monde d'être assiégés par les eaux, au pont de Lunel... Mme de Cauvisson nous envoya prier d'aller chez elle. Cette proposition nous fit horreur, dans la fatigue où nous étions. Elle nous envoya des ortolans, des perdrix, des faisans, de la glace. Nous couchâmes tous ensemble et ne dormîmes point. M. de Vardes vint au-devant de nous hier. Il vous envoie la réponse de Monsieur le Duc, qui lui est fort recommandée ; je lui ai conseillé de ne point attendre notre départ. Mme de Verneuil, que voilà à ma main droite, et qui griffonne de son côté, me reçut avec transport. Ce matin, monsieur son mari et elle me sont venus voir. Toute la ville me court, mais comme je ne veux point rendre de visite, je n'en veux point recevoir... Je trouve les femmes d'ici jolies ; elles sont vives, elles ont de l'esprit, elles parlent français[1]. Je suis logée chez une Mme de La Roche, dans un appartement divin. M. de Grignan reçoit des honneurs infinis. On vous nomme vingt-cinq ou trente fois par jour ; j'y pense toujours, et je ne respire que Grignan : cela n'est que trop vrai. Nous partirons toujours mercredi... Le Bien Bon mange comme un démon. Il loge chez Vardes. On me mande de Paris que Mme de Monaco et la Louvigny ont été à Saint-Maur. On a peu parlé du passé. La graisse a paru ôter de la jeunesse [à l'une], et l'autre avait beaucoup de blanc et de clairet sur le visage, mais fait.*
>
> *Comment vous portez-vous, ma belle petite ? Mon absence ne vous a-t-elle point un peu réchauffée pour moi ? Je souhaite de vous revoir comme s'il y avait longtemps que je vous eusse quittée. Je vous cache mon amitié avec autant de soin que les autres ont accoutumé de la montrer.*
>
> *Mon pied est la plus jolie chose du monde. Quand je veux, il est mal, et quand je veux, il est bien. Je remets à me guérir*

---

1. En Parisienne snob, Mme de Sévigné s'étonne de trouver en Provence des femmes d'esprit parlant français et non le dialecte provençal.

> *de tous mes maux à Grignan. J'en ai eu un ici qui me donne*
> *beaucoup de santé ; j'en avais grand besoin, et je suis aise*
> *que ma saignée ait produit son effet. J'ai fort consulté pour*
> *l'avenir. Adieu, trop chère et trop aimée.*

A l'approche de l'hiver, le château de Grignan devenait pratiquement inhabitable : perché tout là-haut sur son roc, il était battu et traversé par ce vicieux vent glacial du nord qui enfile la vallée du Rhône (le mistral, comme on l'appelle en Provence). En novembre ou décembre, le comte et la comtesse abandonnaient Grignan à la fureur des éléments et se retiraient à Aix, capitale de la Provence, pour s'installer dans le sombre et vieux palais (« ce noir palais », comme l'appelait Mme de Sévigné) construit par les comtes de Provence ; c'était au XVIIe siècle la résidence du lieutenant général et le lieu de session du Parlement.

Lorsque le comte de Grignan, à la fin de janvier 1673, proposa à sa belle-mère de l'accompagner dans son voyage officiel à Marseille et à Toulon, elle accepta avec empressement, car elle avait toujours eu l'intention de visiter cette province, mais en compagnie de sa fille, très certainement.

Les trois lettres de Mme de Sévigné en provenance de Marseille sont celles d'une touriste, mais d'une touriste à qui l'on a remis les clés de la ville et qui a reçu un traitement de faveur. La ville de Marseille, comme l'indiquent les archives, fit un accueil officiel au lieutenant général de Provence et à sa belle-mère ; salves de canon, présents et discours de bienvenue par les notabilités civiles et religieuses. Il y eut des banquets, des concerts et même un bal masqué donné en l'honneur de ces illustres visiteurs. (« Il y avait une petite Grecque fort jolie ; votre mari tournait tout autour ! ») L'intendant aux galères et l'évêque de Marseille promenèrent çà et là Mme de Sévigné, écrit-elle le 25 janvier :

> *Je suis charmée de la beauté singulière de cette ville. Hier*
> *le temps fut divin, et l'endroit d'où je découvris la mer, les*
> *bastides, les montagnes et la ville, est une chose étonnante...*

Marseille la frappa comme un endroit des plus « romantiques » avec ses navires de guerre, ses marins, ses capitaines et ses galériens enchaînés. « La foule de chevaliers » qui venaient présenter leurs respects au comte de Grignan — hommes des mers, aventuriers aux longues rapières et aux chapeaux emplumés étaient « pittoresques », « des gens faits à peindre », écrivait-elle à sa fille et « moi qui aime les romans, tout cela me ravit et j'en suis transportée ». « Je demande pardon à Aix, dit-elle dans une autre lettre, mais Marseille est bien joli, et plus peuplé que Paris : il y a cent mille âmes. De vous dire combien il y en a de belles, c'est ce que je n'ai pas le temps de compter. »

Le 26 janvier, elle en avait assez des promenades, des honneurs et des festivités : « En un mot, j'ai déjà de Marseille et de votre absence jusque-là, et en même temps je porte ma main un peu au-dessus de mes yeux », écrit-elle, et aussi qu'elle était prête à partir le lendemain à 5 heures pour Toulon, impatiente de rejoindre Aix et sa fille alors enceinte de sept mois.

« J'embrasse Mme la comtesse de Grignan, écrivait fin mars Mme de Coulanges à Mme de Sévigné : Je voudrais bien qu'elle fût heureusement accouchée. »

Mme de Grignan faillit bien mourir en couches le 27 mars 1673, comme le montre une lettre de l'abbé de Coulanges à un ami d'Aix :

> *Mme la Comtesse, après avoir été près de deux jours dans les douleurs de l'enfantement, enfin, lundi dernier, sur les trois heures après minuit, elle se trouva dans le plus grand péril de la vie où une femme puisse être de la manière dont son enfant se présenta, qui fut par le ventre et le nombril. Jugez de là, mon cher Monsieur, de quel secours elle n'eut point de besoin et de la part de Dieu pour lui donner de la force et du courage et de la part de la personne qui la délivra pour la faire accoucher heureusement de son enfant, c'est-à-dire pour elle, car son pauvre enfant, qui était un garçon très bien fait, gros et puissant, vint si faible et comme étouffé, à ce que l'on dit, dans ses eaux...*

La comtesse mit longtemps à se remettre : le 19 avril, Mme de Coulanges écrivait à Mme de Sévigné :

> *Je suis ravie que Mme de Grignan ne soit plus qu'acca-blée de lassitude ; la surprise et l'inquiétude que j'ai eues de son mal me devaient faire attendre à toute la joie que j'ai du retour de sa santé ; c'est une barbarie que de souhaiter des enfants...*
>
> *Je ne veux pas oublier ce qui m'est arrivé ce matin. On m'a dit : « Madame, voilà un laquais de Mme de Thian-ges[1]. » J'ai ordonné qu'on le fît entrer. Voici ce qu'il avait à*

1. Mme de Thianges était la sœur de Mme de Montespan, maîtresse du roi.

*me dire : « Madame, c'est de la part de Mme de Thianges,
qui vous prie de lui envoyer la lettre du Cheval de Mme de
Sévigné, et celle de la Prairie. » J'ai dit au laquais que je les
porterais à sa maîtresse, et je m'en suis défaite. Vos lettres
font tout le bruit qu'elles méritent, comme vous voyez. Il est
certain qu'elles sont délicieuses, et vous êtes comme vos
lettres.*

Nous voyons donc que dès 1673 les lettres de Mme de
Sévigné avaient déjà leur réputation et qu'on se les passait
alentour avec zèle.

Bien que Mme de Sévigné eût souvent répété à sa fille qu'il
n'y avait qu'à elle qu'elle aimait écrire, que le reste de son
courrier n'était que routine, elle écrivit cependant beaucoup
durant les années 1672-1673. En premier lieu venait son fils,
avec lequel elle entretint une correspondance animée pendant
les longs mois que dura la campagne de Hollande. Elle écrivait
aussi, régulièrement et fréquemment, à M. et Mme de Coulanges et à Mme de La Fayette et en attendait la réciproque. (« Eh
bien ! eh bien ! ma belle, qu'avez-vous à crier comme un aigle ?
demandait Mme de La Fayette répondant sans doute à quelque
reproche : Je vous mande que vous attendiez à juger de moi
quand vous serez ici. Qu'y a-t-il de si terrible à ces paroles :
Mes journées sont remplies ?... Le goût d'écrire vous dure encore
pour tout le monde ; il m'est passé pour tout le monde. Et si
j'avais un amant qui voulût de mes lettres tous les matins, je
romprais avec lui. Ne mesurez donc point notre amitié sur
l'écriture ; je vous aimerai autant, en ne vous écrivant qu'une
page en un mois, que vous en m'en écrivant dix en huit jours. »)

Charles de Sévigné fit une apparition à Paris au printemps de
1673, grâce à sa cousine, Mme de Coulanges, qui s'arrangea
pour lui obtenir une permission par le biais de son oncle,
Michel Le Tellier, secrétaire aux Armées.

Mme de La Fayette jugea très nécessaire de plaider la cause
de Charles auprès de sa mère :

*... il sort d'ici, et m'est venu dire adieu, et me prier de vous
écrire ses raisons sur l'argent. Elles sont si bonnes que je
n'ai pas besoin de vous les expliquer fort au long ; car vous
voyez, d'où vous êtes, la dépense d'une campagne qui ne
finit point. Tout le monde est au désespoir et se ruine. Il est
impossible que votre fils ne fasse pas un peu comme les
autres, et de plus, la grande amitié que vous avez pour*

> *Mme de Grignan fait qu'il en faut témoigner à son frère*[1]. *Je*
> *laisse au grand d'Hacqueville à vous en dire davantage.*
> *Adieu, ma très chère.*

Mme de Sévigné ne fit pas la sourde oreille : le 7 mars 1673, elle garantit un prêt de 6 000 livres qui seront « employées par le seigneur marquis de Sévigné [...] à renouveler son équipage de guerre pour la présente campagne ».

Si Charles était dans la misère, il était aussi amoureux, ou du moins le croyait-il. « Votre fils est amoureux comme un perdu de Mlle de Poussay, écrivait le 19 mai Mme de La Fayette : il n'aspire qu'à être aussi transi que La Fare[2]. M. de La Rochefoucauld dit que l'ambition de Sévigné est de mourir d'un amour qu'il n'a pas, car nous ne le tenons pas du bois dont on fait les fortes passions. »

Charles ne fut pas le seul à monter à Paris au printemps 1673, son beau-frère le comte de Grignan y vint aussi, convoqué par M. de Pomponne, ministre des Affaires étrangères, responsable de la Provence. Mme de Coulanges rapporte par lettre à Mme de Sévigné vers la fin mars : « M. de Grignan ne s'est point du tout rouillé en province. Il a un très bon air à la cour, mais il trouve qu'il lui manque quelque chose. » Celles qu'on regrettait amèrement, sous-entendait Mme de Coulanges, étaient Mme de Grignan et Mme de Sévigné. Le comte prolongea son séjour parisien jusqu'à fin mai, date à laquelle il reprit le chemin de la Provence en emmenant avec lui sa fille aînée, la petite Marie-Blanche.

Le silence qui s'abat sur Aix et Grignan, à la fin du printemps et au début de l'été 1673, n'est rompu que de temps à autre par une lettre de Mme de Coulanges, Mme de La Fayette ou du comte de Bussy. Si les correspondants parisiens de Mme de Sévigné négligèrent de conserver ses lettres, son vieil ami et mentor littéraire, l'abbé Ménage, ne fut point coupable d'un tel forfait : il ne perdit ni ne détruisit la lettre qu'elle lui envoya d'Aix en juin, lettre qui accusait réception de son tout dernier volume de poésies.

« Vos vers m'ont fait souvenir de ma jeunesse », écrivit-elle le 23 juin,

---

1. Mme de La Fayette semble rappeler à Mme de Sévigné les 300 000 livres de dot de Mme de Grignan.
2. Les *Mémoires* du marquis de La Fare, second lieutenant aux Gendarmes-Dauphins, racontent les grandes idylles de sa vie, l'une avec Mme de Rochefort, l'autre avec Mme de La Sablière.

et je voudrais bien savoir pourquoi le souvenir de la perte d'un bien aussi irréparable ne donne point de tristesse ; au lieu du plaisir que j'ai senti, il me semble qu'on devrait pleurer. Mais sans examiner d'où peut venir ce sentiment, je veux m'attacher à celui que me donne la reconnaissance que j'ai de votre présent. Vous ne pouvez douter qu'il ne me soit agréable, puisque mon amour-propre y trouve si bien son compte, et que j'y suis célébrée par le plus bel esprit de mon temps. Il faudrait pour l'honneur de vos vers que j'eusse mieux mérité tout celui que vous me faites. Telle que j'ai été, et telle que je suis, je n'oublierai jamais votre véritable et solide amitié, et je serai toute ma vie la plus reconnaissante comme la plus ancienne de vos très humbles servantes.

Ce silence de 1673 est à nouveau rompu quand Mme de Sévigné adresse une lettre à son cousin le comte de Bussy :

Vous voyez bien, mon cousin, que me voilà à Grignan. Il y a justement un an que j'y vins ; je vous écrivis avec notre ami Corbinelli, qui passa deux mois avec nous. Depuis cela j'ai été dans la Provence me promener. J'ai passé l'hiver à Aix avec ma fille. Elle a pensé mourir en accouchant, et moi de la voir accoucher si malheureusement.

« Que dites-vous, demandait-elle à la fin de sa lettre, de la conquête de Maëstricht ? »

Bussy pensait certainement, comme toute l'Europe, que la conquête de cette forteresse était un acte d'éclat, une victoire prestigieuse pour Louis XIV qui avait attaqué en personne, à la tête de ses troupes. Cette bataille permettait à la France de contrôler une partie de la Meuse et de se défendre sur ce terrain-là. Ayant maintenant la mainmise sur les Pays-Bas, la Rhénanie, la Meuse et la Moselle, la France pouvait se considérer comme la seule grande puissance militaire sur le continent, malgré le peu de résultats qu'obtenait à Cologne la conférence pour la paix. L'Espagne et l'Autriche étaient en train de former une coalition contre la France.

La France entière célébra la victoire de Maëstricht. Le 23 juillet à Grignan, on chanta un *Te Deum* dans la collégiale de Saint-Sauveur, dont le toit de tuile, accolé au château, servait de vaste terrasse. Le 10 août, on pouvait lire dans la *Gazette de Hollande* : « Le comte de ce nom, lieutenant général pour le Roi en cette province, fit chanter le *Te Deum*, le 23 juillet, par deux chœurs de musique, dans l'église collégiale, où il se trouva avec plusieurs personnes de qualité ; et sur le soir, il alluma dans la place publique un grand feu qu'il avait fait préparer, et qui fut exécuté aux fanfares des trompettes, avec les décharges du canon. »

21.

Le 5 octobre 1673 fut un « terrible jour » : celui où Mme de Sévigné quitta Grignan et se sépara de sa fille — cette seconde séparation devant être aussi douloureuse que celle de 1671. Peut-être plus douloureuse encore, car Mme de Sévigné avait espéré jusqu'au bout que les Grignan l'accompagneraient à Paris. Mais ce voyage était resté à l'état de projet, compte tenu du flou qui entourait les affaires internationales, et de la menace de guerre avec l'Espagne, qui interdisait à un gouverneur de quitter sa province.

La nuit même qui suivit le jour de son départ, Mme de Sévigné écrivit de Montélimar, ville située à quelque trente kilomètres de Grignan :

> *Voici un terrible jour, ma chère fille ; je vous avoue que je n'en puis plus... J'ai le cœur et l'imagination tout remplis de vous. Je n'y puis penser sans pleurer, et j'y pense toujours, de sorte que l'état où je suis n'est pas une chose soutenable... Mes yeux qui vous ont tant rencontrée depuis quatorze mois ne vous trouvent plus... Il me semble que je ne vous ai point assez embrassée en partant ; qu'avais-je à ménager ? Je ne vous ai point assez dit combien je suis contente de votre tendresse. Je ne vous ai point assez recommandée à M. de Grignan. Je ne l'ai point assez remercié de toutes ses politesses et de toute l'amitié qu'il a pour moi... Je suis déjà dévorée de curiosité ; je n'espère de consolation que de vos lettres, qui me feront encore bien soupirer. En un mot, ma fille, je ne vis que pour vous. Dieu me fasse la grâce de l'aimer quelque jour comme je vous aime ! Je songe aux pichons ; je suis toute pétrie de Grignan. Je tiens partout. Jamais un voyage n'a été si triste que le nôtre ; nous ne disons pas un mot.*

Si quelque tension ou malentendu avait troublé la relation de la mère et de la fille, tout était maintenant oublié. Rétrospectivement, ces quelques mois passés ensemble avaient été idylliques. « Il est vrai que le voyage de Provence m'a plus attachée à vous que je n'étais encore. Je ne vous avais jamais tant vue et n'avais jamais tant joui de votre esprit et de votre cœur. »

Le voyage fut pénible, dangereux et très inconfortable ; des voitures mal suspendues cahotaient sans fin sur des routes exécrables. « C'est à deux lieues de Montélimar, je descendis, mes chevaux nagèrent, et l'eau entra jusqu'au fond du carrosse. » Elle n'avait que les Grignan en tête et elle espérait vivement, les y exhortant sans cesse, qu'ils la rejoindraient à Paris pour l'hiver ; c'est pourquoi elle les suppliait avec véhémence de voyager : « J'avais toujours espéré vous ramener », écrivait-elle de Lyon le 10 octobre, « vous savez par quelles raisons et par quels tons vous m'avez coupé court là-dessus. » L'argument avancé par le comte de Grignan (soutenu par sa femme) était que sa place, en ce temps de guerre, était dans sa province et que des bruits couraient alors annonçant une guerre avec l'Espagne. Mme de Sévigné n'était pas de l'avis de son gendre : son opinion était que l'on n'allait pas déclarer la guerre comme ça, en une nuit, et que le comte avait des affaires pressantes qui nécessitaient une consultation du roi et de son conseil : « Je crois qu'en bonne politique M. de Grignan prendra le parti de venir à la cour plus tôt que plus tard. » Ses motivations personnelles n'entraient pour rien dans cette idée, bien qu'elle ne pût nier que « si vous y pouvez venir cet hiver, j'en aurai une joie et une consolation entière ».

Sa lettre du 11 octobre portait comme en-tête : « D'un petit chien de village, à six lieues de Lyon. »

> *Me voici arrivée, ma fille, dans un lieu qui me ferait triste quand je ne le serais pas. Il n'y a rien, c'est un désert. Je me suis égarée dans les champs pour chercher l'église.*
> *On ne peut pas voyager plus tristement que je fais.*
> *[Voici la quatrième fois que je vous écris ; sans cela que serais-je devenue ? Voici ce qui me tue un peu, c'est qu'après mon premier sommeil, j'entends sonner deux heures, et qu'au lieu de me rendormir, je mets le pot-au-feu avec de la chicorée amère ; cela bout jusqu'au point du jour qu'il faut monter en carrosse.] Je suis assurée, ma chère enfant, que pour me tirer de peine, vous me manderez que l'air d'Aix vous a toute raccommodée, que vous n'êtes plus si maigre qu'à Grignan ; je n'en croirai rien du tout.*

Puis elle arriva en Bourgogne, laissant derrière elle Mâcon et Chalon, pour atteindre, le 16 octobre 1673, une large allée bordée d'arbres qui la menait à la porte de son château de Bourbilly :

> *Enfin, ma [bonne], j'arrive présentement dans le vieux château de mes pères. Voici où ils ont triomphé suivant la mode de ce temps-là. Je trouve mes belles prairies, ma petite rivière, mes magnifiques bois [et mon beau moulin] à la même place où je les avais laissés*[1]. *Il y a eu ici de plus honnêtes gens que moi ; et cependant, au sortir de Grignan, après vous avoir quittée, je me meurs de tristesse...*
>
> *Je suis désaccoutumée de ces continuels orages. Il pleut sans cesse... J'arrive ; je suis un peu fatiguée. Quand j'aurai les pieds chauds, je vous en dirai davantage.*

Neuf jours plus tard, elle écrivait, toujours de Bourbilly :

> *Je conclus aujourd'hui toutes mes affaires. Si vous n'aviez du blé, je vous offrirais du mien ; j'en ai 20 000 bois-seaux à vendre. Je crie famine sur un tas de blé. J'ai pourtant assuré 14 000 francs et fait un nouveau bail sans rabaisser. Voilà tout ce que j'avais à faire, et j'ai l'honneur d'avoir trouvé des expédients que le bon esprit de l'Abbé ne trouvait pas.*

Le 25 octobre, Mme de Sévigné écrit d'Epoisses, le château du comte de Guitaut, à quelques kilomètres de Bourbilly : « Cette maison est d'une grandeur et d'une beauté surprantes », dit-elle à sa fille :

> *M. de Guitaut se divertit fort à la faire ajuster, et y dépense bien de l'argent. Il se trouve heureux de n'avoir point d'autre dépense à faire ; je plains ceux qui ne peuvent pas se donner ce plaisir*[2]. *Nous avons causé à l'infini, le maître du logis et moi, c'est-à-dire j'ai eu le mérite de savoir bien écouter.*

Le 30 octobre, elle envoie de Moret la onzième lettre écrite en route comme elle le remarque elle-même :

---

1. Mme de Sévigné avait fait sa dernière visite à Bourbilly en 1644 en compagnie de sa fille.
2. Mme de Sévigné s'apitoie sur son gendre dont les finances ne lui permettent pas de restaurer Grignan.

Me voici bien près de Paris, ma très chère bonne. Je ne sais comme je me sens ; je n'ai aucune joie d'y arriver, que pour recevoir toutes vos lettres que je crois y trouver...

Je me représente l'occupation que je pourrai avoir pour vous, tout ce que j'aurai à dire à MM. de Brancas, La Garde, l'abbé de Grignan, d'Hacqueville, M. de Pomponne, M. Le Camus. Hors cela, où je vous trouve, je ne prévois aucun plaisir. Je mériterais que mes amies me battissent et me renvoyassent sur mes pas : plût à Dieu !... Parler de vous sera mon sensible plaisir. Mais je choisirai mes gens et mes discours. Je sais un peu vivre, et ce qui est bon aux uns est mauvais aux autres. Je n'ai pas tout à fait oublié le monde... Je vous demande la grâce de vous fier à moi et de ne rien craindre de l'excès de ma tendresse... Même si mes délicatesses et les mesures injustes que je prends sur moi ont donné quelquefois du désagrément à mon amitié, je vous conjure de tout mon cœur, ma bonne, de les excuser en faveur de leur cause.

Elle ajoute qu'elle s'inquiète beaucoup pour sa santé et supplie M. de Grignan de la garder en bonne santé (en ne vous faisant pas un autre enfant, voulait-elle dire ; ce leitmotiv revient constamment dans toute la correspondance).

Le 2 novembre, Mme de Sévigné pouvait mettre comme entête « A Paris » :

Enfin, ma chère fille, me voilà arrivée après quatre semaines de voyage, ce qui m'a pourtant moins fatiguée que la nuit que j'ai passée dans le meilleur lit du monde. Je n'ai pas fermé les yeux ; j'ai compté toutes les heures de ma montre, et enfin, à la petite pointe du jour, je me suis levée :
Car que faire en un lit, à moins que l'on ne dorme[1] ?
Nous arrivâmes hier, jour de la Toussaint : bon jour, bonne œuvre. Nous descendîmes chez M. de Coulanges. Je ne vous dirai point mes faiblesses ni mes sottises en rentrant dans Paris. Enfin je vis l'heure et le moment que je n'étais pas visible, mais je détournai mes pensées, et je dis que le vent m'avait rougi le nez. Je trouve M. de Coulanges qui m'embrasse ; un moment après, Mme de Coulanges, Mlle de Méri ; un moment après, Mme de Sanzei, Mme de Bagnols ; un autre moment, l'archevêque de Reims, tout transporté d'amour pour le Coadjuteur ; ensuite Mme de La Fayette, M. de La Rochefoucauld, Mme Scarron, d'Hacqueville, M. de La Garde, l'abbé de Grignan, l'abbé Têtu. Vous

---

1. Mme de Sévigné adapte librement un vers de La Fontaine.

> *voyez, d'où vous êtes, tout ce qui se dit et la joie qu'on*
> *témoigne :* et Madame de Grignan, et votre voyage ? *et tout*
> *ce qui n'a point de liaison ni de suite. Enfin on soupe, on se*
> *sépare, et je passe cette belle nuit...*
>   *J'oubliais de vous dire qu'hier au soir, devant toutes*
> *choses, je lus quatre de vos lettres du 15, 18, 22 et*
> *25 octobre...*
>   [*vos lettres sont ma vie, en attendant mieux.*].

« Hélas ! soupire-t-elle le 10 novembre, j'ai apporté la Provence et toutes ses affaires avec moi. *In van si fugge quel che nel cor si porta.* » (« Il est vain d'essayer de fuir ce que nous portons dans nos cœurs », citation du *Pastor Fido* de Guarini.)

Durant les trois mois qui suivirent, Mme de Sévigné mit tout son cœur, son intelligence et son énergie à persuader les Grignan de revenir à Paris. Ses lettres du moment n'ont qu'un seul et unique but : il faut qu'ils viennent, non pas pour elle naturellement, mais pour leur bien ! Qu'ils veuillent bien écouter — non pas une mère affligée et égoïste ! — mais leurs conseillers, le marquis de La Garde (cousin germain du comte), l'abbé de Grignan (frère du comte) et leur excellent ami d'Hacqueville. Ce trio soutenait de son mieux à la cour les intérêts du comte de Grignan, mais pour démêler l'imbroglio de la politique provençale, pour faire face aux machinations de son ennemi juré, l'évêque de Marseille, le comte de Grignan devait en personne se présenter à la cour. Le marquis de Pomponne, ministre des Affaires étrangères, soutenait Grignan lors des conseils royaux mais l'évêque avait des amis puissants parmi les ministres du roi et cherchait à doubler et à humilier le lieutenant général dès qu'il le pouvait.

Mme de Sévigné savait haïr comme elle aimait, c'est-à-dire passionnément. Sa haine pour l'évêque de Marseille était si grande qu'elle mettait en péril son âme immortelle. « Je voulus hier aller à confesse, écrit-elle le 4 décembre, un très habile homme me refusa très bien l'absolution, à cause de ma haine pour l'Evêque. »

Mais le comte se trouvait retenu en Provence par une affaire qui traînait : par ordre de Louis XIV, il devait faire le siège de la citadelle d'Orange. En guerre depuis 1672 avec les Pays-Bas, et avec leur général et stathouder Guillaume d'Orange, la France avait confisqué la minuscule principauté d'Orange enclavée dans le sud du territoire français. Le gouverneur de la principauté, avec environ soixante-dix hommes, s'était retranché dans la citadelle et refusait de capituler. Le comte de

Grignan, en tant que lieutenant général de Provence, quitta Aix le 18 novembre et monta à l'assaut avec une compagnie de plus de mille soldats et deux cents à trois cents nobles provençaux.

« Ce siège d'Orange me déplaît comme à vous », écrivit Mme de Sévigné à sa fille le 1er décembre, avant que ne parvînt à Paris la nouvelle de la capitulation qui avait eu lieu le 23 novembre : « Quelle sottise, quelle dépense ! J'admire les inventions que le démon trouve pour vous faire jeter de l'argent. »

Elle écrit à son ami le comte de Guitaut avec un rien d'ironie :

> Mais de tout ce qu'il y a de plus ridicule, le siège d'Orange tient le premier rang. M. de Grignan a ordre de le prendre. Les courtisans croient qu'il ne faut que des pommes cuites pour en venir à bout. Guilleragues dit que c'est un duel que M. de Grignan fait avec le gouverneur d'Orange. Il demande sa charge ; il veut qu'on lui coupe le cou, comme d'un combat seul à seul. Tout cela est bien plaisant. J'en ris tout autant que je puis, mais, dans la vérité, j'en suis inquiète. Ce gouverneur se veut défendre. C'est un homme romanesque. Il a deux cents hommes avec lui ; il a quatorze pièces de canon ; il a de la poudre et du blé. Il sait qu'il ne peut pas être pendu[1]. Il a une manière de petit donjon entouré de fossés ; on n'y peut arriver que d'un côté. Plus il a peu de terrain à défendre, et plus il lui sera aisé de le faire.
>
> Le pauvre Grignan n'a pour tout potage que le régiment des galères, qui a le pied marin, très ignorant d'un siège. Il a beaucoup de noblesse avec de beaux justaucorps, qui ne fera que l'incommoder. Il faudra qu'il soit partout ; il pourra fort bien être assommé à cette belle expédition, et on se moquera de lui.

Le 4 décembre, on apprit à Paris que la ville d'Orange s'était rendue, et Mme de Sévigné put se réjouir avec sa fille :

> Me voilà toute soulagée de n'avoir plus Orange sur le cœur... Vous ne sauriez croire la curiosité qu'on avait pour savoir le succès de ce beau siège ; et on en parlait dans le rang des nouvelles. J'embrasse le vainqueur d'Orange.

Et le 8 décembre :

1 Le gouverneur d'Orange, en tant que noble, pouvait être décapité mais non pendu.

> *L'affaire d'Orange fait ici un bruit très agréable pour*
> *M. de Grignan. Cette grande quantité de noblesse qui l'a*
> *suivi par le seul attachement qu'on a pour lui, cette grande*
> *dépense, cet heureux succès, tout cela fait honneur et donne*
> *de la joie à ses amis, qui ne sont pas ici en petit nombre. (Ce*
> *bruit général est fort agréable.) Le Roi dit à son souper :*
> *« Orange est pris ; Grignan avait sept cents gentilshommes*
> *avec lui. On a tiraillé du dedans, et enfin on s'est rendu le*
> *troisième jour. Je suis fort content de Grignan. »*

« Le Roi ayant dit sept cents, écrit ailleurs Mme de Sévigné, tout le monde dit sept cents ! » Il n'y avait eu en fait que deux cents nobles engagés dans cette entreprise, comme le notait Mme de Sévigné dans une de ses précédentes lettres, mais personne ne chercha à corriger l'erreur du monarque.

La gloire qui rayonnait sur son gendre à la cour rejaillissait sur Mme de Sévigné :

« Je viens de Saint-Germain, ma chère fille », écrit-elle le 11 décembre,

> *où j'ai été deux jours entiers avec Mme de Coulanges et*
> *M. de La Rochefoucauld ; nous logions chez lui. Nous*
> *fîmes le soir notre cour à la Reine, qui me dit bien des*
> *choses obligeantes pour vous.*

La victoire du comte à Orange en entraîna une seconde à l'assemblée de Lambesc où son candidat à un poste important pour la province fut élu malgré l'opposition du parti de l'évêque.

« Il faut présentement aller à la confesse, exultait Mme de Sévigné le 22 décembre. Cette conclusion m'a adouci l'esprit ; je suis comme un mouton. Bien loin de me refuser l'absolution, on m'en donnera deux. »

Par deux fois triomphant, le comte de Grignan fut alors libre de quitter la Provence pour revenir à Paris — c'était du moins ce que pensait Mme de Sévigné jusqu'à ce que sa fille lui fît savoir qu'ils ne pouvaient s'offrir un tel voyage, dont la nécessité n'était d'ailleurs pas évidente. A quoi Mme de Sévigné répliqua le 28 décembre :

> *Je commence dès aujourd'hui ma lettre, et je la finirai*
> *demain. Je veux traiter d'abord le chapitre de votre voyage*
> *de Paris. Mais ce n'est pas, dites-vous, une nécessité de*
> *venir ; et le raisonnement que vous me faites là-dessus est si*
> *fort, et vous rendez si peu considérable tout ce qui le paraît*

aux autres pour vous engager à ce voyage, que pour moi j'en suis accablée. Je sais le ton que vous prenez, ma fille, je n'en ai point au-dessus du vôtre; et [surtout quand vous me demandez s'il est possible que moi, qui devrais songer plus qu'une autre à la suite de votre vie, je veuille vous embarquer dans une excessive dépense, qui peut donner un grand ébranlement au poids que vous soutenez déjà avec peine, et tout ce qui suit. Non, mon enfant, je ne veux point vous faire tant de mal, Dieu m'en garde! Et pendant que vous êtes la raison, la sagesse et la philosophie même,] je ne veux pas qu'on puisse m'accuser d'être une mère folle, injuste et frivole, qui dérange tout, qui ruine tout, qui vous empêche de suivre la droiture de vos sentiments, par une tendresse de femme.

Mais [j'avais cru que vous pouviez faire ce voyage; vous me l'aviez promis. Et quand je songe à ce que vous dépensez à Aix, et en comédiens, et en fêtes, et en repas dans le carnaval, je crois toujours qu'il vous en coûterait moins de venir ici, où vous ne serez point obligée de rien apporter.] M. de Pomponne et M. de La Garde me font voir mille affaires où vous et M. de Grignan êtes nécessaires. Je joins à cela cette tutelle. Je me trouve disposée à vous recevoir. Mon cœur s'abandonne à cette espérance; vous n'êtes point grosse, vous avez besoin de changer d'air. Je me flattais même que M. de Grignan voudrait bien vous laisser cet été avec moi, et qu'ainsi vous ne feriez pas un voyage de deux mois, comme un homme. Tous vos amis avaient la complaisance de me dire que j'avais raison de vous souhaiter avec ardeur. Voilà sur quoi je marchais.

Vous ne trouvez point que tout cela soit ni bon ni vrai; je cède à la nécessité et à la force de vos raisons. Je veux tâcher de m'y soumettre à votre exemple, et je prendrai cette douleur, qui n'est pas médiocre, comme une pénitence que Dieu veut que je fasse, et que j'ai bien méritée. Il est difficile de m'en donner une meilleure et qui touche plus droit à mon cœur, mais il faut tout sacrifier, et me résoudre à passer le reste de ma vie, séparée de la personne du monde qui m'est la plus sensiblement chère, qui touche mon goût, mon inclination, mes entrailles...

Voilà qui est fini, je ne vous en parlerai plus.

Bien entendu, elle trouva bien d'autres choses à en dire, et pas plus tard que le 1ᵉʳ janvier : « ... mais je voudrais que vous eussiez entendu La Garde, après dîner, sur la nécessité de votre voyage ici pour ne pas perdre vos cinq mille

---

1. Les subsides pour la garde du lieutenant général devant être votés par l'Assemblée.

francs [1], et sur ce qu'il faut que M. de Grignan dise au Roi... »

Ce n'était pas seulement La Garde mais la reine elle-même qui avait son mot à dire sur le retour de Mme de Grignan, et Mme de Sévigné s'empressa de rapporter ses paroles : « La Reine dit, sans hésiter, qu'il y avait trois ans que vous étiez partie, et qu'il fallait revenir... »

Le ministre des Affaires étrangères était tout aussi véhément, à en croire Mme de Sévigné qui s'empresse de l'écrire à sa fille, le 12 janvier 1674 :

> *Il vous conseille fort de venir. M. de Pomponne me mande que vous avez aujourd'hui votre congé, il partira par cet ordinaire. Vous voilà en état de faire tout ce que vous voudrez, et de suivre ou de ne suivre pas le conseil de vos amis.*

22.

> *Paris, lundi 5 février*
> *Il y a aujourd'hui bien des années, ma (chère bonne), qu'il vint au monde une créature destinée à vous aimer préférablement à toutes choses.*

Le 5 février 1674, Mme de Sévigné fêtait son quarante-huitième anniversaire.

Le 4 février marquait le troisième anniversaire du départ de Mme de Grignan, et sa mère ne l'oubliait pas :

> *Il y eut hier trois ans que j'eus une des plus sensibles douleurs de ma vie ; vous partîtes pour la Provence où vous êtes encore. Ma lettre serait longue, si je voulais vous expliquer toutes les amertumes que je sentis, et que j'ai senties depuis en conséquence de cette première. Mais revenons.*

Cette célébration était sûrement pour quelque chose dans l'humeur sombre et mélancolique qui s'était abattue sur Mme de Sévigné.

Elle pouvait bien se croire fort vieille, son physique démentait la chose : on la trouvait encore très belle, ce qu'elle récusait dans une lettre à sa fille, avec un brin de coquetterie :

> *C'est une routine qu'ils ont tous prise de dire que je suis belle ; ils m'en importunent. Je crois que c'est qu'ils ne savent de quoi m'entretenir. Hélas ! mes pauvres petits yeux sont abîmés ; j'ai la rage de ne dormir que jusqu'à cinq heures, et puis ils me viennent admirer.*

Son fils Charles, en permission, arriva à Paris quelques jours après Noël, mais dut repartir sous les drapeaux dès la première semaine de janvier, parce que les troupes de Guillaume d'Orange s'étaient mises à harceler Maëstricht tenue par les Français. « ... ils ne sont pas encore débottés, et les revoilà dans la boue. Le rendez-vous est pour le seizième de janvier à Charleroi, écrivait Mme de Sévigné le 29 décembre : Cette nouvelle est grande et fait un grand mouvement partout. On ne sait où donner de la tête pour de l'argent... »

Elle se lamentait de voir son « pauvre fils » repartir si vite au combat, mais le départ de ce dernier fut loin de la marquer comme l'avait fait celui de sa fille. Elle commenta le départ de Charles en trois ou quatre lignes dans sa lettre du 5 janvier puis passa négligemment à d'autres sujets.

Malgré sa réticence à regagner Paris et la tristesse qu'elle affichait partout, Mme de Sévigné se retrouva bien vite au sein du tourbillon de la capitale : opéras, concerts, sermons, promenades aux Tuileries, visites aux amis, invitations en soirée. « Nous soupâmes encore hier, avec Mme Scarron et l'abbé Têtu, chez Mme de Coulanges », écrit-elle ce même hiver 1673-1674 :

> *Nous trouvâmes plaisant de l'aller remener à minuit au fin fond du faubourg Saint-Germain, fort au delà de Mme de La Fayette, quasi auprès de Vaugirard, dans la campagne : une belle et grande maison, où l'on n'entre point. Il y a un grand jardin, de beaux et grands appartements. Elle a un carrosse, des gens et des chevaux ; elle est habillée modestement et magnifiquement, (comme une femme qui passe sa vie avec des personnes de qualité). Elle est aimable, belle, bonne et négligée ; on cause fort bien avec elle. Nous revînmes gaiement à la faveur des lanternes[1] et dans la sûreté des voleurs.*

---

1. C'était une grande nouveauté que d'avoir des rues éclairées, les lanternes ayant été installées à Paris en 1666.

(On observait encore à cette époque le plus grand secret concernant la maison de la rue de Vaugirard — et Mme de Sévigné n'allait certes pas le violer, surtout par lettre — mais Mme de Grignan savait que c'était la maison où le roi avait installé Mme Scarron afin qu'elle surveillât l'éducation des enfants qu'il avait eus de son actuelle maîtresse, Mme de Montespan, enfants qu'il n'avait pas encore reconnus.

Quelle joie ce fut le 15 janvier lorsqu'elle apprit que les Grignan s'étaient décidés à venir à Paris :

> *Enfin, ma fille, vous venez ; c'est tout ce que je désirais le plus. Mais je m'en vais vous dire à mon tour une chose assez raisonnable ; c'est que je vous jure (et vous proteste devant Dieu) que si M. de La Garde n'avait trouvé votre voyage nécessaire, et qu'il ne le fût pas en effet pour vos affaires, jamais je n'aurais mis en compte, au moins pour cette année, le désir de vous voir, ni ce que vous devez à la tendresse infinie que j'ai pour vous.*

« Vous venez donc ! » écrit-elle le 22 janvier,

> *... et j'aurai le plaisir de vous recevoir, de vous embrasser, et de vous donner mille petites marques de mon amitié et de mes soins. Cette espérance répand une douce et sensible joie dans mon cœur. Je suis assurée que vous le croyez, et que vous ne craignez point que je vous chasse et que je vous trouve trop maigre.*

« Donnez-moi vos ordres, ma mignonne... », poursuit-elle le 26 janvier,

> *et vous verrez comme vous serez servie. Une maison pour le Coadjuteur et votre train vous déplairait-elle ? La Garde m'a dit qu'il vous avait conseillé d'amener le moins de gens que vous pourrez... Il ne faut amener aucun page ; c'est une marchandise de province qui n'est point bonne ici. Il ne veut point de suite, point d'officiers*[1]. *Il ne voudrait que six laquais pour vous deux... Il faut se rendre léger, quitter le décorisme de la province, et ne point écouter les plaintes des demeurants. Six chevaux vous suffiraient... Nous avons trouvé, ici près, une petite maison où votre train peut loger,*

---

1. Par « point d'officiers », elle voulait dire pas de maître d'hôtel ni de capitaine des gardes.

et même le Coadjuteur. Il y a une remise de carrosse et une
écurie de six chevaux... Vous l'aurez pour cinq cents livres
par an. C'est un marché admirable.

Ses lettres étaient pleines de conseils et d'exhortations pour
le voyage : « Venez sagement ! N'allez point en carrosse sur le
bord du Rhône. Evitez une eau qui est à une lieue de
Montélimar... Au nom de Dieu, ne vous moquez pas de mes
précautions », écrit-elle dans une lettre adressée au comte.
« Ma bonne », écrit-elle le 29 janvier,

> *... je suis en colère contre vous. Comment ! vous avez la*
> *cruauté de me dire, connaissant mon cœur comme vous*
> *faites, que vous m'incommoderez chez moi, que vous*
> *m'ôterez mes chambres, que vous me romprez la tête. Allez !*
> *vous devriez être honteuse de me dire de ces sortes de*
> *verbiages. Est-ce pour moi que ce style est fait ? Prenez*
> *plutôt part à ma joie, ma bonne ; réjouissez-vous de ce que*
> *vous m'ôterez mes chambres. Qui voulez-vous qui les*
> *remplisse mieux que vous ? Est-ce pour autre chose que je*
> *suis aise de les avoir ? Puis-je être plus agréablement*
> *occupée qu'à faire les petits arrangements qui sont néces-*
> *saires pour vous recevoir ? Tout ce qui a rapport à vous*
> *n'est-il point au premier rang de toutes mes actions ? Ne me*
> *connaissez-vous plus, ma bonne ? Il faut me demander*
> *pardon, et rétablir par votre confiance ce que votre lettre a*
> *gâté. Vous ai-je assez grondée ?*

« Je suis délicieusement occupée, écrit-elle ailleurs, du plaisir de vous recevoir, et de faire que vous ne receviez aucune
incommodité, et que vous trouviez tout ce que vous aurez
besoin, sans avoir la peine de le chercher. » « Nous vous
achèterons une très belle robe de chambre », écrit-elle le
2 février :

> *Vous n'avez qu'à ordonner ; j'ai entrepris de vous ôter*
> *tous les embarras de l'arrivée, et que vous soyez le lende-*
> *main comme les autres sont après quinze jours.*
> *Je vous remercie de l'assurance que vous me donnez de ne*
> *point vous exposer en carrosse sur le bord du Rhône. Vous*
> *voulez prendre la rivière ; vous saurez mieux que nous à*
> *Lyon ce qui vous sera le meilleur. Pourvu que vous arriviez*
> *en bonne santé, voilà ce que je désire ; mon cœur est*
> *fortement touché de la joie de vous embrasser. Ira au-devant*
> *de vous qui voudra ; pour moi, je vous attendrai dans votre*
> *chambre, ravie de vous y voir. Vous y trouverez du feu, des*

*bougies, de bonnes chaises, et un cœur qui ne saurait être
surpassé en tendresse pour vous.*

Et c'est ainsi qu'à la mi-février 1674, avec l'arrivée des
Grignan et de leur entourage, le rideau retombe à nouveau sur
un silence d'environ quinze mois, rompu seulement par une
lettre ou deux que Mme de Sévigné écrit à un ami ou un parent.

Une fois encore en 1674, comme en 1672-1673, la joie intense
des retrouvailles entre la mère et la fille fut troublée par
quelques remous. Cela commença mal car Mme de Grignan dut
annoncer qu'elle était enceinte pour la cinquième fois en cinq
ans de mariage, ce que sa mère lui fit certainement remarquer.
Si l'on sait que la comtesse était enceinte de trois mois en
arrivant à Paris, ce n'est pas grâce à la correspondance mais
par recoupements : Pauline de Grignan naquit à Paris le
9 septembre, fut baptisée le 13 en l'église Saint-Paul, avec le
cardinal de Retz comme parrain et la princesse d'Harcourt
comme marraine. (Les Grignan furent sans nul doute très
déçus de cette nouvelle fille — c'était la quatrième pour le
comte ! — mais pour ce qui est de Mme de Sévigné, cette petite-
fille-là allait avoir une place toute spéciale dans son cœur et
jouer un rôle tout particulier dans la publication des *Lettres*.)

Le vieux brandon de discorde entre mère et fille — les
grossesses répétées de la comtesse, la fausse couche, l'enfant
mort-né —, tout cela était toujours présent, mais n'était pas la
cause unique de leur mésentente. D'autres sujets de discorde
allaient apparaître dans la correspondance qui allait suivre
leur séparation en 1675.

A la mi-mai 1674, la comtesse était alors enceinte de six mois
et ne pouvait accompagner son mari qui repartait en Provence
présider l'assemblée provinciale. Elle n'avait pas le choix : il
lui fallait rester à Paris avec sa mère, et y attendre le retour de
son mari en novembre.

« Vous nous manquez fort », écrit Mme de Sévigné à son
gendre le 22 mai :

*Nous avions de la joie de vous voir revenir les soirs ; votre
société est aimable, et hormis quand on vous hait, on vous
aime extrêmement. Ma fille est toujours languissante... Elle
est triste, mais je suis accoutumée à la voir ainsi quand
vous n'y êtes pas. Je suis ravie du bien que vous me dites de
ma petite, je prends pour moi toutes les caresses que vous
lui faites.*

Les deux enfants, Marie-Blanche et son frère le petit marquis, étaient restés à Grignan après le départ du comte et de la comtesse pour Paris en août 1673.

Durant l'été 1674, Mme de Sévigné, malgré sa robustesse apparente, tomba soudain malade, comme nous l'apprend une lettre du comte de Bussy. Exilé sur ses terres de Bourgogne, le comte apprit par la rumeur publique que sa cousine « avait failli mourir d'apoplexie », note-t-il dans une version manuscrite de ses *Lettres*[1]. « J'ai appris que vous aviez été fort malade, ma chère cousine », lui écrit-il le 5 août :

> *Cela m'a mis en peine pour l'avenir et m'a obligé de consulter votre mal à un habile médecin de ce pays-ci. Il m'a dit que les femmes d'un bon tempérament comme vous, demeurées veuves de bonne heure, et qui s'étaient un peu contraintes, étaient sujettes à des vapeurs. Cela m'a remis de l'appréhension que j'avais d'un plus grand mal ; car enfin, le remède étant entre vos mains, je ne pense pas que vous haïssiez assez la vie pour n'en pas user, ni que vous eussiez plus de peine à prendre un galant que du vin émétique. Vous devriez suivre mon conseil, ma chère cousine, et d'autant plus qu'il ne vous saurait paraître intéressé, car si vous aviez besoin de vous mettre dans les remèdes, étant, comme je suis, à cent lieues de vous, vraisemblablement ce ne serait pas moi qui vous en servirais.*
>
> *Raillerie à part, ma chère cousine, ayez soin de vous. Faites-vous tirer du sang plus souvent que vous ne faites ; de quelque manière que ce soit, il n'importe, pourvu que vous viviez. Vous savez bien que j'ai dit que vous étiez de ces gens qui ne devaient jamais mourir, comme il y en a qui ne devaient jamais naître.*

Mme de Sévigné lui répondit le 5 septembre :

> *Votre médecin, qui dit que mon mal sont des vapeurs, et vous qui me proposez le moyen d'en guérir, n'êtes pas les premiers qui m'avez conseillée de me mettre dans les remèdes spécifiques, mais la raison de n'avoir point eu de précaution pour prévenir ces vapeurs m'empêchera d'en guérir.*
>
> *Le désintéressement dont vous voulez que je vous loue dans le conseil que vous me donnez n'est pas si estimable qu'il l'aurait été du temps de notre belle jeunesse ; peut-être qu'en ce temps-là vous auriez eu plus de mérite. Quoi qu'il*

---

1. La première édition des *Lettres* du comte de Bussy fut publiée en 1697.

*en soit, je me porte bien, et si je meurs de cette maladie, ce
sera d'une belle épée, et je vous laisserai le soin de mon
épitaphe.*

« Que dites-vous de nos victoires [1] ? » demande-t-elle dans le
paragraphe suivant :

> *Je n'entends jamais parler de guerre que je ne pense à
> vous. Votre charge vacante m'a frappé le cœur. Vous savez
> de qui elle est remplie. Ce marquis de Renel n'était-il pas de
> vos amis et de vos alliés ? Quand je vous vois chez vous dans
> le temps où nous sommes, j'admire le bonheur du Roi de se
> pouvoir passer de tant de braves gens qu'il laisse inutiles.*
> *Nous avons tant perdu à cette victoire que, sans le* Te
> Deum *et quelques drapeaux portés à Notre-Dame, nous
> croirions avoir perdu le combat.*
> *Mon fils a été blessé légèrement à la tête ; c'est un miracle
> qu'il en soit revenu, aussi bien que les quatre escadrons de
> la maison du Roi, qui étaient postés, huit heures durant, à
> la portée du feu des ennemis.*

Le compte rendu de la *Gazette* du 22 août sur la bataille de
Senef cite pour sa bravoure le régiment de Charles, les
Gendarmes-Dauphins, et porte le nom de Charles sur la liste
des blessés. Notre marquis s'y est signalé par sa valeur entre les
plus braves, écrivit son oncle, l'abbé de Coulanges, à un ami de
Nantes le 5 août.

La réponse de Bussy à la lettre que sa cousine lui avait écrite
le 5 septembre, était datée du 10 :

> *Comme je ne trouve aucune conversation qui me plaise
> tant que la vôtre, Madame, je ne trouve aussi point de lettres
> si agréables que celles que vous m'écrivez. Il faut dire la
> vérité : ç'aurait été grand dommage si vous fussiez morte.
> Tous vos amis y auraient fait une perte infinie ; pour la
> mienne, elle aurait été telle que, quelque intérêt que je
> prenne en votre vertu, j'aimerais mieux qu'il lui en coûtât
> quelque chose, et que vous vécussiez toujours. Car enfin ce
> n'est pas seulement comme vertueuse que je vous aime, c'est
> encore comme la plus aimable femme du monde.*

Les louanges que lui adressait Bussy sur son talent d'épistolière l'amenèrent à répondre le 15 octobre :

1. A Senef, le 11 août.

Il me semble que je n'écris plus si bien; et si c'était une chose nécessaire à moi que d'avoir bonne opinion de mes lettres, je vous prierais de me redonner de la confiance par votre approbation.

Mme de Sévigné et le comte de Bussy entretinrent une correspondance des plus animées durant l'hiver 1674 et jusqu'au printemps 1675; Mme de Sévigné rapportait à son cousin les vains efforts que faisait le cardinal de Retz pour apaiser l'animosité du prince de Condé envers Bussy — condition absolument nécessaire, semblait-il, à la résiliation par le roi de l'ordre d'exil de Bussy. Le comte de Bussy, lui, annonçait à sa cousine les fiançailles de sa fille préférée avec le marquis de Coligny — alliance que Mme de Sévigné approuvait fortement, même si elle oubliait d'envoyer ses félicitations.

Le 10 mai, elle écrivit pour s'excuser :

Je pense que je suis folle de ne vous avoir pas encore écrit sur le mariage de ma nièce. Mais je suis en vérité comme folle, et c'est la seule bonne raison que j'aie à vous donner. Mon fils s'en va dans trois jours à l'armée, ma fille dans peu d'autres en Provence; il ne faut pas croire qu'avec de telles séparations je puisse conserver ce que j'ai de bon sens.

On avait « parlé de la paix », racontait Mme de Sévigné à Bussy, pourtant « en attendant, on va toujours à la guerre, et les gouverneurs et lieutenants généraux des provinces à leurs charges. Toutes ces séparations me touchent sensiblement ». Le comte de Grignan allait repartir pour la Provence et emmener sa femme avec lui. Tous ces départs la remuaient profondément. « Je pense aussi que Mme de Grignan ne nous quittera pas sans quelque émotion », écrivait sa mère.

Elle partit pourtant le 24 mai 1675 et Mme de Sévigné accompagna les Grignan jusqu'à Fontainebleau où elle leur fit ses derniers adieux. « Quel jour, ma fille », se lamentait Mme de Sévigné en s'asseyant devant son écritoire à Livry :

Comment vous a-t-il paru ? Pour moi, je l'ai senti avec toute l'amertume et toute la douleur que j'avais imaginées et que j'avais appréhendées depuis si longtemps. Quel moment que celui où nous nous séparâmes ! Quel adieu ! Et quelle tristesse d'aller chacune de son côté, quand on se trouve si bien ensemble ! Je ne veux point vous en parler davantage, ni célébrer, comme vous dites, toutes les pensées qui me pressent le cœur. Je veux me représenter votre courage, et tout ce que vous m'avez dit sur ce sujet, qui fait que je vous admire ; il me parut pourtant que vous étiez un peu touchée en m'embrassant.

Pour moi, je revins à Paris comme vous pouvez vous l'imaginer. M. de Coulanges se conforma à mon état. J'allai descendre chez M. le cardinal de Retz, où je renouvelai tellement toute ma douleur que je fis prier M. de La Rochefoucauld, Mme de La Fayette et Mme de Coulanges, qui vinrent pour me voir, de trouver bon que je n'eusse point cet honneur ; il faut cacher ses faiblesses devant les forts. Monsieur le Cardinal entra dans les miennes ; la sorte d'amitié qu'il a pour vous le rend fort sensible à votre départ. Il se fait peindre par un religieux de Saint-Victor ; je crois que, malgré Caumartin, il vous donnera l'original. Il s'en va dans peu de jours. Son secret est répandu ; ses gens sont fondus en larmes. Je fus avec lui jusqu'à dix heures. Ne blâmez point, mon enfant, ce que je sentis en rentrant chez moi. Quelle différence ! Quelle solitude ! Quelle tristesse ! Votre chambre, votre cabinet, votre portrait ! Ne plus trouver cette aimable personne ! M. de Grignan comprend bien ce que je veux dire et ce que je sentis.

Le lendemain, qui était hier, je me trouvai tout éveillée à cinq heures ; j'allai prendre Corbinelli[1] pour venir ici avec l'Abbé. Il y pleut sans cesse, et je crains fort que vos chemins de Bourgogne ne soient rompus. Nous lisons ici des maximes que Corbinelli m'explique. Il voudrait bien m'apprendre à gouverner mon cœur ; j'aurais beaucoup gagné à mon voyage, si j'en rapportais cette science. Je m'en retourne demain. J'avais besoin de ce moment de repos pour remettre un peu ma tête et reprendre une espèce de contenance.

---

1. Jean Corbinelli était un bel esprit, un personnage équivoque d'origine florentine, philosophe ambulant qui se faisait patronner par un certain nombre d'intellectuels distingués comprenant Mme de Sévigné, la comtesse de La Fayette, le comte de Bussy, le cardinal de Retz, etc.

23.

« Comment voulez vous que je ne pleure pas, ma très chère bonne, en lisant votre lettre ? » écrivait Mme de Sévigné le 29 mai 1675.

Au nom de Dieu, ma bonne, ne vous amusez point à retourner sur des riens. Si j'en suis quelquefois pénétrée, c'est moi qui ai tort ; je dois être assurée de votre cœur, et je la suis en effet. Cette délicatesse vient de l'extrême et unique attention que j'ai à vous, dont rien ne m'est indifférent. Mais songez aussi que, par cette même sensibilité, un mot, un retour, une amitié, me retourne le cœur et me comble de tendresse ; vous n'avez pas loin à chercher pour trouver cet excès. Je vous conjure donc, ma bonne, de n'être point persuadée que vous ayez manqué à rien. Une de vos réflexions pourrait effacer des crimes, à plus forte raison des choses si légères qu'il n'y a quasi que vous et moi qui soyons capables de les remarquer. Croyez, ma bonne, que je ne puis conserver d'autres sentiments pour vous que ceux d'une tendresse sans égale, d'une inclination parfaite, et d'un goût naturel qui ne finira qu'avec moi.

Ses amis se pressaient autour d'elle comme si elle pleurait la mort de sa fille : « Mmes de Lavardin, de La Troche et Villars m'accablent de leurs billets et de leurs soins. »
Une semaine après la séparation, elle était toujours angoissée :

Enfin, ma fille, écrit-elle le 7 juin, me voilà réduite à faire mes délices de vos lettres. Il est vrai qu'elles sont d'un grand prix, mais quand je songe que c'était vous-même que j'avais, et que j'ai eue quinze mois de suite, je ne puis retourner sur ce passé sans une grande tendresse et une grande douleur. Il y a des gens qui m'ont voulu faire croire que l'excès de mon amitié vous incommodait, que cette grande attention à vouloir découvrir vos volontés, qui tout naturellement devenaient les miennes, vous faisait assurément une grande fadeur et un dégoût. Je ne sais, ma chère enfant, si cela est vrai ; ce que je puis vous dire, c'est

qu'assurément je n'ai pas eu dessein de vous donner cette
sorte de peine. J'ai un peu suivi mon inclination, je l'avoue,
et je vous ai vue autant que je l'ai pu, parce que je n'ai pas eu
assez de pouvoir sur moi pour me retrancher ce plaisir ;
mais je ne crois point vous avoir été pesante.

Elle fut très reconnaissante de la lettre qui lui arriva deux semaines et demie plus tard, lettre où sa fille l'assurait bien évidemment que l'affection maternelle ne lui avait nullement pesé durant leur séjour en commun. « Je vous remercie, ma bonne », écrivait le 26 juin Mme de Sévigné,

de la peine que vous prenez de vous défendre si bien d'avoir
jamais été oppressée de mon amitié, il n'était pas besoin
d'une explication si obligeante. Je crois de votre tendresse
pour moi tout ce que vous pouvez souhaiter que j'en pense ;
cette persuasion fait le bonheur de ma vie. Vous expliquez
très bien cette volonté que je ne pouvais deviner, parce que
vous ne vouliez rien ; je devrais vous connaître et, sur cet
article, je ferai encore mieux que je n'ai fait, parce qu'il n'y
a qu'à s'entendre. Quand mon bonheur vous redonnera à
moi, croyez, ma bonne, que vous serez encore plus contente
de moi mille fois que vous ne l'êtes.

Qui étaient les personnes qui essayaient de la persuader que son amour maternel démesuré « embarrassait » sa fille, qu'elle l'étouffait de son affection et de ses attentions constantes ? Mme de Sévigné ne donne aucun nom, ni à cette époque ni deux ans plus tard, lorsque les mêmes personnes, apparemment, réitéreront leurs affirmations de manière claire et nette. L'on peut penser au comte de Grignan qui baignait dans l'intimité de ces dames et était sûrement très sensibilisé aux tensions qui montaient entre la mère et la fille. Il se peut aussi que l'abbé de Coulanges, l'oncle de Mme de Sévigné, ait pris parti contre elle dans ce conflit. Peut-être même d'Hacqueville, cet ami de la famille, qui avait des affinités avec les deux femmes, se permit-il de donner son avis sur la mésentente qui grandissait entre elles.

La douleur de la séparation — en tout cas pour Mme de Sévigné — fut aussi pénible en 1675 qu'en 1670 ou 1673. Mais pour ce qui est de Mme de Grignan — après quinze mois passés sous le même toit que cette mère possessive, autoritaire et débordant d'une tendresse excessive —, cette séparation dut être ressentie comme un soulagement, une libération, même s'il s'y glissait un soupçon de culpabilité envers ce qu'elle pouvait considérer comme un manque d'amour filial. Alors que l'espace du château de Grignan s'était montré propice à leur cohabitation, la maison de la rue des Trois-Pavillons les avait forcées à vivre l'une sur l'autre — la mère toujours anxieuse, attendrie, empressée et la fille dont l'impatience et l'irritation grandissaient, mêlées au remords de ne pouvoir répondre à la demande et au désir de sa mère.

« Vous êtes cruelle, protestait Mme de Sévigné dans sa lettre du 3 juillet, de dire que j'étais incommodée de vous avoir ici. Faut-il que vous connaissiez si peu la sorte d'amitié que j'ai pour vous, et la joie sensible que j'avais à tout moment de vous y voir ! Tout de bon, je suis étonnée que vous me disiez de ces sortes de choses-là ; je ne les mérite pas. »

Leur relation aurait pu paraître à un observateur superficiel comme un cas typique de symbiose. Mais si cette situation avait été, à un certain moment, bénéfique — et même néces-saire — aux deux femmes, ce n'était plus le cas pour la fille qui luttait maintenant désespérément pour desserrer l'étreinte maternelle et vivre sa propre vie en tant que mère et épouse.

C'était la mère qui ne voulait ni ne pouvait prendre ses distances, qui ne voulait ni ne pouvait reconnaître le désir d'indépendance que manifestait sa fille. Elle était incapable de s'incliner devant le fait qu'elle devait vivre séparée de sa fille. « On me vient voir par charité, écrivait-elle en juin, car ce n'est plus ici que l'on cherche la joie. Nous ne pouvons rentrer dans cette grande chambre ; on vous y cherche trop. »

« Je suis dans le train de mes amies », écrivait-elle toujours en juin.

> ... je vais, je viens ; mais quand je puis parler de vous, je suis contente, et quelques larmes me font un soulagement non pareil. Je sais les lieux où je puis me donner cette liberté... Il me semble que vous avez peur que je ne sois ridicule, et que je ne me répande excessivement sur ce sujet : non, non, ma (bonne), ne craignez rien ; je sais gouverner ce torrent. Fiez-vous un peu à moi, et me laissez vous aimer jusqu'à ce que Dieu vous ôte un peu de mon cœur pour s'y mettre ; c'est à lui seul que vous céderez cette place. Enfin, je me suis trouvée si uniquement occupée et remplie de vous que, mon cœur n'étant capable de nulle autre pensée, on m'a défendu de faire mes dévotions à la Pentecôte.

Et de nouveau, c'était l'échange constant de lettres avec sa fille qui donnait sens à sa vie. Ainsi lui écrivait-elle, le 14 juin :

> *C'est au lieu d'aller dans votre chambre, ma bonne, que je*
> *vous entretiens. Quand je suis assez malheureuse pour ne*
> *vous avoir plus, ma consolation toute naturelle, c'est de*
> *vous écrire, de recevoir de vos lettres, de parler de vous et de*
> *faire quelques pas pour vos affaires.*

Et de contempler le portrait de sa fille ! « ... ce joli portrait,
mais il ne dit jamais un mot ; cela nous ennuie. Vous êtes bien
plus belle que lui, sans vous flatter », écrit Mme de Sévigné.
Portrait aussi vrai que nature mais qui ne parlait pas, hélas !
Peint par Mignard, il était d'après Mme de Sévigné si ressemblant qu' « on a envie de l'embrasser tant il sort bien de la
toile ». On prétend que le célèbre portrait de Mme de Sévigné
est aussi de Mignard, bien que des experts l'attribuent à Claude
Lefebvre. Qu'il fût d'un artiste ou d'un autre, il ne plaisait
guère au modèle qui eût souhaité lui voir l'air « un peu moins
rustaud ».

« Mon Dieu ! ma bonne, que je m'accoutume peu à votre
absence ! » écrit le 3 juillet Mme de Sévigné :

> *J'ai quelquefois de si cruels moments, quand je considère*
> *comme nous voilà placées, que je ne puis respirer et,*
> *quelque soin que je prenne de détourner cette idée, elle*
> *revient toujours. Et comme je suis persuadée que l'amitié*
> *que j'ai pour vous est encore augmentée depuis mon voyage*
> *de Provence, je trouve aussi que ma tristesse l'est d'être si*
> *étrangement séparée de vous ; il m'en prend des saisisse-*
> *ments, et la nuit et le jour, dont je ne suis point du tout la*
> *maîtresse.*

Cet été-là, Mme de Sévigné réussit tout de même à contenir
son chagrin assez longtemps pour tenir sa fille au courant des
dernières aventures amoureuses du roi. La gentille et modeste
Louise de La Vallière (« Cette petite violette », comme l'appelait Mme de Sévigné : « Jamais il n'y en aura sur ce moule-
là »), avait en juin 1674 fait ses adieux à la cour, à son royal
amant et à leurs deux enfants récemment légitimés [1], pour aller
se cloîtrer chez les carmélites. « La pauvre personne a tiré
jusqu'à la lie de tout », dit Mme de Sévigné, en cédant sa place
dans le cœur du monarque à celle qui avait été son amie avant
de devenir sa rivale, la belle Athénaïs, marquise de Montespan,
audacieuse créature que dévorait une ambition sans frein. En

---

1. Mlle de Blois avait huit ans et son frère, le comte de Vermandois, six,
lorsque leur mère entra au couvent.

entrant au couvent, la première maîtresse officielle du roi dut
faire raser la célèbre chevelure blonde qui avait fait sa gloire,
comme le rapporte aussi Mme de Sévigné non sans un : « Oui,
mais... elle a gardé deux belles boucles sur le front », cependant
Mme de Sévigné n'eut pas un mot désobligeant en décrivant à
sa fille la cérémonie au cours de laquelle, en juin 1675, sœur
Louise de la Miséricorde prononça ses vœux et reçut des mains
de la reine son voile noir : « La duchesse de La Vallière fit hier
profession... Elle fit donc cette action, cette belle, comme
toutes les autres, c'est-à-dire d'une manière charmante. Elle
était d'une beauté qui surprit tout le monde. »

Pour ceux qui étaient dans le secret des dieux, comme
Mme de Sévigné, la dernière heure de Louise de La Vallière
avait sonné lorsque le divorce de la nouvelle favorite, Mme de
Montespan, avait enfin été prononcé[1]. Il était grand temps :
Mme de Montespan était sur le point de mettre au monde le
cinquième fruit de sa liaison royale. A partir de ce moment-là,
comme le note Saint-Simon dans ses *Mémoires* : « Les grossesses et les couches furent publiques... et, quand elle eut ses
premiers enfants du Roi, M. du Maine et Madame la Duchesse,
qu'on voulut cacher, elle lui proposa de les confier à Mme Scarron, à qui on donna une maison au Marais pour y loger avec
eux, et de quoi les entretenir et les élever dans le dernier secret.
Dans les suites, ces enfants furent amenés à Mme de Montespan, puis montrés au Roi, et de là peu à peu tirés du secret, et
avoués. Leur gouvernante fixée avec eux à la cour[2]... »

Si les secrets d'alcôve de la cour fascinaient Mme de Sévigné,
la situation financière des Grignan, en cet été de 1675, lui
causait bien des soucis et même des angoisses. La situation
était en effet devenue critique lors du séjour printanier des
Grignan à Paris : le duc de Montausier, oncle et tuteur des deux
filles que le comte avait eues de son premier mariage, exigeait
que ce dernier rendît à ses filles l'héritage maternel, soit une
somme de 120 000 livres. Le comte de Grignan, qui avait depuis
fort longtemps dispersé à tous vents la dot et la fortune de sa
première femme, avait retardé aussi longtemps qu'il l'avait pu
le jour du règlement de comptes. Mais il fut finalement forcé de
s'engager à rembourser ses filles à leur majorité, et à leur
verser en attendant 6 000 livres d'intérêts annuels. La comtesse

---

1. Le roi dut recourir à des voies légales tout à fait spéciales pour obtenir ce
divorce si longtemps désiré.
2. Des sept enfants qu'eurent ensemble le roi et Mme de Montespan, quatre
seulement survécurent qui furent plus tard considérés comme frères de sang
des Bourbons et donc associés à la famille royale.

de Grignan, par amour pour son mari et par fierté pour l'honneur des Grignan, apposa de son plein gré sa signature auprès de celle de son époux, assumant ainsi avec lui l'obligation qu'il avait envers ses filles. Mme de Sévigné, tout en déplorant la situation qui réclamait de sa fille une « héroïque signature », ne put qu'admirer la « générosité » et l' « âme aussi parfaitement belle » qui lui avaient inspiré une conduite aussi chevaleresque.

« Je suis ravie que M. de Grignan récompense cette marque de votre amitié par une plus grande attention à ses affaires, écrivit-elle à sa fille quelques mois plus tard. La sagesse dont vous le louez et dont il profite est la seule marque de reconnaissance que vous souhaitiez de lui. » Une telle prudence était, hélas, totalement étrangère à l'insouciance aristocratique du comte en matière d'argent. Littéralement couvert de dettes, il n'en menait pas moins grand train, sans aucun souci du lendemain. « Les cheveux me dressèrent l'autre jour à la tête », gémissait Mme de Sévigné en apprenant qu'on avait vu le comte miser de grosses sommes aux tables de jeux d'Aix-en-Provence. « Quelle fureur ! écrivait-elle à sa fille début juin. Au nom de Dieu, ne le souffrez point ; il faut que ce soit là une de ces choses que vous devez obtenir, si l'on vous aime. »

Le comte n'était pas seulement un joueur invétéré (comme beaucoup des courtisans en France à cette époque), c'était aussi un connaisseur et un collectionneur d'objets d'art. Parmi les toiles pour lesquelles il s'endetta encore davantage durant cette période, figurent un Rubens et un Poussin[1]. Pour rembourser Jean-François Gassendi, alors banquier à Aix, le comte abandonna les revenus de deux domaines qu'il possédait dans la région, Peyrolles et Mousteret, et ce pour une durée de quatre ans à compter de 1675 jusqu'à 1679. D'autres créanciers durent attendre beaucoup plus longtemps : un tapissier d'Aix toucha en 1681 ce que Grignan lui devait depuis 1671.

Et Mme de Sévigné fulminait contre son gendre dans une lettre datée de la mi-juillet :

> *La rage de M. de Grignan pour emprunter, et pour des tableaux et des meubles, est une chose qui serait entièrement incroyable si on ne la voyait. Comment cela se peut-il accorder avec la naissance, sa gloire, et l'amitié qu'il vous doit ? Croit-il ne point abuser de votre patience, et qu'elle*

1. Le cousin de Mme de Sévigné, le petit Coulanges, était aussi collectionneur et encourageait Grignan dans ses dépenses.

*soit intarissable ? N'a-t-il point pitié de vous ? Qu'avez-vous
fait pour être misérable et abîmée ? Et il croit que nous
croirons qu'il vous aime ! Ah, la plaisante amitié ! Comptez
sur la mienne, ma chère enfant, qui assurément ne vous
manquera jamais. Eprouvez-la dans l'excès de votre douleur, et jetez-vous dans des bras qui vous seront toujours
ouverts. Je ne voulais pas vous en tant dire, mais pourquoi
se contraindre et ne pas dire des vérités ? C'est ici que vous
êtes véritablement aimée !*

N'était-ce point là une invite cachée à revenir dans le giron
maternel ? Mais n'outrepassait-elle pas ses droits en parlant
ainsi ? Elle n'était pas sans le craindre : « C'en est trop, ma
bonne, je me tue et je vous tue. » Et dans une autre lettre, elle
s'excuse presque :

> *Ma pauvre bonne, je vous demande mille excuses des
> ennuyeuses prôneries où je me suis embarquée. Voici une
> très abominable lettre, et très inutile, car je crois que vous
> pensez à tout, mais la peine que me donnent les dépenses
> inutiles que vous pourriez faire a forcé ma discrétion, et je
> n'ai pu retenir ni mon affection, ni ma plume ; il ne
> m'arrive pas souvent de traiter ces chapitres. Pour le
> paiement de vos arrérages qui est le principal, vous en voyez
> trop l'importance pour craindre que cela vous échappe.*

Les arrérages mentionnés là étaient ceux dus aux filles du
comte, et non à l'abbé de Coulanges sur le prêt qu'il avait fait
aux Grignan : « Je vous conjure, ma bonne, de la part de notre
Abbé, de vous ôter entièrement de l'esprit ces arrérages que
vous lui devez. » Le produit de la vente du carrosse et du
bureau que les Grignan avaient laissés à cet effet derrière eux
en quittant Paris rembourserait largement l'Abbé, Mme de
Sévigné les en assurait. Et quant à l'intérêt des six cents francs
que Mme de Sévigné avait prêtés à sa fille — et pour lesquels
Mme de Grignan avait absolument tenu à signer une reconnaissance de dettes à sa mère —, Mme de Sévigné ne voulait plus en
entendre parler. Plus tard peut-être, mais pas maintenant :
« Ne prononcez jamais aussi le mot de ce billet que vous avez
donné ; n'abusez point de la tendresse que j'ai pour vous en me
disant des choses amères, qui me serrent le cœur. »

Si, durant l'été 1675, il fut beaucoup question de la déplora-
ble situation financière des Grignan, on parla aussi beaucoup
des enfants Grignan — beaucoup plus qu'il n'était coutume
d'en parler à cette époque. Et à partir de ce moment-là, la

famille va tenir une place de plus en plus importante dans les *Lettres* : nulle part ailleurs au XVIIᵉ siècle, les enfants n'apparaîtront autant que dans la correspondance de Mme de Sévigné. « Vous m'avez fait plaisir de me parler de mes petits-enfants », écrit-elle durant l'été :

> *Je crois que vous vous divertirez à voir débrouiller leur petite raison. Vous me faites tort de croire que j'aime mieux la petite*[1] *que le pichon*[2]*. Il doit être fort plaisant et fort joli ; parlez-moi souvent de lui. Et puisque vous aimez à m'entendre nommer, faites que la* petite *ne m'oublie pas. Je voudrais lui apprendre à danser ; c'est une pitié que de voir l'extrême envie qu'elle en a, sans savoir par où commencer. Je sais bien que ce n'est pas une chose fort nécessaire, mais ce serait pour la divertir pendant qu'elle est à Grignan.*

L'abbé de Coulanges, oncle de Mme de Sévigné, ayant perdu le frère avec lequel il vivait, vint, cet été-là, s'installer chez sa nièce, rue des Trois-Pavillons. Elle semblait dire qu'il n'était pas facile à vivre :

« Le Bien Bon a quelquefois des disputes avec Mlle de Méri », écrivait le 1ᵉʳ juillet 1675 Mme de Sévigné, en parlant de la vieille fille acariâtre qu'était sa cousine.

> *Mais savez-vous ce qui les cause ? C'est assurément l'exactitude de l'Abbé, beaucoup plus que l'intérêt, mais quand l'arithmétique est offensée, et que la règle de* deux et deux font quatre *est blessée en quelque chose, le bon Abbé est hors de lui. C'est son humeur, il le faut prendre sur ce pied-là. D'un autre côté, Mlle de Méri a un style tout différent. Quand par esprit ou par raison elle soutient un parti, elle ne finit plus. Elle le pousse ; il se sent suffoqué par un torrent de paroles. Il se met en colère et en sort par faire l'oncle, et dire qu'on se taise ; on lui dit qu'il n'a point de politesse.* Politesse *est un nouvel outrage, et tout est perdu ; on ne s'entend plus. Il n'est plus question de l'affaire ; ce sont les circonstances qui sont devenues le principal. En même temps, je me mets en campagne. Je vais à l'un, je vais à l'autre, je fais un peu comme le cuisinier de la comédie*[3]*, mais je finis mieux, car on en rit. Et au bout du compte, que le lendemain Mlle de Méri retourne au bon Abbé et lui demande son avis bonnement, il lui donnera, il la servira ; il*

---

1. Marie-Blanche.
2. Mme de Sévigné appelait son petit-fils « le petit marquis » ou le « dauphin » ou « le pichon ».
3. Le cuisinier dans *l'Avare* de Molière.

est très bon, et le Bien Bon, *je vous en assure. Il a ses humeurs ; quelqu'un est-il parfait ?*

Nous faisons chercher du damas de revente pour faire les rideaux de votre lit ; on en trouve assez souvent. Les habiles ont changé vos pentes ; nous avons pris celles de satin rouge, brodé de couleurs. Ce lit sera fort beau pour Grignan, et fort noble. Il vous coûtera peu. Laissez-moi un peu mener tout cela... Il vous restera de quoi faire un lit d'hiver admirable, avec ces pentes que je disais, de toile d'or, argent et rouge, et des rideaux du plus beau velours du monde, et chamarrés, à la place où ils l'ont été, d'un galon or [faux], et mêlé dans du rouge et du noir, avec un air d'antiquité admirable.

Je viens d'envoyer votre ballot ; il partira demain 13e... Vous y trouverez une commission de laines et de canevas qui vous coûtent quarante-cinq livres cinq sols. Il y a aussi des laines et du canevas pour vous, et un patron sur quoi vous pourrez travailler, en attendant vos soies qui ne sont pas encore teintes ; elles seront prêtes dans dix ou douze jours. J'ai cru que vous vous impatienteriez de n'avoir point d'ouvrage. Vous n'aurez pas besoin sitôt des soies ; je tâcherai de vous les envoyer par quelqu'un.

La lettre qu'écrivit Mme de Sévigné le 19 juillet contient un passage que l'on trouve dans toutes les anthologies, à savoir sa description de la procession portant les reliques de sainte Geneviève : c'était la première fois depuis 1652, lorsqu'on avait prié pour le rétablissement de la paix et pour que les pluies s'arrêtent, que ce trésor et ces reliques — les plus riches d'Europe — réapparaissaient dans les rues de Paris.

Savez-vous bien que c'est une belle chose que cette procession ? Toutes les religions, toutes les paroisses, toutes les châsses, tous les prêtres des paroisses, tous les chanoines de Notre-Dame, et Monsieur l'Archevêque pontificalement, qui va à pied, bénissant à droite et à gauche, jusqu'à la cathédrale. Cependant il n'a que la main gauche, et à la droite, c'est l'abbé de Sainte-Geneviève, nu-pieds, précédé de cent cinquante religieux, avec sa crosse, sa mitre comme l'archevêque, et bénissant aussi, nu-pieds aussi mais modestement et dévotement, et à jeun, avec un air de pénitence qui fait voir que c'est lui qui va dire la messe dans Notre-Dame. Le parlement en robes rouges et toutes les compagnies souveraines suivent cette châsse, qui est brillante de pierreries, portée par vingt hommes habillés de blanc, nu-pieds. On laisse en otage à Sainte-Geneviève le prévôt des marchands et quatre conseillers, jusqu'à ce que

ce précieux trésor soit rendu. Vous m'allez demander
pourquoi on l'a descendue ; c'était pour faire cesser la pluie,
et venir le chaud. L'un et l'autre étaient arrivés dès qu'on en
a eu le dessein, de sorte que, comme c'est en général pour
nous apporter toutes sortes de biens, je crois que c'est à elle
que nous devons le retour du Roi [1].

« J'attends demain matin de vos lettres, ma très chère »,
écrivait-elle en terminant sa lettre :

> *... c'est mon unique joie et ma consolation en votre absence.*
> *C'est une étrange chose, ma bonne, que cette absence. Vous*
> *avez dit ce qui se peut là-dessus, mais comme il est vrai que*
> *le temps nous emporte et nous apporte la mort, je trouve*
> *qu'on a raison de pleurer, au lieu de rire comme nous*
> *ferions si notre pauvre vie ne se passait point ; je médite*
> *souvent là-dessus. Mais il y faut passer le plus légèrement*
> *qu'on peut.*

24.

« Il fait bien chaud aujourd'hui, ma très chère bonne,
commence Mme de Sévigné dans sa lettre du 24 juillet 1675, et
au lieu de m'inquiéter dans mon lit, la fantaisie m'a pris de me
lever, quoiqu'il ne soit que cinq heures du matin, pour causer
un peu avec vous. » Le peu s'étira, semble-t-il : une longue
lettre d'environ trente pages manuscrites, trente grands feuil-
lets sans marge, couverts d'une large écriture élégante et
fluide, presque sans aucune ponctuation et difficilement
déchiffrable par un non-initié. Mme de Sévigné, s'apercevant
de la longueur inhabituelle de sa lettre, ajoutait : « J'ai vos
soies. Je voudrais bien trouver quelqu'un qui vous les portât ;
ce paquet est trop petit pour les voitures, et trop gros pour la
poste. Je crois que j'en pourrais dire autant de cette lettre. »

1. Le roi avait laissé le commandement au prince de Condé et était rentré à
Versailles le 21 juillet.

Puis elle avait complété ainsi l'en-tête : « Pour ma très patiente, si elle lit toute cette lettre. »

Durant les mois de l'été 1675, la correspondance mentionne fréquemment le projet qu'a Mme de Sévigné de se rendre en Bretagne sur les grands domaines des Sévigné auxquels elle n'a pas rendu visite depuis quatre ans et demi. Mais elle retarde son départ de semaine en semaine, de mois en mois, car elle attend non seulement l'issue d'un procès qui cite les Grignan devant les tribunaux, mais aussi plus amples nouvelles de Bretagne où de violents désordres paysans ont récemment mis la contrée à feu et à sang[1]. « J'attends un peu de frais, ma bonne, pour me purger, et un peu de paix en Bretagne pour partir, écrit Mme de Sévigné dans sa même longue lettre du 24 juillet. Mme de La Troche, Mme de Lavardin, M. d'Harouys et moi, nous consultons notre voyage[2], et nous ne voulons pas nous aller jeter dans la fureur qui agite notre province. Elle augmente tous les jours. Ces démons sont venus piller et brûler jusqu'auprès de Fougères[3] ; c'est un peu trop près des Rochers. »

Le calme le plus complet eût-il régné en Bretagne, ce n'est point là que les désirs de Mme de Sévigné la portaient : c'était vers la Provence, bien évidemment : « Ne me parlez point de vous aller voir, écrit-elle à sa fille cet été-là, vous me détournez de la pensée de tous mes tristes devoirs. Si je croyais mon cœur, j'enverrais paître toutes mes affaires et m'en irais à Grignan avec lui. » « L'Abbé le croit si nécessaire que je ne puis m'y opposer, écrit-elle un autre jour. Je ne l'aurai pas toujours ; ainsi je dois profiter de sa bonne volonté. » Elle paraissait ferme dans sa décision mais ce n'était pas sans se lamenter sur son sort : « Enfin, ma bonne, cherchez bien dans toute la cour et dans toute la France, il n'y a que moi qui n'aie point la joie de voir une fille si parfaitement aimée, et peut-être que j'étais celle qui méritais le plus de passer ma vie avec elle. »

La même interminable lettre du 24 juillet comporte un paragraphe qui évoque de mystérieux furoncles ou clous qu'aurait présentés la nourrice du plus jeune enfant des Grignan :

Ces clous que vous me représentez, comme à l'autre, me paraissent bien mauvais. C'est du poison que du lait de cette

---

1. La Bretagne n'était pas la seule province à s'agiter à cause des impôts nouveaux exigés par la prolongation de la guerre.
2. Les dames étaient des amies bretonnes, et d'Harouys un parent des Sévigné, intendant général de la province.
3. Fougères était à moins de trente kilomètres des Rochers.

> *chaleur. Et quoique votre fille ne soit pas un garçon, il est*
> *fâcheux de lui donner une mauvaise santé pour toute sa vie ;*
> *c'est lui ôter le seul bien qu'elle possédera en ce monde.*
> *Pour moi, je la renverrais, cette nourrice, par la pre-*
> *mière occasion et j'aimerais mieux (hasarder la vie pour*
> *hasarder la vie), la sevrer à un an comme les enfants des*
> *paysans.*

Ces furoncles apparurent chez deux des nourrices des Grignan ; c'est pourquoi, médicalement parlant, l'on soupçonne
fort, au xxe siècle qui est le nôtre, que ces deux malheureuses
aient attrapé la syphilis. Le comte de Grignan aurait conta-
miné sa femme, cette dernière les enfants *in utero*, et les enfants
les nourrices qui les allaitaient. Ce diagnostic de syphilis chez
les Grignan se trouve de plus confirmé par les symptômes
d'une maladie connue sous le nom de « dents d'Hutchinson »
— l'érosion en demi-lune des dents de Pauline que décrira plus
tard en détail sa grand-mère, en toute ignorance de la chose
naturellement. Ce diagnostic permet aussi d'expliquer des
signes tels que la détérioration rapide de la santé de la
comtesse après son mariage, ses nombreuses fausses couches,
la colonne vertébrale déficiente du petit marquis, l'enfant
mort-né de 1673, l'enfant prématuré, mal formé et qui mourut
rapidement auquel elle donna naissance en 1676. Même si une
carence en vitamines ou en calcium peut expliquer certains de
ces événements, le symptôme d'Hutchinson sur les dents de
Pauline est une preuve irréfutable d'hérédité syphilitique.

Dans la dernière semaine de juillet 1675, la nouvelle de la
mort du maréchal de Turenne, un des grands sinon le plus
grand héros militaire de la France du moment, secoua la nation
tout entière. Le récit si vivant qu'en fait Mme de Sévigné
repousse dans l'ombre ce que nous en rapportent les historiens.
C'est avant tout grâce à Mme de Sévigné que des générations
d'écoliers français connaissent et gardent en mémoire les
derniers moments du grand Turenne. Sa lettre datée du
mercredi 31 juillet était adressée à M. de Grignan :

> *C'est à vous que je m'adresse, mon cher Comte, pour vous*
> *écrire une des plus fâcheuses pertes qui pût arriver en*
> *France ; c'est la mort de M. de Turenne. Si c'est moi qui*
> *vous l'apprends, je suis assurée que vous serez aussi touché*
> *et aussi désolé que nous le sommes ici. Cette nouvelle arriva*
> *lundi à Versailles. Le Roi en a été affligé, comme on doit*
> *l'être de la perte du plus grand capitaine et du plus honnête*
> *homme du monde. Toute la cour fut en larmes, et M. de*

Condom pensa s'évanouir. On était prêt d'aller se divertir à Fontainebleau ; tout a été rompu. Jamais un homme n'a été regretté si sincèrement.

[Tout ce quartier où il a logé[1], et] tout Paris, et tout le peuple était dans le trouble et dans l'émotion ; chacun parlait et s'attroupait pour regretter ce héros. Je vous envoie une très bonne relation de ce qu'il a fait les derniers jours de sa vie. C'est après trois mois d'une conduite toute miraculeuse et que les gens du métier ne se lassent point d'admirer qu'arrive le dernier jour de sa gloire et de sa vie. Il avait le plaisir de voir décamper l'armée ennemie devant lui. Et le 27, qui était samedi, il alla sur une petite hauteur pour observer leur marche ; il avait dessein de donner sur l'arrière-garde et mandait au Roi, à midi, que dans cette pensée, il avait envoyé dire à Brisach qu'on fît les prières de quarante heures. Il a mandé la mort du jeune d'Hocquincourt, et qu'il enverra un courrier apprendre au Roi la suite de cette entreprise. Il cachette sa lettre et l'envoie à deux heures. Il va sur cette petite colline avec huit ou dix personnes. On tire de loin, à l'aventure, un malheureux coup de canon, qui le coupe par le milieu du corps ; et vous pouvez penser les cris et les pleurs de cette armée. Le courrier part à l'instant. Il arriva lundi, comme je vous ai dit, de sorte qu'à une heure l'une de l'autre, le Roi eut une lettre de M. de Turenne et la nouvelle de sa mort.

Le 6 août 1675, Mme de Sévigné écrit à son cousin, le comte de Bussy-Rabutin :

Je ne vous parle plus du départ de ma fille, quoique j'y pense toujours, et que je ne puisse jamais bien m'accoutumer à vivre sans elle. Mais ce chagrin ne doit être que pour moi.

Vous me demandez où je suis, comment je me porte, et à quoi je m'amuse. Je suis à Paris, je me porte bien, et je m'amuse à des bagatelles. Mais ce style est un peu laconique ; je veux l'étendre. Je serais en Bretagne, où j'ai mille affaires, sans les mouvements qui la rendent peu sûre. Il y va quatre mille hommes commandés par M. de Forbin. La question est de savoir l'effet de cette punition. Je l'attends, et si le repentir prend à ces mutins et qu'ils rentrent dans leur devoir, je reprendrai le fil de mon voyage, et j'y passerai une partie de l'hiver.

J'ai eu bien des vapeurs, et cette belle santé, que vous avez vue si triomphante, a reçu quelques attaques dont je me suis trouvée humiliée, comme si j'avais reçu un affront.

---

1. Le quartier du Marais.

*Pour ma vie, vous la connaissez aussi. On la passe avec
cinq ou six amies dont la société plaît, et à mille devoirs à
quoi l'on est obligé, et ce n'est pas une petite affaire. Mais ce
qui me fâche, c'est qu'en ne faisant rien les jours se passent,
et notre pauvre vie est composée de ces jours, et l'on vieillit,
et l'on meurt. Je trouve cela bien mauvais. Je trouve la vie
trop courte. A peine avons-nous passé la jeunesse que nous
nous trouvons dans la vieillesse. Je voudrais qu'on eût cent
ans d'assurés, et le reste dans l'incertitude. Ne le voulez
[-vous] pas aussi ?*

« La pauvre Madelonne[1] », son mari et ses enfants passaient
alors l'été haut perchés sur le roc du château de Grignan, si
haut perchés qu'ils y échappaient à la chaleur provençale. Le
mistral, ce vent du nord-est qui descend des Alpes, était parfois
si violent à cette altitude que les vitres de la façade nord
volaient en éclats et que les tuiles des terrasses tombaient par
dizaines. Mme de Sévigné eût préféré qu'on réparât les terrasses plutôt que de peindre le château comme on le faisait alors :
« Cette peinture vous embarrasse bien, ma chère bonne :
quelle senteur ! et quel plaisir de rendre ce château inhabitable ! Votre terrasse n'est-elle point raccommodée ? Voilà ce qui
me paraît préférable à tout ; c'est votre seule promenade. »

*Je suis fort aise que vous soyez paisiblement à Grignan
jusqu'au mois d'octobre, M. de Grignan vous est présentement une compagnie ; votre château en sera rempli, et votre
musique perfectionnée. Il faut pâmer de rire de ce que vous
dites de l'air italien... Je prie M. de Grignan d'apprendre cet
air tout entier. Qu'il fasse cet effort pour l'amour de moi ;
nous le chanterons ensemble.*

Presque chaque lettre avait son paragraphe sur ses petits-
enfants, et pourtant Mme de Sévigné n'avait rien d'une parfaite
grand-mère :

*J'embrasse de tout mon cœur M. de Grignan et mes petits-
enfants, mais vous, ma bonne, je suis à vous par-dessus
toutes choses. Vous savez combien je suis loin de la
radoterie qui fait passer violemment l'amour maternelle
aux petits-enfants ; la mienne est demeurée tout court au
premier étage, et je n'aime ce petit peuple que pour l'amour
de vous...*

1. « Madelonne » était un surnom donné par Mme de Sévigné et son cousin à
Mme de Grignan.

Toujours à propos des enfants, le mari de la nourrice de Pauline était venu faire une scène terrible à Mme de Sévigné :

> *Le mari de votre nourrice vint avant-hier crier miséricorde au logis, que sa femme lui avait mandé qu'on ne lui donnait pas ses aliments et qu'on l'avait accusée d'avoir du mal, qu'elle s'était dépouillée toute nue devant vous pour vous faire voir le contraire. Pour le premier article, je lui dis que sa femme était la plus difficile, la plus méchante, la plus colère du monde, et qu'il n'y avait pas moyen de la contenter, que céans elle avait pensé [vous] faire enrager, qu'à Grignan on donnait à la nourrice tout ce qu'il y avait de meilleur sur la table. Pour l'autre article, je lui dis qu'il était fou, et que je ne croyais pas ce qu'il me disait. Il s'emporta, et dit qu'après l'honneur il n'y avait plus rien, que si sa femme avait du mal, elle était une p..., et qu'il me voulait faire voir qu'il n'en avait point. Sur cela, il fit comme s'il eût voulu se déshabiller. Je le fis sortir de ma chambre.*

Vers le 6 septembre, on se mit fiévreusement aux préparatifs de départ vers la Bretagne :

> *Je pars avec la dernière tristesse de m'éloigner encore davantage de vous et de voir, pour quelques jours, notre commerce dégingandé. [Pour achever l'agrément de mon voyage, Hélène*[1] *ne vient pas avec moi ; j'ai tant tardé qu'elle est dans son neuf. J'ai Marie, qui jette sa gourme, comme vous savez. Mais ne soyez point en peine de moi. Je m'en vais un peu essayer] de n'être pas si fort servie à ma mode, et d'être un peu dans la solitude ; j'aimerai à connaître la docilité de mon esprit et je suivrai les exemples de courage et de raison que vous me donnez. Mme de Coulanges ne fait-elle pas aussi des merveilles de s'ennuyer à Lyon ? Ce serait une belle chose que je ne susse vivre qu'avec les gens qui me sont agréables. Je me souviendrai de vos sermons. Je m'amuserai à payer mes dettes et à manger mes provisions. Je penserai beaucoup à vous, ma [très chère bonne]. Je lirai, je marcherai, j'écrirai, je recevrai de vos lettres. Hélas ! la vie ne se passe que trop ; elle s'use partout.*

Elle se remit à craindre que ses lettres de province ne parussent ennuyeuses à Mme de Grignan : « Tout le fagotage

1. Hélène, qui servait Mme de Sévigné, avait épousé Beaulieu, le maître d'hôtel.

de bagatelles que je vous mandais va être réduit à rien, et si vous ne m'aimiez, vous feriez fort bien de ne pas ouvrir mes lettres. »

Le 9 septembre, elle quitta la capitale « avec le bon Abbé et Marie, et deux hommes à cheval ; j'ai six chevaux » — avec aussi la miniature de sa fille d'après le portrait de Mignard dans sa poche. (L'original avait été confié aux soins de son cousin Philippe-Emmanuel de Coulanges, afin qu'il le mît en sûreté durant son absence dans le salon où se trouvait sa riche collection de portraits.)

« J'emporte du chagrin de mon fils, écrivait-elle à sa fille, d'Orléans, le 11 septembre... on ne quitte qu'avec peine les nouvelles de l'armée. Je lui mandais l'autre jour qu'il me semblait que j'allais mettre ma tête dans un sac, où je ne verrais ni n'entendrais rien de tout ce qui va [se] passer sur la terre. »

« Je me porte très bien, raconte-t-elle dans la même lettre. Je me trouve fort bien d'être une substance qui pense et qui lit. Sans cela, notre bon Abbé m'amuserait peu ; vous savez qu'il est fort occupé des *beaux yeux de sa cassette.* » A part cela, la route fut bonne : « Le temps et les chemins sont admirables. Ce sont de ces jours de cristal où l'on ne sent ni froid ni chaud. Notre équipage nous mènerait fort bien par terre ; c'est pour nous divertir que nous allons sur l'eau. »

« A peine sommes-nous descendus ici » (à Orléans), écrit-elle à son cousin M. de Coulanges,

> que voilà vingt bateliers autour de nous, chacun faisant valoir la qualité des personnes qu'il a menées, et la bonté de son bateau... Jamais les couteaux de Nogent ni les chapelets de Chartres n'ont fait plus de bruit. Nous avons été longtemps à choisir. L'un nous paraissait trop jeune, l'autre trop vieux. L'un avait trop d'envie de nous avoir ; cela nous paraissait d'un gueux, dont le bateau était pourri. L'autre était glorieux d'avoir mené M. de Chaulnes. Enfin la prédestination a paru visible sur un grand garçon fort bien fait, dont la moustache et le procédé nous ont décidés. Adieu donc, mon vrai cousin. Nous allons voguer sur la belle Loire...

Ce fut loin d'être une croisière agréable : les eaux du fleuve étaient basses et le bateau touchait sans cesse les bancs de sable. « ... je regrette mon équipage, qui ne s'arrête point et qui va son train. On s'ennuie sur l'eau quand on y est seule ; il faut un petit comte des Chapelles et une Mlle de Sévigné. Mais enfin c'est une folie de s'embarquer, quand on est à Orléans. »

Les trente lieues entre Saumur et Nantes qu'ils avaient espéré faire en deux jours furent particulièrement pénibles. Echoués sur un banc de sable jusqu'à minuit, ils purent juste trouver « un abri misérable » dans une auberge et durent se montrer heureux d'y trouver « de la paille fraîche, sur quoi nous avons tous couché sans nous dépouiller ».

Ils se sont « rembarqués avec la pointe du jour... Nous voulons, contre vent et marée, arriver à Nantes; nous ramons tous. Je me porte très bien; il ne me faudrait qu'un peu de causerie ».

Ils arrivèrent enfin à Nantes le soir du 9 septembre, à neuf heures, pour accoster devant le superbe château de M. de Lavardin, lieutenant-gouverneur de Bretagne (fils de la très chère amie de Mme de Sévigné). Entouré de gentilshommes, il se précipita sur le quai pour l'accueillir à la lumière des torches. « Je suis assurée que, du milieu de la rivière, cette scène était admirable; elle donna une grande idée de moi à mes bateliers. Je soupai fort bien; je n'avais ni dormi ni mangé de vingt-quatre heures. »

Une de ses premières visites à Nantes fut pour le couvent de la Visitation fondé par sa grand-mère : « J'ai vu nos filles de Sainte-Marie, qui vous adorent encore et se souviennent de toutes les paroles que vous prononçâtes chez elles », écrivit-elle à sa fille. Enfant, elle avait fait un court séjour chez les sœurs en 1658. Les annales du couvent rapportent que « Mlle de Sévigné fut peu au monastère; sa mère qui l'aimait et qui souffrait d'en être séparée nous la retira pour l'élever près d'elle ».

« L'Abbé se porte très bien, et moi encore au-delà, s'il se peut », écrit-elle à Nantes dans cette même lettre du 20 septembre :

> *M. de Guitaut m'a mandé l'heureuse couche de sa femme; j'y pensais, et j'en étais en peine. Il me donne beaucoup de soupçon de vous. Je n'ose appuyer ma pensée sur cette sorte de malheur; je le mets au-delà de tous, et j'en suis très affligée.*

Les soupçons du comte de Guitaut, qui venait de voir les Grignan en passant par la Provence, étaient, hélas, bien fondés. Mme de Grignan était au troisième mois de sa sixième grossesse, six ans seulement après son mariage. Mme de

Sévigné continuait à regarder cet événement comme « cette sorte de malheur », mot qu'elle employait déjà pour qualifier cet état en 1672. On note cependant maintenant que sa réaction est légèrement différente : elle montre plus de modération dans ce qu'elle dit aux Grignan qu'elle n'en a jamais montré alors. Il faut donc en conclure que ces derniers lui avaient laissé entendre qu'ils n'appréciaient guère son attitude. Ils ne s'étaient d'ailleurs pas montrés pressés de lui faire part de cette sixième grossesse ; elle l'avait apprise d'un étranger à la famille. Elle répondit au comte de Guitaut que si ses soupçons s'avéraient exacts, elle en serait fort « affligée ».

Nous trouvons par deux fois ce mot « affligée », très fort à l'époque, employé et dans la lettre au comte de Guitaut et dans la lettre à la comtesse de Grignan. Mme de Sévigné ne voulait pas ou ne pouvait pas reconnaître que sa fille était aussi désireuse que son époux, et les frères et oncles de ce dernier, d'assurer une descendance à la lignée des Grignan. L'amour que sa fille éprouvait pour son mari était chose inconnue à Mme de Sévigné. Et la fille pouvait difficilement communiquer à la mère ce sentiment de gloire illustre qu'elle sentait attaché au nom des Grignan. Une telle divergence d'opinion entre la mère et la fille sur un sujet aussi fondamental que la famille ne pouvait que jeter le trouble dans leur relation.

25.

L'insurrection avait été jugulée en Bretagne lorsque Mme de Sévigné atteignit cette malheureuse province, à la fin de septembre 1675. L'armée était intervenue et le jour du règlement de compte n'était pas loin.

On a souvent reproché à Mme de Sévigné son insensibilité, sa dureté ou son indifférence à la souffrance humaine, ainsi que son mépris d'aristocrate pour les classes inférieures opprimées[1]. On lui en veut d'avoir parlé de cette période tragique

---

1. Les préjugés sociaux de Mme de Sévigné sont évidents dans sa correspondance. Par exemple, cette méprisante allusion à Beaulieu, son maître d'hôtel, qui avait mal calculé la date de l'accouchement de sa femme : « ...ces créatures ne savent même pas compter... » dira-t-elle.

pour la Bretagne d'un ton léger et ironique plus adapté à de moins graves sujets. Et il s'avérerait difficile même au plus fervent séviginiste de la disculper totalement d'une telle accusation. Il pourrait seulement expliquer que Mme de Sévigné appartenait à son temps et à son milieu et qu'il est bien peu réaliste de penser trouver une conscience sociale très développée chez une aristocrate du XVIIe siècle. Il pourrait seulement faire remarquer qu'elle avait assisté en Bretagne à une lutte des classes, et que c'était la sienne qui était attaquée : elle avait vu les châteaux des nobles, ses amis, pillés et brûlés par des troupes de paysans qui étaient, pour elle aussi, une menace. Il est tout à fait compréhensible que Mme de Sévigné se soit identifiée à la classe dirigeante et aux personnes au pouvoir : son gendre était lieutenant général, faisant fonction de gouverneur de Provence ; son cher ami le duc de Chaulnes était gouverneur de Bretagne ; son ami, le marquis de Lavardin, qui lui avait offert l'hospitalité, était lieutenant gouverneur de Bretagne et son cousin Harouys, intendant général de la province. Les pierres jetées dans le jardin du palais du gouverneur à Rennes représentaient, pour Mme de Sévigné, une menace virtuelle à l'égard de son gendre et de son épouse dans leur palais d'Aix-en-Provence.

Les admirateurs de Mme de Sévigné pourraient aussi nous rappeler qu'avec la surveillance exercée sur le courrier à ce moment-là, la marquise n'aurait jamais osé critiquer ouvertement son protecteur le duc de Chaulnes, qui surveillait d'un œil le domaine des Sévigné, ce dernier se trouvant à côté de Rennes. Il lui avait d'ailleurs épargné un surcroît d'impôts redistribués ailleurs. Même si elle avait eu quelque sympathie pour les victimes de ce sanglant règlement de compte, et plusieurs passages de ses lettres le laissent penser — elle aime à parler de sa très grande sensibilité et se décrit comme « aussi tendre aux mouches » —, même dans ce cas, elle n'aurait certes pas trahi cette sympathie sur le papier. Peut-être plus tard, dans un tête-à-tête avec sa fille, a-t-elle pu dire plus franchement ce qu'elle pensait des atrocités commises en basse Bretagne.

Car elle en a parlé : elle mentionne même beaucoup d'incidents qui ne sont rapportés nulle part ailleurs. La censure n'est peut-être pas intervenue mais son récit ne nous cache rien des horreurs qui ont eu lieu :

Nos pauvres bas Bretons, à ce que je viens d'apprendre, s'attroupent quarante, cinquante par les champs, et dès qu'ils voient les soldats, ils se jettent à genoux et disent mea culpa : *c'est le seul mot de français qu'ils sachent, comme nos Français qui disaient qu'en Allemagne on ne disait pas un mot de latin à la messe, que* Kyrie eleison. *On ne laisse pas de pendre ces pauvres bas Bretons. Ils demandent à boire et du tabac, et qu'on les dépêche.*

Dans une autre lettre, elle parle de « vingt-cinq ou trente hommes que l'on va pendre ». « La ruine de Rennes emporte celle de la province... Il s'en faut beaucoup que je n'aie peur de ces troupes, mais je prends part à la tristesse et à la désolation de toute la province », peut-on lire dans une de ses lettres. Et ailleurs : « M. de Montmoron s'est sauvé ici et chez un de ses amis, à trois lieues d'ici, pour ne point entendre les pleurs et les cris de Rennes... Me voilà bien Bretonne, comme vous voyez. Mais vous comprenez bien que cela tient à l'air que l'on respire, et aussi à quelque chose de plus, car, de l'un à l'autre, toute la province est affligée. »

La duchesse de Chaulnes, épouse du gouverneur, vint à Vitré à la fin du mois d'octobre et entretint Mme de Sévigné deux heures durant « avec affectation et empressement pour me conter toute leur conduite depuis six mois, et tout ce qu'elle a souffert et les horribles périls où elle s'est trouvée ». « ... On a ôté le Parlement. C'est le dernier coup, car Rennes, sans cela, ne vaut pas Vitré... Tous ces malheurs retardent toutes les affaires et achèvent de tout ruiner. »

« Voulez-vous savoir des nouvelles de Rennes ? » demandait Mme de Sévigné à sa fille le 30 octobre :

Il y a toujours cinq mille hommes, car il en est venu encore de Nantes. On a fait une taxe de cent mille écus sur le bourgeois ; et si on ne les trouve dans vingt-quatre heures, elle sera doublée et exigible par les soldats. On a chassé et banni toute une grande rue, et défendu de les recueillir sur peine de la vie, de sorte qu'on voyait tous ces misérables, vieillards, femmes accouchées, enfants, errer en pleurs au sortir de cette ville, sans savoir où aller, [sans avoir de nourriture, ni de quoi se coucher.] On roua avant-hier un violon qui avait commencé la danse et la pillerie du papier timbré ; il a été écartelé après sa mort, et ses quatre quartiers exposés aux quatre coins de la ville. On a pris soixante bourgeois ; on commence demain les punitions.

> *Cette province est un bel exemple pour les autres, et surtout*
> *de respecter les gouverneurs et les gouvernantes, de ne leur*
> *point dire d'injures, et de ne point jeter des pierres dans leur*
> *jardin.*

C'est au moment où le lecteur pense discerner un peu de compassion dans la voix de Mme de Sévigné qu'il tombe sur un passage d'une désinvolture incroyable, comme celui-ci tiré d'une lettre à sa fille : « Vous me parlez bien plaisamment de nos misères. Nous ne sommes plus si roués : un en huit jours, seulement pour entretenir la justice. Il est vrai que la penderie me paraît maintenant un rafraîchissement. »

Ou celui-ci destiné à son cousin Bussy :

> *Cette province est dans une grande désolation. M. de*
> *Chaulnes a ôté le Parlement de Rennes pour punir la ville ;*
> *ces messieurs sont allés à Vannes, qui est une petite ville où*
> *ils seront fort pressés. Les mutins de Rennes se sont sauvés,*
> *il y a longtemps. Ainsi les bons pâtiront pour les méchants,*
> *mais je trouve tout fort bon, pourvu que les quatre mille*
> *hommes de guerre qui sont à Rennes, sous MM. de Forbin et*
> *de Vins, ne m'empêchent point de me promener dans mes*
> *bois, qui sont d'une hauteur et d'une beauté merveilleuses.*

Dans ses bois et ses sentiers ombragés, elle oubliait vite la terrible révolte.

« J'ai trouvé ces bois d'une beauté et d'une tristesse extraordinaires », écrit-elle à sa fille :

> *Tous ces arbres, que vous avez vus si petits, sont devenus*
> *grands, droits et beaux en perfection... Il y a un petit air*
> *d'amour maternel dans ce détail ; songez que je les ai tous*
> *plantés, et que je les ai vus, comme dit Molière après M. de*
> *Montbazon, pas plus hauts que cela. C'est ici une solitude*
> *faite exprès pour bien rêver ; vous en feriez bien votre profit,*
> *et je n'en use pas mal. Si les pensées n'y sont pas tout à fait*
> *noires, du moins elles en sont approchantes. Je pense à vous*
> *à tout moment ; je vous regrette, je vous souhaite. Votre*
> *santé, vos affaires, votre éloignement, que pensez-vous que*
> *tout cela fasse entre chien et loup ?... Il faut regarder la*
> *volonté de Dieu bien fixement pour envisager sans désespoir*
> *tout ce que je vois, dont assurément je ne vous entretiendrai*
> *pas.*

Ni le crépuscule ni même la nuit tombée ne retenaient Mme de Sévigné dans ses promenades champêtres lors de la pleine lune : « Vous saurez donc, ma bonne, que j'y fais honneur à la lune que j'aime, comme vous savez », écrit-elle en octobre à sa fille. « ... je demeure avec Beaulieu et mes laquais jusqu'à huit heures. Ces allées sont d'une beauté, d'une tranquillité, d'une paix, d'un silence à quoi je ne puis m'accoutumer. »

Habituée qu'elle était aux brillants salons parisiens, elle pouvait cependant supporter un hiver campagnard et provincial, ce qui est encore une fois preuve de ses ressources personnelles et de son autonomie. A Mme de Grignan qui lui exprimait son souci de la voir passer de longues nuits solitaires dans la demeure isolée des Rochers, Mme de Sévigné répondit d'un ton rassurant :

> *Ces soirées, ma bonne, dont vous êtes en peine, hélas ! je les passe sans ennui. J'ai quasi toujours à écrire, ou bien je lis, et insensiblement je trouve minuit ; l'Abbé me quitte à dix, et les deux heures que je suis seule ne me font point mourir, non plus que les autres. Pour le jour, je suis en affaires avec le Bien Bon, ou je suis avec mes chers ouvriers, ou je travaille à ma très commode ouvrage. Enfin, mon enfant, la vie passe si vite que je ne sais comme on peut si profondément se désespérer des affaires de ce monde. On a le temps ici de faire des réflexions ; c'est ma faute si mes bois ne m'en inspirent l'envie. Je me porte toujours très bien. Tous mes gens vous obéissent admirablement. Ils ont des soins de moi ridicules ; ils me viennent trouver le soir, armés de toutes pièces, et c'est contre un écureuil qu'ils veulent tirer l'épée.*

Ce n'étaient pas les longs soirs d'hiver aux Rochers qu'elle craignait le plus, mais la tombée de la nuit, à la brune. Lorsque, à mi-novembre, le temps se radoucit à nouveau — « un été de la Saint-Martin », écrivait-elle —, Mme de Sévigné retrouva avec joie ses clairières au milieu des bois : « ... J'y passe des jours, écrivait-elle, toute seule avec un laquais, et je n'en reviens point que la nuit ne soit bien déclarée et que le feu et les flambeaux ne rendent ma chambre d'un bon air. Je crains l'entre chien et loup quand on ne cause point, et je me trouve mieux dans ces bois que dans une chambre toute seule (c'est ce qui s'appelle se mettre dans l'eau de peur de la pluie). »

La vie spartiate des Rochers lui convenait :

> *Pour moi, je suis dans la parfaite. Vous aimeriez bien ma sobriété et l'exercice que je fais, et sept heures au lit comme*

une carmélite. Cette vie dure me plaît ; elle ressemble au
pays. Je n'engraisse point, et l'air est si épais et si humain
que ce teint, qu'il y a si longtemps que l'on loue, n'en est
point changé.

« J'ai fait rétrécir un corps de jupe d'un petit doigt de chaque
côté, se vantait-elle cet automne-là. Plût à Dieu que vous en
fissiez autant faire au vôtre, ma bonne ! »

Qu'elle « en fisse autant faire » au sien. Mme de Grignan ne
le pouvait certes pas car elle en était au cinquième mois de
grossesse. C'est curieusement là une des rares allusions à cette
grossesse que l'on trouve dans la correspondance de 1675.
Mme de Grignan avait dû faire clairement savoir qu'elle ne
voulait plus rien entendre à ce sujet.

Si Mme de Sévigné écrivait beaucoup, elle faisait en sorte
que cela ne lui devînt jamais un fardeau :

Pour moi, je ne me tue point à écrire. Je lis, je travaille, je
me promène, je ne fais rien. Bella cosa far niente [1], *dit un de*
mes arbres ; l'autre lui répond : amor odit inertes [2]. *On ne*
sait auquel entendre. Mais ce que je sens de vrai, c'est que je
n'aime point à m'enivrer d'écriture. J'aime à vous écrire ; je
parle à vous, je cause avec vous. Il me serait impossible de
m'en passer. Mais je ne multiplie point ce goût. Le reste va
parce qu'il le faut.

Durant cet hiver passé au fin fond de la Bretagne, Mme de
Sévigné fut ravie de jouir de la compagnie de la princesse de
Tarente qui séjournait dans son château Madame, à Vitré. Le
dernier mari de la princesse avait été le duc de La Trémouille,
premier pair du royaume ; sa nièce, Madame, était la seconde
femme de Monsieur, frère de Louis XIV. La princesse elle-
même était de sang royal allemand et apparentée à toutes les
familles royales d'Europe — parenté qui la condamnait à un
deuil quasi perpétuel : il était en effet fort rare de ne pas la voir
vêtue de noir de la tête aux pieds à la suite du décès de l'un ou
l'autre de ses royaux parents. Un jour que la princesse — ô
miracle ! — se montrait dans un vêtement d'une autre couleur,
Mme de Sévigné se permit de la complimenter sur la bonne
santé de l'Europe ! Les fermiers de Mme de Sévigné étaient fort
impressionnés, disait-elle, par les visites de la princesse lorsqu'elle venait aux Rochers — peut-être Mme de Sévigné l'était-

1. C'est une belle chose de ne rien faire.
2. L'amour déteste les paresseux.

elle d'ailleurs aussi : la princesse était une grande dame à laquelle on ne s'adressait qu'en disant « Altesse ». Elle était, de surcroît, un personnage intéressant à croquer pour Mme de Sévigné dans les lettres qu'elle adressait à sa fille. Grande amoureuse, terriblement sensible aux avances masculines (« un cœur de cire », disait Mme de Sévigné), ses amants étaient légion, mais ne faisaient jamais que passer. Les préoccupations sexuelles de la princesse n'avaient pour rivale que sa manie de la pharmacopée : elle prescrivait et distribuait baumes, tisanes, élixirs, lotions, onguents et panacées de toutes sortes à tous ses amis, Mme de Sévigné comprise. (« Elle est habile et m'a promis d'une essence entièrement miraculeuse, on en met trois gouttes dans tout ce que l'on veut, et l'on est guéri comme par miracle ! ») Les invités à la table de la princesse en étaient généralement pour leurs frais, et notamment l'Abbé, connu pour sa gourmandise et à qui elle fournissait de nombreux remèdes pour les flatulences et les indigestions. « Elle a des compositions rares et précieuses, écrivait Mme de Sévigné, dont elle nous a donné trois prises qui ont fait un effet prodigieux. »

La princesse annonça un jour à Mme de Sévigné qu'elle allait lui envoyer un petit épagneul encore tout jeune :

> *je la remerciai et lui dis la résolution que j'avais prise de ne me plus engager dans ces sortes d'attachements. Cela se passe ; on n'y pense plus. Deux jours après, je vois entrer un valet de chambre avec une petite maison de chien toute pleine de rubans, et sortir de cette jolie maison un petit chien tout parfumé, d'une beauté extraordinaire, des oreilles, des soies, une haleine douce, petit comme Sylphide, blondin comme un blondin ; jamais je ne fus plus étonnée et plus embarrassée. Je voulais le renvoyer, on ne voulut jamais le reporter. C'était une femme de chambre qui en avait soin, qui en a pensé mourir de douleur. C'est Marie qui l'aime. Il couche dans sa maison, dans la chambre de Beaulieu. Il ne mange que du pain. Je ne m'y attache point, mais il commence à m'aimer ; je crains de succomber. Voilà l'histoire, que je vous prie de ne point mander à Marphise [1] à Paris, car je crains les reproches. Au reste, une propreté extraordinaire ; il s'appelle Fidèle ; c'est un nom que les amants de la princesse n'ont jamais mérité de porter.*

---

1. Marphise était le chien de Mme de Sévigné.

A la fin d'octobre, les feuilles tenaient encore aux arbres dans la propriété des Rochers (« tout est encore aujourd'hui du même vert du mois de mai »); quant aux Grignan, ils se préparaient à quitter leur nid d'aigle ouvert à tous les vents pour passer l'hiver dans leur capitale d'Aix. « Je sens le chagrin que vous avez, écrivait la mère de la comtesse, de quitter votre château, et votre liberté et votre tranquillité... »

Mme de Sévigné exprimait sa surprise de se trouver encore aux Rochers au mois de novembre, mais dans le chaos économique qui avait suivi l'insurrection, ni l'Abbé ni elle-même n'avaient pu régler les affaires qui les avaient amenés en Bretagne. Les circonstances et le mauvais temps les clouaient là. « Il n'y a rien de si juste et de si bien réglé que nos comptes », rapportait-elle au comte de Bussy : « Il ne manque qu'une petite circonstance à notre satisfaction ; c'est de recevoir de l'argent. C'est ce qu'on ne voit point ici. L'espèce manque ; c'est la vérité. Etes-vous aussi mal en Bourgogne ? » Tandis qu'elle écrivait à sa fille : « Vous me demandez si tout de bon nous sommes ruinés ; oui et non. Si nous voulions ne point partir d'ici, nous y vivons pour rien, parce que rien ne se vend ; mais il est vrai que, pour de l'argent, il n'y en a plus dans cette province. »

Mais c'étaient les contretemps du courrier plus que le retard ou l'arrivée de l'hiver qui la contrariaient. « Je n'ai point reçu de vos lettres, ma fille, écrivait-elle le 20 novembre : c'est une grande tristesse. Dubut [1] me mande que cela vient du mauvais temps et que le courrier de Provence n'arrive plus assez tôt pour que votre paquet soit mis avec celui de Bretagne. » Et le 27 novembre : « Il faut s'y accoutumer, ma fille : je reçois vos deux paquets à la fois. La saison a dérangé un de nos jours de poste, et c'est le plus grand mal qu'elle me puisse faire. Je me moque du froid, de la neige, de la gelée et de ses autres désagréments. »

Si seulement Charles avait été là, comme prévu, pour égayer un peu ce triste château et sa châtelaine solitaire ! « Pour votre pauvre petit *frater*, écrivait-elle à sa fille le 1er décembre, je ne sais où il s'est fourré ; il y a trois semaines qu'il ne m'a écrit. » Elle le soupçonnait fort de s'être arrêté en cours de route pour baguenauder avec sa dernière passion, une abbesse cette fois-ci, mère supérieure d'un couvent, qui avait succédé à la courtisane, puis à l'actrice de l'année précédente. La campagne des Flandres s'était arrêtée pour l'hiver, (c'était la coutume à

1. Dubut était l'un des domestiques parisiens de Mme de Sévigné.

cette époque) et Charles, ainsi que tous les officiers de son régiment, était en permission. Sa mère, qui espérait impatiemment, n'eut pas longtemps à attendre, comme elle l'écrivit le 4 décembre à sa fille :

> *Comme je venais de me promener avant-hier, je trouvai au bout du mail le* frater *de M. Faure qui se mit à deux genoux aussitôt qu'il m'aperçut, se sentant si coupable d'avoir été trois semaines sous terre à chanter matines qu'il ne croyait plus me pouvoir aborder d'une autre façon. J'avais bien résolu de le gronder, et je ne sus jamais où trouver de la colère. Je fus fort aise de le voir ; vous savez comme il est divertissant. Il m'embrassa mille fois ; il me donna les plus méchantes raisons du monde, que je pris pour bonnes. Nous causons fort, nous lisons, nous nous promenons, et nous achèverons ainsi l'année, c'est-à-dire le reste.*

« En attendant, il me fait ici une fort bonne compagnie, écrit-elle le 29 décembre à sa fille, et il trouve que j'en suis une aussi. » Triste à dire, mais l'absence de sa fille l'empêchait de jouir totalement de la présence de son fils ! « La longueur de nos réponses fait frayeur et fait bien comprendre l'horrible distance qui est entre nous », écrit-elle toujours dans cette lettre à la fin de l'année 1675. « Ah ! ma bonne, que je la sens, et qu'elle fait bien toute la tristesse de ma vie ! Sans cela, ne serais-je point trop heureuse avec un joli garçon comme celui que j'ai[1] ? »

26.

L'année 1676 commença sous de mauvais auspices. La vigueur et la jeunesse de Mme de Sévigné (« Je ne sais d'où me vient cette fontaine de Jouvence. ») lui manquèrent soudain.

---

1. Mme de Sévigné se montrait parfois embarrassée de la préférence qu'elle montrait pour sa fille car, il faut l'avouer — avait-elle écrit, l'automne précédent à Bussy —, j'ai une belle passion pour elle. Je ne dis rien de mon fils. Cependant, je l'aime extrêmement, et ses intérêts me font bien autant courir que ceux de ma fille.

Sa constitution jusque-là robuste (« Ma santé est comme il y a six ans ») subit une attaque de rhumatisme si aiguë qu'elle ne pouvait plus ni marcher ni tenir une fourchette ni même — ô horreur — prendre la plume.

Cela la prit le 11 janvier avec ce qui ne semblait être qu'un simple torticolis comme celui que Mme de Grignan venait d'avoir et qu'elle avait décrit à sa mère le 15 janvier. Mme de Sévigné lui écrivit :

> *Je ne puis remuer le côté droit ; ce sont, ma chère enfant, de ces petits maux que personne ne plaint, quoiqu'on ne fasse que criailler... Votre eau de la reine de Hongrie m'aura guérie avant que cette lettre soit à Paris. Adieu, ma chère enfant.*

Mais ce ne fut pas le cas. Le 19 janvier, elle lui expliquait que ce « torticolis était un très bon petit rhumatisme ; c'est un mal très douloureux, sans repos, sans sommeil, mais il ne fait peur à personne ». Ce dont Mme de Sévigné voulait être sûre, c'était que le récit de ses maux n'alarmait point sa fille alors dans son sixième mois de grossesse :

> *Je suis au huitième ; un peu d'émotion et les sueurs me tireront d'affaire. J'ai été saignée une fois du pied, et l'abstinence et la patience achèveront bientôt. Je suis parfaitement bien servie par Larmechin[1], qui ne me quitte ni nuit ni jour... Je vous écrirais fort volontiers vingt-sept ou vingt-huit pages, mais il ne m'est pas possible. Mon fils vous achèvera le reste. Adieu, ma très chère. Je vous embrasse, et c'est aujourd'hui du bras droit.*

Charles aussi essayait de faire en sorte que sa sœur ne se fît point de souci pour leur mère : « Je crois que vous voulez bien vous reposer sur moi et sur le bon Abbé de tout ce qui regarde une santé qui nous est si précieuse », écrivait Charles. « La maladie a été rude et douloureuse pour la première qu'elle ait eue en sa vie », admettait-il le 21 janvier tout en se hâtant de rassurer sa sœur : « Il y a, à Vitré, un très bon médecin ; elle a été saignée du pied en perfection. Enfin elle est aussi bien qu'à Paris. » Et : « Nous divertissons ma mère autant que nous pouvons ; c'est presque la seule chose dont elle ait présentement besoin, écrit-il le 19 janvier, car pour le reste, il faut qu'il ait son cours, et nous comptons sur trois semaines. Sa fièvre a

1. Larmechin était le valet de Charles.

diminué justement le sept, vous voyez bien que c'est une marque convaincante qu'il n'y a nul danger. Ne nous écrivez point des lettres qui nous puissent faire de la peine ; elles viendraient hors de saison et le chagrin de vous savoir en peine ne sera pas nécessaire à madame votre mère convalescente. Mille compliments à M. de Grignan et à sa barbe, l'un portant l'autre. »

« Vous savez ce que c'est pour moi que d'être seize jours sur les reins sans pouvoir changer de situation », écrivait à sa fille le 26 janvier notre vaillante malade. « Je me suis rangée dans ma petite alcôve, où j'ai été très chaudement, et parfaitement bien servie. Je voudrais bien que mon fils ne fût pas mon secrétaire en cet endroit pour vous dire ce qu'il a fait dans cette occasion. »

La lettre du 26 contenait quatre lignes brèves de la main de Mme de Sévigné, mais d'une écriture si changée que Charles craignait que cela n'effrayât Mme de Grignan au lieu de la rassurer, comme le pensait l'Abbé.

Le 3 février, Charles écrivait toujours sous la dictée de sa mère :

> *Il y a vingt-trois jours que j'en suis malade ; depuis le quatorze, je suis sans fièvre et sans douleurs, et dans cet état bienheureux, croyant être en état de marcher, qui est tout ce que je souhaite, je me trouve enflée de tous côtés, les pieds, les jambes, les mains, les bras... Je reçois de tous côtés des lettres de Paris de réjouissance sur ma bonne santé, et c'est avec raison. Je me suis purgée une fois de la poudre de M. Delorme, qui m'a fait des merveilles. Je m'en vais encore en reprendre ; c'est le véritable remède pour toutes ces sortes de maux. Après cela on me promet une santé éternelle ; Dieu le veuille ! Le premier pas que je ferai sera d'aller à Paris. Je vous prie donc, ma chère enfant, de calmer vos inquiétudes ; vous voyez que nous vous avons toujours écrit sincèrement. Avant que de fermer ce paquet, je demanderai à ma grosse main si elle veut bien que je vous écrive deux mots. Je ne trouve pas qu'elle le veuille, peut-être qu'elle le voudra dans deux heures.*

Le 5 février 1676 était le jour du cinquantième anniversaire de Mme de Sévigné mais, chose curieuse, non seulement on ne le célébra pas, mais encore il n'en fut point question dans la correspondance.

Le 9 février, Charles lui servant toujours de secrétaire, Mme de Sévigné écrivit à Mme de Grignan : « Et présentement, quoique je sois guérie, que je marche dans ma chambre et que j'aie été à la messe [1], je suis toute pleine de cataplasmes. Véritablement cette impossibilité d'écrire est quelque chose d'étrange, et qui a fait en vous tous les mauvais effets que j'en avais appréhendés. »

On annonçait la reprise de la campagne des Flandres, et par conséquent Charles devrait regagner son régiment ; aussi cette lettre du 9 février se poursuivait-elle sur le ton de l'anxiété.

> *Je crains que votre frère ne me quitte ; voilà un de mes chagrins. On ne lui parle que de revues, que de brigades, que de guerre. Voici une maladie qui a bien dérangé nos bons petits desseins... Je vous conjure d'avoir soin de vous et de votre santé ; vous savez que vous ne sauriez me donner de marque de votre amitié qui me soit plus sensible.*

Le 15 février, elle écrivait :

> *Le* frater *m'a été d'une consolation que je ne vous puis exprimer... Il se connaît assez joliment en fièvre et en santé ; j'avais de la confiance en tout ce qu'il me disait. Il avait pitié de toutes mes douleurs, et le hasard a voulu qu'il ne m'ait trompée en rien de ce qu'il m'a promis, pas même à la promenade d'hier, dont je me suis mieux portée que je n'espérais. Larmechin, de son côté, m'a toujours veillée depuis cinq semaines, et je ne comprends point du tout ce que j'eusse fait sans ces deux personnes... Je ne cherche plus que des forces pour nous mettre sur le chemin de Paris, où mon fils s'en va le premier, à mon grand regret.*

Le 21 février, Mme de Sévigné oublia soudain tout d'elle-même, de ses douleurs et de ses maux, à l'arrivée du courrier de Provence qui apportait une nouvelle surprenante : Mme de Grignan avait accouché prématurément le 9 février.

La lettre de Charles, datée du dimanche 23 février, décrit la scène qui eut lieu aux Rochers :

> *Quelque douce pourtant que fût la manière de nous apprendre cette nouvelle, ma mère en fut émue à un point qui nous fit beaucoup de frayeur. Nous jouions au reversis quand les lettres arrivèrent ; l'impatience de ma mère ne lui permit pas d'attendre que le coup fût fini pour ouvrir votre paquet ; elle le fit ouvrir à M. du Plessis, qui était spectateur.*

---

1. La messe de Noël avait été la première messe célébrée dans la nouvelle chapelle des Rochers.

> *Il commença par la lettre de la Dague pour moi ; et à ce mot d'accouchement, qui était sur le dessus, quoique le dedans fût fort gaillard, elle ne put s'empêcher d'avoir une émotion extraordinaire ; c'est un des restes que sa maladie lui a laissés.*

Lorsqu'elle se fut remise de ses émotions, elle écrivit — ou plutôt Charles écrivit pour elle — le 23 février :

> *Vous êtes accouchée à huit mois, ma très chère. Quel bonheur que vous vous portiez bien ! mais quel dommage d'avoir perdu encore un pauvre petit garçon ! Vous qui êtes si sage, et qui grondez les autres, vous avez eu la fantaisie de vous laver les pieds. Quand on a poussé si loin un si bel ouvrage, comment peut-on le hasarder, et sa vie en même temps ? car il me semble que votre travail prenait un mauvais train. Enfin, ma fille, par la grâce de Dieu, vous en êtes sortie heureusement ; vous avez été bien secourue. Vous pouvez penser avec quelle impatience j'attends de secondes nouvelles de votre santé, et si je suis bien occupée et bien remplie des circonstances de cet accouchement. Je vous rends grâces de vos trois lignes, et à vous, mon cher Comte, des soins que vous prenez de m'instruire. Vous savez ce que c'est pour moi que la santé de votre chère femme. Mais vous l'avez laissée trop écrire ; c'est une mort que cet excès, et pour ce lavage des pieds, on dit qu'il a causé l'accouchement. C'est dommage de la perte de cet enfant ; je la sens, et j'ai besoin de vos réflexions chrétiennes pour m'en consoler, car quoi qu'on vous dise, vous ne le sauverez pas à huit mois. J'aurais eu peur que l'inquiétude de ma maladie n'y eût contribué, sans que j'aie trouvé qu'il y a eu quinze jours d'intervalle. Enfin Dieu soit loué et remercié mille et mille fois, puisque ma chère Comtesse se porte bien ! Ma vie tient à cette santé ; je vous la recommande, mon très cher, et j'accepte de tout mon cœur le rendez-vous de Grignan.*

Début mars, le bébé encore faible et malformé se montra plus vigoureux qu'on ne l'eût pensé : sa colonne vertébrale ne se développerait jamais correctement, l'ossature resterait toujours déficiente, mais il allait sans doute vivre plus longtemps que prévu : « Je suis plus étonnée qu'une autre de la santé du petit enfant », écrit le 11 mars la grand-mère à la mère de l'enfant : « Mais enfin ce sera donc un miracle si nous conservons cet enfant. »

« Je viens à vous, Monsieur le Comte », écrit en post-scriptum Mme de Sévigné à son gendre :

... vous dites que ma fille ne devrait faire autre chose que d'accoucher tant elle s'en acquitte bien. Eh, Seigneur Dieu! fait-elle autre chose? Mais je vous avertis que si, par tendresse et par pitié, vous ne donnez quelque repos à cette jolie machine, vous la détruirez infailliblement, et ce sera dommage.

L'attitude de Mme de Sévigné envers son gendre était des plus ambiguës et réciproquement. Car s'il arrivait à la belle-mère de critiquer son gendre, ses reproches étaient toujours exprimés sur un ton suave et plaisant. Leur relation semblait sincèrement amicale, affectueuse et fondée sur un respect et une admiration mutuels. Tous deux très à l'aise en société où ils faisaient briller leurs multiples talents, appréciaient fort de se trouver ensemble. Mais le comte percevait de plus en plus clairement combien la mère de son épouse avait tendance à étouffer et à gêner cette dernière. Elle se mêlait aussi de leur vie privée, même si elle le faisait de la manière la plus désarmante, la plus charmante, la plus enjôleuse du monde. Bien qu'impressionnée par la haute position et les ancêtres illustres du comte, Mme de Sévigné était indignée des incessantes grossesses auxquelles sa fille avait été condamnée six années durant — soit à cause des appétits sexuels de son mari, soit à cause de son obsession à vouloir perpétuer le nom des Grignan. Ambiguïté aussi dans l'attitude que Mme de Sévigné adoptait vis-à-vis de la position nouvelle et brillante de sa fille : elle était, d'une part, extrêmement fière du statut de la comtesse (« vous êtes une véritable grande dame »), la première dame de Provence (« Reine de la Méditerranée »), châtelaine de Grignan (« avec toutes ses grandeurs ») ; d'autre part, Mme de Sévigné se rongeait les sangs à la perspective de la ruine financière totale vers laquelle le train de vie fastueux des Grignan les menait tout droit.

Pour elle qui aimait tant la nature et la marche à pied, clouée à l'intérieur et au lit comme elle l'avait été des semaines durant en ce printemps de 1676, sa première sortie début mars fut une grande joie :

L'on me porte dans ce parc, en chaise, où il fait divinement beau ; cela me fortifie. J'y ai fait faire des beautés nouvelles [1], dont je jouirai peu cette année, car j'ai le nez tourné vers Paris.

1. Durant ce séjour, Mme de Sévigné avait fait agrandir le périmètre du parc entourant le château, créant de nouvelles allées et avenues bordées d'arbres à partir de l'allée centrale, telles qu'on peut encore les voir aujourd'hui.

La semaine suivante, elle allait déjà beaucoup mieux et écrivait : « Je prends l'air et me promène *sur les pieds de derrière*, comme une autre. Je mange avec appétit (mais j'ai retranché le souper entièrement pour jamais). » Elle était ravie de sa silhouette : « Je suis maigre, et j'en suis bien aise. Mon visage n'est point changé ; mon esprit et mon humeur ne le sont guère. Et si l'on me veille encore, c'est parce que je ne puis me tourner toute seule. » Si elle n'était pas restée craintive « comme une poule mouillée » depuis sa maladie, elle serait, disait-elle, restée aux Rochers : « Je suis tout le jour dans ces bois où il fait l'été, écrit-elle à sa fille par une douce journée de mars. Mais à cinq heures, la poule mouillée se retire, dont elle pleurerait fort bien ; c'est une humiliation où je ne puis m'accoutumer[1]... »

> *... Adieu, ma très chère fille. Croyez que de tous ces cœurs où vous régnez, il n'y en a aucun où votre empire soit si bien établi que dans le mien ; je n'en excepte personne. J'embrasse le Comte après l'avoir offensé.*

(Quel prodigieux manque de tact que cette odieuse et gratuite comparaison de l'amour maternel et de l'amour conjugal !)

Le 22 mars, elle était d'humeur triste :

> *Je suis si lasse de cette chienne d'écriture que, sans que vous croiriez mes mains plus malades, je ne vous écrirais plus que je ne fusse guérie. Cette longueur est toute propre à mortifier une créature qui, comme vous savez, ne connaît quasi pas cette belle vertu de patience. Mais il faut bien se soumettre quand Dieu le veut. C'est bien employé, j'étais insolente ; je reconnais de bonne foi que je ne suis pas la plus forte. Excusez, ma fille, si je parle toujours de moi et de ma maladie. Je vous promets qu'à Paris je serai de meilleure compagnie ; c'est encore une de mes raisons d'y aller, pour désemplir un peu ma tête de moi et de mes maux passés.*

Mais elle avait aussi une autre motivation : « Mais j'ai mille affaires, et pour vous et pour mon fils. »

C'est ainsi qu'elle se mit en route, le 24 mars, pour la capitale

---

1. « Il faut une grande santé, déclarait-elle à ce moment-là, pour soutenir la solitude et la campagne. »

« par un chaud et un temps charmant ». « Je m'en irai donc clopin-clopant à petites journées » : elle allait bien souvent s'arrêter dans des châteaux amis tout au long du trajet, pour couper la monotonie et la fatigue du voyage, mais aussi pour y retrouver des lettres de sa fille.

En arrivant le 8 avril à Paris, elle pouvait écrire avec enthousiasme :

> *Je me porte très bien, le changement me fait des merveilles, mais mes mains ne veulent point encore prendre part à cette guérison. J'ai vu tous nos amis et amies ; je garde ma chambre, et suivrai vos conseils : je mettrai désormais ma santé et mes promenades devant toutes choses.*

Et peu de jours après, elle ajoutait : « Je suis d'une taille si merveilleuse que je ne conçois point qu'elle puisse changer. » Voici ce qu'elle écrivait le 17 avril :

> *Il me semble que je n'écris pas trop mal, Dieu merci. Du moins je vous réponds des premières lignes, car vous saurez, ma chère fille, que mes mains, c'est-à-dire ma main droite ne veut entendre encore à nulle autre proposition qu'à celle de vous écrire ; je l'en aime mieux. On lui présente une cuillère, point de nouvelles ; elle tremble et renverse tout.*

Et un autre jour : « Je me tourne la nuit sur le côté gauche, je mange de la main gauche. »

Au moment de Pâques, Mme de Sévigné se plaignait beaucoup de son manque de ferveur religieuse, état d'esprit que partageait d'ailleurs sa fille :

> *Vous voilà hors du jubilé et des stations ; vous avez dit tout ce qui se peut de mieux sur ce sujet. Ce n'est point de la dévotion que vous êtes lasse, c'est de n'en avoir point. Eh, mon Dieu ! c'est justement de cela qu'on est au désespoir. Je crois que je sens ce malheur plus que personne ; il semble que toutes choses m'y devraient porter, mais nos efforts et nos réflexions avancent bien peu cet ouvrage.*

Famille, amis et docteurs ayant été consultés, l'opinion générale fut que l'on devait envoyer Mme de Sévigné faire une cure pour lui permettre de faire disparaître les dernières traces de ses rhumatismes et de son œdème. Il restait à choisir parmi les deux stations thermales les plus populaires de l'époque : Bourbon-L'Archambault et Vichy, toutes deux célèbres pour leurs eaux minérales et leurs régimes thérapeutiques. « On me dit mille biens de Vichy, et je crois que je l'aimerai mieux que Bourbon [1] par deux raisons : l'une, qu'on dit que Mme de Montespan va à Bourbon, et l'autre, que Vichy est plus près de vous. » — Si près de Grignan que la comtesse pourrait venir y rejoindre sa mère et y passer deux semaines, ce qu'elle avait promis de faire.

Mais c'est Mme de Sévigné elle-même qui, avec une certaine perversité, trouva exactement les mots qui allaient empêcher ces retrouvailles si ardemment désirées. Elle écrivit à sa fille le 10 avril :

> *Plus j'y pense, ma bonne, et plus je trouve que je ne veux point vous voir pour quinze jours. Si vous venez à Vichy ou à Bourbon, il faut que ce soit pour venir ici avec moi. Nous y passerons le reste de l'été et l'automne ; vous me gouvernerez, vous me consolerez ; et M. de Grignan vous viendra voir cet hiver et fera de vous à son tour tout ce qu'il trouvera à propos. Voilà comme on fait une visite à sa maman que l'on aime, voilà le temps que l'on lui donne, voilà comme on la console d'avoir été bien malade, et d'avoir encore mille incommodités, et d'avoir perdu la jolie chimère de croire être immortelle comme elle le croyait effectivement.*

Le 15 avril, Mme de Sévigné, s'étonnant elle-même de sa propre témérité, lançait bravement un ultimatum : « ...ou venir ici avec moi ou rien, car quinze jours ne feraient que troubler mes eaux par la vue de la séparation... »

La relation mère-fille avait atteint une impasse. Mme de Grignan ne voulait pas ou ne pouvait pas aller à Paris passer l'hiver en compagnie de sa mère ; Mme de Sévigné ne voulait pas ou ne pouvait pas se rendre jusqu'à Grignan afin d'y retrouver sa fille :

> *Car si la dépense de ce voyage-là empêchait celui de cet hiver, je ne le voudrais pas, aimant mieux vous voir plus longtemps, car je n'espère pas pouvoir aller à Grignan, quelque envie que j'en aie. Le bon Abbé n'y veut plus aller ; il a mille affaires ici, et craint le climat. Je n'ai pas trouvé dans mon traité de la reconnaissance que je le pusse quitter dans l'âge où il est, ne pouvant douter que cette séparation*

---

1. Mme de Sévigné craignait que la maîtresse du roi n'envahît la ville de Bourbon et ne monopolisât avec sa nombreuse suite les logements les plus agréables.

ne lui arrachât le cœur et l'âme. Et s'il en mourait en cette
absence, mes remords ne me donneraient aucun repos.

27.

Le sort, ou plutôt ce que Mme de Sévigné appelait la
Providence (« cette belle Providence »), lui réservait encore
quelques coups en ce printemps de 1676 : la guerre de Hollande traînait en longueur, et à l'équinoxe de printemps, les
armées s'en retournèrent au champ de bataille. Le roi et ses
troupes reprirent le chemin des Flandres en avril, et Charles de
Sévigné, au grand désespoir de sa mère, rejoignit son régiment
(sans grand enthousiasme car il n'était toujours qu'un simple
enseigne). « Mon fils s'en va, écrit-elle le 10 avril, j'en suis
triste, et je sens cette séparation. On ne voit à Paris que des
équipages qui partent. »

Le 15 avril, Charles n'était déjà plus là, comme l'écrit
Mme de Sévigné à sa fille : « Je suis triste, ma mignonne, le
pauvre petit compère vient de partir. Il a tellement les petites
vertus qui font l'agrément de la société que, quand je ne le
regretterais que comme mon voisin, j'en serais fâchée. »

Mais elle fut encore plus durement frappée lorsque lui
parvint la nouvelle que sa petite-fille Marie-Blanche de Grignan, qui avait réussi à gagner le cœur de sa grand-mère
durant les nombreux mois qu'elle avait passés avec elle dans la
capitale, avait été envoyée au couvent de la Visitation à Aix.
C'était là une des maisons fondées par l'arrière-arrière-grand-
mère de l'enfant et cette dernière n'allait plus jamais sortir de
derrière ces murs. Elle ne reverrait plus ni son foyer ni sa
famille. La coutume de l'époque voulait en effet qu'une famille
de l'aristocratie incapable de doter convenablement ses filles,
les reléguât dans quelque couvent où elles se trouvaient ainsi
vouées à la vie religieuse. C'est ainsi que chez les nobles du
XVIIᵉ, les fils cadets étaient destinés à la carrière militaire ou

ecclésiastique, et les filles, à être le plus souvent cloîtrées[1].

« J'ai le cœur serré de ma petite-fille », écrivit Mme de Sévigné à Mme de Grignan le 6 mai,

> *elle sera au désespoir de vous avoir quittée et d'être, comme vous dites, en prison. J'admire comme j'eus le courage de vous y mettre ; la pensée de vous voir souvent et de vous en retirer bientôt me fit résoudre à cette barbarie qui était trouvée alors une bonne conduite et une chose nécessaire à votre éducation. Enfin il faut suivre les règles de la Providence, qui nous destine comme il lui plaît.*

Le 10 mai, Mme de Sévigné terminait les préparatifs de son voyage à Vichy :

> *Je pars demain à la pointe du jour, et je donne ce soir à souper à Mme de Coulanges, son mari, Mme de La Troche, M. de La Trousse, Mlle de Montgeron et Corbinelli[2], afin de me dire adieu en mangeant une tourte de pigeons.*

Le 11 mai, elle grimpait dans son carrosse en compagnie de deux femmes de chambre et d'un maître d'hôtel, et sortait de Paris au trot allègre de ses six chevaux. Elle ne prit cependant pas la route la plus directe vers Vichy, car cela lui aurait fait traverser Fontainebleau et elle gardait de cette ville de trop pénibles souvenirs : c'était là, en effet, qu'elle s'était séparée de sa fille en mai 1675, lorsque cette dernière avait regagné sa Provence. Une année entière s'était écoulée mais les chagrins du départ et les affres de la séparation ne s'étaient point apaisés.

Mme de Sévigné avait laissé à l'Abbé à Paris « un seul laquais », ce dont elle s'excusait : « Il a voulu me donner ses deux chevaux pour m'en faire six, avec son cocher et Beaulieu ! »

Le 16 mai, elle écrivait de Nevers :

> *Je trouve le pays très beau, et ma rivière de Loire m'a paru quasi aussi belle qu'à Orléans ; c'est un plaisir de trouver en chemin d'anciennes amies. J'ai amené mon grand carrosse de sorte que nous ne sommes nullement pressées.*

---

1. Des quatre filles du comte et de la comtesse de Guitaut (amis et voisins de Mme de Sévigné en Bourgogne), une seulement fut mariée.
2. Corbinelli avait cessé d'écrire à Mme de Sévigné lorsqu'elle avait eu sa crise de rhumatisme : « Corbinelli dit que je n'ai point d'esprit quand je dicte, et sur cela il ne m'écrit plus. Je crois qu'il a raison ; je trouve mon style lâche. »

Malgré la beauté du paysage, Mme de Sévigné ne pouvait rester bien longtemps sans mettre son nez dans un livre : en l'occurrence, il s'agissait d' « une petite histoire des vizirs, et des intrigues des sultanes et du sérail, qui, commentait-elle, se laisse lire assez agréablement ; c'est une mode que ce livre[1] ».

Mais en dépit du changement de décor et des distractions du voyage, l'esprit de Mme de Sévigné était tout entier occupé par la pensée de sa petite-fille Marie-Blanche :

> *J'ai le cœur serré de ma chère petite. La pauvre enfant, la voilà donc placée ! Elle a bien dissimulé sa petite douleur. Je la plains, si vous l'aimez et si elle vous aime autant que nous nous aimions ; mais vous avez un courage qui vous sert toujours dans les occasions. Dieu m'eût bien favorisée de m'en donner un pareil.*

Mais sa petite-fille n'était pas seule à occuper son esprit ; la pensée de son fils ne la quittait pas. Après six jours de route, elle se sentait coupée de tout contact avec le monde et écrivait : « Je suis dans une entière ignorance de toutes nouvelles. Celles de la guerre me tiennent fort au cœur. Cela n'est pas bon pour prendre des eaux, mais que faire quand on a quelqu'un à l'armée ? »

Elle passa la sixième nuit à Moulins, au couvent de la Visitation, où elle dormit et écrivit « dans la chambre où ma grand-mère est morte ».

Le huitième jour, au trot allègre de ses six superbes alezans, Mme de Sévigné fit son entrée dans Vichy : « J'arrivai ici hier au soir », écrivit-elle le 19 mai :

> *Mme de Brissac avec le chanoine, M. de Saint-Hérem et deux ou trois autres me vinrent recevoir au bord de la jolie rivière d'Allier ; je crois que si on y regardait bien, on y trouverait encore des bergers de L'Astrée. M. de Saint-Hérem, M. de La Fayette, l'abbé Dorat, Plancy et d'autres encore, suivaient dans un second carrosse, [ou à cheval.] Je fus reçue avec une grande joie. Mme de Brissac me mena souper chez elle...*
> *Je me suis reposée aujourd'hui, et demain je commence-rai à boire. M. de Saint-Hérem m'est venu prendre ce matin pour la messe et pour dîner chez lui. Mme de Brissac y est venue. On a joué ; pour moi, je ne saurais me fatiguer à*

---

1. Le livre était *l'Histoire des grands vizirs*, qui venait de paraître.

*battre des cartes. Nous nous sommes promenés ce soir dans
les plus beaux endroits du monde. Et à sept heures, la poule
mouillée vient manger son poulet et causer un peu avec sa
chère enfant. J'attends ici de vos lettres avec bien de
l'impatience, et pour vous écrire, ma bonne, c'est mon
unique plaisir, étant loin de vous. Et si les médecins, dont je
me moque extrêmement, me défendaient de vous écrire, je
leur défendrais de manger et de respirer, pour voir comme
ils se trouveraient de ce régime. Mandez-moi des nouvelles
de ma petite, et si elle s'accoutume à son couvent. Je pense
souvent à elle...*

Mme de Sévigné goûta les eaux pour la première fois le
20 mai. « Ah ! qu'elles sont méchantes », s'exclama-t-elle :

> *On va à six heures à la fontaine. Tout le monde s'y trouve.
> On boit, et l'on fait une fort vilaine mine, car imaginez-vous
> qu'elles sont bouillantes et d'un goût de salpêtre fort
> désagréable. On tourne, on va, on vient, on se promène, on
> entend la messe, on rend les eaux, on parle confidemment de
> la manière qu'on les rend ; il n'est question que de cela
> jusqu'à midi. Enfin, on dîne. Après dîner, on va chez
> quelqu'un ; c'était aujourd'hui chez moi. Mme de Brissac a
> joué à l'hombre[1] avec Saint-Hérem et Plancy. Le chanoine
> et moi nous lisons l'Arioste ; elle a l'italien dans la tête, elle
> me trouve bonne. Il est venu des demoiselles du pays avec
> une flûte, qui ont dansé la bourrée dans la perfection ; c'est
> ici où les Bohémiennes puisent leurs agréments. Elles font
> des dégognades, où les curés trouvent un peu à redire. Mais
> enfin, à cinq heures, on va se promener dans des pays
> délicieux ; à sept heures, on soupe légèrement. On se couche
> à dix. Vous en savez présentement autant que moi. Je me
> suis assez bien trouvée de mes eaux. J'en ai bu douze verres :
> elles m'ont un peu purgée ; c'est tout ce qu'on désire. Je
> prendrai la douche dans quelques jours.*

Le 28 mai, elle écrit :

> *J'ai commencé aujourd'hui la douche ; c'est une assez
> bonne répétition du purgatoire. On est toute nue dans un
> petit lieu sous terre, où l'on trouve un tuyau de cette eau
> chaude, qu'une femme vous fait aller où vous voulez. Cet
> état où l'on conserve à peine une feuille de figuier pour tout*

---

1. L'hombre était un jeu de cartes d'origine espagnole, très à la mode au
XVIIe siècle.

habillement est une chose assez humiliante. J'avais voulu mes deux femmes de chambre pour voir encore quelqu'un de connaissance. Derrière le rideau se met quelqu'un qui vous soutient le courage pendant une demi-heure ; c'était pour moi un médecin de Gannat, que Mme de Noailles a mené à toutes ses eaux, qu'elle aime fort, qui est un fort honnête garçon, point charlatan ni préoccupé de rien, qu'elle m'a envoyé par pure et bonne amitié. Je le retiens, m'en dût-il coûter mon bonnet, car ceux d'ici me sont entièrement insupportables. Cet homme m'amuse. Il ne ressemble point à un vilain médecin ; il ne ressemble point aussi à celui de Chelles. Il a de l'esprit, de l'honnêteté, il connaît le monde ; enfin j'en suis contente. Il me parlait donc pendant que j'étais au supplice. Représentez-vous un jet d'eau contre quelqu'une de vos pauvres parties, toute la plus bouillante que vous puissiez vous imaginer. On met d'abord l'alarme partout, pour mettre en mouvement tous les esprits, et puis on s'attache aux jointures qui ont été affligées. Mais quand on vient à la nuque du cou, c'est une sorte de feu et de surprise qui ne se peut comprendre. Cependant c'est là le nœud de l'affaire. Il faut tout souffrir, et l'on souffre tout, et l'on n'est point brûlée, et on se met ensuite dans un lit chaud, où l'on sue abondamment, et voilà ce qui guérit. Voici encore où mon médecin est bon, car au lieu de m'abandonner à deux heures d'un ennui qui ne se peut séparer de la sueur, je le fais lire, et cela me divertit. Enfin je ferai cette vie pendant sept ou huit jours.

La semaine ne s'était pas écoulée que tout le monde aux thermes connaissait déjà Mme de Sévigné : « Mais enfin, je suis le prodige de Vichy pour avoir soutenu la douche courageusement. »

Les autorités médicales avaient, semble-t-il, déclaré que les problèmes de Mme de Sévigné étaient dus à la ménopause : « Les dérèglements sont tous réglés, et c'est pour finir cet adieu et faire une dernière lessive que l'on m'a principalement envoyée, et je trouve qu'il y a de la raison. »

« Je reviens à ma santé. Elle est très admirable », écrit-elle le 12 juin :

Je marche tout comme un autre. Je crains de rengraisser ; voilà mon inquiétude, car j'aime à être comme je suis. Mes mains ne se ferment pas, voilà tout ; le chaud fera mon affaire. On veut m'envoyer au Mont-Dore ; je ne veux pas. Je mange présentement de tout, c'est-à-dire, je le puis quand je ne prendrai plus des eaux. Personne ne s'est si bien trouvé de Vichy que moi...

« C'est comme si je renouvelais un bail de vie et de santé »,
écrit-elle avec enthousiasme un autre jour :

> *Et si je puis vous revoir, ma chère bonne, et vous*
> *embrasser encore d'un cœur comblé de tendresse et de joie,*
> *vous pourrez peut-être m'appeler encore* bellissima madre,
> *et je ne renoncerai pas à la qualité de* mère-beauté, *dont*
> *M. de Coulanges m'a honorée. Enfin, ma bonne, il dépendra*
> *de vous de me ressusciter de cette manière. Je ne vous dis*
> *point que votre absence ait causé mon mal ; au contraire, il*
> *paraît que je n'ai pas assez pleuré, puisqu'il me reste tant*
> *d'eau. Mais il est vrai que de passer ma vie sans vous voir y*
> *jette une tristesse et une amertume à quoi je ne puis*
> *m'accoutumer.*

Le 28 mai, elle poursuivait sur le même ton :

> *J'ai senti douloureusement ce 24 de ce mois[1] ; je l'ai*
> *marqué, ma bonne, par un souvenir trop tendre. Ces jours-*
> *là ne s'oublient pas facilement, mais il y aurait bien de la*
> *cruauté à prendre ce prétexte pour ne vouloir plus me voir,*
> *et me refuser la satisfaction d'être avec vous pour m'épar-*
> *gner le déplaisir d'un adieu. Je vous conjure, ma bonne, de*
> *raisonner d'une autre manière et de vouloir bien que*
> *d'Hacqueville et moi ménagions si bien le temps de votre*
> *congé que vous puissiez être à Grignan assez longtemps, et*
> *en avoir encore pour revenir. Je trouve que de vouloir faire*
> *ces consuls vous jette bien loin. Enfin, ma bonne, je ne vois*
> *point bien ma place dans cet avenir, à moins que vous*
> *vouliez bien me redonner dans l'été qui vient ce que vous*
> *m'avez refusé dans celui-ci. Il est vrai que de vous voir pour*
> *quinze jours m'a paru une peine et pour vous et pour moi.*
> *Mais si, au lieu de tant philosopher, vous m'eussiez*
> *franchement et de bonne grâce donné le temps que je vous*
> *demandais, c'eût été une marque de votre amitié très bien*
> *placée.*

Mme de Grignan s'était-elle montrée « cruelle » au point de
suggérer à sa mère d'éviter toutes retrouvailles futures afin
d'épargner à Mme de Sévigné les douleurs de la séparation ? Il
ne fait aucun doute qu'elle en voulait à cette dernière d'insister
constamment sur cet aspect de leur relation. Le ton de leurs
lettres tournait à l'aigre et devenait acerbe, les reproches

---

1. Le 24 mai était le jour où Mme de Grignan, retournant en Provence, avait
quitté sa mère à Fontainebleau.

sempiternels et non déguisés de Mme de Sévigné portant sur les nerfs de Mme de Grignan. Si Mme de Grignan était « cruelle », Mme de Sévigné n'avait, elle, aucun tact. Elle revenait sans cesse au chagrin que Mme de Grignan lui avait causé en ne la rejoignant pas à Vichy, comme prévu. Et ses récriminations se poursuivirent bien longtemps après qu'elle eut quitté la ville d'eaux. La mère comme la fille ne pouvaient s'empêcher de ressasser les différents faits qui les avaient amenées à cette triste impasse. Si Mme de Grignan répétait à sa mère sur tous les tons que c'était elle qui avait interdit à sa fille la visite de deux semaines projetée par celle-ci (« Vous me parlez encore de la rigueur que j'ai eue de ne vous avoir pas voulue à Vichy »), Mme de Sévigné, elle, lui rabâchait sans fin les raisons de son veto et essayait sans relâche de justifier sa conduite. Lorsque Mlle de Montgobert, dame de compagnie de Mme de Grignan, se mit de la partie en soutenant la comtesse, Mme de Sévigné demanda grâce : « Ne vous moquez point de moi, je vous en conjure, et contez à Montgobert mes tristes raisons, afin qu'elle les comprenne, qu'elle me plaigne et qu'elle ne me gronde plus. »

Les Grignan avaient, à ce moment-là, abandonné leur cité d'Aix-en-Provence pour venir passer l'été dans leur nid d'aigle, à Grignan. « Je comprends le plaisir que vous donnent la beauté et l'ajustement du château de Grignan, écrivait Mme de Sévigné en juillet 1676, c'est une nécessité, dès que vous avez pris le parti d'y demeurer autant que vous faites. » Mais lorsqu'elle réalisa l'étendue des travaux en cours pour rénover et embellir le château cet été-là, elle reçut un choc. Si le comte avait oublié ses belles résolutions d'économiser et de s'amender en ce qui concernait sa folle prodigalité, elle, Mme de Sévigné, n'allait pas une minute hésiter à lui rafraîchir la mémoire par l'intermédiaire de sa femme :

> *Vous me peignez Grignan d'une beauté surprenante ; eh bien ! ai-je tort quand je dis que M. de Grignan, avec sa douceur, fait toujours précisément tout ce qu'il veut ? Nous avons eu beau crier misère ; les meubles, les peintures, les cheminées de marbre n'ont-elles pas été leur train ? Je ne doute point que tout cela ne soit parfaitement bien ; ce n'était pas là notre difficulté. Mais où a-t-il tant pris d'argent, ma fille ? c'est la magie noire.*

Mais tout en déplorant les extravagances du comte, elle n'en rêvait pas moins de revoir Grignan dans toute sa beauté :

« ... c'est une de mes envies de me trouver encore une fois en ma vie dans ce château avec tous les *pichons* et tous les Grignan du monde ; il n'y en a jamais trop. »

A propos de son « *pichon* », le petit marquis de Grignan, elle déclarait : « Je suis transportée de joie que sa taille puisse être un jour à la Grignan. Vous me le représentez fort joli, fort aimable », écrit-elle début juin (on s'était, semble-t-il, fait du souci au sujet du petit garçon qui paraissait avoir une faiblesse de la colonne vertébrale et se voûter dangereusement ; il avait même été question de corset métallique et de rééducation).

> ... *cette timidité vous faisait peur mal à propos. Vous vous divertissez de son éducation, et c'est un bonheur pour toute sa vie ; vous prenez le chemin d'en faire un honnête homme. Vous voyez comme vous aviez bien fait de lui donner des chausses ; ils sont filles, tant qu'ils ont une robe.*

« Baisez les *pichons* pour moi », dit-elle dans une autre lettre le même mois :

> *J'aime la gaillardise de Pauline. Et ce petit, veut-il vivre absolument contre l'avis d'Hippocrate et de Galien ? Il me semble que ce doit être un homme tout extraordinaire. L'inhumanité que vous donnez à vos enfants est la plus commode chose du monde ; voilà, Dieu merci, la petite qui ne songe plus ni à père, ni à mère. Hélas ! ma belle, elle n'a pas pris cette heureuse qualité chez vous. Vous m'aimez trop, et je vous trouve trop occupée de moi et de ma santé ; vous n'en avez que trop souffert.*

Mme de Sévigné avait assidûment travaillé à ce que sa fille revînt passer l'hiver à Paris (« Je vous remercie de l'espérance que vous me donnez de me voir cet hiver... »), aussi fut-elle horrifiée à l'idée émise par les Grignan de s'installer ailleurs que chez elle. En 1675, les Grignan avaient profité de l'hospitalité de Mme de Sévigné, rue des Trois-Pavillons ; mais c'était avant que l'abbé de Coulanges ne vînt s'installer avec sa nièce. Et les Grignan craignaient évidemment maintenant d'être un peu à l'étroit. « Vous avez fait transir le bon Abbé de lui parler de ne pas reprendre à Paris votre petit appartement », écrit Mme de Sévigné :

> *Hélas ! ma bonne, je ne l'aime et ne le conserve que dans cette vue ; au nom de Dieu, ne me parlez point d'être hors de chez moi. J'adore le bon Abbé de tout ce qu'il me mande là-*

dessus, et de l'envie qu'il a de me voir recevoir une si chère et si aimable compagnie.

Et, « ma pauvre petite maison », écrit-elle ailleurs, « rien ne peut m'incommoder que le refus que vous m'en feriez ».

Ayant terminé sa cure à Vichy, Mme de Sévigné reprit le chemin de la capitale le 13 juin. Elle s'arrêta successivement au château de l'abbé Bayard à Langlard, au couvent de la Visitation à Moulins et à Vaux-le-Vicomte, qui n'était plus que le vestige de l'ancienne splendeur de Fouquet. Elle y fut reçue par son fils :

> *J'avais couché à Vaux, écrit-elle le 1ᵉʳ juillet, dans le dessein de me rafraîchir auprès de ces belles fontaines et de manger deux œufs frais. Voici ce que je trouvai : le comte de Vaux, qui avait su mon arrivée et qui me donna un très bon souper, et toutes les fontaines muettes et sans une goutte d'eau, parce qu'on les raccommodait. Ce petit mécompte me fit rire...*
>
> *Nous parlâmes fort, M. de Vaux et moi, de l'état de sa fortune présente et de ce qu'elle avait été.*

En dépit de ces plaisantes haltes, le voyage fut long et ardu car il faisait une véritable canicule : « Nous partons à quatre heures du matin, nous nous reposons longtemps à la dînée, nous dormons sur la paille et sur les coussins du carrosse pour éviter les inconvénients de l'été. »

Son carrosse entra dans Paris et parvint rue des Trois-Pavillons le dimanche 28 juin 1676 : « Enfin nous arrivâmes ici. Je trouvai à ma porte Mmes de Villars, de Saint-Géran, d'Heudicourt, qui me demandèrent quand j'arriverais », écrit-elle le 1ᵉʳ juillet :

> *Un moment après, M. de La Rochefoucauld, Mme de La Sablière par hasard, les Coulanges, Sanzei, d'Hacqueville. Voilà qui est fait. Nous suions tous à grosses gouttes ; jamais les thermomètres ne se sont trouvés à un tel exercice. Il y a presse dans la rivière. Mme de Coulanges dit qu'on ne s'y baigne plus que par billets à cause de l'extrême confusion. Pour moi, qui suis en train de suer, je ne finis pas, et je change fort bien trois fois de chemise en un jour. Le bon Abbé fut ravi de me revoir, et ne sachant quelle chère me faire, il me témoigna une extrême envie que j'eusse bientôt une joie pareille à la sienne.*

28.

Une fois que Mme de Grignan se fut engagée à venir à Paris (« Vous me comblez de joie en me parlant sans incertitude de votre voyage de Paris »), restait à savoir quand elle arriverait. « Quand viendrez-vous ? » « Quand », « quand » était la rengaine que l'on trouvait dans toutes les lettres, chantée de cent manières différentes : avec espoir, plaintivement, nerveusement, furieusement, d'un ton tantôt indigné, tantôt résigné.

Dans un superbe geste d'amour filial, Mme de Grignan avait même proposé à sa mère de choisir la date de son arrivée. Celle-ci devait l'en avertir début juillet. Mme de Sévigné, dans un geste non moins superbe d'abnégation maternelle, fixa cette arrivée pour le mois de septembre, encore relativement lointain : « ... et je suis en état d'attendre le mois de septembre, qui sera à peu près le temps que M. de Grignan se préparera pour l'Assemblée... », expliquait Mme de Sévigné.

> *De cette sorte, vous donnez de la joie à tout le monde. Vous êtes l'âme de Grignan, et vous ne quitterez votre château et vos pichons que quand vous seriez prête à les quitter pour Lambesc, et en ce temps vous viendrez ici me redonner la vie et la plus sensible joie que je puisse avoir en ce monde... Je suis assurée comme vous que M. de Grignan approuvera toutes nos résolutions, et me saura bon gré même de me priver du plaisir de vous voir tout à l'heure, dans la pensée de ne lui pas ôter le plaisir de vous avoir cet été à Grignan. Et après, ce sera à lui à courre, et il courra, et nous le verrons avec plaisir. Je vous demande seulement, et à lui aussi, de vous laisser jouir d'une santé qui sera le fondement de la véritable joie de votre voyage, car je compte que, sans elle, on ne peut avoir aucun plaisir.*

Si seulement Mme de Sévigné avait pu, durant les mois d'été, somnoler comme l'ours ou l'escargot, pour ne s'éveiller qu'en automne à l'arrivée de Mme de Grignan !

Au contraire, ces mois d'été, elle les passa à aller et venir entre Paris et Livry, sa bucolique maison de plaisance (il était

bien commode qu'elle fût si près). En bonne Parisienne qu'elle
était, Mme de Sévigné ne voyait guère comment l'on pouvait
vivre hors de la capitale, et pourtant il y avait des moments où
elle pensait qu'elle allait être « étouffée ici » : « J'ai besoin
d'air et de marcher, écrivait-elle en août : Je m'en vais demain
à Livry, ma très chère ; j'en ai besoin, ou du moins je le crois. »

> *J'étais plus à moi en un jour que je n'y suis ici en quinze.*
> *Je priais Dieu, je lisais beaucoup, je parlais de l'autre vie, et*
> *des moyens d'y parvenir. Le père prieur a plus*[1] *d'esprit que*
> *je ne pensais, quoique je le trouvasse déjà un fort honnête*
> *homme. Enfin me revoilà dans le tourbillon.*

Le tourbillon, bien sûr, de Paris : les courses, les affaires dont
elle devait s'occuper, la plupart d'ailleurs au bénéfice des
Grignan (il fallait choisir un trousseau pour une fille Grignan
qui allait se marier, courir les ministères afin de rappeler aux
autorités concernées que la pension du lieutenant général de
Provence ne lui avait pas été versée depuis fort longtemps). Le
rythme frénétique de la vie parisienne que menait Mme de
Sévigné, ses dîners, ses soirées, les amies qu'elle avait à foison
et auxquelles elle rendait visite. (« J'ai passé tout le soir avec
d'Hacqueville dans le jardin de Mme de La Fayette, écrit-elle le
29 juillet. Il y a un jet d'eau, un petit cabinet couvert ; c'est le
plus joli petit lieu du monde pour respirer à Paris. »)
Ses amis la « grondèrent », disait-elle, de passer tant de
temps à la campagne : « On me veut retenir sans savoir
pourquoi, et je suis revenue le mardi matin (à Livry), qui était
hier. Je me promène dans le jardin avant qu'à Paris, on ait
pensé à moi. »
Lorsqu'elle s'absentait trop longtemps de Paris, ses amis la
rejoignaient à Livry : Mme de Coulanges y venait, au dire de
Mme de Sévigné. « La complaisance n'y a nulle part ; elle est
ravie d'y être. Elle est d'une bonne société, et nous sommes fort
loin de nous ennuyer. Corbinelli y est souvent, Brancas[2],
Coulanges, et mille autres qui vont et viennent. »
Le comte de Bussy-Rabutin compta parmi les heureux élus
qui vinrent couler des jours tranquilles à l'abbaye auprès de
Mme de Sévigné. Ce furent de joyeuses retrouvailles que celles
des deux cousins. Après dix années d'exil en Bourgogne, Bussy
avait obtenu du monarque une autorisation spéciale afin de

1. Le père prieur était le supérieur de l'abbaye de Livry.
2. Le comte de Brancas comptait parmi les fervents admirateurs de Mme de
Coulanges.

pouvoir monter à Paris régler des affaires de quelque importance. « J'ai vu Bussy plus gai, plus content, plus plaisant que
jamais », écrivit en juillet Mme de Sévigné à sa fille. Il était,
comme à l'habitude, accompagné de sa fille préférée qu'il
adorait comme la prunelle de ses yeux (et même davantage à ce
que murmuraient certains !), la jeune mariée et déjà veuve
marquise de Coligny. (L'amour délirant qu'ils vouaient à leurs
filles était un lien de plus entre les deux cousins.)

> *Ma nièce de Bussy, c'est-à-dire de Coligny, est veuve ; son*
> *mari est mort à l'armée de M. de Schomberg, d'une horrible*
> *fièvre. Cette affligée ne l'est point du tout ; elle dit qu'elle ne*
> *le connaissait point et qu'elle avait toujours souhaité d'être*
> *veuve. Il lui laisse tout son bien, de sorte que cette femme*
> *aura quinze ou seize mille livres de rente. Elle est grosse de*
> *neuf mois...*

Le seul inconvénient que présentait Livry était le peu de
nouvelles extraordinaires que la vie champêtre offrait à
Mme de Sévigné; celle-ci craignait que cela ne rendît ses
épîtres à sa fille moins divertissantes : « J'espère que ceux qui
sont à Paris vous auront mandé des nouvelles, lui écrivait
Mme de Sévigné par une belle journée d'août, je n'en sais
aucune, comme vous voyez. Ma lettre sent la solitude de notre
forêt, mais dans cette solitude, vous êtes parfaitement aimée. »
Alors que de la capitale, Mme de Sévigné trouvait plaisir à
collecter les derniers potins susceptibles d'intéresser sa fille :
« ... Je m'en vais faire un tour de ville pour voir si je
n'apprendrai rien qui vous puisse divertir... Vous savez comme
j'aime à ramasser des rogatons pour vous divertir. »
Elle se fit un devoir de rentrer à Paris avant le 17 juillet, afin
de pouvoir raconter de visu à Mme de Grignan l'exécution de la
marquise de Brinvilliers, sinistre issue d'un interminable
procès qui avait à la fois horrifié et fasciné la capitale tout
entière. Ce séduisant petit monstre n'avait pas lésiné sur le
crime et avait testé sur les malheureux malades des hôpitaux
parisiens les poisons qu'elle allait administrer à ses frères, à
son père et à son mari ainsi qu'à quelques autres gêneurs
qu'elle considérait comme des obstacles à sa félicité. Elle fut
jugée par les deux hautes cours du Parlement de Paris,
privilège réservé à la noblesse, et exécutée le 17 juillet.
« Enfin, c'en est fait », rapportait Mme de Sévigné le 17 :

> *la Brinvilliers est en l'air. Son pauvre petit corps a été jeté,*
> *après l'exécution, dans un fort grand feu, et les cendres au*

vent, *de sorte que nous la respirerons, et par la communication des petits esprits, il nous prendra quelque humeur empoisonnante dont nous serons tous étonnés.*

A six heures on l'a menée, nue en chemise et la corde au cou, à Notre-Dame[1] faire l'amende honorable. Et puis on l'a remise dans le même tombereau, où je l'ai vue, jetée à reculons sur de la paille, avec une cornette basse et sa chemise, un docteur auprès d'elle, le bourreau de l'autre côté. En vérité, cela m'a fait frémir. Ceux qui ont vu l'exécution disent qu'elle a monté sur l'échafaud avec bien du courage. Pour moi, j'étais sur le pont Notre-Dame avec la bonne d'Escars ; jamais il ne s'est vu tant de monde, ni Paris si ému ni si attentif. Et demandez-moi ce qu'on a vu, car pour moi je n'ai vu qu'une cornette.

Un peu plus tard ce même mois, Mme de Sévigné s'en fut jusqu'à Versailles, elle ne s'y était pas rendue depuis bientôt un an et eut là son premier aperçu de la merveille que venait d'achever la baguette magique du souverain. Le 29 juillet, elle écrivit à sa fille pour lui décrire les splendeurs du château. A travers les yeux de Mme de Sévigné, par ce beau jour d'été de l'année 1676, peu après que le Roi-Soleil s'y fut officiellement établi, Versailles nous apparaît dans toute sa gloire. Le château brille des mille feux de ses fenêtres et de l'éclat de ses ors. Il se dresse là, superbe et vierge encore de l'usure et de la dégradation que lui feront connaître les trois siècles suivants :

Je fus samedi à Versailles avec les Villars ; voici comme cela va. Vous connaissez la toilette de la Reine, la messe, le dîner, mais il n'est plus besoin de se faire étouffer, pendant que Leurs Majestés sont à table, car, à trois heures, le Roi, la Reine, Monsieur, Madame, Mademoiselle, tout ce qu'il y a de princes et princesses, Mme de Montespan, toute sa suite, tous les courtisans, toutes les dames, enfin ce qui s'appelle la cour de France, se trouve dans ce bel appartement du Roi que vous connaissez. Tout est meublé divinement ; tout est magnifique[2]. On ne sait ce que c'est que d'y avoir chaud. On passe d'un lieu à l'autre sans faire la presse nulle part. Un jeu de reversis donne la forme, et fixe tout. C'est le Roi [et Mme de Montespan tient la carte], Monsieur,

1. Tenant un crucifix et un cierge à la main, agenouillée devant le portail de la cathédrale, elle fit « amende honorable », ce qui consistait à énumérer ses péchés et formuler son châtiment.
2. Les plafonds étaient couverts de fresques de Le Brun, les murs tapissés d'œuvres de Léonard de Vinci (*la Joconde* comprise), du Titien, de Raphaël et de Rubens.

la Reine et Mme de Soubise ; M. de Dangeau et compagnie,
Langlée[1] *et compagnie. Mille louis sont répandus sur le*
tapis ; il n'y a point d'autres jetons.

Je saluai le Roi, comme vous me l'avez appris ; il me
rendit mon salut, comme si j'avais été jeune et belle. La
Reine me parla tout aussi longtemps de ma maladie que si
ç'eût été une couche. Elle me dit encore quelques mots de
vous.

Mme de Montespan me parla de Bourbon ; elle me pria de
lui conter Vichy, et comme je m'en étais trouvée. Elle me dit
que Bourbon, au lieu de lui guérir un genou, lui a fait mal
aux dents.

[Je lui trouvai le dos bien plat, comme disait la maréchale
de La Meilleraye, mais sérieusement,] c'est une chose
surprenante que sa beauté ; sa taille n'est pas de la moitié si
grosse qu'elle était, sans que son teint, ni ses yeux ni ses
lèvres en soient moins bien. Elle était tout habillée de point
de France, coiffée de mille boucles. Les deux côtés des
tempes lui tombaient fort bas sur les joues. Des rubans
noirs sur sa tête, des perles de la maréchale de L'Hôpital,
embellies de boucles et de pendeloques de diamant de la
dernière beauté, trois ou quatre poinçons, point de coiffe, en
un mot, une triomphante beauté à faire admirer à tous les
ambassadeurs.

A six heures donc on monte en calèche, le Roi, Mme de
Montespan, Monsieur, Mme de Thianges, et la bonne
d'Heudicourt sur le strapontin, c'est-à-dire comme en
paradis, ou dans la gloire de Niquée. *Vous savez comme*
ces calèches sont faites ; on ne se regarde point, on est
tourné de même côté. La Reine était dans une autre avec les
princesses, et ensuite tout le monde attroupé selon sa
fantaisie. On va sur le canal dans des gondoles ; on y trouve
de la musique. On revient à dix heures ; on trouve la
comédie. Minuit sonne ; on fait medianoche. *Voilà comme*
se passa le samedi.

Athénaïs de Montespan, dont les cinq bâtards royaux étaient
maintenant ouvertement reconnus à la cour, briguait la position de « maîtresse en titre » du roi, mais du nouveau semblait
se profiler à l'horizon. La liaison royale durait depuis bientôt
dix ans : Sa Majesté paraissait nerveuse et promenait partout
un œil curieux qui laissait présager de possibles rivales dont on
chuchotait les noms à voix basse : la princesse de Soubise,
Mmes de Théobon, de Louvigny, de Ludres, et les de Thianges,

---

1. Claude de Langlée et Philippe de Courcillon Dangeau étaient deux
gentilshommes joueurs professionnels qui servaient de banque aux jeux du
palais.

nièces de la Montespan elle-même. Des bruits couraient qui étaient aussi vite démentis : « Jamais la souveraine puissance de *Quanto* n'a été si bien établie », remarquait cet été-là Mme de Sévigné qui utilisait le code qu'elle réservait à la favorite du roi. « La vision de Théobon est entièrement ridicule. » Quant aux deux petites de Thianges, filles de la propre sœur de Mme de Montespan, cette dernière « ne craint non plus ses petites morveuses de nièces que si elles étaient charbonnées ». D'autant plus, disait Mme de Sévigné, que c'était probablement leur tante en personne qui avait introduit « le loup dans la bergerie », afin de réveiller le désir blasé du souverain par ces tendres morceaux de roi. « Sa beauté est extrême, et sa parure est comme sa beauté, et sa gaieté comme sa parure. » Et pourtant, racontait fin août Mme de Sévigné :

> *On dit que l'on sent la chair fraîche dans le pays de* Quanto. *On ne sait pas bien droitement où c'est. On a nommé la dame que je vous ai nommée, mais comme on est fin en ce pays, peut-être que ce n'est pas là. Enfin il est certain que le cavalier est gai et réveillé, et la demoiselle triste, embarrassée et quelquefois larmoyante.*

Mais la plume pourtant alerte de Mme de Sévigné n'arrivait pas à suivre le rythme des intrigues de la cour. Le 2 septembre :

> *La vision de Mme de Soubise a passé plus vite qu'un éclair; tout est raccommodé.* Quanto *l'autre jour, au jeu, avait la tête tout appuyée familièrement sur l'épaule de son ami; on crut que cette affectation était pour dire :* « *Je suis mieux que jamais.* »

Mais cela pouvait aussi être pure bravade de la part de Mme de Montespan, comme le soulignait quelques jours plus tard Mme de Sévigné :

> *Tout le monde croit que le Roi n'a plus d'amour, et que Mme de Montespan est embarrassée entre les conséquences qui suivaient le retour des faveurs, et le danger de n'en plus faire, crainte qu'on en cherche ailleurs. Outre cela, le parti de l'amitié n'est point pris nettement; tant de beauté encore et tant d'orgueil se réduisent difficilement à la seconde place.*

Mais qui était donc en train de prendre la première place ? Etait-ce l'amie de toujours de la favorite, Mme de Maintenon, qui s'était vu confier la garde des cinq bâtards royaux ? « Sa faveur est extrême », notait cet automne-là Mme de Sévigné. « On prétend, poursuivait-elle, que cette amie de l'amie n'est plus ce qu'elle était, et qu'il ne faut plus compter sur aucune bonne tête, puisque celle-là n'a pas soutenu le tourbillon de ce bon pays. »

D'après la lettre que Mme de Sévigné écrivit le 8 septembre, la chose allait se jouer : « Tout le monde croit que l'étoile de Mme de Montespan pâlit. Il y a des larmes, des chagrins naturels, des gaietés affectées, des bouderies ; enfin, ma chère, tout finit. »

Tant qu'ils ne furent pas absolument certains que c'était véritablement « tout fini », les courtisans continuèrent à faire leur cour à la favorite et à se concilier ses faveurs en la couvrant de superbes cadeaux. Dangeau et Langlée, les deux compères du roi en matière de jeux, rivalisèrent en ce domaine. L'idée vint soudain à Dangeau de créer une ménagerie à Clagny, magnifique et tout nouveau château de Mme de Montespan, non loin de Versailles ; nouvelle promptement rapportée par Mme de Sévigné à Mme de Grignan : « Il a ramassé pour deux mille écus, écrit-elle, de toutes les tourterelles les plus passionnées, de toutes les truies les plus grasses, de toutes les vaches les plus pleines, de tous les moutons les plus frisés, de tous les oisons les plus oisons, et fit hier repasser en revue tout cet équipage. »

Pour ne pas être en reste avec son rival, Langlée imagina un seul et unique présent dont Mme de Sévigné décrit en détail l'extraordinaire beauté, et ce pour le plus grand plaisir de sa fille :

> *M. de Langlée a donné à Mme de Montespan une robe d'or sur or, [rebrodé] d'or, [rebordé] d'or, et par-dessus un or frisé, rebroché d'un or mêlé avec un certain or, qui fait la plus divine étoffe qui ait jamais été imaginée. Ce sont les fées qui ont fait en secret cet ouvrage ; âme vivante n'en avait connaissance. On la voulut donner aussi mystérieusement qu'elle était fabriquée. Le tailleur de Mme de Montespan lui apporta l'habit qu'elle avait ordonné. Il en fit le corps sur des mesures ridicules ; voilà des cris et des gronderies, comme vous pouvez penser. Le tailleur dit en tremblant : « Madame, comme le temps presse, voyez si cet autre habit que voilà ne pourrait point vous accommoder, faute d'autre. » On découvre l'habit : « Ah, la belle chose ! ah, quelle étoffe ! vient-elle du ciel ? Il n'y en a point de pareille sur la terre. » On essaye le corps ; il est à peindre. Le Roi arrive ; le*

tailleur dit : « Madame, il est fait pour vous. » On com-
prend que c'est une galanterie ; mais qui peut l'avoir faite ?
« C'est Langlée, dit le Roi. — C'est Langlée assurément, dit
Mme de Montespan ; personne que lui ne peut avoir imaginé
une telle magnificence. » — « C'est Langlée, c'est Langlée. »
Tout le monde répète : « C'est Langlée. » Les échos en
demeurent d'accord, et disent : « C'est Langlée. » Et moi,
ma bonne, je vous dis pour être à la mode : « C'est
Langlée. »

Il n'est donc pas surprenant que Mme de Grignan ait été
suspendue aux lèvres de sa mère qui lui rapportait tous les
potins de Versailles ; qu'elle ait pris un grand plaisir à lire ses
lettres qui lui racontaient de long en large les caprices
amoureux du Roi-Soleil et de ses maîtresses. Des générations
de sévignistes, d'amateurs d'histoire et de littérature ont fait de
même. Peu importe le mépris des historiens pour ce qu'ils
appellent dédaigneusement la « petite histoire », car ce n'est
pas le très formel *Siècle de Louis XIV* de notre cher Voltaire qui
a su faire revivre à nos yeux les splendeurs du Roi-Soleil, mais
bien les *Lettres* de Mme de Sévigné ainsi que les *Mémoires* du
duc de Saint-Simon.

Le siècle de Louis XIV doit une partie de sa munificence à la
puissance militaire de son roi sans laquelle la France n'aurait
pu étendre son hégémonie sur l'Europe.

Dans les premiers jours d'août, un frisson parcourut la
capitale lorsqu'on annonça la victoire des Français à Aire[1],
victoire où Charles de Sévigné, au grand ravissement de sa
mère, s'était particulièrement distingué. « Le chevalier de
Nogent, qui est revenu apporter la nouvelle d'Aire, dit que le
Baron a été partout et qu'il était toujours à la tranchée partout
où il faisait chaud, et où du moins il devait faire de belles
illuminations, si nos ennemis avaient du sang aux ongles. Il l'a
nommé au Roi au nombre de ceux qui font paraître beaucoup
de bonne volonté. »

La prise de la forteresse d'Aire venait en quelque sorte
compenser la perte imminente de Maëstricht, assiégée depuis
plusieurs mois déjà. Fin août, au grand désespoir de Mme de
Sévigné, l'armée du maréchal Schomberg, dans laquelle servait Charles, se mit en route pour tenter de faire lever le siège
de la forteresse de Maëstricht. « Le Baron m'écrit, et croit
qu'avec toute leur diligence, ils n'arriveront pas assez tôt. Dieu

1. Aire est située dans le nord-ouest de la France, juste au sud de Lille, près
de la frontière actuelle de la Belgique.

le veuille ! J'en demande pardon à ma patrie, mais je voudrais bien que M. de Schomberg ne trouvât point d'occasion de se battre », écrit-elle dans sa lettre du 28 août. Sa bien-aimée patrie n'eut point besoin de l'aide de M. de Schomberg ni de celle de Charles de Sévigné pour sauver Maëstricht : ce fut grâce à ce que Mme de Sévigné appelait « l'Etoile du roi » que les forces ennemies assiégeant la forteresse s'évanouirent à l'approche de l'armée de Schomberg. Mais avant que la nouvelle en parvînt à la capitale, Mme de Sévigné connut les affres de l'angoisse en pensant à son fils : « J'étais dans une inquiétude la plus grande du monde », écrit-elle le 2 septembre : « J'avais envoyé chez Mme de Schomberg, chez Mme de Saint-Géran, chez d'Hacqueville, et l'on me rapporta toutes ces merveilles... C'est ainsi que ce grand siège de Maestricht est fini. »

Maëstricht était sauvée et Aire était prise mais la campagne de 1676 n'était pas un véritable succès : avec la perte de Philippsburg sur le Rhin, le 9 septembre, la France avait perdu le contrôle du Rhin et de la Meuse, ce qui portait un coup sévère à son prestige et à sa puissance militaire.

29.

Le mois de septembre allait s'écouler sans que Mme de Grignan eût mentionné la date de son départ : « Mais, ma bonne, commencez un peu à me parler du vôtre ; n'êtes-vous pas dans le dessein de partir de votre côté quand votre époux partira du sien ? »

« J'ai pris assez sur moi de n'avoir pas usé du droit que vous m'aviez donné de vous faire venir cet été, écrivait avec dépit Mme de Sévigné en septembre. Il faut me payer de cette complaisance et, sans pousser l'irrésolution par delà toutes les bornes, vous partirez, comme nous en sommes demeurés d'accord, dans le temps que M. de Grignan ira à son Assemblée... Je n'en dirai pas davantage. »

Elle n'en fit rien, bien entendu : « Je vous conjure, ma bonne, de ne le point imiter sur votre départ et de songer que nous sommes au 2 d'octobre. Il y a déjà du bois dans votre cave. » (« Ce sont de ces beaux jours de cristal de l'automne, écrit-elle le 9 octobre, qui ne sont plus chauds, qui ne sont point froids ; enfin j'en suis charmée. Je m'y tiens depuis dix heures du matin jusqu'à cinq heures du soir ; je n'en perds pas un moment. ») « Je meurs d'envie que vous me parliez de votre départ », implore-t-elle le 21 octobre.

Mme de Sévigné pouvait en toute justice s'interroger sur les caprices du sort : en effet, on était à la mi-octobre, et sa fille, qu'elle attendait en septembre, n'était toujours pas là, alors que son fils, qu'elle croyait à Charleville avec son régiment, annonçait son arrivée imminente. Le baron, après un joli pied de nez aux canons ennemis, avait tourné les talons aux premiers élancements d'un rhumatisme naissant et venait pousser sa mère à intervenir auprès du ministère de la Guerre afin de lui obtenir une permission.

Elle n'avait pas eu le temps de lui répondre que Charles était déjà là : « Nous entrâmes, nous nous embrassâmes, nous parlâmes de vingt choses à la fois », écrit-elle le 23 octobre,

> *nous nous questionnâmes sans attendre ni sans entendre aucune réponse ; enfin cette entrevue eut toute la joie et tout le désordre dont elles sont ordinairement accompagnées. Cependant monsieur boite tout bas, monsieur crie, monsieur se vante d'un rhumatisme quand il n'est pas devant moi, car ma présence l'embarrasse ; et comme nous en avons bien vu d'autres ensemble, il ne se plaint qu'à demi.*

Malgré sa désinvolture quelque peu sarcastique, Mme de Sévigné trouvait à la compagnie de son fils beaucoup de plaisir. Ils s'étaient installés à Livry, en pensant que Charles, en ce lieu, attirerait moins l'attention du ministère de la Guerre. « Le *frater* est toujours ici », dit-elle dans sa lettre du 28 octobre,

> *attendant les attestations qui lui feront avoir son congé. Il clopine ; il fait des remèdes. Et quoiqu'on nous menace de toutes les sévérités de l'ancienne discipline, nous vivons en paix, dans l'espérance que nous ne serons pas pendus.*

Répondant au souci répété que manifestait Mme de Grignan pour la santé de sa mère, Mme de Sévigné assurait souvent sa fille qu'elle se portait fort bien, si l'on exceptait ses mains qui ne désenflaient pas. Elle avait pourtant essayé tout ce que ses nombreux médecins lui avaient prescrit : tremper ses mains dans le vin nouveau, ou les plonger dans le sang chaud d'une vache qu'on venait d'abattre. Et voici que maintenant, certains lui conseillaient de repartir à Vichy faire une autre cure, tandis que dans son bataillon de médecins, d'autres prétendaient que ce n'était pas la bonne saison pour se rendre aux bains. « Peut-on rien voir de plus plaisant, demandait à sa fille Mme de Sévigné, que cette diversité? Ils m'ôtent mon libre arbitre à force de me laisser dans l'indifférence. On a bien raison de dire qu'il y a des auteurs graves pour appuyer toutes les opinions probables. Je prendrai leur avis selon qu'il me conviendra. »

La présence de son fils à Livry, si agréable fût-elle, ne pouvait longtemps faire oublier l'absence de sa fille à Mme de Sévigné. « Je suis surprise, écrit-elle le 28 octobre, que votre Assemblée ne soit point encore commencée... vous passerez donc encore la Toussaint à Grignan. Mais après cela, ma fille, ne penserez-vous point à partir? »

L'assemblée des communes de Provence, qui avait par deux fois ajourné sa session, ne siégeait toujours pas. Cela aurait dû se passer en septembre, puis en octobre et enfin, pensait-on, en novembre; l'on comprenait donc que Mme de Grignan, qui dépendait des activités de son époux, eût changé ses plans. Mais pourquoi maintenant, à une date si tardive, venait-elle raconter que cela l'ennuyait de se rendre à Paris sans son mari? « Eh, mon Dieu! ma bonne, se lamentait sa mère, est-il possible que vous puissiez croire que le monde trouve ridicule que vous me veniez voir, et qu'on puisse trouver étrange que vous quittiez M. de Grignan pour un peu de temps afin de me donner cette marque de votre amitié? Peut-être aurait-on plus de peine à justifier le contraire. » (Les médisances qui s'étaient attachées au nom de Mme de Grignan avant son mariage lui faisaient-elles craindre d'enfreindre le moindrement les règles de la bienséance habituelle?)

« Je continue à vous conjurer, ma bonne, écrivit le 21 octobre Mme de Sévigné, de décider en ma faveur, et de ne plus balancer à faire un voyage que vous m'avez promis, et qu'en vérité, vous me devez un peu. Je ne suis pas seule à trouver que vous marchandez beaucoup à me faire ce plaisir. Partez donc, ma bonne, partez... »

Ce triste dialogue se poursuivit durant tout le mois d'octobre et une partie de novembre (Mme de Grignan, la voix de la raison et Mme de Sévigné, le cri du cœur): Mme de Grignan ne pouvait se décider à partir car de noirs nuages s'amoncelaient à l'horizon politique de la province que gouvernait alors son époux. La France ne désarmait pas et ces campagnes militaires incessantes exigeaient qu'on imposât les provinces françaises encore plus sévèrement. La Provence, qui souffrait d'une récession comme le reste du pays, voyait d'un fort mauvais œil l'incroyable augmentation des taxes exigée par le Trésor royal pour l'année 1676 : ce dernier réclamait deux fois plus qu'en 1675, alors que déjà cette année-là, l'assemblée n'avait accepté que très difficilement ce qu'on lui demandait[1]. La session de 1676 promettait donc d'être orageuse : la confrontation semblait inévitable entre les représentants du peuple et le lieutenant général, et l'épouse de ce dernier considérait de son devoir d'être à ses côtés durant cette épreuve.

Mme de Sévigné avait beau sangloter à cette déception, elle n'en criait pas moins son admiration pour la noblesse et la grandeur d'âme de sa fille : « Après avoir si bien rempli les devoirs de Provence, je crois que vous serez pressée de songer à moi », écrivit-elle le 13 novembre :

> *Mais j'admire la liaison que j'ai avec les affaires publiques ; il faut que l'excès de ce qu'on demande à votre Assemblée retombe sur moi. Quand je le sus, je sentis le contre-coup ; et vous connaissant comme je fais, il me tomba au cœur que vous ne voudriez point quitter M. de Grignan. C'est, comme vous dites, une des plus grandes occasions qui puisse arriver dans une province ; vous lui serez très utile, et je suis contrainte d'avouer que rien n'est si honnête ni si digne de vous que cette conduite.*
>
> *Je vous assure que je crains fort cette délibération. Quand je pense aux peines de M. de Grignan pour les faire venir à cinq cent mille francs, je ne comprends point du tout comment il pourra faire pour doubler la dose...*
>
> *Je souhaite que vous repreniez bientôt le fil de votre voyage. De la manière dont vous l'avez commencé, vous vous trouveriez plus tôt à Rome qu'à Paris.*

« Et après avoir donné à M. de Grignan cette marque d'amitié, que j'approuve dans une occasion aussi considérable que celle-ci, résolvez-vous à venir sans l'attendre, écrivait Mme de Sévigné le 18 novembre, prenez une résolution, et venez, de bon cœur et de bonne grâce, me combler de la plus sensible joie que je puisse avoir en ce monde. »

---

1. En 1676, le roi réclamant un million de francs, l'assemblée envoya au monarque une députation. En réponse à la contre-proposition de l'assemblée qui offrait une contribution de six cent mille francs, le comte de Grignan fit savoir que Sa Majesté, tenant compte du malaise économique de la province, avait décidé de réduire la somme demandée d'un million de francs à huit cent mille francs, ce que l'assemblée s'empressa d'accepter.

Une semaine plus tard, la lettre si longtemps et si ardemment désirée lui fut délivrée par messager spécial, de la main de Pommier, jeune officier de la garde du comte de Grignan. C'est ce qu'elle décrit d'une manière fort vivante dans sa lettre datée : « A Livry, mercredi 25 novembre [1676]. »

> *Je me promène dans cette avenue. Je vois venir un courrier. Qui est-ce ? « C'est Pommier. » Ah, vraiment ! voilà qui est admirable. « Et quand viendra ma fille ? — Madame, elle doit être partie présentement. — Venez donc que je vous embrasse. Et votre don de l'Assemblée ? — Madame, il est accordé à huit cent mille francs. » Voilà qui est fort bien...*
>
> *Vous êtes en chemin, ma très chère ; voilà un temps admirable. Je vous enverrai un carrosse où vous voudrez. Je vais renvoyer Pommier afin qu'il aille ce soir à Versailles[1].*

Sur quoi, Mme de Sévigné, nageant dans la joie, put se mettre à compter les jours. Sa lettre du 13 décembre trahit cependant quelque remords à l'idée des inconvénients et des périls qui sont l'apanage de trois semaines de voyage en plein hiver :

> *Que ne [vous] dois-je point pour tant de peines, de fatigues, d'ennuis, de froid, de gelée, de frimas, de veilles, d'incommodités ? Je crois les avoir toutes souffertes avec vous. Ma pensée n'a pas été un moment séparée de vous... Quel voyage, bon Dieu ! et quelle saison !... Je n'irai point à Melun... Mais je vous attendrai à dîner à Villeneuve-Saint-Georges ; vous y trouverez votre potage tout chaud, et sans faire tort à personne, celle de tout le monde qui vous aime le plus parfaitement. Le Bien Bon vous attendra dans votre chambre bien éclairée, avec un bon feu.*

---

1. Pommier était en route pour Versailles afin d'y remettre au marquis de Pomponne, secrétaire d'Etat chargé des Affaires provençales, le rapport du comte de Grignan sur la décision prise par l'assemblée : « La nouvelle des huit cent mille francs a été très agréable au Roi et à tous ses ministres », comme le raconte Mme de Sévigné à sa fille dans sa lettre suivante.

30.

Mme de Grignan, souffrant d'une bronchite, arriva à Paris dans un état d'épuisement total, le 22 décembre 1676, et avec les roues de son carrosse qui résonnent sur les pavés de la cour, rue des Trois-Pavillons, se termine pour un temps cette correspondance : le rideau tombe sur cinq mois et demi de silence, durée du séjour de Mme de Grignan chez sa mère.

Loin d'être le moment édénique si vivement souhaité par Mme de Sévigné, ces retrouvailles dégénérèrent en un conflit de personnalité et d'autorité, engendrant incompréhension et rancœur de part et d'autre, laissant éclater des ressentiments jusque-là contenus et frisant la rupture complète et publique, au grand dam non seulement de la mère et de la fille, mais aussi de la famille et des intimes (comme le montre la correspondance qui reprit le 8 juin 1677, date à laquelle le comte et la comtesse de Grignan quittèrent Paris pour reprendre la route de la Provence[1]).

La reprise de leur correspondance révèle de la part des deux femmes un désir désespéré de sauvegarder leur relation et d'empêcher la rupture définitive. Les lettres de Mme de Sévigné, durant les six mois qui suivent cette nouvelle séparation, reviennent sans arrêt sur les six mois précédents et ne cessent d'en déplorer les tragiques conséquences : elles reprennent en se lamentant la liste des blessures réciproquement infligées et subies, cherchant certes à les analyser mais aussi à les panser, et en en rejetant finalement toute la responsabilité sur leur entourage : Mme de Sévigné ne se trouve naturellement aucunement en faute, et fulmine contre ceux auxquels elle fait allusion par un « tout le monde », ces membres de la famille ou amis intimes qui prescrivirent la séparation comme unique remède à cette dramatique situation. (Qui était « ce tout le monde », qui, ces ombres sinistres et menaçantes qui ne surent trouver pour seul remède que d'arracher la fille aux bras de sa mère ? L'on peut seulement penser qu'au nombre de tout

---

1. Le comte de Grignan avait rejoint sa femme chez sa belle-mère un mois plus tard, en janvier 1677.

le monde il faut compter M. de Grignan en tout premier ; puis l'abbé de Coulanges et parmi les intimes et confidents, le fidèle d'Hacqueville et la très raisonnable Mme de La Fayette qui n'avait pas l'habitude de mâcher ses mots.)

Mais comment la mère et la fille avaient-elles pu en arriver là ? Les deux points de frottement majeurs n'avaient rien de bien nouveau : il s'agissait de la prodigalité des Grignan qui les menait à la ruine et des six grossesses qui avaient été le lot de Mme de Grignan en six ans de mariage et avaient entamé sa santé comme sa beauté. (« La punition de Dieu est visible sur vous, déclarait d'un ton acerbe Mme de Sévigné. Après six enfants, que pouviez-vous craindre ? » et encore : « Je n'ai jamais vu de belle ni de jolie femme prendre plaisir à se détruire ! »)

Mais c'était surtout l'affrontement de deux personnalités totalement différentes qui s'était fait plus que jamais sentir : Mme de Sévigné, démonstrative, expansive, possessive, autoritaire, débordante, forçant sa fille à des confidences que cette dernière ne faisait que malgré elle, réclamant des manifestations d'affection dont Mme de Grignan était bien incapable. Face à cet envahissement de sa vie privée, à cette mainmise sur une indépendance chèrement gagnée, menacée par l'étouffante personnalité de sa mère, Mme de Grignan n'avait plus comme défense que la retraite. Irritée par les exigences maternelles, et se sentant coupable de ne pouvoir y répondre, Mme de Grignan se défoulait par de soudaines colères (« Si vive sur les riens », comme le disait sa mère). Il n'est pas non plus impossible qu'une jalousie toute féminine ait attisé l'amertume de Mme de Grignan : il ne pouvait lui être très agréable de voir sa mère toujours aussi belle à l'âge de cinquante et un ans, alors qu'elle-même se fanait déjà à trente et un.

Le carrosse des Grignan n'avait pas sitôt tourné le coin de la rue des Trois-Pavillons que Mme de Sévigné saisissait sa plume et commençait une lettre qui portait pour en-tête

A Paris, mardi 8e juin [1677], après dîner.

> *Non, ma bonne, je ne vous dis rien, rien du tout ; vous ne savez que trop comme mon cœur est pour vous, et ce que vous m'êtes. Je ne puis vous dissimuler tout à fait la légère inquiétude que me donne votre santé... Je vous plains d'avoir le même mal pour moi ; plût à Dieu que je n'eusse pas plus de sujet que vous !*

Le souci que chacune d'elles montrait de la santé de l'autre semble avoir été source de querelle entre les deux femmes, chacune déclarant que l'autre exagérait le danger, et chacune embarrassée de la trop grande sollicitude de l'autre.

« Pour moi, ma bonne, continuait la lettre de Mme de Sévigné, je suis en parfaite santé, les larmes ne me font point de mal. J'ai dîné ; je m'en vais chercher Mme de Vins et Mlle de Méri. Mes chers enfants, adieu. Hélas ! Que cette calèche que j'ai vue partir est bien précisément ce qui m'occupe et le sujet de toutes mes pensées ! » (« Dieu me donnera la paix du cœur, quand il lui plaira, sur votre chapitre », écrirait-elle plus tard avec résignation.)

Le 11 juin, l'humour de Mme de Sévigné reprenait le dessus :

Il me semble que pourvu que je n'eusse mal qu'à la poitrine, et vous qu'à la tête, nous ne ferions qu'en rire, mais votre poitrine me tient fort au cœur, et vous êtes en peine de ma tête. Eh bien ! je lui ferai, pour l'amour de vous, plus d'honneur qu'elle ne mérite, et par la même raison, mettez bien, je vous supplie, votre petite poitrine dans du coton. Je suis fâchée que vous m'ayez écrit une si grande lettre en arrivant à Melun ; c'était du repos qu'il vous fallait d'abord. Songez à vous, ma chère enfant, ne vous faites point de dragons [1] *; songez à me venir achever votre visite, puisque, comme vous dites, la destinée, c'est-à-dire la Providence, a coupé si court, contre toutes sortes de raisons, celle que vous aviez voulu me faire... Quelle journée ! Quelle amertume ! Quelle séparation ! Vous pleurâtes, ma très chère, et c'est une affaire pour vous. Ce n'est pas la même chose pour moi ; c'est mon tempérament. La circonstance de votre mauvaise santé fait une grande augmentation à ma douleur. Il me semble que si je n'avais que l'absence pour quelque temps, je m'en accommoderais fort bien, mais cette idée de votre maigreur, de cette faiblesse de voix, de ce visage fondu, de cette belle gorge méconnaissable, voilà ce que mon cœur ne peut soutenir* [2].*

Les lamentations étaient parsemées çà et là, peut-être, d'ailleurs, suivant une certaine méthode, des nouvelles et ragots de la capitale et de la cour, dont les exilés de la lointaine

1. Un dragon était le nom qu'on donnait, dans la famille, aux cauchemars.
2. Mme de Grignan était, elle, ravie d'avoir perdu du poids même si la minceur n'était pas aussi à la mode au XVIIᵉ siècle qu'elle l'est maintenant. Mme de Sévigné note que le frère du comte de Grignan, coadjuteur de l'archevêque d'Arles, lui avait dit combien Mme de Grignan craignait de prendre de l'embonpoint.

Provence étaient si friands. La missive du 11 juin contenait les derniers bruits concernant les amours du volage monarque et le dernier mot du dernier chapitre sur la Montespan :

> *Ah ! ma fille, quel triomphe à Versailles ! quel orgueil redoublé ! quel solide établissement !... quelle reprise de possession ! Je fus une heure dans cette chambre. Elle était au lit, parée, coiffée ; elle se reposait pour le medianoche. Je fis vos compliments ; elle répondit des douceurs, des louanges...*

« Je vous tiens à mon avantage quand je vous écris, notait Mme de Sévigné dans sa lettre du 14 juin : vous ne me répondez point, et je pousse mes discours tant que je veux. » « Quel dommage », continuait-elle dans cette même lettre,

> *que vous prodiguiez vos inquiétudes pour une santé toute rétablie, et qui n'a plus à craindre que le mal que vous faites à la vôtre !... Pour moi, j'ai de l'inquiétude de votre santé. Elle n'est que trop bien fondée ; ce n'est pas une vision que l'état où je vous ai laissée. M. de Grignan et tous vos amis en ont été effrayés. Je saute aux nues quand on vient me dire : « Vous vous faites mourir toutes deux, il faut vous séparer. » Vraiment, voilà un beau remède, et bien propre en effet à finir mes maux, mais ce n'est pas comme ils l'entendent. Ils lisaient dans ma pensée, et trouvaient que j'étais en peine de vous. Et de quoi veulent-ils donc que je sois en peine ? Je n'ai jamais vu tant d'injustices qu'on m'en a fait dans ces derniers temps. Ce n'était pas vous ; au contraire, je vous conjure, ma fille, de ne point croire que vous ayez rien à vous reprocher à mon égard. Tout cela roulait sur ce soin de ma santé dont il faut vous corriger.*

Le 15 juin arrivèrent de bonnes nouvelles des voyageurs : « Je viens de recevoir deux des vôtres d'Auxerre », écrivait Mme de Sévigné :

> *D'Hacqueville était ici ; il a été ravi de savoir de vos nouvelles. Quels remerciements ne dois-je point à Dieu de l'état où vous êtes ! Enfin, vous dormez, vous mangez un peu, vous avez du repos, et vous n'êtes point accablée, épuisée et dégoûtée comme ces derniers jours.*

Le 16 juin, Mme de Sévigné mettait sa fille en garde pour qu'elle ne laissât point un champ trop libre à son imagination ; elle l'implorait de « ne point trouver que je suis malade quand je me porte bien », « ne point retourner sur un passé qui est passé » (l'attaque de rhumatisme qui avait frappé Mme de Sévigné l'année précédente), « ni voir un avenir » (à la pensée que sa mère prenait de l'âge et mourrait un jour !)...

> *... qui ne sera point. Si vous ne prenez cette résolution, on vous fera un régime et une nécessité de ne me jamais voir. Je ne sais si ce remède serait bon pour vos inquiétudes ; pour moi, je vous assure qu'il serait indubitable pour finir ma vie. Faites sur cela vos réflexions. Quand j'ai été en peine de vous, je n'en avais que trop de sujet ; plût à Dieu que ce n'eût été qu'une vision ! Le trouble de tous vos amis et le changement de votre visage ne confirmaient que trop mes craintes et mes frayeurs. Tâchez donc de guérir votre corps et votre esprit, ma chère enfant. C'est à vous à travailler à tout ce qui peut faire votre retour aussi agréablement que votre départ a été triste et douloureux. Car pour moi, qu'ai-je à faire ? A me bien porter ? je me porte très bien. A songer à ma santé ? j'y pense pour l'amour de vous. A ne me point inquiéter de vous ? c'est de quoi je ne vous réponds pas, ma bonne, quand vous serez en l'état où je vous ai vue. Je vous parle sincèrement : travaillez là-dessus. Et quand on me vient dire présentement : « Vous voyez comme elle se porte, et vous-même, vous êtes en repos ; vous voilà fort bien toutes deux. » Oui, fort bien, voilà un régime admirable ! Tellement que, pour nous bien porter, il faut être à deux cent mille lieues l'une de l'autre ! Et l'on me dit cela avec un air tranquille ! Voilà justement ce qui m'échauffe le sang et qui me fait sauter aux nues. Ma chère bonne, au nom de Dieu, rétablissons notre réputation par un autre voyage, où nous soyons plus raisonnables, c'est-à-dire vous, et où l'on ne nous dise plus : « Vous vous tuez l'une l'autre. » Je suis si rebattue de ces discours que je n'en puis plus ; il y a d'autres manières de me tuer qui seraient bien meilleures.*

Lorsqu'elle écrivit à nouveau le 27 juin, Mme de Sévigné n'était toujours pas remise du choc de ce départ précipité et cruel :

> *Eh, mon Dieu ! ne nous reverrons-nous jamais en nous faisant sentir toutes les douceurs de l'amitié que nous avons ? N'ôterons-nous point les épines, et n'empêcherons-nous point qu'on ne nous dise tous les jours, avec une barbarie où je ne me puis accoutumer : « Ah ! que vous voilà bien, à cinq cents lieues l'une de l'autre ! Voyez comme Mme de Grignan se porte. Elle serait morte ici. Vous vous tuez l'une l'autre ! » Je ne sais pas comme vous vous trouvez de ces discours ; pour moi, ils m'assomment, et si c'est*

*comme cela qu'on me veut consoler, j'en suis fort satisfaite !
Faisons donc mieux, ma bonne, une autre fois. N'apportez
point ou ne faites point de dragons. Aimez votre santé, et
jouissez de la mienne. Remettons-nous en bonne réputation ; faisons voir que nous sommes assez raisonnables
pour vivre ensemble quand la Providence le veut bien. Je
suis frappée outre mesure des blâmes qu'on me veut
donner ; je ne vois point où j'ai tort, moi qui en conviens si
ingénument. Je vous vois, ma bonne, et l'on ne veut pas que
je sois fâchée ! Je finis tout court : ma bonne, corrigeons-
nous, revoyons-nous, ne donnons plus à notre tendresse la
ressemblance de la haine et de la division. Songez à mes
complaisances sur ma santé ; ayez-en un peu de votre côté.
Songez de quelle manière je vous aime ; mettez-vous à ma
place. Faisons-nous honneur de nos sentiments, qui sont si
beaux et si bons ; pourquoi les défigurer ? Ma bonne, je suis
folle, voilà qui est fait ; je n'en parlerai plus. C'est que le très
bon d'Hacqueville m'a sermonnée.*

« Vous m'apprenez enfin que vous voilà à Grignan », écrivait
Mme de Sévigné le dernier jour du mois de juin 1677 :

*Les soins que vous avez de m'écrire me sont de continuel-
les marques de votre amitié. Je vous assure au moins que
vous ne vous trompez pas dans la pensée que j'ai besoin de
ce secours ; rien ne m'est en effet si nécessaire. Il est vrai, et
j'y pense trop souvent, que votre présence me l'eût été
beaucoup davantage, mais vous étiez disposée d'une
manière si extraordinaire que les mêmes pensées qui vous
ont déterminée à partir m'ont fait consentir à cette douleur,
sans oser faire autre chose que d'étouffer mes sentiments.
C'était un crime pour moi que d'être en peine de votre santé.
Je vous voyais périr devant mes yeux, et il ne m'était pas
permis de répandre une larme ; c'était vous tuer, c'était vous
assassiner. Il fallait étouffer. Je n'ai jamais vu une sorte de
martyre plus cruel ni plus nouveau. Si au lieu de cette
contrainte, qui ne faisait qu'augmenter ma peine, vous
eussiez été disposée à vous tenir pour languissante, et que
votre amitié pour moi se fût tournée en complaisance, et à
me témoigner un véritable désir de suivre les avis des
médecins, à vous nourrir, à suivre un régime, à m'avouer
que le repos et l'air de Livry vous eussent été bons, c'est cela
qui m'eût véritablement consolée, et non pas d'écraser tous
nos sentiments. Ah ! ma fille, nous étions d'une manière sur
la fin qu'il fallait faire comme nous avons fait. Dieu nous
montrait sa volonté par cette conduite, mais il faut tâcher
de voir s'il ne veut pas bien que nous nous corrigions, et
qu'au lieu du désespoir auquel vous me condamniez par*

amitié, il ne serait point un peu plus naturel et plus
commode de donner à nos cœurs la liberté qu'ils veulent
avoir, et sans laquelle il n'est pas possible de vivre en repos.
Voilà qui est dit une fois pour toutes. Je n'en dirai plus rien.
Mais faisons nos réflexions, chacune de notre côté, afin que,
quand il plaira à Dieu que nous nous retrouvions ensemble,
nous ne retombions pas dans de pareils inconvénients. C'est
une marque du besoin que vous aviez de ne vous plus
contraindre que le soulagement que vous avez trouvé dans
les fatigues d'un voyage si long. Il faut des remèdes
extraordinaires aux personnes qui le sont ; les médecins
n'eussent jamais imaginé celui-là. Dieu veuille qu'il conti-
nue d'être bon et que l'air de Grignan ne vous soit point
contraire ! Il fallait que je vous écrivisse tout ceci une seule
fois pour soulager mon cœur, et pour vous dire qu'à la
première occasion, nous ne nous mettions plus dans le cas
qu'on nous vienne faire l'abominable compliment de nous
dire, avec toute sorte d'agrément, que pour être fort bien, il
faut ne nous revoir jamais. J'admire la patience qui peut
souffrir la cruauté de cette pensée.

« J'espère que cette lettre ne vous paraîtra pas trop longue »,
écrivait le 9 juillet Mme de Sévigné en s'excusant de la
longueur de ses lettres, longueur dont Mme de Grignan lui
avait fait le reproche. Mme de Sévigné poursuivait en expliquant que cela ne la fatiguait nullement d'écrire, « que si elle
(cette lettre) paraît infinie, c'est qu'elle est reprise à loisir ».
Elle insistait en déclarant : « Le papier et mon écriture la font
paraître aussi d'une taille excessive... il y a plus dans une
feuille des vôtres que dans six des miennes ! » Si la longueur
des lettres maternelles avait rendu soucieuse Mme de Grignan
début juillet, à la fin du même mois leur brièveté l'inquiéta
bien davantage, ce qui amusa fort sa mère : « Ma bonne, j'ai ri
de vous, écrivait le 30 juillet Mme de Sévigné. Quand je vous ai
écrit de grandes lettres, vous avez eu peur que cette application
ne me fît malade. Quand je vous en ai écrit de courtes, vous
croyez que je la suis. Savez-vous comme je vais faire ? C'est
comme j'ai toujours fait. Quand je commence, je ne sait point
du tout où cela ira, si ma lettre sera longue ou si elle sera
courte ; j'écris tant qu'il plaît à ma plume, c'est elle qui
gouverne tout. Je crois que cette règle est bonne, je m'en trouve
bien, et je la continuerai. »
Malgré le ton plein d'humour de ces grandes déclarations, le
cœur et l'esprit de Mme de Sévigné étaient toujours troublés :
« Ne voudrait-on point nous dire encore, après nous avoir

assurées qu'il n'y a rien de mieux que d'être à deux cents lieues l'une de l'autre, écrivait-elle le 9 juillet, qu'il faut aussi ne nous plus écrire ? Je le voudrais. »

De toute évidence, elle craignait pour l'avenir ; ses lettres, tout au long des jours et des semaines, ne cessaient d'évoquer cette question qui la rongeait : comment leurs retrouvailles avaient-elles pu aboutir à un tel gâchis ? Et comment faire pour que la chose ne se renouvelât pas ?

Jurant constamment ses grands dieux qu'elle voulait surtout « ne point retourner sur un passé », mais regarder le futur, Mme de Sévigné continuait néanmoins à ressasser amèrement ce qui avait eu lieu. Ainsi écrivait-elle le 19 juillet :

Vous me mandez des choses admirables de votre santé. Vous dormez, vous mangez, vous êtes en repos ; point de devoirs, point de visites. Point de mère qui vous aime : vous avez oublié cet article, et c'est le plus essentiel. Enfin, ma fille, il ne m'était pas permis d'être en peine de votre état. Tous vos amis en étaient inquiétés, et je devais être tranquille ! J'avais tort de craindre que l'air de Provence ne vous fît une maladie considérable ! Vous ne dormiez ni ne mangiez, et vous voir disparaître devant mes yeux devait être une bagatelle qui n'attirât pas seulement mon attention ! Ah ! mon enfant, quand je vous ai vue en santé, ai-je pensé à m'inquiéter pour l'avenir ? Etait-ce là que je portais mes pensées ? Mais je vous voyais, et vous croyais malade d'un mal qui est à redouter pour la jeunesse. Et au lieu d'essayer à me consoler par une conduite qui vous redonne votre santé ordinaire, on ne me parle que d'absence ; c'est moi qui vous tue, c'est moi qui suis cause de tous vos maux. Quand je songe à tout ce que je cachais de mes craintes, et que le peu qui m'en échappait faisait de si terribles effets, je conclus qu'il ne m'est pas permis de vous aimer, et je dis qu'on veut de moi des choses si monstrueuses et si opposées que, n'espérant pas d'y pouvoir parvenir, je n'ai que la ressource de votre bonne santé pour me tirer de cet embarras. Mais, Dieu merci, l'air et le repos de Grignan ont fait ce miracle ; j'en ai une joie proportionnée à mon amitié. M. de Grignan a gagné son procès, et doit craindre de me revoir avec vous autant qu'il aime votre vie. Je comprends ses bons tons et vos plaisanteries là-dessus. Il me semble que vous jouez bon jeu bon argent. Vous vous portez bien, vous le dites, vous en riez avec votre mari. Comment pourrait-on faire de la fausse monnaie d'un si bon aloi ?
Je ne vous dis rien sur tous vos arrangements pour cet hiver. Je comprends que M. de Grignan doit profiter du peu

de temps qui lui reste; M. de Vendôme[1] le talonne. Vous vous conduirez selon vos vues, et vous ne sauriez mal faire. Pour moi, si vous étiez assez robuste pour soutenir l'effort de ma présence, et que mon fils et le bon Abbé voulussent aller passer l'hiver en Provence, j'en serais très aise, et ne pourrais pas souhaiter un plus agréable séjour. Vous savez comme je m'y suis bien trouvée. Et en effet, quand je suis avec vous et que vous vous portez bien, qu'ai-je à souhaiter et à regretter dans le reste du monde?

Il ne faisait aucun doute que Mme de Grignan se portait maintenant tout à fait bien; depuis son retour à Grignan, son état de santé s'était nettement amélioré.

« Comprenez-vous bien la joie que j'aurai, si je vous revois avec cet aimable visage qui me plaît, un embonpoint raisonnable, une gaieté qui vient quasi toujours de la bonne disposition? » Le fait que Mlle de Montgobert, dame de compagnie de la comtesse, confirmât tout cela, rassurait grandement Mme de Sévigné :

> *Mais enfin, ma fille,* écrivait-elle le 28 juillet, *je suis assurée de votre santé; Montgobert ne me trompe pas. Dites-le-moi cependant encore. Ecrivez-le-moi en vers et en prose; répétez-le-moi pour la trentième fois. Que tous les échos me redisent cette charmante nouvelle! Si j'avais une musique comme M. de Grignan, ce serait là mon opéra.*

Mais au mois d'août, c'est-à-dire plus de deux mois après leur séparation houleuse, la mère et la fille n'avaient toujours pas fini de régler leurs comptes. Les paroles les plus dures allaient encore être écrites par Mme de Grignan. Ses lettres ayant été perdues, nous ne pouvons entendre que l'écho de sa voix à travers les missives de sa mère, où celle-ci la cite souvent mot pour mot, comme dans cette lettre du 11 août :

> *Je reprends, ma fille, les derniers mots de votre lettre. Ils sont assommants :* Vous ne sauriez plus rien faire de mal, car vous ne m'avez plus : j'étais le désordre de votre esprit, de votre santé, de votre maison; je ne vaux rien du tout pour vous. *Quelles paroles! comment les peut-on penser? Et comment les peut-on lire? Vous dites bien pis*

---

1. C'est le duc de Vendôme qui avait le titre officiel de gouverneur de Provence et était grassement rémunéré pour une fonction qu'il ne remplissait en rien. Mais, en 1677, la rumeur publique le poussa à aller assumer les responsabilités qu'il avait jusque-là complètement abandonnées aux mains de son lieutenant général, le comte de Grignan.

que tout ce qui m'a tant déplu, et qu'on avait la cruauté de
me dire quand vous partîtes. Il me paraissait que tous ces
gens-là avaient parié à qui se déferait de moi le plus
promptement. Vous continuez sur le même ton. Je me
moquais d'eux quand je croyais que vous étiez pour moi ; à
cette heure, je vois bien que vous êtes du complot. Je n'ai
rien à vous répondre que ce que vous me disiez l'autre jour :
« Quand la vie et les arrangements sont tournés d'une
certaine façon, qu'elle passe donc cette vie tant qu'elle
voudra. » Et même le plus vite qu'elle pourra ; je le
souhaite. Je ferai réponse vendredi au reste de votre lettre.

31.

L'été 1677, déjà peu gai, avait été encore attristé par la mort
du plus jeune enfant des Grignan, le petit prématuré malformé
né en février 1676. « Hélas ! ma chère, que je suis fâchée de
votre pauvre petit enfant ! s'affligeait Mme de Sévigné en
écrivant à sa fille : Il est impossible que cela ne touche. Ce n'est
pas, comme vous savez, que j'aie compté sur sa vie. Je le
trouvais, de la manière dont on me l'avait dépeint, sans aucune
espérance, mais enfin c'est une perte pour vous ; en voilà trois.
Dieu vous conserve le seul qui vous reste ! »

Mme de Sévigné conseillait à sa fille de chercher du réconfort
auprès des enfants qui lui restaient et surtout de ne pas envoyer
la petite Pauline, qui avait alors trois ans, rejoindre sa sœur
Marie-Blanche au couvent : « *Aimez, aimez Pauline*, plaidait-
elle : Donnez-vous cet amusement. Ne vous martyrisez point à
vous ôter cette petite personne. Que craignez-vous ? Vous ne
laisserez pas de la mettre en couvent pour quelques années,
quand vous le jugerez nécessaire. Tâtez, tâtez un peu de
l'amour maternel... »

« Je voudrais bien voir ce petit Marquis, écrivait sa grand-
mère, mais j'aimerais bien à patronner les grosses joues de
Pauline. Ah ! que je la crois jolie ! Je vous assure qu'elle vous
ressemblera. Une tête blonde, frisée naturellement, est une
agréable chose. Aimez, aimez-la, ma fille. Vous avez assez aimé
votre mère ; ce qui reste à faire ne vous donnera que de

l'ennui. » Pauline ressemblerait peut-être un jour à sa mère, mais pour le moment : « Ce petit nez *carré* (comme celui de sa grand-mère) est une belle pièce à retrouver chez vous. Je trouve plaisant que les nez de Grignan n'aient voulu permettre que celui-là » (la caractéristique des Grignan étant un grand nez busqué).

Quant au petit marquis, « le petit Marquis est fort joli », concluait sa grand-mère, d'après ce qu'on lui en avait dit : un solide et intelligent petit garçon pour lequel il allait falloir trouver un bon précepteur. Cette préoccupation revient fréquemment dans les lettres de Mme de Sévigné datant de ces années-là.

On parlait aussi beaucoup d'un nouveau séjour à Vichy, car les mains de Mme de Sévigné ne désenflaient pas ; et Mme de Grignan insistait fortement sur l'importance de renouveler ce pèlerinage aux eaux bénéfiques de Vichy.

Au départ, Charles de Sévigné avait proposé d'escorter sa « maman mignonne », car il avait lui-même envie d'essayer cette thérapie sur une blessure au talon qu'il avait reçue au début du mois de mars[1], en se battant contre les forces hollandaises et espagnoles près de Valenciennes. Mais il fut obligé d'abandonner cette idée pour s'en aller en Flandres rejoindre son régiment.

Privée de la compagnie de son fils, Mme de Sévigné dut se rabattre sur celle de son oncle, l'abbé de Coulanges, avec lequel elle quitta Paris le 16 août pour se rendre à Vichy. Elle voulut passer par la Bourgogne afin de s'arrêter à Bourbilly, domaine qu'elle possédait dans cette province de France, et d'y régler quelques affaires. Ils prirent la route à « la pointe du jour », dans leur superbe carrosse qui s'en allait grand trot (« Mon cocher est un homme admirable, s'exclamait Mme de Sévigné, nos chevaux sont fringants »), et ils voyagèrent par le plus beau temps, le plus beau pays et le plus beau chemin du monde.

Mme de Sévigné était trop loyale pour critiquer ouvertement l'Abbé comme compagnon de voyage. Elle se permet tout juste de dire que « nous ne sommes pas bien réjouis, mais on porte des livres ». « Nous lisons une histoire des empereurs d'Orient[2] », écrivait-elle le 18 août.

1. N'ayant pas de lettres de Mme de Sévigné datant de ce moment-là, nous connaissons la blessure de Charles d'après les *Lettres historiques* de Paul Pellisson qui se trouvait avec lui sur le champ de bataille.
2. *Alexiade* ou *Histoire d'Alexis Ier* par la princesse Anne Commène, traduit et abrégé par Louis Cousin de *l'Histoire de Constantinople* publiée en 1672-1674 en huit volumes.

> *Cette histoire est divertissante, mais sans préjudice de Lucien, que je continue. Mais ce que je mets encore au-dessus, ce sont vos lettres, ma très bonne. Ce n'est point parce que je vous aime. Demandez à ceux qui sont auprès de vous : Monsieur le Comte, répondez. Monsieur de La Garde, Monsieur l'Abbé, n'est-il pas vrai que personne n'écrit comme elle ? Je me divertis donc de deux ou trois que j'ai apportées ; [vraiment ce que vous dites sur une certaine femme est digne de l'impression].*

Mme de Grignan, durant les semaines précédentes, avait suggéré à sa mère de continuer vers le sud, de Vichy à Lyon, ce qui n'était pas un long périple, puis de Lyon à Grignan, qui n'en était guère éloigné. « Vous me priez d'aller à Grignan ; vous me parlez de vos melons, de vos figues, de vos muscats. Ah ! j'en mangerais bien, mais Dieu ne veut pas que je fasse cette année cet agréable voyage ; peut-être que j'irai quelque autre fois. » Le comte en personne avait pris la plume pour adresser une invitation à sa belle-mère, elle lui répondit le 18 août :

> *Monsieur le Comte, vous ne sauriez avoir tant d'envie de me voir à Grignan que j'en aurais de vous y embrasser. Au nom de Dieu, ne m'imputez point la barbarie que nous allons faire. Elle me fait mal et me presse le cœur. Croyez que je ne souhaite rien avec tant de passion, mais je suis attachée au bon Abbé, qui trouve tant de méchantes raisons pour ne pas faire ce voyage que je n'espère pas de le voir changer.*

L'Abbé pensait sans doute qu'il était plutôt risqué de remettre les deux femmes si vite face à face. Les blessures saignaient encore. Mme de Sévigné avait toujours sur le cœur certaines paroles de Mme de Grignan : « Vous et moi serons donc bien à plaindre, quand vos affaires [vous] obligeront de me revoir », écrivait le 28 août Mme de Sévigné.

Mme de Sévigné et son oncle, aussi éreintés que leurs chevaux après un voyage harassant de près de onze heures, en provenance d'Auxerre, passèrent le pont-levis au-dessus des douves et pénétrèrent dans la grande cour d'honneur du magnifique château du comte de Guitaut à Epoisses, le 21 août. « Vous connaissez le maître », écrivit en arrivant Mme de Sévigné à sa fille, « et le bon esprit qu'il a pour [ceux] qu'il aime un peu... Nos conversations sont infinies. Il aime à causer, et quand on me met à causer, je ne fais pas trop mal aussi. »

Mme de Sévigné ne s'était pas senti l'envie de séjourner à Bourbilly qui était alors en travaux : « Le vieux château de mes pères est sens dessus dessous », avait-elle expliqué au comte de Bussy dans la lettre qui annonçait son arrivée. L'Abbé, tout autant qu'elle, voyait d'un œil critique le fermage des terres, comme elle l'expliquait à sa fille le 22 août :

> *Nous avons déjà commencé à gronder de nos huit mille francs de réparations, et de ce qu'on a vendu mon blé trois jours avant qu'il soit enchéri ; cette petite précipitation me coûte plus de deux cents pistoles. Je ne m'en soucie point du tout. Voilà où la Providence triomphe ; quand il n'y a point de ma faute ni de remède, je me console tout aussitôt.*

Au cours de cette odyssée bourguignonne qui les menait de château en château, Mme de Sévigné et l'abbé de Coulanges arrivèrent le 30 août chez le comte de Bussy, dans son château de Chaseu (près d'Autun), « qui a le meilleur air du monde, et dont la situation est admirable », comme le décrivait Mme de Sévigné. Comme à l'accoutumée, les deux cousins eurent infiniment de plaisir à se retrouver (« je vois bien qu'il ne nous faut jamais voir, ou qu'il ne nous faut jamais quitter », lui écrivit avec nostalgie Bussy deux semaines plus tard).

Les deux voyageurs quittèrent Chaseu le 1er septembre et arrivèrent enfin le 4 à Vichy, où ils retrouvèrent les visages familiers de leurs relations parisiennes. « Jamais il ne s'est vu tant de monde, et jamais il n'a fait si beau. Le mois de septembre ne contrefait ni l'été ni l'hiver, il est le plus beau mois de septembre que vous ayez jamais vu », écrivait Mme de Sévigné à sa fille le 6 septembre.

> *Tout est réglé,* écrit-elle le 7 septembre : ... *tout dîne à midi, tout soupe à sept, tout dort à dix, tout boit à six. Je voudrais que vous eussiez vu jusqu'à quel excès la présence de Termes et de Flamarens*[1] *fait monter la coiffure et l'ajustement de deux ou trois belles de ce pays. Enfin, dès six heures du matin, tout est en l'air, coiffure hurlupée, poudrée, frisée, bonnet à la bascule, rouge, mouches, petite coiffe qui pend, éventail, corps de jupe long et serré ; c'est*

---

1. Le marquis de Termes et le chevalier de Flamarens étaient très lancés dans la capitale.

*pour pâmer de rire. Cependant il faut boire, et les eaux leur
ressortent par la bouche et par le dos.*

Et dans une lettre du 13 septembre : « ...ici dans une jolie
société. Le temps est admirable, le pays délicieux ; on y fait la
meilleure et la plus grande chère du monde » (trop bien peut-
être pour l'Abbé). « Le bon Abbé en prend pour purger tous ses
bons dîners, et se précautionner pour dix ans. »

Le 22 septembre, Mme de Sévigné avait terminé sa cure :

> *Je finis demain toutes mes affaires ; je prends ma dernière
> médecine. J'ai bu seize jours ; je n'ai pris que deux douches
> et deux bains chauds. Je n'ai pu soutenir la douche ; j'en
> suis fâchée, car j'aime à suer, mais j'en étais trop échauffée
> et trop étourdie. En un mot, c'est que je n'en ai plus de
> besoin, et la boisson m'a suffi et fait des merveilles... Pour
> mes mains, ma fille, elles sont mieux...*

En fait, Mme de Sévigné se trouvait très pressée de rentrer à
Paris y signer un bail de location d'une demeure assez vaste
pour accueillir les Grignan et leur suite, ainsi qu'elle-même et
l'Abbé. C'est à Vichy que Mme de Sévigné avait reçu l'heureuse
nouvelle : les Grignan allaient venir passer l'hiver dans la
capitale afin d'y régler des affaires de famille. « La fin de votre
lettre m'a charmée », avait-elle répondu, folle de joie. « Venez,
venez donc, ma bonne, et sans aucun *dragon* sur le cœur,
puisque le bon Archevêque[1] a prononcé *ex cathedra* que votre
voyage était nécessaire pour les intérêts de votre maison. » Les
intérêts de la famille seraient, semblait-il, mieux servis si les
deux filles que le comte avait eues de son premier mariage
venaient vivre avec leur père et leur belle-mère. Les demoisel-
les de Grignan — « les Grignettes », comme les surnommait
Mme de Sévigné — avaient jusque-là vécu avec leur oncle
maternel et tuteur, le duc de Montausier. L'idée était que le
comte, en offrant un toit à ses filles, serait en droit de réduire
les intérêts annuels qu'il leur versait sur l'héritage de leur
mère. Le but des Grignan en venant à Paris fin 1677 était donc
de mettre les choses au point avec le duc de Montausier.

On aurait pu penser que, puisque la cohabitation s'était
révélée une expérience si catastrophique en 1676, la mère et la
fille ne s'y seraient pas risqué à nouveau en 1677. Elles
s'aimaient, certes, mais leurs caractères étaient incompatibles.

---

1. L'archevêque d'Arles, patriarche du clan des Grignan, était le conseiller
de son neveu, le comte de Grignan.

N'était-ce pas tenter le sort que de recréer les conditions qui avaient mené au désastre de l'année précédente ? En faisant cela, elles avaient certainement juré leurs grands dieux de ne pas retomber dans les mêmes erreurs. Mme de Sévigné cherchait à se convaincre que tout irait pour le mieux si elles étaient toutes deux fraîches et gaillardes, et si aucune des deux ne faisait d'histoire à propos de la santé de l'autre. Il faut dire tout simplement que Mme de Sévigné ne pouvait se passer de sa fille et qu'elle préférait courir le risque de vivre tant bien que mal auprès de cette dernière.

Elle fit cependant savoir clairement à Mme de Grignan qu'il lui incombait de faire l'effort, cette fois, d'être au mieux de sa forme et non point au pire, comme l'année précédente. « Ah ! ma bonne, prêchait-elle à sa fille dans une lettre du mois de septembre, gardez tout ce que vous avez, et vous souvenez de ce que vous êtes quand vous voulez, et quel charme et quel agrément je trouve dans votre humeur, quand vous n'êtes point dévorée de tous les *dragons* du monde. Vous en aviez de bien noirs et de bien cruels à Paris, mais quand vous voulez, ma bonne, ah, mon Dieu ! comme vous êtes ! et quel charme et quel enchantement ne trouve-t-on point en vous ? » « Portez-vous aussi bien que moi, et je vous promets de n'être point en peine », écrivait-elle en octobre. « Au nom de Dieu, continuait la péroraison, ne recommençons point à nous dire mille cruautés. »

« Ma bonne, l'espérance de vous voir, de vous attendre, de vous bien recevoir, me vaut mille fois mieux que toutes les eaux de Vichy », exulta-t-elle lorsqu'elle apprit la date du départ des Grignan.

Fort heureusement, grâce à l'ami fidèle et infatigable de la famille, le cher d'Hacqueville, on trouva à louer pour l'automne la demeure se prêtant à la perfection au logement de tout ce beau monde. C'était une imposante et belle maison, rue Culture-Sainte-Catherine (rebaptisée aujourd'hui rue de Sévigné), dans le quartier du Marais, celui que préférait Mme de Sévigné, à quelques pas de sa maison natale. Cette nouvelle demeure portait le nom d'hôtel Carnavalet[1] : il s'agissait naturellement là d'un hôtel particulier. Pour Mme de Sévigné, qui affectionnait surnoms et sobriquets, il devint immédiatement « Carnavalette » (Carnavalet étant la déformation du nom breton Kernevenoy, qui était celui des premiers proprié-

---

1. C'est aujourd'hui le musée Carnavalet où se trouvent de nombreux souvenirs de Mme de Sévigné.

taires de l'hôtel). Construit au début du xvie siècle, l'hôtel
Carnavalet avait été considérablement rénové début xviie par
le grand architecte François Mansart. La main du célèbre
sculpteur Jean Goujon est reconnaissable dans l'étonnant bas-
relief qui orne la façade du second étage donnant sur la superbe
cour : douze figures classiques plus grandes que nature y
représentent les signes du zodiaque.

« Dieu merci », écrivait Mme de Sévigné le 7 octobre 1677 :

> *nous avons l'hôtel de Carnavalet. C'est une affaire admira-*
> *ble : nous y tiendrons tous, et nous aurons le bel air.*
> *Comme on ne peut pas tout avoir, il faut se passer des*
> *parquets et des petites cheminées à la mode, mais nous*
> *aurons du moins une belle cour, un beau jardin, un beau*
> *quartier, et de bonnes petites filles bleues, qui sont fort*
> *commodes ; et nous serons ensemble, et vous m'aimez, ma*
> *chère enfant... »*

Ils seraient là tous ensemble, mais ils ne seraient pas à
l'étroit, comme elle l'exprimait clairement : les Grignan s'ins-
talleraient au premier ou au rez-de-chaussée, elle au second.
Les filles du comte et Mlle Montgobert auraient le troisième ;
l'Abbé, le Bien Bon, aurait « une petite aile très jolie ». C'était
une très vaste et très belle construction : en plus du grand
escalier de marbre conçu par Mansart, il y avait un escalier de
service sur l'arrière. Il y avait aussi « quatre remises de
carrosse ; on en peut faire une cinquième » et une « écurie pour
dix-huit chevaux ».

Déménager n'était certes pas plus aisé au xviie siècle qu'au
xxe ; tout était en l'air, se lamentait Mme de Sévigné le
15 octobre, mais elle était si heureuse de ce nouvel arrangement.

Si heureuse que cela frisait presque l'euphorie : « Le jardin
est très beau ; je crois que j'y coucherai. » « Adieu, ma bonne,
se terminait sa lettre du 16 octobre, adieu, tous mes chers
Grignan et *Grignanes.* Je vous aime et vous honore ; aimez-moi
un peu. On m'ôte mon écritoire, mon papier, ma table, mon
siège. Oh ! déménage donc tant que tu voudras, me voilà
debout. »

« Il faut un peu que je vous parle, ma fille, de notre hôtel de
Carnavalet », écrit-elle le 20 octobre :

> *J'y serai dans un jour ou deux, mais comme nous sommes*
> *très bien chez M. et Mme de Coulanges, et que nous voyons*
> *clairement qu'ils en sont fort aises, nous nous rangeons,*

nous nous établissons, nous meublons votre chambre, et ces jours de loisir nous ôtent tout l'embarras et tout le désordre du délogement. Nous irons coucher paisiblement, comme on va dans une maison où l'on demeure depuis trois mois... Je me divertis extrêmement à vous donner le plaisir de n'avoir aucun chagrin, au moins en arrivant... Je reçois mille amitiés de Mme de Vins. Je reçois mille visites en l'air des Rochefoucauld, des Tarente ; c'est quelquefois dans la cour de Carnavalet, sur le timon de mon carrosse.

Elle avait une seule requête à adresser à Mme de Grignan : « Ma belle, n'apportez point une si effroyable quantité de ballots. Quand je songe à trente-deux que vous emportâtes, cela fait peur. »

Quand vint la première semaine de novembre, Mme de Sévigné s'enfuit à Livry pour échapper aux affres finales du déménagement et le 3, elle se confiait à Bussy en ces termes :

Je suis venue ici achever les beaux jours et dire adieu aux feuilles. Elles sont encore toutes aux arbres ; elles n'ont fait que changer de couleur. Au lieu d'être vertes elles sont aurore, et de tant de sortes d'aurore que cela compose un brocart d'or riche et magnifique, que nous voulons trouver plus beau que du vert, quand ce ne serait que pour changer.

Je suis établie à l'hôtel de Carnavalet. C'est une belle et grande maison ; je souhaite d'y être longtemps, car le déménagement m'a beaucoup fatiguée. J'y attends la belle Madelonne, qui sera fort aise de savoir que vous l'aimez toujours.

Le bon Abbé vous fait mille remerciements. Nous parlons souvent de Chaseu, de votre bonne chère, de votre admirable situation, et enfin de votre bonne compagnie ; il est fâcheux d'en être séparé quasi pour toute sa vie[1].

A la mi-novembre, les Grignan se mirent en route pour Paris et la correspondance entre la mère et la fille fut, une fois de plus, interrompue lorsqu'ils arrivèrent à proximité de la capitale. La seule lettre qui nous reste de Mme de Sévigné, en ce dernier mois de 1677, est adressée à son cousin le comte de Bussy-Rabutin et a pour en-tête : « Paris, ce [mercredi] 8e décembre 1677. »

---

1. Bussy répondit : « Je vous trouve de très bon goût, Madame, de préférer tous les différents aurore de l'automne au vert du printemps, mais je remarque un peu d'amour-propre dans ce jugement ; c'est indirectement dire que vous avez plus de mérite que la jeunesse. Et ma foi, vous avez raison, car enfin la jeunesse n'a que du vert, et nous autres gens d'arrière-saison, sommes de cent mille couleurs, les unes plus belles que les autres. »

La belle Madelonne *est ici ; mais comme il n'y a point de plaisir pur en ce monde, la joie que j'ai de la voir est extrêmement troublée par le chagrin de sa mauvaise santé. Imaginez-vous, mon pauvre cousin, que cette jolie petite personne, que vous avez trouvée si souvent à votre gré, est devenue d'une maigreur et d'une délicatesse qui la rend une autre personne. Et sa santé est tellement altérée que l'on ne peut y penser sans en avoir une véritable inquiétude pour peu qu'on y prenne intérêt. Voilà ce que le bon Dieu me gardait, en me redonnant ma fille.*

L'élément de discorde principal, qui avait miné l'atmosphère des retrouvailles en 1676, était de nouveau là en 1677 : leurs appréhensions et remarques mutuelles sur leur état de santé allaient encore une fois porter ombrage à l'harmonie familiale. Cette vie en commun, qui allait durer près de deux ans, de décembre 1677 à septembre 1679, était dès le départ vouée à l'échec.

32.

À l'hôtel Carnavalet, durant l'année 1678, tout n'alla pas pour le mieux ; la vision grandiose que Mme de Sévigné s'était faite de ses retrouvailles avec sa fille s'évanouit en fumée.

Mme de Grignan, après un voyage long et difficile, au cœur même de l'hiver, arriva à Paris, livide, écroulée de fatigue, littéralement émaciée, les nerfs à vif et toussant tellement qu'elle pouvait à peine parler. Mme de Sévigné s'effondra lorsqu'elle la vit. Et il y eut des étincelles comme il y en avait eu en 1676.

Mme de Sévigné avait toute raison de s'alarmer : c'était « la santé de la comtesse de Provence », comme elle l'écrivait au comte de Guitaut, deux jours avant Noël, qui lui causait « tous les jours mille et mille chagrins. Sa maigreur augmente, et ce joli visage que nous avons vu n'est quasi plus reconnaissable ». Puis à Bussy, le 4 janvier 1678 : « Je vous avoue que la santé de cette pauvre Provençale me comble de tristesse ; sa poitrine est d'une délicatesse qui me fait trembler, et le froid l'avait tellement pénétrée qu'elle en perdit hier la voix plus de trois heures et avait une peine à respirer qui me faisait mourir. »

Quant à Mme de Grignan, elle avait probablement accordé trop d'importance à un malaise passager qu'avait éprouvé sa mère mi-novembre 1677 : une « colique néphrétique et bilieuse », comme le décrivait elle-même Mme de Sévigné dans une lettre au comte de Guitaut. On la saigna, on la purgea et on lui administra « force remèdes... dont on compterait aussitôt le nombre que celui des sables de la mer » ; elle avait été sur pied à la fin de la semaine « avec une pâleur honnête, qui faisait voir à mes amis que j'avais été digne de leurs soins ».

Le souci permanent qu'elles avaient l'une de l'autre donnait lieu à de perpétuels conseils et exhortations, empreints d'une agaçante sollicitude et qui provoquaient de part et d'autre impatience, énervement et indignation.

Mais il y avait d'autres causes fondamentales à cette mésentente entre les deux femmes : la différence existant entre leurs tempéraments et leurs personnalités n'avait jamais été si prononcée. L'atmosphère fut bientôt si tendue que la communication devint impossible. Pour s'adresser à sa fille, alors même qu'il n'y avait qu'une porte entre elles deux, Mme de Sévigné dut se résoudre à lui écrire. Ni l'une ni l'autre n'osait plus recourir au dialogue : les mots menaient trop vite aux explosions de colère. Mme de Sévigné et Mme de Grignan ne pouvaient plus soutenir une conversation sans craindre de voir le ton monter et la coupe déborder.

Si désespérément pénibles que fussent ces mois passés ensemble, Mme de Sévigné ne les voyait pas moins s'écouler avec angoisse. Lorsque Mme de Grignan, en mai 1678, saisit comme prétexte la menace de guerre pour fuir Paris et sa mère — et suivre son mari qui retournait en Provence (où sa présence était requise en ce temps de péril éventuel pour la nation[1]) —, Mme de Sévigné prit alors la plume pour plaider sa cause : « Mes lettres sont plus heureuses que mo[i-même] », écrivait-elle plaintivement :

> *Je m'explique mal de bouche, quand mon cœur est si touché. Je vous entends dire que vous vous en allez ; je ne suis pas seule qui improuve ce dessein. Il me semble qu'il serait plus raisonnable et plus naturel d'attendre ici la décision de la paix ou de la guerre. Si c'est la paix, M. de*

---

1. Le comte de Grignan avait rejoint sa femme à Paris au début de janvier 1678, mais était immédiatement rentré reprendre son poste.

Grignan vous viendrait quérir et vous emmènerait ; si c'est la guerre, votre séjour sera assez long en Provence, pour ne vous point presser, et donner encore ici deux mois à votre santé. Quoi que vous puissiez dire, l'air de Grignan vous est mortel et vous a mise en l'état où vous êtes. Vous éviterez d'y passer l'été, en partant au mois de septembre ; vous donneriez ce temps à du repos ou à des bains. Peut-être même que M. de Grignan sera peu à Grignan ; il ne pourra de loin quitter sa Méditerranée. Voilà ce que je demanderais de vous. Le bon sens, la raison, tous vos amis, votre santé, et vous-même si vous étiez comme une autre personne, vous feraient voir que cette conduite serait raisonnable et naturelle. Il n'est pas aisé de comprendre ce qui vous oblige à vouloir faire une démarche qui sera blâmée de tout le monde, et peut-être même de M. de Grignan, qu'on accusera d'entrer dans cette conjuration contre vous-même, quoiqu'il en soit fort éloigné. Je sais tout ce que vous pouvez dire, mais trois mois sont bientôt passés, et vous n'aurez besoin de rien, pourvu que vous puissiez vous donner à vous-même quelque tranquillité.

Voilà, ma bonne, ce que je pense sans cesse, et ce que je n'ose jamais vous dire. Je crains vos éclats. Je ne les puis soutenir ; je suis muette et saisie. Si vous me croyez une sotte femme, vous avez raison ; je la suis toujours avec vous, parce que je suis toujours occupée de vous. Je vous conjure de ne me point faire réponse à tout ceci ; ne me dites rien, et donnez seulement quelques moments de réflexion à tout ce que je viens de vous dire. Et si vous voulez me compter pour quelque chose, soyez persuadée qu'il n'y a rien que je souhaite tant que de vous voir résolue à passer l'été avec moi.

Le même toit abritait alors la mère et la fille, mais si l'on en juge par le manque total de communication entre elles deux, elles eussent aussi bien pu se trouver chacune à une extrémité de la planète. Mme de Sévigné n'avait eu connaissance des plans de départ de sa fille que lorsque celle-ci en avait parlé à d'autres personnes en présence de sa mère. (« Je vous entends dire que vous vous en allez », écrivait toujours dans cette lettre Mme de Sévigné.) « Je ne puis vous rien dire du séjour de ma fille ici... ce sont des lettres si closes que celles de Provence que je n'y pénètre point du tout... », écrivait tristement Mme de Sévigné au comte de Guitaut le 28 avril.

D'ailleurs, à la fin du mois de mai, Mme de Sévigné allait chercher à obtenir le concours du comte de Grignan dans le conflit qui l'opposait à sa fille :

Je veux vous rendre compte d'une conférence de deux heures que nous avons eue avec M. Fagon[1], très célèbre médecin. C'est M. de La Garde[2] qui l'a amené; nous ne l'avions jamais vu. Il a bien de l'esprit et de la science. Il parle avec une connaissance et une capacité qui surprend, et n'est point dans la routine des autres médecins qui accablent de remèdes; il n'ordonne rien que de bons aliments. Il trouve la maigreur de ma fille et la faiblesse fort grandes. Il voudrait bien qu'elle prît du lait comme le remède le plus salutaire, mais l'aversion qu'elle y a fait qu'il n'ose seulement le proposer; elle prend le demi-bain et des bouillons rafraîchissants. Il ne la veut contraindre sur rien. Mais quand elle lui a dit que sa maigreur n'était rien, et qu'après avoir été grasse on devient maigre, il lui a dit qu'elle se trompait, que sa maigreur venait de la sécheresse de ses poumons, qui commençaient à se flétrir, et qu'elle ne demeurerait point comme elle est, qu'il fallait ou qu'elle se remît en santé, ou que sa maigreur viendrait jusqu'à l'excès, qu'il n'y avait point de milieu, que ses langueurs, ses lassitudes, ses pertes de voix, marquaient que son mal était au poumon, qu'il lui conseillait la tranquillité, le repos, les régimes doux, et surtout de ne point écrire, qu'il espérait qu'elle pourrait se remettre, mais que si elle ne se rétablissait pas, elle irait toujours de pis en pis. M. de La Garde a été témoin de tout ce discours; envoyez-lui ma lettre si vous voulez.

J'ai demandé à M. Fagon si l'air subtil lui était contraire; il a dit qu'il l'était beaucoup. Je lui ai dit l'envie que j'avais eue de la retenir ici pendant les chaleurs, et qu'elle ne partît que cet automne pour passer l'hiver à Aix, dont l'air est bon, que vous ne souhaitiez au monde que sa santé, et que ce n'était qu'elle que nous avions à combattre pour l'empêcher de partir tout à l'heure. Nous en sommes demeurés là. M. de La Garde a été témoin de tout. J'ai cru que je devais vous faire part de tout ce qui s'est passé, en vous protestant que l'envie de la voir plus longtemps, quoique ce soit le plus grand plaisir de ma vie, ne m'oblige point à vous reparler encore sur ce sujet, mais je croirais que vous auriez sujet de vous plaindre de moi, si je vous laissais dans la pensée que son mal ne fût pas plus considérable qu'il l'a été. Il l'est d'autant plus qu'il y a un an qu'il dure, et cette longueur est

---

1. Guy Fagon était un excellent médecin, selon les *Mémoires* du duc de Saint-Simon. En 1630, il devint le médecin de la reine et du dauphin, et en 1681, du roi lui-même.
2. Le marquis de La Garde était le cousin du comte de Grignan et un conseiller fort écouté. Si Mme de Sévigné se réfère si souvent à son témoignage, nous pouvons en conclure que son objectivité, en ce qui concernait sa fille, était souvent mise en doute.

*tout ce qu'il y a à craindre. Vous me direz que je la retienne ;
je vous répondrai que je n'y ai aucun pouvoir, qu'il n'y a
que vous ou M. de La Garde qui puissiez fixer ses incertitu-
des. A moins que sa tranquillité ne vienne par là, il n'en faut
point espérer ; et n'en ayant point, il vaut mieux qu'elle
hasarde sa vie. Elle a pour vous et pour ses devoirs un
attachement très raisonnable et très juste. A moins qu'elle
ne retrouve, par la pensée de vous plaire, la douceur qu'elle
trouverait d'être auprès de vous, son séjour ici lui ferait plus
de mal que de bien. Ainsi, Monsieur, c'est vous seul qui êtes
le maître d'une santé et d'une vie qui est à vous ; prenez donc
vos mesures, chargez-vous de l'événement du voyage, ou
donnez-lui un repos qui l'empêche d'être dévorée, et qui la
fasse profiter des trois mois qu'elle sera ici. Je vous
embrasse de tout mon cœur.*

*Je ne m'étonne pas si vous ignorez l'état où elle est ; sa
fantaisie, c'est de dire toujours qu'elle se porte fort bien.
Plût à Dieu que cela fût vrai et qu'elle fût avec vous ! Je ne
veux pour témoins du contraire que M. l'abbé de Grignan*[1]*,
M. de La Garde, et tous ceux qui la voient et qui y prennent
quelque intérêt.*

Et pour une fois, c'est la comtesse de Grignan qui parle pour
elle-même : du petit nombre de lettres qu'elle nous a laissées
de sa main, deux ont été écrites au printemps et durant l'été
1678, et toutes deux destinées à son époux. La première ne
raconte rien de bien important, petites choses de tous les jours
et ragots mondains. La seconde (écrite au mois de mai et donc
postérieure à la signature du traité de paix avec l'Angleterre)
laisse deviner le désarroi de la comtesse :

*Je suis donc dans ce lieu qui vous fait tant faire de
réflexions sur les beaux jours que vous y avez passés, et les
jours de colique qui vous y ont fait souffrir tant de maux.
En vérité, je ne voudrais pas que les derniers fussent à
recommencer, mais je voudrais fort la continuation des
autres et que, par effet de magie, nous pussions vous avoir
ici tout l'été avec nous pour respirer l'air le plus doux et le
meilleur du monde. On parle de paix et de trêves, mais
comme tout est encore incertain et que, quand elles seraient,
je ne sais si vous aimeriez mieux venir ici que de passer
votre été et l'automne à Grignan, je ne songe qu'à vous y
aller trouver, et nous avons pris nos mesures avec La Garde
pour y être à la fin de juin. Je serai trop aise, mon très cher
Comte, quand j'aurai le plaisir d'être réunie à vous pour ne*

1. **Louis** de Grignan, l'Abbé, était le plus jeune frère du comte.

vous plus quitter. Je vous réponds de la ferme résolution que je prends et que je soutiendrai sur ce sujet, et je vous prie de me répondre de la vôtre, afin que nous concourions également à ce dessein, si bon et si utile pour la paix de notre vie... Vous m'avez fait un sensible plaisir de m'apprendre la différence que vous avez trouvée dans les lettres de M. de Louvois[1]. Je me croirais fort heureuse si j'avais contribué à ses douceurs pour vous... Il trouva plaisant de dire que je l'avais charmé et non pas persuadé, mais je vois par la suite que je l'ai seulement persuadé, ce qui vaut mieux pour nous. Mon très cher Comte, vous faites fort bien d'être appliqué à rendre votre régiment[2] tout des meilleurs ; il ne faut pas qu'il soit cassé. Nous avons un petit colonel à mettre à la tête ; ce serait dommage que nous perdissions cette place. Pour moi, je suis persuadée qu'il sera plus heureux que nous et que, ne pouvant obtenir, ni même espérer, des grâces personnelles, nous en aurons pour notre petite créature. Je le voudrais déjà en âge d'une survivance[3], il me semble qu'il l'aurait. Mais vos services ne feront qu'augmenter jusque-là ; ainsi les récompenses en seront encore plus sûres... Je suis assez contente du bon ordre de votre maison... Il est vrai que jamais votre maison n'a mieux été réglée. Témoignez à vos gens que vous en êtes content et que vous voulez qu'ils continuent. N'augmentez point les appointements d'Anfossy[4]... Je suis fort satisfaite de ce garçon-là... J'ai fait écrire Bonrepaus pour les réparations du palais... Je ne vous mènerai donc point de maître d'hôtel. Vous êtes content de tout, c'est assez. Vous êtes assez délicat pour que l'on puisse se fier à votre goût... Je vous ai envoyé un habit ; je ne sais si vous l'avez reçu. Il y a une veste de satin de Venise qui sera, je pense, ce que vous me demandez. Si vous voulez outre cela une camisole de la Chine, je vous la porterai, mais mandez-le-moi dans la réponse à cette lettre. J'espère vous mander la paix assurée avant mon départ, car je suis fort lasse de vous dire toujours oui et non, sans fixer votre esprit...

Vos petites filles sont fort aises ici : je les prépare à ne pas trouver de si beaux jardins à Grignan. Nous sommes résolus, l'abbé de Coulanges et moi, de faire bâtir des chambres pour loger votre famille, qui est nombreuse et que l'on ne sait où mettre... Enfin, mon cher Comte, dépêchez-

---

1. Le marquis de Louvois, fils de Le Tellier auquel il succéda en tant que ministre de la Guerre.
2. Le régiment d'infanterie provençale formé en 1674 et dont le comte de Grignan était colonel.
3. Un enfant mineur pouvait être nommé successeur au poste de son père avant la mort de ce dernier.
4. Anfossy était le secrétaire du comte.

vous de me donner vos ordres, car ce qui s'appelle un pied à l'étrier... Je vous embrasse de tout mon cœur, mon très cher Comte. Je suis à vous avec toute la tendresse possible ; je vous conjure d'en être bien persuadé et de ne point changer l'opinion que vous avez d'avoir à vous seul une jolie personne. Je voudrais être aussi jolie comme il est sûr que je suis à vous. Vous ne voyez point ma fille[1], et cependant vous lui devez quelque amitié. J'ai envie de la voir, la pauvre petite, et Paulinotte, et mon fils, et tout notre petit ménage, à qui je pense toujours avec plaisir. Ma mère, et vos filles, et le Bien Bon vous font mille amitiés et vous assurent, c'est-à-dire vos filles, de leurs respects. Je vous quitte pour me promener au chant des rossignols, qui m'appellent et qui vous charmeraient. Eh, mon Dieu ! ne viendra-t-il pas une année où je puisse voir mon mari sans quitter ma mère ? En vérité, je le souhaiterais fort, mais quand il faut choisir, je ne balance pas à suivre mon très cher Comte, que j'aime et que j'embrasse de tout mon cœur...

Elle n'avait pas d'autre issue, en cet été 1678, que de choisir entre eux. Malgré ses véhémentes déclarations, elle n'avait pas suivi son mari comme prévu et cela montre quelle extraordinaire force de persuasion sa mère exerçait sur elle. Soutenue par le marquis de La Garde et le docteur Fagon, Mme de Sévigné fit en sorte de convaincre Mme de Grignan de rester en Ile-de-France se reposer et se remettre des fatigues hivernales.

En effet le séjour parisien de Mme de Grignan n'avait pas été de tout repos : la comtesse, dans une autre lettre à son mari, mentionne ces rudes journées (« une vie enragée... une si rude journée ») qui avaient été son lot dans la capitale : assister aux sermons, rendre visite aux amis, connaissances et ministres en place (afin d'y plaider pour la Provence), et la nuit jouer, et pour de fortes sommes (notamment à la bassette : « la folie de la bassette »).

Une lettre de Mme de Senneville, correspondante du comte de Bussy, montre clairement que Mme de Grignan ne vivait pas en recluse : cette lettre apparaît dans les *Lettres* de Bussy qui ont été publiées. Elle est datée du 25 avril 1678 :

Je ne saurais fermer ma lettre sans vous dire que votre belle cousine de Grignan, étant ces jours passés au petit Saint-Antoine [église d'un séminaire située entre les rues Saint-Antoine et du Roi-de-Sicile], toute couverte d'or et d'argent, malgré l'étroite défense et la plus exactement

1. Marie-Blanche, l'aînée des Grignan, au couvent des Visitandines.

observée que jamais, essuya la réprimande et les menaces d'un commissaire, qui en étonna tout le monde et dont la dame fut fort embarrassée... Cela est bien imprudent à Mme de Grignan de s'exposer à recevoir un affront, et je ne comprends pas que le commissaire se soit contenté de la menacer et ne lui ait pas fait payer l'amende. Cette femme-là a de l'esprit, mais un esprit aigre, une gloire insupportable et fera bien des sottises. Elle se fera autant d'ennemis que sa mère s'est fait d'amis et d'admirateurs.

Mme de Sévigné dramatisait-elle lorsqu'elle parlait de l'état de santé de sa fille ? Pour le comte de Bussy, en tout cas, Mme de Grignan était une malade imaginaire : « Je crois que tous les maux de la belle *Madelonne* viennent de sa tête, avait-il eu l'audace de déclarer à la mère de la comtesse au début de cette année-là. Tant qu'elle a été la plus jolie fille de France, elle a été la plus saine... Si elle voulait guérir, elle ne résisterait pas aux conseils des habiles gens en ces matières. » Mlle de Scudéry, la romancière prolixe et populaire de l'époque, semble être d'accord avec Bussy pour penser que les problèmes de Mme de Grignan étaient d'ordre psychosomatique : « Je rencontrai l'autre jour Mme de Sévigné, en vérité encore belle. On dit que Mme de Grignan ne l'est plus et qu'elle voit partir sa beauté avec un si grand regret que cela la fera mourir. »

Si les efforts de Mme de Sévigné pour retenir sa fille dans la capitale paraissent avoir occupé toutes ses pensées et usé toute son énergie en cette année 1678, d'autres événements allaient marquer sa vie et lui procurer de fortes émotions.

Littéralement « obsédée » par sa fille, Mme de Sévigné a très souvent tendance dans ses *Lettres* à négliger son fils. Après avoir été longtemps absent de la scène, Charles réapparaît soudain sous les traits d'un héros : d'après la *Gazette* du 30 août : « Le marquis de Sévigné, sous-lieutenant des gendarmes de Msgr le Dauphin, fut exposé plus de deux heures au grand feu du canon des ennemis. Il témoigna dans toute l'action une grande fermeté et perdit quarante hommes de la compagnie qu'il commandait. » « Où est votre fils, mon cousin ? demandait Mme de Sévigné au comte de Bussy dans sa lettre du 23 août. Pour le mien, il ne mourra jamais, puisqu'il n'a pas été tué dix ou douze fois auprès de Mons. » La bataille qui avait eu lieu près de Mons fut la dernière de cette campagne de 1678 car elle se déroula la veille d'une trêve que signèrent Louis XIV et Guillaume d'Orange : « Le Roi a trouvé plus beau de la donner cette année à toute la chrétienté que de

prendre le reste de la Flandre ; il la garde pour une autre fois »,
rapportait d'un ton léger Mme de Sévigné à son cousin Bussy
dans une autre lettre.

La disparition soudaine de l'abbé d'Hacqueville (qui était le
plus cher ami, le confident et le bras droit de Mme de Sévigné),
le dernier jour du mois de juillet 1678, après une courte
maladie d'une semaine, lui fit couler certes bien des larmes : ce
fut une perte cruelle que celle de cet homme, si dévoué envers
ses amis et si zélé à leur rendre service que Mme de Sévigné
avait mis son nom au pluriel et l'appelait « les d'Hacqueville » : ce qui voulait dire qu'un homme seul n'aurait pu
accomplir tout ce que faisait ce parfait ami au nom seul de
l'amitié. C'était à d'Hacqueville qu'elle confiait ses problèmes
avec sa fille, vers lui qu'elle se tournait pour trouver affection
et conseil, pour la représenter à la cour, pour l'aider à signer le
bail de l'hôtel Carnavalet, bref, pour tout et pour rien !
Lorsqu'il mourut, Mme de Grignan se trouvait à Paris pour
essuyer les larmes de sa mère, ce qui priva le pauvre d'Hacqueville de son éloge mortuaire (c'est-à-dire de la lettre élégiaque
où Mme de Sévigné l'aurait pleuré et qu'elle aurait envoyée à
Mme de Grignan). Dans les missives que Mme de Sévigné
adressa cet été-là au comte de Bussy et au comte de Guitaut, il
n'est fait aucune mention de la disparition de cet ami. Nous en
avons quelque écho, par contre, dans une lettre de François
Roger de Gaignières, autre correspondant de Bussy, lettre
datée du 5 août et qui apparaît dans les *Lettres* de Bussy.

Si l'année 1678 n'est pas restée dans l'histoire comme celle
de la mort de l'abbé d'Hacqueville, elle est sur le plan littéraire
une année importante, celle de la publication de ce qu'on peut
appeler le premier roman français, au sens moderne du mot :
la Princesse de Clèves de Mme de La Fayette est le seul roman
français du xviie siècle à avoir passé victorieusement l'épreuve
du temps. Il reste le précurseur du grand roman psychologique
français, de l'abbé Prévost à Marcel Proust.

« C'est un petit livre que Barbin nous a donné depuis deux
jours, qui me paraît une des plus charmantes choses que j'aie
jamais lues, écrit avec enthousiasme Mme de Sévigné à Bussy.
Je crois que notre chanoinesse [1] vous l'enverra bientôt. Je vous
en demanderai votre avis, quand vous l'aurez lu avec l'aimable
veuve. » Mlle de Scudéry, qui craignait sans doute de se voir
enlever son titre de meilleure romancière de la décade,
annonce sèchement la publication de ce roman à Bussy et cite

---

1. La chanoinesse de Remiremont, une des filles de Bussy.

faussement le duc de La Rochefoucauld comme coauteur de l'œuvre : « M. de La Rochefoucauld et Mme de La Fayette ont fait un roman des galanteries de la cour d'Henri second, qu'on dit être admirablement bien écrit. Ils ne sont pas en âge de faire autre chose ensemble[1]. »

L'hostilité de Bussy envers le duc qu'il croyait être coauteur du roman affecte sûrement son jugement littéraire ; il reconnaît, à son corps défendant, le mérite du premier volume ; mais il qualifie le second d' « extravagant », d' « extraordinaire ». Mme de Sévigné, dont la modestie hésitait à se reconnaître dans l'héroïne, ou qui ne voulait pas défendre les talents de son amie de cœur, nous ne savons pas exactement, prétendit être d'accord avec Bussy : « Je suis encore d'accord de ce que vous dites de *La Princesse de Clèves* ; votre critique et la mienne étaient jetées dans le même moule. » A quoi Bussy répondit galamment : « Vous ne sauriez être plus aise que moi, Madame, de trouver que nous pensons les mêmes choses ; je m'en tiens fort honoré. Notre critique de *La Princesse de Clèves* est de gens de qualité qui ont de l'esprit. »

La correspondance avec sa fille étant suspendue pour l'année 1678, Mme de Sévigné maintenait assidûment celle qu'elle entretenait avec son cousin Bussy :

> *Etes-vous à Chaseu, mon cousin, dans cet aimable lieu ? J'en ai le paysage dans ma tête et je l'y conserverai soigneusement, mais encore plus l'aimable père et l'aimable fille, qui ont leur place dans mon cœur. Voilà bien des* aimables, *mais ce sont des négligences dont je ne puis me corriger. J'espère que si mes lettres méritaient d'être lues deux fois, il se trouverait quelque charitable personne qui les corrigerait[2].*

Sur quoi Bussy se récria immédiatement — ce qui ne surprit pas la marquise, d'ailleurs ! — que la négligence était une vertu plutôt qu'une faiblesse : « Votre manière d'écrire, libre et aisée, me plaît bien davantage que la régularité de messieurs de l'Académie ; c'est le style d'une femme de qualité, qui a bien de l'esprit, qui soutient les matières enjouées et qui égaye les sérieuses. »

« La cour est à Saint-Cloud », rapportait Mme de Sévigné à Bussy en octobre :

1. Le duc avait soixante-cinq ans et la comtesse, dix-neuf de moins.
2. Mme de Sévigné se doutait que Bussy avait l'intention de publier sa correspondance.

> *Le Roi veut aller samedi à Versailles, mais il semble que Dieu ne le veuille pas, par l'impossibilité de faire que les bâtiments soient en état de le recevoir, et par la mortalité prodigieuse des ouvriers, dont on emporte toutes les nuits, comme de l'Hôtel-Dieu, des chariots pleins de morts. On cache cette triste marche pour ne pas effrayer les ateliers, et pour ne pas décrier l'air de ce favori sans mérite. Vous savez ce bon mot sur Versailles.*

Non, répondait Bussy :

> *Je n'avais pas su qu'on eût appelé Versailles un favori sans mérite ; il n'y a rien de plus juste ni de mieux dit. Les rois peuvent, à force d'argent, donner à la terre une autre forme que celle qu'elle avait de la nature, mais la qualité de l'eau et celle de l'air ne sont pas en leur pouvoir. Ce serait un étrange malheur si, après la dépense de trente millions à Versailles[1], il devenait inhabitable.*

Datée encore d'octobre, cette lettre que Mme de Sévigné expédia de Paris, à Bussy :

> *... Nous sommes revenus de Livry plus tôt que nous ne voulions, à cause d'une fièvre qui prit sottement à l'une de Mlles de Grignan. Nous sommes raccoutumés à cette bonne ville insensiblement. Nous pleurions quasi quand nous quittâmes notre forêt. Le bon Corbinelli est enrhumé et dans sa chambre. La santé de ma fille, qui nous donnait quelque espérance de se rétablir, est redevenue une maladie, c'est-à-dire une extrême délicatesse...*

Fin décembre, juste avant le nouvel an, l'hiver se mit à sévir et Mme de Grignan en souffrit beaucoup :

> *La pauvre belle Madelonne est si pénétrée de ce grand froid qu'elle m'a priée de vous faire ses excuses et de vous assurer de ses véritables et sincères amitiés, et à Mme de Coligny. Sa poitrine, son encre, sa plume, ses pensées, tout est gelé ; elle vous assure que son cœur ne l'est pas. Je vous en dis autant du mien, mes chers enfants. Quand je veux penser à quelque chose qui me plaise, je songe à vous deux.*

---

1. Depuis le XVIIe siècle, l'on a souvent cherché à évaluer les sommes prodigieuses englouties dans la construction de Versailles.

33.

L'année 1679 qui venait de naître vit les joyeuses retrouvailles de la comtesse de Grignan avec son mari et leur fils, alors âgé de huit ans, le petit marquis de Grignan. Une fois la paix signée avec la Hollande et après la dernière session de l'assemblée des communes de Provence, le comte de Grignan se trouva libre d'abandonner sa province pour Paris où il devait retrouver son épouse fin décembre.

Son arrivée, celle de son fils et de leur suite finirent d'occuper l'hôtel Carnavalet dans sa totalité : s'y trouvaient alors Mme de Sévigné, Charles de Sévigné, l'abbé de Coulanges, le comte et la comtesse de Grignan, « les Grignettes » et Mlle Montgobert, le petit marquis et tout le personnel de maison qui servait ces gens-là : maîtres d'hôtel, chefs et sous-chefs, valets, laquais, femmes de chambre, précepteurs, secrétaires, cochers et palefreniers.

« La pauvre *Madelonne* est toujours languissante, soupirait Mme de Sévigné, en écrivant à Bussy le 27 février : sa mauvaise santé fait le plus grand chagrin de ma vie. » Elle déplorait la rudesse de l'hiver qui menaçait la délicate poitrine de Mme de Grignan : « Nous avons eu ici des glaces et des neiges insupportables, continuait sa lettre : Les rues étaient de grands chemins rompus d'ornières ; nous commençons depuis quelques jours à revoir le pavé, qui nous fait le même plaisir que le rameau d'olive qui fit connaître que la terre était découverte. » Elle ne pouvait finir sa lettre sans donner à son cousin les dernières nouvelles de Pignerol : « Vous savez l'adoucissement de la prison de MM. de Lauzun et Foucquet ? Cette permission de voir tous ceux de la citadelle et de se voir eux-mêmes, manger et causer ensemble, est peut-être une des plus sensibles joies qu'ils auront jamais[1]. »

Sans la correspondance sporadique de Mme de Sévigné avec le comte de Guitaut et le comte de Bussy, nous ne saurions

---

1. Les deux victimes du mécontentement royal ne jouirent pas longtemps de cette compagnie réciproque, car lorsque la femme et la fille de Fouquet purent venir lui rendre visite, Lauzun tenta de séduire la jeune fille, à la grande indignation de Fouquet.

presque rien de sa vie ni de celle des Grignan dans les premiers mois de 1679. Après trois mois de silence, Mme de Sévigné écrivit à son cousin le 29 mai :

> *Il y a dix jours que nous sommes tous à Livry par le plus beau temps du monde ; ma fille s'y portait assez bien. Elle vient d'en partir avec plusieurs Grignan ; je la suivrai demain. Je voudrais bien qu'elle me demeurât tout l'été. Je crois que sa santé le voudrait aussi, mais elle a une raison austère, qui lui fait préférer son devoir à sa vie. Nous l'arrêtâmes l'année passée, et parce qu'elle croit se porter mieux, je crains qu'elle ne nous échappe celle-ci.*

Bien que Mme de Sévigné parût ici réconciliée avec l'idée du départ de sa fille, en fait elle n'avait pas abandonné l'espoir de retenir celle-ci plus longtemps à Paris, comme elle le révèle dans sa lettre à Bussy datée du 1er juin à Paris :

> *Ma fille commence à ne plus parler que d'aller à Epoisses en allant à Grignan, mais comme sa santé n'est point encore en état d'envisager un si grand voyage, j'espère que M. de Grignan, n'ayant rien à faire en Provence, la cour étant ici, aimant fort tendrement madame sa femme, ne se pressera point de partir.*

« Ils voulaient partir dans quinze jours, écrivit-elle à Guitaut dans une autre lettre du même mois, mais je viens de les arrêter, en leur disant que nous partirons tous le 16e d'août, eux pour Provence, moi pour Bretagne, et qu'il serait malhonnête de me quitter pour si peu de temps. Ainsi nous passerons l'été ensemble : *chi ha tempo ha vita.* »

Elle fut récompensée de son optimisme : « La belle *Madelonne* ne s'en ira qu'au mois de septembre », écrivit-elle en jubilant le 27 juin à Bussy. Elle lui demandait aussi pardon du retard qu'elle avait mis à répondre à sa lettre précédente, où il lui reprochait justement sa lenteur à répondre :

> *Je n'ai pas le mot à dire à tout le premier article de votre lettre, sinon que, pour Livry, c'est mon lieu favori pour écrire. Mon esprit et mon corps y sont en paix, et quand j'ai une réponse à faire, je la remets à mon premier voyage. Mais j'ai tort, cela fait des retardements dont je veux me corriger. Je dis toujours que si je pouvais vivre seulement deux cents ans, je deviendrais la plus admirable personne du monde. Je me corrige assez facilement, et je trouve qu'en vieillissant même j'y ai plus de facilité. Je sais qu'on pardonne mille*

choses aux charmes de la jeunesse qu'on ne pardonne point quand ils sont passés.

Mme de Sévigné et les Grignan passèrent la plus grande partie de l'été 1679 dans les verts vallons et les jardins ombragés de leur Livry bien-aimé. C'est de là que Mme de Sévigné, par un superbe jour d'été, écrivit à Mme de Grignan qui se trouvait alors à Paris :

> *Tout est gratté, tout est tondu, tout est propre, tout est disposé à vous recevoir ; voilà votre carrosse et mes chevaux. Disposez absolument de tout ce qui est à moi, réglez, ordonnez, commandez, car ma fantaisie et ma sorte d'amitié, c'est d'aimer cent fois mieux votre volonté que la mienne et de me trouver toujours toute disposée à suivre vos desseins.*
> *Votre fils est gaillard et mange comme un petit démon dans l'air de cette forêt. Le* Bien Bon *vous embrasse.*

Apparemment tout allait pour le mieux ; mais en réalité, l'on rongeait son frein. Comme il serait amusant, pour utiliser une des métaphores favorites de Mme de Sévigné, de pouvoir voir l'envers des cartes ! Une autre lettre, écrite par Mme de Sévigné à sa fille durant ce même été, nous donne la rare opportunité de contempler cet envers des cartes, habituellement si soigneusement caché par les protagonistes du jeu qui se jouait alors à l'hôtel Carnavalet :

> *Vous qui savez, ma bonne, comme je suis frappée des illusions et des fantômes, vous deviez bien m'épargner la vilaine idée des dernières paroles que vous m'avez dites. Si je ne vous aime pas, si je ne suis point aise de vous voir, si j'aime mieux Livry que vous, je vous avoue, ma belle, que je suis la plus trompée de toutes les personnes du monde. J'ai fait mon possible pour oublier vos reproches, et je n'ai pas eu beaucoup de peine à les trouver injustes. Demeurez à Paris, et vous verrez si je n'y courrai pas avec bien plus de joie que je ne suis venue ici. Je me suis un peu remise en pensant à tout ce que vous allez faire où je ne serais point, et vous savez bien qu'il n'y a guère d'heures[1] où vous puissiez me regretter, mais je ne suis pas de même, et j'aime à vous regarder et à n'être pas loin de vous pendant que vous êtes en ces pays où les mois vous paraissent si longs. Ils me*

---

1. Les Grignan étaient allés faire leur cour au roi, à Saint-Germain.

paraîtraient tout de même, si j'étais longtemps comme je suis présentement.

D'autres lettres de Mme de Sévigné, écrites cet été-là, trahissent les mêmes symptômes de totale incompatibilité d'humeur qui s'étaient révélés durant les retrouvailles de l'année précédente : les mêmes signes profonds de défiance et d'incompréhension, les récriminations et le ressentiment, les querelles et le remords étaient à nouveau là en 1679. Et Mme de Grignan prit alors conscience que sa mère et elle se retrouvaient face au dilemme suivant : l'incapacité qu'elles avaient (du moins Mme de Sévigné) de vivre l'une sans l'autre et l'incapacité qu'elles avaient aussi de vivre l'une avec l'autre.

« J'ai mal dormi. Vous m'accablâtes hier au soir », écrivait tristement à sa fille Mme de Sévigné par une matinée de cet été tourmenté, comme le montre cette lettre qui n'est pas datée :

> *je n'ai pu supporter votre injustice. Je vois plus que les autres toutes les qualités admirables que Dieu vous a données. J'admire votre courage, votre conduite ; je suis persuadée du fonds de l'amitié que vous avez pour moi. Toutes ces vérités sont établies dans le monde et plus encore chez mes amies. Je serais bien fâchée qu'on pût douter que vous aimant comme je fais, vous ne fussiez point pour moi comme vous êtes. Qu'y a-t-il donc ? C'est que c'est moi qui ai toutes les imperfections dont vous vous chargiez hier au soir, et le hasard a fait qu'avec confiance, je me plaignis hier à Monsieur le Chevalier que vous n'aviez pas assez d'indulgence pour toutes ces misères, que vous me les faisiez quelquefois trop sentir, que j'en étais quelquefois affligée et humiliée. Vous m'accusez aussi de parler à des personnes à qui je ne dis jamais rien de ce qu'il ne faut point dire[1]. Vous me faites, sur cela, une injustice trop criante ; vous donnez trop à vos préventions. Quand elles sont établies, la raison et la vérité n'entrent plus chez vous. Je disais tout cela uniquement à Monsieur le Chevalier. Il me parut convenir avec bonté de bien des choses, et quand je vois... que vous m'accusez de trouver ma fille toute imparfaite, toute pleine de défauts, tout ce que vous me dîtes hier au soir, et que ce n'est point cela que je pense et que je dis, et que c'est au contraire de vous trouver trop dure sur mes défauts dont je me plains, je dis : « Qu'est-ce que ce changement ? » et je*

---

1. D'autres lettres de la correspondance montrent clairement que les personnes dont se méfiait Mme de Grignan, et auxquelles, d'après elle, « on » racontait indiscrètement des histoires de famille, étaient la comtesse de La Fayette et Corbinelli.

sens cette injustice, et je dors mal. Mais je me porte fort bien, et prendrai du café, ma bonne, si vous le voulez bien.

L'oreiller de Mme de Sévigné pouvait bien être trempé de larmes durant la nuit, cela n'empêchait point que le matin la trouvât à la porte de sa fille, attendant avec grande impatience. Jamais elle ne nous laisse espérer que les choses vont aller mieux entre elles dans les jours, les semaines ou les mois qui vont suivre ; que la santé de Mme de Grignan va s'améliorer et avec elle, son humeur et ses dispositions envers sa mère. « Ma bonne, écrit plaintivement Mme de Sévigné, si dans l'avenir, vous me traitez comme on traite une amie, votre commerce sera charmant ; j'en serai comblée de joie, et je marcherai dans des routes nouvelles. Si votre tempérament, peu communicatif, comme vous le dites, vous empêche encore de me donner ce plaisir, je ne vous en aimerai pas moins... »

« Il faut, ma chère bonne, que je me donne le plaisir de vous écrire, une fois pour toutes, comme je suis pour vous », écrit-elle à sa fille au cours d'une autre nuit blanche, en cette année 1679 :

> *Je n'ai point l'esprit de vous le dire, je ne vous dis rien qu'avec timidité et de mauvaise grâce. Tenez-vous donc à ceci. Je ne touche point au fonds de la tendresse sensible et naturelle que j'ai pour vous ; c'est un prodige. Je ne sais pas quel effet peut faire en vous l'opposition que vous dites qui est dans nos esprits ; il faut qu'elle ne soit pas si grande dans nos sentiments, ou qu'il y ait quelque chose d'extraordinaire pour moi, puisqu'il est vrai que mon attachement pour vous n'en est pas moindre. Il semble que je veuille vaincre ces obstacles, et que cela augmente mon amitié plutôt que de la diminuer ; enfin, jamais, ce me semble, on ne peut aimer plus parfaitement. Je vous assure, ma bonne, que je ne suis occupée que de vous, ou par rapport à vous, ne disant et ne faisant rien que ce qui me paraît vous être le plus utile.*

« Vous disiez hier cruellement, ma bonne, continue cette lettre de lamentation, que je serais trop heureuse quand vous seriez loin de moi, que vous me donniez mille chagrins, que vous ne faisiez que me contrarier ! »

> *Je ne puis penser à ce discours sans avoir le cœur percé et fondre en larmes. Ma très chère, vous ignorez bien comme je suis pour vous si vous ne savez que tous les chagrins que me peut donner l'excès de la tendresse que j'ai pour vous sont*

plus agréables que tous les plaisirs du monde, où vous n'avez point de part. Il est vrai que je suis quelquefois blessée de l'entière ignorance où je suis de vos sentiments, du peu de part que j'ai à votre confiance ; j'accorde avec peine l'amitié que vous avez pour moi avec cette séparation de toute sorte de confidence. Je sais que vos amis sont traités autrement. Mais enfin, je me dis que c'est mon malheur, que vous êtes de cette humeur, qu'on ne se change point ; et plus que tout cela, ma bonne, admirez la faiblesse d'une véritable tendresse, c'est qu'effectivement votre présence, un mot d'amitié, un retour, une douceur, me ramène et me fait tout oublier. Ainsi, ma belle, ayant mille fois plus de joie que de chagrin... jugez avec quelle douleur je souffre que vous pensiez que je puisse aimer votre absence. Vous ne sauriez le croire, si vous pensez à l'infinie tendresse que j'ai pour vous... Tout autre sentiment est passager et ne dure qu'un moment ; le fond est comme je vous le dis. Jugez comme je m'accommoderai d'une absence qui m'ôte de légers chagrins que je ne sens plus, et qui m'ôte une créature dont la présence et la moindre amitié fait ma vie et mon unique plaisir. Joignez-y les inquiétudes de votre santé, et vous n'aurez pas la cruauté de me faire une si grande injustice. Songez-y, ma bonne, à ce départ, et ne le pressez point ; vous en êtes la maîtresse.

Ma pauvre bonne, voilà une abominable lettre ; je me suis abandonnée au plaisir de vous parler et de vous dire comme je suis pour vous. Je parlerais d'ici à demain. Je ne veux point de réponse ; Dieu vous en garde ! ce n'est pas mon dessein. Embrassez-moi seulement et me demandez pardon, mais je dis pardon d'avoir cru que je pusse trouver du repos dans votre absence.

A la fin de l'été, Mme de Sévigné eut à supporter deux pénibles pertes : tout d'abord le départ des Grignan pour la Provence, puis la mort de son cher ami et parent, le très discuté prélat cardinal de Retz. « Hélas ! mon pauvre Monsieur », écrivait-elle au comte de Guitaut le 25 août,

quelle nouvelle vous allez apprendre, et quelle douleur j'ai à supporter ! M. le cardinal de Retz mourut hier, après sept jours de fièvre continue... Ma fille est touchée comme elle le doit. Je n'ose toucher à son départ ; il me semble pourtant que tout me quitte, et que le pis qui me puisse arriver, qui est son absence, va bientôt m'achever d'accabler. Monsieur et Madame, ne vous fais-je pas un peu de pitié ? Ces différentes tristesses m'ont empêchée de sentir assez la convalescence de notre bon Abbé, qui est revenu de la mort.

« J'étais son amie depuis trente ans, écrivait-elle du cardinal dans une lettre à Bussy ce même jour, et jamais je n'avais reçu que des marques tendres de son amitié... J'en suis touchée jusqu'au fond du cœur... Notre bon abbé de Coulanges a pensé mourir. Le remède d'un médecin anglais l'a ressuscité. Dieu n'a pas voulu que M. le cardinal de Retz s'en servît, quoiqu'il le demandât sans cesse. L'heure de sa mort était marquée, et cela ne se dérange point. » (Au fil des années, Mme de Sévigné en était venue à considérer la Providence comme la seule explication valable à l'énigme de la vie sur terre ; elle la regardait et l'acceptait avec résignation, comme la volonté d'un Dieu tout-puissant et plutôt janséniste, qui faisait régner une justice et un ordre dépassant complètement l'entendement humain.)

Le cardinal mourut le 24 août ; les Grignan quittèrent Paris le 13 septembre. C'était le début de la quatrième séparation entre la mère et la fille ; et pour Mme de Sévigné, les douleurs de cet arrachement restaient toujours aussi vives qu'en 1671, lorsque sa fille l'avait quittée pour la première fois. Si Mme de Grignan, qui regagnait son château avec son cher époux et son petit garçon, poussa un soupir de soulagement en quittant Paris et sa mère, cette dernière se sentit, elle, complètement abandonnée (laissée seule à Paris avec pour compagnie simplement son fils, son oncle, ses cousins et de nombreux amis qui l'entouraient en permanence !).

Les relations pouvaient bien être extrêmement tendues lorsqu'elles étaient ensemble, une fois sa fille partie, Mme de Sévigné était à l'agonie. Elle se répétait sans cesse qu'avec tant de bonne volonté et tant d'amour de part et d'autre, elles arriveraient sûrement, la prochaine fois, à résoudre leurs problèmes, à dédramatiser les situations et à trouver un *modus vivendi*. La prochaine fois ! C'était là sa seule consolation lors de la séparation : avant même la fin de septembre, elle allait écrire aux Grignan, les pressant d'approuver le renouvellement du bail de l'hôtel Carnavalet.

Après presque deux ans d'interruption, la correspondance reprit entre les deux femmes. Face à cette séparation toute passagère, Mme de Sévigné se noyait dans un chagrin qui pouvait paraître à certains tout aussi excessif et anormal que sa passion maternelle pour sa fille. Le désespoir inondait son cœur et ses lettres, comme le montre la présente, écrite la nuit même du départ de sa fille et adressée à Auxerre où les Grignan devaient débarquer du bateau qui les avait descendus sur la Seine depuis Paris.

Le moyen, ma bonne, de vous faire comprendre ce que j'ai souffert ? Et par quelles sortes de paroles vous pourrais-je représenter les douleurs d'une telle séparation ? Je ne sais pas moi-même comme j'ai pu la soutenir... J'ai donc suivi des yeux cette barque, et je pensais à ce qu'elle m'emmenait, et comme elle s'éloignait, et combien de jours je passerais sans revoir cette personne et toute cette troupe que j'aime et que j'honore, et par elle et par rapport à vous. Après donc vous avoir perdue de vue, je suis demeurée avec la philosophie de Corbinelli, qui connaît trop le cœur humain pour n'avoir pas respecté ma douleur ; il l'a laissé faire et, comme un bon ami, il n'a point essayé sottement de me faire taire. J'ai été à la messe à Notre-Dame, et puis dans cet hôtel dont la vue et les chambres, et le jardin, et tout, et L'Epine, et vos pauvres malades, que j'ai été voir, m'ont fait souffrir de certaines sortes de peines que vous ignorez peut-être, parce que vous êtes forte, mais qui sont dures aux faibles comme moi... En vérité, ma bonne, je ne comprends pas comme je pourrai m'accoutumer à ne vous plus voir et à la solitude de cette maison. Je suis si pleine de vous, que je ne puis rien souffrir ni rien regarder. Il faut croire que le temps me remettra dans l'état d'une vie commune.

Le 15 septembre, la triste complainte se poursuit :

Nous revoilà maintenant dans les écritures par-dessus les yeux. Je n'ai pas au moins sur mon cœur de n'avoir pas senti le bonheur de vous avoir ; je n'ai pas à regretter un seul moment du temps que j'ai pu être avec vous, pour ne l'avoir pas su ménager. Enfin il est passé, ce temps si cher. Ma vie passait trop vite ; je ne la sentais pas. Je m'en plaignais tous les jours ; ils ne duraient qu'un moment. Je dois à votre absence le plaisir de sentir la durée de ma vie et toute sa longueur...

Si Mme de Sévigné ne pouvait vivre sans sa fille, c'est parce qu'elle refusait d'admettre que la place de Mme de Grignan était auprès de son mari qui, lui, était à sa place dans la province qu'il gouvernait, sa province natale, la Provence, là où se trouvaient les terres des Grignan depuis toujours. Au lieu de cela, Mme de Sévigné ne pensait qu'à une chose : faire nommer le comte à quelque poste important à la cour, ce qui obligerait les Grignan à revenir dans la capitale. Est-ce que tous leurs amis et parents ayant un pied à la cour — le duc de La Rochefoucauld, la comtesse de La Fayette, Mme de Coulanges, le marquis de Pomponne — n'avaient pas promis d'user de leur

influence dans ce but et de s'employer à aider les Grignan ?
C'est ce que Mme de Sévigné répète sans arrêt dans toutes ses
lettres.

Ils n'étaient pas partis depuis cinq jours que Mme de Sévigné
idéalisait déjà des retrouvailles qui avaient été tout, sauf
idéales !

> *Je ne vois plus rien que tout ce que vous avez d'aimable, et
> mon cœur est fait d'une manière pour vous qu'encore que je
> sois sensible jusqu'à l'excès à tout ce qui vient de vous, un
> mot, une douceur, un retour, une caresse, une tendresse me
> désarme et me guérit en un moment, comme par une
> puissance miraculeuse... Je vous ai dit ceci plusieurs fois, je
> vous le dis encore, et c'est une vérité. Je suis persuadée que
> vous ne voulez pas en abuser, mais il est certain que vous
> faites toujours, en quelque façon que ce puisse être, la seule
> agitation de mon âme... Plût à Dieu, ma fille, que je pusse
> vous revoir à l'hôtel de Carnavalet, non pas pour huit jours,
> ni pour y faire pénitence, mais pour vous embrasser, et vous
> faire voir clairement que je ne puis être heureuse sans vous,
> et que les chagrins, que l'amitié que j'ai pour vous m'a pu
> donner, me sont plus agréables que toute la fausse paix
> d'une ennuyeuse absence ! Si votre cœur était un peu plus
> ouvert, vous ne seriez pas si injuste ; par exemple, n'est-ce
> pas un assassinat que d'avoir cru qu'on voulait vous ôter de
> mon cœur, et sur cela me dire des choses dures ? Et le
> moyen que je pusse deviner la cause de ces chagrins ? Vous
> dites qu'ils étaient fondés ; c'était dans votre imagination,
> ma fille. Et sur cela, vous aviez une conduite qui était plus
> capable de faire ce que vous craigniez (si c'était une chose
> faisable) que tous les discours que vous supposiez qu'on me
> faisait... Et puisque vous voyiez bien que je vous aimais
> toujours, pourquoi suiviez-vous votre injuste pensée ? et que
> ne tâchiez-vous plutôt, à tout hasard, de me faire connaître
> que vous m'aimiez ? Je perdais beaucoup à me taire ; j'étais
> digne de louange dans tout ce que je croyais ménager, et je
> me souviens que deux ou trois fois vous m'avez dit le soir
> des mots que je n'entendais point du tout alors. Ne retombez
> donc plus dans de pareilles injustices. Parlez, éclaircissez-
> vous : on ne devine pas.*

Le 20 septembre, une semaine après le départ de Mme de
Grignan, il arriva plusieurs lettres de la comtesse.

Mme de Sévigné, de son petit boudoir de Livry, ne perdit pas
une minute pour répondre à sa fille :

> *Je reçois, ma très aimable, votre lettre de tous les jours, et*

puis enfin d'Auxerre... Ne me dites plus que je vous regrette
sans sujet. Où prenez-vous que je n'en ai pas tous les sujets
du monde ? Soyez bien persuadée, ma très chère, que cette
amitié, que vous appelez votre bien, ne vous peut jamais
manquer ; plût à Dieu que vous fussiez aussi assurée de
conserver toutes les autres choses qui sont à vous !

Le dernier paragraphe était destiné à son gendre et à ses deux filles aînées, « les Grignettes » :

Mon cher Comte, vous aurez bien de l'honneur si vous
conduisez heureusement cette santé si délicate, et je vous en
serai plus obligée que de tout ce que vous pourriez faire
pour moi. Mesdemoiselles, je pense bien souvent à vous. Je
vous redemande ici, l'une au jardin, et l'autre à l'escarpo-
lette ; rien ne me répond. Vous avez votre part à ma tristesse.
Mon cher petit Marquis, n'oubliez pas votre bonne maman.

« Je pense toujours à vous, écrit-elle à sa fille de Livry le 22 septembre, et comme j'ai peu de distraction »,

je me trouve bien des pensées. Je suis seule ici ; Corbinelli
est à Paris. Mes matinées seront solitaires. Il me semble
toujours, ma fille, que je ne saurais continuer de vivre sans
vous... La séparation en est étrange. Je le sens, ma très
chère, plus que vous n'avez le loisir de le sentir, et je sens
déjà avec trop de sensibilité le désir extrême de vous revoir et
la tristesse d'une année d'absence ; cette vue en gros ne me
paraît pas supportable. Je suis tous les matins dans ce
jardin que vous connaissez. Je vous cherche partout, et tous
les endroits où je vous ai vue me font mal... Vos lettres
aimables font toute ma consolation ; je les relis souvent. Et
voici comme je fais : je ne me souviens plus de tout ce qui
m'avait paru des marques d'éloignement et d'indifférence ;
il me semble que cela ne vient point de vous, et je prends
toutes vos tendresses, et dites et écrites, pour le véritable
fond de votre cœur pour moi.

34.

Mais le sort, en cet automne de 1679, réservait encore à Mme de Sévigné un coup bien cruel. Elle dut sûrement méditer longuement sur les voies de la Providence lorsqu'elle apprit la nouvelle de la soudaine disgrâce du marquis de Pomponne : le 17 novembre, il était encore au pouvoir puisqu'il servait Louis XIV en tant que ministre des Affaires étrangères ; le 18, il était démis de ses fonctions sans même un mot d'explication de la part du monarque.

« Ma bonne, je m'en vais bien vous surprendre et vous fâcher », écrivait Mme de Sévigné à Mme de Grignan le mercredi 22 novembre :

> *M. de Pomponne est disgracié. Il eut ordre samedi au soir, comme il revenait de Pomponne, de se défaire de sa charge... Il lui écrivit (au roi), lui marqua son extrême douleur, et l'ignorance où il était de ce qui pouvait lui avoir attiré sa disgrâce...*

Mme de Sévigné, qui avait passé cette fin de semaine à Pomponne, était toujours sous le choc, lorsqu'elle annonça la nouvelle au comte de Guitaut : « Nous le vîmes partir de cette maison, ministre et secrétaire d'Etat ; il revint le même soir à Paris, dénué de tout, et simple particulier. »

« J'allai à leur porte vers le soir », écrivait Mme de Sévigné à sa fille, de Paris, le 22 novembre :

> *On ne les voyait point en public. J'entrai ; je les trouvai tous trois (M. de Pomponne, sa femme et sa belle-sœur Mme de Vins). M. de Pomponne m'embrassa sans pouvoir prononcer une parole. Les dames ne purent retenir leurs larmes, ni moi les miennes... C'était un spectacle doulou-reux. La circonstance de ce que nous venions de nous quitter à Pomponne d'une manière si différente augmenta notre tendresse... La pauvre Mme de Vins, que j'avais laissée si fleurie, n'était pas reconnaissable, je dis pas reconnaissa-ble ; une fièvre de quinze jours ne l'aurait pas tant changée... Nous parlâmes du contre-coup qu'elle ressentait de cette*

> *disgrâce. Il est épouvantable... O Dieu, quel changement !*
> *quel retranchement ! quelle économie dans cette maison !*

Comment expliquer ces soudaines foudres royales qui s'abattaient sur le malheureux Pomponne ? Mme de Sévigné entendit et rapporta de nombreuses versions de la chose. « On dit qu'il faisait un peu négligemment sa charge, que les courriers attendaient... » Le courrier qu'il n'eût pas dû négligemment oublier était celui qui était arrivé de Bavière le 17 novembre, et que le roi attendait impatiemment. Il devait en effet lui apporter le résultat des négociations diplomatiques en cours pour conclure le contrat de mariage entre une princesse de Bavière et le Dauphin, héritier du trône de France [1].

« En vérité, je ne m'accoutume point à la chute de ce ministre ! » s'exclamait Mme de Sévigné. Ce qui la contrariait tant dans la disgrâce d'un si bon ami était que son gendre perdait un appui à la cour, ainsi qu'elle l'écrivait aux Grignan :

> *c'est encore un de mes chagrins de vous être désormais*
> *entièrement inutile. Il est vrai que je l'étais déjà par Mme de*
> *Vins, mais on se ralliait ensemble. Enfin, ma bonne, voilà*
> *qui est fait, voilà le monde. M. de Pomponne est plus*
> *capable que personne de soutenir ce malheur avec courage,*
> *avec résignation et beaucoup de christianisme.*

« Enfin, écrivait-elle dans une autre lettre à sa fille, il en faut revenir à la Providence, dont M. de Pomponne est adorateur et disciple. Et le moyen de vivre sans cette divine doctrine ? il faudrait se pendre vingt fois le jour. Et encore, avec tout cela, on a bien de la peine à s'en empêcher. »

Au XVIIe siècle, un homme qui perdait les faveurs du roi perdait ses amis. Mais Mme de Sévigné, par sa fidélité, est un cas à part : elle avait soutenu Bussy et Fouquet lorsqu'ils avaient enduré le courroux du roi. « Le malheur ne me chassera pas de cette maison, écrivait-elle à Guitaut au sujet des Pomponne. Il y a trente ans (c'est une belle date) que je suis amie de M. de Pomponne ; je lui jure fidélité jusqu'à la fin de ma vie, plus dans la mauvaise que dans la bonne fortune. »

Malgré tout le ressort de son tempérament, cet automne-là, Mme de Sévigné ne put s'empêcher d'être légèrement dépri-

---

1. Mme de Sévigné s'enorgueillissait de l'exactitude de toutes les nouvelles qu'elle communiquait aux Grignan. En l'occurrence, cette rumeur se trouve confirmée par Louis XIV en personne. Dans ses *Réflexions sur le métier de Roi*, Louis XIV mentionne la « faiblesse » de Pomponne, « son opiniâtreté » et son « inapplication ».

mée. Elle qui était une mondaine dans l'âme, et qui s'épanouissait dans le brouhaha des salons parisiens, en vint presque, durant cette année 1679, à rechercher la solitude, préférant le calme et le silence de cette grande maison à toutes les soirées où elle était invitée : « Je ne saurais courir le soir », écrivait-elle en novembre.

Son petit-fils était malade [1] et cela ne faisait, bien sûr, que la perturber et la déprimer davantage : « Vous pouvez penser, ma bonne », écrivait-elle le 15 novembre,

> *quelle nouvelle pour moi que de vous savoir à Saint-Andiol, avec votre pauvre petit garçon malade considérablement, une grosse fièvre, tous les signes de la petite vérole ou de la rougeole. Et comme je ne vous aurais pas demandé d'être tranquille le jour que vous m'avez écrit, je pense que vous ne me demandez pas aussi de l'être, tant que je serai dans l'ignorance où je suis de la vie de votre fils et de la vôtre. C'est une chose terrible que l'éloignement. J'étais encore à Livry, quand il est tombé malade, et quand je reçois votre lettre, il y a huit jours qu'elle est écrite, de sorte que tout est changé de face : tout est bien ou mal. C'est comme le tonnerre ; quand nous entendons le bruit, le coup est donné.*

Toute correspondance implique un décalage dans le temps, cela mettait Mme de Sévigné au désespoir. L'enfant avait eu le temps de guérir entre deux échanges de lettres, et dans celle qui suivit elle pouvait dire à sa fille son bonheur de le savoir sauvé :

> *Ma chère bonne, je reçois présentement votre lettre du mercredi 8ᵉ. Je l'ai ouverte avec une émotion bien extraordinaire, et quoique j'y aie trouvé tout ce que je pouvais souhaiter, je n'ai pu retenir mes larmes. Mon cœur s'est ouvert et dilaté de joie en voyant ce pauvre enfant sauvé, et vous, par conséquent, sauvée de la mort [2].*

Comme Mme de Sévigné l'avait écrit aux Guitaut quelques jours plus tôt, l'abbé de Coulanges, comme le petit marquis, avait été très malade. Et c'était la maladie de son oncle qui lui avait fait abandonner tout projet de départ en Bretagne : ses

1. La maladie du petit marquis s'était avérée être la rougeole et non pas la terrifiante petite vérole. « Quel miracle que vous n'ayez point pris cette rougeole ! » écrivit Mme de Sévigné à sa fille. « Son fils a pensé mourir de la rougeole, écrivit-elle au comte de Guitaut : Elle l'a gardé ; elle a été plus heureuse que sage. »
2. *Ibid.*

projets, écrivit-elle aux Guitaut, « sont de garder le bon Abbé au coin de son feu tout l'hiver. Vous avez su comme il s'est tiré de la fièvre ; il a présentement un gros rhume qui m'inquiète ».

Son fils était resté quelque temps en Bretagne, à l'y attendre. « Mon fils m'écrit à tout moment », avait-elle écrit à la sœur :

> *Il fait très bien aux Etats ; il se fait considérer. Je crains seulement qu'il ne soit un peu trop bon Breton. Il me parle de vous avec une tendresse extrême.*

« Il est député de certaines petites commissions », écrivit-elle à Mme de Grignan un autre jour de ce même mois,

> *qu'on donne pour faire honneur aux nouveaux venus ; nous aspirerons quelque jour à quelque chose de plus. J'ai prié la Marbeuf (son amie Mme de Marbœuf) de le marier là. Il ne se verra jamais d'un si beau point de vue que cette année... Si on ne le prend cette année, on ne le prendra jamais.*

Une des missives de Charles à sa mère décrivait avec humour ce qu'il considérait comme son attitude quasi schizophrénique à l'égard de celle-ci :

> *Mon fils me mande des folies, et il me dit qu'il y a un lui qui m'adore, un autre qui m'étrangle, et qu'ils se battaient tous deux l'autre jour à outrance, dans le mail des Rochers. Je lui réponds que je voudrais que l'un eût tué l'autre, afin que je n'eusse point trois enfants, que c'était ce dernier qui me faisait tout le mal de la maternité, et que, s'il pouvait l'étrangler lui-même, je serais trop contente des deux autres.*

C'était, comme à l'habitude, sa fille, plutôt que son fils, qui lui manquait terriblement. Elle ne vivait que pour le jour du retour de Mme de Grignan dans la capitale et dans cette demeure de la rue Sainte-Catherine dont le bail était déjà renouvelé.

> *Nous voilà donc arrêtés à l'hôtel de Carnavalet ; le* Bien Bon *est entré d'abord dans vos desseins pour l'ajustement de votre appartement... Il demande seulement le temps d'écrire à M. d'Agaury, en Dauphiné, pour avoir la permission d'attaquer la vieille antiquaille de cheminée... ils disent que cent écus vous feront votre affaire*[1]. *Soyez persuadée*

---

1. Mme de Grignan voulait moderniser son appartement de l'hôtel Carnavalet en y installant une petite cheminée ainsi que des parquets à la dernière mode.

> *que nous aurons grand plaisir à vous faire celui-là. Mais comme nous n'avons que trop de temps, à mon très grand regret, nous allons tâcher de louer tout l'appartement jusqu'à la Saint-Rémi. C'est autant de soulagement pour vous, et l'on trouve assez de monde à Paris qui cherche des restes de bail.*

Elle n'était manifestement pas découragée par leur dernière expérience de vie commune : « Je vous avoue, écrivait-elle à sa fille, qu'il me serait douloureux et impossible de ne pas loger avec vous. Toute la maison, qui nous peut contenir, me paraît admirable. »

Elle espérait beaucoup se trouver à nouveau réunie avec sa fille durant l'année 1680. « Dieu vous donne une bonne et heureuse année, ma très chère », écrivait-elle le 3 janvier 1680,

> *et à moi la parfaite joie de vous revoir en meilleure santé que vous n'êtes présentement ! Je vous assure que je suis fort en peine de vous. Il gèle peut-être à Aix comme ici, et votre poitrine en est malade. Je vous conjure tendrement de ne point tant écrire et de ne me point répondre sur toutes les bagatelles que je vous écris. Ecoutez-moi ; figurez-vous que c'est une gazette.*

La « gazette » de Mme de Sévigné rapportait les deux mariages importants de la saison : le premier était celui de la jeune Mlle de Blois, fille préférée du roi (née de la liaison de ce dernier avec sa première maîtresse officielle, Louise de La Vallière), avec un prince du sang [1].

« La cour est toute réjouie du mariage de M. le prince de Conti et de Mlle de Blois », écrivait-elle à sa fille :

> *ils s'aiment comme dans les romans. Le Roi s'est fait un grand jeu de leur inclination. Il parla tendrement à sa fille, et qu'il l'aimait si fort qu'il n'avait point voulu l'éloigner de lui. La petite fut si attendrie et si aise qu'elle pleura, et le Roi lui dit qu'il voyait bien que c'est qu'elle avait de l'aversion pour M. le prince de Conti. Elle redoubla ses pleurs ; son petit cœur ne pouvait contenir tant de joie. Le Roi conta cette petite scène, et tout le monde y prit plaisir. Pour M. le prince de Conti, il était transporté. Il ne savait ni ce qu'il disait ni ce qu'il faisait ; il passait par dessus tous les gens qu'il trouvait en son chemin, pour aller trouver*

---

1. Par ce mariage du 1er janvier 1680, Louis XIV unissait un de ses bâtards légitimés à la maison des Condé, première famille de France.

> *Mlle de Blois. Mme Colbert*[1] *ne voulait pas qu'il la vît, que le soir. Il força les portes, et se jeta à ses pieds et lui baisa la main ; elle, sans autre façon, l'embrassa, et la revoilà encore à pleurer. Cette bonne petite princesse est si tendre et si jolie que l'on voudrait la manger... Le Roi se réjouit à donner des transes au prince de Conti. Il lui fait dire que les articles ne sont pas sans difficulté, qu'il faut remettre l'affaire à l'hiver qui vient. Là-dessus, le prince tombe comme évanoui ; la princesse l'assure qu'elle n'en aura jamais d'autre. Cette fin s'écarte un peu dans le roman ; mais dans la vérité il n'y en eut jamais un si joli. [Vous pouvez penser comme ce mariage, et la manière dont le Roi le fait, donnent de plaisir en certain lieu*[2]*]*

Si Mme de Sévigné n'avait pas été conviée à la cérémonie au cours de laquelle le roi donnait sa fille en mariage au prince de Conti, elle fut invitée au mariage qui succédait en importance à celui-ci : c'était celui de Mlle de Louvois (fille du puissant ministre de la Guerre) ; elle ne l'aurait pas manqué pour tout l'or du monde, car il lui fallait, avant tout, décrire la chose à sa fille en détail et dans un style que certains critiques ont qualifié de « cinématographique » :

> *J'ai été à cette noce de Mlle de Louvois. Que vous dirai-je ? Magnificence, illustration, toute la France, habits rabattus et rebrochés d'or, pierreries, brasiers de feu et de fleurs, embarras de carrosses, cris dans la rue, flambeaux allumés, reculements et gens roués ; enfin le tourbillon, la dissipation, les demandes sans réponses, les compliments sans savoir ce que l'on dit, les civilités sans savoir à qui l'on parle, les pieds entortillés dans les queues. Du milieu de tout cela, il sortit quelques questions de votre santé, où, ne m'étant pas assez pressée de répondre, ceux qui les faisaient sont demeurés dans l'ignorance et dans l'indifférence de ce qui en est : ô vanité des vanités !*

La santé de Mme de Grignan était l'éternel sujet de préoccupation de sa mère : si la comtesse faisait part à sa mère de ses douleurs, cette dernière se lamentait sans fin sur chacun des symptômes signalés ; si Mme de Grignan restait évasive ou tentait de minimiser le problème, Mme de Sévigné se demandait si on ne lui cachait rien et accusait sa fille de ne pas lui dire

---

1. Mme Colbert, épouse du ministre du Commerce et de l'Intérieur, était chargée de l'éducation et de la maison de Mlle de Blois.
2. Ce « certain lieu » était le couvent des Carmélites où Louise de La Vallière s'était retirée six ans plus tôt.

la vérité : c'était un véritable cercle vicieux : « Vos jambes froides et mortes, dont vous vous moquez, au moins devant moi, me font une peine incroyable... Ce n'est pas vivre, ma chère enfant, que de vivre avec tant d'incommodités. » « Plût à Dieu que votre santé fût comme la mienne ! Toute l'agitation de mon cœur pour la vôtre ne détruit point l'admirable composition de ma machine... Vos artères que vous croyez dilatés et gonflés, peuvent-ils être cause de ce mal quasi continuel au côté gauche ?... Est-ce le poumon, est-ce la poitrine ? est-ce ce que vous me mandez de ces nerfs et de ces veines gonflées ? est-ce votre sang qui fait tout ce désordre ? Et pensez-vous que je vive quand je vous saurai exposée à la bise de Grignan ? Ma bonne, il faut un peu me pardonner si tout ce qui peut éloigner votre retour me donne une vivacité extraordinaire. »

Pour épargner à sa fille épuisée tout effort d'écrire, Mme de Sévigné était prête à renoncer à ce qui lui était le plus cher, c'est-à-dire aux lettres de cette même fille. Elle menaçait presque d'arrêter là leur correspondance (qui était toute sa vie !) si Mme de Grignan ne se décidait pas à réduire le nombre et les pages de ses missives. Laisser sa fille continuer d'écrire à un tel rythme était tout simplement « vous tuer de ma propre main ».

> *Ma très chère bonne,* s'exclamait-elle, *figurez-vous que je suis à genoux devant vous et qu'avec beaucoup de larmes, je vous demande, par toute l'amitié que vous avez pour moi et par toute celle que j'ai pour vous, de ne me plus écrire que comme vous avez fait la dernière fois ! Je puis me reprocher d'être cause de cet état douloureux et périlleux ! Moi qui donnerais ma vie pour sauver la vôtre, je serais cause de votre perte... cette pensée me fait frissonner... je vous jure que je ne vous écrirai plus du tout... si vous m'aimez, ôtez-moi du nombre de ce que vous croyez vos devoirs.*

Les biographes qui prétendent que les maux variés de Mme de Grignan étaient d'ordre psychosomatique, s'appuient sur le fait qu'elle se sentait extrêmement coupable dans sa relation avec sa mère, et qu'une angoisse désespérée la rongeait à l'idée de la ruine qui menaçait les Grignan. Du moins, c'était ainsi que le voyait sa mère, le mot « psychosomatique » n'appartenant bien sûr pas au vocabulaire du xviie siècle : « Il est bien aisé de comprendre la tristesse de vos souffrances ; rien n'est plus affligeant », écrivait-elle à sa fille au début de 1680 :

> *Le moyen d'envisager ce chaos et cette chute d'un nom et d'une maison si chère ? Et quelle personne accablée sous ces débris ! Quel ordre de la Providence ! Et quelle amertume ne trouve-t-on point malgré la soumission que nous voulons avoir ! Je ne sais si vous faites bien de croire qu'il n'y ait rien à régler à vos dépenses. Il faudrait être à Salon pour entendre Monsieur l'Archevêque[1]. Il est vrai que ce jeu me fait peur. M. de Grignan hait la bassette, mais il aime l'hombre, et ne le sait point du tout, car cela ne s'appelle pas le jouer qu'il perde tous les jours à ce jeu ; n'est-ce pas doubler la dépense nécessaire ? Voilà justement ce que je n'aimerais pas. Je ne puis m'empêcher d'en dire mon avis à M. de Grignan. Il faut tâcher de parler d'autre chose, car je ne fais que vous accabler...*

La saison du carnaval coûtait fort cher au gouverneur : « Je vous trouve, ma fille, en plein carnaval, écrivait Mme de Sévigné le 9 février 1680 : vous faites de petits soupers particuliers de dix-huit ou vingt femmes. Je connais cette vie et la grande dépense que vous faites à Aix. Vous me paraissez accablée de la dépense d'Aix ; c'est une chose cruelle que de gâter encore vos affaires en Provence au lieu de les raccommoder. » « Au reste, ma chère enfant, continuait-elle sur le même ton dans une autre lettre, n'est-ce point une chose rude que de faire six mois de retraite pour avoir vécu cet hiver à Aix ? Si cela servait à la fortune de quelqu'un de votre famille, je le souffrirais, mais vous pouvez compter qu'en ce pays-ci, vous serez trop heureuse si cela ne vous nuit pas. L'Intendant ne parle que de votre magnificence, de votre grand air, de vos grands repas... »

Mme de Sévigné, comme elle le faisait remarquer, ne vivait pas sur le même pied dans la capitale, et ne menait pas si grand train :

> *Je fais toujours cette même vie que vous savez, ou au faubourg ou avec ces bonnes veuves, quelquefois ici, quelquefois manger la poularde de Mme de Coulanges, et toujours aise que le temps passe et m'entraîne avec lui, afin de me redonner à vous.*

Les lettres de Mme de Grignan avaient dû laisser à sa mère l'espoir qu'on la reverrait à Paris avant l'hiver :

---

1. Dans nulle autre famille, disait-elle de l'oncle du comte, l'archevêque d'Arles, elle ne connaissait un patriarche plus digne de respect et de tendresse.

> *Mais je compte que vous partirez cet automne, comme*
> *vous l'avez dit. Présentement, ma bonne, que je ne respire*
> *que de vous revoir et vous pouvoir garder et conserver moi-*
> *même, je voudrais que tout cet intervalle fût passé ; je jette*
> *les jours à la tête de qui les veut, je les remercie d'être passés.*
> *Le printemps, et l'été encore, me paraissent des siècles ; il*
> *me semble que je n'en verrai jamais la fin. Je dors vite, et j'ai*
> *de l'impatience d'être toujours à demain, et puis de recevoir*
> *vos lettres, et puis d'en recevoir encore, et encore d'autres...*
> *Je me garde bien de faire ces confidences, on ne les*
> *comprendrait pas. Mais quelquefois, entre mille autres*
> *choses, il faut que je vous conte tout cela ; je n'abuse pas*
> *souvent de cette liberté que me donne l'absence.*

Quelque liberté qu'elle ait pu prendre avec sa fille, elle en avait pris encore davantage avec son gendre. Peu de temps auparavant, elle avait critiqué, avec une violence et une amertume qui lui étaient peu coutumières, la folle prodigalité du comte de Grignan et son amour du jeu : « Suis-je raccom-modée avec M. de Grignan ? », « Mandez-moi si M. de Grignan n'est point fâché de ma lettre », ne cessait-elle de demander à sa fille durant les semaines qui suivirent cette véhémente sortie. Elle tournait ses questions avec humour mais l'on sentait qu'elle était très consciente d'avoir outrepassé ses droits de belle-mère.

Elle saisit une occasion de réconciliation grâce à une lettre que le comte avait écrite à Mme de Coulanges, lettre sur laquelle sa belle-mère se répandit en louanges afin de mieux amadouer sa fille :

> *Voyez ce que vous pourrez faire de ceci pour réparer mes*
> *injustices. Il y faut joindre le fond de mon cœur, qui mérite*
> *toujours qu'on excuse tout, car à bien traduire tout ce que*
> *j'ai dit, c'est de l'amitié, c'est de l'intérêt, c'est de l'estime*
> *pour un nom et pour une maison qu'il devrait honorer plus*
> *que je ne l'honore (et je la considère mille fois plus qu'il ne*
> *fait)... Voyez ce que votre adresse peut faire de tant de bons*
> *matériaux, car en vérité j'ai senti quelque douleur d'être*
> *brouillée avec un homme qui écrit si bien...*

(L'art épistolaire de chacune de ces trois personnes faisait leur admiration mutuelle. Mme de Sévigné louait avec ardeur les lettres de son gendre et portait aux nues celles de sa fille tandis que les Grignan lui retournaient le compliment, avec sans nul doute de meilleures raisons de le faire : « Je me trouve bien honorée, écrivait Mme de Sévigné à sa fille, du goût qu'a M. de Grignan pour mes lettres. Je n'en ai point une si haute idée, mais puisque vous les aimez tous deux, ma bonne, je ne leur en demande pas davantage. »)

Le 2 février, Mme de Sévigné et le comte de Grignan s'étaient réconciliés : « J'embrasse M. de Grignan, écrivait alors Mme de Sévigné à sa fille, puisqu'enfin, avec tant de peine et tant d'adresse, vous l'avez obligé à me pardonner. »

A la fin du même mois, elle se sentit assez sûre d'elle pour se risquer à taquiner son gendre dans une lettre à sa fille (datée du 1er mars), où elle lui parlait de la *Proserpine* de Quinault et Lully, donnée le 5 février :

> *Je veux parler de l'opéra. Je ne l'ai point vu (je ne suis point curieuse de me divertir), mais on dit qu'il est parfaitement beau. Bien des gens ont pensé à vous et à moi. Je ne vous l'ai point dit, parce qu'on me faisait Cérès, et vous Proserpine ; tout aussitôt voilà M. de Grignan Pluton*[1]*, et j'ai eu peur qu'il ne me fît répondre vingt mille fois par son chœur de musique :*
>   Une mère
>   Vaut-elle un époux ?
> *C'est cela que j'ai voulu éviter, car pour le vers qui est devant celui-là :*
>   Pluton aime mieux que Cérès,
> *je n'en eusse point été embarrassée.*

Les rapports que Mme de Sévigné entretenait avec son gendre étaient pour le moins ambigus, comme elle le reconnaissait elle-même dans une lettre du 1er mai adressée à sa fille :

> *Au reste, je suis persuadée des complaisances de M. de Grignan. Il a des endroits d'une noblesse, d'une politesse, et même d'une tendresse extrême ; il y a d'autres choses, dont les contre-coups sont difficiles à concevoir. Enfin tout est à facettes. Il a des traits inimitables pour la douceur et l'agrément de la société; on l'aime, on le gronde, on l'estime, on le blâme, on l'embrasse, on le bat...*

---

1. Dans l'opéra comme dans le mythe, Pluton enlève Proserpine à sa mère Cérès et l'emporte dans les entrailles de la terre afin d'en faire sa femme.

35.

De toute l'année 1680, ce fut le mois de mars qui fut le plus cruel à vivre, car Mme de Sévigné perdit alors des amis chers. Le premier avait été un fidèle compagnon et un ami très proche : « Je crains bien que nous perdions cette fois M. de La Rochefoucauld », écrivit-elle le 15 mars :

> *Il ne voyait point hier matin Mme de La Fayette, parce qu'elle pleurait et qu'il recevait Notre-Seigneur ; il envoya savoir à midi de ses nouvelles. Croyez-moi, ma fille, ce n'est pas inutilement qu'il a fait des réflexions toute sa vie ; il s'est approché de telle sorte ces derniers moments qu'ils n'ont rien de nouveau ni d'étranger pour lui.*

Le dimanche 17 mars, elle écrivait :

> *Quoique cette lettre ne parte que mercredi, je ne puis m'empêcher de la commencer aujourd'hui pour vous dire, ma bonne, que M. de La Rochefoucauld est mort cette nuit. J'ai la tête si pleine de ce malheur, et de l'extrême affliction de notre pauvre amie, qu'il faut que je vous en parle. M. de Marsillac (le prince de Marsillac, fils aîné du duc) ne l'a pas quitté d'un moment ; il est mort entre ses bras, dans cette chaise que vous connaissez... Il est dans une affliction qui ne se peut représenter, mais, ma bonne, il retrouvera le Roi et la cour ; toute sa famille se retrouvera en sa place. Mais où Mme de La Fayette retrouvera-t-elle un tel ami, une telle société, une pareille douceur, un agrément, une confiance, une considération pour elle et pour son fils ? Elle est infirme ; elle est toujours dans sa chambre, elle ne court point les rues. M. de La Rochefoucauld était sédentaire aussi. Cet état les rendait nécessaires l'un à l'autre. Rien ne pouvait être comparé à la confiance et aux charmes de leur amitié. Ma bonne, songez-y, vous trouverez qu'il est impossible de faire une perte plus sensible et dont le temps puisse moins consoler. Je ne l'ai pas quittée tous ces jours...*

« Jamais homme n'a été si bien pleuré, écrivait-elle en parlant du duc le 26 mars. C'est une perte publique, et particulière pour nous. » L'une de ces raisons, et non la moindre, étant que le duc avait entrepris de se faire le champion des intérêts du comte de Grignan à la cour (cela par l'intermédiaire de son fils le duc de Marsillac, grand maître des chasses royales et favori du souverain). Avec la mort du duc disparaissait tout espoir pour le comte de Grignan d'obtenir jamais un poste en vue à la cour[1].

« N'admirez-vous point que Dieu m'a ôté encore cet amusement de parler de vos intérêts avec M. de La Rochefoucauld ? se lamentait-elle dans la même lettre. Il en paraissait occupé fort obligeamment. De sorte qu'ayant aussi perdu M. de Pomponne, je n'ai pas le plaisir de croire que je puisse jamais vous être bonne à rien du tout. »

> *Pour moi, mon enfant* continuait-elle, *je ne songe qu'à vous revoir. Plus la mort de M. de La Rochefoucauld me fait penser à la mienne, plus je désire de passer le reste de ma vie avec vous. Mme de La Fayette est tombée des nues. Elle s'aperçoit à tous les moments de la perte qu'elle a faite ; tout se consolera, hormis elle. M. de Marsillac, à présent M. de La Rochefoucauld, est déjà retourné à son devoir. Le Roi l'envoya quérir ; il n'y a point de douleur qu'il ne console.*

Si Mme de Sévigné décrit avec romantisme la relation entre ses deux amis très chers, ce qu'elle en dit ne permet en rien de savoir si cette affection a été platonique ou non. Ce dilemme excitait fort les contemporains des deux personnes en question depuis 1669 ou 1670, début de la relation entre le duc de La Rochefoucauld et Mme de La Fayette[2].

Mme de Sévigné perdit un autre ami en mars 1680. Il y avait dix-huit ans qu'elle ne l'avait pas vu, mais elle le pleura beaucoup : « Voici encore la tristesse, ma chère fille, écrivit-elle le 3 avril. M. Fouquet est mort. J'en suis touchée ; je n'ai jamais vu perdre tant d'amis[3]. »

Elle trouva heureusement quelque réconfort ce printemps-là lorsque deux des plus jeunes Grignan se virent octroyer des signes de la faveur royale : l'abbé de Grignan fut nommé évêque d'Evreux (évêché fort imposant et traitement en consé-

1. Le duc de La Rochefoucauld avait essayé sans succès de faire nommer le comte de Grignan capitaine de la Garde du roi.
2. Il n'y avait eu aucun signe de rupture officielle, lorsque peu de temps après leur mariage, le comte de La Fayette s'était retiré sur ses terres, laissant la comtesse vivre seule à Paris.
3. La *Gazette* du 6 avril rapportait que Fouquet était mort d'une attaque d'apoplexie le 23 mars à la forteresse de Pignerol où il était emprisonné depuis le début de 1665.

quence !) et le chevalier de Grignan fut promu « menin » ou compagnon du dauphin, « on le choisit, entre huit ou dix hommes de qualité et de mérite, comme le disait Mme de Sévigné, pour l'attacher à Monsieur le Dauphin », avec une belle pension de neuf mille livres par an. « En .vérité, ma bonne, voici une assez jolie petite semaine pour les Grignan, écrivait-elle en jubilant à Mme de Grignan, et si la Providence voulait placer l'aîné à proportion, nous le verrions dans une belle place. »

Et c'était toujours la même chanson : si seulement l'aîné était lui aussi à la cour, dans l'entourage du monarque dont la main généreuse distribuait alentour ses bienfaits, au lieu de se laisser oublier au fin fond de la Provence !

« Le Roi fait des libéralités immenses », avait-elle noté quelque temps auparavant :

> *En vérité, il ne faut point se désespérer : quoiqu'on ne soit pas son valet de chambre, il peut arriver qu'en faisant sa cour, on se trouvera sous ce qu'il jette. Ce qui est certain, c'est que loin de lui tous les services sont perdus. C'était autrefois le contraire...*

Mme de Sévigné était fort agacée par la résignation quasi désespérée dont faisaient preuve les Grignan en ce qui concernait leurs perspectives d'avenir : « Vous n'en devez point changer sur la bonne opinion que vous devez avoir de vous, malgré les procédés désobligeants de la fortune, écrivait-elle en guise de sermon, en vérité, si elle voulait, M. et Mme de Grignan tiendraient fort bien leur place à la cour. »

« Mais ce que je ne puis comprendre », écrivait-elle le 3 mars pour tenter de les piquer au vif,

> *c'est que vous vous teniez tous deux pour des gens de l'autre monde et qui n'êtes plus en état de penser à la fortune et aux grâces de Sa Majesté. Et pourquoi vous tenez-vous pour éconduits ? Quel âge avez-vous, s'il vous plaît ? Et d'où vient donc que vous vous enterrez comme Philémon et Baucis ? N'êtes-vous point aimés ? N'êtes-vous point aimables l'un et l'autre ? N'avez-vous pas de l'étoffe pour présenter au Roi ? Votre nom est-il barbare ? N'est-il point en train de vous faire du bien ? Les grâces passées ne répondent-elles pas de celles qu'on espère ? Les temps sont-ils toujours pareils ? Ne change-t-on point ? La libéralité n'est-elle pas ouverte ? D'où vient donc que vous passez par-dessus vous-mêmes et que vous ne voyez, dans un avenir lointain, que le petit*

> *Marquis ? Je ne sais si c'est que j'ai peu de part à cet avenir si éloigné, ou que je n'ai point pris la fantaisie des grand'mères qui passent par-dessus leurs enfants pour jouer du hochet avec ces petites personnes, mais j'avoue que vous m'avez arrêtée tout court, et que je ne puis souffrir la manière dont cela s'est tourné dans vos têtes.*

Si Mme de Sévigné eut peu de satisfaction avec sa fille ce printemps-là, elle en eut encore moins avec son fils. Lorsque Charles annonça sa décision de quitter l'armée, ce fut un véritable coup de canon. Il voulait vendre et à n'importe quel prix sa charge au régiment des gendarmes-Dauphins. Et il se montrait aussi impatient de la vendre qu'il l'avait été de l'acheter trois ans auparavant ! Sa mère avait financé l'achat du grade de sous-lieutenant au prix de grands sacrifices et en hypothéquant ses biens comme garantie de l'emprunt. (« Je n'ai pas sur mon cœur, écrivait-elle à sa fille, d'avoir préféré mes intérêts à sa fortune. ») Elle savait aussi qu'en quittant l'armée, Charles se fermait définitivement toutes les portes d'une carrière à la cour : « Le Roi ne peut souffrir ceux qui quittent le service, faisait-elle remarquer. Et quand mon fils n'aura plus de charge, je lui conseillerai d'être un provincial plutôt qu'un coureur de comédie et d'opéra. »

« Mon fils vient d'arriver de Douai, écrit-elle à Mme de Grignan le 3 avril, où il commandait la gendarmerie à son tour pendant le mois de mars. »

Charles, de retour à Paris, eut l'audace de se plaindre à sa mère et à son oncle du désordre qui régnait en Bretagne sur les terres des Sévigné. Et il insista fort pour qu'on allât jeter un œil sur ces propriétés de famille. « Le bon Abbé ne veut plus souffrir les reproches qu'on lui a faits avec beaucoup de tendresse, écrivait avec indignation Mme de Sévigné. Il est vrai qu'il y a du désordre à nos terres, mais il vient de la misère du pays ! Enfin, nous y ferons de notre mieux afin de n'y plus penser. Cette augmentation d'éloignement me fait frémir. »

Pour satisfaire au désir pressant de Charles, l'on se mit à organiser plus ou moins le voyage, mais sans y mettre aucun zèle, il faut bien le dire.

> *Pour moi écrivait-elle en avril, je cours en Bretagne avec un chagrin insurmontable. J'y vais, et pour y aller, et pour y être un peu, et pour y avoir été et qu'il n'en soit plus question. Après la perte de la santé, que je mets toujours avec raison au premier rang, rien n'est si fâcheux que le mécompte et le dérangement des affaires ; je m'abandonne*

donc à cette cruelle raison. Jugez de l'excès de mon inquiétude, vous qui savez avec quelle impatience je souffre le retardement de deux heures des courriers !

« Il me semble que je suis folle, écrivait-elle un autre jour, de m'éloigner encore de vous. » Ce serait comme si elles étaient « aux deux bouts de la terre », gémissait-elle. Et non seulement cela, mais ses lettres provinciales qui n'auraient plus rien à voir avec la cour ni la capitale ne présenteraient plus aucun intérêt pour sa fille.

Jusqu'au jour du départ, elle allait entretenir Mme de Grignan des dernières nouvelles et tenir à jour sa chronique de la cour. Le plus important événement de ce printemps était l'arrivée de la Dauphine, princesse bavaroise qui avait été choisie comme épouse de l'héritier au trône de France.

« A propos de cour », écrivait à la mi-mars Mme de Sévigné,

je vous envoie des relations. Madame la Dauphine est l'objet de l'admiration. Le Roi avait une impatience extrême de savoir comme elle était faite. Il envoya Sanguin[1] comme un homme vrai et qui ne sait point flatter : « Sire, dit-il, sauvez le premier coup d'œil, et vous en serez fort content. » Cela est dit à merveille, car il y a quelque chose à son nez et à son front qui est trop long, à proportion du reste ; cela fait un mauvais effet d'abord. Mais on dit qu'elle a si bonne grâce, de si beaux bras, de si belles mains, une si belle taille, une si belle gorge, de si belles dents, de si beaux cheveux, et tant d'esprit et de bonté, caressante sans être fade, familière avec dignité, enfin tant de manières propres à charmer, qu'il faut lui pardonner ce premier coup d'œil...

Mais le mariage même de son fils aîné et héritier ne pouvait longtemps retenir le monarque loin de son passe-temps favori, celui de courir les jupons. Surtout lorsque la plus jolie blonde qu'on n'avait vue depuis des années à Versailles faisait ses débuts à la cour[2]. Marie Angélique de Fontanges, dans la fleur de ses dix-sept ans, attira, non sans préméditation, l'œil aux aguets de l'éternel amoureux qu'était Louis XIV, alors âgé de quarante-deux ans. (Sa famille noble mais pauvre avait réussi à trouver la somme nécessaire au lancement de cette prometteuse candidate dans la course aux faveurs royales. Elle avait

1. Sanguin, maître d'hôtel du roi, fut délégué en observateur avec ceux qui devaient accueillir la Dauphine à son arrivée sur le sol français.
2. Ce sont à peu près les termes du rapport fait à l'Electeur du Palatinat par Ezechiel Spanheim, son ambassadeur à la cour de France.

été destinée par ses parents depuis sa plus tendre enfance à cette illustre carrière, ce glorieux déshonneur étant traditionnellement réservé aux dames de noble lignage.)

« Mlle de Fontanges est d'une beauté singulière », écrivait Mme de Sévigné. « Elle paraît à la tribune (de la chapelle royale) comme une divinité, Mme de Montespan de l'autre côté, autre divinité » (sa beauté, à l'âge de quarante ans, considérablement moins fraîche que celle de cette dernière rivale).

« Vous allez apprendre une nouvelle qui n'est plus un secret, mais vous aurez le plaisir de la savoir des premières », racontait avec fierté Mme de Sévigné à sa fille le 6 avril :

> *Mme de Fontanges est duchesse avec vingt mille écus de pension : elle en recevait aujourd'hui les compliments dans son lit. Le Roi y a été publiquement. Elle prend demain son tabouret, et s'en va passer le temps de Pâques à une abbaye que le Roi a donnée à une de ses sœurs[1]. Voici une manière de séparation qui fera bien de l'honneur à la sévérité du confesseur[2]. Il y a des gens qui disent que cet établissement sent le congé. En vérité, je n'en crois rien ; le temps nous l'apprendra.*
>
> *Voilà ce qui est présent : Mme de M[ontespan][3] est enragée. Elle pleura beaucoup hier. Vous pouvez juger du martyre que souffre son orgueil. Il est encore plus outragé par la haute faveur de Mme de Maintenon. Sa Majesté va passer très souvent deux heures de l'après-dîner dans sa chambre à causer avec une amitié et un air libre et naturel qui rend cette place la plus souhaitable du monde !*

Le 12 avril, Mme de Sévigné pouvait enfin faire part à Mme de Grignan de ses propres impressions concernant la Dauphine :

> *Il est vrai que j'ai eu la curiosité de la voir. J'y fus donc avec Mme de Chaulnes et Mme de Kerman. Elle était à sa toilette ; elle parlait italien avec M. de Nevers. On nous présenta. Elle nous fit un air honnête, et l'on voit bien que si on trouvait une occasion de dire un mot à propos, elle entrerait bien aisément en conversation... Enfin, ma bonne, c'est un pays qui n'est point pour moi ; je ne suis point d'un*

---

1. La sœur de Mlle de Fontanges était religieuse et avait été nommée abbesse de Maubuisson.
2. Durant la semaine sainte, on éloignait les maîtresses du roi afin que celui-ci puisse s'approcher de la sainte table.
3. Toujours sur ses gardes dans sa correspondance, Mme de Sévigné mettait souvent des initiales à la place des noms.

âge à vouloir [m'y établir] ni à souhaiter d'y être soufferte.
Si j'étais jeune, j'aimerais à plaire à cette princesse, mais,
bon Dieu! de quel droit voudrais-je y retourner jamais?

C'est grâce à cette lettre ainsi qu'à une autre écrite quelques
semaines plus tard, que nous commençons à percevoir quel
était le véritable sentiment de Mme de Sévigné à l'égard de la
cour; ses biographes s'accordent rarement sur ce point.
Regrettait-elle parfois de n'avoir point pris part à ce « brillant,
glorieux, mais perfide et cruel » univers? Elle a pu se montrer
souvent fort méprisante envers « ce pays-là » comme elle
l'appelle; et pourtant nous sentons bien à travers son propre
discours ce que ses railleries peuvent avoir de grinçant. Elle
priait le ciel, et bien d'autres encore, de lui obtenir un poste en
vue à la cour pour ses chers Grignan; tout cela était donc bien
ambigu!

Il était cependant tout à fait clair que pour rien au monde,
elle n'aurait accepté la pénible situation d'une Mme de Coulanges qui, n'ayant pas de titre, n'était qu'un parasite, un pilier
d'antichambre dans une cour dont elle ne faisait pas et ne ferait
jamais partie. Tel n'était ni ne serait jamais le sort de la
marquise de Sévigné qui, par la naissance comme par le
mariage, pouvait prétendre à des titres de noblesse anciens et
prestigieux, lui garantissant son entrée à la cour. Une marquise
de Sévigné qui aurait eu quelque ami ou parent bien placé dans
les hautes sphères — ce qui avait été le cas, prétendait-elle —
aurait sans nul doute pu jouir d'une position enviable à la cour.
Mais la soudaine disgrâce, l'exil, le bannissement, l'emprisonnement de ses amis et parents (Bussy, Fouquet, Retz, Pomponne) avaient ruiné pour Mme de Sévigné tout espoir de
jamais se tailler une place auprès du Roi-Soleil.

« Vous ai-je dit comme Mme de Coulanges fut bien reçue à
Saint-Germain? » s'enquérait Mme de Sévigné dans cette
lettre du 1er avril citée plus haut :

> *Madame la Dauphine lui dit qu'elle la connaissait déjà*
> *par ses lettres, que ses dames lui avaient parlé de son esprit,*
> *qu'elle avait fort envie d'en juger par elle-même. Mme de*
> *Coulanges soutint fort bien sa réputation. Elle brilla dans*
> *toutes ses réponses; les épigrammes étaient redoublées et la*
> *Dauphine entend tout. Elle fut introduite dans les cabinets*
> *l'après-dîner avec ses trois amies[1]; toutes les dames de la*

1. Les trois bonnes amies de Mme de Coulanges à la cour étaient Mme de
Maintenon, Mme de Richelieu (dame d'honneur de la Dauphine) et Mme de
Rochefort.

*cour étaient enragées contre elle. Vous comprenez bien que,
par ses amies, elle se trouve naturellement dans la familia-
rité avec cette princesse. Mais où cela peut-il la mener ? Et
quel dégoût quand on ne peut être des promenades*[1] *ni
manger ! Cela gâte tout le reste. Elle sent vivement cette
humiliation. Elle a été quatre jours à jouir de ces plaisirs et
de ces déplaisirs.*

« Son esprit est une dignité dans cette cour, écrivait ailleurs
Mme de Sévigné à sa fille. Si le vrai mérite encore par dessus
l'esprit y trouvait sa place, vous auriez, sans vous flatter, un
grand sujet de croire que vous y seriez fort bien. »

Le mois de mai arrivant, l'on ne pouvait plus retarder
éternellement ce départ si peu souhaité vers la Bretagne : « Me
voici encore à Paris, écrivait le 3 mai Mme de Sévigné, mais
c'est dans l'agitation d'un départ ; vous connaissez ce mouvement. Je suis sur les bras de tout le monde. Je n'ai plus de
voiture, et j'en ai trop ; chacun se fait une belle action et une
belle charité de me mener. » Et, continuait cette lettre :

*Je m'en vais, comme une Furie, pour me faire payer ; je ne
veux entendre ni rime ni raison. C'est une chose étrange que
la quantité d'argent qu'on me doit ; je dirai toujours comme
l'Avare :* De l'argent, de l'argent ; dix mille écus sont bons.
*Je pourrais bien les avoir si l'on me payait ce qui m'est dû
en Bretagne et en Bourgogne.*

« Je sens les nouvelles douleurs d'une séparation, et un
éloignement par dessus un éloignement », poursuivait-elle. « Il
est vrai que, pour deux personnes qui se cherchent et qui se
souhaitent toujours, je n'ai jamais vu une pareille destinée. »
Seule sa théorie sur la Providence lui était une explication :

*Qui m'ôterait la vue de la Providence, m'ôterait mon
unique bien... Il me faut l'auteur de l'univers pour raison de
tout ce qui arrive. Quand c'est à lui qu'il faut m'en prendre,
je ne m'en prends plus à personne et je me soumets ; ce n'est
pourtant pas sans douleur ni sans tristesse. Mon cœur en
est blessé, mais je souffre même ces maux comme étant dans
l'ordre de la Providence. Il faut qu'il y ait une Madame de
Sévigné qui aime sa fille plus que toutes les autres mères,*

---

1. Les seuls à pouvoir monter en carrosse avec le roi ou la reine étaient ceux
qui pouvaient produire des titres de noblesse remontant à plusieurs siècles,
c'est-à-dire à ce qu'on appelait « la nuit des temps ».

*qu'elle en soit souvent très éloignée et que les souffrances les
plus sensibles qu'elle ait dans cette vie lui soient causées par
cette chère fille. J'espère aussi que cette Providence dispo-
sera les choses d'une autre manière, et que nous nous
retrouverons comme nous avons déjà fait.*

Les préparatifs du voyage en Bretagne provoquèrent chez
Mme de Sévigné une mélancolie peu habituelle : « J'ai grand
besoin de vous tous, écrivit-elle aux Grignan le 6 mai, veille de
son départ : Je ne connais plus la musique ni les plaisirs. J'ai
beau frapper du pied, rien ne sort qu'une vie triste et unie,
tantôt à ce triste faubourg (avec une Mme de La Fayette en
grand deuil !), tantôt avec les sages veuves. M. de Grignan
m'est bien nécessaire, car j'ai un coin de folie qui n'est pas
encore bien mort. »

36.

Après avoir dit au revoir à sa famille et à ses amis (« J'ai eu
tant d'adieux, ma fille, que j'en suis étonnée »), Mme de
Sévigné quitta Paris tandis que comme toujours l'excitation du
voyage s'emparait d'elle. Tout en jouissant de l'éternelle
beauté du paysage qui s'offrait à ses yeux, elle s'enthousiasmait
de cette course rapide « comme le vent » dans un beau carrosse
tiré par des chevaux fringants. Ils étaient arrivés à Orléans,
écrivait-elle le 8 mai :

*Nous voici arrivés, ma très chère et très bonne, sans
aucune aventure considérable. Il fait le plus beau temps du
monde ; les chemins sont admirables. Notre équipage va
bien ; mon fils m'a prêté ses chevaux et m'est venu conduire
jusqu'ici. Il a fort égayé la tristesse du voyage. Nous avons
causé, disputé et lu... Les jours sont si longs que nous
n'avons pas même besoin du secours de la plus belle lune du
monde qui nous accompagnera sur la Loire où nous nous
embarquons demain.*

La correspondance prit l'allure d'un journal de voyage. Sa lettre suivante portait pour en-tête : « A Blois, jeudi 9 mai. »

> *Je veux vous écrire tous les soirs, ma chère enfant ; rien ne me peut contenter que cet amusement. Je tourne, je marche, je veux reprendre un livre, j'ai beau faire, je m'ennuie, et c'est mon écritoire qu'il me faut. Il faut que je vous parle, et qu'encore que cette lettre ne parte ni aujourd'hui ni demain, je vous rende compte tous les soirs de ma journée...*
> *Nous sommes montés dans le bateau à six heures par le plus beau temps du monde. J'y ai fait mettre le corps de mon [grand] carrosse d'une manière que le soleil n'a point entrée dedans. Nous avons baissé les glaces. L'ouverture du devant fait un tableau merveilleux ; celle des portières et des petits côtés nous donne tous les points de vue qu'on peut imaginer. Nous ne sommes que l'Abbé et moi dans ce joli cabinet, sur de bons coussins, bien à l'air, bien à notre aise ; tout le reste comme des cochons sur la paille. Nous avons mangé du potage et du bouilli tout chaud. On a un petit fourneau ; on mange sur un ais dans le carrosse comme le Roi et la Reine[1]. Voyez, je vous prie, comme tout s'est raffiné sur notre Loire.*

« Notre Loire, qui est sage et majestueuse, remarquait-elle plus tard dans la semaine. Je ne m'accoutume point, disait-elle, à la beauté de ce pays. »

A Saumur, elle pouvait annoncer que « le bon Abbé se porte fort bien ; il est charmé de cette route. Jamais on n'a fait ce voyage comme nous le faisons ; c'est dommage que nous ne soyons un peu moins solitaires ». L'Abbé était pour elle un appui et un soutien ; il la réconfortait mais ne savait pas la divertir. Elle appréciait pourtant vivement son dévouement : « Je suis touchée de la bonté du bon Abbé qui, à soixante et treize ans, s'embarque encore sur la terre et sur l'onde pour mes affaires. »

Le 10 mai, lors d'une escale à Tours, Mme de Sévigné se demandait si ses lettres ne risquaient pas de souffrir du manque de nouvelles à communiquer de ces régions retirées. Plus d'une fois, elle avait confié au comte de Bussy sa crainte de dépérir en province, parlant de « la moisissure qui arrive quasi toujours en province », loin du centre social et culturel. « On attendait, le lendemain de mon départ, la belle Fontanges à la

---

1. Elle avait même emporté, écrivait-elle « une petite cave pleine du meilleur vin vieux de notre Bourgogne ».

cour, écrivait-elle à sa fille. C'est au Chevalier présentement à faire son devoir ; je ne suis plus bonne à rien du tout. Si vous ne m'aimiez, il faudrait brûler mes misérables lettres avant que de les ouvrir. »

Elle n'en continuait pas moins à les écrire. La suivante portait pour date : « A Saumur, samedi 11ᵉ mai »

> *Nous avons quitté Tours ce matin ; j'y ai laissé à la poste une lettre pour vous. Qui m'ôterait la faculté de penser m'embarrasserait beaucoup, surtout dans ce voyage. Je suis douze heures de suite dans ce carrosse si bien placé, si bien exposé, dont je vous ai parlé. J'en emploie quelqu'une à manger, à boire, à ne pas boire, à lire, beaucoup à regarder, à admirer, et encore plus à rêver, à penser à vous, ma bonne.*

Après cinq longues journées passées sur la Loire, Mme de Sévigné s'avouait impatiente d'arriver à Nantes, en partie parce que c'était là la destination finale du parcours fluvial, mais surtout parce qu'elle pouvait espérer y trouver du courrier de sa fille. Mme de Sévigné avait expédié à chaque étape une lettre pour la Provence, mais il avait été convenu que Nantes serait la seule adresse où Mme de Grignan tenterait de joindre sa mère en route pour les Rochers.

« Un paquet que je reçois de vous ; c'est la seule joie que je puisse avoir », écrivit Mme de Sévigné à son arrivée à La Seilleraye, château de son cousin d'Harouys, trésorier des états généraux de Bretagne. Sa joie fut de courte durée. Pour quelle étrange raison, sinon un sentiment persistant de culpabilité, Mme de Grignan choisit-elle de rappeler morbidement les circonstances dans lesquelles elle avait quitté Paris avec précipitation l'année précédente ? Rien ne semblait justifier un tel éclat dans les lettres que Mme de Sévigné avait écrites les dernières semaines. Qu'est-ce qui poussa Mme de Grignan, neuf mois après l'altercation, à revenir à la charge en s'interrogeant sur le pourquoi et le comment de cette pénible séparation de 1679, et en accusant sa mère d'être une de ceux qui souhaitaient son départ. Comme d'habitude, les lettres de Mme de Grignan étant perdues, on ne peut que percevoir l'écho de ses paroles à travers les réponses de sa mère. Les seuls mots d'elle qui soient parvenus jusqu'à nous sont ceux que cite Mme de Sévigné, phrases et expressions qu'elle reproduit telles quelles.

Dans sa réponse aux accusations de sa fille, Mme de Sévigné commençait par refuser la responsabilité et esquiver le blâme :

> *Je voudrais bien, ma bonne, que premièrement vous ne*
> *me missiez point dans le nombre de* tout le monde *que vous*
> *trouvez* qui souhaitait votre départ, *ce m'a toujours été les*
> *plus grandes douleurs de ma vie...*
> *Je sais pour qui vous voulez parler...*

C'était le « bon Abbé » qui était la cible véritable des accusations de sa fille, Mme de Sévigné le savait bien. (Elle avait été elle-même exaspérée lorsqu'il avait insinué que les Grignan ne payaient pas une part suffisante des dépenses de l'hôtel Carnavalet) ; aussi la lettre continuait-elle par une justification de l'Abbé :

> *... il s'en défend, et jure qu'il n'a point cru que ce fût un*
> *remède pour vos affaires ni pour les miennes, puisque de*
> *son propre aveu vous me jetiez plus d'argent qu'il n'en*
> *fallait. C'est cela qui a causé mes grands éclats, puisque ce*
> *qui s'est dit n'a été que par mauvaise humeur, dont il n'est*
> *pas le maître, dont il ne sent pas la pesanteur, sans raison,*
> *sans justice, à vous, ma belle, qui êtes la raison, la*
> *discrétion et la justice et la générosité même — c'est ce qui*
> *m'a tuée. Mais ce pauvre homme répare si bien tout cela*
> *que, comme chacun a ses défauts, et qu'il a bien de bonnes*
> *choses, il faut tâcher d'effacer cet endroit.*
> *Mais dites mieux, ma bonne, et faites-vous tout l'honneur*
> *que vous méritez ; c'est que vous aimez M. de Grignan, et en*
> *vérité il le mérite. Vous aimez à lui plaire ; j'ai même trouvé*
> *fort souvent que vous n'avez point un véritable repos quand*
> *il est loin de vous. Il a une politesse et une complaisance*
> *plus capables de vous toucher et de vous mener aux Indes*
> *que toutes les autres conduites que l'on pourrait imaginer.*
> *En vous faisant toujours la maîtresse, il est toujours le*
> *maître ; cette manière lui est naturelle, et s'il y avait un art*
> *pour mener un cœur comme le vôtre, il l'aurait uniquement*
> *trouvé.*

« Je crois avoir mieux jugé de la véritable raison de votre départ », déclarait-elle.

« Il y a huit jours que je suis ici, écrivit-elle à sa fille le 21 mai de Nantes, il m'y ennuie beaucoup. » Seules les affaires la retenaient là. « Je veux faire payer ceux qui me doivent afin de payer ceux à qui je dois », écrivait-elle le 18 mai au comte de Guitaut. « Cette pensée me console de tous mes ennuis. » « Vous m'allez demander, disait-elle à sa fille le 25 mai, si personne ne pouvait faire cette affaire pour moi ; je vous dirai que non. Il a fallu ma présence et le crédit de mes amis. »

Le voyage de Charles à Nantes, au début de l'année, avait fait plus de mal que de bien. « Je fus hier, écrivit-elle le 27 mai à sa fille, au Buron (une des propriétés des Sévigné, à douze kilomètres à l'ouest de Nantes), j'en revins le soir. »

... je pensai pleurer en voyant la dégradation de cette terre. Il y avait les plus vieux bois du monde ; mon fils, dans son dernier voyage, lui a donné les derniers coups de cognée. Il a encore voulu vendre un petit bouquet qui faisait une assez grande beauté ; tout cela est pitoyable. Il en a rapporté quatre cents pistoles, dont il n'eut pas un sou un mois après. Il est impossible de comprendre ce qu'il fait ni ce que son voyage de Bretagne lui a coûté, où il était comme un gueux car il avait renvoyé ses laquais et son cocher à Paris ; il n'avait que le seul Larmechin dans cette ville, où il fut deux mois. Il trouve l'invention de dépenser sans paraître, de perdre sans jouer et de payer sans s'acquitter. Toujours une soif et un besoin d'argent, en paix comme en guerre... mais sa main est un creuset qui fond l'argent... Toutes ces dryades affligées que je vis hier, tous ces vieux sylvains qui ne savent plus où se retirer, tous ces anciens corbeaux établis depuis deux cents ans dans l'horreur de ces bois, ces chouettes qui, dans cette obscurité, annonçaient par leurs funestes cris les malheurs de tous les hommes, tout cela me fit hier des plaintes qui me touchèrent sensiblement le cœur... Ce lieu était un luogo d'incanto [1], *s'il en fut jamais. J'en revins donc toute triste ; le souper que me donna le premier président et sa femme ne fut point capable de me réjouir.*

Elle écrivait ce soir-là, expliquait-elle dans sa lettre du 28 mai :

parce que, Dieu merci, je m'en vais demain dès le grand matin, et même, je n'attendrai pas vos lettres pour y répondre ; je laisse un homme à cheval qui me les apportera à la dînée, et je laisse ici cette lettre qui partira ce soir, afin qu'autant que je le puis, il n'y ait rien de déréglé dans notre commerce.

Sa lettre suivante était datée : « Aux Rochers, [vendredi 31,] dernier jour de mai [1680]. »

---

1. « Un endroit merveilleux. »

Nous arrivâmes à Rennes la veille de l'Ascension. Cette bonne Marbeuf voulait m'avaler, et me loger et me retenir ; je ne voulus ni souper ni coucher chez elle. Le lendemain, elle me donna un grand déjeuner-dîner, où le Gouverneur, et tout ce qui était dans cette ville, qui est quasi déserte, me vint voir. Nous partîmes à dix heures, et tout le monde me disant que j'avais tout le temps, que les chemins étaient comme dans cette chambre, car c'est toujours la comparaison. Ils étaient si bien comme dans cette chambre que nous n'arrivâmes ici qu'après douze heures du soir, toujours dans l'eau. Et de Vitré ici, où j'ai été mille fois, nous ne les reconnaissions pas... Enfin, voyant que nous ne voyions plus rien et qu'il fallait tâter le chemin, nous envoyons demander du secours à Pilois. Il vient avec une douzaine de gars. Les uns nous tenaient, les autres nous éclairaient avec plusieurs bouchons de paille, et tous parlaient si extrêmement breton que nous pâmions de rire. Enfin, avec cette illumination, nous arrivâmes ici, nos chevaux rebutés, nos gens tout trempés, mon carrosse rompu, et nous assez fatigués. Nous mangeâmes peu. Nous avons beaucoup dormi, et ce matin nous nous sommes trouvés aux Rochers, mais encore tout gauches et mal rangés. J'avais envoyé Rencontre[1] afin de ne pas retrouver ma poussière depuis quatre ans, car le père Rahuel[2] est un sale vilain. Nous sommes au moins proprement.

Nous avons été régalés de bien des gens de Vitré, Mlle du Plessis en larmes de sa pauvre mère, et je n'ai senti de joie que lorsque tout s'en est allé à six heures et que je suis demeurée un peu de temps dans ce bois avec mon ami Pilois. C'est une très belle chose, ma bonne, que toutes ces allées ; il y en a plus de dix que vous ne connaissez point. Ne craignez pas que je m'expose au serein comme j'ai fait ; je sais combien vous en seriez fâchée, et de plus, ma très chère, en revoyant mon alcôve où j'ai été malade, j'ai senti une petite douleur qui ne servira pas peu à me gouverner par la crainte d'une pareille maladie.

Le château de Grignan était bien plus imposant et bien moins isolé que celui des Rochers. Les comparant, Mme de Sévigné disait : « Cette hôtellerie, ma bonne, est bien différente de la vôtre. » « Vous avez eu besoin d'avoir de la force pour soutenir l'excès de monde que vous avez eu, écrivait-elle à sa fille dans sa lettre du 31 mai : vingt personnes d'extraordinaire à table font mal à l'imagination. » « Cinquante domesti-

---

1. Un de ses laquais.
2. Le père Rahuel, concierge des Rochers.

ques est une étrange chose, écrivait-elle ailleurs, nous avons eu peine à les compter. »

« Quant à Grignan, je ne comprends jamais comme vous pouvez y souhaiter d'autre monde que votre famille », écrivit-elle une fois.

> *Vous savez bien que, quand nous étions seules, nous étions cent dans votre château ; je trouvais que c'était assez. Il ne faut pas croire que l'excès du nombre ne vous ôte pas toute la douceur et tout le soulagement du bon marché et des provisions. C'est une chose que vous n'avez jamais voulu comprendre, mais votre arithmétique, en vous faisant doubler par quatre le nombre de vos bouches, vous les fera trouver aussi chères qu'à Paris.*

« C'est une république, c'est un monde que votre château ; je n'y ai jamais vu cette foule », s'exclama-t-elle un jour. Et elle écrivait ailleurs sur le même sujet :

> *Je vous plains, ma bonne, des compagnies contraignantes*[1] *que vous avez eues. Quand je considère votre château, ma bonne, rempli de toute votre grande famille et de tous les survenants, et de toute la musique, et des plaisirs [qu'y attire] M. de Grignan, je ne comprends pas que vous puissiez éviter d'y faire une fort grande dépense.*

« Mon fils dit qu'on se divertit fort à Fontainebleau », écrivait-elle le 31 mai, ce qui pour sa fille dut être un changement de sujet bienvenu :

> *les comédies de Corneille charment toute la cour. Je mande à mon fils que c'est un grand plaisir que d'être obligé d'être là, d'y avoir un maître*[2]*, une place, une contenance, que pour moi, si j'en avais eu une, j'aurais fort aimé ce pays-là, que ce n'était que par n'en avoir point que je m'en étais éloignée, que cette espèce de mépris était un chagrin, que je me vengeais à en médire, comme Montaigne de la jeunesse, et que j'admirais qu'il aimât mieux son après-dîner, comme moi, entre Mlle du Plessis et Mlle de Launay, qu'au milieu de tout ce qu'il y a de beau et de bon. Ce que je dis pour moi, ma belle, vraiment je le dis pour vous. Ne croyez pas que si*

1. De nombreux voyageurs qui, pour des raisons officielles ou privées, se rendaient en Italie ou en Espagne, étaient susceptibles de faire halte à l'aller ou au retour au château de Grignan.
2. Le dauphin était le « maître » de Charles de Sévigné, alors officier du régiment des gendarmes-Dauphins.

M. de Grignan et vous étiez placés comme vous le méritez,
vous ne vous accommodassiez pas fort bien de cette vie,
mais la Providence ne veut pas que vous ayez d'autres
grandeurs que celles que vous avez. Pour moi, j'ai vu des
moments où il ne s'en fallait rien que la fortune ne me mît
dans la plus agréable situation du monde ; et puis tout d'un
coup, c'étaient des prisons et des exils. Trouvez-vous que ma
fortune ait été fort heureuse ? j'en suis contente, et si j'ai des
moments de murmure, ce n'est pas par rapport à moi.

Etait-elle honnête envers sa fille et envers elle-même ? Ne
regrettait-elle pas ce qui aurait pu être : la position prestigieuse dont elle aurait pu jouir à la cour si seulement des amis
tels que le comte de Bussy, le cardinal de Retz et Fouquet
n'avaient pas tout à coup perdu la faveur du roi ? Ce n'est pas
sans mélancolie qu'elle comparait son rôle et sa situation
sociale à ceux de sa fille, vice-reine de Provence et châtelaine
du « royal Grignan » : « Cependant, à notre honneur, ma
bonne, vous vous accommodez de votre place souveraine,
exposée, brillante : *la pauvre femme !* et moi, de ma fortune
médiocre, de mon obscurité et de mes bois. »

37.

Le temps lui-même contribuait pendant l'été 1680 à assom-
brir l'humeur généralement gaie de Mme de Sévigné. « Il fait
une pluie continuelle », écrivait-elle tristement le 2 juin. La fin
du mois n'apporta guère d'amélioration : « Quand je trouve les
jours si longs, c'est qu'en vérité, avec cette durée infinie, ils
sont froids et vilains, se plaignait-elle le 26 juin. J'ai une robe
de chambre, j'allume du feu tous les soirs. »
Il n'y avait pas que le temps de déprimant : la Bretagne était
aussi la proie de la récession. « Malgré la belle réputation de la
Bretagne, tout y est misérable », écrivit lugubrement Mme de
Sévigné dans sa lettre du 9 juin : « ... nos terres rabaissent, et

les vôtres augmentent [1]. Je ne vois que des gens qui me doivent de l'argent et qui n'ont point de pain, qui couchent sur la paille et qui pleurent ; que voulez-vous que je leur fasse ? »

Plus que d'habitude, Mme de Sévigné paraissait consciente de l'isolement des Rochers. Pour une fois, la solitude l'accablait, et la compagnie de sa voisine la plus proche ne la réconfortait guère. « Mlle du Plessis, en grand deuil, ne me quitte guère. Elle est impertinente ; aussi je suis honteuse de l'amitié qu'elle a pour moi... Elle parle toujours, et Dieu me fait la grâce d'être pour elle comme vous êtes pour beaucoup d'autres ; je ne l'écoute point du tout. Hélas ! je suis une biche au bois, éloignée de toute politesse. Je ne sais plus s'il y a une musique dans le monde et si l'on rit ; qu'aurais-je à rire ? »

Le 19 juin, Mme de Sévigné écrivit au comte de Bussy et à sa fille, Mme de Coligny :

> Je suis ici dans une fort grande solitude, et pour n'y être pas accoutumée je m'en accommode assez bien. J'en reviens toujours à cette Providence qui nous a rangés comme il lui a plu. Il n'était pas aisé de comprendre qu'une demoiselle de Bourgogne, élevée à la cour, ne fût pas un peu égarée en Bretagne [2].

Les journées paraissaient « d'une longueur excessive » à Mme de Sévigné, si l'on en croit cette lettre adressée à sa fille :

> Je ne trouve point qu'ils finissent ; sept, huit, neuf heures du soir n'y font rien. Quand il me vient des madames, je prends vitement mon ouvrage ; je ne les trouve pas dignes de mes bois. Je les reconduis ; la dame en croupe et le galant en selle s'en vont souper, et moi je vais me promener. Je veux penser à Dieu ; je pense à vous. Je veux dire mon chapelet ; je rêve. Je trouve Pilois ; je parle de trois ou quatre allées nouvelles que je veux faire. Et puis je reviens quand il fait du serein de peur de vous déplaire.

Une compagnie qu'elle appréciait toujours avec le même plaisir était celle de ses livres : « J'ai apporté ici une grande quantité de livres choisis », écrivit-elle le 5 juin :

---

1. La crise économique qui sévissait en France n'avait pas encore atteint la Provence.
2. Née et élevée à Paris, et n'ayant passé qu'assez peu de temps dans la province natale de son père, Mme de Sévigné se considérait pourtant comme « une demoiselle de Bourgogne ». Semblablement, elle se disait élevée à la cour, alors que ses liens avec la cour avaient été très lâches.

Je les ai rangés tantôt ; on ne met pas la main sur un, tel qu'il soit, qu'on n'ait envie de le lire tout entier. Toute une tablette de dévotion, et quelle dévotion, bon Dieu ! Quel point de vue pour honorer notre religion ! L'autre est toute d'histoires admirables. L'autre de morales. L'autre de poésie, et de nouvelles, et de mémoires. Les romans sont méprisés, et ont gagné les petites armoires. Quand j'entre dans ce cabinet, je ne comprends pas pourquoi j'en sors.

Elle passait beaucoup de temps dans cette petite chambre de la tour, d'où elle dominait le jardin. « Je suis assez souvent dans mon cabinet, écrivit-elle le 15 juin, en si bonne compagnie que je dis en moi-même : " Ce petit endroit serait digne de ma fille ; elle ne mettrait pas la main sur un livre qu'elle n'en fût contente. " » Elle reconnaissait pourtant que leurs goûts littéraires n'étaient pas les mêmes. Ainsi, dans sa lettre du 9 juin :

Il me faudra toujours quelque petite histoire, car je suis grossière comme votre frère. Les choses abstraites vous sont naturelles et nous sont contraires. Ma bonne, pour être si opposées dans nos lectures, nous n'en sommes pas moins bien ensemble ; au contraire, nous sommes une nouveauté l'une pour l'autre, et enfin je ne souhaite au monde que de vous revoir et jouir de la douceur qu'on trouve dans une famille aussi aimable que la mienne. M. de Grignan veut bien y tenir sa place et être persuadé qu'il contribue beaucoup à cette joie.

A part les livres, la forêt apportait aussi quelque agrément à Mme de Sévigné. La nuit même ne parvenait pas toujours à la retenir au château :

L'autre jour on me vint dire : « Madame, il fait chaud dans le mail ; il n'y a pas un brin de vent. La lune y fait des effets les plus brillants du monde. » Je ne pus résister à la tentation. Je mets mon infanterie sur pied. Je mets tous les bonnets, coiffes et casaques qui n'étaient point nécessaires ; j'allai dans ce mail, dont l'air est comme celui de ma chambre. Je trouvai mille coquecigrues, des moines blancs et noirs, plusieurs religieuses grises et blanches, du linge jeté par-ci par-là, des hommes noirs, d'autres ensevelis tout droits contre des arbres, des petits hommes cachés qui ne montraient que la tête, des prêtres qui n'osaient approcher. Après avoir ri de toutes ces figures, et nous être persuadés que voilà ce qui s'appelle des esprits et que notre imagination en est le théâtre, nous nous en revînmes sans nous arrêter, et sans avoir senti la moindre humidité. Ma chère bonne, je vous demande pardon ; je crus être obligée, à l'exemple des Anciens, comme nous disait ce fou que nous trouvâmes dans le jardin de Livry, de donner cette marque de respect à la lune.

Grâce à la vivacité de son imagination, Mme de Sévigné n'avait jamais de peine à se créer des distractions. Pour Marcel Proust, le romantisme de Mme de Sévigné, son goût du bizarre, du pittoresque et de l'hallucinatoire, en particulier dans ce passage, reflétaient ce qu'il appelait son « côté Dostoïevski ».

Pour occuper son cœur et son esprit tandis qu'elle se trouvait aux Rochers, Mme de Sévigné avait les livres et la forêt, mais surtout les lettres de sa fille. Elle écrivait le 5 juin :

Enfin, ma bonne, en attendant d'autres consolations, qui sont toutes les plus douces espérances de ma vie, j'ai l'espèce de plaisir, dans notre éternel éloignement, de recevoir vos lettres le neuvième jour, à dix heures du matin. Elles arrivent le samedi à Paris ; on les jette à la poste de Bretagne, et je les ai le lundi matin.

« Vos lettres sont lues et relues avec des sentiments dignes d'elles », écrivit-elle le 12 juin :

Vous m'occupez toute la semaine. Le lundi au matin je les reçois, je les lis ; j'y fais réponse jusqu'au mercredi. Le jeudi j'attends le vendredi matin ; en voilà encore. Cela me nourrit de la même sorte jusqu'au dimanche. Et ainsi les jours vont en attendant tout ce que ma tendresse me fait espérer sans savoir précisément comme tout se démêlera...

Les lettres de Mme de Sévigné avaient droit à l'admiration sans bornes des Grignan, comme en prend note la marquise le 15 juin, non sans coquetterie :

Je ne réponds rien à ce que vous dites de mes lettres, ma bonne ; je suis ravie qu'elles vous plaisent, mais si vous ne me le disiez, je ne les croirais pas supportables. Je n'ai jamais le courage de les lire toutes entières, et je dis quelquefois : « Mon Dieu, que je plains ma fille de lire tout ce fatras de bagatelles ! »

« Je ne comprends pas, écrivit-elle plus tard cet été-là, que mes lettres puissent divertir ce Grignan... »

Ce qu'elle semblait alors rechercher, aux Rochers, c'était le réconfort de la foi :

Je lis des livres de dévotion parce que je voulais me préparer à recevoir le Saint-Esprit. Ah ! ma bonne, que c'eût été un vrai lieu pour l'attendre que cette solitude ! Mais il souffle où il lui plaît, et c'est lui-même qui prépare les cœurs où il veut habiter.

Elle enviait ceux qui avaient la foi, et trouvait son ami le comte de Guitaut « heureux » d'être « dévot ». « L'éternité me frappe un peu plus que vous, écrivait-elle à sa fille à la fin juin, c'est que j'en suis plus près. Mais cette pensée n'augmente pas du moindre degré mon amour de Dieu... »

Elle avait de bonnes raisons de se repentir de son approche intellectuelle de la religion, de ce qu'elle appelait son « cœur de glace, un esprit éclairé ».

Avant la fin de l'été, pourtant, elle avait vaincu sa mélancolie et retrouvé sa bonne humeur habituelle. Elle pouvait ainsi rassurer sa fille qui s'était sans doute inquiétée de l'isolement de sa mère :

Vous êtes trop bonne de me souhaiter du monde. Il ne m'en faut point, ma bonne ; me voilà accoutumée à la solitude. J'ai des ouvriers qui m'amusent ; le Bien Bon a les siens tout séparés. Le goût qu'il a pour bâtir et pour ajuster va au delà de sa prudence. Il est vrai qu'il nous en coûte peu, mais ce serait encore moins si l'on se tenait en repos. C'est ce bois qui fait mes délices ; il est d'une beauté surprenante. J'y suis souvent seule avec ma canne et avec Louison[1] ; il ne m'en faut pas davantage.

Elle rêvait pourtant de se trouver à Grignan, où se réunissaient ceux qui lui étaient les plus chers :

Vous aurez le petit Coulanges ; il a renoncé à M. de Chaulnes et à la Bretagne pour Lyon et pour Grignan. Je serais bien de cet avis, ma très chère bonne ; un de mes grands désirs serait de m'y trouver avec vous tous. Vous êtes une très bonne et très grande compagnie ; c'est une ville que le château de Grignan !

« Vous êtes une si bonne compagnie à Grignan, écrivit-elle ailleurs cet été-là, vous avez une si bonne chère, une si bonne musique, un si bon petit cabinet que, dans cette belle saison, ce

1. Servante de Mme de Sévigné.

n'est pas une solitude, c'est une république fort agréable, mais je n'y puis comprendre la bise et les horreurs de l'hiver. »

Pour Mme de Sévigné, les hauteurs de Grignan, la splendeur du château et le train de vie quasi royal qu'on y menait étaient source de fierté autant que de souci. La position de gouverneur, écrivait-elle, était « un rôle que vous avez joué fort dignement dix ans de suite. Je ne voudrais pas ne vous avoir point vue dans votre royaume ». Ils vivaient dans un luxe qu'elle trouvait terriblement impressionnant, même s'il dépassait de beaucoup leurs moyens. « Je comprends, ma bonne, que vous n'oseriez demander des nouvelles de votre grande dépense », écrivait-elle tristement cet été-là :

> ... c'est une machine à quoi il ne faut pas toucher, de peur que tout ne renverse. Il y a de l'enchantement à la magnificence de votre château et de votre bonne chère... cela me paraît une sorte de magie noire, comme la gueuserie des courtisans. Ils n'ont jamais un sou, et font tous les voyages, toutes les campagnes, suivent toutes les modes, sont de tous les bals, de toutes les courses de bague, de toutes les loteries, et vont toujours, quoiqu'ils soient abîmés... Leurs terres diminuent ; il n'importe, ils vont toujours. Quand il faudra aller au-devant de M. de Vendôme[1], on ira, on fera de la dépense. Faut-il faire une libéralité ? Faut-il refuser un présent ? Faut-il courir au passage de M. de Louvois ? Faut-il courir sur la côte ? Faut-il ressusciter à Grignan l'ancienne souveraineté des Adhémar ? Faut-il avoir une musique ? A-t-on envie de quelques tableaux ? On entreprend et l'on fait tout. Ma bonne, je mets tout cela au nombre de certaines choses que je ne comprends point du tout, mais comme je prends beaucoup d'intérêt en celle-ci, j'en suis fort occupée, et je m'y trouve plus sensible qu'à mes propres affaires ; c'est une vérité. Mais, ma bonne, n'appuyons point dans nos lettres sur ces sortes de méditations, on ne les trouve que trop dans ces bois, et la nuit quand on se réveille.

Pour changer de sujet, elle parlait de la cour en s'appuyant sur les dernières nouvelles que lui transmettaient ses nombreux correspondants de Paris. Même avec des informations de seconde main, elle savait rendre vivants ses commérages. « Vraiment, ma bonne, je suis ravie que mes lettres, et les nouvelles de mes amies que je vous redonne, vous divertissent

---

1. Le duc de Vendôme, gouverneur de Provence, était attendu dans la province en 1680. Le comte de Grignan, en tant que lieutenant général, était censé venir à la rencontre de son supérieur.

comme elles font. » La cour se trouvait à Fontainebleau pendant le mois de juin. Membre de la suite du Dauphin, Charles de Sévigné tenait sa mère au courant :

> *On me mande qu'on est au milieu des plaisirs sans avoir un moment de joie. La faveur de Mme de Maintenon croît toujours, et celle de Mme de Montespan diminuée à vue d'œil. Cette Fontanges est au plus haut degré... On me mande que les conversations de Sa Majesté avec Mme de Maintenon ne font que croître et embellir, qu'elles durent depuis six heures jusqu'à dix, que la bru[1] y va quelquefois faire une visite assez courte, qu'on les trouve chacun dans une grande chaise, et qu'après la visite finie, on reprend le fil du discours. Mon amie me mande qu'on n'aborde plus la dame sans crainte et sans respect et que les ministres lui rendent la cour que les autres leur font.*

En juillet, la cour se retira au palais de Saint-Germain, comme le signalait Mme de Sévigné dans sa lettre du 17 :

> *Mme de Coulanges m'écrit au retour de Saint-Germain ; elle est toujours surprise de la faveur de Mme de Maintenon. Enfin nul autre ami n'a tant de soin et d'attention qu'il en a pour elle. Elle me mande ce que j'ai dit bien des fois : elle lui fait connaître un pays nouveau qui lui était inconnu, qui est le commerce de l'amitié et de la conversation sans contrainte et sans chicane ; il en paraît charmé[1]. Mme de Fontanges est partie pour Chelles[3]. Assurément, je l'irais voir si j'étais à Livry. Elle avait quatre carrosses à six chevaux, le sien à huit, où étaient toutes ses sœurs, et à vous, toutes mes sœurs, mais tout cela si triste qu'on en avait pitié — la belle perdant tout son sang[4], pâle, changée, accablée de tristesse, méprisant quarante mille écus de rente et un tabouret qu'elle a, et voulant la santé et le cœur du Roi, qu'elle n'a pas.*

En juillet, la princesse de Tarente, voisine préférée de Mme de Sévigné, revint au château Madame à Vitré. Peu après, elle persuada Mme de Sévigné de l'accompagner pour une

1. La dauphine.
2. La relation n'était certainement pas aussi platonique que le pensaient à l'époque Mme de Sévigné et Mme de Coulanges. Mme de Maintenon eut l'honneur de devenir l'épouse morganatique de Louis XIV, et la dernière de ses nombreuses maîtresses.
3. En 1680, le roi avait nommé comme abbesse de Chelles l'abbesse de Maubuisson, sœur de Mme de Fontanges.
4. Mme de Fontanges souffrait d'hémorragies depuis qu'elle avait accouché d'un enfant mort-né.

courte visite à Rennes, ancienne capitale du duché de Bretagne et siège du Parlement. « J'ai à vous parler de la réception qu'on fit hier en cette ville à Mme la princesse de Tarente », écrivait Mme de Sévigné le 6 août, de Rennes :

> *M. le duc de Chaulnes envoya d'abord quarante gardes, avec le capitaine à la tête, faire un compliment; c'était à une grande lieue. Un peu après, Mme de Marbeuf, deux présidents, des amies de Mme la princesse de Tarente, et puis enfin M. de Chaulnes, M. de Rennes, M. de Coëtlogon, de Tonquedec, de Beaucé, de Kercado, de Crapodo, de Kenpart, de Keriquimini [1], sérieusement un drapello eletto. On arrête, on baise, on sue, on ne sait ce qu'on dit. On avance, on entend des trompettes, des tambours; un peuple qui mourait d'envie de crier quelque chose. Sans vanité, je conseille d'aller descendre un moment chez Mme de Chaulnes. Nous la trouvâmes, accompagnée pour le moins de quarante femmes ou filles de qualité; pas une qui n'eût un bon nom. La plupart étaient les femelles de ceux qui étaient venus au-devant de nous. J'oubliais de vous dire qu'il y avait six carrosses à six chevaux, et plus de dix à quatre. Je reviens aux dames; je trouvai d'abord trois ou quatre de mes* belles-filles [2]*, plus rouges que du feu, tant elles me craignaient. Je ne vis rien qui me pût empêcher de leur souhaiter d'autres maris que monsieur votre frère. Nous baisâmes tout, et les hommes et les femmes. Ce fut un manège étrange... sur la fin, on ne se séparait plus de la joue qu'on avait approchée; c'était une union parfaite : la sueur nous surmontait. Enfin nous remontâmes en carrosse entièrement méconnaissables, et nous vînmes chez Mme de Marbeuf, qui a fait ajuster sa maison et meubler si proprement, et tout cela d'un si* [bon] *air et d'un si bon cœur qu'elle mérite toutes sortes de louanges. Nous nous enfermâmes dans nos chambres; vous devinez à peu près ce que nous fîmes. Pour moi je changeai de chemises et d'habits et, sans vanité, je me fis d'une beauté qui effaça entièrement mes* belles-filles.

Un dîner eut lieu ce soir-là dans le palais brillamment illuminé du gouverneur, « deux grandes tables servies également de seize couverts chacune où tout le monde se mit ».

1. Mme de Sévigné adorait prononcer ou écrire les noms bretons aux sonorités exotiques.
2. Jeunes filles bretonnes auxquelles Charles avait montré de l'intérêt.

c'est tous les soirs la même vie. L'après-souper se passa en jeu, en conversation, mais ce qui causa mon chagrin, ce fut de voir une jeune petite madame fort jolie, qui assurément n'a pas plus d'esprit que moi, qui donna deux échec et mat à M. le duc de Chaulnes d'un air et d'une capacité à me faire mourir d'envie[1]. Nous revînmes coucher ici très délicieusement ; je me suis éveillée du matin, et je vous écris, ma bonne, quoique ma lettre ne parte que demain. Je suis assurée que je vous manderai le plus grand dîner, le plus grand souper, et toujours la même chose : du bruit, des trompettes, des violons, un air de royauté, et enfin vous en conclurez que c'est un fort beau gouvernement que celui de Bretagne. Cependant, je vous ai vue dans votre petite Provence accompagnée d'autant de dames, et M. de Grignan suivi d'autant de gens de qualité, et reçu une fois à Lambesc aussi dignement que M. de Chaulnes le peut être ici. Je fis réflexion que vous receviez là votre cour, et que je viens ici faire la mienne ; c'est ainsi que la Providence en a ordonné.

Le 7 août, Mme de Sévigné en avait assez des bains de foule, des conversations mondaines et des plaisirs gastronomiques. « Ce sont des festins continuels. » « Je souhaite avec une grande passion d'être hors d'ici, où l'on m'honore trop ; je suis extrêmement affamée de jeûne et de silence. » « Et demain, s'il plaît à Dieu, je serai aux Rochers », écrivit-elle le 12 août, rendue à ce qu'elle appelait « le repos et le silence de mes bois ».

38.

L'avenir de Charles de Sévigné semblait alors bien sombre à sa mère : « Je vois si trouble dans la destinée de votre frère que je n'en puis parler », écrivait-elle le 21 juin 1680. On est presque étonné de voir que dans ses lettres de l'été 1680, Mme de Sévigné s'intéresse à peu près autant à son fils qu'à sa

---

1. Les jeux de cartes n'attiraient guère Mme de Sévigné, mais les échecs l'intriguaient. Elle ne parvenait pas à comprendre pourquoi, avec un esprit aussi vif que le sien, elle ne s'y montrait pas plus habile.

fille. La carrière de Charles semblait mal tourner, autant à la cour qu'à l'armée. En conflit avec son supérieur et mécontent de son poste peu élevé, Charles tenait toujours à vendre sa charge, à n'importe quel prix. Indifférent aux splendeurs et aux plaisirs de Versailles, de Fontainebleau ou de Saint-Germain, il ne demandait qu'à se retirer sur ses domaines de Bretagne. Sa mère ne se serait pas autant plainte d'avoir à payer des intérêts substantiels sur la somme qu'elle avait dû emprunter pour l'achat de la commission, si au moins, « pour le prix de tout le dérangement qu'il me fait, comme elle disait, il [était] content dans la place où il est ».

« Je reçois toujours des lettres fort noires de mon fils, écrivit-elle le 3 juillet à Mme de Grignan :

> *appelant ses chaînes et son esclavage ce qu'un autre appellerait sa joie et sa fortune. Si j'avais voulu faire un homme exprès, et par l'humeur et par l'esprit, pour être enivré de ces pays-là et même pour être assez propre à y plaire, j'aurais fait M. de Sévigné exprès à plaisir. Il se trouve que c'est précisément le contraire.*

Et encore, cet été-là :

> *Il n'y a point d'agrément que mon fils ne trouvât dans le pays où il est. Il n'est pas assez heureux pour vouloir se servir de tous ses avantages. Quelle envie effrénée n'aurait-il point d'être là, s'il n'y était pas !*

Si ses deux enfants dilapidaient également leur argent, Mme de Sévigné comprenait mieux les dépenses de sa fille que celles de son fils.

> *Vous n'êtes point si malhabile que lui, car encore on voit le sujet de vos mécomptes : vos dépenses excessives, la quantité de domestiques, votre équipage, le grand air de votre maison, dépensant à tout, assez pour vous incommoder, pas assez au gré de M. de Grignan ; il ne faut point avoir de commerce avec les amis de M. de Luxembourg pour voir ce qui cause vos peines. Mais pour mon fils, on croit toujours qu'il n'a pas un sou ; il ne donne rien du tout : jamais un repas, jamais une galanterie, pas un cheval pour suivre le Roi et Monsieur le Dauphin à la chasse, n'osant jouer un louis. Et si vous saviez l'argent qui lui passe par les mains, vous en seriez surprise. Je le compare aux cousins de votre pays, qui font beaucoup de mal sans qu'on les voie ni qu'on les entende. En vérité, ma fille, je n'ai pas donné toute*

> *mon incapacité à mes enfants. Je ne suis nullement habile,*
> *mais je suis sage et docile.*

Les Grignan pouvaient sans doute mieux rendre compte de leurs dépenses que Charles, mais ils n'encouraient pas moins certains reproches : « Il y a du déchaînement au débordement des visites qu'on vous fait cette année... », disait Mme de Sévigné non sans irritation :

> *... deux tables de douze couverts chacune dans cette [gale-*
> *rie]. C'est moi qui en suis cause en vous parlant de celles de*
> *M. de Chaulnes. Mais, ma bonne, il faut des lits dans la*
> *[galerie] ; enfin cela me paraît dans un tel excès que je crois*
> *votre dépense très considérable, et quand vous me dites*
> *qu'on ne dépense rien à Grignan, ah ! il est vrai, je ne*
> *manquerai pas de le croire. Nous savons bien ce que c'est*
> *que ces effroyables débris et abîmes de toutes provisions. Et*
> *le jeu, pensez-vous que je croie que vous ne perdiez rien et*
> *M. de Grignan et vous ? Je suis assurée que cela passe la*
> *dépense ordinaire... Mais, ma bonne, il y a des gens qui sont*
> *nés pour dépenser partout, comme il y en a qui se cassent la*
> *tête. Il n'y a aucun lieu de repos pour eux, ni qui puisse les*
> *ressuyer. Ils attirent le monde, la dépense, les plaisirs,*
> *comme l'ambre attire la paille.*

A la mi-juillet, si l'on en croit une lettre à Mme de Grignan, Mme de Sévigné apprit par ses correspondants de Paris que son fils était « incessamment avec la duchesse de Villeroy », et qu'il se trouvait plus souvent dans sa « grande, [grande] maison » qu'au château. « Vous savez, ajoutait Mme de Sévigné, que ce n'est pas ainsi que l'on fait sa cour. »

Plus tard ce même mois, elle se disait intriguée par les lettres qu'elle recevait de Charles : « Parlant de quelque argent qu'il a gagné avec elle, il me dit : '' Plût à Dieu que je n'y eusse gagné que cela ! '' Que diantre veut-il dire ? »

Fin juillet, elle découvrit ce « que diantre » voulait dire : une maladie vénérienne qu'il « a attrapée » de la duchesse. Le scandale se répandait dans la capitale :

> *C'est mon fils qui dit son malheur à Paris à Mme de La*
> *Fayette et à dix ou douze de ses bonnes amies : un petit*
> *secret entre nous quinze. Pour moi, je n'ai jamais été plus*
> *étonnée que de voir comme il traite cette petite incommo-*
> *dité ; je pensais qu'il fallait mourir plutôt que d'en ouvrir la*
> *bouche, mais le voyant si sincère, je le suis aussi.*

A la fin août, le libertin puni se traîna jusqu'aux Rochers. A l'écoute de ses récits, sa mère devint livide de rage : « Ma fille, il y a des femmes qu'il faudrait assommer à frais commun », écrivait-elle.

> *Entendez-vous bien ce que je vous dis là ? Oui, il faudrait les assommer. La perfidie, la trahison, l'insolence, l'effron-*
> *terie, sont les qualités dont elles font l'usage le plus ordinaire, et l'infâme malhonnêteté est le moindre de leurs défauts. Au reste, pas le moindre sentiment, je ne dis pas d'amour, car on ne sait ce que c'est, mais je dis de la plus simple amitié, de charité naturelle, d'humanité. Enfin ce sont des monstres, mais des monstres qui parlent, qui ont de l'esprit, qui ont un front d'airain, qui sont au-dessus de tous reproches, qui prennent plaisir de triompher et d'abuser de la faiblesse humaine.*

« Votre petit frère franchement ne se porte pas bien ; il est trop heureux d'être ici en repos, devait écrire Mme de Sévigné quelques jours plus tard. Pour moi, je ne le crois point en sécurité. »

Elle ajoutait qu'elle était abasourdie que l'adorée, ou plutôt la détestée ne fût pas plus embarrassée que s'il s'agissait d'un simple rhume. Malgré son indignation, Mme de Sévigné ne pouvait s'empêcher de rire du mot de Mme de Coulanges, qui disait que la guérison de la duchesse serait « une réjouissance publique ».

Comme au xvii⁰ siècle on ne connaissait aucun remède contre les maladies vénériennes, Charles souffrit tout l'été. « Pour votre petit frère, il est mal, écrivait Mme de Sévigné à sa fille. Sa tête est toute pleine de maux qu'on ne saurait nommer ; il va beaucoup souffrir, car il a le courage et la force de vouloir être guéri, mais comme il n'y a aucun péril, je vous prie, mon enfant, de vous donner du repos. Ne soyez point en peine de lui, ni de moi ; son mal ne se gagne point à causer et à lire. »

« Parlons de votre pauvre frère », écrivait-elle un autre jour :

> *Un coquin de chirurgien de Paris, après lui avoir fait bien des remèdes, l'assure qu'il est guéri, et ne lui ordonne que du petit-lait pour le rafraîchir. Votre frère en prend dans cette confiance, et cependant il perd un temps qui est bien précieux. Il s'est trouvé enfin dans un état à maudire ce diantre de petit-lait. En sorte qu'il a vu cet homme, que je vous ai dit qui est habile et qui le traite actuellement selon le mérite de ce mal, sans néanmoins le séquestrer. Nous*

espérons qu'avec du temps sa santé se rétablira. Nous le consolons, nous l'amusons, Mme de Marbeuf, une jolie femme de Vitré et moi ; quelquefois nos voisins jouent à l'hombre avec lui. Il est fort patient, et s'amuse fort bien par le jeu et par les livres, dont il n'a pas perdu le goût. Vous m'allez dire : « Mais, ma mère, ne se doute-t-on point du mal qu'il a ? — Ah ! oui, ma fille, assurément, cela n'est point difficile à voir. » Mais il prend patience, et ce qui est plaisant, c'est que le dais[1] lui ôte la honte, qu'il trouverait insoutenable si ce malheur lui était arrivé sur le rempart. Enfin, ma fille, ce pauvre petit frère vous ferait pitié si vous le voyiez ; il est toujours dans la douleur. Je crois que je ne trouverai jamais une si belle occasion de lui rendre les soins qu'il a eus de moi ; Dieu ne veut pas que je sois en reste avec lui.

Si Charles se montrait « fort patient », sa mère l'était moins. Elle trouvait que le docteur du lieu avait eu bien le temps d'exercer ses talents et qu'il fallait maintenant consulter la célèbre faculté de médecine de la capitale : « Mon fils me donne une inquiétude trop bien fondée. Je lui ai bien proposé d'aller à Paris, comme à la source de tous les biens et de tous les maux ; il ne l'a jamais voulu, croyant que ce n'était rien, et prenant une grande confiance à cet homme dont je vous ai parlé. Je n'ai point de pouvoir sur mes enfants », se plaignait-elle le 16 octobre :

Il se trouve heureux d'être en repos ici. Il descend tous les matins de sa chambre, et se met au coin de ce feu, avec sa robe de chambre et un bonnet fourré et la barbe d'un capucin, avec de grands yeux et des traits si réguliers que son abattement, avec une petite senteur d'onguent, ferait souvenir de nos héros blessés, si nous ne savions le dessous des cartes. Nous lisons, nous causons ; il me trouve bonne et, par mille raisons, je me trouve heureuse de le pouvoir consoler.

La mauvaise santé de ses enfants mettait Mme de Sévigné à rude épreuve : « Vous êtes tous deux si vieux et si cassés que je passe ma vie à vous garder. » Elle ne se sentait jamais tout à fait rassurée sur l'état de Mme de Grignan, qui restait toujours délicate. Mme de Sévigné s'informait sans cesse des « lassitudes et langueurs » de sa fille, de ses « coliques », ses problèmes

---

1. Tout comme le tabouret, le dais était un symbole du rang le plus élevé de la hiérarchie féodale française.

respiratoires, « la douleur de ses jambes », ainsi que d'autres symptômes gênants dont Mme de Grignan lui avait sans doute parlé. « Ma pauvre bonne, n'êtes-vous point effrayée de ces jambes froides et mortes ? Ne craignez-vous point que cela ne se tourne à la fin à la paralysie ? » Tourmentée par les pertes de poids de sa fille, Mme de Sévigné apprenait que celle-ci préférait être mince : « Mon Dieu ! ma fille, que je vous gronderais de bon cœur, fulminait Mme de Sévigné, d'être si aise d'être maigre ! Si c'est par résignation, cela est admirable, mais par goût, vous n'êtes pas raisonnable. » « Vous dites que vous vous portez bien. Je vous prie, écrivait-elle cet automne-là, ma mignonne, que cela soit ainsi, car je ne puis pas soutenir de voir mes deux enfants malades. »

Au début de l'automne, le 11 septembre, près d'un an après la séparation entre la mère et la fille, une bonne nouvelle vint dissiper les brouillards lugubres qui enveloppaient les Rochers :

> Je n'eusse jamais cru, ma chère bonne, qu'une lettre qui m'apprend que vous viendrez à Paris cet hiver, et que je vous y verrai, me pût faire pleurer ; c'est pourtant l'effet qu'a produit la joie de cette assurance, et la beauté des senti-ments de cette sage et sainte fille. Non, assurément ce n'est pas toujours de tristesse que l'on pleure ; il entre bien des sortes de sentiments dans la composition des larmes. Vous vous êtes souvent moquée de moi en me voyant émue de la beauté de certains sentiments, où je ne prenais nul intérêt ; il m'est impossible de n'en être pas touchée. Jugez, ma bonne, ce que je suis pour le discours si tendre et si sage de Mlle de Grignan. Quelle résolution ! Quel courage ! Et que cette créature me paraît estimable !

C'est dans « ce discours si tendre et si sage », auquel Mme de Sévigné faisait allusion avec tant d'emphase, que la jeune fille de vingt et un ans avait annoncé sa décision de prendre le voile [1]. Si Mme de Sévigné se réjouissait tant, c'était aussi qu'en renonçant au monde, la fille du comte laisserait sans doute aux Grignan les 70 000 livres que lui avait léguées sa mère mais que son père ne lui avait pas encore versées. Il était impensable qu'elle préférât en faire don au couvent qu'elle rejoindrait plutôt que de venir en aide à sa famille qui en avait tant besoin.

1. Louise-Catherine de Grignan, aînée des filles que le comte avait eues de sa première femme, Angélique d'Angennes, annonça sa décision en 1680, mais ce n'est qu'en 1686 qu'elle entra dans l'ordre des Carmélites.

Il serait fort injuste de ne voir ici qu'une simple opportuniste en Mme de Sévigné. Elle n'était certes pas indifférente à l'important bénéfice qu'en pourraient retirer son gendre et sa famille, mais elle était peut-être bien sincère quand elle qualifiait cette vocation de « vrai miracle », et la jeune fille elle-même de « trésor de grâce » et de « prédestinée ». La tradition catholique dans laquelle Mme de Sévigné avait été élevée voyait en l'épouse du Christ une élue de Dieu, et considérait le célibat comme plus proche de la perfection que le mariage.

« Que mon cœur vous a d'obligations, ma chère bonne », écrivit Mme de Sévigné le 15 septembre à sa fille, tandis qu'elle prenait pleinement conscience de l'arrivée imminente des Grignan à Paris, « et que vous l'avez mis à son aise en lui donnant la liberté de vous espérer cet hiver ! J'ai relu bien des fois cette aimable lettre, que je souhaitais si tendrement, et je disais : " C'est elle-même qui me parle et qui m'assure qu'elle vient à Paris un peu après la Toussaint ". »

Vous voilà donc décidée, ma chère fille, par la plus grande affaire et la plus avantageuse qui pût arriver à votre maison ; c'est un coup de partie, et c'est dans ces occasions qu'il faut faire un voyage in ogni modo [1]. *Vous prendrez de l'argent où vous pourrez, car Monsieur l'Archevêque n'a jamais parlé au diable pour vous trouver des moyens de subsistance ; ç'a toujours été par des moyens naturels* [2]. *Vous ne sauriez rien faire d'assez mauvais dans cette occasion, dont vous ne deviez être consolée par la grandeur du sujet qui vous y oblige, et par les doux accommodements qui vous en viennent.*

En vérité, ma très chère bonne, si tout cela s'achève comme je le crois et comme je le souhaite, c'est un grand bonheur pour vous aussi. Il me semble que vous y avez même contribué par votre bon exemple, votre douceur, votre conduite avec cette sainte fille. Vous lui avez donné de la tendresse pour sa maison, pour son nom. Elle est bien aise ; ayant de plus grands desseins et de plus hautes vues, que ses proches profitent de ce qu'elle laisse et de ce qu'elle méprise. Ne trouvez-vous point que c'est un vrai miracle que ces sortes de vocations si solides et si bien méditées ?

1. « D'une façon ou d'une autre. »
2. Les livres de comptes familiaux montrent que l'archevêque d'Arles fit un prêt à son neveu le 11 octobre 1680, sans doute pour le voyage à Paris.

« Mon Dieu ! ma bonne, que toute cette affaire vous fera d'honneur, s'exclamait Mme de Sévigné dans une autre lettre à sa fille, à vous en particulier, et qu'il semblera bien que vous aurez ménagé et conduit tout cela pour le salut de votre maison ! Vous en recevrez de justes louanges. »

A tort ou à raison, la postérité en a voulu à Mme de Grignan d'avoir influencé sa belle-fille dans sa décision d'entrer dans les ordres. Au xxᵉ siècle, il est de bon ton de voir en Mme de Grignan une femme froide et calculatrice, une intrigante qui sut persuader la jeune fille naïve et impressionnable confiée à ses soins de se retirer au couvent pour que son père ne fût pas obligé de lui verser la somme importante qu'il lui devait encore comme héritage de sa mère. Ce que les biographes du xxᵉ siècle semblent parfois oublier, c'est qu'à l'époque la pratique était courante : beaucoup de nobles envoyaient leurs filles au couvent, souvent dans leur jeune âge, avec ou sans leur consentement. Les Grignan n'avaient-ils d'ailleurs pas eux-mêmes confiné leur propre fille Marie-Blanche au couvent d'Aix-en-Provence, quand elle avait cinq ans ? Quant au comte et à la comtesse de Guitaut, malgré leur situation financière bien plus favorable que celle des Grignan, ils avaient placé quatre de leurs sept filles au couvent d'Avallon.

Ce n'est pas la première fois qu'une lettre de Mme de Sévigné qui se voulait flatteuse met en péril la réputation de sa fille. Le même phénomène se produit encore avec une lettre écrite une semaine plus tard, le 22 septembre 1680, où Mme de Sévigné tentait de rassurer sa fille qui se lamentait de ne pas savoir se faire des amis : « Vous êtes bien injuste, ma chère bonne, écrivait Mme de Sévigné le 22 septembre 1680, dans le jugement que vous faites de vous. »

> *Vous dites que d'abord on vous croit assez aimable et qu'en vous connaissant davantage, on ne vous aime plus ; c'est précisément le contraire. D'abord on vous craint. Vous avez un air assez dédaigneux ; on n'espère point de pouvoir être de vos amis. Mais quand on vous connaît, et qu'on est à portée de ce nombre, et d'avoir quelque part à votre confiance, on vous adore et l'on s'attache entièrement à vous. Si quelqu'un paraît vous quitter, c'est parce qu'on vous aime, et qu'on est au désespoir de n'être pas aimé autant qu'on le voudrait. J'ai entendu louer jusqu'aux nues les charmes qu'on trouve dans votre amitié, et retomber sur le peu de mérite qui fait qu'on n'a pu conserver un tel bonheur.*

Rares sont ceux qui, au cours des siècles, ont pris la défense de Mme de Grignan. En 1920 encore, Thornton Wilder a contribué à renforcer la mauvaise réputation qui la poursuit depuis trois cents ans : la marquise de Montemayor, un des personnages principaux de *The Bridge of San Luis Rey*, n'est autre que la marquise de Sévigné, transportée à Lima pour l'occasion. On la voit confier ses chagrins dans d'exquises lettres qu'elle expédie vers la lointaine Espagne, à sa fille Doña Clara, laquelle, « froide et intellectuelle » selon Wilder, semble indigne de sa mère et incapable de sympathie.

39.

C'est soudainement que Mme de Sévigné prit la décision de quitter la Bretagne.

Aux Rochers, dimanche 20ᵉ octobre [1680].

Quand vous recevrez cette lettre, ma bonne, vous pourrez dire : « Ma mère est à Paris. » Je pars demain matin, et je mène mon fils pour trouver un soulagement sûr dans cette grande ville. Tout le reste est ignorant, et l'on peut dire de Paris :
       Et comme il fait les maux, il fait les médecines [1].
       Enfin, ma très chère, nous partons. Nous faisons en un moment ce que nous eussions fait en un mois ; tous nos ballots sont faits. Et la Providence ne veut pas que ce soit pour vous que je précipite mon retour. Je cours toujours au plus pressé, et je n'entrevois la joie de vous voir et de vous embrasser qu'au travers de l'application que j'ai à conduire à bon port notre pauvre malade, qui n'entrera pas au logis [2]... *J'arriverai devant la Toussaint, et j'aurai tout le temps de ranger, au lieu d'Hélène que j'envoyais demain, votre appartement, et de vous recevoir avec toute la tendresse que vous savez que j'ai pour vous.*

1. Mme de Sévigné cite un vers de Benserade.
2. A son arrivée à Paris, Charles ne devait pas aller à l'hôtel Carnavalet, mais chez le docteur chargé de son cas.

« Adieu, adieu », écrivait-elle, comme elle parvenait à la fin de cette très longue lettre :

Je m'amuse ici à causer ; j'ai mille affaires. Je m'en vais aider au bon Abbé, et signer mille billets. J'ai reçu les adieux de la très bonne et très obligeante princesse et de tout le pays... Les chemins sont très beaux. Dieu nous conduira, je l'espère... Nous prenons le bon parti, ma bonne, et nous ne doutons point que nous ne trouvions à Paris une guérison parfaite... Ma bonne, vous devez éviter le mauvais temps. Vous n'avez plus de prétexte, puisque me voilà à Paris.

Sa lettre suivante portait pour en-tête : « A Malicorne, mercredi 23 octobre [1680] », et commençait ainsi :

Nous voilà donc en chemin, ma très chère bonne, avec un désir et un besoin extrêmes d'arriver à Paris. Nous n'avons point de temps à perdre pour soulager ce pauvre garçon ; ses douleurs à la tête et l'émotion continuelle qui vient de ses douleurs, avec une barbe à la Lauzun, le rendent entièrement méconnaissable...

Le mercredi 30 octobre, elle écrivait de Paris :

J'arrivai hier au soir, ma très chère, par un temps charmant et parfait. Si vous êtes bien sage, vous en profiterez, et vous n'attendrez point l'autre lune, à cause des pluies et des mauvais chemins.

L'amélioration de l'état de Charles la réconforta. Il avait déjà été rendu « dans son naturel » ; « plus de fièvre, plus de douleurs, assez de forces ». « J'ai trouvé le Chevalier[1] en parfaite santé », continuait-elle. « ... Nous avons vu, le Chevalier et moi, votre appartement ; vraiment il sera joli, et vous en serez contente. »

A sa grande déception, Mme de Sévigné avait appris que sa petite-fille Pauline, âgée de six ans, ne viendrait pas à Paris avec ses parents et son frère, le petit marquis qui avait neuf ans, mais qu'elle irait plutôt au couvent de Valence, où sa tante était abbesse. « Nous aimerions bien mieux que vous l'amenassiez avec vous ; eh, bon Dieu ! que nous en serions aises !

---

1. Le chevalier avait demandé à se loger provisoirement au Carnavalet, tandis qu'il cherchait une maison à louer dans le voisinage.

écrivait Mme de Sévigné à sa fille. Vous m'en consolerez, mais en vérité, il ne faut pas moins que vous. »

« J'ai vu toutes mes pauvres amies », continuait Mme de Sévigné :

> *Mme de La Fayette a passé ici l'après-dînée entière... Il ne m'a pas paru que Mme de Schomberg*[1] *ait encore pris ma place... Ne vous souvient-il point de ce que nous disions du plaisir que l'on prenait à étaler sa marchandise avec les nouvelles connaissances ? il n'y a rien de si vrai. Tout est neuf, tout est admirable, tout est admiré ; on se pare de ses richesses, on se loue à l'envi. Il y a bien plus d'amour-propre dans ces sortes d'amitiés que de confiance et de tendresse. Enfin je ne crois pas être tout à fait jetée au sac aux ordures...*
>
> *Si vous voulez, ma chère fille, que je vous parle librement et selon la droite raison, M. de Grignan devrait vous faire partir sans attendre qu'il ait fait tout son cérémonial pour l'arrivée de M. de Vendôme*[2] *: cela vous jettera dans le mois de janvier, et c'est pour en mourir...*

Mlle de Méri, cette hypocondriaque et acariâtre vieille fille, cousine de Mme de Sévigné, avait passé l'été au Carnavalet tandis que tous les occupants en étaient absents. Elle s'attarda après leur retour, mettant comme à son habitude les nerfs de Mme de Sévigné à rude épreuve. « Mlle de Méri est fixée », écrivit Mme de Sévigné à Mme de Grignan, qui aimait beaucoup la dame en question et trouvait que sa mère manquait vraiment de patience :

> *Elle s'arrangera tout à loisir, rien ne la presse. Elle voit bien que je suis plus aise qu'elle soit ici, quand elle y peut être, que de l'aller chercher plus loin ; c'était pour la faire décider que je vous en écrivais, car quand on ne peut se résoudre, la vie se passe à ne point faire ce qu'on veut. Elle est bien mieux qu'elle n'était. Elle parle ; elle est capable d'écouter. Nous causons fort tous les soirs. Ah ! mon enfant, qu'il est aisé de vivre avec moi ! Qu'un peu de douceur, d'espèce de société, de confiance même superficielle, que tout cela me mène loin ! Je crois, en vérité, que personne n'a plus de facilité que moi dans le commerce de la vie ; je*

---

1. Mme de Schomberg était devenue l'intime de Mme de La Fayette pendant le séjour en Bretagne de Mme de Sévigné — au grand déplaisir de celle-ci.
2. Le duc de Vendôme, gouverneur de Provence, était attendu dans la province cette année-là, mais il ne devait jamais arriver jusque-là.

voudrais que vous vissiez comme cela va bien, quand Mlle de Méri veut.

Nous faisons achever tout votre appartement ; bientôt il n'y manquera plus que vous. Adieu, ma très chère enfant. Venez gaiement ; songez que votre voyage est un coup de partie pour votre maison, mais ne vous chargez point de dragons, et croyez que pour cette fois vous n'y résisteriez pas.

Le 8 novembre, lorsque Mme de Grignan la prévint que leur visite serait courte, Mme de Sévigné réagit vivement :

Nous sommes encore étrangement blessés de votre retour au mois de mai... Enfin c'est se ruiner que de faire tant de dépenses de louage de maison, d'ajustements et de ballots pour trois mois... quelque envie que j'aie de vous embrasser, je vous conseillerais de ne point venir si vous n'étiez ici qu'un moment... La tendresse que j'ai pour vous, ma chère bonne, me semble mêlée avec mon sang et confondue dans la moelle de mes os. Elle est devenue moi-même. Je le sens comme je le dis.

C'est ainsi que Mme de Sévigné terminait sa lettre du 8 novembre 1680. Presque quatre ans allaient s'écouler avant qu'elle ne reprenne la plume pour s'adresser à sa fille. Mme de Grignan avait parlé trop tôt de ne rester que trois mois à Paris. La France étant en paix, le comte de Grignan n'était pas tenu de passer beaucoup de temps dans la province qu'il servait comme lieutenant général. Il y faisait des visites annuelles pour présider l'assemblée des communes de Provence à Lambesc, mais Mme de Grignan ne l'accompagnait pas. Avec « les Grignettes » et le petit marquis, elle restait à l'hôtel Carnavalet à Paris, auprès de sa mère et de l'abbé de Coulanges. Son frère, Charles de Sévigné, y rejoignit sa famille, après que son médecin l'eut laissé partir.

Quand on dit que la lettre du 8 novembre est la dernière que Mme de Sévigné écrivit à sa fille pendant l'hiver 1680, il faut bien comprendre qu'il s'agit de la dernière qui nous soit connue. Comme Mme de Grignan ne parvint pas à Paris avant début décembre, on est en droit de supposer que sa mère, vu le rythme régulier auquel elle écrivait, lui adressa au moins encore six lettres pendant cette période. Mais, si c'est bien le cas, elles ont disparu et manquent à la collection. Quand Mme de Grignan résidait dans son château, elle conservait toutes les lettres de sa mère dans des coffres réservés à cet effet.

Les six qui lui furent adressées juste avant qu'elle quittât la Provence et le long de la route pour Paris ont dû se perdre.

C'est grâce à une lettre écrite le 2 janvier 1681 au comte de Bussy que la date de l'arrivée à Paris de Mme de Grignan nous est connue :

> *Bonjour et bon an, mon pauvre cousin... Je partis de Bretagne le 20ᵉ octobre, qui était bien plus tôt que je ne pensais, pour venir à Paris. Un mois après j'eus le plaisir d'y recevoir ma fille, mais ce n'était pas elle qui me faisait venir. Je l'ai trouvée mieux que quand elle partit, et cet air de Provence, qui la devait dévorer, ne l'a point dévorée. Elle est toujours aimable, et je vous défie de vous voir tous deux et de parler ensemble sans vous aimer.*

Mme de Grignan paraissant en meilleure santé et plus charmante que jamais, les retrouvailles de 1680-1684 s'annonçaient bien. Elles furent sereines, comme le prouvent les lettres écrites après leur séparation en 1684. Mme de Sévigné était bien décidée à ce qu'il en fût ainsi et elle avait tout fait pour que l'atmosphère de ces retrouvailles fût plus paisible que les années précédentes. Pour la première fois dans leur correspondance, et pour la première fois, très probablement, de leur vie, Mme de Sévigné admettait avoir pu contribuer à leurs problèmes. Elle s'engageait à corriger les fautes qu'elle reconnaissait avoir commises. Si elle n'avait pas réussi à trouver la foi aveugle à laquelle elle aspirait cet été-là aux Rochers, elle était du moins parvenue à un état de totale soumission aux décrets de la Providence et, par là même, avait atteint un équilibre et une stabilité émotionnelle qui allaient fortement contribuer à éliminer les confrontations avec sa fille.

Mme de Sévigné était pleine de bonnes intentions. « Je souhaite de mettre en œuvre toutes les résolutions que j'ai prises sur mes réflexions, écrivait-elle. Je deviendrai parfaite sur la fin de ma vie. Ce qui me console du passé, ma très chère et très bonne, c'est que vous en voyez le fonds : un cœur trop sensible, un tempérament trop vif et une sagesse fort médiocre. »

« Il me semble comme à vous, ma bonne », écrivait-elle des Rochers à sa fille après avoir reçu la nouvelle de la visite imminente des Grignan, que « M. de Grignan, qui est l'exemple de la tranquillité qui vous plaît, serait fort bon à suivre si nos esprits avaient le même cours et que nous fussions jumeaux. Mais il me semble que je me suis déjà corrigée de ces sottes vivacités, et je suis persuadée que j'avancerai encore dans ce chemin où vous me conduisez en me persuadant bien fortement que le fonds de votre amitié pour moi est invariable. »

Ne jamais douter de leur amour mutuel : c'était la clé de voûte de l'entente qui devait désormais marquer cette relation mère-fille autrefois tourmentée. Confiantes dans leur affection réciproque, chacune pouvait tenir compte des faiblesses de l'autre, détourner les sujets délicats et éviter les frottements. Les heureuses retrouvailles de 1680 furent évidemment le résultat d'un effort concerté, d'une détermination partagée à vivre harmonieusement ensemble. Mme de Sévigné, qui avait déjà promis d'être moins importune avec toutes ses sollicitudes, put aussi s'efforcer de paraître moins anxieuse, moins démonstrative, moins débordante — d'être aussi calme que M. de Grignan. Quant à Mme de Grignan, elle avait pris la résolution d'être plus ouverte avec sa mère, plus engageante et plus chaleureuse, moins réservée et moins inhibée.

Les années précédentes, des disputes avaient eu lieu entre les deux femmes à propos de l'organisation des affaires domestiques. Mme de Sévigné allait tout mettre en œuvre pour que leurs retrouvailles, cette fois-ci, ne fussent pas gâchées par ce genre de querelles.

Mieux valait entrer par avance dans les détails que de risquer des frottements par la suite. « Venons un peu au conseil que vous me demandez », écrivait-elle le 22 septembre :

Je ne vous conseille point d'apporter de la vaisselle ; c'est un trop grand embarras, et vous pouvez vous en passer. Vous aurez la mienne, et moi celle du Bien Bon... *Pour du linge, je vous prêterai du mien pour commencer. Apportez-en un peu, et mandez encore au Chevalier, ou lui dites, que s'il a du commerce en Flandre, il vous en fasse venir quinze ou vingt douzaines. Elles ne coûtent que neuf ou dix francs et sont très belles et durent beaucoup... Je vous conseillerais quasi, ma bonne, de tenir votre ordinaire ; je suis persuadée que vous y épargnerez. Vous avez beaucoup de domestiques ; votre maison est grosse. En ajoutant peu de chose, vous trouverez que cette trop bonne pension, que vous me payez si exactement, sera épargnée, et le surplus de votre dépense fort insensible ; vous la ferez à votre fantaisie. Vous mangerez, si vous voulez ne point monter, dans votre antichambre, qui est grande et belle, avec des paravents. Nous ferons à part notre petit ordinaire. Le bon Abbé aime à manger un peu plus réglément ; je suis payée pour lui tenir compagnie. Et le soir, je porterai mon poulet chez vous, et nous ne nous en verrons pas moins. Vous amenez toujours un cuisinier, un maître d'hôtel... Pour des meubles, vous pouvez toujours compter sur mes vieilles tapisseries ; si vous ne les haïssez point, elles sont à vous... Si vous voulez vous passer des miennes, cela est fait. Voilà, ma bonne, mes premières pensées ; voyez si elles vous plaisent. Et si vous ne les approuviez pas, vous n'auriez qu'à les déranger, à me dire les vôtres, et nous serions tout aussitôt d'accord, car il arrive fort souvent que vous avez plus de raison que moi.*

Je ne pense pas, ma très chère, que vous fassiez mettre un cadre à tout ceci ; ce serait un Bassan qui peint toujours des choses basses. *Mais vous en serez quitte pour brûler la lettre entière. Elle vous aidera pourtant à prendre vos mesures. Pour moi, je pense que cette manière vous sera meilleure que nulle autre. Ne vous souvenez-vous point des raisons qui me font vous dire tout ceci ? Il n'y aura point de nuages, ni de chagrins...*

40.

Le flot régulier de lettres entre la mère et la fille s'interrompant pour la durée de leurs retrouvailles, nous perdons presque toute trace d'elles pendant les années 1681-1684. Le peu que nous sachions de ce qui s'est passé à l'hôtel Carnavalet pendant ces quatre ans, nous le devons à diverses lettres adressées par Mme de Sévigné à trois hommes avec qui elle correspondait par intermittence : son cousin le comte de Bussy, le comte de Guitaut, son ami et voisin (et son « homme lige », comme elle l'appelait facétieusement) ; et Philippe Moulceau, juge président de la cour des comptes de Montpellier (avec qui il était évident qu'elle avait noué une chaleureuse amitié lors de sa visite en Provence en 1672-1673).

Ces trois hommes, heureusement pour les sévignistes, et pour des raisons personnelles différentes, ont méticuleusement conservé ses lettres. Le comte de Bussy, souverainement convaincu de la valeur historique de sa correspondance et caressant l'idée d'une publication, avait fait des copies de chaque lettre reçue par lui et de sa réponse. Le comte de

Guitaut classait régulièrement sa correspondance dans la salle des archives du château d'Epoisses (où une bonne soixantaine de lettres de Mme de Sévigné constituent le plus important ensemble d'autographes existant encore aujourd'hui). On ne connaît pas la raison qui a poussé Moulceau à conserver les lettres de son amie. Peut-être y prit-il simplement un tel plaisir qu'il les garda pour les relire et en jouir à nouveau.

Dans une lettre datée du 12 janvier 1681, Mme de Sévigné décrivait la santé de sa fille comme étant « d'une délicatesse qui fait trembler ceux qui l'aiment ». Elle répondait à une missive de Bussy qui lui proposait d'envoyer quelques-unes des lettres qu'ils avaient échangées au roi Louis XIV, lequel avait aimé les premiers chapitres des *Mémoires* de Bussy et avait demandé à en voir davantage. Mme de Sévigné apprécia le compliment, mais confessa une certaine inquiétude...

« Je n'ai pas touché à vos lettres, Madame, répliqua cavalièrement Bussy, Le Brun ne toucherait pas à un original du Titien, où ce grand homme aurait eu quelque négligence. »

Les mois passèrent et Pâques arriva avant que Mme de Sévigné n'adressât de nouveau à Bussy une lettre de commérages datée du 3 avril, regorgeant des dernières nouvelles de la cour et de la capitale, pour la plus grande joie de l'exilé : « Je ne sais si vous savez que la belle Fontanges est dans un couvent, moins pour passer la bonne fête que pour se préparer au voyage de l'éternité. » « La vie est courte, songeait-elle, toujours dans une lettre à Bussy, c'est bientôt fait. Le fleuve qui nous entraîne est si rapide qu'à peine pouvons-nous y paraître. Voilà des moralités de la semaine sainte. »

A la fin juin, la jolie maîtresse du roi, âgée de vingt-deux ans, s'était embarquée pour ce « voyage de l'éternité » : « La belle Fontanges est morte, écrivait succinctement Mme de Sévigné le dernier jour du mois : *Sic transit gloria mundi.* »

Sa lettre au comte de Guitaut, au début de l'été, apportait ses félicitations pour la naissance d'un fils, le premier après six filles. « Enfin, Monsieur, vous avez un garçon, gardez-le bien car vous n'en faites pas quand vous voulez. Ma fille vous écrit, continuait-elle, et vous parlera sans doute de l'inquiétude qu'elle a de son fils ; il est extrêmement enrhumé et, comme elle pousse toujours ses pensées au-delà de la vérité, elle croit que ce mal est bien plus considérable qu'il ne l'est. Et son pauvre petit visage, qui est moins mal que vous ne l'avez vu, retombe dans son abattement, quoiqu'elle se porte mieux qu'elle ne faisait... »

Comme à son habitude, Mme de Sévigné profita des mois

d'automne 1681 pour séjourner dans sa chère abbaye de Livry, ainsi que sa lettre à Philippe Moulceau le confirme : « Nous ne revînmes qu'hier de Livry, écrivait-elle le 26 novembre. La beauté du temps, et la santé de ma fille, qui s'y est quasi rétablie, nous y faisaient demeurer par reconnaissance. »

La lettre suivante que Mme de Sévigné écrivit au comte de Bussy-Rabutin, datée du 28 décembre 1681, avait pour but de l'assurer qu'en tant que membre loyal de la famille Rabutin, elle prenait fermement parti pour lui et sa chère fille, Mme de Coligny, dans le scandale sordide qui rejaillissait sur le nom de cette dernière. Si Mme de Sévigné exprimait ainsi sa solidarité familiale, c'est que des rumeurs couraient à Paris à propos de la liaison secrète de Mme de Coligny et du mariage qui s'en était suivi avec un homme qui se présentait comme un gentilhomme, mais qui n'était en réalité que le fils d'un laquais. En 1679, Henri-François de La Rivière, un imposteur dont le nom était, en fait, François Rivier, et qui n'avait aucun droit à la particule nobiliaire, avait visité le château de Bussy en Bourgogne et avait séduit sa fille veuve. Après deux ans d'une liaison échevelée, menée au nez et à la barbe d'un père trop confiant, le couple s'était marié en juin 1681 dans la chapelle du château de l'épouse, à Lanty. Quand il s'avéra que son mari l'avait trompée quant à son nom et à son origine, Mme de Coligny le répudia et fit un procès pour obtenir l'annulation du mariage ; non seulement pour non-consommation, mais aussi parce que différentes astuces légales l'invalidaient. L'époux réagit en affirmant qu'elle avait secrètement eu un enfant de lui avant le mariage. En bonne canaille qu'il était, il finit par avoir recours au chantage, menaçant non seulement de publier les lettres passionnées qu'elle lui avait envoyées, mais aussi de révéler au grand jour ce qu'il appelait les relations incestueuses entre son père et elle, à moins qu'elle ne se soumît au contrat de mariage. Méprisant les menaces du coquin, le comte de Bussy et sa fille portèrent l'affaire devant les tribunaux du Parlement. « Au reste, mon cousin », écrivait Mme de Sévigné au début de sa lettre du 28 décembre 1681,

> *je loue le courage de ma nièce de Coligny de vouloir bien acheter la tranquillité de sa vie au prix de l'éclat que fera cette sorte d'affaire et des peines qu'elle sera obligée de prendre pour y réussir. Mais il se faut tirer d'un si méchant pas, et quand avec un bon conseil on a pris cette résolution, j'approuve fort qu'on ait la force de la soutenir. Elle a besoin de vous, mon cousin, et vous trouverez l'un et l'autre*

un grand secours dans votre amitié ; chacun saura faire son personnage, et tous vos parents et vos amis seront fort attachés à faire leur devoir[1].

Mme de Sévigné avait insisté sur la solidarité familiale dans sa lettre de décembre à ses cousins, mais celle qu'elle écrivit quelques semaines plus tard, le 23 janvier, au comte de Guitaut reflète peut-être plus justement sa réaction face à cet imbroglio. A son avis, comme elle le disait à Guitaut, il fallait que Bussy et sa fille fussent bien courageux pour affronter l'affreux scandale que leur manière d'agir n'allait pas manquer de provoquer. C'était le courage, et non la manière d'agir, qu'elle admirait :

Il en faut avoir au-dessus des autres ; car pour moi, pauvre petite femme, si j'avais fait une sottise, je n'y saurais pas d'autre invention que de la boire, comme on faisait du temps de nos pères. Il faut que je vous dise les raisons de cette pauvre Coligny pour n'en pas user de même. Elle convient d'une folie, d'une passion que rien ne peut excuser que l'amour même. Elle a écrit sur ce ton-là toutes les portugaises[2] *du monde ; vous les avez vues. Mais qu'apprendra-t-on par là, sinon qu'elle a aimé un homme, avec cette différence des autres, c'est qu'elle en avait fait ou en voulait faire son mari ? Si tous les maris avaient bien visité les cassettes de leurs femmes, ils trouveraient sans doute qu'elles auraient fait de pareilles faveurs sans tant de cérémonie, mais cette pauvre Rabutine était scrupuleuse et simple, car elle avait cru que M. de La Rivière était un gentilhomme. Il avait l'approbation de son père, il a de l'esprit ; elle s'est engagée sur ce pied-là. Tout d'un coup, elle trouve qu'il l'a trompée, qu'il est d'une naissance très basse. Que fait-elle ? Elle se repent. Elle est touchée des plaintes et des reproches de son père. Elle ouvre les yeux, ce n'est plus la même personne, voilà le rideau tiré. Elle apprend en même temps qu'il y a des nullités dans son prétendu mariage. Elle ne peut demeurer comme elle est ; il faut qu'elle se remarie. Elle prend le parti de se démarier plutôt que de passer le reste de sa vie avec un homme qu'elle hait autant qu'elle l'avait aimé :*

Tanto t'agitero quanto t'amai.

1. Mme de Grignan, moins zélée que sa mère, prit prétexte de sa mauvaise santé pour ne pas rendre visite au père et à la fille, lorsqu'ils vinrent à Paris quelques mois plus tard.
2. Cf. p. 102, la note sur les *Lettres portugaises*. De La Rivière publia sous forme de brochure les lettres que Mme de Coligny lui avait envoyées. Elles furent rééditées en collection en 1743.

> *Elle sait que nous avons consulté des docteurs qui croient le mariage absolument nul. Lui, que fait-il de son côté? Il entre en fureur de sa légèreté. Il oublie que c'est lui qui l'a trompée le premier. Il dit des choses atroces contre elle. Il tâche de l'intimider. Il la menace qu'on dira à l'audience qu'elle a couché avec son père, qu'elle a empoisonné son mari, qu'elle a supposé son enfant. Voilà les petites peccadilles dont il l'accuse. Elle entre en fureur de son côté. Elle oublie toute pudeur. Elle veut se séparer pour jamais d'un si insolent calomniateur. Voilà où ils en sont. Les avocats éclateront de tous les deux partis. Nous baisserons nos coiffes, et nous tâcherons de nous délivrer d'une si odieuse chaîne. Eh bien! nous avons aimé un homme; cela est bien mal! Et nous avons été si sotte que de l'épouser; selon le monde, c'est ce qui est encore plus mal! Nous écrivons des lettres brûlantes; c'est que nous avons le cœur brûlant aussi. Que peuvent-elles dire de plus que ce que nous avouons, qui est de l'avoir épousé? C'est tout dire. C'est la grande et admirable sottise, dont nous voulons nous tirer puisque, par bonheur, en voulant faire le mariage du monde le plus sûr, nous avons fait le mariage du monde le plus insoutenable. C'est ainsi que la Providence nous a laissé tomber et nous présente ensuite les moyens de nous relever. Or que veut donc faire ce La Rivière? Voudrait-il d'une furie, d'une bacchante, quand même il la pourrait ravoir? Ne vaudrait-il pas bien mieux assoupir et accommoder cette affaire?*

En avril 1682, Mme de Sévigné se réjouit de voir Bussy revenir à Paris, en réponse à un message du roi qui s'était adouci au point d'accorder à l'exilé une audience à Versailles. Mme de Sévigné prit plaisir à relater l'épisode à Moulceau dans une lettre datée du 17 avril :

> *Voilà M. de Bussy revenu après dix-huit ans. Il a vu le Roi, qui l'a reçu parfaitement bien. Voici un temps de justice et de clémence. On prend plaisir à faire non seulement ce qui est bien...*

Les familles de l'hôtel Carnavalet se portaient bien, pouvait-elle affirmer à Moulceau dans cette même lettre :

> *Elle est bien mieux qu'elle n'était quand vous êtes parti; son visage vous ferait souvenir de celui que vous avez vu à Grignan. M. de Grignan et ses filles et son fils, et notre bon Abbé, tout cela est comme on le peut souhaiter.*

Au milieu de l'été, le comte de Grignan laissa sa famille à l'hôtel Carnavalet, ainsi que Mme de Sévigné le fit savoir à Moulceau le 28 juillet : « M. de Grignan est parti pour Provence », évidemment pour accomplir son office de lieutenant général à Aix et Lambesc.

Le 7 août, Mme de Sévigné écrivit à Moulceau pour annoncer la naissance d'un héritier royal, premier fils du Dauphin, premier petit-fils du monarque, mais qui ne vivrait pas assez longtemps pour occuper le trône :

> *Madame la Dauphine est accouchée hier jeudi à dix heures du soir d'un duc de Bourgogne*[1]. *Votre ami*[2] *vous mandera la joie éclatante de toute la cour, avec quel empressement on la témoignait au Roi, à Monsieur le Dauphin, à la Reine ; quels bruits, quels feux de joie, quelle effusion de vin, quelle danse de deux cents Suisses autour des ortes, quels cris de vive le Roi, quelles cloches sonnées à Paris, quels canons tirés, quels concours de compliments et de harangues, et tout cela finira...*

Comme à son habitude, Mme de Sévigné passa les mois d'automne 1682 dans sa retraite boisée de Livry, ainsi qu'elle l'annonçait toujours à Moulceau, dans une lettre datée du 29 octobre :

> *Il y a cinq semaines que je suis avec ma fille, souvent avec mon fils, avec mon bon Abbé, avec Mlles de Grignan, avec le petit Grignan et quelques jours le Chevalier. Si vous saviez, Monsieur, comme tout cela est bon en ménage, vous comprendriez aisément le peu d'impatience que j'ai de retourner à Paris. Cependant il faudra faire comme les autres à la Saint-Martin*[3].

Elle poursuivait sa lettre en expliquant à Moulceau pourquoi Corbinelli, leur ami commun, ne faisait pas partie de cet heureux ménage :

> *Notre ami nous manque. Il a été fort incommodé, il craint notre serein, la presse est un peu sur les logements ; toutes ces raisons le font demeurer à Paris. Mais vous ne pourriez pas le reconnaître. Sachez, Monsieur, qu'il a une*

---

1. C'est le fils du duc de Bourgogne qui, sous le nom de Louis XV, prendra la succession du trône de son arrière-grand-père.
2. Corbinelli.
3. Le jour de la Saint-Martin tombait le 11 novembre, date à laquelle le parlement de Paris se réunissait régulièrement.

perruque comme un autre homme. Ce n'est plus cette petite
tête frisottée, seule semblable à elle ; jamais vous n'avez vu
un tel changement. J'en ai tremblé pour notre amitié. Ce
n'étaient plus ces cheveux à qui je suis attachée depuis plus
de trente ans ; mes secrets, mes confiances, mes anciennes
habitudes, tout était chancelant. Il était plus jeune de vingt
ans ; je ne savais plus où retrouver mon vieil ami. Enfin je
me suis un peu apprivoisée avec cette tête à la mode, et je
retrouve dessous celle de notre bon Corbinelli.

La lettre se terminait par quelques lignes à propos de
Mme de Grignan : « Vous seriez assez content présentement de
la santé de ma fille ; son plus grand défaut était cette délicatesse qui nous faisait trembler. Mon Dieu, que tout est fragile
en cette vie ! et que nous entendons mal nos intérêts de nous y
attacher si fortement ! »

A la fin de l'année, la santé délicate de Mme de Grignan leur
avait de nouveau donné des raisons de trembler : « Ma fille a
été bien malade, écrivait-elle le 23 décembre 1682, à Bussy
cette fois-ci, elle est guérie, et moi avec elle, car nous sentons
[vous et moi], tous les maux de nos filles. »

En janvier 1683, le comte de Grignan était de retour de
Provence, comme nous le prouve une lettre adressée au comte
de Guitaut :

Votre souhait pour cette année est reçu tendrement, et
cette Grignan voulait hier au soir vous en remercier, mais
son mari arriva et je ne sais plus ce qu'elle est devenue.

L'autre nouvelle importante à communiquer à Guitaut par
ce message daté du 12 janvier était la vente enfin réalisée de la
charge de Charles de Sévigné dans le régiment des gendarmes-
Dauphins.

Mon fils a traité de sa charge avec M. de Verderonne. Il y
perd quarante mille francs, car il ne la vend que quatre-
vingts[1]*, mais les charges sont fort rabaissées. Il a fait voir*
qu'il souhaitait de ne pas quitter le service, demandant au
Roi d'entrer dans la charge de sous-lieutenant de ses
chevau-légers. Il ne sait point encore s'il sera choisi. S'il
l'est, nous serons mieux que nous n'étions ; s'il ne l'est pas,
nous nous consolerons en payant nos dettes[2].

1. Mme de Sévigné avait payé 122 000 livres pour la charge de Charles, qui
fut vendue en janvier 1683 pour 84 550 livres.
2. Ils allaient payer les dettes contractées à l'achat de la charge.

Le roi ne choisit pas Charles pour le poste de sous-lieutenant de son régiment de cavalerie, éventualité à laquelle Mme de Sévigné semblait préparée : « Pour moi, je suis contente, disait-elle à Guitaut dans une lettre du 12 février, mon fils aurait quelque envie d'être chagrin, par la raison qu'il faut toujours être mal content. »

« Je reviens de Versailles », écrivait-elle dans cette même lettre à Guitaut :

> *J'ai vu ces beaux appartements, j'en suis charmée. Si j'avais lu cela dans quelque roman, je me ferais un château en Espagne d'en voir la vérité. Je l'ai vue et maniée ; c'est un enchantement... Tout est grand, tout est magnifique, et la musique et la danse sont dans leur perfection. Ce fut à ces deux choses que je m'attachai, et elles me firent fort bien faire ma cour, comme étant un peu de la vocation de l'un et de l'autre. Mais ce qui plaît souverainement, c'est de vivre quatre heures entières avec le souverain, être dans ses plaisirs et lui dans les nôtres ; c'est assez pour contenter tout un royaume qui aime passionnément à voir son maître... En vérité, je vous y souhaitai. J'étais nouvelle venue ; on se fit un plaisir de me montrer toutes les raretés et de me mener partout. Je ne me suis point repentie de ce petit voyage.*

Le 5 mars, elle avait une autre anecdote à raconter à Guitaut à propos de Versailles :

> *Vous savez comme le Roi a donné deux mille livres de pension à Mlle de Scudéry ; c'est par un billet de Mme de Maintenon qu'elle apprit cette bonne nouvelle. Elle fut remercier Sa Majesté un jour d'appartement. Elle fut reçue en toute perfection ; c'était une affaire que de recevoir cette merveilleuse Muse. Le Roi lui parla et l'embrassa pour l'empêcher d'embrasser ses genoux. Toute cette petite conversation fut d'une justesse admirable ; Mme de Maintenon était l'interprète. Tout le Parnasse est en émotion pour remercier et le héros et l'héroïne.*

Le flot de lettres de Mme de Sévigné à Guitaut, pendant l'hiver et le printemps 1683, reflète le besoin qu'elle avait de le consulter sur des problèmes qui se posaient à elle en ce qui concernait « mes pauvres villages » de Bourgogne : elle attachait la plus haute importance aux conseils de Guitaut sur l'opportunité de renouveler un contrat avec un fermier qui ne lui donnait pas satisfaction à Bourbilly.

Elle lui écrivit aussi pour compatir au chagrin qu'il ressentait de voir ses quatre petites filles récemment envoyées au couvent d'Avallon : « Je connais le mérite de ces petites personnes, et je trouve qu'elles font un rôle principal à Epoisses. » « Mandez-moi, mon cher Monsieur, écrivait-elle ailleurs, comme vous vous trouvez de ce beau coup d'épée que vous avez fait, en vous ôtant tout votre plaisir et votre amusement, en séparant de vous mes petites amies. »

La famille réunie au Carnavalet connut cet hiver-là quelques tensions, à la suite de la récente attaque de goutte du chevalier de Grignan : le comte de Grignan avait abandonné sa chambre à coucher à son frère malade, pour aller partager celle de sa femme, à la grande inquiétude de sa belle-mère. « On dit que qui a bon voisin a bon matin, écrivit Mme de Sévigné à Guitaut, j'en doute dans cette occasion, et ce voisinage en pourrait causer de bien mauvais. » En février elle commentait, de nouveau pour Guitaut : « J'espère qu'il n'y aura point d'autre malheur de ce voisinage que le bruit de cette ronflerie ; c'est assez. »

Les Grignan parlaient de quitter Paris. « Il me semble que j'entends parler de la Provence », écrivait-elle à Guitaut en mars :

> Je m'en vais vous dire une plaisante chose ; c'est que la seule pensée qui me fait prendre patience, c'est que je m'en irai dans ma Bretagne. J'aime mieux être dans mes bois, et m'ennuyer, que d'être ici à traîner misérablement ma vie, sans elle, de maison en maison.
>
> Notre bon Abbé achève de boire son vin vieux[1], et moi j'avale du vin de Chablis.

En avril, elle eut un refroidissement accompagné de fièvre et de douleurs de poitrine, si grave qu'elle dut se soumettre à une saignée, procédé médical très populaire mais qu'elle redoutait : une fois que le docteur eut trouvé une veine, « il me fit une saignée admirable, admit-elle dans une autre lettre à Guitaut, après avoir examiné près d'une heure avec quel soin la Providence cache mes veines aux yeux des plus habiles chirurgiens ».

1. Le vin du bon Abbé provenait de Bourgogne, des vignes du comte de Guitaut.

Une autre lettre encore fut envoyée à Guitaut après Pâques, le 20 avril 1683 :

Si nous n'avons bien fait nos Pâques, ce n'est vraiment pas la faute du P. Bourdaloue. Jamais il n'a si bien prêché que cette année. Jamais son zèle n'a éclaté d'une manière plus triomphante. J'en suis charmée, j'en suis enlevée, et cependant je sens que mon cœur n'en est pas plus échauffé et que toutes ces lumières dont il a éclairé mon esprit ne sont point capables d'opérer mon salut. Tant pis pour moi ! cet état me fait souvent beaucoup de frayeur.

41.

Comme toujours, Mme de Sévigné fut ravie de retrouver ses cousins le comte de Bussy-Rabutin et sa fille, lorsque ceux-ci vinrent à Paris au printemps 1683 pour entreprendre une procédure en vue d'annuler le mariage de Mme de Coligny avec La Rivière.

Bussy ne s'était pas présenté le jour de son arrivée chez Mme de Sévigné parce qu'une attaque de rhumatisme l'avait cloué au lit, comme il le lui expliqua dans une note le jour suivant.

*Hélas ! que je vous plains, mon pauvre cousin, d'avoir un rhumatisme quand vous auriez tant de besoin de toute votre personne pour agir dans nos affaires ; je les nomme ainsi. [Il s'agit de l'imbroglio marito-légal de M*me* de Coligny.] J'irai vous voir demain avec mon fils. Je n'envoyais point chez vous, parce qu'il me semblait toujours que je vous verrais entrer, et m'embrasser, et dîner avec moi.*

La prochaine lettre de Mme de Sévigné au comte de Bussy attendit l'automne et c'est en Bourgogne, où il s'était retiré avec sa fille, qu'elle la lui adressa, en date du 23 octobre. Elle commençait ainsi :

Que vous êtes heureux, mon pauvre cousin, d'être dans vos châteaux et de reposer votre corps aussi bien que votre esprit, qui ont été si agités dans votre dernier voyage[1] *!*

J'ai été plus sensible à tous vos maux que je ne vous l'ai dit et, pour les soins de votre maladie, je suis trop heureuse que vous en soyez content, car pour moi je ne l'étais pas, et j'eusse voulu vous marquer encore plus souvent combien j'étais affligée de cette augmentation de chagrins. Il y a des temps dans la vie bien difficiles à passer, mais vous avez du courage au-dessus des autres, et (comme dit le proverbe) Dieu donne la robe selon le froid. Pour moi, je ne sais comme vous m'avouez dans votre rabutinage. Je suis une petite poule mouillée, et je pense quelquefois : « Mais si j'avais été un homme, aurais-je fait cette honte à une maison où il semble que la valeur et la hardiesse soient héréditaires ? » Après tout, je ne le crois pas, et je comprends par là la force de l'éducation. Comme les femmes ont permission d'être faibles, elles se servent sans scrupule de leur privilège, et comme on dit sans cesse aux hommes qu'ils ne sont estimables qu'autant qu'ils aiment la gloire, ils portent là toutes leurs pensées, et cela forme toute la bravoure française.

La lettre suivante de Mme de Sévigné à Bussy, environ six semaines plus tard, était beaucoup plus gaie : elle annonçait les fiançailles de son fils. En 1683, les perspectives matrimoniales de Charles de Sévigné, qui n'avait ni grade militaire ni relations à la cour, semblaient plutôt hasardeuses à sa mère. Si Charles était encore célibataire à trente-cinq ans, ce n'était pas faute d'avoir essayé de se marier. La correspondance, à travers les années, contient une cinquantaine de références aux démarches matrimoniales entreprises pour son compte. Aussi bien sa sœur que sa mère et les amis de sa mère s'étaient efforcés de trouver une femme pour Charles, mais les conditions financières du contrat de mariage se révélaient invariablement un obstacle insurmontable. Toujours prétendant, mais jamais époux, Charles avait fini par trouver un bijou de fiancée en Bretagne, ainsi que sa mère l'annonçait triomphalement le 4 décembre à son cousin :

Si vous saviez ce que c'est, mon pauvre cousin, que de marier son fils, vous m'excuseriez d'avoir été si longtemps sans vous écrire. Je suis dans le mouvement d'un commerce fort vif avec le mien, qui est en Bretagne et sur le point

1. Bussy n'avait pas seulement souffert d'une attaque rhumatismale, mais avait aussi subi une opération pour hémorroïdes lors de son séjour à Paris au début de l'année.

> *d'épouser une demoiselle de bonne maison, dont le père est conseiller au Parlement et riche de plus de soixante mille livres de rente. Il donne deux cent mille francs à sa fille ; c'est un grand mariage en ce temps-ci[1]. Il y a eu beaucoup de choses à ajuster avant que d'en venir à signer les articles, comme nous avons fait il y a quatre jours.*

Le 8 décembre, Mme de Sévigné s'adressait au baron de Mauron, père de la fiancée, avec qui les négociations des deux derniers mois au sujet du contrat de mariage avaient été orageuses :

> *Il n'est pas possible qu'en faisant quelque réflexion, non seulement sur ce qui s'est passé depuis deux mois, mais depuis quatre ans, vous ne soyez très persuadé que je n'ai jamais rien tant souhaité pour mon fils que l'honneur de votre alliance. Cette lettre passerait les bornes ordinaires si je voulais vous dire tous mes sentiments sur la joie sincère et véritable que me donne cette espérance. Je ne puis m'empêcher de me flatter que, quand je serai connue de vous, vous me verrez avec d'autres yeux que ceux que vous avez eus jusqu'ici ; nous aurons des conversations qui vous feront connaître mon cœur et l'estime et le respect que j'ai pour votre mérite.*

Elle lui avait envoyé, continuait-elle, « des articles signés, qui ne sont pas véritablement en forme, mais seulement pour vous faire voir que nous consentons à tout ce que vous avez désiré, en attendant que les procurations vous mettent en état de faire dresser le contrat. Les nôtres ne tiennent à rien ; mais celle de M. de Grignan, qui est en Provence et que les lettres de ma fille n'ont pas trouvé... » Mme de Sévigné faisait cadeau à son fils de plusieurs de ses propriétés de Bretagne et, pour ce faire, le consentement des Grignan était nécessaire. En compensation, Mme de Grignan devait recevoir la propriété bourguignonne de sa mère. Dans les deux cas, l'usufruit des propriétés était réservé à vie à Mme de Sévigné. Comme les documents et registres légaux disponibles le prouvent, Mme de Grignan avait encore la meilleure part. L'énorme dot en espèces versée par sa mère lors de son mariage, en 1669, rendait sa part au moins égale à celle offerte à Charles d'après les documents de 1683. Néanmoins, ce n'est pas sans se faire prier que Mme de Grignan abandonna les droits qu'elle

---

1. Bussy répondit que « en ce temps-ci » ou en d'autres temps, 200 000 francs constituaient un très bon mariage.

pouvait avoir sur les propriétés de son père en Bretagne. Ses objections et sa lenteur à donner son accord rendirent furieux aussi bien son frère que le baron de Mauron.

Parlant au nom de son gendre, Mme de Sévigné assurait le baron de Mauron qu'il n'y avait aucune mauvaise volonté de sa part, que sa fille écrirait pour lui dire qu'elle donnait son consentement avec plaisir et que tous les papiers nécessaires lui parviendraient au plus vite. Quant à elle, elle ne pouvait se rendre en Bretagne :

> *Je vous supplie très humblement de croire, Monsieur, que j'irais le plus agréablement du monde en Bretagne pour être témoin de la chose du monde que j'ai toujours la plus souhaitée si je n'étais attachée à mon oncle, l'abbé de Coulanges, dont l'âge de soixante et seize ans passés ne lui permet pas de faire ce voyage en cette saison. J'espère que vous trouverez que cette excuse n'est que trop bonne et trop vraie.*

Le lecteur le plus objectif trouvera-t-il là une raison valable ? Charles de Sévigné et la famille de sa fiancée l'acceptèrent-ils comme telle ? Ce qu'on peut dire en faveur de Mme de Sévigné, c'est qu'elle s'est au moins montrée constante dans son affirmation que l'Abbé dépendait d'elle. Si ce devoir la retint d'aller en Bretagne assister au mariage de son fils unique, il l'empêcha également de réaliser ce qu'on sait avoir été son désir le plus cher : aller en Provence pour y rendre visite à sa fille, lorsque les Grignan y résidaient. A cette différence près : les regrets qu'exprime Mme de Sévigné de ne pouvoir assister au mariage de Charles sont faibles comparés à ceux dont elle fait état quand elle se voit obligée de renoncer aux visites en Provence.

Le 13 décembre, elle écrivit au comte de Bussy afin que par procuration sa signature, en tant que membre de la famille de l'époux, puisse être apposée sur le contrat de mariage. Finalement, écrivait-elle, après beaucoup de difficultés, elle mariait son pauvre fils. On ne devrait jamais désespérer...

> *Je croyais mon fils hors d'état de pouvoir prétendre un bon parti, après tant d'orages et tant de naufrages, sans charge et sans chemin pour la fortune ; et pendant que je m'entretenais de ces tristes pensées, la Providence nous destinait et nous avait destinés à un mariage si avantageux que, dans le temps où mon fils pouvait le plus espérer, je ne lui en aurais pas désiré un meilleur. C'est ainsi que nous vivons et que nous marchons en aveugles, ne sachant où*

nous allons, prenant pour mauvais ce qui est bon, prenant pour bon ce qui est mauvais, et toujours dans une entière ignorance.

Les difficultés qui s'opposaient au mariage sont clarifiées dans une lettre très touchante adressée par Charles de Sévigné à sa mère, au début de janvier 1684 :

> *J'arrive tout présentement de mon dernier voyage, ma très chère Madame ; il a été fort heureux et toutes les espérances que l'on pouvait avoir, ou pour mieux dire que M. le comte de Mauron pouvait avoir en lui-même, que je me romprais le cou sont dissipées*[1]. *Il faut enfin qu'il se résolve à me donner sa fille.*
>
> *J'ai reçu vos deux lettres. Vous voulez donc causer encore à cœur ouvert ? Eh bien, causons, ma très chère Madame. Il y a encore quelque chose à sortir ? allons, soulageons-nous. Premièrement, vous vous trompez toujours quand vous prenez ce que dit M. de Mauron comme si je le disais moi-même. Je vous mande que M. de Mauron dit que ma sœur le méprise et qu'il semble que cette alliance lui fasse tort. Moi, je vous le mande pour vous faire voir qu'il faut que ma sœur écrive ; vous me répondez pour me montrer que c'est le procédé de M. de Mauron qui est plein d'incivilité pour vous. Eh ! vraiment je le sais bien. Je le trouve tout comme vous. Ce n'est pas moi qu'il faut persuader, mais ce n'est pas moi aussi qu'il en faut punir, et c'est ce que faisait ma sœur avant qu'elle eût écrit. Elle est mal contente de M. de Mauron, elle ne sait pas bonnement pourquoi, et là-dessus, elle ne veut point écrire deux lettres qui me sont très nécessaires et qui me causent des désagréments infinis dans une famille où je suis trop heureux d'entrer. Je trouve ce raisonnement un peu gauche, n'en déplaise à la logique de M. Descartes*[2]. *Remettez-vous donc dans l'esprit, ma très chère Madame, que je ne vous ai jamais parlé de moi-même quand je vous ai parlé des mépris dont M. de Mauron se plaignait. Je sens son procédé pour vous et pour moi comme il le faut sentir, mais enfin, comme vous le disiez vous-même, le beau de ce jeu-là est d'épouser. Il faut donc épouser. Ceux qui prennent intérêt à moi le doivent faciliter, et vous imiter vous, ma très chère Madame, qui m'avez regardé uniquement dans tout ceci, qui avez écrit quand je vous l'ai mandé, qui n'avez point pris à gauche un mauvais*

1. Le voyage de Charles l'avait conduit à Vannes, où habitaient les Mauron. La phrase implique qu'il aurait pu se casser le cou en route, au plus profond de l'hiver.
2. Mme de Grignan se prétendait disciple de Descartes.

*point d'honneur, qui ne me punissez point des travers de
M. de Mauron, et qui regardez comme une chose indifférente ce que fait M. de Mauron, pourvu qu'il me donne deux
cent mille francs et sa fille.*

Au dernier moment, alors même que M. de Mauron menaçait
de rompre les fiançailles, Mme de Grignan eut enfin la bonté
d'envoyer son consentement.

Charles terminait sa longue lettre (neuf ou dix pages) en
remerciant vivement sa mère de sa générosité. Il avait de quoi
être reconnaissant. Elle s'était dépouillée, s'était laissé dépos-
séder de sa fortune autrefois coquette pour subvenir au
bonheur de ses deux enfants. Charles se disait « d'ailleurs
pénétré de reconnaissance de ce que vous faites pour moi dans
cette occasion, qui est beaucoup plus que ce que vous avez fait
pour ma sœur vu la différence des temps et les angoisses où
vous êtes... ».

Sa mère allait sans doute lui dire que les conditions de M. de
Mauron n'étaient ni justes ni raisonnables...

> *Mais mettez-vous à la place de M. de Mauron. Donnez
> deux cent mille francs à votre fille ; voyez venir M. de
> Sévigné à vous avec tous ses papiers bien troussés, et voyez
> si vous ne voudriez pas au moins lui voir treize mille livres
> de rente, et puis vous me direz s'il a grand tort...*
>
> *J'ai le cœur fort serré de ce que vous appelez votre
> chambre des Rochers votre défunte chambre. Y avez-vous
> donc renoncé, ma très chère Madame ? Voulez-vous donc
> rompre tout commerce avec votre fils après avoir tant fait
> pour lui ? Voulez-vous vous ôter à lui, et le punir comme s'il
> avait manqué à tout ce qu'il vous doit ? Mon mariage ne
> réparerait pas un tel malheur, et je vous aime mille fois
> mieux que tout ce qu'il y a dans le monde. Mandez-moi, je
> vous supplie, quelque chose là-dessus ; car j'ai, en vérité, le
> cœur si gros que, s'il n'y avait du monde dans ma chambre
> à l'heure qu'il est, je ne pourrais m'empêcher de pleurer.
> Adieu, ma très chère Madame. Ne renoncez point à votre
> fils ; il vous adore, et vous souhaite toute sorte de bonheur
> avec autant de vérité et d'ardeur qu'il souhaite son propre
> salut.*

Le mariage, ainsi que le relate l'édition d'avril 1684 du
Mercure Galant, eut lieu le 8 février :

> *Il s'est fait un autre mariage en Bretagne qui est très
> considérable : c'est celui de M. le marquis de Sévigné, d'une*

des plus nobles maisons de cette province. Il épousa au mois de février Mlle de Mauron, fille de M. de Mauron, conseiller au parlement de Bretagne et riche de plus de 70 000 livres de rente. Les mariés, étant venus de Rennes en leur maison des Rochers proche de Vitré le 10 de ce mois, furent salués par une troupe de leurs vassaux qui s'étaient mis sous les armes, au nombre de plus de mille. Cette troupe alla les recevoir, conduite par M. Vaillant, le sénéchal, qui leur fit un compliment très spirituel. Ils étaient accompagnés de M. le marquis du Châtelet, qui était allé une lieue au-devant d'eux, à la tête de plusieurs gentilshommes et bourgeois de Vitré, très bien montés et précédés d'un trompette. Quantité de dames y allèrent aussi en carrosse, et après qu'elles eurent rencontré Mme la marquise de Sévigné, qui était accompagnée de plusieurs autres carrosses remplis de personnes de qualité [...], M. le marquis de Sévigné monta à cheval pour se joindre avec la compagnie de cavalerie, qui salua la nouvelle mariée, l'épée à la main. Ensuite tous les cavaliers se mirent à la tête des carrosses, qu'ils accompagnèrent en bon ordre jusqu'à Vitré, et passant de là par le parc de Mme la princesse de Tarente, ils allèrent jusqu'au château des Rochers, où ils furent régalés d'une magnifique collation.

Le 1ᵉʳ mars, quand Mme de Sévigné écrivit à Philippe Moulceau, elle se montrait à nouveau aussi exubérante qu'à l'habitude, remise qu'elle était des tensions provoquées par les multiples crises matrimoniales de Charles : « Il est vrai que j'ai tort de ne vous avoir point mandé la conclusion du mariage de mon fils, mais cela même me servira d'excuse. Demandez à notre ami Corbinelli ce que c'est que d'avoir affaire avec des bas Bretons. »

« Il faut, je crois, Monsieur, parcourir un peu l'hôtel de Carnavalet, et vous faire les amitiés de tous les appartements », concluait-elle :

> *Ma fille se porte bien. Elle ne sait encore si elle ira en Provence ou si un procès qu'elle a la retiendra ici. La destinée de Mlle d'Alérac paraît encore incertaine ; nous croyons pourtant que le nom de Polignac est écrit au ciel avec le sien[1]. Si Mlle de Grignan voulait, elle nous en dirait bien la vérité, car elle a dans ce pays céleste un commerce perpétuel. Le petit Marquis est un petit mérite naissant qui*

---

1. Un mariage éventuel entre Mlle d'Alérac, la plus jeune des deux filles du comte de Grignan, et le vicomte Scipion-Sidoine de Polignac se négociait depuis des mois sans résultat.

> *ne se dément point. Le bon Abbé est toujours le* Bien Bon.
> *Les autres Grignan sont toujours dignes de votre estime.*

La lettre suivante de la marquise de Sévigné, parmi celles
dont nous avons conservé la trace, est datée du 6 juin 1684.
C'est encore à Moulceau qu'elle est adressée, et elle donne des
nouvelles des allées et venues de la famille :

> *Je ne suis point en Bretagne, Monsieur, je suis encore à
> Paris, et j'y serai encore quelque temps. Je m'amuse à
> regarder le dénouement de plusieurs affaires qui décident
> du départ de ma fille. Si elle s'en va, je la suivrai de près,
> c'est-à-dire en prenant une route toute contraire. Si elle ne
> s'en va point, je ferai la belle action de la quitter, parce que
> mille raisons me forcent d'aller en Bretagne.*

De toute façon, elle aurait hésité à quitter la capitale durant
la procédure de divorce Coligny-Rivière qui se déroulait devant
les tribunaux du parlement de Paris. Le verdict, en faveur de
La Rivière, fut rendu le 13 juillet, et Mme de Sévigné s'empressa dès le jour suivant de faire part de la nouvelle à
Moulceau :

> *M. de Bussy perdit hier son procès tout du long et tout du
> lé, sa fille obligée de reconnaître le mari et l'enfant, et
> condamnée à donner cent francs d'aumônes. Ce procès
> mettra notre ami en vogue. Bussy bondit dans les nues. Sa
> fille est forcenée dans son lit. Dieu l'a ainsi réglé de toute
> éternité. Amen.*

Le lundi 3 septembre, Mme de Sévigné écrivit une petite note
d'adieu à Mlle de Scudéry, dont la dernière œuvre, *Conversations morales*, avait été publiée en juillet :

> *En cent mille paroles je ne pourrais vous dire qu'une
> vérité, qui se réduit à vous assurer, Mademoiselle, que je
> vous aimerai et vous adorerai toute ma vie ; il n'y a que ce
> mot qui puisse remplir l'idée que j'ai de votre extraordinaire
> mérite. J'en fais souvent le sujet de mes admirations, et du
> bonheur que j'ai d'avoir quelque part à l'amitié et à l'estime
> d'une telle personne. Comme la constance est une perfec-
> tion, je me réponds à moi-même que vous ne changerez
> point pour moi, et j'ose me vanter que je ne serai jamais
> assez abandonnée de Dieu pour n'être pas toujours tout à
> vous. Dans cette confiance, je pars pour Bretagne, où j'ai
> mille affaires. Je vous dis adieu, et vous embrasse de tout*

*mon cœur. Je vous demande une amitié toute des meilleures
pour M. de Pellisson ; vous me répondrez de ses sentiments.
Je porte à mon fils vos Conversations, je veux qu'il en soit
charmé après en avoir été charmée.*

42.

La mère et la fille se quittèrent le 12 septembre 1684. C'était
la sixième fois qu'elles s'arrachaient aux bras l'une de l'autre,
mais jamais sans doute la séparation n'avait été aussi douloureuse pour Mme de Sévigné, car c'était elle qui, pour une fois,
l'avait voulue. Contrairement à l'habitude, elle s'était décidée,
non par choix mais par obligation, à quitter Paris et sa fille.

Mme de Sévigné et son oncle devaient suivre la route qu'ils
avaient déjà empruntée lors de leurs deux précédents voyages
en Bretagne. Ils passeraient par Etampes et Orléans, où ils
embarqueraient pour descendre la Loire une semaine durant.

C'est à Etampes que les lettres d'amour font leur réappari-
tion. Mais cette fois, elles racontent une tout autre histoire : les
lettres envoyées à la suite des séparations précédentes reflétaient les tensions des retrouvailles passées. En revanche,
l'échange épistolaire de l'automne 1684 montre que pendant
les quatre dernières années les deux femmes avaient vécu dans
une harmonie apparemment parfaite. Les orages qui avaient
obscurci la relation entre la mère et la fille s'étaient maintenant dissipés ; le ciel était serein. Mme de Sévigné et Mme de
Grignan avaient fait les concessions nécessaires. Plus toléran-
tes, elles s'étaient adaptées l'une à l'autre et étaient parvenues
à mieux s'entendre. Pour certains biographes, l'année 1680 et
les mois de solitude et de méditation passés dans les forêts des
Rochers représentent un tournant dans la vie de Mme de
Sévigné, qui aurait alors connu une importante évolution
religieuse. Elle n'atteignit pas l'état de grâce qu'elle recher-
chait et qu'elle appelait de ses prières mais elle trouva du
moins la paix intérieure. Elle cessa de s'en prendre à la
destinée et préféra s'y soumettre, si bien que, dès 1680, ses
relations avec sa fille s'améliorèrent nettement.

La première lettre que Mme de Sévigné adressa à sa fille, en 1684, après quatre ans d'interruption de leur correspondance, était écrite à Etampes, la première nuit après son départ de Paris.

> *Vous croyez bien, ma chère belle, que, malgré tous vos excellents conseils, je me suis trouvée, en vous quittant, au milieu de mille épées, dont on se blesse, quelque soin qu'on prenne de les éviter. Je n'osais penser, je n'osais prononcer une parole; je trouvais partout une sensibilité si vive que mon état n'était pas soutenable. J'ai vécu de régime selon vos avis. Enfin je fais tout du mieux que je puis. Je me porte très bien, j'ai dormi, j'ai mangé, j'ai vaqué au Bien Bon, et me voilà. J'ai fait répéter les raisons de mon voyage, je les ai trouvées si fortes que j'ai reconnu ce qui avait formé ma résolution, mais comme la douleur de vous quitter me les avait un peu effacées, j'ai besoin encore qu'elles me servent pour soutenir votre absence avec quelque tranquillité. Je n'en suis pas encore là... Je suis ravie de songer que vous êtes à Versailles... J'espère que votre voyage sera heureux; comment pourrait-on vous refuser[1]? Je vous recommande votre santé. C'est une grande consolation pour moi que de songer à ces bonnes petites joues que je vous ai laissées; conservez-les-moi... Je remercie les beaux yeux de Mlle d'Alérac des larmes qu'ils ont répandues pour moi, mais, mon Dieu! quels remerciements n'aurais-je point aussi à vous faire de tant de tendresse, de tant de douleur? Ah! il faut passer cela bien vite. Croyez, en un mot, que mon cœur est à vous, que tout vous y cède et vous y laisse régner souverainement.*

Dans sa deuxième lettre, datée « A Amboise, samedi au soir 16 septembre 1684 », Mme de Sévigné disait : « Je me porte parfaitement bien; point de vapeurs », et poursuivait en s'en excusant :

> *Enfin je vis en votre absence; j'en suis honteuse, car je ne devrais point soutenir le véritable déplaisir que je porte avec moi de vous avoir quittée dans un lieu où je dois être naturellement avec vous; cela me serre le cœur, et il faut avoir bien pris sur moi-même pour entrer, comme j'ai fait, dans les raisons qui m'ont chassée... Je trouve que je perds*

---

1. Mme de Grignan s'était présentée à la cour, cherchant compensation pour les énormes dépenses supportées récemment par le comte de Grignan : celui-ci avait dû mobiliser la noblesse et la milice pour surveiller la côte méditerranéenne menacée par les Génois et les Espagnols.

dans ma vie un temps qui me devait être bien précieux ; j'y ai été un peu trompée. Et puis, je vous avoue que mes affaires m'ont fait peur. Ah ! ma belle, que j'aurais besoin de vous pour me réjouir et pour soutenir mon courage !

Le 18 septembre, Mme de Sévigné écrivit de Saumur que des vents contraires les retardaient et que les bateliers étaient obligés d'utiliser les rames. « La beauté du pays a fait mon seul amusement », commentait-elle :

Nous sommes quatorze et quinze heures, le Bien Bon *et moi, dans ce carrosse... Nous attendons notre dîner comme une chose considérable dans notre journée. Nous mangeons chaud ; nos terrines ne cèdent point à celles de M. de Coulanges. J'ai lu, mais je suis distraite, et j'ai compté les ondes plutôt que de m'appliquer encore aux histoires des autres ; cela reviendra, s'il plaît à Dieu.*

Débarquant à Angers le 20 septembre, elle écrivit :

Je trouvai, sur le bord de ce pont, un carrosse à six chevaux, qui me parut être mon fils. C'était son carrosse et l'abbé Charrier, qu'il a envoyé me recevoir parce qu'il est un peu malade aux Rochers. Cet abbé me fut agréable ; il a une petite impression de Grignan, par son père et par vous avoir vue, qui lui donna un prix au-dessus de tout ce qui pouvait venir au-devant de moi. Il me donna votre lettre écrite de Versailles, et je ne me contraignis point devant lui de répandre quelques larmes...

Malgré sa modération habituelle, Mme de Grignan n'avait pas caché dans sa lettre de Versailles que sa mère lui manquait cruellement. Mme de Sévigné répliqua qu'elle pouvait voir,

au travers de la peine que vous prenez à vous contraindre, cette même douleur et cette même tendresse qui nous fit répandre tant de larmes en nous séparant ! Ah ! ma bonne, que mon cœur est pénétré de votre amitié ! que j'en suis bien parfaitement persuadée et que vous me fâchez quand, même en badinant, vous dites que je devrais avoir une fille comme Mlle d'Alérac et que vous êtes imparfaite ! Cette Alérac est aimable de me regretter comme elle fait, mais ne me souhaitez jamais rien que vous. Vous êtes pour moi toutes choses, et jamais on n'a été aimée si parfaitement d'une fille bien-aimée que je le suis de vous. Ah ! quels trésors infinis m'avez-vous quelquefois cachés ! Je vous assure pourtant, ma très chère bonne, que je n'ai jamais douté du fonds, mais vous me comblez présentement de toutes ces richesses, et je n'en suis digne que par la très parfaite tendresse que j'ai pour vous, qui passe au-delà de tout ce que [je] pourrais vous en dire...

Vous me paraissez assez mal contente de votre voyage et du dos de Mme de Brancas ; vous avez trouvé bien des portes fermées. Vous avez, ce me semble, fort bien fait d'envoyer votre lettre. On mande ici que le voyage de la cour est retardé ; peut-être pourrez-vous revoir M. de Louvois. Enfin Dieu conduira cela comme tout le reste. Vous savez bien comme je suis pour ce qui vous touche, ma chère bonne ; vous aurez soin de me mander la suite. Je viens d'ouvrir la lettre que vous écrivez à mon fils ; quelle tendresse vous y faites voir pour moi ! quels soins ! que ne vous dois-je point, ma chère bonne ! Je consens que vous lui fassiez valoir mon départ dans cette saison, mais Dieu sait si l'impossibilité et la crainte d'un désordre honteux dans mes affaires n'en a pas été la seule raison. Il y a des temps dans la vie où les forces épuisées demandent à ceux qui ont un peu d'honneur et de conscience de ne pas pousser les choses à l'extrémité.

Le 24 septembre, les voyageurs étaient arrivés à destination, au château des Rochers, comme Charles l'annonçait à sa sœur :

Je juge, ma belle petite sœur, de votre chagrin par la joie que j'ai présentement. J'ai ma mère et le Bien Bon.

Je vous pardonne de me porter envie présentement, mais il était juste qu'elle partageât un peu entre nous deux les plaisirs qu'elle donne par sa présence. Ne m'en haïssez pas, ma belle petite sœur, et à mon exemple aimez vos rivaux ; c'est ce que Mme de Coulanges a reconnu en moi, à ce qu'elle dit, et ce que j'ai toujours senti dans mon cœur pour vous.

« Enfin, ma fille, voilà trois de vos lettres. » C'est par ce soupir de soulagement que Mme de Sévigné commençait sa missive du 27 septembre :

J'admire comme cela devient, quand on n'a plus d'autre consolation. C'est la vie, c'est une agitation, une occupation, c'est une nourriture... Tout ce que vous me dites est si tendre et si touchant que je serais aussi honteuse de lire vos lettres sans pleurer que je le serai, cet hiver, de vivre sans vous.

Parlons un peu de Versailles. J'ai fort bonne opinion de ce silence ; je ne crois point qu'on veuille vous refuser une chose si juste dans un temps de libéralités. Vous voyez que tous vos amis vous ont conseillé de faire cette tentative; quel plaisir n'auriez-vous pas, si par vos soins et vos sollicitations vous obteniez cette petite grâce! Elle ne pourrait venir plus à propos, car je crois, et cette peine se joint souvent aux autres, que vous êtes dans de terribles dérangements. Pour moi, je suis convaincue que je ne serais jamais revenue de ceux où m'aurait jetée un retardement de six mois. Quand on a poussé les choses à un certain point, on ne trouve plus que des abîmes, et vous êtes entrée la première dans ces raisons; elles font ma consolation, et je me les redis sans cesse.

Nous menons ici une vie assez triste; je ne crois pas cependant que plus de bruit me fût agréable. Mon fils a été chagrin de ces espèces de clous; ma belle-fille n'a que des moments de gaieté, car elle est tout accablée de vapeurs. Elle change cent fois le jour de visage sans en trouver un bon. Elle est d'une extrême délicatesse. Elle ne se promène quasi pas. Elle a toujours froid. A neuf heures du soir, elle est tout éteinte. Les jours sont trop longs pour elle, et le besoin qu'elle a d'être paresseuse fait qu'elle me laisse toute ma liberté, afin que je lui laisse la sienne. Cela me fait un extrême plaisir. Il n'y a pas moyen de sentir qu'il y ait une autre maîtresse que moi dans cette maison. Quoique je ne m'inquiète de rien, je me vois servie par de petits ordres invisibles...

Cette petite femme-ci fait pitié; c'est un ménage qui n'est point du tout gaillard. Ils vous font tous deux mille compliments. On ne me presse point de donner mon amitié, cela déplaît trop. Point d'empressement, rien qui chagrine, rien qui réveille aussi; cela est tout comme je le souhaitais.

« Quoique ma lettre soit datée du dimanche », écrivit-elle le 30 septembre,

je l'écris aujourd'hui, samedi au soir. Il n'est que dix heures. Tout est retiré. C'est une heure où je suis à vous d'une manière plus particulière qu'au milieu de ce qui est ordinairement dans ma chambre. C'est aujourd'hui le huitième jour que je suis ici; me voilà bien avancée. L'abbé Charrier est la seule personne avec qui je puisse parler de vous. Il m'entend; je lui dis combien je vous aime. Rien ne peut tenir sa place quand il sera parti; il entre dans mes sentiments, il est surpris des vôtres, et que les distractions de Versailles et de Paris ne vous aient point encore consolée. Vous me regrettez comme on fait la santé, mais je ne suis pas de votre avis : vous avez mieux senti mes cinq ou six visites par jour, et la douceur de notre société, que l'on ne sent le plaisir de se bien porter. Vous ne jugez pas équitable-

*ment de votre amitié. Pour moi, ma très chère, je n'ai rien
sur mon cœur ; il n'y a moment que je n'aie été sensible au
plaisir d'être avec vous : tous mes retours de messe, tous
mes retours de ville, tous mes retours de chez le Bien Bon,
tout cela m'a donné de la joie. Est-il possible que j'aie pu
tant écrire sans avoir encore dit un mot de Mlle de
Grignan ? Je suis plus fâchée de cette fuite[1] que je n'en suis
surprise. Elle nous portait tous sur ses épaules ; tous nos
discours lui déplaisaient.*

Le dimanche 1ᵉʳ octobre, Mme de Sévigné s'assit à son
bureau pour continuer la lettre qu'elle avait commencée le soir
précédent :

> *Voilà où je demeurai hier au soir... Mon fils vient de
> partir pour Rennes ; il veut être assuré que ses clous ne sont
> rien. Sa femme est autour de moi, entendant très bien la
> partie que je fais avec elle de ne la voir d'aujourd'hui. J'ai
> passé la matinée dans ces bois avec mon abbé Charrier ; elle
> y va présentement, et je vais écrire. Je vous assure que cela
> est fort commode. Elle a de très bonnes qualités, du moins je
> le crois, mais dans ce commencement, je ne me trouve
> disposée à la louer que par les négatives : elle n'est point
> ceci, elle n'est point cela ; avec le temps je dirai peut-être :
> elle est cela. Elle vous fait mille jolis compliments, elle
> souhaite d'être aimée de nous, mais sans empressement :
> elle n'est donc point empressée. Je n'ai que ce ton
> jusqu'ici. Elle ne parle point breton ; elle n'a point l'accent
> de Rennes.*
> *J'approuve fort de ne mettre autour de mon chiffre que
> Madame de Sévigné. Il n'en faut pas davantage. On ne me
> confondra point pendant ma vie, et c'est assez.*

Sa lettre suivante portait la date du 4 octobre :

> *Mon fils doit à mon arrivée de lui avoir écarté beaucoup
> de mauvaise compagnie, dont il était accablé ; j'en suis
> ravie, car je ne suis point docile, comme vous savez, à de
> certaines impertinences, et comme je ne suis pas assez
> heureuse pour rêver comme vous, je m'impatiente et je dis
> des rudesses. Dieu merci, nous sommes en repos. Je lis ; du
> moins j'ai dessein de commencer un livre que Mme de Vins
> m'a mis dans la tête, qui est* La Réformation d'Angleterre.
> *J'écris et je reçois des lettres. Je suis quasi tous les jours
> occupée de vous. Je reçois vos lettres le lundi ; jusqu'au*

---

1. Sans dire au revoir à personne à l'hôtel Carnavalet, Mlle de Grignan
s'était enfuie et avait trouvé refuge au couvent bénédictin de Gif.

*mercredi, j'y réponds. Le vendredi j'en reçois encore ;
jusqu'au dimanche, j'y réponds. Cela m'empêche de tant
sentir la distance d'un ordinaire à l'autre. Je me promène
extrêmement, et parce qu'il fait le plus parfait temps du
monde et parce que je sens par avance l'horreur des jours
qui viendront.*

*J'ai vu la princesse [de Tarente], qui parle de vous, qui
comprend ma douleur, qui vous aime, qui m'aime, et qui
prend tous les jours douze tasses de thé. Elle le fait infuser
comme nous, et remet encore dans la tasse plus de la moitié
d'eau bouillante ; elle pensa me faire vomir. Cela, dit-elle, la
guérit de tous ses maux. Elle m'assura que Monsieur le
Landgrave[1] en prenait quarante tasses tous les matins.
« Mais, madame, ce n'est peut-être que trente. — Non, c'est
quarante. Il était mourant ; cela le ressuscite à vue d'œil. »*

Enfin, écrivait Mme de Sévigné en conclusion à son chapitre
sur la princesse de Tarente, qui l'amusait quand elle ne
l'exaspérait pas, « je sais parfaitement les affaires d'Allemagne. Elle est bonne et très aimable parmi tout cela ».

Fin septembre, l'amygdalite de la comtesse de Grignan
détourna l'attention de sa mère des affaires d'Allemagne. « Ah !
ma chère enfant, vous avez été malade ! se lamentait Mme de
Sévigné le 4 octobre. C'est un mal fort sensible que d'avoir une
amygdale enflée ; cela s'appellerait une esquinancie, si on
voulait. Vous donnez à tout cela un air de plaisanterie, de peur
de m'effrayer. »

« Mon fils revient aujourd'hui de Rennes », écrivait-elle le
8 octobre :

*En son absence, j'ai causé avec sa femme. Je l'ai trouvée
toute pleine de raison, entrant dans toutes nos affaires du
temps passé, comme une personne, et mieux que toute la
Bretagne ; c'est beaucoup que de n'avoir pas l'esprit fichu ni
de travers, et de voir les choses comme elles sont.*

La lettre du 4 octobre se terminait par cette exclamation :
« Pour le mois de septembre, il me semble qu'il a duré six mois,
et je ne comprends point qu'il n'y ait que quinze jours que je
suis ici. »

Les trois saignées prescrites par les médecins de Paris pour
traiter l'amygdalite de sa fille rendirent Mme de Sévigné folle
d'angoisse, bien qu'elle commençât sa lettre du 5 novembre en
réaffirmant qu'elle gardait tout son calme : « Je vous promets

1. Le landgrave était le neveu de la princesse.

de ne me point effrayer de vos maux, je vous conjure de me les dire toujours comme ils sont. » Il fallait absolument que l'abbé Charrier, en route pour Paris, apportât à la comtesse un flacon de Baume tranquille, un des remèdes miracle fabriqués par les moines capucins de Rennes, connus pour leur pharmacopée et leur compétence médicale. « C'est pour en mettre huit gouttes sur une assiette chaude », écrivait Mme de Sévigné à propos de l'utilisation de ce célèbre baume,

et le faire entrer dans l'endroit de votre côté où vous avez mal, et le frotter doucement jusqu'à ce qu'il soit pénétré à loisir, et puis un linge chaud dessus. Ils en ont vu des miracles. Ils y souffrent autant de gouttes d'essence d'urine mêlées...

Pour nos santés, ma bonne, je vous en parlerai sincèrement. La mienne est parfaite. Je me promène quand il fait beau ; j'évite le serein et le brouillard. Mon fils le craint, et me ramène. Ma belle-fille ne sort pas ; elle est dans les remèdes des capucins, c'est-à-dire des breuvages et des bains d'herbes, qui l'ont fort fatiguée sans aucun succès jusqu'ici...

Le bon Abbé est un peu incommodé de sa plénitude et de ses vents ; ce sont des maux où il est accoutumé. Les capucins lui font prendre tous les matins un peu de poudre d'écrevisse, et assurent qu'il s'en trouvera fort bien. Cela est long, et en attendant il souffre un peu. Pour moi, je n'ai plus de vapeurs. Je crois qu'elles ne venaient que parce que j'en faisais cas ; comme elles savent que je les méprise, elles sont allées effrayer quelques sottes.

A la mi-novembre, le rude hiver breton était arrivé : « Le temps est effroyable, se plaignait Mme de Sévigné. Je ne suis plus en humeur de me promener tous les jours, j'ai renoncé à cette gageure, et je demeure fort bien dans ma chambre à travailler à la chaise de mon petit Coulanges. »

... Vous dites que je ne suis point avec vous, ma bonne, et pourquoi ? Hélas ! qu'il me serait aisé de vous le dire si je voulais salir mes lettres des raisons qui m'obligent à cette séparation, des misères de ce pays, de ce qu'on m'y doit, de la manière dont on me paye, de ce que je dois ailleurs, et de quelle façon je me serais laissé surmonter et suffoquer par mes affaires, si je n'avais pris, avec une peine infinie, cette résolution ! Vous savez que depuis deux ans je la diffère avec plaisir sans y balancer, mais, ma chère bonne, il y a des extrémités où l'on romprait tout, si l'on voulait se roidir

contre la nécessité. Je ne puis plus hasarder ces sortes de conduites hasardeuses. Le bien que je possède n'est plus à moi[1]. Il faut finir avec le même honneur et la même probité dont on a fait profession toute sa vie. Voilà ce qui m'a arrachée, ma bonne, d'entre vos bras pour quelque temps, vous savez avec quelles douleurs !

« Je suis ravie que vous aimiez mon portrait, poursuivait-elle, mettez-le donc en son jour, et regardez quelquefois une mère qui vous adore, c'est-à-dire qui vous aime infiniment et au-dessus de toutes les paroles. »

Le portrait dont parle Mme de Sévigné dans cette lettre est l'un de ceux pour lesquels elle avait posé, sinon la copie de l'un d'eux[2].

Le 13 décembre marquait les trois mois de leur séparation : « On a beau m'assurer qu'il n'y eut hier justement que trois mois qu'en vous disant adieu je répandis tant de larmes amères, non, ma chère Comtesse, je ne le croirai jamais. »

Le temps paraissait long. Les jours n'en finissaient plus en hiver aux Rochers. A la fin novembre, le Bien Bon s'était alité, « enrhumé de ces gros rhumes », remarquait-elle : « Il est dans sa petite alcôve, nous conservons mieux qu'à Paris. » « Quand il fait beau, écrivit-elle le 26 novembre, comme il a fait depuis trois jours, je sors à deux heures, et je vais me promener *quanto va*. Je ne m'arrête point... » Charles « fait si bien, commentait-elle, qu'il y a quasi toujours un jeu d'hombre dans ma chambre, et quand il n'a plus de voisins, il revient à la lecture... Enfin, quand on est assez heureux pour aimer cet amusement, on n'en manque jamais. »

« J'ai bien pensé à vous à cette nuit de Noël », écrivait-elle le 27 décembre :

je vous voyais aux Bleues[3], pendant qu'avec une extrême tranquillité nous étions ici dans notre chapelle. Votre frère est tout à fait tourné du côté de la dévotion. Il est savant, il lit sans cesse des livres saints, il en est touché, il en est

---

1. Une des clauses que le beau-père de Charles avait fait mettre dans le contrat de mariage spécifiait que Mme de Sévigné s'engageait à léguer ses propriétés à son fils libres d'hypothèques.
2. Mme de Sévigné avait déjà commandé son portrait à plusieurs artistes, selon la coutume de son milieu social au XVIIᵉ siècle. Les artistes qu'elle avait choisis comptaient parmi les meilleurs de l'époque. Le plus connu de ses portraits est exposé actuellement au musée Carnavalet, à Paris. On l'attribuait autrefois à Mignard, et aujourd'hui à Lefebvre.
3. Le couvent qu'elle appelait « les Bleues » jouxtait le Carnavalet. Les religieuses y portaient des robes bleues.

> *persuadé. Il viendra un jour où l'on sera bien heureux de s'être nourri dans ces sortes de pensées chrétiennes. La mort est affreuse quand on est dénué de tout ce qui peut nous consoler en cet état. Sa femme entre dans ses sentiments. Je suis la plus méchante, mais pas assez pour être de contrebande. Il a lu avec plaisir l'endroit où vous paraissez contente de lui : vous dites toujours tout ce qui se peut dire de mieux, et vous êtes si aimable que je ne puis trop sentir la douleur d'être éloignée de vous. Ce que nous envisageons encore nous fait peur. Vous croyez bien que cette peine n'est pas moindre pour moi que pour vous, mais il faut que je trouve du courage. Un séjour trop court me serait inutile ; ce serait toujours à recommencer. Il faut avaler toute la médecine.*

Mme de Sévigné ne cessait de répéter, pour elle-même autant que pour sa fille, les raisons de l'exil qu'elle s'était imposé : « Voici ce qui me tient lieu de vos douze mille francs », écrivait-elle. Les 12 000 francs représentaient la gratification que le roi avait accordée au comte de Grignan, à la demande de la comtesse, comme remboursement des dépenses exceptionnelles auxquelles il avait dû faire face.

> *c'est qu'étant ici, où je ne dépense rien, et mon fils se trouvant trop heureux de me payer de cette sorte, j'envoie à Paris mon revenu ; sans cela qu'aurais-je fait ? Vous ne comprenez que trop bien ce que je vous dis, mais j'y ai pensé mille fois. Qu'auriez-vous fait vous-même sans le secours que vous avez eu ? Vous devez être assez près de votre compte présentement.*

43.

A la suite d'un accident de voiture au début de 1685, Mme de Sévigné souffrit de ce qui semblait être des égratignures et des contusions à la jambe. Elle se félicita de n'être pas plus gravement atteinte. C'était se réjouir trop vite : des complications apparurent. La déchirure de varices se transforma en une vilaine plaie ouverte, rouge et enflée, par moments purulente, et qui refusait obstinément de guérir. Ni le « remède souverain » des capucins, ni la « poudre de sympathie » de la comtesse de Grignan, ni même son « onguent noir » ne procurèrent davantage qu'un soulagement temporaire à Mme de Sévigné. Pour ne pas inquiéter sa fille, elle avait dès le début minimisé la gravité de ses blessures. Il lui fallut donc s'expliquer à chaque rechute. « Il est vrai », écrivit-elle le 4 février, que

> *nous pensions au commencement que ce serait une affaire*
> *de quatre jours ; nous nous sommes trompés, voilà tout, et*
> *en voilà quinze. Mais enfin la cicatrice fait une fort bonne*
> *mine de vouloir s'avancer... Ma jambe n'est ni enflammée,*
> *ni enflée. J'ai été chez la princesse, je me suis promenée ; je*
> *n'ai point l'air malade. Regardez donc votre bonne d'une*
> *autre manière que comme une pauvre femme de l'hôpital. Je*
> *suis belle. Enfin, ma bonne, ce n'est plus par là qu'il me*
> *faut plaindre, c'est d'être bien loin de vous, c'est de n'être*
> *que* métaphysiquement *de toutes vos parties, c'est de*
> *perdre un temps si cher.*

A la pensée de ce « temps précieux » qu'elles auraient pu passer ensemble, Mme de Sévigné éprouva le besoin de célébrer leur affection mutuelle :

> *Je reçois aujourd'hui à quatre heures du soir votre lettre*
> *de samedi, qui était justement avant-hier ; cela est d'une*
> *diligence qui ferait une espèce de consolation à toute autre*
> *absence que la vôtre, mais, ma chère enfant, il est impossi-*
> *ble de ne pas entrer tendrement comme vous dans le*
> *malheur d'être tous séparés, étant tous aussi bien ensemble*
> *que nous y sommes, et nous entendant aussi parfaitement.*
> *Je viens de lire la lettre que vous écrivez à mon fils ; j'en suis*
> *touchée et j'admire la manière dont vous fondez vos raisons*
> *de m'aimer. On ne peut être plus adorable dans le commerce*
> *de l'amitié. Gardez-moi bien tous ces trésors afin qu'un jour*
> *j'en puisse jouir encore plus agréablement.*

Une lettre que Mme de Sévigné écrivit ce même hiver nous montre curieusement Mme de Grignan dans un moment de totale confusion en présence du roi : « Est-il possible, s'étonnait Mme de Sévigné, qu'en parlant au Roi vous ayez été une personne tout hors de vous, ne voyant plus, comme vous dites, que la majesté, et abandonnée de toutes vos pensées ? Je ne puis croire que ma fille bien-aimée, et toujours toute pleine d'esprit, et même de présence d'esprit, se soit trouvée dans cet état. »

Pour rendre justice à Mme de Grignan, il faut dire qu'elle n'était pas la seule à se trouver déconcertée en présence du grand monarque. On disait même que des ambassadeurs venus présenter leurs lettres de créance s'étaient retrouvés muets, comme éblouis à la vue du Roi-Soleil. S'il semble étrange que Mme de Grignan ait perdu contenance devant lui, c'est qu'elle le connaissait depuis vingt ans, qu'elle avait dansé sur la même scène que lui et s'était montrée à ses côtés à l'occasion de nombreux ballets de la cour. On disait même qu'il lui avait fait des avances.

C'est à partir d'incidents de ce genre et des descriptions qu'en donne Mme de Sévigné que certains biographes parviennent à la conclusion que Mme de Grignan souffrait d'un complexe d'infériorité. Son air hautain et son arrogance, si critiqués par ses contemporains, n'auraient été que la conséquence de son insécurité fondamentale. Elle se serait drapée dans une dignité méprisante par crainte de se voir éconduite ou repoussée.

« Il est question enfin d'obtenir », poursuivait Mme de Sévigné à propos de l'embarras de sa fille devant le roi :

> *Je vous avoue que, par ce que vous a dit Sa Majesté qu'elle voulait faire quelque chose pour M. de Grignan, je n'ai point entendu qu'elle voulût avoir égard à l'excessive dépense que M. de Grignan a faite en dernier lieu, mais cette réponse du Roi m'a paru comme s'il vous avait dit : « Madame, cette gratification que vous demandez est peu de chose ; je veux faire quelque chose de plus pour Grignan. » Et j'ai entendu cela tout droit comme une manière d'assurance de votre survivance*[1].

Quant au petit marquis, qu'on préparait à prendre la succession de son père, ce serait là « un grand hiver pour lui », ainsi que sa grand-mère le remarquait fièrement dans sa réponse à une lettre de Versailles où Mme de Grignan décrivait la présentation de son fils à la cour. « Notre petit homme a été admiré de tout le monde », s'exclamait Mme de Sévigné, ravie des nouvelles que lui avaient communiquées non seulement sa fille, mais aussi ses amis :

---

1. C'est-à-dire l'assurance que le poste de lieutenant général de Provence passerait au petit marquis de Grignan à la mort de son père, ainsi que l'espérait sa famille.

Mme de La Fayette et son fils m'en écrivent des merveil-
les... Sa vie est pressée d'une manière que si vous aviez
donné à l'enfance ce qu'on y donnait autrefois, vous n'y
auriez pas trouvé votre compte. Vous avez pris vos mesures
selon sa destinée. Il faut qu'il joue un grand rôle à quatorze
ans, il faut donc qu'on commence à le voir deux ans
auparavant. On va parler de lui, il faut faire voir sa petite
personne. Il vous a cette obligation, et votre séjour à Paris
est un arrangement de la Providence pour faire réussir ses
desseins. Sans vous, il eût été renfermé dans sa chambre, et
vous aurez contribué, et par votre présence à la cour et par
la manière dont vous avez élevé votre fils, à son établisse-
ment et à sa fortune. Il y a longtemps que je pense tout cela,
mais principalement cet hiver, où il a paru fort agréable-
ment. Il s'est montré au Roi; il a été bien regardé. Sa figure
plaît, et sa physionomie n'a rien de commun. Il faut croire
que si les paroles avaient suivi les pensées, vous en auriez
entendu de fort agréables. Vous concevez sans peine la part
intime que je prends à tout cela.

Il était prévu que le jeune homme de quatorze ans apparaî-
trait fin février en costume d'Indien lors d'un bal masqué à
Versailles. Mais la fête dut être annulée à la dernière minute, à
l'annonce de la mort du roi Charles II d'Angleterre. Mme de
Sévigné écrivit à son petit-fils pour le consoler :

Mon Marquis, il faut que vous soyez bien malheureux de
trouver en votre chemin un événement si extraordinaire !
Vous en fûtes consolé le même jour ; il faut que le billard
et l'appartement et la messe du Roi, et toutes les louanges
qu'on a données à vous et à votre joli habit vous aient
consolé dans cette occasion, avec l'espérance que cette
mascarade n'est que différée...

« Ma bonne », écrivait-elle à la ligne suivante, s'adressant de
nouveau à sa fille,

je comprends tous vos sentiments mieux que personne.
Vraiment oui, on se transmet dans ses enfants, et, comme
vous dites, plus vivement que pour soi-même ; j'ai tant passé
par ces émotions ! C'est un plaisir quand on les a pour
quelque jolie petite personne qui en vaut la peine et qui fait
l'attention des autres. Votre fils plaît extrêmement ; il a
quelque chose de piquant et d'agréable dans la physiono-
mie. On ne saurait passer les yeux sur lui comme sur un
autre ; on s'arrête.

Une semaine plus tard, quand le bal masqué eut finalement lieu, Mme de Sévigné envoya un autre message à son petit-fils : « Mon Marquis, je veux vous baiser et me réjouir avec vous de vos prospérités. Un joli petit Indien, qui danse juste, qui lève la tête, qui est hardi ; cette idée a fort plu à mon imagination. »

En 1685, Mme de Sévigné pouvait se vanter non seulement de l'allure de son petit-fils mais aussi de la beauté rayonnante de sa fille : « On ne parle que de votre beauté », écrivait-elle à Mme de Grignan en février :

> *Comme vous n'êtes pas encore à l'entre-deux âges, jouissez de ce joli visage, qui vous faisait tant d'honneur même quand vous étiez malade ; il ira bien loin dans votre santé. C'est une agréable chose que la régularité des traits, les proportions, en un mot, la beauté.*

Malgré tout son désir de régler ses dettes, Mme de Sévigné avait vu sa situation s'aggraver et avait été obligée récemment de procéder à un nouvel emprunt, ce que, d'après le contrat de mariage de Charles, elle ne pouvait faire sans la signature de son fils. Et Charles avait accepté de signer très gentiment, avec la meilleure volonté du monde, remarquait-elle avec reconnaissance. Un autre jour, elle écrivait à sa fille à propos de la division de ses biens :

> *Il ne me paraît pas que vous ayez jamais rien à démêler avec votre frère. Il aime la paix, il est chrétien, et vous lui faites justice, quand vous trouvez que vous avez lieu d'être aussi contente de lui, que vous l'êtes peu de son beau-père. Jamais il n'a pensé qu'à vous dédommager, c'est une vérité. Enfin, ma très chère, je vois la paix dans tous les cœurs où je la désire.*

Si la mère et la fille, après quatre ans de vie commune heureuse et paisible, étaient parvenues à une nouvelle entente, c'était probablement en bonne partie parce que Mme de Sévigné avait finalement réussi à considérer sa fille (âgée de trente-neuf ans en 1685) comme une femme mûre, une *mater familias* responsable et capable, digne d'une autonomie complète, enfin sortie des jupes de sa mère. Pourtant, il arrivait parfois qu'un excès flagrant dans les dépenses toujours outrancières des Grignan fît éclater Mme de Sévigné, comme dans cette lettre du 25 février :

Mais, ma bonne, quelle folie d'avoir quatre personnes à la cuisine ? Où va-t-on avec de telles dépenses, et à quoi servent tant de gens ? Est-ce une table que la vôtre pour en occuper seulement deux ? L'air de Lachau[1] *et sa perruque vous coûtent bien cher. Je suis fort mal contente de ce désordre. Ne sauriez-vous en être la maîtresse ? Tout est cher à Paris. Et trois valets de chambre ! Tout est double et triple chez vous.*

M. de Grignan peut-il vouloir cet excès ? Ma chère bonne, je ne puis m'empêcher de vous parler bonnement là-dessus. Après cette gronderie toute maternelle, laissez-moi vous embrasser chèrement et tendrement, persuadée que vous n'êtes point fâchée.

Parlant de personnel et de cuisine, elle ne put s'empêcher de faire un commentaire à propos des Rochers :

Vous croyez mon fils habile, et qui se connaît en sauce, et sait se faire servir ; ma bonne, il n'y entend rien du tout, Larmechin[2] *encore moins, le cuisinier encore moins ; il ne faut pas s'étonner si un cuisinier qui était assez bon, s'est entièrement gâté ! Et moi, que vous méprisez tant, je suis l'aigle, et on ne juge de rien sans avoir regardé la mine que je fais. L'ambition de vous conter que je règne sur des ignorants m'a obligée de vous faire ce sot et long discours...*

A la fin février, le pire de l'hiver breton semblait passé, au grand soulagement de Mme de Sévigné :

Bon Dieu, quel temps ! il est parfait. Je suis depuis le matin jusqu'à cinq heures dans ces belles allées, car je ne veux point du froid du soir. J'ai sur mon dos votre belle brandebourg[3]*, qui me pare. Ma jambe est guérie. Je marche tout comme un autre ; ne me plaignez plus, ma chère bonne. Il faudrait mourir si j'étais prisonnière par ce temps-là.*

A la mi-avril pourtant, Mme de Sévigné dut renoncer à ses promenades dans les bois, sa jambe la faisant souffrir à nouveau. Charles de Sévigné s'était efforcé de pousser les capucins à faire le voyage de Rennes aux Rochers pour soigner la jambe de sa mère et les vapeurs de sa femme, mais comme

1. Lachau était au service des Grignan comme maître d'hôtel ou majordome en 1685.
2. Larmechin était le valet de Charles de Sévigné.
3. Le brandebourg était un nouveau manteau à la mode.

les moines se désistèrent, il fut décidé que Mme de Sévigné irait à Rennes pour s'y faire traiter.

« Et enfin, ils m'en pressent de si bon cœur, écrivait-elle à sa fille le 15 avril, et Mme de Marbeuf me donne une chambre si commode, que je m'y en vais demain. »

> *Il me semble que vous le voulez, que vous me le conseillez, que vous serez bien aise que je change d'air, et qu'étant traitée par des mains savantes, je puisse m'assurer d'une véritable guérison.*
>
> *Je m'en vais seule avec Marie[1] et deux laquais, un petit carrosse et six chevaux. Je laisse ici mon pauvre Bien Bon avec mon fils et sa femme. Je reviendrai tout le plus tôt que je pourrai, car ce n'est pas sans beaucoup de regret que je quitte le repos de cette solitude et le vert naissant qui me rajeunissait, mais je songe aussi que d'être toujours trompée sur cette guérison, c'est une trop ridicule chose, et qu'enfin il faut suivre vos conseils...*
>
> *Cette petite plaie est fermée et point fermée. Il faut une main maîtresse pour me tirer de cette longue misère où je n'ai été soutenue que de l'espérance, qui m'a fait croire vingt fois ma guérison... Mme de Marbeuf est si transportée de m'avoir, elle me marque tant d'empressement et tant d'amitié, que j'en suis tout embarrassée. Quand on ne peut être sur le même ton, on ne sait que répondre.*

Dans une lettre écrite à Rennes deux semaines plus tard, le 29 avril[2], Mme de Sévigné disait conserver néanmoins l'espoir que les pères capucins parviendraient à guérir sa jambe :

> *Je disais tout comme vous : si ma jambe est guérie après tant de maux et de chagrins, Dieu soit loué ! si elle ne l'est pas, et qu'elle me force d'aller chercher du secours à Paris, et d'y voir ma chère et mon aimable fille, Dieu soit béni ! Je regardais ainsi avec tranquillité ce qu'ordonnerait la Providence, et mon cœur choisissait la continuation d'un mal qui me redonnait à vous trois mois plus tôt... Je me fusse servie des généreuses offres[3] de Mme de Marbeuf qui sont aussi sincères qu'elles sont solides, et je m'en servirais*

1. Marie était l'une des bonnes de Mme de Sévigné.
2. Trois lettres ont disparu de la correspondance à ce point, et deux douzaines au moins manquent parmi celles que Mme de Sévigné écrivit à sa fille pendant son séjour en Bretagne en 1684-1685. Elles furent égarées ou perdues lorsqu'en 1688 Mme de Grignan retourna en Provence pour les ajouter à la collection qu'elle conservait si soigneusement là-bas.
3. Mme de Marbeuf lui avait offert une chambre dans sa maison de Rennes, et aussi de lui prêter l'argent nécessaire à son voyage parisien.

encore sans balancer si ma jambe, comme par malice, ne se guérissait à vue d'œil. Vous savez ce que c'est aussi que de se charger de rendre ce qu'on prend si agréablement.

Ainsi je vais aux Rochers observer la contenance de cette jambe, qui est présentement sans aucune plaie ni enflure.

Mais, davantage que sa jambe, ce qui donnait du souci à Mme de Sévigné, c'était la pensée qu'à l'automne Mme de Grignan quitterait Paris pour la Provence, à quelques semaines du retour de sa mère :

Mais vous me dites quelque chose en passant, comme si vous ne disiez rien, qui m'a fait une terrible impression : c'est que si je reviens pour cette jambe, vous ne courrez pas le risque de vous en aller de votre côté pendant que je serai ici. Ma fille, que me dites-vous ? Ne me trompez point là-dessus ; ce serait pour moi une douleur insupportable. Vous m'assurez que je vous trouverai au commencement de septembre, et que vous serez encore dans toutes vos affaires. Pour moi, je presse et dispose les miennes sans y perdre un moment. J'ai une terre à raffermer ; j'ai mille choses trop longues à dire. Mais, dans une telle extrémité, je ferais bien, pour vous voir et pour vous embrasser, ce que je voulais faire pour ma jambe. Ainsi, gouvernez-moi avec votre sagesse d'un côté et votre amitié de l'autre. Vous savez mes affaires, vous savez combien je vous aime, vous savez aussi vos engagements ; gouvernez-moi. Et à moins qu'il ne soit arrivé quelque changement dans vos affaires, songez à la quantité que vous en avez à finir et qu'il n'y a plus que trois mois jusqu'à celui que nous souhaitons, car je compte que nous sommes au mois de mai. Je me fie enfin et me confie en vous de ma destinée.

Comme une douzaine de lettres manquent ici (celles de mai et du début juin 1684), la prochaine qui apparaisse dans la *Correspondance* est datée du vendredi 13 juin, aux Rochers, où Mme de Sévigné était revenue le 2 mai.

Elle continuait d'appliquer les compresses de plantes prescrites par les capucins, et jusque-là tout allait bien.

Comme les Etats généraux de Bretagne devaient se réunir cet été-là, Mme de Sévigné et son fils commencèrent à se préoccuper de leur garde-robe. Pour se préparer à ces cérémonies, ils se tournèrent vers Mme de Grignan, qui résidait alors dans la capitale française de la mode.

Ma bonne, voyez un peu comme s'habillent les hommes pour l'été. Je vous prierai de m'envoyer d'une étoffe jolie pour votre frère, qui vous conjure de le mettre du bel air, sans dépense, savoir comme on porte les manches, choisir aussi une garniture, et envoyer le tout pour recevoir nos Gouverneurs. Mon fils a un très bon tailleur ici. M. du Plessis[1] *vous donnera de l'argent du bon Abbé pour les rubans, car avec un petit billet que j'écrirai à Gautier*[2], *à qui je ne dois rien, il attendra mon retour. Je vous prie aussi de consulter Mme de Chaulnes pour l'habit d'été qu'il me faut pour l'aller voir à Rennes... J'ai un habit de taffetas brun piqué, avec des campanes d'argent aux manches un peu relevées, et au bas de la jupe, mais je crois que ce n'est plus la mode, et il ne se faut pas jouer à être ridicule à Rennes où tout est magnifique. Je serai ravie d'être habillée dans votre goût, ayant toujours pourtant l'économie et la modestie devant les yeux. Je ne veux point de Toupris. Rien que la bonne Mme Dio*[3]; *elle a ma mesure. Vous saurez mieux que moi quand il faudra cet habit, car vous verrez le départ des Chaulnes*[4], *et je courrai à Rennes pour les voir.*

La lettre du 13 juin se poursuivait sur des pages et des pages :

On nous mande (ceci est fuor di proposito[5], *mais ma plume le veut) que les minimes de votre Provence ont dédié une thèse au Roi où ils le comparent à Dieu, mais d'une manière où l'on voit clairement que Dieu n'est que la copie. On l'a montrée à Monsieur de Meaux, qui l'a montrée au Roi disant que Sa Majesté ne doit pas la souffrir. Il a été de cet avis. On l'a renvoyée en Sorbonne pour juger ; elle a dit qu'il la fallait supprimer. Trop est trop.*

Certains biographes ont accusé Mme de Sévigné de se pâmer devant le roi. Ce paragraphe montre pourtant que son admiration pour le monarque, aussi béate fût-elle, n'était pas illimitée...

---

1. M. du Plessis était le précepteur du marquis de Grignan.
2. Gautier était un marchand de tissus bien connu à Paris.
3. Toupris et Dio étaient des couturières renommées.
4. Le duc de Chaulnes, en tant que gouverneur de Bretagne, viendrait présider les Etats généraux.
5. *Fuor di proposito :* « Hors de propos ».

44.

Pendant l'été 1685 un pair du royaume, et qui plus est, un duc, fit une demande en mariage à Mme de Sévigné, alors âgée de cinquante-huit ans. Ce fut sans doute une tentation pour elle. Comme tout le monde à cette époque et dans cette structure sociale, elle était sensible au prestige du rang élevé, à la fascination qu'il exerçait et aux privilèges qui s'y attachaient. Un duc dominait toute la noblesse féodale et ne le cédait qu'à six pairs ecclésiastiques de France et aux princes du sang (les Bourbons des branches collatérales). C'était le duc de Luynes, deux fois veuf à l'âge de soixante-cinq ans, qui demandait la main de Mme de Sévigné. En plus de la sécurité financière, il lui offrait aussi une position en vue à la cour, ce que Mme de Sévigné avait semblé désirer les dernières années.

Trente ans plus tôt, Mme de Sévigné s'était promis de ne pas prendre d'autre mari ou, comme elle disait, d'autre maître. Elle voulait garder son indépendance et disposer de sa propre vie comme elle l'entendait. Elle tint bon lorsqu'en 1685 lui parvint cette flatteuse demande en mariage. Compte tenu des difficultés financières dans lesquelles elle se trouvait depuis le mariage de Charles, la perspective d'une alliance avec un riche pair du royaume devait paraître alléchante, mais rien ne put ébranler sa résolution, pas même l'idée d'un équipage ducal plus resplendissant que celui dont elle avait récemment dû se défaire. Pour signifier son refus au duc, elle prit pourtant son ton le plus suave et y mit les formes les plus gracieuses. Son cousin le comte de Bussy ne disait-il pas qu'elle avait le don d'éconduire en douceur ?

La proposition de mariage du duc, les avantages et les inconvénients qu'elle présentait furent sans doute souvent évoqués dans la correspondance entre la mère et la fille cet été-là. Il n'en est pourtant fait mention qu'une seule fois dans les lettres assez peu nombreuses qui nous restent de l'année 1685.

Nous causerons un jour de M. de Luynes. Oh! quelle folie! Mme de Chaulnes le dit avec nous. Si Mme de La Fayette avait voulu, elle vous aurait dit, ou montré une

réponse où je lui disais des raisons solides pour demeurer
comme je suis. Elle et Mme de Lavardin m'en ont louée.

La vague d'excitation soulevée par le duc de Luynes était
déjà retombée lorsqu'au milieu de l'été il prit pour troisième
femme la marquise de Manneville, une veuve moins indépendante et moins jalouse de sa liberté d'action que Mme de
Sévigné.

En juin 1685, Mme de Grignan et sa famille se retirèrent à la
campagne dans les vertes clairières de Livry, ainsi qu'elle en
informait sa mère le 13 du mois.

« Que je suis aise, ma fille, que vous jouissiez de la petite
abbaye ! » répliqua Mme de Sévigné le 17 juin. L'abbaye de
Livry allait plaire à la fille autant qu'à la mère.

> *Que je suis aise que vous soyez à Livry, ma très chère*
> *bonne, et que vous y ayez un esprit débarrassé de toutes les*
> *pensées de Paris ! Quelle joie de pouvoir chanter ma*
> *chanson, quand ce ne serait que pour huit ou dix jours !*
> *Vous nous dites mille douceurs, ma bonne, sur les souve-*
> *nirs tendres et trop aimables que vous avez du bon Abbé et*
> *de votre pauvre maman. Je ne sais où vous pouvez trouver si*
> *précisément tout ce qu'il faut toujours penser et dire. C'est,*
> *en vérité, dans votre cœur ; c'est lui qui ne manque jamais,*
> *et quoi que vous ayez voulu dire autrefois[1] à la louange de*
> *l'esprit qui veut le contrefaire, il manque, il se trompe, il*
> *bronche à tout moment... Revenons à Livry. Vous m'en*
> *paraissez entêtée. Vous avez pris toutes mes préventions.*
> *Mais où prenez-vous, ma bonne, qu'on entende des rossi-*
> *gnols le 13e de juin ? Hélas ! ils sont tous occupés du soin de*
> *leur petit ménage. Il n'est plus question ni de chanter ni de*
> *faire l'amour ; ils ont des pensées plus solides...*
>
> *Je vous prie, ma chère bonne, de ne point retourner à*
> *Paris pour les commissions dont nous vous importunons,*
> *votre frère et moi. Envoyez Anfossy[2] chez Gautier, qu'il*
> *vous envoie des échantillons... Enfin, ma bonne, ne vous*
> *pressez point, ne vous dérangez point. Vous avez du temps*
> *de reste ; il ne faut que deux jours pour faire mon manteau,*
> *et l'habit de mon fils se fera en ce pays. Au nom de Dieu, ne*
> *raccourcissez point votre séjour ; jouissez de cette petite*
> *abbaye pendant que vous y êtes et que vous l'avez.*

Le 1er juillet, Mme de Sévigné pouvait donner de bonnes
nouvelles de sa santé à sa fille : « Je suis donc parfaitement

---

1. C'est-à-dire à l'époque de leur mésentente.
2. Anfossy était le secrétaire du comte de Grignan.

guérie puisqu'il y a six semaines et au-delà que je n'ai plus aucune plaie, ni approchant. Je marche tant que je veux. Je mets d'une eau d'émeraude si agréable que, si je ne la mettais sur ma jambe, je la mettrais sur mon mouchoir ! »

C'est à son cousin le comte de Bussy-Rabutin que Mme de Sévigné écrivit le 22 juillet, pour accuser réception de la *Généalogie de la maison de Rabutin*, œuvre qu'il lui avait dédiée [1] :

> *Il faudrait être parfaite, c'est-à-dire n'avoir point d'amour-propre pour n'être pas sensible à des louanges si bien assaisonnées. Elles sont même choisies et tournées d'une manière que, si l'on n'y prenait garde, on se laisserait aller à la douceur de croire en mériter une partie, quelque exagération qu'il y ait. Vous devriez, mon cher cousin, avoir toujours été dans cet aveuglement, puisque je vous ai toujours aimé et que je n'ai jamais mérité votre haine. N'en parlons plus ; vous réparez trop bien le passé, et d'une manière si noble et si naturelle que je veux bien présentement vous en devoir de reste.*
>
> *Ma fille n'a pas eu le livre dans ses mains sans se donner le plaisir de le lire, et elle s'y est trouvée si agréablement qu'elle en a sans doute augmenté l'estime qu'elle avait de vous et de notre maison... Mon fils n'est pas si content. Vous le laissez guidon sans parler de la sous-lieutenance, qui l'a fait commander en chef quatre ans la compagnie de gendarmes de Monsieur le Dauphin... Sa femme est d'une des bonnes maisons de Bretagne. Mais cela n'est rien.*
>
> *Je crois voir ma fille avant qu'elle retourne en Provence, où il me paraît qu'elle veut passer l'hiver...*

Dans la lettre qu'elle écrivit le même jour à sa fille, Mme de Sévigné s'exprimait en termes beaucoup moins flatteurs sur l'œuvre généalogique de Bussy :

> *Si Bussy avait un peu moins parlé de lui et de son héroïne de fille, le reste étant vrai, on peut le trouver assez bon pour être jeté dans un fond de cabinet, sans en être plus glorieuse. Il vous traite fort bien ; il me veut trop dédommager par des louanges que je ne crois pas mériter, non plus que ses blâmes. Il passe gaillardement sur mon fils, et le laisse inhumainement guidon dans la postérité ; il pouvait dire plus de bien de sa femme, qui est d'un des bons noms de la*

---

1. Dans sa dédicace, Bussy disait quelque peu emphatiquement que Marie de Rabutin-Chantal, marquise de Sévigné, se révélerait « le plus illustre des Rabutin ». Elle le serait en effet, mais tous deux en auraient été bien étonnés.

*province, mais, en vérité, mon fils l'a si peu ménagé, et l'a
toujours traité si incivilement, que lui ayant rendu justice
sur sa maison, il pouvait bien se dispenser du reste. Vous en
avez mieux usé, et il vous le rend.*

Mme de Sévigné était tout heureuse de pouvoir affirmer
qu'elle était guérie. Sa fille, à qui elle avait annoncé au moins
vingt fois son rétablissement, pouvait bien se permettre de rire
de tout ce qu'elle pourrait dire sur le sujet. Cette fois cependant, cette vingt et unième fois, la guérison ne faisait plus
l'ombre d'un doute. La dernière autorité médicale consultée
était toujours la plus convaincante pour Mme de Sévigné. En
juillet 1685, les capucins n'avaient plus sa faveur, et c'est la
princesse de Tarente qui recueillait maintenant ses éloges :
« La princesse est le meilleur médecin du monde. » C'était la
princesse, cette « femme parfaitement habile qui me vient
panser tous les jours » qui avait été la première à diagnostiquer l'affection, à lui donner un nom. Il s'agissait d'un
« érésipèle qui vient d'un cours que la nature veut prendre, et
que vous approuvez parce qu'il ne fait pas mourir [1] ». C'était
cette Charlotte « qui guérit tout le monde à Vitré, et que Dieu
n'a pas voulu que je connusse plus tôt parce qu'il voulait que je
souffrisse et que je fusse mortifiée par l'endroit le plus
chagrinant pour moi, et j'y consens puisqu'il le faut. Je suis
persuadée que Dieu veut maintenant finir ces légers chagrins ».

C'est Charlotte encore qui l'encouragea à marcher et l'assura
qu'elle était en assez bonne forme pour se déplacer jusqu'à Dol
afin de saluer le gouverneur et sa femme à leur arrivée en
Bretagne. Mme de Sévigné cite les paroles de Charlotte :

*« Vous verrez Mme de Chaulnes, cela vous divertira.
Vous avez besoin de vous réjouir un peu, et de quitter votre
chambre, où vous m'avez accordé huit jours de résidence... » Elle me prie de bander ma jambe sans contrainte
d'ici à quelques jours, et de me ménager un peu. Elle
m'assure qu'avec cette conduite je vous reporterai une
jambe à la Sévigné, que vous aimerez d'autant plus que,
l'une et l'autre étant moins grasses, elles visent à la
perfection. En tout cas, j'ai ma Charlotte à une lieue d'ici.
En voilà trop, ma chère enfant... Je serai ravie de voir ces
bons Chaulnes et le petit Coulanges, mais je vous assure que
si je n'étais pas en état d'y aller, je n'irais pas, car je ne
souhaite au monde que de guérir afin de partir dans le très
petit commencement de septembre. C'est vous, ma très
chère, qui réglerez ce jour bienheureux suivant vos affaires*

---

1. Des médecins du XXᵉ siècle suggèrent qu'il pourrait s'agir d'une phlébite.

*de la cour. Je suis persuadée que vous serez à Fontainebleau
jusqu'au voyage de Chambord... Votre frère ne pense pas à
quitter sa maison. Ses affaires ne lui permettent point de
songer à Paris de quelques années. Il est dans la fantaisie de
payer toutes ses dettes, et comme il n'a point de fonds
extraordinaires pour cela, ce n'est que peu à peu sur ses
revenus; cela n'est pas sitôt fait. Quant à moi, je n'aspire
point à tout payer, mais j'attends un fermier qui me doit
onze mille francs, et que je n'ai pu encore envisager, et rien
ne m'arrêtera pour être fidèle au temps que je vous ai
promis, n'ayant pas moins d'impatience que vous de voir la
fin d'une si triste et si cruelle absence.*

A ce point de la correspondance, il manque au moins trois
lettres. La précédente était datée du 22 juillet. Celle qui suit
porte l'en-tête : « Réponse aux 25 et 28 juillet, Aux Rochers,
mercredi 1er août [1685] », et commence ainsi :

*Je revins de mon grand voyage hier au soir, ma chère
belle. Je dis adieu à nos Gouverneurs le lundi à huit heures
du matin... Je vous avoue que j'ai été ravie d'avoir fait ce
petit voyage en leur honneur ; je leur devais bien cette
marque d'amitié pour toutes celles que j'en reçois. Nous
vous célébrâmes. Ils m'embrassèrent pour vous. Ils prirent
part à la joie que j'aurais de vous revoir dans peu de temps...
Je partis donc le lundi matin, mais mon cher petit Coulanges voulut absolument venir passer huit jours avec nous ici,
et mon fils n'a point perdu cette occasion de revenir avec
lui, de sorte que les voilà tous deux joliment pour d'ici au 8e
de ce mois. Ils iront passer les derniers quinze jours des
Etats, et puis mon fils me revient embrasser, et me prie à
genoux de l'attendre, et je pars dans le moment. Cela va, ma
bonne, aux premiers, premiers jours de septembre, et pour
être à Bâville[1] le 9e ou le 10e sans y manquer...*

Le 15 août, « le petit Coulanges » avait quitté les Rochers
avec Charles de Sévigné pour se rendre à Dinan, où avaient lieu
du 1er au 23 août les Etats généraux de Bretagne. Mme de
Sévigné, restée seule avec son oncle aux Rochers, faisait ses
bagages et comptait les jours qui la séparaient de son départ
pour Paris, ainsi qu'elle l'écrivaient à sa fille :

*Vous voyez bien, ma bonne, que nous ne comptons plus
présentement que par les jours ; ce ne sont plus des mois, ni*

---

1. Bâville était une propriété de campagne qui appartenait à Chrétien-
François de Lamoignon, un ami de la famille dont la maison parisienne, l'hôtel
de Lamoignon, se trouve encore en face de l'hôtel Carnavalet.

> même des semaines... Je ne serai point honteuse de mon
> équipage. Mes enfants en ont de fort beaux; j'en ai eu
> comme eux. Les temps changent; je n'ai plus que deux
> chevaux, et quatre du messager du Mans. Je ne serai point
> embarrassée d'arriver en cet état.

Il semble bien pourtant qu'elle était justement « embarrassée » et confuse. L'équipage était l'une des marques les plus visibles du statut social au XVIIe siècle. Mme de Sévigné avait été très fière de sa belle voiture et de ses beaux chevaux, de son habile cocher, de son postillon et de son escorte. Plus d'une fois elle avait exprimé le plaisir qu'elle prenait à parcourir à vive allure de bonnes routes de campagne : « Cela va comme le vent », disait-elle. La perte de son équipage représentait sans doute pour elle le signe le plus douloureux de ses difficultés financières.

Les quatre chevaux de location attelés aux deux siens trottèrent si bien que Mme de Sévigné parcourut en douze jours la distance qui séparait les Rochers de Bâville, en compagnie du Bien Bon. Les détails du voyage nous sont inconnus car les lettres que Mme de Sévigné écrivit en route figurent parmi toutes celles qui manquent pour 1685.

C'est dans des lettres écrites par Mme de Sévigné au comte de Bussy et au président Moulceau que nous trouvons le récit des joyeuses retrouvailles de Bâville.

Le 5 octobre 1685, elle informait ainsi Bussy :

> Je revins de ma Bretagne le 15e du mois passé. J'arrivai
> droit à Bâville, où M. de Lamoignon me fit trouver ma fille
> et tous les Grignan; il y a longtemps que je n'avais eu une
> plus parfaite joie...

Happée par la vague d'excitation qui accompagnait son retour, Mme de Sévigné attendit la fin novembre pour donner des nouvelles à son ami Moulceau. Il s'agissait alors, disait-elle, ·de compenser une interruption de quinze mois dans leur correspondance :

> Enfin, Monsieur, après avoir versé, avoir été noyée, avoir
> fait d'une écorchure à la jambe un mal dont je ne suis guérie
> que depuis six semaines, j'ai quitté mon fils et sa femme, qui
> est fort jolie, et j'arrive à Bâville chez M. de Lamoignon le
> 10 ou 12 de septembre[1]. J'y trouvai ma fille et tous les

---

1. Mme de Sévigné est ici trompée par sa mémoire. Ecrivant à Moulceau deux bons mois plus tard, elle a oublié qu'elle était arrivée le 15 septembre, comme le confirme sa lettre à Bussy.

Grignan, qui m'y reçurent avec beaucoup de joie et d'amitié.
Pour achever mon bonheur, ma fille m'est encore demeurée
cet hiver.

45.

Nouvelles retrouvailles, et nouvelle interruption de la correspondance entre la mère et la fille. Une interruption qui, cette fois, allait durer trois ans, du 15 septembre 1685 au 6 octobre 1688.

Le peu que nous sachions sur les Sévigné et les Grignan pendant ces années-là, nous le devons à des lettres isolées que Mme de Sévigné écrivit à son cousin le comte de Bussy-Rabutin en Bourgogne et à son ami le président Moulceau à Montpellier.

A la fin octobre 1685, un bon mois après son retour de Bretagne, Mme de Sévigné écrivit à nouveau au comte de Bussy. Elle se trouvait à Livry où elle était venue comme à son habitude profiter de la splendeur des feuillages d'automne :

> *Je suis ici, mon cousin, avec ma fille, son fils, sa belle-*
> *fille, et le bon Abbé, et le plus beau temps du monde. Il y*
> *faudrait encore notre ami Corbinelli pour réchauffer et*
> *pour réveiller la société, mais on ne l'a pas toujours quand*
> *on veut. Il a d'autres amis, il a des affaires, il aime sa*
> *liberté, et nous ne laissons pas de l'aimer avec tout*
> *cela.*

Six mois plus tard, dans une lettre à Moulceau datée du 3 avril 1686, Mme de Sévigné annonçait avec quelque étonnement qu'elle était en proie aux misères du corps, comme tout un chacun : « Il y a dix ans, écrivait-elle, presque indignée, que ma belle et triomphante santé est attaquée : un peu de colique composée de bile, de néphrétique, de misères humaines, enfin des attaques, quoique légères, qui font penser que l'on est mortelle. »

Dans une lettre à Bussy, la même semaine, elle parlait d' « un peu de rhumatisme, un peu de vapeurs » ; à la fin juin, elle pouvait en dire plus :

> *Il est vrai, mon cher cousin, que, ce printemps, j'avais quelque dessein d'aller cet automne à Vichy pour un rhumatisme que j'avais, mais comme je ne l'ai plus et que j'en suis toute guérie, je ne me presserai point de faire ce voyage, qui est toujours un embarras à qui n'a plus un équipage comme j'en avais autrefois.*

Un nouveau nom apparut cet été dans la liste des correspondants de Mme de Sévigné. Il s'agit de Jean d'Herigoyen, un Nantais avec qui elle conclut en 1686 un contrat de six ans pour qu'il gérât et affermât ses propriétés de Buron. Leur correspondance fut assez suivie, mais, comme elle traite uniquement d'affaires, elle ne nous révèle pas grand-chose sur la vie de Mme de Sévigné, en dehors du fait qu'elle était toujours plus acculée financièrement. Par générosité pour ses enfants, Mme de Sévigné s'était dépouillée de tout, ne conservant que l'usufruit de ses propriétés de Bourgogne (dont le revenu avait passé de 4 000 à 3 200 livres par an) et ses droits de douairière au produit de Buron (qui rapportait environ 4 000 livres par an). De ce total d'environ 7 200 livres, il fallait déduire 3 000 livres d'intérêts, ce qui lui laissait un revenu annuel net de quelque 4 000 livres.

Il y a comme un accent de désespoir qui se dégage de ces lignes, destinées à son nouveau régisseur :

> *Je consens de tout mon cœur que vous fassiez faire les réparations nécessaires des moulins, des métairies, des douves, des prés. Eh, bon Dieu ! avez-vous cru que je ne voulusse pas remettre ma terre en bon état et pour être bien affermée ? C'est mon intérêt. Faites donc toutes ces choses... Ne vous attendez point à mon fils... Vous avez plus de connaissance que lui de toutes ces choses. Si nous établissons la confiance, comme elle l'est déjà de mon côté, je vous donnerai le pouvoir de faire en conscience et en honneur tout ce que vous trouverez à propos. Commencez sur ce pied-là, et tâchez d'affermer les moulins, les métairies et les prés ; il n'y a pas un moment à perdre.*

En octobre 1686, Mme de Sévigné se trouvait de nouveau à Livry, cette fois-ci avec son fils qui, sans doute parce qu'il souffrait toujours d'une maladie vénérienne contractée en

1680, était venu dans la capitale pour s'y faire soigner, ainsi que sa mère l'expliquait à Moulceau le 25 octobre :

> *Parlons un moment de ce pauvre Sévigné... Ce serait avec douleur si je n'avais à vous apprendre qu'après cinq mois d'une souffrance terrible par des remèdes qui le purgeaient jusqu'au fond de ses os, enfin le pauvre enfant s'est trouvé dans une très parfaite santé. Il a passé le mois d'août tout entier avec moi dans cette solitude que vous connaissez. Nous étions seuls avec le bon Abbé. Nous avions des conversations infinies, et cette longue société nous a fait un renouvellement de connaissance, qui a renouvelé notre amitié. Il s'en est retourné chez lui, avec un fonds de philosophie chrétienne, chamarrée d'un brin d'anachorète, et sur le tout une tendresse infinie pour sa femme, dont il est aimé de la même façon, ce qui fait en tout l'homme du monde le plus heureux, parce qu'il passe sa vie à sa fantaisie.*

Dans sa lettre du 6 janvier 1687 à Moulceau, elle traitait d'autres maux :

> *L'excès de la vieillesse est affreux et humiliant. Nous en voyons tous les jours un exemple qui nous afflige, le bon Corbinelli et moi : c'est le pauvre abbé de Coulanges, dont la pesanteur et les incommodités nous font souhaiter de n'aller pas jusque-là.*

Le 15 janvier 1687, Mme de Sévigné prit un ton plus joyeux pour écrire à Bussy : « Bon jour et bon an, mon cher cousin, et bon jour et bon an, ma chère nièce. Que cette année vous soit plus heureuse que celles qui sont passées. » Elle s'annonçait en effet sous un jour meilleur car Mme de Coligny s'était enfin libérée de son ignoble mari. Celui-ci avait renoncé à ses droits conjugaux en échange de la jouissance du château de sa femme à Lanty et de l'usufruit à vie des propriétés attenantes.

> *[Mme de Grignan] est toujours à Paris, occupée à plusieurs affaires. Elle a eu le plaisir de voir Mlle de Grignan faire une donation à monsieur son [père] de tout ce qu'il lui devait, qui ne montait pas à moins de quarante mille écus. Cette maison est un peu soulagée par ce présent, qui était un pesant fardeau pour elle. Cette sainte fille, ayant pris le voile blanc à vingt-cinq ans aux Carmélites, et en étant sortie par la délicatesse de son tempérament, qui n'a pu soutenir la règle, a voulu, en entrant pensionnaire dans un autre*

> *couvent, où elle fait peu de dépense, donner cette marque*
> *d'amitié à sa maison. Je crois que vous en avez assez pour*
> *votre cousine pour prendre part à ce petit bonheur ; elle y a*
> *fait merveilles.*

Mme de Sévigné profita de sa lettre du 31 mai pour consulter Bussy à propos de ses propriétés de Bourgogne :

> *Je ne sais comment vous vous trouvez de vos terres. Pour*
> *moi, mon cousin, ma terre de Bourbilly est quasi devenue à*
> *rien par le rabais et par le peu de débit des blés et autres*
> *grains. Il n'y a que d'y vivre qui pût nous tirer de la misère,*
> *mais quand on est engagé ailleurs, il est comme impossible*
> *de transporter nos revenus.*

Mme de Sévigné donne ici une analyse condensée du dilemme qui se posait à l'aristocratie terrienne, laquelle ne pouvait ou ne voulait vivre sur ses propres terres comme l'impliquait le pacte féodal original. Louis XIV avait expressément voulu affaiblir le pouvoir des grands seigneurs féodaux indociles en les attirant à sa cour. Il lui était alors facile de les contrôler en les rendant totalement dépendants de sa bonne volonté et de sa libéralité. Ce stratagème lui permit effectivement de renforcer le pouvoir central, mais il provoqua également la ruine de la noblesse, incapable de subsister hors de ses terres.

Le 4 juin, Bussy répondit à la lettre que Mme de Sévigné lui avait adressée le 31 mai :

> *Je tire plus de mes terres à proportion que vous ne tirez de*
> *Bourbilly, parce que je suis sur les lieux et que vous en êtes*
> *éloignée. Comme vous dites, Madame, on vit de ses revenus*
> *quand on les consomme soi-même, et transportés, ils ne*
> *reviennent presque à rien.*

Quand Mme de Sévigné répondit à Bussy, le 2 septembre, un ou deux mois plus tard, elle se trouvait, disait-elle, accablée de tristesse à cause d'un chagrin encore récent :

> *J'ai vu mourir depuis dix jours mon cher oncle, vous*
> *savez ce qu'il était pour sa chère nièce. Il n'y a point de bien*
> *qu'il ne m'ait fait, soit en me donnant son bien tout entier,*
> *soit en conservant et en rétablissant celui de mes enfants. Il*
> *m'a tirée de l'abîme où j'étais à la mort de M. de Sévigné. Il*
> *a gagné des procès, il a remis toutes mes terres en bon état, il*
> *a payé nos dettes, il a fait la terre où demeure mon fils la*

plus jolie et la plus agréable du monde, il a marié mes
enfants. En un mot, c'est à ses soins continuels que je dois
la paix et le repos de ma vie. Vous comprenez bien que de si
sensibles obligations, et une si longue habitude, fait souffrir
une cruelle peine quand il est question de se séparer pour
jamais... Je suis pénétrée de douleur et de reconnaissance.

A la mi-septembre, Mme de Sévigné, souffrant de troubles psychiques et émotifs, se rendit aux sources de Bourbon-L'Archambault avec la duchesse de Chaulnes, dans le bel équipage de celle-ci : « ... la commodité infinie pour le petit bateau d'être attaché au grand ».

Mme de Sévigné quitta Paris le 16 septembre, et la correspondance entre la mère et la fille reprit pendant les cinq semaines de son absence (16 septembre-19 octobre 1687). Sept lettres seulement ont été conservées de cette période[1]. Elles suffisent à prouver que, même dans le magnifique équipage d'une duchesse, le voyage n'était pas de tout repos dans la France du XVIIe siècle : « Mais quel jour ! » s'exclamait Mme de Sévigné le 22 septembre, à son arrivée à Bourbon :

Nous marchâmes depuis la pointe du jour jusqu'à la nuit
fermée sans arrêter que deux heures juste pour dîner. Une
pluie continuelle, des chemins endiablés, toujours à pied de
peur de verser dans des ornières effroyables, ce sont
quatorze lieues toutes des plus longues.

Mme de Sévigné se montra enchantée des soins : « Mais nous avons un médecin qui me plaît » : celui-ci trouvait que les douches chaudes seraient un trop grand choc pour ses nerfs. Il lui semblait suffisant qu'elle bût les eaux minérales et qu'elle pratiquât les bains aromatiques chauds. Elle devait aussi observer un régime strict « point de sauces, point de ragoûts », se plaignait-elle. « Nous sommes les plus saines, Mme de Chaulnes et moi », jubilait-elle, après avoir jeté un coup d'œil aux « gens estropiés et à demi morts qui cherchent du secours dans la chaleur bouillante de ces puits ». « Je me trouve si bien, par comparaison, que je ne devrais point quitter un lieu où je suis la plus heureuse. » « On trouve ici que mes craintes ont surpassé de beaucoup les petits maux que j'ai eus. »

1. On peut raisonnablement penser que Mme de Sévigné profita de chaque courrier entre Bourbon et Paris. Elle aurait ainsi écrit trois fois par semaine pendant les trois semaines de sa cure. Elle écrivit aussi à chaque étape du voyage, à l'aller et au retour.

Après trois semaines à Bourbon, Mme de Sévigné se sentait prête à rentrer chez elle. « Nous arriverons à Paris le 19, selon notre arrangement », écrivit-elle le 7 octobre à Mme de Grignan :

> *J'y veux embrasser Mme de La Fayette et Mme de Lavardin, et puis aller avec ma chère fille à Livry, respirer, me promener en long, faire un peu d'exercice... Si vous revenez à Paris[1], ma très chère, pour me recevoir, vous pouvez penser que j'en serai ravie, mais évitez la fatigue de venir loin au-devant de nous. Il s'agit seulement de se retrouver pour passer ensemble tout le temps qu'il plaira à Dieu...*
>
> *J'espère que mon ami Corbinelli viendra nous voir à Livry ; nous jouirons de ces derniers moments jusqu'à ce qu'on nous en chasse par les épaules.*

Mme de Grignan était une correspondante aussi assidue que sa mère, à qui elle adressait une lettre à chacun des endroits où celle-ci devait faire halte en rentrant à Paris. « Je trouve partout des marques de votre souvenir et de votre amitié, écrivait Mme de Sévigné le 18 octobre à Milly. Je vous ai écrit de la Maison-Rouge, à six lieues d'ici ; vous aurez vu que je ne vous oubliais pas aussi. »

La mère et la fille se retrouvèrent le 19 octobre 1687 et leur correspondance s'interrompit une fois de plus.

Pour la plus grande joie de Mme de Sévigné, la comtesse de Grignan allait laisser son mari repartir seul pour la Provence, tandis qu'elle-même resterait encore une année avec sa mère et son fils à l'hôtel Carnavalet. Le procès d'Aiguebonne contre la famille Grignan[2] la retenait dans la capitale, comme les années précédentes.

Mme de Sévigné pensait toujours beaucoup au bon Abbé lorsque le 13 novembre elle écrivit au comte de Bussy une lettre encore plus mélancolique et plus élogieuse que celle qu'elle lui avait adressée peu après la mort de son oncle :

> *Je reprends dès les derniers jours de la vie de mon cher oncle l'Abbé, à qui, comme vous savez, j'avais des obliga-*

1. Mme de Grignan devait rentrer à Paris pour y accueillir sa mère à son retour. Elle se trouvait alors à Fontainebleau, où elle remplissait ses obligations de cour.
2. Le procès intenté par Guichard d'Urre de Cornillon, seigneur d'Aiguebonne, à la famille Grignan portait sur des propriétés que les deux familles se disputaient depuis plus de cent ans. Jugée d'abord par les parlements de Toulouse et de Grenoble, l'affaire fut finalement portée devant les tribunaux du parlement de Paris, qui rendit en 1688 un verdict favorable aux Grignan.

*tions infinies. Je lui devais la douceur et le repos de ma vie ;
c'est à lui à qui vous devez la joie que j'apportais dans votre
société. Sans lui, nous n'aurions jamais ri ensemble ; vous
lui devez toute ma gaieté, ma belle humeur, ma vivacité, le
don que j'avais de vous bien entendre, l'intelligence qui me
faisait comprendre ce que vous aviez dit et deviner ce que
vous alliez dire ; en un mot, le bon Abbé, en me retirant des
abîmes où M. de Sévigné m'avait laissée, m'a rendue telle
que j'étais, telle que vous m'avez vue, et digne de votre estime
et de votre amitié.*

*Je ne l'eusse jamais quitté s'il eût vécu autant que moi.
Mais voyant au 15ᵉ ou 16ᵉ septembre que je n'étais que trop
libre, je me résolus d'aller à Vichy pour guérir tout au
moins mon imagination sur des manières de convulsions à
la main gauche, et des visions de vapeurs qui me faisaient
craindre l'apoplexie... et l'on s'est moqué de mes craintes ;
on les a traitées de visions, et l'on m'a renvoyée comme une
personne en parfaite santé.*

*Il y a trois semaines que je suis revenue de Bourbon[1].
Notre jolie petite abbaye n'était point encore donnée ; nous y
avons été douze jours. Enfin on vient de la donner à l'ancien
évêque de Nîmes, très saint prélat[2]. J'en sortis il y a trois
jours, tout affligée de dire adieu pour jamais à cette aimable
solitude que j'ai tant aimée. Après avoir pleuré l'Abbé, j'ai
pleuré l'abbaye.*

Parmi les quelques lettres de la comtesse de Grignan qui
nous restent, l'une est adressée au comte de Grignan à Aix-
en-Provence, de Paris, le 5 janvier 1688. « Tous vos parents
vous disent bon jour et bon an. » Elle venait de rentrer à Paris,
disait-elle, après son séjour à Versailles où elle était allée
remplir ses obligations de cour. Elle avait reçu de nombreux
compliments, confiait-elle à son mari, pour une jupe qu'elle y
avait portée :

*C'est la plus magnifique jupe de Versailles, et d'une si
grande beauté que Monsieur me dit : « Madame, vous
n'avez pas acheté cette étoffe ; vous êtes trop bonne ména-
gère. » Je lui avouai que c'était un présent que vous m'aviez
fait ; je vous en ai fait tout l'honneur./Vous me mandez que
je ne crois jamais que mon fils ait assez d'habits ; je ne lui
fais rien faire que de nécessaire. J'avoue que j'ai fort envie*

1. C'est la duchesse de Chaulnes qui la persuada d'aller à Bourbon plutôt
qu'à Vichy, comme elle en avait eu l'intention.
2. L'abbé de Coulanges avait eu la jouissance de l'abbaye de Livry depuis
1624, soixante-trois ans auparavant. Un nouvel abbé fut nommé pour prendre
sa succession en novembre 1688.

qu'il danse au bal. Il est joli, d'un bon air, dansant bien ; il ne sera jamais plus propre à paraître et à donner une jolie idée de lui. Je serais donc fort aise de le produire avec un habit de bal digne de lui. Je crois que j'en ferai la dépense...

Tout ce que je puis vous dire avec vérité, c'est que je meurs d'envie d'avoir aussi une cellule à Grignan et de renoncer à tout ceci. Sans notre procès, hélas ! nous serions cachés ensemble dans notre château ; je ne vous en laisserais sortir que bien peu, et nous ferions des épargnes pour faire vivre et paraître notre enfant. C'est tout mon but.

Six mois plus tard, le 15 juin 1688, Mme de Sévigné répondit au comte de Bussy qui lui avait écrit pour s'excuser d'un long silence. « Nous ne savions ce que vous étiez devenu », commençait-elle :

Nous disions, Corbinelli et moi : « Si c'était un autre, nous aurions peur qu'il ne se fût allé pendre », mais nous ne pouvions croire une chose si funeste d'un tempérament comme le vôtre. En effet, vous revoilà encore, et en la meilleure santé du monde.

Celle de cette comtesse de Provence est fort agitée du commencement de ses sollicitations. Tous les Grignan sont arrivés de toutes parts pour la seconder.

Le 13 août, Mme de Sévigné pouvait annoncer à Bussy que sa fille était sortie victorieuse de l'affrontement légal :

Je vous dois dire aussi que ma fille a gagné son procès tout d'une voix, avec tous les dépens. Cela est remarquable. Voilà un grand fardeau hors de dessus les épaules de toute cette famille ; c'était un dragon qui les persécutait depuis six ans. Mais à celui-là qui est détruit il en succède un autre ; c'est la pensée de se séparer. N'est-ce pas là ce que je disais de la manière de la Providence ? Il faudra donc nous dire adieu, ma fille et moi, l'une pour Provence, l'autre pour Bretagne. C'est ainsi vraisemblablement que la Providence va disposer de nous.

Le 22 septembre, le moment terrible approchait, comme elle s'en lamentait auprès de Bussy :

Je suis bien triste, mon cher cousin. Notre chère comtesse de Provence[1], que vous aimez tant, s'en va dans huit jours. Cette séparation m'arrache l'âme, et fait que je m'en vais en Bretagne; j'y ai beaucoup d'affaires, mais je sens qu'il y a un petit brin de dépit amoureux. Je ne veux plus de Paris sans elle. Je suis en colère contre le monde entier; je m'en vais me jeter dans un désert.

Une lettre de lamentations fut envoyée à Moulceau le même jour :

Plaignez-moi. Ma fille s'en va en Provence; j'en suis accablée de douleur. Il est si naturel de s'attacher et de s'accoutumer à la société d'une personne aimable, et qu'on aime chèrement, et dont on est aimé, qu'en vérité c'est un martyre que cette séparation. Encore si nous pouvions espérer de nous revoir encore un jour à Grignan, ce serait une espèce de consolation, mais hélas ! cet avenir est loin, et l'adieu est tout proche.

46.

S'accrochant avec ténacité, se cramponnant jusqu'au dernier moment, Mme de Sévigné repoussa aussi loin que possible l'instant redouté de la séparation et accompagna sa fille jusqu'à Charenton, où elles se dirent adieu le 3 octobre 1688. De Charenton, la voiture de Mme de Grignan allait se diriger au sud vers la Provence, tandis que sa mère regagnerait à Paris le vide sépulcral du Carnavalet.

Les lettres que Mme de Sévigné écrivit après s'être séparée pour la septième fois de sa fille sont bien différentes de celles qui ont marqué les départs précédents. On y trouve de la tristesse, de la solitude, de la mélancolie, mais il n'y a plus trace de l'angoisse si cruelle d'autrefois. On entend bien encore une note plaintive, mais les gémissements se sont estompés. Mme de Sévigné a fini par se rendre compte que leurs sépara-

---

1. La « comtesse de Provence » était un des surnoms que sa mère donnait à Mme de Grignan.

tions tout comme leurs retrouvailles reposent entre les mains de la « belle Providence ». Mais elle n'a pas seulement appris à se soumettre au destin, elle trouve la séparation plus facile à supporter maintenant qu'elle se sent sûre de l'affection de sa fille : même éloignées l'une de l'autre, elles restent pourtant unies. Les lettres que Mme de Sévigné écrivit en 1688 rappellent d'agréables souvenirs. Elles parlent d'étroite complicité, des jours, des mois et des années merveilleusement heureux, passés à l'hôtel Carnavalet entre 1680 et 1688. Ces *lettres d'amour* (ainsi que Roger Duchêne, éditeur de la plus récente édition de la *Correspondance*, les a appelées) sont moins impétueuses, moins insistantes, moins hystériques et moins harcelantes en 1688 que les années précédentes, ce qui tend à prouver que la mère et la fille avaient fini par comprendre que leur affection était réciproque. De plus, Mme de Sévigné en était arrivée à reconnaître la force de sa fille, son discernement et sa capacité à prendre en charge non seulement les affaires domestiques de la famille Grignan, mais également les questions de droit et de finance. Cette prise de conscience avait entraîné un subtil changement dans leur relation. La mère en vint à s'en rapporter au jugement de sa fille, et même à se reposer sur elle, au lieu de chercher à la dominer.

La première lettre de Mme de Sévigné à Mme de Grignan est datée à Paris du « mercredi 6ᵉ octobre 1688 » et répond à un message que Mme de Grignan avait envoyé de sa première étape sur la route de Provence :

> *Et comment voulez-vous que je ne pleure pas en voyant tant de soins, tant d'amitié, des billets si tendres ? Nous ne cessons point de vous aimer et de vous admirer ; Monsieur le Chevalier et moi nous nous cherchons si naturellement que vous ne devez pas douter, ma chère bonne, que cette petite chambre ne soit ma demeure ordinaire.*

Le chevalier de Grignan, le seul Grignan qui restait auprès de Mme de Sévigné à l'hôtel Carnavalet, occupait une petite chambre dans l'appartement de son frère et de sa belle-sœur, au rez-de-chaussée. Plusieurs années auparavant, il s'était mis à vivre avec eux à la suite d'une attaque de goutte articulaire qui allait mettre fin à la fois à sa carrière militaire (comme colonel du régiment Grignan) et à sa situation à la cour (comme menin, ou gentilhomme attaché à la personne du dauphin). Ainsi rendu infirme, le chevalier ne pouvait plus servir à sa famille d'agent de liaison avec la cour et le ministère de la Guerre, ce dont Mme de Sévigné se lamenta souvent dans ses lettres cette année-là. L'invalidité du chevalier, écrivait-elle à sa fille, pouvait être considérée comme « un grand chagrin pour lui, et un grand malheur pour vous. A quoi ne vous serait-il pas bon à Versailles, et pour votre fils et pour vos affaires ! »

« Nous mangeons ensemble », écrivait-elle dans cette première lettre à sa fille, parlant du chevalier et d'elle-même :

> *nous sommes dans une parfaite intelligence, et il est vrai que plus on connaît Monsieur le Chevalier sur ce ton-là, plus on l'aime et on l'estime. Il me paraît que mon commerce ne lui déplaît pas. Enfin c'est ma destinée que cette petite chambre ; il n'y en a point où vous puissiez être plus parfaitement aimée et estimée, pour ne pas dire honorée.*
>
> *Vos portraits, qui sont autour de nous, ne nous consolent pas. Il nous faut notre chère Comtesse, que nous ne trouvons plus, et sur cela, les yeux rougissent ; tout est perdu. L'honneur même d'être servie présentement la première, en prenant du café, m'afflige au lieu de me consoler, tant mon cœur est peu sensible aux grandeurs de ce monde.*

« Nous sommes toujours dans une grande amitié, le Chevalier et moi, écrivit-elle plus tard en octobre... Ne soyez point jalouse, ma chère enfant ; nous nous aimons en vous, et pour vous, et par vous. »

La célébration de l'aimée se pratiquait à deux en 1688, la voix du chevalier se joignant à celle de Mme de Sévigné dans un péan à la louange de Mme de Grignan. « Adieu, ma chère bonne, concluait la lettre du 6 octobre. Je ne sais plus que vous dire de ma tendresse pour vous. Tout est dit, tout est senti, et tout est cru ; j'en suis assurée. » « J'ai fait dire vos neuvaines, rassurait-elle sa fille sur une autre page de cette longue lettre, je ne doute nullement qu'elles ne vous conservent votre enfant... »

C'était pour la sécurité de son fils unique, le jeune marquis de Grignan, que la comtesse se tourmentait : à seize ans, il était parti en campagne en Allemagne avec le dauphin, comme volontaire affecté au régiment de Champagne (dont son père avait été colonel autrefois), qui prenait alors part au siège de Philippsburg.

Mme de Sévigné se faisait autant de souci pour sa fille que pour son petit-fils. « J'ai mes peines, disait-elle, mais j'ai les vôtres encore bien vivement. » Il était pénible à Mme de

Grignan, sa mère le comprenait, de se sentir si éloignée de Paris, coupée de tout contact avec le ministère de la Guerre : « Vous vous êtes séparée toute seule, écrivait Mme de Sévigné, tête à tête avec un *dragon* qui vous mange le cœur, sans nulle distraction, frémissant de tout, ne pouvant soutenir vos propres pensées, et croyant que tout ce qui est possible arrivera. Voilà le plus cruel et le plus insoutenable état où l'on puisse être... vous êtes plus exposée que votre enfant. »

« Jusqu'ici », écrivit-elle le 18 octobre,

> *votre enfant se porte fort bien. Il y fait des merveilles. Il voit, il entend les coups de canon autour de lui sans émotion ; il a monté la garde. Il rend compte du siège à son oncle comme un vieux officier. Il est aimé de tout le monde. Il mange souvent avec Monseigneur, qui lui parle et lui fait donner le bougeoir[1].*

« Votre jeunesse et votre santé résistent[-elles] toujours à vos *dragons*, à vos pensées, à vos cruelles nuits ? » demandait-elle à sa fille le 29 octobre :

> *C'est cela qui me tue, car je sais que rien n'est plus mortel. Mais vous êtes loin des nouvelles ; vous avez donné trop d'espace à votre imagination. Si vous étiez ici, vous auriez tous les jours des nouvelles comme nous. Vous verriez que ce petit compère est tout accoutumé ; le voilà reçu dans la profession qu'il doit faire. Il écrit gaiement et avec un esprit libre. Il a monté deux fois la tranchée... Il se porte fort bien... Voilà le plus fort passé. On ne croit pas que ce régiment monte une troisième fois la tranchée. Quelle joie vous aurez, ma chère Comtesse, quand nous vous manderons : « Philisbourg est pris, votre fils se porte bien » ! Alors, s'il plaît à Dieu, vous respirerez, et nous aussi.*

« Ma lettre est cachetée, écrivait Mme de Sévigné, et je reçois la vôtre *du bateau au-delà de Mâcon*. »

> *Vous pouvez vous assurer que je ne quitterai Paris, ni pendant le siège de Philisbourg, ni pendant que le Chevalier sera ici ; je me trouve fort naturellement attachée à ces deux choses. Pour votre idée, elle brille encore et règne partout. Jamais une personne n'a si bien rempli les lieux où elle est,*

---

1. Le *bougeoir* était la lampe dorée qui éclairait la chambre à coucher du dauphin. Les nobles se disputaient l'honneur de le tenir au coucher du dauphin.

et jamais on n'a si bien profité du bonheur de loger avec vous. Nos matinées n'étaient-elles point trop aimables ? Nous avions été deux heures ensemble avant que les autres femmes soient éveillées. Je n'ai rien à me reprocher là-dessus, ni d'avoir perdu le temps et l'occasion d'être avec vous ; j'en étais avare, et jamais je ne suis sortie qu'avec l'envie de revenir, ni jamais approchée de cette maison sans avoir une joie sensible de vous retrouver et de passer la soirée avec vous.

Vous voulez que je vous parle de ma santé et de ma vie... je mange fort bien, ma chère bonne ; ne croyez pas que je sois assez sotte pour me laisser mourir de faim. Les soirs, une petite poularde ; le matin, de bon potage, de la volaille ou du veau, de bons choux ; j'y ajouterai du riz pour vous plaire. Enfin, ma bonne, ce n'est pas sur cela qu'il me faut plaindre. Ce n'est pas que je ne me trouvasse mille fois mieux à votre auberge ; j'y étais en vérité beaucoup mieux nourrie et plus à mon aise pour le corps et pour l'esprit, mais Dieu veut cette séparation pour quelque temps... Ma vie, vous la savez : souvent dans cette petite chambre de là-bas, où je suis comme destinée. Je tâche pourtant de ne point abuser ni incommoder ; il me semble que l'on est bien aise de m'y voir. Nous y parlons sans cesse de vous, de votre fils, de vos affaires. Je vais chez Mme de La Fayette, de Lavardin ; tout cela me parle encore de vous, et vous aime, et vous estime ; un autre jour chez Mme de Moussy, hier chez la marquise d'Huxelles... Il n'y a personne à Paris. On revient le soir, on se couche, on se lève, on va à la messe. La vie se passe vite, parce que le temps passe vite. Mlle de Méri se trouve bien de nous, et nous d'elle. Ne comptez pas, ma bonne, que je veuille jamais de son argent. Si elle peut me donner une quittance, je la prendrai. Si non, je la paierai.

L'abbé de Coulanges avait légué toute sa fortune à Mme de Sévigné, à condition qu'elle versât une pension annuelle de 250 livres à Mlle de Méri. C'était cette somme que Mme de Sévigné espérait récupérer comme dédommagement pour le loyer.

A cause de ses difficultés financières, Mme de Sévigné s'était vue obligée d'accueillir des hôtes payants à l'hôtel Carnavalet pendant l'absence des Grignan. A part sa cousine Mlle de Méri, son vieil ami Corbinelli sous-louait également un appartement. En octobre, l'abbé Bigorre emménagea. « Vous êtes trop aimable, écrivait Mme de Sévigné à sa fille, de vouloir que je reçoive le soulagement de l'abbé Bigorre. Si je n'en avais pas un peu de besoin, je ne l'aurais pas accepté[1]. » En novembre déjà, elle prenait plaisir à la compagnie de l'abbé. « C'est le plus commode et le plus aimable de tous les hôtes. » Au printemps 1690, il embellissait les lieux : « Cet abbé fait sabler et mettre mille fleurs et mille petits arbres dans notre jardin, et trente louis d'or ! »

« Vous voilà donc à Grignan », exultait Mme de Sévigné le 26 octobre,

> *en bonne santé, et quoique ce soit à cent mille lieues de moi, il faut que je m'en réjouisse, telle est notre destinée. Peut-être que Dieu permettra que je vous retrouve bientôt ; laissez-moi vivre dans cette espérance. Vous me faites un joli portrait de Pauline ; je la reconnais. Elle n'est point changée, comme disait M. de Grignan ; voilà une fort aimable petite personne, et fort aisée à aimer... Pour moi, je jouirais de cette jolie petite société, qui vous doit faire un amusement et une occupation.*

Pauline n'avait pas accompagné ses parents à Paris en 1680. Sa tante, abbesse du couvent de Villedieu à Aubenas, avait été chargée de s'occuper d'elle. Dans les lettres qu'elle écrivit en 1688, Mme de Sévigné ne cesse de recommander à Mme de Grignan de garder cette charmante fille de treize ans auprès d'elle, et de ne pas la livrer à la vie conventuelle, afin de lui épargner le sort de sa sœur Marie-Blanche.

« J'aime fort que le Chevalier vous dise du bien de moi », poursuivait Mme de Sévigné dans sa lettre du 26 octobre :

> *mon amour-propre est flatté de ne lui pas déplaire. S'il aime ma société, je ne cesse de me louer de la sienne ; c'est un goût bien juste et bien naturel que de souhaiter son estime. Je ne sais, ma fille, comment vous pouvez dire que votre humeur est un nuage qui cache l'amitié que vous avez pour moi ; si cela était dans les temps passés, vous avez bien levé ce voile depuis plusieurs années, et vous ne me cachez rien de la plus tendre et de la plus parfaite amitié qui fût jamais. Dieu vous en récompensera par celle de vos enfants, qui vous aimeront, non pas de la même manière, car peut-être qu'ils*

---

1. Mme de Sévigné et les Grignan payaient 1 800 livres par an pour la location de l'hôtel Carnavalet. L'abbé Bigorre payait 400 livres pour son appartement. Celui de Mlle de Méri était estimé à 250 livres. On ne sait combien payaient le chevalier ni Corbinelli.

n'en seront pas capables, mais de tout leur pouvoir, et il faut s'en contenter.

Le 1er novembre, jour de la Toussaint, un courrier arriva au galop à Fontainebleau, en provenance du front allemand, et le roi interrompit un sermon dans la chapelle royale pour annoncer une victoire. A neuf heures du soir, la nouvelle était parvenue à Paris, et Mme de Sévigné se précipita à son bureau pour la transmettre à sa fille : « *Philisbourg est pris,* ma chère enfant ; *votre fils se porte bien...* Respirez donc, ma chère fille. »

Le 10 novembre, Mme de Sévigné rassurait encore une fois Mme de Grignan,

la santé du Chevalier lui permettra d'aller à Versailles ; ce sera un grand bonheur pour vous, et pour le Marquis, qui y reviendra incessamment. Dormez donc, ma chère enfant, car vous ne devez plus vous inquiéter. Tout est à souhait, et pour la sûreté et pour la réputation naissante du Marquis.

Estimant mériter des vacances, Mme de Sévigné accepta une invitation à aller rejoindre sa cousine dans sa propriété de Brévannes :

Mme de Coulanges m'y souhaite il y a six semaines, mais j'avais Philisbourg à prendre. Présentement j'y serai quelques jours... Je marcherai un peu ; c'est en faisant de l'exercice que je reposerai mon corps et mon esprit de tout ce que j'ai souffert et pour vous, et pour votre enfant.

Le 15 novembre, elle quitta Brévannes pour regagner Paris en toute hâte à l'appel du chevalier. A cinq heures de l'après-midi, elle écrivit à Mme de Grignan :

Monsieur le Chevalier partit hier pour Versailles ; il m'a envoyé ce matin deux de vos lettres à Brévannes. Je suis assurée [qu'il y en a une où vous me parlez de la joie que vous donne] la prise de Philisbourg, mais, [ma chère fille, ne soyez pas moins contente de la prise] de Mannheim, où notre enfant a couru quelque risque par une légère contusion à la cuisse, après laquelle il m'écrit la lettre que voilà, où vous verrez qu'il est fort heureux d'en être quitte à si bon marché, et M. du Plessis vous apprendra avec quelle fermeté il a soutenu ce coup dont il a été loué comme vous verrez. Monseigneur a mandé cette contusion au Roi, et Dangeau le manda au chevalier de Grignan, en s'en réjouissant avec lui...

N'ayez donc plus d'inquiétude de votre enfant, car vous voyez clairement qu'il se porte fort bien, et qu'il est fort heureux. Il faut encore mettre cette contusion dans le rang de tout ce qui arrive de bon et d'avantageux à votre fils pour sa fortune avant dix-sept...

Elle parlait de la blessure comme d' « une fort bonne petite contusion, qui lui fait, je vous assure, bien de l'honneur, par la manière toute froide et toute reposée dont il l'a reçue ».

Elle ne pouvait pas fermer et sceller sa lettre sans un mot de félicitations au comte de Grignan :

Mon très cher Comte, encore faut-il vous dire un mot de ce petit garçon. C'est votre ouvrage que cette campagne. Vous avez grand sujet d'être content ; tout contribue à vous persuader que vous avez fort bien fait. Je sens votre joie et la mienne ; ce n'est point pour vous flatter, mais tout le monde dit du bien de votre fils. On vante son application, son sens froid, sa hardiesse, et quasi sa témérité.

Pendant tout le mois de novembre, les lettres de Mme de Sévigné débordèrent d'excitation à propos du petit héros de la famille. Avec tout son orgueil de grand-mère, elle écrivait : « Je n'ai jamais vu une si souhaitable entrée dans le monde et dans la guerre. Son courage, sa fermeté, son sens froid, sa sagesse, sa conduite ont été [loués] partout, et particulièrement à Versailles. » « La réputation de cet enfant est toute commencée, et ne fera plus qu'augmenter. » Monsieur le chevalier, écrivait-elle le 19 novembre, « est accablé de compliments à Versailles, et moi ici... Quand il est là, je suis ravie encore, parce qu'il y est parfaitement bon pour toute la famille. Il m'a dit que la contusion du Marquis avait fait la nouvelle de Versailles et le plus agréablement du monde. Il a reçu les compliments de Mme de Maintenon [1]... Toute la cour a pris part à ce bonheur. »

Le mercredi 8 décembre, Mme de Sévigné pouvait enfin annoncer le retour du jeune héros à Paris :

Le petit fripon, après nous avoir mandé qu'il n'arriverait qu'hier mardi, arriva comme un petit étourdi avant-hier, à sept heures du soir, que je n'étais pas revenue de la ville. Son oncle le reçut et fut ravi de le voir, et moi, quand je revins, je le trouvai tout gai, tout joli, qui m'embrassa cinq

---

1. D'après la plupart des historiens, Mme de Maintenon était devenue l'épouse morganatique de Louis XIV, la cérémonie ayant eu lieu en secret en 1684.

> *ou six fois de très bonne grâce. Il me voulait baiser les*
> *mains, je voulais baiser ses joues ; cela faisait une contesta-*
> *tion. Enfin je pris possession de sa tête ; je la baisai à ma*
> *fantaisie. Je voulus voir sa contusion, mais comme elle est,*
> *ne vous déplaise, à la cuisse gauche, je ne trouvai pas à*
> *propos de lui faire mettre chausses bas... Nous sommes*
> *ravis de le voir, et nous soupirons que vous n'ayez point le*
> *même plaisir.*

En l'absence de la mère, c'est la grand-mère du marquis qui jouait le rôle de mentor, comme elle l'expliquait à sa fille :

> *Quand vous êtes ici, ma chère bonne, vous parlez si bien à*
> *votre fils que je n'ai qu'à vous admirer, mais en votre*
> *absence, je me mêle de lui apprendre les manèges des*
> *conversations ordinaires, qu'il est important de savoir... Je*
> *lui prêche fort aussi l'attention à ce que les autres disent, et*
> *la présence d'esprit pour l'entendre vite et y répondre ; cela*
> *est tout à fait capital dans le monde.*

Tandis que la grand-mère s'efforçait d'inculquer quelques talents de société au petit marquis, son oncle le chevalier de Grignan lui faisait des sermons sur ce que Mme de Sévigné appelait « les grosses cordes de l'honneur et de la réputation ».

> *Il entre dans tout, il se mêle de tout, et veut que le Marquis*
> *ménage lui-même son argent, qu'il écrive, qu'il suppute,*
> *qu'il ne dépense rien d'inutile ; c'est ainsi qu'il tâche de lui*
> *donner son esprit de règle et d'économie, et de lui ôter un air*
> *de grand seigneur, de qu'importe ? d'ignorance et d'indiffé-*
> *rence, qui conduit fort droit à toutes sortes d'injustices, et*
> *enfin à l'hôpital !*

Si le marquis ressemblait à son père par son insouciance en matière d'argent, il n'avait en revanche pas hérité du physique paternel : « Sa taille ne sera point comme celle de son père, concédait tristement Mme de Sévigné, il n'y faut pas penser. » Même les corsets de métal qu'on avait imposés à l'enfant dans son jeune âge n'étaient pas parvenus à corriger ce qui était sans doute une légère déviation de la colonne vertébrale.

Mme de Sévigné, le chevalier et M. du Plessis regrettaient tous trois que le jeune homme ne manifestât aucun goût pour la lecture. « Comme ce chapitre nous tient au cœur, écrivait Mme de Sévigné à sa fille, il recommence souvent... Nous n'oublions rien du moins pour lui inspirer un goût si convenable. »

« Sa jeunesse lui fait du bruit, il n'entend pas, disait-elle ailleurs pour prendre la défense de son petit-fils. » « Je plains ceux qui n'aiment point à lire, disait-elle dans une autre lettre : Votre enfant est de ce nombre jusqu'ici, mais j'espère, comme vous, que quand il verra ce que c'est que l'ignorance à un homme de guerre, qui a tant à lire des grandes actions des autres, il voudra les connaître, et ne laissera pas cet endroit imparfait. La lecture apprend aussi, ce me semble, à écrire. »

Mme de Sévigné ne manqua pas de rendre hommage à sa fille pour la façon dont elle avait su favoriser la carrière militaire de son fils :

> *Voilà ce que vous souhaitiez. Il est, avant dix-sept ans, un vieux mousquetaire, et un volontaire qui a vu un fort beau siège, et capitaine de chevau-légers. Mais je trouve plaisant que c'est vous qui avez fait cette compagnie... Vous êtes donc bonne à toute sorte de choses ; vous ne vous renfermez pas à la parfaite capacité d'un procès.*

Afin de faire progresser davantage la carrière du marquis, les Grignan avaient mis sur pied une compagnie de cavalerie légère au sein du régiment Grignan dont le chevalier était colonel et commandant. Cette nouvelle compagnie devait être placée sous les ordres du jeune marquis, qui aurait le grade de capitaine. Mme de Sévigné reconnut à Mme de Grignan le mérite d'avoir choisi non seulement les hommes mais aussi les chevaux de cette nouvelle unité : « Votre belle compagnie, l'ouvrage de vos mains », écrivait-elle.

« J'ai trouvé, comme vous, le mois de novembre assez long, assez plein de grands événements, écrivit Mme de Sévigné à sa fille au début décembre 1688, mais je vous avoue que le mois d'octobre m'a paru bien plus long et plus ennuyeux ; je ne pouvais du tout m'accoutumer à ne vous point trouver à tout moment. Ce temps a été bien douloureux. » « Vous savez ma vie, écrivait-elle un autre jour, ce même hiver : les jours passent tristement comme gaiement, et l'on trouve enfin le dernier. Je vous aimerai, ma très chère Comtesse, jusqu'à celui-là inclusivement. »

47.

L'année 1688 fut à plusieurs égards particulièrement favorable aux Grignan. C'est cette année-là que le marquis de Grignan reçut son baptême du feu aux côtés du dauphin, héritier présomptif du trône de France, les deux jeunes gens fournissant ainsi la preuve de leur bravoure. Cette année-là aussi, le comte de Grignan fut nommé par le roi dans cette compagnie très fermée connue sous le nom d'ordre du Saint-Esprit, équivalent français de l'ordre de la Jarretière en Angleterre.

La famille Grignan fut honorée une troisième fois en 1688, à la suite du mécontentement de Louis XIV envers le pape. Le monarque français estimait que le souverain pontife faisait preuve d'un parti pris défavorable à la France sur l'échiquier politique européen. Dans un accès de colère, en octobre de cette année, le Roi-Soleil envoya des troupes pour occuper la ville d'Avignon, siège apostolique depuis le XIVᵉ siècle. Louis XIV nomma le comte de Grignan pour succéder au vice-légat pontifical qui avait administré les affaires de cette ville fortifiée des bords du Rhône. Heureusement, il ne s'agissait pas là d'un simple honneur : toujours dans le besoin, Grignan se vit gratifier pour sa charge de la coquette somme annuelle de 40 897 livres.

La gloire en rejaillissait sur Mme de Sévigné. Ses lettres respirent l'orgueil : « Cette charge a ses beautés et ses grandeurs. » « Il est vrai, ma chère Comtesse, que l'affaire d'Avignon est très consolante, écrivait-elle. C'est la Providence qui vous donne un tel secours. » « C'est que Dieu vous envoie des secours, et par là et par Avignon, qui devraient bien vous empêcher de vous pendre si cette envie vous tenait encore. »

« Je suis chargée de cent compliments », annonçait Mme de Sévigné à Mme de Grignan le 6 décembre :

> *Ce sont des listes comme quand vous gagnâtes votre procès. Ne croyez pas, ma fille, que depuis trois mois vous ayez été en guignon. Je commence par le gain de votre procès ; ensuite la conservation de votre fils, sa bonne et*

jolie réputation, sa contusion, la beauté de sa compagnie
que vous avez faite ; l'affaire d'Avignon, et le cordon bleu[1].

« Enfin, ma chère enfant, s'exclamait ravie Mme de Sévigné,
le 8 décembre, il n'est question que de vous et de vos Grignan. »

L'année 1688 se termina dans un froid glacial à Paris, et
Mme de Sévigné ne put s'empêcher de comparer son hiver à
celui de sa fille :

Je vous mandais hier, ce me semble, que vos chaleurs et
vos cousins me faisaient bien voir que nous n'avions plus le
même soleil. Il gelait la semaine passée à pierre fendre ; il a
neigé sur cela, de sorte qu'hier on ne se soutenait pas. Il
pleut présentement à verse, et nous ne savons pas s'il y a un
soleil au monde.

« Me voilà plantée au coin de mon feu, écrivait-elle le
15 décembre, une petite table devant moi, labourant depuis
deux heures mes lettres d'affaires de Bretagne... Et puis je me
vais délasser et rafraîchir la tête à écrire à ma chère fille. »

« Est-il possible, ma chère fille, que j'écrive bien ? » écrivait-
elle un peu plus loin. « Cela va si vite ! Mais puisque vous en
êtes contente, je n'en demande pas davantage. » « Il est vrai
que j'aime mes *petites raies* », dit-elle une fois à propos des
étranges petits traits dont elle marquait ou soulignait ses
lettres. « Elles donnent de l'attention. Elles font faire des
réflexions, des réponses. Ce sont quelquefois des épigrammes,
des satires. Enfin, on en fait ce qu'on veut. » « Mes *petites raies*,
expliquait-elle ailleurs, font trouver les endroits où il faut que
vous répondiez. »

Noël était célébré solennellement, dans la France du
xviie siècle. « Voici un jour de dévotion, ma chère Comtesse,
écrivait Mme de Sévigné le 24 décembre 1688 : Vous savez
comme nous serons cette nuit à nos bonnes Bleues. Le Marquis
et M. du Plessis veulent aller à Catherine[2] mais ils reviendront
manger mon potage et ma poule bouillie. »

La lettre se poursuivait ainsi :

Ce Marquis a été seul à Versailles ; il s'y est fort bien
comporté. Il a dîné chez M. du Maine, et M. de Montausier,
soupé chez Mme d'Armagnac, fait sa cour à tous les levers,

1. Le cordon bleu était l'insigne de l'ordre du Saint-Esprit.
2. L'Eglise de Sainte-Catherine-de-la-Culture dans la paroisse de Saint-Paul.

à tous les couchers. Monseigneur lui a fait donner le bougeoir. Enfin le voilà dans le monde. Il y fait fort bien ; il est à la mode, et jamais il n'y eut de si heureux commencements ni une si bonne réputation tout d'une voix, car je ne finirais point si je voulais vous nommer tous ceux qui en disent du bien. Je ne me console point que vous n'ayez pas le plaisir de le voir et de l'embrasser comme je fais tous les jours.

Comme les Grignan se rendaient à Aix-en-Provence en décembre, Pauline avait besoin d'une garde-robe digne d'une jeune fille de quatorze ans, ce qu'approuvait sa grand-mère :

Vous faites fort bien de donner un habit et une cornette à cette jolie Pauline ; il est impossible de s'en passer. Mais, en attendant, je ne laisserais pas de l'avoir auprès de moi. Elle ne saurait être mieux, et je ne vois rien qui mérite que vous la lâchiez et l'envoyiez au grenier ; c'est toujours Mlle de Grignan, ce nom est une parure. Et, dans la dépense que vous fait votre fils et sa compagnie, toute économie vous sied bien, et à cette petite personne et à votre table et à votre train.

Le 31 décembre 1688, la lettre de Mme de Sévigné se terminait par ces mots : « Adieu, ma très aimable. Je vous embrasse mille fois et vous souhaite une heureuse année 89. »

Pour Mme de Sévigné, le 7 janvier prit valeur d'anniversaire : trois mois plus tôt, elle s'était séparée de sa fille.

Je suis tellement comme vous pour trouver le temps infini depuis votre départ qu'il me semble qu'il y a trois ans... Enfin je vous ai regrettée, et je vous regrette encore tous les jours ; je ne m'accoutume point à ne plus voir ni rencontrer ma chère fille, après une si aimable et si longue habitude.

[Ce douloureux jour de Charenton est encore tout vif et tout sensible.]

Le 10 janvier, grâce à d'agréables distractions mondaines, Mme de Sévigné se montrait sous un jour plus gai :

Hier Mme de Coulanges donna un très joli souper aux goutteux... c'étaient l'abbé de Marsillac, M. le chevalier de Grignan, M. de Lamoignon (la néphrétique tint lieu de goutte), sa femme et les Divines (Mme de Frontenac et Mlle de l'Outrelaise), toujours pleines de fluxions, moi en considération du rhumatisme que j'eus il y a douze ans, Coulanges qui l'a mérité...

Mme de Sévigné avait vu juste : le 4 février, le petit Coulanges souffrait d'une attaque de goutte, « comme un petit débauché crie. On le porte sur le dos. Il voit du monde. Il souffre. Il ne dort point. Mais tout cela se fait comme pour rire ; il ne souffre pas même ses douleurs sérieusement... ».

Mme de Sévigné en était arrivée à respecter sa fille pour sa force et son discernement, mais elle n'en continuait pas moins ses sermons sur l'argent. La comtesse avait caressé l'idée d'accompagner le comte à Avignon, mais sa mère l'en découragea :

> *Le bon esprit du Chevalier ne trouve plus à propos d'aller à Avignon et d'y faire de la dépense. Il y a vingt ans que vous brillez en Provence. Il faut céder à la dépense que vous êtes obligée de faire pour votre fils... Je crains que cette vérité ne soit point encore entrée dans l'esprit de M. de Grignan, et qu'il ne juge de l'avenir par le passé, et que, comme il a toujours été, il ira toujours. Cette espérance est vaine et trompeuse. Nous avons beaucoup raisonné sur tout cela, Monsieur le Chevalier et moi. Cependant, ma chère fille, dispensez-vous de souhaiter la paix avec le pape, et tirez d'Avignon tout ce que le Roi vous permet d'en tirer, mais profitez de cette douceur comme d'une consolation que Dieu vous envoie pour soutenir votre fils, et non pas pour en vivre plus largement, car si vous n'avez le courage de vous retrancher, comme vous l'avez résolu, vous rendrez inutile ce secours que la Providence vous adresse. Voilà, ma fille, la conversation d'une maman qui vous aime aussi solidement que tendrement...*

Les faveurs que la Providence accordait d'une main aux Grignan, elle les reprenait de l'autre. Mme de Sévigné fut bouleversée à la nouvelle des dégâts que les tempêtes hivernales avaient infligés au château. Elle voyait « le vent, le tourbillon, l'ouragan, les diables déchaînés, qui veulent emporter votre château ; voilà une dépense de mille écus à quoi on ne s'attend pas. Dieu vous préserve d'y passer jamais aucun hiver ».

Le vendredi 21 janvier, Mme de Sévigné commença sa lettre à sa fille par une célébration de leur affection mutuelle : « Je n'ai jamais vu d'amitié si tendre, si solide, ni si agréable que celle que vous avez pour moi ; je songe quelquefois combien cet état, dont je sens la douceur présentement, a toujours été la chose que j'ai uniquement et passionnément désirée. » Repensant à l'époque où elle se sentait moins sûre de l'affection de sa fille, Mme de Sévigné écrivit une autre fois ce même mois : « Ma chère enfant, ne comparez votre cœur avec nul autre. Dieu vous l'a donné parfait, remerciez-l'en. Vos humeurs étaient une vapeur, un brouillard sur le soleil. »

En février, la cour et la capitale étaient impatientes de connaître la nouvelle pièce de Racine, présentée sous les auspices de Mme de Maintenon au couvent de Saint-Cyr que celle-ci avait fondé pour l'éducation des jeunes filles pauvres de bonne famille. C'étaient ces jeunes personnes qui devaient jouer *Esther*, tragédie inspirée du livre de l'Ancien Testament qui porte le même nom.

« Racine s'est surpassé, s'extasiait Mme de Sévigné le 7 février, avant même d'avoir vu la pièce. Il aime Dieu comme il aimait ses maîtresses ; il est pour les choses saintes comme il était pour les profanes. La sainte Ecriture est suivie exactement dans cette pièce »... « Le Roi et toute la cour sont charmés de la tragédie d'*Esther* »... « enfin c'est un chef-d'œuvre de Racine. Si j'étais dévote, j'aspirerais à la voir », racontait-elle à sa fille.

Dévote ou non, elle sauta sur l'occasion lorsqu'elle reçut une invitation pour la dernière représentation, le 19 février : « Je fis la mienne l'autre jour à Saint-Cyr, plus agréablement que je n'eusse jamais pensé », écrivit Mme de Sévigné le lundi 21 février :

> *Nous y allâmes samedi, Mme de Coulanges, Mme de Bagnols, l'abbé Têtu et moi. Nous trouvâmes nos places gardées. Un officier dit à Mme de Coulanges que Mme de Maintenon lui faisait garder un siège auprès d'elle ; vous voyez quel honneur. « Pour vous, madame, me dit-il, vous pouvez choisir. » Je me mis avec Mme de Bagnols au second banc derrière les duchesses. Le maréchal de Bellefonds vint se mettre, par choix, à mon côté droit...*
> *Je ne puis vous dire l'excès de l'agrément de cette pièce. C'est une chose qui n'est pas aisée à représenter, et qui ne sera jamais imitée ; c'est un rapport de la musique, des vers, des chants, des personnes, si parfait et si complet qu'on n'y souhaite rien. Les filles qui font des rois et des personnages sont faites exprès. On est attentif, et on n'a point d'autre peine que celle de voir finir une si aimable pièce. Tout y est simple, tout y est innocent, tout y est sublime et touchant. Cette fidélité de l'histoire sainte donne du respect.*
> *J'en fus charmée, et le maréchal aussi, qui sortit de sa place pour aller dire au Roi combien il était content, et qu'il*

était auprès d'une dame qui était bien digne d'avoir vu Esther. Le Roi vint vers nos places, et après avoir tourné, il s'adressa à moi, et me dit : « Madame, je suis assuré que vous avez été contente. » Moi, sans m'étonner, je répondis : « Sire, je suis charmée, ce que je sens est au-dessus des paroles. » Le Roi me dit : « Racine a bien de l'esprit. » Je lui dis : « Sire, il en a beaucoup, mais en vérité ces jeunes personnes en ont beaucoup aussi ; elles entrent dans le sujet comme si elles n'avaient jamais fait autre chose. » Il me dit : « Ah ! pour cela, il est vrai. » Et puis Sa Majesté s'en alla, et me laissa l'objet de l'envie. Comme il n'y avait quasi que moi de nouvelle venue, il eut quelque plaisir de voir mes sincères admirations sans bruit et sans éclat. M. le Prince et Mme la Princesse me vinrent dire un mot ; Mme de Maintenon, un éclair ; elle s'en allait avec le Roi...

Je vis le soir Monsieur le Chevalier. Je lui contai tout naïvement mes petites prospérités, ne voulant point les cachoter... Je suis assurée qu'il ne m'a point trouvé, dans la suite, ni une sotte vanité, ni un transport de bourgeoise[1]... Je vous plaignis de n'être point là. Mais le moyen, ma chère enfant ? on ne peut pas être partout. Vous étiez à votre opéra de Marseille : comme Atys est non seulement trop heureux, mais trop charmant, il est impossible que vous vous y soyez ennuyée. Pauline doit avoir été surprise du spectacle ; elle n'est pas en droit d'en souhaiter un plus parfait. J'ai une idée si agréable de Marseille que je suis assurée que vous n'avez pas pu vous y ennuyer, et je parie pour cette dissipation contre celle d'Aix.

« Votre vie de Marseille m'a paru bien agréable », écrivit Mme de Sévigné le 25 février, sans doute pour répondre à une lettre que Mme de Grignan lui avait envoyée de cette ville :

Pour moi, je vous avoue que je n'aurais pas l'esprit de m'ennuyer au milieu de tous les respects et des démonstrations sincères que vous recevez dans tout votre gouvernement... je vois bien des gens à qui ces honneurs rendus par des gens de nom et de qualité ne seraient point du tout désagréables. Je les ai vus, et j'en étais surprise et touchée. Mais chacun a son goût...

Par cette dernière remarque, Mme de Sévigné montre bien que, malgré le rapprochement qui s'était opéré entre sa fille et

---

1. Le comte de Bussy, dans le portrait offensant qu'il avait tracé de Mme de Sévigné pour son *Histoire amoureuse des Gaules*, l'avait accusée de se montrer aussi obséquieuse qu'une bourgeoise devant le monarque et de s'extasier à la moindre parole du roi ou de la reine.

elle les dernières années, malgré la tolérance et l'amitié croissante, leurs tempéraments restaient radicalement différents.

Si au départ Mme de Grignan ne semblait pas faite pour une vie publique, elle avait incontestablement bien su jouer son rôle de première dame de Provence, du moins sa mère le pensait-elle : « Je comprends le plaisir que vous faites à ce cordon bleu de vous donner au public de si bonne grâce », écrivait-elle dans cette même lettre du 25 février :

> *Il craignait ici que vous ne fussiez toujours cachée et chagrine, et je lui disais : « Ah ! monsieur, laissez-la faire, elle ne saurait faire mal, ni rien de ridicule. » Et en effet, la manière dont vous vivez est toute noble et toute pleine de bon esprit dans la place où vous êtes.*

« Une chose qui m'afflige véritablement », écrivait Mme de Sévigné un autre jour du même mois,

> *c'est l'état affreux de votre château, et par le désordre des vents et par la fureur de Monsieur le Coadjuteur[1], aussi préjudiciable que le tourbillon... C'est tout de bon, ma fille, que vous devriez venir à Paris, ne sachant où vous mettre en sûreté. Je ne crois pas que M. de Grignan vous laisse passer l'été dans un lieu si désagréable et si peu propre à vous recevoir et si contraire enfin à la santé.*

Aux premiers signes du printemps, les armées d'Europe se préparèrent à repartir en campagne. « Nos deux Grignan revinrent de Versailles une heure après que j'eus fait mon paquet », écrivit Mme de Sévigné le 25 février :

> *Monsieur le Chevalier vous aura dit, ma bonne, comme ce petit capitaine avait pris congé, comme le Roi l'avait regardé d'un bon air... Il a pris congé de toute la cour et a ouvert la barrière à ceux qui le suivront bientôt. Mais il a l'honneur de partir le premier et de montrer l'exemple. Ce zèle d'un nouveau novice sied fort bien ; il en a badiné fort joliment [avec ceux qui lui demandent pourquoi] il part si tôt ; il répond qu'il a un colonel qui le chasse. Le colonel s'en défend fort bien aussi, et je vous assure qu'il n'y a rien de mieux ni qui fasse tant d'honneur et à peu de frais, car il*

---

1. Le frère du comte de Grignan, coadjuteur et futur archevêque d'Arles, avait la manie de la construction. En 1689, il avait entrepris de transformer complètement l'aile du Prélat au château de Grignan.

*n'a point d'affaires ici, et il est ravi d'aller courir et faire le
bon officier. Il aura le temps de se reposer à Philippeville et
son équipage, et il sera tout frais quand il sera question de
marcher. Il porte beaucoup de livres. Il est attendu avec
impatience de tous ses officiers. Son lieutenant sera son
écuyer ; il aura soin de son équipage et de ses petites
affaires, et Montégut[1] et les autres seront ses gouverneurs et
ne penseront qu'à lui. Monsieur le Chevalier en est dans un
plein repos et il faut suivre son exemple. Je deviens avare de
ce petit [minet], comme vous savez qu'on fait sur les
derniers jours. Il mange avec moi ; je le mènerai dîner chez
Mme de Chaulnes et chez Mme de Coulanges pour leur dire
adieu, et je ménagerai les sept ou huit jours que nous avons
à être encore ensemble. Mais, ma chère bonne, ne prenez pas
de si loin votre escousse pour être en peine ; ne donnez point
la liberté à votre imagination de vous inquiéter. Il n'est
encore question de rien. Votre enfant sera à sa garnison
comme ici ; il n'y a que cinquante lieues de différence[2].*

« Votre enfant m'est demeuré », écrivit Mme de Sévigné le
28 février :

> *Je ne le quitte point ; il en est content. Il dira adieu à ces
> petites de Castelnau. Son cœur ne sent encore rien ; il est
> occupé de son devoir, de son équipage, de ses comptes[3]. Il
> n'est encore question de rien. Nous n'attaquerons rien ;
> nous ne voulons point de bataille. Nous sommes sur la
> défensive, et d'une manière si puissante qu'elle fait trem-
> bler. Jamais roi de France ne s'est vu trois cent mille
> hommes sur pied ; il n'y avait que les rois de Perse. Tout est
> nouveau, tout est miraculeux.*

C'était le projet de Louis XIV, dès 1689, de se faire menaçant
tout en s'abstenant d'attaquer : « Nous espérons, écrivait
Mme de Sévigné le 2 mars, que la guerre d'Irlande fera une
puissante diversion et empêchera le prince d'Orange de nous
tourmenter par des descentes[4], ainsi tous nos trois cent mille

---

1. En l'absence du chevalier, c'est Montégut qui prit le commandement du
régiment Grignan.
2. Cinquante lieues représentent 200 kilomètres. Mme de Sévigné se trompait sur la distance. En réalité, Philippsburg se trouve à 300 kilomètres de
Paris.
3. « Votre enfant est fort aimable et fort joli, écrivait sa grand-mère un autre
jour : Il se mêle de toutes ses affaires ; il ordonne, il marchande, il suppute.
C'est dommage que monsieur son père n'ait fait ainsi. »
4. James II, ex-roi d'Angleterre, déposé par la Révolution glorieuse de 1688,
s'était rendu en Irlande pour tâcher d'obtenir des renforts. Il voulait attaquer
l'Angleterre afin de reprendre le trône, alors occupé par sa fille Marie et le mari
de celle-ci, Guillaume, prince d'Orange.

hommes sur pied, toutes nos armées si bien placées partout ne serviront qu'à faire craindre et redouter le Roi, sans que personne ose l'attaquer. »

Le 5 mars, le marquis partit rejoindre son régiment en garnison à Philippsburg, ainsi que Mme de Sévigné en avisa sa fille le lundi 7 :

> *Vous auriez pleuré samedi, ma fille, aussi bien que nous, si vous aviez vu partir votre cher enfant; il n'y eut pas moyen de s'en empêcher. Cependant il fallut comprendre que c'était un voyage, car il n'est question de rien du tout encore. Il était joli, gai, se moquant de nous et tout occupé de son équipage, qui est en fort bon état. M. du Plessis est avec lui; il en aura un soin extrême jusqu'à ce qu'il l'ait remis entre les mains des officiers du régiment de son oncle qui, de son côté, prendra des mesures pour être dans la même armée. Tous les jeunes gens suivent le bon exemple de notre enfant; je vous conseille de vous fortifier comme les autres, et de croire que Dieu vous le conservera.*

Le 18 mars 1689, c'est une lettre de condoléances que Mme de Sévigné adressa à la famille Grignan :

> *Vous avez bien raison, ma chère fille, de croire que je serai affligée de la perte de Monsieur l'Archevêque. Vous ne sauriez vous représenter combien le vrai mérite, la rare vertu, le grand esprit et le cœur parfait de ce grand prélat me le font regretter. Je ne puis songer à sa bonté pour sa famille, à sa tendresse pour tous en général, et pour vous et votre fils en particulier, sans qu'il me paraisse un grand vide dans votre maison.*

L'archevêque d'Arles, patriarche de la famille Grignan et dernier représentant de sa génération, avait été pour son neveu le comte de Grignan un bienfaiteur et un conseiller. « Mon cher Comte », écrivait Mme de Sévigné dans un paragraphe adressé à son gendre,

> *recevez ici mon compliment. Vous avez été chèrement ami de ce grand homme. Il aimait son nom, sa maison. Il avait raison; elle en vaut bien la peine... Voilà cette première race passée; nous irons après, [mon cher Comte.] En attendant, je vous embrasse en pleurant comme si j'avais l'honneur d'être de votre nom.*

48.

Comme le marquis de Grignan se trouvait en garnison à Philippsburg et que le chevalier projetait de se rendre en Provence, Mme de Sévigné se prépara à partir pour la Bretagne en compagnie de son amie la duchesse de Chaulnes, qui devait rejoindre son mari, gouverneur de la province, à Rennes.

Ce voyage n'enchantait guère Mme de Sévigné : « Hélas ! ma chère bonne, rien ne m'attire en Bretagne que mes affaires uniquement. » Est-il possible que les affaires seules l'attirassent en Bretagne, et non son fils qu'elle n'avait pas vu depuis quatre ans, à son départ des Rochers en 1685 ? La lettre se poursuit ainsi : « Mon fils ni sa femme ne sont plus aux Rochers ; ils sont attachés à Rennes auprès de leur petite ridicule mère. Mon fils sera peut-être avec cette noblesse. » Les nobles de la région de Rennes et Vitré avaient en effet choisi Charles comme commandant de leur garde territoriale.

« Nous ne partirons qu'après Pâques », annonçait Mme de Sévigné au début mars. Pâques tombait le 10 avril en 1689. Le 28 mars, Mme de Sévigné racontait un repas de carême auquel elle avait participé :

> *Nous soupions hier chez l'abbé Pelletier, M., Mme de Lamoignon, M. et Mme de Coulanges, M. Courtin, l'abbé Bigorre, Mlle Langlois et votre maman. Personne n'avait dîné ; nous dévorions tous. C'était le plus beau repas de carême qu'il est possible de voir : les plus beaux poissons les mieux apprêtés, les meilleurs ragoûts, le meilleur cuisinier ; jamais un souper n'a été si solidement bon. On vous y souhaita bien sincèrement, mais le vin de Saint-Laurent renouvela si extrêmement votre souvenir que ce fut un chamaillis de petits verres, qui faisait bien voir que cette liqueur venait de chez vous.*

Le vendredi saint 8 avril, Mme de Sévigné se préparait à se confesser. « Je n'[attendrai] point vos lettres aujourd'hui, ma chère fille ; je veux me retirer ce soir, écrivait-elle. Je fais demain mes pâques. C'est vous précisément que je veux tâcher d'éloigner un peu de mon esprit. »

Répondant le 11 avril à une lettre de sa fille, Mme de Sévigné se montra peu satisfaite d'apprendre que les Grignan avaient quitté le palais d'Aix pour s'établir dans leur château :

Enfin, ma fille, vous avez quitté Aix ; vous me paraissez en avoir par dessus les yeux. Vous êtes à Grignan ; vous trouvez-vous mieux de cette solitude, avec tous les désagréments qui y sont survenus ? Il me semble que cette envie d'être seule n'est, à la bien prendre, que l'envie d'être fidèle au goût que vous avez pour les désespoirs et pour la tristesse. Vous auriez peur qu'une distraction ne prît quelque chose sur les craintes que vous voulez avoir pour votre cher enfant, dès qu'il sera dans le moindre péril...

Je crois que nous partons après-demain matin. Je suis ridiculement triste d'un voyage que je veux faire, que je dois faire, et que je fais avec toute la commodité imaginable. Mme de Kerman vient encore avec nous ; c'est une aimable femme. Un grand train, deux carrosses à six chevaux, un fourgon, huit cavaliers, enfin à la grande. Nous nous reposerons à Malicorne. Pouvais-je souhaiter une plus agréable occasion ? Vous m'adresserez d'abord vos lettres à Rennes, et je vous manderai quand il faudra les adresser à Vitré. Je serai bientôt lasse de ce tracas de Rennes ; c'est pour voir M. de Chaulnes que j'y vais...

Monsieur le Chevalier s'en va de ce pas à Versailles... Je suis blessée de le quitter. Ce m'est une véritable consolation que de parler avec lui de vous et de toutes vos affaires ; cela fait une grande liaison. On se rassemble pour parler de ce qui tient uniquement au cœur. Le Chevalier est fort ; moi, je suis faible. Il se passera bien de moi ; je ne suis pas de même pour lui. Je rentrerai en moi-même, et je vous y trouverai, mais je n'aurai plus cet appui qui m'était si agréable et si nécessaire. Il faut s'arracher et se passer de tout.

« Je pars toujours avec la petite tristesse que je vous ai dite », se plaignait-elle le 13 avril.

Le moyen de songer à l'état de vos affaires sans une vraie douleur ? La mort de Monsieur l'Archevêque vous fait encore un accablement. Je crains, sans savoir pourquoi, que l'empressement d'être à Grignan ne vous ait fait un mal solide. Le Chevalier était un peu fâché que vous fussiez partie d'Aix sans conclure votre emprunt. Il y a des affaires qu'il ne faut pas quitter ; elles échappent des mains dès qu'on s'en éloigne.

La situation financière des Grignan ne cessait d'empirer. Mme de Sévigné était elle-même tourmentée par des problèmes d'argent. Sa générosité envers ses enfants avait sérieusement entamé sa fortune et ses revenus ne lui permettaient plus de vivre sur le même pied qu'autrefois. Elle avait du mal à joindre les deux bouts, mais les Grignan, eux, frôlaient la catastrophe. Contraints d'emprunter ne fût-ce que pour payer les intérêts de l'énorme dette accumulée à travers les ans, ils avaient alors atteint le point de non-retour dans la trajectoire qui les menait à la ruine financière. Mme de Sévigné était effarée des chiffres que mentionnait sa fille. Le 4 avril, elle lui faisait part de ses inquiétudes :

> *Je ne réponds rien, mon enfant, à ces comptes et à ces calculs que vous avez faits, à ces avances horribles, à cette dépense sans mesure : cent vingt mille livres ! Il n'y a plus de bornes... Je n'ai point de paroles pour vous dire ce que je pense ; mon cœur est trop plein. Mais qu'allez-vous faire, mon enfant ? Je ne le comprends point du tout. Sur quoi vivre ? sur quoi fonder le présent et l'avenir ? Que fait-on quand on est à un certain point ? Nous comptions l'autre jour vos revenus, ils sont grands. Il fallait vivre de la charge et laisser vos terres pour payer vos arrérages [1]...*
>
> *Il est aisé de voir que la dissipation vous a perdue du côté de Provence. Enfin, cela fait mourir, d'autant plus qu'il n'y a point de remède. Dieu sait comme les dépenses de Grignan, et de ces compagnies sans compte et sans nombre qui se faisaient un air d'y aller de toutes les provinces, et tous les enfants de la maison à la table jusqu'au menton avec tous leurs gens et leur équipage, Dieu sait combien ils ont contribué à cette consommation de toutes choses... Je me veux détourner, ma chère bonne, de toutes ces pensées, car elles m'empêchent fort bien de dormir.*

« Me voici à Chaulnes, ma chère fille, écrivit-elle le dimanche 17 avril de ce château, et toujours triste de m'éloigner encore de vous. »

> *Je partis donc jeudi, ma chère Comtesse, avec Mme de Chaulnes et Mme de Kerman. Nous étions dans le meilleur carrosse, avec les meilleurs chevaux, la plus grande quan-*

---

1. Le trésor royal allouait 3 000 livres par an au lieutenant général de Provence, et la province 18 000 livres, ainsi que 5 000 pour la garde du gouverneur. De plus, le comte de Grignan avait reçu 12 000 livres du roi en 1684 comme dédommagement pour des dépenses exceptionnelles dans la province. Les revenus de ses immenses propriétés représentaient de 40 000 à 50 000 livres par an.

tité d'équipages, de fourgons, de cavaliers, de commodités,
de précautions que l'on puisse imaginer. Nous vînmes
coucher à Pont, dans une jolie petite hôtellerie, et le
lendemain ici. Les chemins sont fort vilains, mais cette
maison est très belle et d'un grand air, quoique démeublée et
les jardins négligés. A peine le vert veut-il montrer le nez ;
pas un rossignol encore. Enfin, l'hiver le 17 d'avril.

Mme de Sévigné ne pouvait regarder un château sans le
comparer à celui de Grignan : « Ce château est fort beau,
disait-elle de Chaulnes, mais l'élévation du vôtre le fait bien
plus ressembler à un palais d'Apollidon. »

« Voici une maison fort agréable », écrivit-elle de Chaulnes
le 22 avril :

> *on y a beaucoup de liberté. Vous connaissez les bonnes et*
> *solides qualités de cette duchesse. Mme de Kerman est une*
> *fort aimable personne ; j'en ai tâté. Elle a bien plus de*
> *mérite et d'esprit qu'elle n'en laisse paraître. Elle est fort*
> *loin de l'ignorance des femmes ; elle a bien des lumières, et*
> *les augmente tous les jours par les bonnes lectures.*

Mme de Kerman gagnait certainement à être mieux connue :
« Elle sait un peu de tout, disait d'elle Mme de Sévigné,
quelques jours plus tard. J'ai aussi une petite teinture, de sorte
que nos superficies s'accommodent fort bien ensemble. »

« Adieu, ma très chère, écrivait Mme de Sévigné pour
conclure sa lettre du 22 avril, je comprends vos peines pour
votre fils. Je les sens et par lui que j'aime et par vous que j'aime
encore plus ; cette inquiétude tire deux coups sur moi. »

« Nous en partîmes [de Chaulnes] lundi, ma chère bonne, et
vînmes coucher à Amiens, où Mme de Chaulnes est honorée et
révérée comme vous l'êtes en Provence », commençait la lettre
que Mme de Sévigné écrivit le 27 avril, du château de
Pecquigny, qu'elle s'empressa de comparer à Grignan, parlant
d' « un vieux bâtiment élevé au-dessus de la ville comme
Grignan, un parfaitement beau chapitre comme à Grignan, un
doyen, douze chanoines. Je ne sais si la fondation est aussi
belle, mais ce sont des terrasses sur la rivière de Somme, qui
fait cent tours dans des prairies ; voilà ce qui n'est point à
Grignan ».

Leur équipage parcourait la vallée de la Somme aussi
nonchalamment que la rivière elle-même, mais Mme de Sévigné ne s'inquiétait pas de cette allure tranquille : « Ce retardement ne me fait point de mal », écrivait-elle le 27 avril, car je

ne fais nulle dépense, que très peu au moins, et je donne mes ordres pour faire venir quelque petite consolation à Beaulieu[1]. » « Ce qui me fâche, poursuivait-elle, c'est que nous avons des lettres à Rouen qui nous attendront deux ou trois jours, et c'est une tristesse pour moi que de ne savoir point de vos nouvelles et de celles de notre Marquis, à qui je pense fort souvent. » Une lettre de Mme de Grignan, écrivait sa mère, « c'est tellement la [subsistance] nécessaire de mon cœur et de mon esprit que je languis quand elle me manque ».

Le lundi 2 mai, elle écrivait de Pont-Audemer. Après avoir suivi la Seine depuis Rouen, elle décrivait cette vallée comme « le plus beau pays du monde » :

> *J'ai vu toutes les beautés et les tours de cette belle Seine et les plus belles prairies du monde. Ses bords, pendant quatre ou cinq lieues que j'étais sur le bord, n'en doivent rien à ceux de la Loire. Ils sont gracieux ; ils sont ornés de maisons, d'arbres et de petits saules, de petits canaux qu'on fait sortir de cette grande rivière. En vérité, cela est beau. Je ne connaissais point la Normandie ; je l'avais vue trop jeune[2]. Hélas ! il n'y a peut-être plus personne de tous ceux que j'y voyais autrefois ; cela est triste. Je n'y ai pas même trouvé la crème de Sotteville dans les mêmes petits plats de faïence, qui faisaient plaisir. Ils sont devenus des écuelles d'étain ; je n'en veux plus.*

« Mme de Chaulnes vous fait mille amitiés », disait-elle à la fin de sa lettre du 2 mai : « Elle a des soins de moi, en vérité, trop grands ; on ne peut voyager ni dans un plus beau vert ni plus agréablement ni plus à la grande ni plus librement. Adieu, aimable bonne. En voilà assez pour le Pont-Audemer ; je vous écrirai de Caen. »

Elle écrivit de nouveau de Caen, comme elle le faisait à chaque étape tout au long du voyage. Après Caen, elle s'arrêta le 7 mai à Avranches, où elle vit se dessiner dans sa fenêtre un panorama aujourd'hui mondialement connu, une attraction de toujours pour les touristes : « Je voyais de ma chambre la mer et le mont Saint-Michel, écrivait-elle à sa fille le 9 mai depuis Dol, ce mont si orgueilleux, que vous avez vu si fier et qui vous

---

1. Beaulieu, le maître d'hôtel de Mme de Sévigné, devait distribuer ces fonds à ses créanciers.
2. D'après Gérard-Gailly, responsable de l'édition de la Pléiade des *Lettres* de Mme de Sévigné (1953-1957), celle-ci s'était rendue en Bretagne en 1640, à l'âge de seize ans, en compagnie de son oncle et de son tuteur, Philippe de Coulanges.

a vue si belle. Je me suis souvenue avec tendresse de ce voyage. Nous dînâmes à Pontorson, vous en souvient-il ? Nous avons été sur le rivage longtemps à toujours voir ce mont, [et moi à songer toujours à ma chère fille]. »

« Nous arrivâmes hier ici, ma chère bonne », écrivit-elle le 11 mai de Rennes :

> *c'est justement cent bonnes lieues que nous avons faites présentement en huit jours et demi de marche*[1]. *La poussière fait mal aux yeux, et les trente femmes qui vinrent au-devant de Mme de Chaulnes, qu'il fallut baiser au milieu de la poussière et du soleil, et trente ou quarante messieurs, nous fatiguèrent beaucoup plus que le voyage. Mme de Kerman en tombait, car elle est délicate ; pour moi, je soutiens tout sans incommodité... Je démêlai mon fils dans le tourbillon ; nous nous embrassâmes de bon cœur. Sa petite femme était ravie de me voir... Je vins chez mon fils changer de chemise et me rafraîchir, et de là souper à l'hôtel de Chaulnes, où le souper était trop grand. J'y trouvai la bonne marquise de Marbeuf, où je revins coucher et où je fus logée, dans une belle chambre meublée d'un beau velours rouge cramoisi, ornée comme à Paris, un bon lit où j'ai dormi admirablement, une bonne femme qui est ravie de m'avoir, une bonne amie qui a des sentiments pour vous tous dignes de vous. Me voilà plantée pour quelques jours, car ma belle-fille regarde les Rochers du coin de l'œil, comme moi, mourant d'envie d'aller s'y reposer ; elle ne peut soutenir longtemps l'agitation que donne l'arrivée de Mme de Chaulnes. Nous prendrons notre temps. Je l'ai trouvée toujours fort vive, fort jolie, m'aimant beaucoup, fort contente de vous et de M. de Grignan, elle a un goût pour lui qui nous fait rire*[2]. *Mon fils est toujours aimable, et me paraît fort aise de me voir. Il est fort joli de sa personne ; une santé parfaite, vif et de l'esprit... Il est bien étonné de sa pauvre* princesse !

La « princesse » était le surnom que Charles donnait à Mlle d'Alérac, la plus jeune des deux filles que le comte de Grignan avait eues de sa première femme. Devenue majeure à vingt-cinq ans, elle avait épousé le marquis de Vibraye, contre l'avis de son père et de son oncle le duc de Montausier.

1. La distance de Pecquigny à Rennes était de 140 lieues ou 450 km environ. Elles l'avaient parcourue en une dizaine de jours.
2. La femme de Charles n'avait alors encore jamais rencontré le comte de Grignan, mais n'en manifestait pas moins une admiration démesurée à son égard.

« C'est un très sot mariage », disait Mme de Sévigné :

> *S'il y avait de grands biens comme autrefois, c'est une*
> *bonne raison. S'il y avait un mérite singulier, ou du côté de*
> *la guerre, ou une lueur de faveur, mais de nul côté vous ne*
> *voyez rien que de fade et au-dessous du médiocre. Est-il*
> *possible qu'elle ait brûlé pour ce vilain garçon ? Mais voyez*
> *avec quelle adresse elle a voulu crocheter et escroquer le*
> *consentement de monsieur son père ! Je parlerais un an sur*
> *tout cela, ma chère bonne; vous êtes bien loin de m'en-*
> *nuyer...*

Le 25 mai, Mme de Sévigné se trouvait toujours à Rennes.
« Nous avons été quinze jours ici par une pure complaisance »,
s'excusait-elle :

> *Pour moi, je suis tellement accablée de visites et de*
> *devoirs que, de bonne foi, je n'en puis plus. J'ai un véritable*
> *besoin de me reposer et de me taire dans ces aimables bois*
> *des Rochers...*
> *Nous soupâmes tous hier chez Monsieur de Rennes. Ce*
> *sont des festins; c'est ici le pays de la bonne chère et de la*
> *bonne viande bien piquée, comme le pays du beurre de la*
> *Prévalaie[1]... Je vous manderai quand j'irai à Nantes, et*
> *mon fils à la tête de sa noblesse. Toute mon attention est de*
> *me ranger proprement contre la muraille pour laisser*
> *passer quelques lettres de change à Beaulieu, qui aura soin*
> *de contenter les plus altérés... voilà mes desseins. Je n'ai*
> *encore rien fait. Je prendrai des mesures avec l'abbé*
> *Charrier pour Nantes.*

Pour la plus grande joie de sa mère, Charles de Sévigné avait
procédé à de nombreuses transformations qui contribuaient à
embellir le parc des Rochers : « Il y a une place qui est fort
belle », écrivait-elle le 29 mai :

> *elle redresse le travers de l'entrée du parc. On entre dans le*
> *parterre, qui est présentement un dessin de M. Le Nôtre,*
> *tout planté, tout venu, tout sablé. On voit une porte de fer, et*
> *une allée, à travers les choux et les champs... à droite une*
> *autre porte, qui entre droit dans la première allée du bois, et*
> *à gauche une autre qui va dans les champs; cela est fort*
> *beau. Toute cette demi-lune est pleine de pots et d'orangers,*

---

1. Le château Thierry de la Prévalaie, près de Rennes, était connu dans toute
la Bretagne pour son beurre. Mme de Sévigné s'en faisait envoyer de là quand
elle vivait à Paris.

*dont plusieurs viennent de Provence... Nous lisons fort.
Nous nous promenons séparément. On se retrouve, on
mange bien et sainement, on est en paix, et la pauvre
duchesse de Chaulnes voudrait bien être avec nous.*

« Oh ! que de Grignan », poursuivait la lettre,

*sans que vous en ayez autant qu'il vous en faut ! Voyez un
peu, ma chère bonne, où s'en va ce petit garçon : en
Allemagne ! N'admirez-vous point comme il fait bien et
sérieusement tout ce qu'il doit faire ? J'y pense mille fois le
jour, et sa réputation naissante va partout... Dieu le
conserve !*

A la Pentecôte, qui tombait le 29 mai en 1689, Mme de
Sévigné écrivit des Rochers à sa fille :

*J'arrivai donc ici [mercredi], ma bonne, avec mon fils et
ma belle-fille... Mon Dieu, quel repos, quel silence, quelle
fraîcheur, quelle sainte horreur ! Car tous ces petits enfants
que j'ai plantés sont devenus si grands que je ne comprends
pas que nous puissions encore vivre ensemble. Cependant
leur beauté n'empêche pas la mienne. Vous la connaissez,
ma beauté. Tout le monde m'admire en ce pays ; on
m'assure que je ne suis point changée. Je le crois tout autant
que je le puis.*

Si elle avait si bonne mine, c'est qu'elle se sentait en pleine
forme : « Plus de sursaut la nuit. Rien du tout à mes mains »,
écrivait-elle cet été :

*Je suis étonnée de l'état où je suis et, à votre exemple, je
m'en fais quasi un dragon. Je songe qu'il n'est pas possible
que cet état puisse durer longtemps, et qu'il faut s'attendre
aux incommodités ordinaires de l'humanité.*

« Pauline est trop heureuse, ma chère enfant, d'être votre
secrétaire », s'exclamait Mme de Sévigné dans sa lettre du
1er juin à Mme de Grignan :

*Elle apprend à penser, à tourner ses pensées en voyant
comme vous lui faites tourner les vôtres. Elle apprend la
langue française, que la plupart des femmes ne savent pas ;
vous prenez la peine de lui expliquer des mots qu'elle
n'entendrait jamais, et en l'instruisant de tant de choses,
vous faites si bien qu'elle soulage votre tête et la mienne, car
mon esprit est en repos quand vous y êtes. L'ennui de dicter*

*n'est point comparable à la contrainte d'écrire. Continuez
donc une si bonne instruction pour votre fille, et un si grand
soulagement pour nous.*

« Il y a six semaines qu'il n'a plu », disait pour terminer la
lettre du 1er juin :

> *Nous avons eu de grandes chaleurs, et tout d'un coup,
> sans pluie, il fait froid, et nous avons du feu. Je vous ai dit
> que toute la noblesse de ces cantons, au nombre de cinq ou
> six cents gentilshommes, avaient choisi votre frère pour être
> à leur tête ; cela passe pour un grand honneur, mais ce sera
> une sotte dépense. Il n'a point encore d'ordre de partir ;
> nous souhaitons qu'on ne fasse point une sorte de campe-
> ment si inutile.*

La dépense qui s'imposerait à Charles à cet égard ne cessait
de la tourmenter. « Mon Dieu ! ma fille, se lamentait-elle le
6 juillet, que dites-vous ? Vous croyez donc que le Roi ou la
[province] donne quelque chose à mon fils pour nourrir et
instruire cette noblesse ? Rien du tout, je vous assure : encore
trop d'honneur. »
Les affaires d'argent préoccupaient beaucoup Mme de Sévigné : « Je comprends tout le plaisir que vous fait Avignon »,
écrivait-elle à sa fille le 5 juin :

> [*C'est la Providence qui vous donne un tel secours.*] *Je
> suis tout occupée de vous et de vos affaires ; je ne laisse pas
> de songer aux miennes, et d'y donner les ordres nécessaires,
> mais le principal, c'est d'être ici, et de laisser passer quelque
> argent. C'est avec peine qu'on en touche en ce pays ; les
> troupes ruinent tout. On prend toutes les précautions
> possibles, comme si le prince d'Orange ne songeait qu'à
> nous, et apparemment il n'y aura rien de vrai que la
> désolation de cette province. Mon fils est encore avec nous.
> Nous tremblons que l'ordre de M. de Chaulnes ne le fasse
> partir incessamment à la tête de sa noblesse.*

« L'Attila de ce temps » : c'est ainsi que Mme de Sévigné
appelait fielleusement Guillaume III d'Angleterre. « Quel diantre d'homme que ce prince d'Orange ! Quand on songe que lui
seul met toute l'Europe en mouvement ! »
Dans une lettre datée du 8 juin, Mme de Sévigné applaudis-
sait à la décision de sa fille, qui voulait accompagner son mari,
appelé ce mois-là à Avignon par des affaires officielles.

> *Vous prenez, ma bonne, une fort honnête résolution*
> *d'aller à votre terre d'Avignon voir des gens qui vous*
> *donnent de si bon cœur ce qu'ils donnaient au vice-légat. Il*
> *est juste qu'ils aient le plaisir et l'honneur de vous voir ;*
> *vous ne pouviez pas mieux prendre votre temps. Après cela,*
> *vous serez libre et vous ne sortirez plus de votre château que*
> *quand vous voudrez. Vous y aurez une assez bonne compa-*
> *gnie. Mais, ma chère bonne, vous l'aurez quand vous*
> *recevrez cette lettre. Quoi ! il est possible que vous ayez avec*
> *vous Monsieur le Chevalier ! Que vous êtes heureuse, et que*
> *je le trouve heureux aussi ! Mon tour ne viendra-t-il jamais ?*

Mme de Sévigné suivit les Grignan par la pensée jusqu'à
cette pittoresque et historique cité rhodanienne, leur y adressant une lettre le 12 juin :

> *Nous sommes ici dans un parfait et profond repos, une*
> *paix, un silence tout contraire au séjour que vous faites à*
> *Avignon ; vous y êtes peut-être encore aujourd'hui. Cette*
> *ville est belle, elle est, ce me semble, toute brillante. Vous y*
> *aurez été reçue avec des acclamations. Je vous ai toujours*
> *accompagnée dans cette fête, car de la façon dont vous y*
> *avez été, c'est une fête perpétuelle. Je serai bien aise de*
> *recevoir votre première lettre d'Avignon. Je crois que vous*
> *avez bien fait d'avoir cette complaisance pour M. de*
> *Grignan ; quand il a raison, il ne faut point lui donner de*
> *chagrin. Vous avez fort bien pris toutes vos mesures.*

Elle ne pouvait qu'être frappée par la différence de leurs
destinées. Comme tant de mères, Mme de Sévigné vivait par
l'imagination les joies et les peines de sa fille. Pourtant, on croit
parfois la sentir légèrement envieuse de la situation brillante
de Mme de Grignan, comme dans ce message du 15 juin :

> *Quelle différence, ma chère bonne, de la vie que vous*
> *faites à Avignon, toute à la grande, toute brillante, toute*
> *dissipée, et celle que nous faisons ici, toute médiocre, toute*
> *simple, toute solitaire ! Cela est dans l'ordre, et dans l'ordre*
> *de Dieu, et je ne saurais croire que, quelque coin d'anacho-*
> *rète que vous ayez, ces honneurs et ces respects sincères, et*
> *par des gens de qualité et de mérite, puissent vous déplaire ;*
> *j'aurais peine à le croire, quand vous le diriez. En vérité, il*
> *n'est pas naturel de ne point aimer quelquefois des places*
> *qui sont au-dessus des autres*[1].

1. D'après un manuscrit des archives d'Avignon, lorsque le comte et la
comtesse de Grignan s'en retournèrent dans leur château le 15 juin, ce fut « au
grand regret de toute la ville et singulièrement des dames, lesquelles Madame
régala pendant son séjour... »

« J'aime passionnément vos lettres d'Avignon, ma chère bonne », écrivait Mme de Sévigné au début de sa lettre du 19 juin :

> *Je les lis et les relis. Elles réjouissent mon imagination et le silence de nos bois. Il me semble que j'y suis ; je prends part à votre triomphe... enfin je jouis de votre beau soleil, des rivages charmants de votre beau Rhône, de la douceur de votre air, mais je ne joue point à la bassette [1], parce que j'ai peur de perdre.*

« Mon fils vient de partir pour Rennes », poursuivait-elle dans sa lettre du 29 juin :

> *il reviendra demain, mais dans huit jours, il s'en ira s'y établir avec toute cette noblesse pour leur apprendre à escadronner et à prendre un air de guerre. Mon fils est enragé de ce retour à une profession qu'il avait sincèrement quittée.*

Elles perdaient leur « compagnie », se plaignait-elle, leur « liseur infatigable » : « Cela nous met en colère. » La belle-fille de Mme de Sévigné fit de son mieux pour compenser l'absence de son mari : « Elle ne songe qu'à m'amuser. » Mme de Sévigné s'exprimait affectueusement à propos de la jeune marquise : « C'est une jolie femme. » « Nous serons seules, poursuivait-elle, mais le beau temps revient à notre secours, et de bons livres, et de l'ouvrage, et de belles promenades, et le temps qui court et qui vole et s'envole et nous emmène. Enfin, ma chère bonne, Dieu le veut ainsi, car c'est toujours ma chanson, je n'en sais point d'autre, et que je vous aimerai parfaitement et trop tendrement jusqu'à la fin. »

---

1. La bassette était un jeu de hasard populaire en France au XVIIᵉ siècle.

49.

« Nous faisons une vie si réglée, écrivait Mme de Sévigné le
29 juin 1689 des Rochers, qu'il n'est pas quasi possible de se
mal porter. »

*On se lève à huit heures ; très souvent je vais, jusqu'à neuf
heures que la messe sonne, prendre la fraîcheur de ces bois.
Après la messe, on s'habille, on se dit bonjour, on retourne
cueillir des fleurs d'orange, on dîne. Jusqu'à cinq heures on
travaille ou on lit ; depuis que nous n'avons plus mon fils, je
lis pour épargner la petite poitrine de sa femme. A cinq
heures je la quitte ; je m'en vais dans ces aimables allées.
[J'ai un laquais qui me suit,] j'ai des livres, je change de
place, et je varie les tours de mes promenades. Un livre de
dévotion et un autre d'histoire ; on change, cela fait du
divertissement. Un peu rêver à Dieu, à sa Providence,
posséder son âme, songer à l'avenir. Enfin, sur les huit
heures, j'entends une cloche ; c'est le souper. Je suis
quelquefois un peu loin ; je retrouve la marquise dans son
beau parterre[1]. Nous nous sommes une compagnie. On
soupe pendant le chien et le loup. Nos gens soupent. Je
retourne avec elle à la place* Coulanges, *au milieu de ces
[orangers]... J'aime cette vie mille fois plus que celle de
Rennes. Cette solitude, n'est-elle pas bien convenable à une
personne qui doit songer à soi, et qui est ou veut être
chrétienne ?*

La belle-fille de Mme de Sévigné ajouta une page à cette
lettre du 29 juin : « Vous me ravissez, ma chère sœur, écrivait-
elle à Mme de Grignan, de me dire que Mme de Sévigné
m'aime ; j'ai le goût assez bon pour connaître le prix de son
amitié, et pour l'aimer aussi de tout mon cœur. »
Le 3 juillet 1689 marquait les neuf mois de leur séparation,
ainsi que Mme de Sévigné le rappela à sa fille :

---

1. Le parterre ou jardin d'agrément était situé entre le château et la place
Coulanges. « Nous sommes tellement parfumés, les soirs, de jasmins et de
fleurs d'orange que, par cet endroit, je crois être en Provence... », écrivit
Mme de Sévigné cet été-là.

Il y a aujourd'hui neuf mois, jour pour jour, dimanche pour dimanche, que je vous quittai à Charenton avec bien des larmes, et plus que vous n'en vîtes. Ces adieux sont amers et sensibles, surtout quand on n'a pas beaucoup de temps à perdre... Il y a donc neuf mois que je ne vous ai ni vue, ni embrassée, et que je n'ai entendu le son de votre voix. Je n'ai point été malade; je n'ai point eu d'ennui marqué. J'ai vu de belles maisons, de beaux pays, de belles villes. Cependant je vous avoue qu'il me semble qu'il y a neuf ans que je vous ai quittée.

Une lettre de la comtesse annonça à sa mère l'arrivée du chevalier à Grignan, plus impotent que jamais. Dans sa réponse du 6 juillet, Mme de Sévigné réagit avec toute la sympathie dont elle était capable :

Comment ne seriez-vous point touchée de le voir porter dans ces appartements ? Vous m'en faites venir les larmes aux yeux. Il y a longtemps que je fais de tristes réflexions là-dessus. Quel homme ! à quel âge[1]. *Où est-il ? où devrait-il être ? Quelle réputation ! quelle fortune étranglée, suffoquée ! quelle perte pour votre fils !*

Je suis trop obligée à toute votre bonne compagnie de se souvenir de moi et de me souhaiter. Je vous avoue que je me souhaite souvent aussi dans cette belle et grande maison, dont je connais si bien tous les habitants. Je fais mille compliments au nouveau venu. Mandez-moi bien la suite de tout ce qui se passe à Grignan ; c'est le théâtre où j'ai le plus d'attention, quoiqu'il ne soit pas le plus important de l'Europe, mais c'est tout pour moi. Quand je me représente la quantité de monde que vous êtes à Grignan, que c'est cela qui s'appelle être dans son château à se reposer un peu des autres dépenses, je voudrais en rire, si je pouvais, et je dis : « Elle est emportée par un tourbillon violent, qu'elle ne peut éviter, qui la suit partout ; c'est sa destinée. » Et en même temps je comprends que Dieu y proportionne votre courage, et cette conduite miraculeuse qui fait que vous êtes toujours en l'air et que vous volez sans ailes. Pour moi, ma chère enfant, je tombe toute plate, et quand je n'ai rien, je n'ai rien. Mes affaires de Nantes vont pitoyablement ; tout s'est tourné en chicanes, en saisies dont on se défend vingt ans durant[2].

---

1. Le chevalier de Grignan était âgé de quarante-huit ans.
2. Un nouveau régisseur s'occupait de Buron, la propriété que Mme de Sévigné avait près de Nantes, mais il se révélait difficile de forcer les fermiers à payer les arriérés qu'ils devaient.

Pendant l'été 1689, les lettres de Mme de Sévigné déploraient sans cesse la cruauté du destin qui la séparait de sa fille, la nécessité économique les immobilisant l'une en Bretagne, l'autre en Provence, à des centaines de lieues de distance : « Quand je regarde en gros la longue absence où il me paraît que nous sommes condamnées, j'avoue que j'en frémis », écrivit-elle le 13 juillet,

> *mais en détail, et jour à jour, il faudra la souffrir pour le bien de nos affaires, car mon voyage serait quasi inutile pour le sujet qui me l'a fait faire si je ne passais l'hiver en ce pays... Pour vous, ma fille, vous comptez que vous pourrez vivre six mois hors de Grignan, et six mois cachée à Grignan. Pouvez-vous appeler le séjour que vous y faites, avec toute la splendeur qui en est inséparable, être cachée ?*

« Vous me donnez une aimable idée de vos journées », continuait la lettre :

> *Quelle bonne compagnie ! Il est même agréable de n'être point tentée de quitter vos belles terrasses. C'est un bonheur pour les goutteux. Je ne connais point cette terrasse où vous êtes toujours ; elle est d'un grand usage, puisqu'elle est à couvert de la bise. Toutes vos vues sont admirables ; je connais celle du mont Ventoux[1]. J'aime fort tous ces amphithéâtres, et suis persuadée, comme vous, que si jamais le ciel a quelque curiosité pour nos spectacles, ses habitants ne choisiront point d'autre lieu que celui-là pour [les] voir commodément, et en même temps, vous en aurez un le plus magnifique du monde.*
> *Mon fils est allé à Saint-Malo voir un moment M. et Mme de Chaulnes... Nous espérons que toute cette noblesse pourra bientôt être renvoyée ; on la rassemblerait dans l'occasion avec un coup de sifflet.*

« Votre vie me fait plaisir à imaginer, ma chère Comtesse », disait Mme de Sévigné au début de sa lettre du 17 juillet :

> *J'en réjouis mes bois. Quelle bonne compagnie ! quel beau soleil... Vous souffririez plus impatiemment la continuation de nos pluies, mais elles ont cessé, et j'ai repris mes tristes et aimables promenades.*

---

1. La terrasse abritée dont parle Mme de Sévigné est probablement celle qui prolonge l'aile sud du château, appelée « aile François Ier ». Le mont Ventoux, visible de la terrasse principale, se trouve à l'ouest de Grignan.

Mme de Sévigné réagit plutôt vivement lorsque sa fille lui reprocha les promenades solitaires, les longues marches qu'elle faisait sans sa belle-fille. « Que dites-vous, mon enfant ? » demandait-elle :

Quoi ? vous voudriez qu'ayant été à la messe, ensuite au dîner, et jusqu'à cinq heures à travailler, ou à causer avec ma belle-fille, nous n'eussions point deux ou trois heures à nous ! Elle en serait, je crois, aussi fâchée que moi. Elle est fort jolie femme, nous sommes fort bien ensemble, mais nous avons un grand goût pour cette liberté, et pour nous retrouver après. Quand je suis avec vous, ma fille, je vous avoue que je ne vous quitte jamais qu'avec chagrin, et par considération pour vous ; avec toute autre, c'est par consi- dération pour moi.

A la fin juillet, Mme de Sévigné et sa belle-fille s'offrirent le plaisir d'une escapade improvisée. « A Rennes, ce mercredi 20 juillet », commençait la lettre de Mme de Sévigné :

Cette date vous surprend, ma chère enfant, et moi aussi, car je ne m'attendais point à sortir si tôt des Rochers, il est vrai que ce n'est que pour peu de jours, mais M. et Mme de Chaulnes m'ont priée si instamment, si bonnement, de les venir voir ici, où ils viennent voir mon fils à la tête de cette noblesse, que, Madame la Colonelle en étant priée aussi, comme vous pouvez penser, nous y vînmes dès le lendemain, qui fut hier. Nous y avons trouvé mon fils. Je suis chez la marquise de Marbeuf en perfection...

Quatre jours plus tard, le 24 juillet, elle écrivait de nouveau de Rennes :

Je ne vous dis point avec quelle joie et quelle amitié ces bons Gouverneurs m'ont reçue, et quelle reconnaissance d'être venue des Rochers ici pour les voir. Ils ont vu faire la revue de cette noblesse ; ce régiment est fort beau et assez bien instruit. Mon fils recevait toutes ces louanges avec un cœur qui me faisait plaisir, et moi, je songeais que ce n'était pas pour être là que je l'avais élevé et que j'avais commencé sa vie et sa fortune.

« M. et Mme de Chaulnes vous font mille et mille amitiés », continuait la lettre :

Je crois être quelquefois avec vous à Avignon : deux grandes tables deux fois le jour, et une bassette dont on ne saurait se passer. Le pays est un peu différent. Mme de Chaulnes a vu Avignon. Elle en était entêtée comme vous ; elle n'en voulait point partir. Elle y fut reçue en ambassadrice. Elle comprend les charmes de cette demeure ; Dieu vous la conserve !

Nous nous quitterons tous dans trois ou quatre jours, ma chère enfant ; soyez-en bien aise. Cette vie me tourmente trop ; il est trop question de moi. On ne se peut cacher ; cela tue. Tout ce qui va chez Mme de Chaulnes vient ici. On n'a pas un moment ; cela m'échauffe. Ne les priez point de me tirer de ma solitude : je serais malade de faire longtemps cette vie.

Dès le jour suivant, le 25, Mme de Sévigné dut se rétracter et expliquer à sa fille pourquoi elle ne retournait pas aux Rochers, comme elle en avait eu l'intention : « Je pars demain à la pointe du jour, avec M. et Mme de Chaulnes, pour un voyage de quinze jours », écrivait-elle :

Voici, ma chère enfant, comme cela s'est fait. M. de Chaulnes me dit : « Madame, vous devriez venir avec nous à Vannes, voir le Premier Président[1]. Il vous a fait des civilités depuis que vous êtes dans la province ; c'est une espèce de devoir à une femme de qualité. » Je n'entendis point cela. Je lui dis : « Monsieur, je meurs d'envie de m'en aller à mes Rochers, dans un repos dont on a besoin quand on sort d'ici... » Le lendemain, Mme de Chaulnes me dit tout bas à table : « Ma chère gouvernante, vous devriez venir avec nous. Il n'y a qu'une couchée d'ici à Vannes ; on a quelquefois besoin de ce Parlement. Nous irons ensuite à Auray, qui n'est qu'à trois lieues de là. Nous n'y serons point accablés ; nous reviendrons dans quinze jours. » Je lui répondis encore un peu trop simplement : « Madame, vous n'avez point besoin de moi ; c'est une bonté. Je ne vois rien qui m'oblige à ménager ces messieurs ; je m'en vais dans ma solitude, dont j'ai un véritable besoin. » Mme de Chaulnes se retire assez froidement. Tout d'un coup, mon imagination fait un tour, et je songe : « Qu'est-ce que je refuse à des gens à qui je dois mille amitiés et mille complaisances ? Je me sers de leur carrosse et d'eux quand cela m'est commode, et je leur refuse un petit voyage, où peut-être ils seraient bien aises de m'avoir. Ils me demandent cette complaisance avec timidité, avec honnêteté, et moi, avec beaucoup de santé, sans aucune bonne raison, je les refuse et c'est dans le temps que nous voulons la

1. Rene Lefebvre, seigneur de La Faluère, était premier président du parlement de Bretagne.

députation pour mon fils, dont apparemment M. de Chaul-nes sera le maître cette année[1]. » Tout cela passa vite dans ma tête ; je vis que je ne faisais pas bien. Je me rapproche. Je lui dis : « Madame, je n'ai pensé d'abord qu'à moi, et j'étais peu touchée d'aller voir M. de La Faluère, mais serait-il possible que vous le souhaitassiez pour vous, et que cela vous fît le moindre plaisir ? » Elle rougit, et me dit avec un air de vérité : « Ah ! Vous pouvez penser. — C'est assez, madame ; il ne m'en faut pas davantage. Je vous assure que j'irai avec vous. » Elle me fit voir une joie très sensible, et m'embrassa, et sortit de table, et dit à M. de Chaulnes : « Elle vient avec nous. » Il dit : « Elle m'avait refusé, mais j'ai espéré qu'elle ne vous refuserait pas. » Enfin, ma chère fille, je pars, et je suis persuadée que je fais bien, et selon la reconnaissance que je leur dois de leur continuelle amitié, et selon la politique, et que vous-même vous me l'auriez conseillé. Mon fils en est ravi, et m'en remercie.

La lettre suivante que Mme de Sévigné envoya en Provence était datée « A Auray, samedi 30ᵉ juillet », et commençait ainsi :

Ma chère bonne, regardez où je suis, je vous en prie ; me voilà sur la côte du midi, sur le bord de la mer. Où est le temps que nous étions dans ce petit cabinet à Paris ; à deux pas l'une de l'autre ? Il faut espérer que nous nous y retrouverons. Cependant voici où la Providence me jette... Nous sommes venus en trois jours de Rennes à Vannes (c'est six ou sept lieues par jour) ; cela fait une facilité, et une manière de voyager, trouvant toujours des dîners et des soupers tout prêts et très bons, qui fait une manière de voyager fort commode. Nous trouvons partout les commu-nautés, les compliments, et le tintamarre qui accompagne vos grandeurs, et de plus, des troupes, des officiers et des revues de régiments, qui font un air de guerre admirable. Nous arrivâmes jeudi au soir à Vannes...
M. de La Faluère me fit des honnêtetés au-delà de ce que je puis dire ; il ne me regardait et ne me parlait qu'avec des exclamations : « Quoi ? C'est là Mme de Sévigné ! quoi ? c'est elle-même ! » Mme de Chaulnes disait : « Monsieur, c'est pour rendre ses devoirs que je l'ai tirée de ses Rochers. Sans cela, je ne l'aurais jamais pu faire. »

D'Auray, le gouverneur et sa suite entreprirent plusieurs excursions dans la péninsule, aussi attractive pour les touristes

---

1. Charles de Sévigné cherchait à se faire nommer député de la noblesse de Bretagne à la cour de Versailles.

du xviie siècle que de nos jours. Le 12 août, Mme de Sévigné écrivit à sa fille :

> *Nous avons fait depuis trois jours le plus joli voyage du monde au Port-Louis, qui est une très belle place située comme vous savez : toujours cette [belle] pleine mer devant les yeux... Nous allâmes le lendemain, [qui était jeudi,] en un lieu qu'on appelle Lorient, à une lieue dans la mer ; c'est là qu'on reçoit les marchands et les marchandises qui viennent d'Orient... Nous vîmes bien des marchandises, des porcelaines et des étoffes. Cela plaît assez. Si vous n'étiez point la reine de la Méditerranée, je vous aurais cherché une jolie étoffe pour une robe de chambre, mais j'eusse cru vous faire tort. Nous revînmes le soir, avec le flux de la mer, coucher à Hennebont, par un temps délicieux ; votre carte vous fera voir ces situations.*

Cette paisible excursion au bord de la mer fut interrompue par l'arrivée d'un courrier spécial du roi, qui priait le duc de se rendre immédiatement à Versailles pour y recevoir des instructions.

Ecrivant de Rennes, le « mercredi 17 août », Mme de Sévigné avait de mauvaises nouvelles à transmettre à sa fille, des nouvelles de Rome : le pape était au plus mal. Un conclave de cardinaux allait être convoqué au Vatican pour élire un successeur. Louis XIV voulait envoyer le duc de Chaulnes comme ambassadeur à Rome pour y représenter les intérêts de la France dans ce moment crucial.

> *En vérité, ma chère fille, j'ai bien des choses à vous dire et à vous répondre. Je reprends à ce courrier qui vint trouver M. de Chaulnes à Hennebont. Il portait une lettre du Roi, que j'ai vue, toute remplie de ce qui fait obéir, et courir, et faire l'impossible. Nous reconnûmes le style et l'esprit décisif de M. de Louvois, qui ne demande point : « Pouvez-vous faire un voyage à Rome ? » Il ne veut ni retardement ni excuses ; il prévient tout. Le Roi mande « qu'il a résolu de l'envoyer à Rome, parce qu'il n'a jugé que lui seul capable de faire la plus grande chose qui soit dans l'Europe, en donnant à l'Eglise un chef qui puisse également gouverner l'Eglise et contenter tout le monde, et la France en particulier...*

M. de Chaulnes, disait Mme de Sévigné, était « partagé entre le goût que son amour-propre trouvait à ce choix, qui le fait venir chercher dans le fond de la Bretagne pour lui donner l'honneur d'une si belle ambassade, et le regret de quitter les Etats [généraux de Bretagne] où il y aura de grandes affaires et où il pourrait également servir le Roi et la province. Pour Mme de Chaulnes, [à bride abattue], elle pleure, elle soupire : une absence, un grand voyage, un âge assez avancé ».

Mme de Chaulnes, toujours d'après Mme de Sévigné, ne pouvait manquer de se sentir flattée par l'honneur fait à son mari, mais elle était très inquiète et pleurait parce qu'elle y voyait un bien long voyage, très fatigant pour un homme de cet âge.

Quant à Mme de Sévigné, elle aurait pu tout aussi bien pleurer et soupirer à la nouvelle de la grave maladie du pape : la réconciliation de la France avec le Vatican impliquait le retour d'Avignon au Saint-Siège, et la fin du mandat de vice-légat pour le comte de Grignan, la fin surtout des revenus intéressants attachés à ce poste.

« Mme de Chaulnes s'en va deux jours après [le duc] », poursuivait Mme de Sévigné dans sa lettre du 17 août :

> *Cette duchesse veut m'emmener ; elle dit que vous le voulez. Elle est véritablement fâchée de me quitter. Nous faisons des réflexions sur les dérangements que fait la Providence. Nous devions passer l'hiver en ce pays. Je retournais un mois aux Rochers, je promettais d'aller au commencement d'octobre à Saint-Malo, puis aux Etats, puis un peu aux Rochers, puis à Rennes depuis le carême jusqu'après Pâques, et de tout cela il arrive que, dans quatre jours, M. et Mme de Chaulnes ne seront plus dans cette province, que je m'en vais aux Rochers avec votre frère et sa femme, et que j'y passerai l'hiver plus agréablement qu'en nul autre endroit, n'ayant plus ces bons Gouverneurs. J'envoie et j'enverrai un peu d'argent à Paris... J'aurai en perspective de vous retrouver l'année qui vient à Paris ; c'est là mon espérance, et il en sera tout ce qu'il plaira à Dieu, car je suis désabusée des projets des hommes... Ainsi finit, ma chère enfant, notre société et notre commerce avec ces bons Gouverneurs... je suis bien heureuse d'aimer les Rochers, et ceux qui en sont les maîtres, et la vie qu'on y mène. Me revoilà dans mon état naturel, dont je ne sortirai que pour vous.*

« Me revoilà dans ces Rochers que vous craignez si fort, et qui n'ont pourtant rien de si affreux », commençait sa lettre du 21 août :

*Il n'y a plus en ce pays ni duc ni duchesse de Chaulnes ;
ils m'ont laissée avec bien du chagrin. Ils ont voulu me
remettre où ils m'avaient prise, et je me suis fait une grande
violence pour les refuser, mais mon voyage ne me servait de
rien s'il avait été si court, et j'ai pris sur moi de le rendre
utile, puisque j'y suis. En ces occasions*
Le cœur voudrait Paris, et la raison Bretagne [1].
*Enfin, ma fille, voilà qui est fait. Il m'en a coûté des larmes
en voyant partir cette bonne duchesse... M. de Chaulnes a
dit à mon fils que la députation serait peut-être plus assurée
par l'audience que le Roi lui donnerait sur la Bretagne que
s'il y était demeuré pour tenir les Etats. Ainsi nous
attendons de ses nouvelles. Si elles sont bonnes, comme il le
souhaite autant que nous, ce sera mon fils qui me remènera
ce printemps à Paris.*

« Ne craignez point que je devienne anachorète, rassurait-
elle sa fille dans cette même lettre : Mon fils m'en empêchera
bien, et mille gens qui doivent le venir voir, peut-être trop. Il
fait le plus beau temps du monde. Je m'en vais reprendre ma
vie, mes lectures, mes promenades. »

Le 28 août, la nouvelle de la mort du pape était parvenue
jusqu'au fin fond de la Bretagne, à la consternation de Mme de
Sévigné : « Le bon Dieu n'a pas conservé le pape, si nécessaire
à votre vie et à votre satisfaction ; ce Comtat s'est fait sentir
dans toute sa bonté et son utilité, et va disparaître. »

Si la marquise s'était résignée aux décrets de la Providence
concernant sa propre vie, elle se plaignait encore d'un sort trop
dur envers sa fille, se lamentant de « la perte que vous ferez de
votre beau Comtat et d'Avignon. Quel séjour ! quelle douceur
d'y passer l'hiver ! quelle bénédiction que ce revenu dont vous
faites un si bon usage ! quelle perte ! quel mécompte ! ». « Je
pleure le pape, écrivait-elle ailleurs, je pleure le Comtat
d'Avignon : *Dieu l'a donné, Dieu l'a ôté.* »

Le bon Dieu ne manquerait pas de veiller sur le marquis de
Grignan, sa grand-mère en était sûre : « En même temps que
Dieu le conservera et que ce qu'il garde est bien gardé »,
promettait-elle à la mère du marquis. Leur jeune officier
de cavalerie se trouvait alors en Allemagne avec l'armée
de Boufflers. « Quelle émotion quand j'entends parler de
M. de Boufflers ! » confessait Mme de Sévigné. Le marquis

1. Mme de Sévigné paraphrase un vers de Boileau.

s'était trouvé au cœur de l'action à Valcourt : « Ce marmot ! »
s'exclamait sa grand-mère dans sa lettre du 11 septembre :

> *entrer l'épée à la [main], et forcer ce château, et tuer et*
> *enlever onze ou douze cents hommes ! représentez-vous un*
> *peu cet enfant devenu un homme, un homme de guerre, un*
> *brûleur de maisons... En vérité, ma chère Comtesse, vous*
> *avez raison de dire que je ne suis pas indifférente à cet*
> *enfant et à vos affaires. Ce n'est pas même s'y intéresser, ni*
> *les partager ; c'est y être tout entière par dessus la tête. Et où*
> *serais-je donc ? c'est ce qui m'occupe, et qui m'entretient, et*
> *qui m'émeut, et qui me fait sentir que je suis encore trop en*
> *vie.*

« Eussions-nous jamais cru, écrivait-elle ailleurs sur le
même sujet, que ce métier, c'est-à-dire cette profession, eût été
dans son goût, qu'il s'y donnât tout entier comme il fait ? Une
application, une vigilance, un désir de bien faire, une hardiesse, enfin tout, et plus de paresse ! Il semble que cela soit fait
pour lui. C'est un aimable et un joli et un estimable garçon.
Dieu le conserve ! »

« Nous avons aujourd'hui un temps affreux », continuait-elle
dans sa lettre du 11 septembre :

> *il semble que l'hiver veuille déjà commencer. Je songe pour*
> *me sécher à votre beau soleil d'Avignon. Ah, mon Dieu ! ne*
> *parlons point de cela. Je n'ose penser au bien qui vous en*
> *revenait, ni à ce que vous ferez sans ce secours.*

La perte des revenus d'Avignon n'avait apparemment pas
encore terni les splendeurs du château de Grignan, où le duc de
Chaulnes et sa suite, en route pour Rome, étaient attendus au
début septembre. Dans sa lettre du 18 septembre, Mme de
Sévigné ne cacha pas que, comme d'habitude, elle se sentait à
la fois impressionnée et effrayée à la pensée du train de vie
dispendieux des Grignan :

> *Parlons vitement de la visite de ce bon duc de Chaulnes,*
> *de la réception toute magnifique, toute pleine d'amitié que*
> *vous lui avez faite : un grand air de maison, une bonne*
> *chère, deux tables comme dans la Bretagne, servies à la*
> *grande, une grande compagnie, sans que la bise s'en soit*
> *mêlée.*
> *Il me paraît que Flame[1] sait bien vous servir, sans*

---

1. Le maître d'hôtel des Grignan.

embarras et d'un bon air. Je vois tout cela, ma chère enfant, avec un plaisir que je ne puis vous représenter. Je souhaitais qu'on vous vît dans votre gloire, au moins votre gloire de campagne, car celle d'Aix est encore plus grande, et qu'il mangeât chez vous autre chose que notre poularde et notre omelette au lard. Il sait présentement ce que vous savez faire.

M. de Coulanges, le petit cousin replet, favori de Mme de Sévigné, avait été invité par le duc de Chaulnes à accompagner la mission diplomatique en Italie. Il faisait donc partie des invités de Grignan, comme Mme de Sévigné en prit note :

Coulanges a fort bien fait aussi son personnage ; il n'est point encore baissé. Je crains pour lui ce changement, car la gaieté fait une grande partie de son mérite. Il était là, ce me semble, à la joie de son cœur, prenant intérêt à tout ce qui s'y passait, et transporté des perfections de Pauline. Vous l'accusez toujours de n'être joli qu'avec les ducs et pairs ; je l'ai pourtant vu bien plaisant avec nous, et vous me contiez des soupers pendant que j'étais ici, il y a cinq ans, qui vous avaient bien divertie. M. de Chaulnes m'écrit ; voilà sa lettre. Vous verrez s'il est content de vous tous, et de la manière dont vous savez faire les honneurs de chez vous... Vous m'avez nommée plusieurs fois ; vous avez bu ma santé. Coulanges a grimpé sur sa chaise. Je trouve le tour bien périlleux pour un petit homme rond comme une boule et maladroit ; je suis bien aise qu'il n'ait point fait la culbute pour solenniser ma santé.

« Coulanges m'en paraît charmé, et de vous, et de M. de Grignan, et de votre château, et de votre magnificence », écrivit Mme de Sévigné le 25 septembre, sans doute après avoir reçu une lettre de son petit cousin :

Cette manière de faire les honneurs de la maison a fait de profondes traces dans son cerveau ; il vous reconnaît pour duc et duchesse de Campo-Basso[1] pour le moins. Enfin, ma chère Comtesse, que ne faites-vous pas quand vous le voulez, et avec quel air et quelle bonne grâce ?

« Vous voulez savoir notre vie, ma chère enfant ? » demandait Mme de Sévigné, ce même automne 1689 :

1. Le comte de Grignan avait des prétentions au titre de duc de Termes (ou Termoli) et de Campo-Basso, en raison du mariage d'un ancêtre Adhémar au XVᵉ siècle avec une fille du comte de Campo-Basso et de Termoli.

Hélas ! la voici. Nous nous levons à huit heures, la messe à neuf. Le temps fait qu'on se promène ou qu'on ne se promène pas, souvent chacun de son côté. On dîne fort bien. Il vient un voisin ; on parle de nouvelles. L'après-dinée, nous travaillons, ma belle-fille à cent sortes de choses, moi à deux bandes de tapisserie que Mme de Kerman me donna à Chaulnes. A cinq heures, on se sépare, on se promène, ou seule, ou en compagnie. On se rencontre à une place fort belle. On a un livre, on prie Dieu, on rêve à sa chère fille, on fait des châteaux en Espagne, en Provence, tantôt gais, tantôt tristes. Mon fils nous lit des livres très agréables. Nous en avons un de dévotion, les autres d'histoire ; cela nous amuse et nous occupe. Nous raisonnons sur ce que nous avons lu. Mon fils est infatigable, il lit cinq heures de suite si on veut. Recevoir des lettres, y faire réponse, tient une grande place dans notre vie, principalement pour moi. Nous avons eu du monde, nous en aurons encore. Nous n'en souhaitons point ; quand il y en a, on est bien aise. Mon fils a des ouvriers. Il a fait parer, comme on dit ici, ses grandes allées. Vraiment, elles sont belles. Il fait sabler son parterre. Enfin, ma fille, c'est une chose étrange comme, avec cette vie tout insipide et quasi triste, les jours courent et nous échappent, et Dieu sait ce qui nous échappe en même temps. Ah ! ne parlons point de cela. J'y pense pourtant, et il le faut. Nous soupons à huit heures. Sévigné lit après souper, mais des livres gais, de peur de dormir. Ils s'en vont à dix heures. Je ne me couche guère que vers minuit. Voilà à peu près la règle de notre couvent. Il y a sur la porte : sainte liberté, ou fais ce que tu voudras [1]. *J'aime cent fois mieux cette vie que celle de Rennes ; ce sera assez tôt d'y aller passer le carême pour la nourriture de l'âme et du corps.*

50.

Aux Rochers, ce [dimanche] 2ᵉ octobre [1689]. Il y a demain un an, ma chère bonne, que je ne vous ai vue, que je ne vous ai embrassée, que je ne vous ai entendue parler, et

---

1. Référence à l'abbaye de Thélème dans *Gargantua* de Rabelais.

que je vous quittai à Charenton. Mon Dieu, que ce jour est
présent à ma mémoire ! Et que je souhaite d'en retrouver un
autre qui soit marqué par vous revoir, ma chère enfant, et
vous retrouver, et vous embrasser de tout mon cœur, et
m'attacher à vous pour jamais, et finir ma vie avec celle qui
l'a occupée tout entière par l'agitation et l'attention et par la
sensibilité que donne une tendresse toute vive, toute pleine
d'une inclination et d'un si véritable attachement qu'il a
rempli mon cœur et toute ma vie. Voilà ce que je sens et ce
que je vous dis, ma chère bonne, sans le vouloir, et en
solennisant tristement ce bout de l'an de notre séparation.

L'affection entre la mère et la fille était maintenant réciproquement avouée. La discorde et le doute ne venaient plus la troubler et les manifestations passionnées de tendresse et de bonne volonté n'étaient plus nécessaires. En opposition radicale avec l'attitude qu'elle avait affichée les années précédentes, Mme de Sévigné semblait désormais se garder d'exprimer trop explicitement son amour et son attachement. Elle ne craignait certes pas d'importuner sa fille par son exubérance, mais une affection aussi sereine que la leur n'exigeait plus tant de paroles.

Les désaccords entre les deux femmes ne se transformaient plus en d'aigres disputes, comme le montre bien un autre paragraphe de cette lettre d'anniversaire :

Au reste, ma bonne, nous ne sommes point fâchés contre
nos bons Gouverneurs. J'en suis ravie ; j'étais au désespoir
qu'ils eussent tort. Il est certain, du consentement de tous
nos amis, que M. de Chaulnes ne put pas dire un seul mot
au Roi, ni de la Bretagne, ni de la députation, qui n'eût été
mal placé ; Rome occupait tout.

Quand Mme de Grignan se montra fâchée contre le duc de Chaulnes qui n'avait pas su obtenir un mandat de député pour Charles de Sévigné, Mme de Sévigné maintint qu'elle comprenait pourquoi il avait agi ainsi, ou plutôt, pourquoi il s'était abstenu d'agir. Elle respectait profondément le jugement de sa fille, mais elle était également loyale envers ses amis, et la correspondance des mois suivants montre comment elle prit fermement la défense du duc et de la duchesse de Chaulnes face aux vives attaques de Mme de Grignan : « Oh bien ! ma bonne, soyez donc en colère contre M. de Chaulnes ; pour moi, je ne saurais... » « l'ingratitude est ma bête d'aversion », s'exclamait-elle. Et plus loin : « ...et je ne m'amuserai point à haïr des gens que je suis assurée qui en sont aussi fâchés que moi. Voilà un chapitre fini ». « Ainsi nous n'y comptons plus, écrivait-elle ailleurs, et si par hasard la chose revenait à nous, elle nous paraîtrait miraculeuse. Ce n'est pas le plus grand mal que me cause la mort du pape, quand je pense à la perte qu'elle vous cause. »

« Le commencement de votre lettre, ma fille, écrivit par la suite Mme de Sévigné, dit de grandes choses en peu de mots : Ottobon *pape*[1], le Comtat [d'Avignon] *rendu* [au Saint-Siège] le Roi et [M.] de Chaulnes *triomphants*, et Mme de Grignan *ruinée*! »

Le 9 octobre, Mme de Sévigné disait se trouver seule aux Rochers : « ... Mon fils est à Rennes pour voir le maréchal d'Estrées, ma belle-fille pour voir sa mère. J'aurai demain une femme de Vitré que j'aime assez... » Une semaine plus tard, elle était « encore seule. Mon fils et sa femme sont encore à Rennes ; ma femme de Vitré s'en est allée. Je suis fort bien ; ne me plaignez point... Ne soyez point en peine de ma solitude ; je ne la hais pas. Ma belle-fille reviendra incessamment ».

Le 23 octobre, elle écrivit :

> Je suis toujours seule, ma chère enfant, et je ne m'ennuie point. J'ai de la santé, des livres à choisir, de l'ouvrage et du beau temps ; on va bien loin avec un peu de raison mêlée dans tout cela. Je vois, au travers de tout ce que mon fils et sa femme me mandent, qu'ils sont ravis d'être à Rennes, et moi, dès ce moment, il me prend une véritable envie qu'ils y soient. Je leur défends de venir ; je trouve même qu'ils ont raison. Il y a très bonne compagnie à Rennes. Tout y brille de joie. Ils ne sentent pas tous les millions qu'on va demander à la province ; ils ne songent qu'au retour du Parlement dans cette pauvre ville. C'est dans ce palais, le plus beau de France, qu'on tient les Etats ; rien n'est plus magnifique.

Le 24 octobre, Mme de Sévigné eut la surprise et la joie de voir arriver sa belle-fille à l'improviste aux Rochers, comme le prouve cette lettre à Mme de Grignan :

> ... elle quitta Rennes, malgré tout le monde et tous les plaisirs qui y sont, pour venir, dit-elle, auprès de moi, préférant ce plaisir à tous les Etats. Cela me surprit, et

---

1. Le 6 octobre 1689, le cardinal Pietro Ottoboni avait été élu pape sous le nom d'Alexandre VIII. Il succédait à Innocent XI.

m'aurait inquiétée si je ne voyais clairement qu'elle en est fort aise, et que c'est d'aussi bon cœur que de bonne grâce qu'elle a fait cette expédition. Dumesnil a fait venir l'opéra d'Atys[1] *à Rennes ; il n'est pas en si grand volume, mais il est fort joli. Elle y a été une fois. Elle en est contente, et encore plus d'être revenue ici. Elle me dit :* « *Tout le monde me tourmentait à Rennes sur l'envie de revenir aux Rochers, mais, madame, quand je les ai fait souvenir que c'est pour être auprès de vous, ils ont fort bien compris que j'avais raison.* » *Enfin, la voilà. J'ai cru que ce petit récit ne la brouillerait pas avec vous.*

Mme de Sévigné n'était pas insensible au sacrifice qu'avait consenti sa belle-fille en revenant de Rennes pour lui tenir compagnie, mais son cœur et son esprit se tournaient vers Grignan : « Je pense sans cesse à Grignan, à vous tous, à vos terrasses, à votre belle [et triomphante] vue », écrivait-elle rêveusement des Rochers, un jour d'automne 1689 :

Je sors de mes bois pour me promener avec vous, mais dans ce grand nombre de pensées, j'en trouve qui me font crier, car comment s'imaginer qu'on ne travaille à Rome que pour vous ôter ce beau Comtat ? Ma fille, ne parlons point de cela.

Elle préférait s'entretenir de Mme Reinié, la couturière parisienne de Mme de Grignan, qui avait tout à coup fait irruption à Grignan pour réclamer le payement de factures arriérées : « Disons un mot de Mme Reinié », écrivait Mme de Sévigné le 26 octobre :

Quelle Furie ! Ne crûtes-vous point qu'elle était morte, et que son esprit et toutes ses paroles vous revenaient persécuter comme quand elle était en vie ? Pour moi, j'aurais eu une frayeur extrême et j'aurais fait le signe de la croix, mais je crains qu'il ne faille autre chose pour la chasser. Comment fait-on cent cinquante lieues pour demander de l'argent à une personne qui meurt d'envie d'en donner et qui en envoie quand elle peut ? Nulle personne arrivée à Grignan ne pouvait tant m'étonner que celle-là ; j'en fis un cri. Vous faites bien cependant de ne la pas maltraiter ; vous êtes toute raisonnable. Mais comment vous serez-vous tirée de ses pattes, et de ces inondations de paroles où l'on se trouve noyée, abîmée ?

1. *Atys* avait été joué pour la première fois à Paris en 1676. Dumesnil jouissait d'une grande réputation dans le monde lyrique.

Quand les lettres de M. de Coulanges, cousin de Mme de Sévigné, chantaient les louanges de Pauline de Grignan, la grand-mère de la jeune fille rayonnait de fierté : « J'aime tout à fait les louanges naturelles de Coulanges pour Pauline », écrivait-elle à Mme de Grignan :

> *Si ce comte avait voulu ne donner que ses yeux et sa belle taille, et vous laisser le soin de tout le reste, Pauline aurait brûlé le monde*[1]. *Cet excès eût été embarrassant ; ce joli mélange est mille fois mieux et fait assurément une jolie créature. Sa vivacité ressemble à la vôtre. Votre esprit dérobait tout, comme vous dites du sien ; voilà une jolie louange. Elle saura dans un moment l'italien, avec une maîtresse bien meilleure que n'était la vôtre*[2]. *Vous méritiez bien, ma chère enfant, d'avoir une aussi parfaitement aimable fille que celle que j'avais.*

« Il faut », écrivait Mme de Sévigné dans sa lettre du 12 octobre à Mme de Grignan,

> *que je vous conte que Mme de La Fayette m'écrit du ton d'un arrêt du Conseil d'en haut, de sa part premièrement, puis de celle de Mme de Chaulnes et de Mme de Lavardin, me menaçant de ne me plus aimer si je refuse de retourner tout à l'heure à Paris, que je serai malade ici, que je mourrai, que mon esprit baissera, qu'enfin, point de raisonnement, il faut venir, elle ne lira seulement point mes méchantes raisons. Ma fille, cela est d'une vivacité et d'une amitié qui m'a fait plaisir. Et puis elle continue : voici les moyens. J'irai à Malicorne avec l'équipage de mon fils ; Mme de Chaulnes y fait trouver celui de M. le duc de Chaulnes. J'arriverai à Paris ; je serai logée chez cette duchesse. Je n'achèterai des chevaux que ce printemps. Et voici le beau : je trouverai mille écus chez moi de quelqu'un qui n'en a que faire, qui me les prête sans intérêts, qui ne me pressera point de les rendre. Et que je parte tout à l'heure !... J'y réponds aussi avec reconnaissance, mais en badinant, l'assurant que je ne m'ennuierai que médiocrement avec mon fils, sa femme, des livres, et l'espérance de retourner cet été à Paris, sans être logée hors de chez moi, sans avoir besoin d'équipage, parce que j'en aurai un, et sans devoir mille écus à un généreux ami, dont la belle âme et le beau procédé*

---

1. Expression qui avait servi à décrire Mme de Grignan, à l'époque de ses débuts à la cour.
2. C'est Mme de Sévigné qui avait appris l'italien à Mme de Grignan.

me presseraient plus que tous les sergents du monde, qu'au reste je lui donne ma parole de n'être point malade, de ne point vieillir, de ne point radoter, et qu'elle m'aimera toujours, malgré sa menace. Voilà comme j'ai répondu à ces trois bonnes amies. Je vous montrerai quelque jour cette lettre ; elle vous fera plaisir. Mon Dieu, la belle proposition de n'être plus chez moi, d'être dépendante, de n'avoir point d'équipage, et de devoir mille écus ! En vérité, ma chère enfant, j'aime bien mieux sans comparaison être ici. L'horreur de l'hiver à la campagne n'est que de loin ; de près ce n'est plus de même. Mandez-moi si vous ne m'approuvez pas. Si vous étiez à Paris, ah ! c'est une raison étranglante, mais vous n'y êtes pas.

La réponse de Mme de Sévigné à ses amies a disparu. Mme de La Fayette ne conservait malheureusement pas sa correspondance. En revanche, Mme de Sévigné transmit la lettre de Mme de La Fayette à sa fille, qui la classa avec celles de sa mère. « Mon style sera laconique », commençait la lettre que Mme de La Fayette écrivit le 8 octobre :

Il est question, ma belle, qu'il ne faut point que vous passiez l'hiver en Bretagne, à quelque prix que ce soit. Vous êtes vieille. Les Rochers sont pleins de bois. Les catarrhes et les fluxions vous accableront. Vous vous ennuierez, votre esprit deviendra triste et baissera. Tout cela est sûr, et les choses du monde ne sont rien en comparaison de tout ce que je vous dis. Ne me parlez point d'argent ni de dettes ; je vous ferme la bouche sur tout. M. de Sévigné vous donne son équipage ; vous venez à Malicorne. Vous y trouvez les chevaux et la calèche de M. de Chaulnes. Vous voilà à Paris. Vous allez descendre à l'hôtel de Chaulnes. Votre maison n'est pas prête, vous n'avez point de chevaux ; c'est en attendant. A votre loisir, vous vous remettez chez vous. Venons au fait. Vous payez une pension à M. de Sévigné, vous avez ici un ménage ; mettez le tout ensemble, cela fait de l'argent, car votre louage de maison va toujours. Vous direz : « Mais je dois, et je paierai avec le temps. » Comptez que vous trouvez ici mille écus, dont vous payez ce qui vous presse, qu'on vous les prête sans intérêt, et que vous les rembourserez petit à petit comme vous voudrez. Ne demandez point d'où ils viennent, ni de qui c'est ; on ne vous le dira pas. Mais ce sont gens qui sont bien assurés qu'ils ne les perdront pas. Point de raisonnements là-dessus, point de paroles, ni de lettres perdues ; il faut venir. Tout ce que vous m'écrirez, je ne le lirai seulement pas. Et, en un mot, ma belle, il faut ou venir ou renoncer à mon amitié, à celle de

Mme de Chaulnes et à celle de Mme de Lavardin. Nous ne
voulons point d'une amie qui veut vieillir et mourir par sa
faute. Il y a de la misère et de la pauvreté à votre conduite[1].
Il faut venir dès qu'il fera beau.

« En vérité, cette conspiration est trop jolie », disait Mme de
Sévigné de la proposition que lui faisaient ses amies, et qu'elle
appréciait infiniment tout en la rejetant catégoriquement.

Mme de Sévigné cherchait à dissiper les craintes que mani-
festaient non seulement ses amies, mais aussi sa fille à propos
des maussades hivers bretons : « Ne vous représentez point
que je sois dans un bois obscur et solitaire, avec un hibou sur
ma tête », répliquait-elle indignée à quelque remarque de
Mme de Grignan. Il est certain que la vie aux Rochers s'égaya
sensiblement à la mi-novembre, quand Charles de Sévigné
revint de Rennes avec de nombreux invités à sa suite pour
rejoindre sa femme et sa mère dans ce château hérissé de tours.
« Mon fils est enfin revenu des Etats, écrivait Mme de Sévigné
le 16 novembre : Il est fort aise d'être avec nous. Mme de
Marbeuf est ici pour quelque temps, et l'abbé de Quimperlé qui
ne songe qu'à me rendre service... »

L'abbé Charrier, un autre invité que Charles avait amené aux
Rochers, lui rendait encore mieux service : « Je suis bien
obligée à cet abbé... il se charge de toutes mes affaires de basse
Bretagne, qui ne sont pas petites et que je ne pourrais point
faire de Paris », écrivait-elle. Et aussi à la fin novembre :

[*Nous avons été deux jours, l'abbé Charrier et moi, à*
compter avec notre monsieur le fermier ; il est] *fort honnête*
homme, [*mais*] *celui qui était devant lui a ruiné ma terre. Ce*
ne sont que réparations et abîmes. Je ne toucherai jamais
rien de mille pistoles qu'il me doit et, depuis deux ans, le
revenu a été employé à mettre tout en état.

« Ces bois sont présentement tout pénétrés du soleil, quand il
en fait », écrivait-elle le 29 novembre :

il y a un terrain sec, et une place Madame où le midi est à
plomb, et un bout d'une grande allée où le couchant fait des
merveilles. Et quand il pleut, une bonne chambre avec un
grand feu ; souvent deux tables de jeu, comme présentement.
Il y a bien du monde, qui ne m'incommode point ; je fais
mes volontés. Et quand il n'y a personne, nous sommes

---

1. Mme de La Fayette reprochait à Mme de Sévigné de s'être dépouillée
financièrement au profit de ses enfants.

encore mieux, car nous lisons avec un plaisir que nous préférons à tout. Mme de Marbeuf nous est bonne ; elle entre dans tous nos goûts, mais nous ne l'aurons pas toujours. Voilà une idée que j'ai voulu vous donner, afin que votre amitié soit en repos.

Mme de Grignan n'avait pas à se faire de souci à propos de l'hiver breton de sa mère, mais c'est Mme de Sévigné qui se préoccupait de la première saison froide que sa fille allait passer à Grignan. « Vous voilà donc résolue de passer l'hiver à Grignan, s'exclamait-elle consternée au début décembre, faisant voir les raisons qui vous empêchent de tenir votre cour à Aix trois ou quatre mois, comme avait accoutumé de faire M. de Grignan. » La raison n'était autre, bien sûr, que l'insolvabilité des Grignan. En se retirant à Grignan, ceux-ci reconnaissaient ouvertement ne plus pouvoir se permettre la dépense d'un hiver passé à Aix.

« Vous m'avez donné une telle idée de la bise de Grignan pendant l'hiver que j'en suis effrayée », écrivait Mme de Sévigné dans une autre lettre à sa fille :

> *Je crois que M. de Grignan se résoudra difficilement à ne point passer ces trois mois à sa bonne ville d'Aix, mais il faut quelquefois céder à l'impossibilité. Que cette pensée est triste ! et que c'est un grand malheur de se trouver si épuisée quand on aurait si grand besoin de ne l'être pas !*

« Mandez-moi, ma chère Comtesse, comme vous vous accommoderez de passer l'hiver dans votre château, sur votre montagne, avec votre ouragan ; cela fait frémir », écrivait-elle un autre jour ce même hiver. « C'est un beau miracle que vos glaces n'aient point été cassées », soupirait-elle après avoir lu la description que lui faisait sa fille d'une tornade qui s'était abattue sur le château au début novembre. Il y avait eu des inondations en octobre : « Vous n'êtes point accoutumés à ces déluges, écrivait Mme de Sévigné avec compassion : Vous me représentez votre château dans un état qui me donne beaucoup de peine, et si vous n'avez pas sauvé tous vos beaux meubles, et surtout celui de votre cabinet, digne de Versailles. »

C'était un rude hiver. En novembre, de bonnes nouvelles vinrent pourtant les réconforter, que Mme de Sévigné commentait, le 20 de ce même mois :

> *Vous me tirez d'une grande peine, ma chère enfant, en m'apprenant que voilà notre Marquis colonel du beau et*

> *bon régiment de son oncle. Rien ne saurait être plus avantageux pour lui. A dix-huit ans, on ne saurait être plus avancé... Je vous défie avec toute votre industrie de trouver à regratter là-dessus. Il n'est plus question, ma chère Comtesse, que de soutenir cette place, qui comporte plus de dépense que celle de capitaine. Il faut payer Monsieur le Chevalier ; combien est-ce ? Il faut espérer que vous aurez permission de vendre votre belle compagnie, l'ouvrage de vos mains*[1]. *Enfin, ma fille, les biens et les maux sont mêlés. Les honneurs augmentent la dépense...*

Mon petit colonel m'a écrit, et à son oncle pour nous donner part de son exaltation », annonçait Mme de Sévigné dans sa lettre du 11 décembre :

> *Il n'avait point encore reçu notre lettre de compliment. Il nous avoue joliment qu'il est ravi de se trouver à la tête d'une si belle troupe, et de pouvoir dire* mon régiment, *que cela est un peu jeune, mais qu'il n'a que dix-huit ans.*

« Mais, ma fille, votre cher enfant ne viendra-t-il point vous voir ? » demandait Mme de Sévigné à la mère de l'officier. Il lui semblait également qu'il était temps que l'on se mît à penser à en faire « un colonel bien marié ». La perspective de devenir arrière-grand-mère ne l'attristait pas le moins du monde : « Quand il devrait avoir un enfant au bout de l'an, j'en serais ravie. » Par bon mariage, Mme de Sévigné entendait une union financièrement avantageuse pour la famille Grignan, alors au bord de la faillite. C'était le seul espoir de redresser la situation. Tous les membres de la famille Grignan s'accordaient à penser que le marquis devrait se marier jeune et produire des fils et des héritiers pour assurer la perpétuation du nom.

La mère et la fille prenaient heureusement plaisir à se lire mutuellement, car le rythme de leur correspondance était fort soutenu. Le 29 novembre, Mme de Sévigné écrivait une fois encore combien elle appréciait les lettres de Mme de Grignan :

> *Je m'intéresse toujours à ce qui regarde Monsieur le Chevalier, non parce qu'il s'amuse à lire et à aimer mes*

---

1. Seul le secrétaire de la Guerre était habilité à autoriser la vente d'unités militaires. Lui seul pouvait approuver un acheteur, lorsqu'on en avait trouvé un. La compagnie de cavalerie dont le marquis de Grignan était capitaine fut vendue en avril 1690 pour 12 000 livres. Le comte de Grignan versa à son frère le chevalier la somme de 8 000 livres pour le régiment qu'allait commander le marquis.

lettres, car au contraire je prends la liberté de me moquer de lui, mais parce que effectivement sa tête est fort bien faite et s'accorde à merveille avec son cœur. Mais d'où vient, puisqu'il aime ces sortes de lectures, qu'il ne se donne point le plaisir de lire vos lettres avant que vous les envoyiez ? Elles sont très dignes de son estime. Quand je les montre à mon fils et à sa femme nous en sentons la beauté. Enfin, ma fille, c'est un bonheur que mes lettres vous plaisent ; sans cela, ce serait un ennui souvent réitéré.

Un autre paragraphe de cette lettre faisait référence au message envoyé le 8 octobre par Mme de La Fayette, et revenait sur l'adjectif « vieux » que celle-ci avait employé pour décrire Mme de Sévigné :

Vous avez donc été frappée du mot de Mme de La Fayette, mêlé avec tant d'amitié. Quoique je ne me laisse pas oublier cette vérité, j'avoue que j'en fus tout étonnée, car je ne me sens aucune décadence encore qui m'en fasse souvenir. Cependant, je fais souvent des réflexions et des supputations, et je trouve les conditions de la vie assez dures. Il me semble que j'ai été traînée, malgré moi, à ce point fatal où il faut souffrir la vieillesse. Je la vois. M'y voilà. Et je voudrais bien au moins ménager de ne pas aller plus loin, de ne point avancer dans ce chemin des infirmités, des douleurs, des pertes de mémoire, des défigurements qui sont près de m'outrager, et j'entends une voix qui dit : « Il faut marcher malgré vous, ou bien, si vous ne voulez pas, il faut mourir », qui est une autre extrémité où la nature répugne. Voilà pourtant le sort de tout ce qui avance un peu trop. Mais un retour à la volonté de Dieu, et à cette loi universelle où nous sommes condamnés, remet la raison à sa place et fait prendre patience.

51.

« Aux Rochers, ce dimanche 1ᵉʳ de l'an [1690] », porte pour en-tête la lettre de Mme de Sévigné qui inaugure l'année 1690 et du même coup la dernière décennie du XVIIᵉ siècle. Le passage des années 1680 à 1690 fut quelque peu déconcertant pour Mme de Sévigné : « Vous avez raison, écrivait-elle à sa fille quelques jours plus tard, je ne puis m'accoutumer à la date de cette année. » Plus tard encore, elle l'appellerait « l'année des grandes infamies ! ».

« Vous avez eu un temps bien charmant au milieu de votre hiver », commentait Mme de Sévigné dans sa lettre du Nouvel An à Mme de Grignan, un

> *temps à faire que Monsieur le Comte ne peut s'empêcher d'aller à la chasse, temps où vous quittez vos malades, temps où vous préférez le plaisir de vous promener à celui d'écrire. Ah ! que vous faites bien ! Il ne faut point perdre ces jours enchantés. Nous en avons eu d'horribles ; c'était un temps à garder le coin du feu, temps à ne pas mettre le nez dehors, temps à ne voir goutte du brouillard sans préjudice du verglas et de la gelée, enfin temps tout contraire au vôtre, et où pourtant mon fils avait cinq ou six de ses voisins, qui jouaient et faisaient du bruit dans cette chambre.*

Une semaine plus tard, Mme de Sévigné envoya ses vœux pour la nouvelle année à son cousin Philippe-Emmanuel de Coulanges, à Rome. Elle datait sa lettre : « Aux Rochers, le [dimanche] 8 janvier » :

> *Quelle triste date auprès de la vôtre, mon aimable cousin ! Elle convient à une solitaire comme moi, et celle de Rome à celui dont l'étoile est errante... La jolie vie, et que la fortune vous a traité doucement, comme vous dites... Toujours aimé, toujours estimé, toujours portant la joie et le plaisir avec vous, toujours favori et entêté de quelque ami d'impor-tance, un duc, un prince, un pape[1] (car j'y veux ajouter le Saint-Père pour la rareté), toujours en santé, jamais à charge à personne, point d'affaires, point d'ambition. Mais surtout quel avantage de ne point vieillir ! Voilà le comble du bonheur... Enfin, après y avoir bien pensé, je trouve que vous êtes le plus heureux homme du monde.*
>
> *Ce dernier voyage de Rome est à mon gré la plus agréable aventure qui vous pût arriver : avec un ambassadeur adorable, dans une belle et grande occasion, revoir cette belle maîtresse du monde, qu'on a toujours envie de revoir ! J'aime fort les couplets que vous avez faits pour elle... Ils sont bien faits, ils sont jolis ; nous les chantons. Ah ! que j'aimerais à faire un voyage à Rome, comme vous me le*

1. « On me mande que Coulanges est le favori du pape », avait écrit Mme de Sévigné en novembre à sa fille.

proposez ! Mais ce serait avec le visage et l'air que j'avais il y a bien des années, et non avec celui que j'ai présentement ; il ne faut point remuer ses vieux os, surtout les femmes... dans ma jeunesse, j'eusse été transportée d'une pareille aventure...

Toutes les prospérités de M. le duc de Chaulnes m'ont causé une joie sensible. Vous craignez justement ce qu'appréhendent ses amis, c'est qu'étant seul capable de remplir la place qu'il occupe avec tant de succès et de réputation, on ne l'y laisse trop longtemps. Je prends la liberté aussi d'embrasser avec une véritable tendresse, sans préjudice du respect, mon cher gouverneur de Bretagne et M. l'ambassadeur. Toutes ses grandes qualités ne me font point de peur, je suis assurée qu'il m'aime toujours. Dieu le conserve et le ramène ! Voilà mes souhaits pour la nouvelle année... Aimez-moi toujours, je le veux, c'est ma folie, et de vous aimer plus que vous ne m'aimez, mais vous êtes trop aimable ; il ne faut pas compter juste avec vous.

Mme de Sévigné avait écrit à Mme de Grignan après avoir reçu la dernière lettre de Coulanges en provenance de Rome :

Coulanges m'a écrit une fort grande et fort jolie lettre... Il m'a envoyé des couplets que j'honore, car il nomme tous les beaux endroits de Rome[1], que j'honore aussi. Il est gai, il est content, il est favori de M. de Turenne (comment vous fait ce nom ?), il est amoureux de Pauline, il demande permission au pape de l'épouser et le prie de lui donner Avignon, qu'il veut faire rentrer dans votre maison ; elle s'appellera comtesse d'Avignon. Enfin, il dit que la vieillesse est autour de lui. Il se doute de quelque chose par de certaines supputations, mais il avoue qu'il ne la sent point du tout, ni au corps, ni à l'esprit, et je vous avoue à mon tour que je me trouve quasi comme lui, et que ce n'est que par réflexion que je me fais justice.

Elle trouvait ses lettres si longues, qu'elle craignait que sa fille n'eût jamais le temps de les lire, lui disait-elle dans une lettre écrite une semaine après le Nouvel An :

Mais vous ne me rassurez que trop, et je ne crois pas que je doive croire en conscience tout ce que vous m'en dites. Enfin prenez-y garde : de telles louanges et de telles appro-

---

1. Un volume des vers de Coulanges, publié anonymement en 1694, contient le passage sur Rome dont parle Mme de Sévigné : « Quoi ? Je revois ce fameux Colisée / Au bout de trente années ; / Je revois le Panthéon, / Le palais de Néron, / L'arc du grand Constantin. »

> *bations sont dangereuses. Je vous assure au moins que je les*
> *aime mieux que celles de tout le reste du monde.*

Le mois suivant, Mme de Sévigné envoya à sa fille une autre
lettre sur le même sujet :

> *Vous louez tellement mes lettres au-dessus de leur mérite*
> *que, si je n'étais fort assurée que vous ne les refeuilletterez*
> *ni ne les relirez jamais, je craindrais tout d'un coup de me*
> *voir imprimée par la trahison d'un de mes amis*[1].

Si Mme de Grignan admirait les lettres de sa mère, Mme de
Sévigné ne manqua pas de retourner le compliment, au début
février :

> *Je lis et relis et relis vos lettres avec tous les sentiments*
> *qu'elles méritent, selon les divers sujets, et quelquefois vous*
> *dites des choses si plaisantes qu'il faut rire, comme si on*
> *n'avait point le cœur navré.*

Le chagrin de Mme de Sévigné était causé par des nouvelles
récentes de sa fille. L'année 1690 fut néfaste aux Grignan. Le
comte avait été durement frappé par la faillite de Jacques Le
Blanc de Valfère, trésorier de Provence, auprès de qui il était
lourdement endetté. Une lettre du comte de Grignan, datée du
14 janvier 1690, et adressée à Pontchartrain, contrôleur général
des finances, donne une idée de la situation désespérée dans
laquelle se trouvait le gendre de Mme de Sévigné :

> *Monsieur,/Il faut que mes affaires soient dans un extrême*
> *désordre pour oser vous en parler dans un temps où les*
> *besoins de l'Etat font avec justice votre unique attention,*
> *mais, Monsieur, comme vous pensez à tout ce qui peut être*
> *utile au bien du service, je me flatte que, me voyant servir le*
> *Roi depuis bien longtemps dans une grande et importante*
> *province, obligé à des dépenses pour le gouvernement et*
> *pour mon fils qui est à l'armée à la tête d'un régiment, vous*
> *me mettrez au rang de ceux que vous croyez nécessaire de*
> *soutenir par quelque bienfait. Dans cette confiance, Mon-*
> *sieur, je vous supplie très humblement de m'accorder votre*
> *protection, afin que j'obtienne du Roi une grâce qui ne lui*

---

1. C'est ce passage qui a conduit certains biographes et critiques à soutenir
que Mme de Sévigné était consciente de la valeur littéraire de ses lettres et
n'aurait pas été surprise de les voir publiées. Roger Duchêne, en revanche, le
plus grand spécialiste de Mme de Sévigné pour sa génération, perçoit une
ironie marquée dans les paroles de la marquise.

coûtera qu'une de ses paroles. C'est de créer une charge de lieutenant de roi au-dessous de celle que j'ai de lieutenant général en Provence, et de vouloir bien m'en gratifier. Il y en a en Bretagne et en Normandie ; elle serait plus nécessaire en Provence qu'ailleurs, à cause du peu d'officiers qu'il y a pour y commander. La Provence n'en paie que deux [le gouverneur et le lieutenant-général] : cette légère augmentation ne lui sera nullement à charge et me tirera de l'abîme où je suis. Je ne m'attacherai point à vous persuader le besoin que j'ai d'un prompt secours. Cependant, Monsieur, permettez-moi de vous dire une circonstance très pressante, c'est la banqueroute du trésorier de Provence. Il m'avait avancé jusqu'à trois années des revenus de ma charge et continuait à me prêter ; ses créanciers se paieront par le courant de mes appointements, et je demeure sans aucune subsistance. Si je pouvais bien vous persuader la vérité de mon état, je suis presque assuré, Monsieur, que, par justice et par bonté, vous appuieriez également la très humble prière que je fais à Sa Majesté.

Il se révéla que le comte de Grignan devait en tout 44 000 livres à Le Blanc, comme avances reçues sur ses émoluments des trois prochaines années. Il ne pouvait donc plus compter sur aucun revenu de Provence jusqu'en 1693. De plus, Grignan fut obligé de signer une convention avec les créanciers de Le Blanc, leur promettant les revenus de ses propriétés pour les années 1692 à 1704, ceux de 1690 à 1692 étant déjà engagés auprès d'autres créanciers.

Mme de Sévigné se sentait désespérée à l'idée d'une telle débâcle : « Vous ne sauriez attraper vos revenus », soupirait-elle :

> *Bon Dieu, quel horrible mécompte : 90 et 91, et tant que les yeux peuvent aller ! Jamais il ne fut une telle dissipation. On est quelquefois dérangé, mais de s'abimer et de s'enfoncer à perte de vue, c'est ce qui ne devrait point arriver. On ne saurait parler de loin sur un tel sujet, car il faudrait des réponses, mais on peut bien en soupirer, et quelque douleur qu'on en ressente, on ne voudrait pas vivre dans l'ignorance. Il me faut, comme vous dites, la carte et la clé de vos sentiments. Il faut que j'entre dans vos peines. L'amitié le veut ainsi. Je comprends combien l'unique remède qui peut vous être bon est mauvais, et pour vos affaires de la cour et pour votre réputation dans la province. Vous savez, mieux qu'une autre, que ce n'est point ainsi qu'il faudrait faire sa charge si on pouvait faire autrement, et que ce n'est point en*

> *se cachant dans son château que l'on passerait l'hiver tout*
> *entier, sans voir par où l'on en pourrait sortir.*

« Mon Dieu, que votre état est violent ! qu'il est pressant ! se lamentait-elle un autre jour, et que j'y entre tout entière avec une véritable douleur ! » Si seulement elle avait pu venir en aide aux Grignan dans cette crise ! Mme de Sévigné se tourmentait de son incapacité à faire ne serait-ce qu'un geste à leur égard, sa situation financière personnelle ne le lui permettant pas :

> *Mais, ma fille, que les souhaits sont faibles dans de*
> *pareilles occasions ! et qu'il est inutile de vous dire que si*
> *j'avais encore, comme j'ai eu, quelque somme portative qui*
> *dépendît de moi, elle serait bientôt à vous ! Je me trouve, en*
> *petit volume, accablée et menacée de mes petits créanciers,*
> *et je ne sais même si je pourrai les contenter, comme je*
> *l'espérais, car je me trouve suffoquée par l'obligation de*
> *payer tout à l'heure cinq mille francs de lods et ventes*[1] *des*
> *terres de Mme d'Acigné que j'ai achetées, pour n'en pas*
> *payer dix si j'attendais encore deux ans. Ainsi me voilà,*
> *mais ce n'est que pour vous dire la douleur que me donne*
> *mon extrême impossibilité. Votre frère m'a paru sensible à*
> *votre peine, et je suis sûre qu'il ferait mieux son devoir que*
> *vos riches p[rélats], si le temps était comme autrefois, c'est-*
> *à-dire qu'on trouvât à emprunter.*

« Tout ce que j'admire, écrivait-elle à Mme de Grignan, c'est que Dieu vous conserve votre santé parmi tant de peines accablantes. Que je vous plains ! et que l'état de vos affaires est préjudiciable à l'établissement de votre pauvre enfant ! »
Ce « pauvre enfant » avait finalement quitté les quartiers d'hiver de son régiment à Kaiserslautern. Il était maintenant de retour à Paris. « J'ai bien envie d'apprendre comme il se demêlera de tous les devoirs de la cour et de Paris, car vous y avez des amis qu'il doit voir. J'ai mandé à Beaulieu de me bien conter tout ce qu'il dira, fera, et comme il est de sa petite personne... » « Je ne crois point qu'il ait le temps de vous aller voir », écrivit Mme de Sévigné à la mère du marquis :

> *J'en suis affligée pour vous et pour lui. On me mande que*
> *c'est un gros garçon, et qu'il ne faut pas songer à la taille de*
> *son père. On m'en dit du bien. Il est honnête. Il est joli. Mais*
> *c'est un malheur qu'à ce premier avènement à la cour, à ce*

---

1. Les lods et ventes étaient une taxe féodale.

premier coup d'œil, le petit colonel n'ait été soutenu d'aucun des siens. Pour moi, je crois qu'ayant vu qu'il était chargé de tout, il aura fait des merveilles.

« Nous commençons aujourd'hui notre carnaval », écrivit Mme de Sévigné le 5 février,

qui consiste à rassembler cinq ou six hommes et femmes de ce voisinage : on jouera, on mangera, et si notre soleil se remontrait, comme il fit hier, je me promènerais avec plaisir. On entend déjà les fauvettes, les mésanges, les roitelets, et un petit commencement de bruit et d'air du printemps.

« Il y a eu ici des personnes bien raisonnables, disait Mme de Sévigné à Mme de Grignan dans sa lettre du 8 février, et bien commodes pour moi » :

On jouait sans cesse, et j'avais ma liberté. Mais hier, sans avoir vu aucun mouvement, ma belle-fille sortit un moment avant souper et, tout d'un coup, celui qui sert sur table entre déguisé fort joliment, et nous dit qu'on a servi. Nous passons dans la salle, que nous trouvons éclairée, et ma belle-fille toute masquée au milieu de tous ses gens, et les nôtres, qui étaient aussi en mascarade : ceux qui tenaient les bassins pour laver, ceux qui donnaient les serviettes, tous les officiers, tous les laquais. C'était une troupe de plus de trente si plaisamment fagotés que, la surprise se joignant au spectacle, ce fut un cri, un rire, une confusion qui réjouit fort notre souper, car nous ne savions qui nous servait, ni qui nous donnait à boire. Après souper, tout dansa. Il y eut des sonnoux [1] *; on dansa tous les passe-pieds, tous les menuets, toutes les courantes de village, tous les jeux des gars du pays. Enfin minuit sonna, et nous voilà en carême. Vous souvient-il, ma très aimable, des Mardis gras que nous avons passés ensemble, et où nous nous couchions si avant dans le carême ?*

Le carême ne semblait pas être une trop grosse épreuve en Bretagne, si l'on en croit la lettre que Mme de Sévigné écrivit le 19 février :

---

1. Il s'agit d'un instrument breton en bois, probablement une sorte de biniou, utilisé pour accompagner les danses régionales.

> *Nous faisons ici une fort bonne chère. Nous n'avons pas la rivière de Sorgue[1], mais nous avons la mer ; le poisson ne nous manque pas, et j'aime le beurre charmant de la Prévalaie, dont il nous vient toutes les semaines. Je l'aime et je le mange comme si j'étais Bretonne. Nous faisons des beurrées infinies, quelquefois sur de la miche. Nous pensons toujours à vous en les mangeant. Mon fils y marque toujours toutes ses dents, et ce qui me fait plaisir, c'est que j'y marque aussi toutes les miennes. Nous y mettrons bientôt de petites herbes fines et des violettes. Le soir, un potage avec un peu de beurre, à la mode du pays, de bons pruneaux, de bons épinards. Enfin, ce n'est pas jeûner...*

« Je me porte toujours très bien, remarquait-elle une autre fois cette saison : la sobriété du carême est salutaire. »

« Adieu, ma belle », écrivit-elle sur la dernière page de sa lettre du 12 février :

> *Je suis persuadée que personne ne sait aimer comme vous, je dirais : si ce n'est moi, mais la tendresse de la maternité est si naturelle, et celle des enfants si extraordinaire, que quand je fais ce que je dois, vous êtes un prodige.*

Les Sévigné prirent la décision de se rendre à Rennes pour Pâques et la Semaine sainte, ainsi que Mme de Sévigné en informait sa fille dans sa lettre du mercredi 15 mars :

> *Nous allons lundi à Rennes passer quinze jours. Comme nous n'avons pas comme vous un vénérable chapitre[2], nous voulons voir un peu les cérémonies de l'Eglise ; nous y avons aussi quelques petites affaires. La Marbeuf m'attend avec transport. Je vous écrirai encore dimanche d'ici. Ne changez rien à votre adresse ordinaire ; je serai revenue avant la réponse de celle-ci.*

Les lettres que Mme de Grignan adressait aux Rochers furent transmises à sa mère à Rennes, d'où celle-ci écrivait le 2 avril :

> *Vous êtes bien malheureux de n'avoir pu vendre dix mille francs votre compagnie[3]. Quel malentendu ! Tout se dérange pour vous faire du mal. Vous y perdrez mille*

1. La Sorgue, qui prend sa source à la fontaine de Vaucluse et se jette dans le Rhône, était célèbre pour ses poissons, en particulier les truites.
2. Le chapitre de l'église collégiale attachée au château de Grignan comprenait un doyen, un chanoine sacristain, six chanoines, un diacre et un assistant diacre, deux chantres et deux enfants de chœur.
3. La compagnie de cavalerie dont le marquis était capitaine.

*francs, et l'argent comptant, car vos neuf mille francs
seront payés à crédit, et de mauvaise grâce.*

« Et lundi aux Rochers », écrivit-elle le 5 avril, manifestant
son ambivalence habituelle à propos de la vie en ville ou à la
campagne, « ... malgré tant de festins, j'avoue que je serai ravie
de retourner dans ma solitude. »

« Je reviens à vos dévotions, continuait-elle dans cette même
lettre, à votre beau et magnifique *chapitre* » :

> *Je serais fort sensible à cette sainte et solide grandeur, et
> puisqu'il est fait, il le faut préférer, à dix mille livres de
> rente. C'est une grande distinction. Je voudrais bien avoir
> été à vos Ténèbres ; j'ai très bonne opinion de la musique de
> M. de Grignan. Celles de Saint-Pierre (la cathédrale de
> Rennes) furent fort simples.*

Mme de Sévigné devait se demander comment la somptuo-
sité des services de Pâques et de la vie en général au château
pouvait se concilier avec la faillite et la ruine qui menaçaient
les Grignan : « Il me semble, ma bonne, que vous faites une
jolie vie à Grignan », écrivait-elle à sa fille le 26 avril :

> *Malgré tant d'orages et tant de naufrages, je n'y vois que
> de l'abondance et de la magnificence ; il est agréable de ne
> laisser pas de raccommoder ainsi ses affaires et de laisser
> couler le temps. Mais qui paie les cruels mécomptes de vos
> avances sur votre trésorier ?*

Si les lettres de Mme de Sévigné insinuaient que c'était la
prodigalité du comte de Grignan qui avait conduit la famille au
bord de la ruine, les réponses de Mme de Grignan faisaient
comprendre que son amour pour son mari n'était pas ébranlé
par l'insouciance financière de celui-ci. « Vous m'expliquez
fort agréablement cette amitié que vous avez pour M. de
Grignan, remarquait Mme de Sévigné, qui fait que vous ne
sauriez être longtemps fâchée contre lui. » Quand Mme de
Sévigné finirait-elle par comprendre que sa fille ne l'approuve-
rait jamais dans sa dénonciation de la prodigalité du comte ? Si
Mme de Sévigné avait cherché « la carte et la clé », comme elle
disait, aux « sentiments » de sa fille, elle aurait pu les trouver
dans l'amour profond et respectueux que celle-ci portait à son
mari. Mme de Grignan était très fière du prestige de sa maison
et de son nom, et la faillite même n'aurait pu l'ébranler. Elle
n'était pas prête à accuser le comte du désastre économique

qui les assaillait, pas plus qu'elle n'aurait voulu lui refuser ses droits conjugaux, bien que ceux-ci lui valussent une grossesse ou une fausse couche par an. Les historiens s'accordent pour dire que le mariage de raison était généralement dépourvu d'amour. Celui des Grignan était sans doute une exception, ce que Mme de Sévigné avait de la peine à comprendre.

Mme de Sévigné avait quitté Rennes et était revenue aux Rochers à temps pour présider à l'avènement du printemps, qu'elle décrivait à sa fille le 19 avril :

> *Je reviens encore à vous, ma bonne, pour vous dire que si vous avez envie de savoir en détail ce que c'est qu'un printemps, il faut venir à moi. Je n'en connaissais moi-même que la superficie ; j'en examine cette année jusqu'aux premiers petits commencements. Que pensez-vous donc que ce soit que la couleur des arbres depuis huit jours ? Répondez. Vous allez dire : « Du vert. » Point du tout, c'est du rouge. Ce sont de petits boutons, tout prêts à partir, qui [font] un vrai rouge, et puis ils poussent tous une petite feuille, et comme c'est inégalement, cela fait un mélange trop joli de vert et de rouge. Nous couvons tout cela des yeux. Nous parions de grosses sommes — mais c'est à ne jamais payer — que ce bout d'allée sera tout vert dans deux heures. On dit que non. On parie. Les charmes ont leur manière, les hêtres une autre. Enfin, je sais sur cela tout ce que l'on peut savoir.*

« Il fait un temps tout merveilleux, Dieu merci », reprenait Mme de Sévigné :

> *J'ai si bien fait que le printemps est achevé. Tout est vert. Je n'ai pas eu peu de peine à faire pousser tous ces boutons, à faire changer le rouge en vert. Quand j'ai eu fini tous ces charmes, il a fallu aller aux hêtres, puis aux chênes ; c'est ce qui m'a donné le plus de peine, et j'ai besoin encore de huit jours pour n'avoir plus rien à me reprocher. Je commence à jouir de toutes mes fatigues, et je crois tout de bon que non seulement je n'ai pas nui à toutes ces beautés, mais qu'en cas de besoin je saurais fort bien faire un printemps, tant je me suis appliquée à regarder, à observer, à épiloguer celui-ci, ce que je n'avais jamais fait avec tant d'exactitude. Je dois cette capacité à mon grand loisir et, en vérité, ma chère bonne, c'est la plus jolie occupation du monde.*

« Vous me demandez mes commerces ? » s'étonnait Mme de Sévigné dans une autre lettre à Mme de Grignan, ce printemps-là :

> *C'est premièrement celui de ma fille ; celui-là emporte tout. Mme de Lavardin fidèlement m'écrit de bonnes et jolies nouvelles toutes les semaines, et une amitié en bas de sa propre main. Mme de Moussy et les autres me sont rapprochées par Mme de Lavardin, qui est à la tête des veuves... Je viens d'écrire à la marquise d'Huxelles sur la mort de sa sainte mère. Mme de La Troche m'écrit de certaines nouvelles en détail, depuis qu'elle est à Paris, qui sont fort divertissantes, et qu'on est ravie de savoir. Vous connaissez les petits Bigorres [1]. Mme de La Fayette, quand elle se porte bien, mais peu de son écriture — une ligne seulement pour dire : « Me voilà ! » en deux mois une fois. Mme de Vins, Mme de Coulanges. Et tout cela ne me coûte que des billets. Ainsi ces commerces sont bons et très agréables et ne m'accablent point. Mme de Chaulnes est bien loin aussi de m'oublier... Voilà, ma chère bonne, toutes mes écritures, et laisser passer le temps et ma vie avec lui, toute mon occupation.*

Ayant bien réussi sa réception du printemps aux Rochers, Mme de Sévigné se mit à faire des plans pour l'hiver :

> *Je suis donc résolue de ne point aller à Paris cet hiver prochain, puisque vous n'y allez pas, car si vous y eussiez été, ou que vous changeassiez d'avis, j'irais assurément. Et si nous en étions là, je vous ferais voir que vous pourriez m'y faire paraître d'une manière — en me permettant seulement de nourrir deux de vos chevaux dont vous vous serviriez plus que moi — que personne ne s'apercevrait que je n'en eusse pas, mais sans vous, je ne puis rien représenter que de mauvais. Ainsi je n'irai point, et je médite de loin (et j'en ai parlé à l'abbé Charrier, qui sera à Lyon) de m'en aller, dans la fin de septembre, en litière, faire le trajet de Vitré à Grignan, y passer l'hiver avec vous, ma chère bonne, et, sur la fin de l'été, m'en retourner avec vous à Paris, ou peut-être devant vous, pour me redonner comme une femme qui n'est ni fugitive ni poursuivie, mais qui a donné ordre à ses affaires pendant que sa chère fille donnait ordre aux siennes aussi. Voilà mon projet, qui contente également ma tendresse et l'ordre que j'ai dans la tête. Je vous conjure instamment et saintement de n'en rien dire à Paris, c'est-à-dire que nulle de mes amies n'en sache rien. J'en suis*

---

1. Ses « petits Bigorres » étaient des bulletins distribués par l'abbé Bigorre.

*aimée, cela leur donnerait un chagrin qui m'en donnerait et
qui serait répandu dans toutes nos lettres, au lieu du
divertissement que j'en reçois. Ainsi, ma chère bonne,
taisons-nous, je vous le demande, et songeons premièrement
que ces projets sont soumis, comme toute autre chose, à la
volonté de Dieu qui souvent les renverse, qu'il faut que ma
santé continue aussi parfaite qu'elle est, et aussi, d'un autre
côté, que si la Providence compte comme moi — c'est-à-dire
si je compte comme elle — nous passerons l'hiver ensemble,
soit à Paris soit à Grignan, car, comme je vous ai dit, vous
me rendrez Paris possible si vous changez d'avis...*

*Ce qui fait que je ne compte point de passer l'hiver ici,
c'est qu'encore que je m'y plaise fort, que mon fils et ma
belle-fille soient très aises de m'avoir, je ne veux point peser
davantage sur leur amitié et sur leur complaisance. Ils ont
une maison à Rennes. Ils y ont leur famille ; ils y trouvent
leurs plaisirs. Je les en ai tirés cet hiver passé, c'est assez. Et
pour moi, il ne me convient pas d'être à Rennes plus de
quinze jours. Voilà comme j'ai raisonné, sans avoir peur de
la longueur du voyage des Rochers à Grignan : Dixi*[1].

52.

« Il y aura demain un an que j'arrivai ici », remarquait
Mme de Sévigné le 24 mai 1690 :

> *J'y avais commencé le printemps à Chaulnes, dont les
> rossignols sont dignes d'être comparés aux vôtres... Hélas !
> il y a aussi un an que vous étiez dans votre triomphe
> d'Avignon, dont toutes les relations nous charmaient ! Vous
> revîntes pour recevoir Monsieur le Chevalier. Bon Dieu,
> comme le temps va et nous enlève et nous emporte !*

Le 11 juin, ayant reçu la réponse de Mme de Grignan à la
lettre ci-dessus, Mme de Sévigné écrivit :

> *En voici d'une autre, ma bonne, comme vous dites, et puis
> d'une autre, et puis encore d'une autre, et vous verrez*

1. « J'ai dit ».

comme cela ira ! Je ne m'accoutume point à cette rapidité, et j'en suis encore plus étonnée pour moi que pour vous, car assurément vous avez un assez grand tourbillon, et nous sommes fort souvent ici dans une véritable tranquillité. Je ne sais, ma chère bonne, si c'est cette vie, réglée comme une pendule, et un exercice doux et sain, qui cause la perfection de ma santé, mais il est certain que jamais je ne me suis si bien portée. J'en suis quelquefois surprise, et je me demande à moi-même que sont donc devenues ces ridicules petites incommodités, que vous nommiez si plaisamment. Je n'en ai pas une, et n'ayant pas ouï dire qu'en avançant pays on trouvât la parfaite santé, je suis contrainte, pour me mettre dans le rang des mortelles, de craindre une trahison, sans savoir de quel côté elle viendrait.

Dans une autre lettre, Mme de Sévigné évoquait tous les désagréments dont elle avait souffert autrefois : « Je n'ai ni vapeurs la nuit, écrivait-elle le 25 juin, ni ce petit mal à la bouche, ni de *grimace* à mes mains ; point de néphrétique. Nous buvons du vin blanc, que je crois très bon et meilleur que la tisane. »

Lorsque, avec le printemps et l'été, le temps se fit plus doux, les plaintes habituelles de Mme de Sévigné à propos du service postal diminuèrent considérablement :

« Notre poste est réglée d'une façon qu'elle m'en apporte toujours », remarquait Mme de Sévigné avec reconnaissance. C'était « miracle qu'une lettre, qui part de Vitré le dimanche à dix heures du soir, le 4e de juin, arrive à Grignan en six jours, le samedi 10e à deux heures après midi. Ce fut, ma bonne, comme je vous ai dit, par le beau temps, le beau chemin, le clair de la lune ». Elle disait écrire « le dimanche, le mercredi », quel que soit le temps[1].

Ses lettres étaient attendues avec impatience et accueillies chaleureusement au château de Grignan ; c'est du moins ce que Mme de Grignan disait à sa mère si l'on en croit la lettre que celle-ci écrivit le 23 avril :

Vous les recevez donc toujours, ma bonne, avec cette joie et cette tendresse qui vous fait croire que saint Augustin et M. Dubois y trouveraient à retrancher[2]. Ce sont vos chères

1. Ce rythme si précis et les dates des lettres conservées impliquent qu'une bonne partie de la correspondance de l'été 1690 a été perdue.
2. Philippe, seigneur du Bois, avait écrit sur saint Augustin et avait traduit certaines de ses œuvres.

bonnes, *elles sont* nécessaires à votre repos. *Il ne tient qu'à vous de croire que cet attachement est une dépravation ; cependant vous vous tenez dans la possession de m'aimer de tout votre cœur, et bien plus que votre prochain, que vous n'aimez que comme vous-même. Voilà bien de quoi ! Voilà, ma chère bonne, ce que vous me dites. Si vous pensez que ces paroles passent superficiellement dans mon cœur, vous vous trompez. Je les sens vivement. Elles s'y établissent. Je me les dis et les redis, et même je prends plaisir à vous les redire, comme pour renouveler vos vœux et vos engagements. Les personnes sincères comme vous donnent un grand poids à leurs paroles. Je vis donc heureuse et contente sur la foi des vôtres. En vérité, elle est trop grande et trop sensible, cette amitié ; il me semble que, par un esprit de justice, je serais obligée d'en retrancher, car la tendresse des mères n'est pas ordinairement la règle de celle des filles, mais vous n'êtes point aussi comme les autres. Ainsi je jouirai sans scrupule de tous les biens que vous me faites.*

Pour sa mère, Mme de Grignan était une véritable héroïne, capable de faire face aux problèmes qui assaillaient son mari et sa famille. Mme de Sévigné en était arrivée à considérer sa fille comme un roc inébranlable au milieu des tempêtes qui secouaient le château et le trésor familial. Elle admirait en Mme de Grignan la première dame de Provence, la gracieuse et compétente châtelaine de Grignan, la femme, mère et belle-sœur dévouée, la comptable de la famille et le régisseur des domaines[1].

« Il y a longtemps, ma bonne, que je vous observe », écrivit Mme de Sévigné le 21 mai,

et que je vous admire. Je vous vois la femme forte[2], toute sacrifiée à tous vos devoirs en faisant un usage admirable de la bonté et de l'étendue de votre esprit. Si Rome pouvait être sauvée, vous la sauveriez ; c'est un mot d'un ancien[3]... Que ne faites-vous point ? d'emprunter pour payer des choses importantes, d'apaiser même vos petites dettes importunes, enfin, depuis le sceptre jusqu'à la houlette, vous suffisez à tout. Vous avez une capacité sur les affaires qui me surprend. On peut avoir beaucoup d'esprit sans en avoir de cette sorte. Je l'admire d'autant plus qu'il est cent piques au-dessus de ma tête ; vous savez ceux dont je me

1. Un des livres de comptes de la comtesse a été conservé.
2. Allusion à l'éloge de la femme forte, *Proverbes* 31 : 10-31.
3. L'ancien si librement cité par Mme de Sévigné est Virgile qui, dans l'*Enéide*, parle de Troie et non de Rome.

servais. Enfin vous en avez de toutes les façons. Remerciez-en Dieu, car assurément ce n'est pas de vous que viennent tous ces dons. Quand une belle et aimable femme les a reçus du Ciel, comme vous, c'est une merveille.

« Vous vous sacrifiez dans votre jeunesse à l'austérité de ces devoirs », écrivit Mme de Sévigné sur le même sujet, plus tard ce printemps :

> *Vous quittez le monde et la cour : vous êtes à Grignan, occupée de ce qui peut être bon à votre maison et à votre fils. Vous êtes dans votre château, où vous dites que vous ne dépensez pas trois sols ; c'est ce que je ne crois pas. Vous y vivez trop honorablement.*

En juin 1690, le marquis et son régiment avaient rejoint l'armée d'Allemagne : « Notre Marquis », disait Mme de Sévigné dans sa lettre du 11 juin,

> *est donc dans la belle et grande et brillante armée, et vous dites une grande vérité : il est assurément à la garde de Dieu. Vous me demandez si ma résignation à la Providence va jusqu'à me donner de la tranquillité dans ces occasions. Ah, mon Dieu ! ma bonne, non, en vérité, je n'en suis pas là, il s'en faut bien ! Je ne sens que trop souvent que cette sainte doctrine n'est que dans mes discours.*

La mère et la fille poussèrent sans doute un soupir de soulagement une fois certaines que le nom du marquis ne figurait pas sur la longue liste des victimes françaises de la bataille de Fleurus en Flandres. Le 1er juillet, l'armée du maréchal de Luxembourg y avait battu les forces de coalition commandées par le prince von Waldeck. « Songez, ma bonne, écrivait Mme de Sévigné le 9 juillet, à cette grande bataille gagnée par M. de Luxembourg, où Dieu a conservé votre enfant. Il n'y était pas encore, mais enfin vous êtes assurée qu'il se porte bien. Voyez les noms de tous ceux qui ont péri... »
« Ce fut un grand jour », s'exclamait-elle à nouveau dans sa lettre du 12 juillet :

> *Quelle belle victoire, pleine, entière, glorieuse, et qui ne pouvait être placée plus à propos ! Je suis assurée qu'encore que vous n'ayez point été en peine de notre Marquis — qui, je crois, n'était pas du détachement que M. de Boufflers y envoya — vous n'aurez pas laissé d'être extraordinairement*

émue. Pour moi, je l'étais, à ne savoir à qui j'en avais, car je compris bien que notre enfant ou n'y était pas ou n'était pas du nombre des malheureux, mais je ne saurais que vous dire. Une si grande chose, alors qu'on l'espère le moins ! Voir tant de personnes affligées ! Songer que la guerre n'est pas encore passée !

Louis XIV aussi devait trouver ce conflit bien long. La guerre de Hollande de la décennie précédente et la coûteuse construction de Versailles avaient presque tari les ressources françaises. En déclarant la guerre en 1688, le roi désirait créer une frontière défendable au nord et renforcer celle qui séparait la France des principautés allemandes. Il pensait qu'une action courte et limitée serait suffisante, car il avait l'espoir que l'empereur des Habsbourg continuerait à se voir immobilisé par sa lutte contre l'incursion de l'Islam dans la vallée du Danube, tandis que Guillaume d'Orange serait retenu par son combat contre James II pour la couronne d'Angleterre. Au lieu de quoi l'Empire ottoman fut vaincu à Buda tandis que Guillaume d'Orange, montant sur le trône d'Angleterre sous le nom de Guillaume III, put faire participer ce pays, tout comme les Pays-Bas où il était né, à la guerre de la ligue d'Augsbourg contre la France. En été 1690, la France se trouvait seule face à une coalition qui comprenait tous ses voisins : l'empereur du Saint-Empire, les rois de Suède, d'Espagne et d'Angleterre, le stathouder des Provinces-Unies des Pays-Bas. La guerre de 1688-1697 devint ainsi ce qu'un historien a appelé « la première guerre mondiale [1] ».

Comme toute Française patriote de l'époque, Mme de Sévigné croyait en l'étoile du Roi-Soleil. Celle-ci semblait de nouveau s'élever au firmament en juillet 1690. « Que de victoires, ma bonne ! s'exclamait Mme de Sévigné le 19 juillet : que de terreurs ! Victoire sur terre, victoire sur mer ! » Elle faisait allusion à la bataille de Fleurus, le 1er juillet, et à la victoire navale du 10 au large des côtes de Normandie où la flotte française avait vaincu les armées réunies de l'Angleterre et des Pays-Bas.

Pendant cette période, Mme de Sévigné se préoccupait bien sûr avant tout de la sécurité du marquis de Grignan. Elle n'en oubliait pourtant pas sa petite-fille. Dans presque toutes les lettres qu'elle envoyait en Provence, il est fait mention de Pauline. « Vous nous faites une peinture de Pauline qui nous la

1. John B. Wolf, dans *Louis XIV.*

fait voir clairement », écrivait Mme de Sévigné en réponse à une lettre où Mme de Grignan décrivait sa fille alors âgée de seize ans : « Elle est fort jolie, fort aimable, fort noble, fort gracieuse, d'un bon cœur. Je la vois, la voilà ! C'est elle-même. » « Mais n'êtes-vous pas trop aimable de former l'esprit et d'être la maîtresse à danser de Pauline ? écrivait Mme de Sévigné en hommage à la sollicitude maternelle de sa fille : Vous valez mieux que Desairs, car elle n'a qu'à vous regarder et à vous imiter. Est-elle grande ? a-t-elle bonne grâce ? Je la remercie de ne m'avoir point confondue avec toutes les autres grand-mères, qu'elle hait ; je suis sauvée, Dieu merci ! »

Pauline et sa grand-mère s'écrivaient parfois quelques mots :

Ma chère Pauline, j'ai été ravie de revoir de votre écriture. Je craignais que vous ne m'eussiez oubliée dans votre prospérité ; c'en est une si grande pour vous que d'être bien avec votre chère maman, et d'en être devenue digne, qu'une petite tête comme la vôtre en pourrait fort bien tourner. Je vous conseille de continuer l'exercice de toutes vos petites perfections, qui vous conserveront l'amitié de votre maman, et en chemin faisant l'estime de tout le monde.

Au printemps 1690, il est fait allusion à un problème de santé qui affectait Pauline. Sa mère en ressentait quelque inquiétude, mais des parents du xxe siècle en auraient sans doute été bien plus affectés. « Je ne comprends pas *les dents mangées de la lune,* écrivait déconcertée Mme de Sévigné en réponse à une lettre de sa fille, qu'est-ce que cela veut dire, ma bonne ? » Mme de Grignan ne pouvait pas éclairer sa mère. La réponse ne vint que trois cents ans plus tard, lorsque des recherches furent entreprises sur le phénomène connu sous le nom de « dents de Hutchinson » (érosion en demi-lune de l'émail dentaire) et qu'on découvrit qu'il s'agissait d'un symptôme de contamination syphilitique héréditaire.

Au milieu de l'été 1690, peut-être à la suite de protestations des amies de Mme de Sévigné à Paris, Mme de Grignan commença tout à coup à se montrer inquiète du long voyage que sa mère voulait entreprendre. Elle lui suggéra plutôt de le faire en deux étapes, se rendant d'abord de Bretagne à Paris, où elle pourrait passer l'hiver avant de descendre vers le sud au printemps. Pour se montrer plus persuasive, Mme de Grignan laissa sans doute entendre qu'elle n'était pas sûre de pouvoir rester tout l'hiver avec sa mère à Grignan, qu'il lui faudrait peut-être accompagner son mari à Lambesc pour l'assemblée, ou même à Paris, s'il y était convoqué. Mme de Sévigné répondit à ces objections dans sa lettre du 9 juillet :

> *Voilà, ma chère bonne, ce que le temps nous décidera. Si vous dites : « A Paris », je réponds comme un écho : « Paris ! » Si vous dites : « Grignan », — « Grignan ! » Et même, ma bonne, « Lambesc », je répondrai : « Lambesc ! » Je ne vais point pour vous déranger, ni vous incommoder ; je vais pour vous voir, pour vous aimer, pour tout au moins ne vous point donner de chagrin. Vous auriez raison d'en avoir d'être séparée de M. de Grignan. Ainsi, ma bonne, comptez que si Dieu me conserve la santé, je suivrai vos pas et répondrai sur vos tons. Je vous demande seulement une grâce, c'est de n'en point écrire à Paris. Mes amies commencent déjà à me questionner ; cette zizanie jetée dans nos commerces les rendrait insupportables. Voilà, ma bonne, tout ce que je vous puis dire. Mon fils et sa femme font des merveilles, de leur côté, pour vouloir me retenir et raccourcir mes voyages, mais je reçois avec amitié ces marques de celle qu'ils ont pour moi, sans vouloir en abuser. Mes résolutions sont prises.*

« Vous êtes trop bonne et trop aimable de songer à mon appartement et à me recevoir avec tant de tendresse et de plaisir », écrivit joyeusement Mme de Sévigné au milieu de l'été :

> *Ce n'est pas que je mette l'amitié que j'ai pour vous en comparaison avec nulle autre, Dieu le sait et tout le monde aussi, mais c'est un si hardi trajet que celui que j'entreprends qu'il faut à mes amies, qui sont toutes sages et réglées, la double raison et de mes affaires et de vouloir passer avec vous le temps qu'il me faut pour finir mes paiements. Il restera encore quelque chose dans la balance de l'amitié, surtout à des dames qui ne quittent point Paris, et qui regarderont ce voyage comme celui d'outremer... Le plaisir, la douceur et l'agrément que je me figure d'être avec vous me fait peur, et j'en chasse la pensée, car il me semble qu'il n'est pas permis d'être si bien en ce monde.*

Pour Mme de Sévigné et les Grignan, la déclaration des hostilités avec le Piémont, en été 1690, eut pour effet de ramener à la maison leur jeune marquis. Quand le duc de Savoie et le prince Eugène rejoignirent la coalition opposée à la France, plusieurs régiments, dont celui du marquis de Grignan, furent détachés de l'armée d'Allemagne et envoyés au sud de la France pour défendre la frontière piémontaise.

« *Dieu nous le conserve,* ce petit colonel ! Nous aurons une grande joie de le recevoir », s'exclamait Mme de Sévigné le 30 juillet. Elle voulait dire par là qu'elle espérait atteindre Grignan à temps pour participer à l'accueil que la famille réservait au marquis, avant son nouveau départ. Tout comme son fils, le comte de Grignan fut aussi appelé à se battre contre le Piémont qui menaçait le littoral méditerranéen français : il prit le commandement de la garde territoriale provençale récemment mobilisée. « Je trouve que M. de Grignan fait une très bonne figure dans la Provence, avec sa petite armée », déclarait fièrement sa belle-mère.

Début août, le petit colonel était au château. « Je vous gronde, ma bonne, de vous amuser à m'écrire », écrivait Mme de Sévigné le 16 août à sa fille :

> Quand vous avez votre cher enfant, vous n'êtes point en train d'écrire : *vraiment, je le crois bien... Ma bonne, vous me parlez fort bien de son esprit ; il est certain qu'il en a, mais il est, comme vous dites, dans le fond de sa tête, car vous savez que, dès qu'on y heurte, on trouve à qui parler, et que nous avons toujours trouvé qu'on nous répondait fort bien. Il est vrai que, quelquefois, il y avait un silence plein de distractions, qui me mettait au désespoir. Il semblait qu'il fût à dix lieues de la compagnie ; ce défaut est aussi fâcheux que la présence d'esprit est aimable et jolie. Il vous a donc dit son dernier mot pour ce qu'il voudrait avoir donné pour avoir été à la bataille de Fleurus ?... je suis ravie qu'il passe doucement cette campagne.*
>
> *Je suis fort aise que M. de Grignan quitte sa guerre pour revenir dans son château ; elle n'a que trop duré, et cette dépense traîtresse vous a fait un grand dérangement. J'espère que le Roi y fera attention, et vous fera la même justice ou la même grâce qu'il vous a déjà faite en pareille occasion.*
>
> *Pour moi, ma chère bonne, je songe tout doucement à mon grand voyage. J'ai déjà fait entendre à mes amies l'impossibilité de retourner à Paris ; il sera question de leur faire avaler le trajet. La circonstance de l'abbé Charrier, à Moulins, me fait une grande consolation, et m'adoucit extrêmement cette longueur et cette triste voiture.*

Son fils et sa belle-fille continuaient à regretter son départ : « M. et Mme de Sévigné disent tout ce qui se peut dire pour me marquer leur douleur et la crainte qu'ils ont de me perdre, et en vérité, je leur donne si peu d'ennui et de chagrin que je crois ce qu'ils me disent. »

La correspondance montre clairement que, malgré la réticence et la réserve dont elle avait fait montre aux premiers temps du mariage de Charles, Mme de Sévigné avait développé une affection réelle pour sa belle-fille, dont elle appréciait la compagnie. Les jeunes Sévigné formaient un ménage heureux. « Je vous réponds, avait écrit Mme de Sévigné quelques mois plus tôt, qu'il ne connaît le véritable attachement du cœur que depuis qu'il est marié, ce qui fait le bonheur de sa femme et le sien. »

Le 27 août, Mme de Sévigné écrivit pour célébrer la victoire finale dans l'affaire d'Aiguebonne. Un second recours avait confirmé le bon droit des Grignan : « Vous avez gagné votre procès, ma chère bonne, mais gagné tout d'une voix, avec tout l'agrément imaginable. » A la suite de ses chicaneries obstinées, Aiguebonne était « condamné à payer l'amende ! Ma bonne, cela est à souhait », jubilait Mme de Sévigné.

La page suivante de cette lettre montre bien que, tout en respectant l'avis de sa fille, Mme de Sévigné restait ferme sur ses positions :

Parlons maintenant de ce voyage d'outremer, qui vous fait tant de peur et où j'étais tout accoutumée. Je m'en vais vous répondre comme une chère bonne qui vous aime parfaitement, qui est persuadée de votre amitié, et qui n'est point du tout chagrine, ni de méchante humeur, ni de travers. Je veux vous redresser sur la pensée que vous avez que l'air d'ici est mauvais ; il ne l'est point. Je me porte en toute perfection. J'y mène une vie fort douce et fort réglée ; vous connaissez au moins la moitié de la compagnie. Il faut donc, ma bonne, vous ôter la crainte que j'y puisse être malade, plutôt qu'ailleurs. Vous voulez que j'aille à Paris, et que j'emprunte de çà et de là, et à l'abbé Charrier ; voilà, ma chère bonne, ce que je ne veux point faire du tout, et je vous conjure de ne lui en pas dire un mot. Je sais ses affaires. Sa mère tient tout son bien... Le pauvre homme a bien de la peine à se soutenir. Sa bonne volonté va plus loin que sa puissance. Pour mes amies de Paris, ah ! ma bonne, laissez, faites-moi le plaisir de les refuser toujours. Je ne veux point des chevaux de Mme de Chaulnes. Revenir de Bretagne, après une assez longue absence, pour emprunter des chevaux et de l'argent, me paraîtrait comme une personne qui sortirait de table et qui mourrait de faim. C'est l'idée qu'on a des gens qui viennent de leurs terres ; je ne me donnerai point cette humiliation-là ni ce ridicule...

Il est donc question de vous, ma chère bonne. Je vois tout bonnement que je vous embarrasse, je le dis sans chagrin. Vous irez peut-être à Paris. Je ne voudrais pas y aller devant la fin de l'été, ni vous empêcher de faire ce voyage ; ce sont quelquefois des coups de partie pour les affaires d'une maison. Quand vous n'iriez point, vous voulez aller à Marseille et à vos terres ; cela est bien d'une maîtresse de maison aussi habile et aussi appliquée que vous l'êtes présentement. Vous dites que vous ne voudriez pas me quitter, et moi je ne voudrais pas vous détourner d'un si bon dessein. Voilà qui ne s'ajuste donc pas.

Vous voulez que je passe l'hiver à Paris, et que, si vous n'y venez point, je regraisse mes bottes dès le mois de mai pour vous aller voir en Provence. J'avoue que mon cœur le voudrait, mais ma raison et la sagesse ne le voudront pas.

Poursuivant cette longue lettre du 27 août, Mme de Sévigné passait en revue les objections que sa fille opposait à son projet de se rendre directement de Bretagne en Provence, cet automne-là :

Vous ne pouvez vous rassurer sur la longueur du trajet ? Cela ne s'emmanche pas comme nous l'avions pensé ? Eh bien ! ma chère bonne, laissez-moi ici, où je suis fort bien, et je vous réponds que si vous allez à Paris, j'irai vous y trouver. Mais je ne vous y attendrai pas, car, en votre considération, je ferai des choses que je n'ai voulu faire pour nulle autre raison. Ce n'est point un dérangement que six mois puissent raccommoder ; ce que j'ai fait est une destination de mes terres jusqu'après la Saint-Jean, soit pour payer mes dettes de Paris, soit pour payer ces lods et ventes. Tout cela sera fait au mois d'août, c'est-à-dire je recommencerai à recevoir mes revenus. Me remettre à emprunter me rejette dans l'embarras pour le reste de ma vie ; que j'aie patience, je me retrouve dans le courant d'un plus petit revenu, mais enfin il sera à moi...

En trois mots : je ne veux point emprunter ; je n'irai point à Grignan, parce que je vois clairement que je vous serais une entrave, point à Paris sans vous avant le mois d'août ou de septembre, et si vous y allez, je vous promets d'y aller, et ferai l'impossible pour vous seule, et je n'irai point passer à Paris cinq mois pour remonter à cheval pour un autre voyage.

La mère et la fille ne parvenaient apparemment pas à se mettre d'accord sur leurs projets pour l'hiver 1690-1691. Malgré les relations paisibles qu'elles avaient entretenues les dernières années, cette impasse menaçait de rompre l'entente cordiale. Le 17 septembre, Mme de Sévigné avait entre les mains la réponse de Mme de Grignan à son message du 27 août. Elle se dépêcha d'écrire pour combler le fossé qui menaçait de s'élargir :

> *Ma bonne, vous vous fâchez contre moi. Vous appelez mes lettres* chiennes. *Vous dites que j'ai pris de travers ce que vous m'avez mandé. Nous traiterons cette affaire à Grignan, huit jours avant la Toussaint, s'il plaît à Dieu. Je crois que je gagnerais ce procès, comme celui de M. d'Aiguebonne, et vous pourriez être condamnée à l'amende. Vous étiez poussée par mes aimables amies ; c'est ainsi que vous les nommez. Vous vouliez m'ôter la pensée d'aller à Grignan, afin de me faire aller à Paris ; vous y réussissiez, et vos discours avaient plus de force que vous ne pensiez. Vous me faisiez envisager que vous iriez à Paris ; je vous y voulais laisser aller, avant que de vous y aller voir. A moins de cette raison, je ne voulais pas en entendre parler. Vous avez une horreur de l'air de ce pays, que je n'ai pas. L'hiver passé ne m'a point incommodée ; j'eusse passé celui-ci même. Ma première pensée avait été de me moquer de ces voyages de Provence que vous vouliez faire, car ce serait un grand malheur quand je demeurerais avec M. de Grignan ! Mais je fis réflexion qu'il valait mieux vous écrire tout naïvement, comme je fis, la suite et le tour de mes pensées, et laisser juger votre procès. Je craignais comme vous, en ce temps-là, qu'il ne fût appointé, mais depuis, ma bonne, que vous êtes victorieuse et que vous avez changé de style, ai-je balancé un moment ? N'ai-je pas repris, avec une véritable joie, toutes mes résolutions ? N'ai-je pas pris mon jour le 3ᵉ d'octobre ? N'arriverai-je pas le 14 à Moulins ? Ne serai-je pas en trois jours à Lyon, qui sera comme le 19 ? Ne pourrai-je pas, après un peu de repos, m'embarquer le 21ᵉ sur le Rhône, et arriver le 22 à Grignan ? Ne pourrai-je pas être transportée de joie de vous y embrasser ? Ne pourrai-je pas embrasser aussi Monsieur le Comte, lui dire que je ne suis point provinciale...*

Mme de Sévigné tenait beaucoup à l'approbation de Mme de La Fayette. « Plus on la connaît, plus on s'y attache, disait Mme de Sévigné de sa vieille amie : C'est une femme aimable, estimable, et que vous aimez dès que vous avez le temps d'être avec elle et de faire usage de son esprit et de sa raison. » La lettre que Mme de La Fayette avait écrite début septembre venait à point nommé dire à Mme de Sévigné tout ce qu'elle avait envie d'entendre :

> *Vous aurez vu, par celle de Mme de Lavardin et par la mienne, que nous voulions vous faire aller en Provence, puisque vous ne veniez point à Paris ; c'est tout ce qu'il y a de meilleur à faire. Le soleil est plus beau. Vous aurez compagnie, je dis même séparée de Mme de Grignan, qui n'est pas peu, un gros château, bien des gens. Enfin, c'est vivre que d'être là.*

Le 7 octobre, Mme de Sévigné était en route et adressait une lettre à sa fille depuis Tours :

> *Me voici, ma chère bonne, en parfaite santé, fort contente de la litière. Cela passe partout ; on ne craint rien. On dit que cette voiture est triste ; je la trouve bien gaie, quand on n'a point de peur. J'ai couché d'abord à Laval, puis à Sablé, puis au Lude, puis ici. Tous ces noms-là ne sont point barbares, mais ce qui est bien barbare, ma bonne, c'est la mort. Je voulus me promener le soir au Lude.*

Par ces lignes, Mme de Sévigné avouait avoir fait une excursion sentimentale à l'un des grands châteaux de la Loire, celui de feu le duc de Lude, grand maître d'artillerie. Celui-ci avait été l'un des prétendants de Mme de Sévigné, probablement l'un de ceux qu'elle avait préférés parmi tous ceux qui lui avaient fait la cour à l'époque de son joyeux veuvage. C'est du moins ce qu'en dit l'impertinente *Histoire amoureuse des Gaules* du comte de Bussy. Mme de Grignan avait taquiné sa mère à propos des nombreuses visites qu'elle aurait faites chez le duc pour prendre de ses nouvelles alors qu'il souffrait d'une grave maladie, en 1680. Que Mme de Sévigné eût répondu ou non aux avances du duc, il était clair qu'elle prenait plaisir à évoquer le souvenir de ce bref mais ardent intermède. Elle s'était donc écartée de sa route pour se recueillir sur la tombe du duc :

> *Je commençai par l'église ; j'y trouvai le pauvre Grand Maître. Cela est triste ! Je portai cette pensée dans sa belle maison. Je voulus m'accoutumer aux terrasses magnifiques et à l'air d'un château qui l'est infiniment. Tout y pleure, tout est négligé. Cent orangers morts ou mourants font voir qu'ils n'ont vu, depuis cinq ans, ni maître, ni maîtresse !*
> *Je pars dans une heure, ma très chère bonne. J'ai un*

*temps charmant et divin ; j'espère toujours être le 14 à
Moulins.*

*Voilà M. l'archevêque de Tours qui me vient voir ; c'est le
comte de Saint-Georges. Je suis pressée. Voilà de l'encre sur
ma lettre. Voici ma dernière par Paris, et je vous embrasse.
En voilà assez.*

De Lyon, le 19 octobre, elle écrivait :

*Je suis arrivée à midi, ma chère bonne, avec mon ami
l'abbé Charrier, qui m'a été d'un secours en toutes manières, dans une route que je ne connais point. Je ne vous dis
point si je vous aime, si je vous désire ; il me semble que tous
mes pas vous le disent, et depuis dix-sept jours j'en ai fait
beaucoup. Nous espérons ce soir une de vos lettres pour
savoir quel jour à peu près nous trouverons votre carrosse à
Robinet, car, en vérité, ma très chère, je soupçonne que ce
voyage, tout petit qu'il est, vous pourra fort incommoder.
Envoyez-moi Pauline et son petit nez, que je voie un peu
comme je m'en accommoderai. Songez que c'est elle que je
crains et auprès de qui j'ai peur de faiblir ; vous ne le
croiriez pas, entre tant de personnes d'importance qui me
font l'honneur de m'attendre et de me souhaiter. Cependant
rien n'est plus vrai.*

*Je laisse cette lettre à cet endroit ; je l'achèverai ce soir. Je
me porte si parfaitement bien que j'en suis surprise moi-
même ; je ne suis point du tout fatiguée, et je ne souhaite que
de m'embarquer samedi ou dimanche...*

53.

*Oui, nous sommes ensemble, nous aimant, nous embras-
sant de tout notre cœur, moi ravie de voir ma mère venir
courageusement me chercher du bout de l'univers et du
couchant à l'aurore ; il n'y a qu'elle au monde capable
d'exécuter de pareilles entreprises et d'être auprès de son
enfant.*

Pour une fois, dans l'une des rares lettres d'elle qui soient
parvenues jusqu'à nous, c'est Mme de Grignan elle-même qui

exprime ici sa joie d'avoir retrouvé sa mère, arrivée quelques semaines auparavant à Grignan. Ce message fut envoyé avec une lettre de Mme de Sévigné à leur cousin Philippe-Emmanuel de Coulanges, qui se trouvait toujours à Rome avec le duc de Chaulnes.

Débarquée le 24 octobre au petit port de Robinet sur le Rhône, Mme de Sévigné fut accaparée par l'excitation de l'arrivée au château et par les retrouvailles avec tous les Grignan, hommes et femmes, jeunes et vieux. Ce n'est que le 13 novembre qu'elle trouva le temps d'écrire à son ami le comte de Bussy-Rabutin :

> *Quand vous verrez la date de cette lettre, mon cousin, vous me prendrez pour un oiseau. Je suis passée courageusement de Bretagne en Provence. Si ma fille eût été à Paris, j'y serais allée, mais sachant qu'elle passerait l'hiver dans ce beau pays, je me suis résolue de le venir passer avec elle, jouir de son beau soleil, et retourner à Paris avec elle l'année qui vient. J'ai trouvé qu'après avoir donné seize mois à mon fils, il était bien juste d'en donner quelques-uns à ma fille, et ce projet, qui paraissait de difficile exécution, ne m'a pas coûté trop de peine. J'ai été trois semaines à faire ce trajet, en litière, sur le Rhône. J'ai pris même quelques jours de repos. Et enfin j'ai été reçue de M. de Grignan et de ma fille avec une amitié si cordiale, une joie et une reconnaissance si sincères, que j'ai trouvé que je n'ai pas fait encore assez de chemin pour venir voir de si bonnes gens, et que les cent cinquante lieues que j'ai faites ne m'ont point du tout fatiguée. Cette maison est d'une grandeur, d'une beauté et d'une magnificence de meubles dont je vous entretiendrai quelque jour[1]. J'ai voulu vous donner avis de mon changement de climat afin que vous ne m'écriviez plus aux Rochers, mais bien ici, où je sens un soleil capable de rajeunir par sa douce chaleur. Nous ne devons pas négliger présentement ces petits secours, mon cher cousin... Nous apprîmes l'autre jour la mort de M. de Seignelay[2]. Quelle jeunesse ! quelle fortune ! quels établissements ! Rien ne manquait à son bonheur ; il nous semble que c'est la splendeur qui est morte. Ce qui nous a surpris, c'est qu'on dit que Mme de Seignelay renonce à la communauté, parce que son mari doit cinq millions. Cela fait voir que les*

---

1. Un inventaire du mobilier du château de Grignan est conservé aux archives d'Aix-en-Provence, mais celui des objets précieux manque. Le mobilier du château était évalué à 41 000 livres, somme considérable.
2. Le marquis de Seignelay, ministre de la Marine, était le fils de Colbert.

> *grands revenus sont inutiles quand on en dépense deux ou*
> *trois fois autant. Enfin, mon cher cousin, la mort nous*
> *égale tous. C'est où nous attendons les gens heureux, elle*
> *rabat leur joie et leur orgueil, et console par là ceux qui ne*
> *sont pas fortunés. Un petit mot de christianisme ne serait*
> *pas mauvais en cet endroit, mais je ne veux pas faire un*
> *sermon, je ne veux faire qu'une lettre d'amitié à mon cher*
> *cousin, lui demander de ses nouvelles, de celles de sa chère*
> *fille, les embrasser tous deux de tout mon cœur, l'assurer de*
> *l'estime et des services de Mme de Grignan et de son époux,*
> *qui m'en prient, et le conjurer de m'aimer toujours ; ce n'est*
> *pas la peine de changer après tant d'années.*

Mme de Sévigné se montra tout aussi débordante de joie et
d'exubérance dans la lettre qu'elle écrivit le même mois
(novembre 1690) à Philippe Moulceau. Il y avait apparemment
quelque temps qu'elle était sans nouvelles de son ami de
Montpellier. Maintenant qu'elle s'était rapprochée de lui, elle
désirait reprendre contact.

« Où pensez-vous que je sois, Monsieur ? » demandait-elle :

> *N'avez-vous point su que j'étais en Bretagne ? Notre*
> *Corbinelli doit vous l'avoir mandé. Après y avoir été seize*
> *mois chez mon fils, j'ai trouvé qu'il serait fort joli de venir*
> *passer l'hiver ici avec ma fille. Ce projet d'un voyage de cent*
> *cinquante lieues parut d'abord un château en Espagne,*
> *mais l'amitié l'a rendu si facile qu'enfin je l'ai exécuté*
> *depuis le 3ᵉ d'octobre jusqu'au 24 que j'arrivai au port de*
> *Robinet, où je fus reçue à bras ouverts de Mme de Grignan,*
> *avec tant de joie, d'amitié et de reconnaissance que je*
> *trouvai que je n'étais pas venue encore assez tôt ni d'assez*
> *loin. Après cela, Monsieur, dites que l'amitié n'est pas une*
> *belle chose ! C'est elle qui me fait penser très souvent à vous,*
> *et souhaiter de vous revoir encore une fois ici en ma vie[1].*
> *Nous y serons tout l'hiver et tout l'été ; si vous ne trouvez un*
> *moment pour nous venir voir, je croirai que vous m'avez*
> *oubliée. Vous ne reconnaîtrez pas cette maison, tant elle est*
> *embellie, mais vous y retrouverez les maîtres toujours tout*
> *pleins d'estime pour vous, et moi, Monsieur, avec une*
> *amitié capable de faire enrager notre ami[2], et très digne que*
> *vous nous fassiez cette visite.*

---

1. Moulceau s'était rendu à Grignan lorsque Mme de Sévigné se trouvait en
Provence, en 1672-1673.
2. Corbinelli, qui avait probablement fait connaître Moulceau à Mme de
Sévigné, se prétendait jaloux de lui.

A la mi-novembre, Mme de Sévigné et les Grignan quittèrent le château pour se rendre à Lambesc, où l'assemblée des communes de Provence allait se réunir du 16 au 29 novembre pour sa session annuelle d'automne. Le comte de Grignan, représentant le gouverneur, devait la présider.

Par une lettre datée de « Lambesc, le [vendredi] 1er décembre 1690 », Mme de Sévigné donnait suite au message que le comte de Bussy lui avait adressé le 19 novembre en réponse à sa lettre du 13 :

> *Je suis fort aise, mon cher cousin, que vous approuviez le trajet que j'ai fait de Bretagne en Provence. Quand je n'y aurais cherché que le soleil, il mérite bien cette peine. On ne peut venir de trop loin pour passer un hiver en ce pays-ci ; c'est assurément la plus agréable chose du monde. J'y trouve de plus la belle* Madelonne, *qui est une circonstance qui vaut bien pour moi toute la douceur du printemps.*
>
> *Nous allons passer l'hiver à Grignan très paisiblement. M. de Grignan ira à Paris quand il sera remis d'une fièvre et d'une colique violente qu'il a eues depuis dix jours ; il vous fait mille compliments, et ma fille bien des amitiés. Pour moi, mon cher cousin, vous savez comment je suis pour vous ; il est trop tard pour changer. N'est-il pas vrai, ma chère nièce ? Vous devez répondre pour moi, et vous assurer aussi que je vous aimerai toute ma vie. Si vous voulez m'écrire quelquefois, vous mettrez la suscription de vos lettres à moi, à Grignan par Montélimar. Elles viendront et me donneront beaucoup de joie.*

Le dimanche 1er décembre 1690, Mme de Sévigné devait se sentir désœuvrée à Lambesc. En effet, elle écrivit encore une autre lettre ce même jour, la deuxième qu'elle adressait à son cousin Coulanges, à Rome avec l'ambassadeur de Chaulnes depuis plus d'une année.

> *Où en sommes-nous, mon aimable cousin ? Il y a environ mille ans que je n'ai reçu de vos lettres. Je vous ai écrit la dernière fois des Rochers... depuis cela, pas un seul mot de vous. Il faut donc recommencer sur nouveaux frais, présentement que je suis dans votre voisinage. Que dites-vous de mon courage ? il n'est rien de tel que d'en avoir. Après avoir été seize mois en Bretagne avec mon fils, j'ai trouvé que je devais aussi une visite à ma fille, sachant qu'elle n'allait point cet hiver à Paris, et j'ai été si parfaitement bien reçue et d'elle et de M. de Grignan que si j'ai eu quelque fatigue, je l'ai entièrement oubliée, et je n'ai senti que la joie et le plaisir de me trouver avec eux. Ce trajet n'a point été*

464 L'amour d'une mère

désapprouvé de Mme de Chaulnes, ni de Mmes de Lavardin et de La Fayette, auxquelles je demande volontiers conseil, de sorte que rien n'a manqué au bonheur ni à l'agrément de ce voyage ; vous y mettrez la dernière main en repassant par Grignan, où nous allons vous attendre.

L'assemblée de nos petits Etats est finie ; nous sommes ici seuls, en attendant que M. de Grignan soit en état d'aller à Grignan, et puis, s'il se peut, à Paris... Nous n'irons à Aix qu'un moment pour voir la petite religieuse de Grignan[1], et dans peu de jours nous serons pour tout l'hiver à Grignan, où le petit colonel, qui a son régiment à Valence et aux environs, viendra passer six semaines avec nous. Hélas ! tout ce temps ne passera que trop vite. Je commence à soupirer douloureusement de le voir courir avec tant de rapidité ; j'en vois et j'en sens les conséquences. Vous n'en êtes pas encore, mon jeune cousin[2], à de si tristes réflexions.

Maintenant que la volumineuse correspondance entre la mère et la fille s'est interrompue et que Mme de Sévigné n'adresse plus que de temps à autre une lettre à un ami ou à un parent, une sorte de silence s'installe là où ne cessaient auparavant de bavarder des voix familières. On perd tout à coup ce contact étroit dont on avait l'habitude avec les habitants des Rochers, de Grignan et du Carnavalet. De ces personnages qu'on était arrivé, au cours d'une vingtaine d'années de leur vie, à connaître intimement, on ne perçoit plus désormais qu'un mot ici ou là, un coup d'œil de temps à autre.

Mme de Sévigné avait déjà pu faire de belles phrases sur l'hiver dans ce climat méridional, mais janvier 1691 se montra cruel en Provence : « Un froid à mourir, dirait-elle, je vous avertis que l'hiver est plus cruel ici qu'en nul autre lieu. » Le château de Grignan, sur son éperon rocheux, battu par les vents et les tempêtes, n'avait, pour chauffer ses vastes pièces glaciales, que de grandes cheminées béantes. Il devait être terriblement inconfortable. Les Grignan n'y avaient jamais passé l'hiver et ce n'est que par pure nécessité qu'ils s'y trouvaient cette année-là, avec Mme de Sévigné. Dans une lettre qu'elle écrivit à Coulanges en décembre, alors qu'elle attendait sa visite, Mme de Grignan confessait cet inconfort :

1. Marie-Blanche de Grignan, alors âgée de vingt ans, avait été placée au couvent d'Aix quand elle en avait cinq ; elle avait pris le voile en 1688, à l'âge de seize ans. Son père avait alors emprunté 4 000 livres pour les remettre au couvent à titre de dédommagement pour son entretien à vie.
2. En 1690, Coulanges avait cinquante-sept ans, et Mme de Sévigné soixante-quatre.

« J'échauffe mes chambres autant que je puis mais en sortant de Rome, tout vous paraîtra à la glace. »

L'arrivée du printemps dut être saluée avec soulagement [1]. En avril 1691, les armées françaises s'ébranlèrent à nouveau, et c'est le roi lui-même qui mena l'attaque contre Mons. Louis XIV en personne, écrivait Mme de Sévigné à Coulanges le 10 avril, « de son côté prend Mons, avec cent mille hommes, d'une manière tout héroïque, allant partout, visitant tout, et s'exposant trop ».

Le même jour, elle avait encore d'autres nouvelles à communiquer à Coulanges, d'un front beaucoup plus proche : l'armée du maréchal de Catinat, dont faisait partie le régiment Grignan, avait assiégé Nice le 26 mars. La ville avait capitulé dès que la tranchée avait été creusée, et la citadelle s'était rendue le 2 avril. Mme de Sévigné avait des raisons personnelles de se sentir fière de ce succès :

Notre petit marquis de Grignan était allé à ce siège de Nice comme un aventurier vago di fama [2]. M. de Catinat lui a fait commander plusieurs jours la cavalerie... ce qui ne l'a pas empêché d'aller partout, d'essuyer tout le feu, qui fut fort vif d'abord... Nous attendons ce petit colonel, qui vient se préparer pour aller en Piémont, car cette expédition de Nice n'est que peloter en attendant partie. Il ne sera plus ici quand vous y passerez, mais savez-vous qui vous y trouverez ? Mon fils, qui vient passer l'été avec nous, et qui vient au-devant de son Gouverneur [3] sur les pas de sa mère.

A propos de mère et de fils, savez-vous, mon cher cousin, que je suis depuis dix ou douze jours dans une tristesse dont vous seul êtes capable de me tirer, pendant que je vous écris ? C'est de la maladie extrême de Mme de Lavardin la douairière, mon intime et mon ancienne amie. Cette femme d'un si bon et si solide esprit, cette illustre veuve qui nous avait toutes rassemblées sous son aile, cette personne d'un si grand mérite est tombée tout d'un coup dans une espèce d'apoplexie. Elle est assoupie, elle est paralytique... Enfin, mon enfant, je ne pouvais faire dans l'amitié une plus grande perte ; je la sens très vivement... c'est un mérite reconnu, où tout le monde s'intéresse comme à une perte publique ; jugez ce que ce doit être pour toutes ses amies...

Adieu, mon cher cousin, je n'en puis plus ; j'ai le cœur

1. Il n'y a pas de lettres entre le 19 janvier et le 10 avril 1691.
2. En italien : « avide de gloire ».
3. Le gouverneur de Charles de Sévigné était le duc de Chaulnes, qui, malgré sa longue absence en Italie, conservait son titre de gouverneur de Bretagne.

*serré. Si j'avais commencé par ce triste sujet, je n'aurais pas
eu le courage de vous entretenir...*

Mme de Sévigné se plaignait à grands cris du service postal
qui la reliait à Rome : « Il n'y a ni rime ni raison à la conduite
des postes », déclarait-elle en avril. « Je ne sais pourquoi vous
ne recevez point nos lettres », écrivait-elle à Coulanges le
12 juin,

> *et encore moins pourquoi vous ne faites point un pape[1]. A
> voir comme vous vous y êtes pris d'abord, je croyais qu'il
> n'y eût rien au monde de si aisé, mais nous voyons, au
> contraire, qu'il n'y a rien de si difficile. Je crois qu'à la fin,
> il faudra que le Saint-Esprit s'en mêle. Oh ! dépêchez-vous
> donc de l'en prier, car nous avons une extrême envie de vous
> voir...*

A ce point, la correspondance s'interrompt pour un mois.
Peut-être le château de Grignan fut-il assiégé par les visiteurs
entre le 12 juin et le 12 juillet 1691. Peut-être y eut-il une série
de banquets dans la majestueuse salle des Adhémar, et des fêtes
champêtres à la grotte de La Rochecourbière, aux abords du
village de Grignan, où l'on transportait en carrosse les invités
du château pour les y divertir *al fresco,* au son de la musique de
l'excellent orchestre personnel du comte de Grignan. Quoi qu'il
en fût, Mme de Sévigné laissa sa correspondance en suspens
pendant un mois, cet été-là. La prochaine lettre conservée
porte la date du 12 juillet et s'adresse au comte de Bussy-
Rabutin, avec qui Mme de Sévigné n'était plus en contact
depuis quelque temps.

> *J'ai reçu votre lettre du 20ᵉ mai ; vous l'aviez adressée
> chez moi, à Paris, à la pauvre Beaulieu, que vous connais-
> siez. Sachez, mon cousin, que cette jeune femme et son
> mari, qui était un joli homme, sont morts tous deux à six
> mois l'un de l'autre. Je regrette fort cette perte, car ces gens-
> là me servaient fort bien.*
> *Il y a huit mois que je suis ici. Je vous mandai le courage
> que j'avais eu d'y venir de Bretagne. Je ne m'en suis pas
> repentie :*

> Je le ferais encor si j'avais à le faire[2].

1. Après cinq mois de conclave, un pape fut finalement élu le 11 juillet : le
cardinal Pignatelli qui devenait le pape Innocent XII. Alexandre VIII était mort
en 1691. Il avait été élu pape en 1689.
2. Mme de Sévigné cite *le Cid* de Corneille.

Ma fille est aimable, comme vous le savez ; elle m'aime
extrêmement. M. de Grignan a toutes les qualités qui
rendent la société agréable. Leur château est très beau et
très magnifique. Cette maison a un grand air ; on y fait
bonne chère et on y voit mille gens. Nous y avons passé
l'hiver sans autre chagrin que d'y voir le maître de la
maison malade d'une fièvre dont le quinquina a eu toutes
les peines du monde à le tirer, tout quinquina qu'il est.
Enfin, il est guéri. Il a fait un voyage à Aix, où l'on a été ravi
de le revoir.

Si, dans sa lettre à Bussy, Mme de Sévigné exaltait la
magnificence des hauteurs majestueuses de Grignan, c'était
pour mieux se lamenter de la débâcle financière dans laquelle
se précipitait cette maison. La situation était critique, cet été-
là, si l'on en croit les lettres que Mme de Grignan adressa à
Pontchartrain, contrôleur général, pour lui faire part de l'état
désespéré de leurs finances et solliciter son appui. Mme de
Sévigné se montrait à nouveau ambivalente à propos des
splendeurs de Grignan, qui l'impressionnaient toujours, malgré leurs conséquences ruineuses.

« D'un autre côté », poursuit cette lettre du 12 juillet à
Bussy,

mon fils est venu encore de Bretagne prendre des eaux en ce
pays, où la bonne compagnie, qu'il augmente fort par sa
présence, lui fait plus de bien que tout autre. Nous sommes
donc ici tous ensemble. Il y a une jeune petite Grignan que
vous ne connaissez pas, qui tient fort bien sa place. Elle a
seize ans, elle est jolie, elle a de l'esprit ; nous lui en donnons
encore. Tout cela ensemble fait fort bien et trop bien, car je
trouve que les jours vont si vite, et les mois et les années, que
pour moi, mon cher cousin, je ne puis plus les retenir. Le
temps vole et m'emporte malgré moi. J'ai beau vouloir le
retenir, c'est lui qui m'entraîne, et cette pensée me fait
grand'peur ; vous devinez à peu près pourquoi. Le petit
Grignan a passé l'hiver avec nous. Il a eu la fièvre ce
printemps. Il n'est que depuis quinze jours retourné à son
régiment... il est encore dans les secrets de la Providence de
savoir quand nous partirons pour Paris... Ma fille est fort
occupée des affaires de sa maison, où elle fait des merveil-
les... Vous avez dessein d'aller faire votre cour à Fontaine-
bleau ; vous ferez fort bien. Vous seriez bien heureux de
plaire à Sa Majesté, de quelque manière que ce pût être.
Je reçus votre lettre du 10e décembre au mois de février.
Elle était si vieille que je ne crus pas y devoir faire réponse ;
je vous en demande pardon, et je ne vous en aime pas moins.

Voici donc une lettre toute propre à nous remettre sur les voies, et à reprendre le fil interrompu de notre commerce...

J'ai vu ici M. de Larrey, fils de notre pauvre ami Lenet avec qui nous avons tant ri, car jamais il ne fut une jeunesse si riante que la nôtre de toutes les façons...

Adieu, mon cher cousin. Je demande pardon à votre bel esprit de cette lettre toute terre à terre, mais il en faut quelquefois de cette façon.

Par sa lettre du 24 juillet, Mme de Sévigné répondait à Coulanges, toujours à Rome, et qui lui avait récemment décrit une longue et pénible attaque de goutte. « Le commencement, disait-elle avec compassion, m'a pensé faire pleurer. »

> *Et le moyen de se représenter que vous êtes au lit, affligé de toutes les parties et les jointures de votre petit corps, que vos nerfs sont affligés, que vous ne remuez ni pied ni patte ? C'est pour nous faire mourir. Mais voir aussi qu'il sort de tout cela un couplet de chanson sur ce triste état... cela nous soutient le cœur, et nous fait voir que le principe de la vie n'est point attaqué. Cette goutte vous a donné seulement quelques pensées noires.*
>
> *M. le duc de Chaulnes nous écrit une lettre, du 15, par le courrier qui porte la nouvelle de l'exaltation. Il ne songe qu'à nous venir voir ; il sera quinze jours avec nous mais n'a pas eu le loisir de faire aucune impression.*
>
> *Voilà qui est fait, mon cousin ; vous êtes guéri, vous êtes parti, vous arrivez ici, je vous embrasse mille fois.*

Après l'installation du pape Innocent XII, l'ambassadeur de France se préparait à quitter Rome pour Paris, via Grignan, en compagnie de son ami Coulanges. Le 14 août pourtant, c'est encore à Rome que Mme de Sévigné adressait une lettre à son cousin : « J'ai bien envie de savoir comme vous aurez trouvé le retour de M. de Pomponne dans le ministère ; nous en avons ici une très sensible joie. »

Il y avait de quoi. Après des années d'exil et de disgrâce, le marquis de Pomponne était de nouveau en faveur. Il venait d'être nommé ministre d'Etat, recouvrant des fonctions que les Grignan étaient heureux de voir occupées par un ami.

En octobre, on se réjouit à Grignan d'apprendre que Coulanges était attendu le 11 à Marseille. Charles de Sévigné se mit immédiatement en route pour aller y accueillir son sympathique cousin et le ramener à Grignan. Une semaine plus tard, le duc de Chaulnes les rejoignit au château.

Dans sa lettre du 27 octobre, Mme de Sévigné communiquait

ces nouvelles au comte de Bussy, lui donnant la liste des personnes présentes au château qui se rappelaient à son bon souvenir : « Voilà le compliment, écrivait-elle, de M. de Grignan, c'est de ma fille, de mon fils, et de M. de Coulanges, qui revient de Rome. »

Partis de Grignan en novembre pour rejoindre Paris, Coulanges et le duc de Chaulnes ne précédaient pas leurs hôtes de beaucoup. Mme de Sévigné, le comte, la comtesse de Grignan et Pauline arrivèrent en décembre dans la capitale. La correspondance ne mentionne pas la date de leur arrivée, mais elle ne put avoir lieu avant le 15, puisqu'on sait que le comte présida l'assemblée des communes de Provence à Lambesc du 13 au 27 novembre.

« Nous sommes arrivés ici, mon cher cousin, à la fin de l'année », dit Mme de Sévigné dans une lettre écrite à Bussy de Paris, le 27 janvier 1692,

> *assez tôt pour faire que M. de Grignan ait été reçu chevalier[1], mais pas assez tôt pour avoir l'honneur et le plaisir de vous voir... Je me souvenais du vers de l'opéra :*
> *J'aurais beau me presser, j'arriverai trop tard[2]*
> *En effet, vous étiez parti dans le temps que vous me l'aviez mandé[3], et je sais par Mme de Montataire[4] que vous êtes dans vos châteaux ou à Autun, jouissant en repos de la grâce que le Roi vous a faite[5]...*
>
> *M. de Grignan et ma fille vous assurent de leurs très humbles services. Ils ont ici une petite fille qui, sans avoir la beauté de sa mère, a si bien mitigé et radouci l'air des Grignan qu'elle est en vérité fort jolie ; vous en jugerez peut-être quelque jour. Je le souhaite, et que vous m'aimiez toujours autant que je vous aime.*

De retour dans la capitale après des années passées en province, Mme de Sévigné et Mme de Grignan se remettaient dans le bain. « Nous trouvions, ma fille et moi, confiait Mme de Sévigné à Bussy, que nous étions un peu gâtées, mais nous commençons à nous remettre, et nos amis nous veulent bien

1. Une cérémonie eut lieu à Versailles le jour du Nouvel An 1692 à l'intention des trois chevaliers, dont le comte de Grignan, qui n'avaient pu se trouver là au bon moment l'année précédente. Il s'agissait de chevaliers de Saint-Michel, ordre du Saint-Esprit.
2. Citation de l'*Alceste* de Quinault.
3. Dans sa lettre du 5 novembre 1691, Bussy avait averti Mme de Sévigné qu'il quitterait Paris avant l'arrivée du mauvais temps hivernal.
4. Mme de Montataire, fille de Bussy, était chanoinesse de Remiremont.
5. Louis XIV avait accordé une pension généreuse et fort utile à Bussy, lorsque celui-ci était venu lui faire sa cour en octobre.

reconnaître. » Il y avait un risque à s'enterrer pendant des années dans les solitudes de Bretagne ou de Provence, comme le savaient bien ces deux précieuses, ces deux habituées de la société de la capitale et de la cour de Versailles. Elles étaient heureuses de respirer à nouveau l'air de Paris. Pour des Parisiennes de leur espèce, c'était un souffle de vie.

54.

Comme Mme de Sévigné et Mme de Grignan se trouvaient ensemble à l'hôtel Carnavalet à Paris, leur correspondance s'interrompit de nouveau et l'on sait peu de chose sur elles pendant les années 1692 et 1693. Des lettres envoyées à d'autres correspondants, très peu ont été conservées. Entre janvier et octobre 1692, la seule lettre écrite par Mme de Sévigné dont on ait connaissance est adressée au comte de Bussy-Rabutin, en date du 12 avril. Elle est brève et, pour une fois, présente peu d'intérêt, sinon pour un contemporain familier des dessous de la société parisienne et de la cour : « Si vous venez ici cet automne, mon cher cousin, j'aurai une véritable joie, écrivait-elle, mais il se passera bien des choses entre ci et ce temps-là. »

> *Voilà des armées de tous côtés. Le Roi sera lui-même à la tête de l'une de ses armées. Les dames qui doivent être de ce voyage sont déjà nommées. Les ministres suivront aussi. Dieu veuille bien conduire cette guerre pour la gloire du Roi et pour le bonheur de la France !*

Excellent correspondant, Bussy répondit le 17 avril, mais plus de six mois s'écoulèrent avant que Mme de Sévigné reprît la plume pour lui écrire une lettre datée de « Paris, ce [vendredi] dernier octobre 1692 ». Les premières lignes étaient destinées à la fille de Bussy, la comtesse de Dalet [1] :

---

1. En 1690, la comtesse de Coligny, fille de Bussy, prit le titre de comtesse de Dalet. Elle avait hérité des domaines de Dalet et de Malintras à la mort de son beau-père.

Il m'est apparu, ma chère nièce, un fort joli garçon, bien fait, un air noble, et dans le peu de paroles qu'il a dites, je parierais qu'il a bien de l'esprit, et que vous et mon cousin avez pris soin de son éducation et de commencer à former ses mœurs. Voilà le vrai âge de le mettre à l'Académie[1]*... J'aurai l'œil sur tout cela et vous en rendrai compte. Mandez-moi si les biens de votre enfant ne sont pas considérables, car il me semble qu'étant seul d'un si grand nom, il doit être grand seigneur, et il faut tâcher de le marier sur ce pied-là. Je reviens à mon pauvre cousin, dont la santé ne lui a pas permis de venir cet hiver à Paris.*

Vous avez fort bien fait, Monsieur le Comte, de ne point apporter ici une santé languissante. Vous vous remettrez par le repos de votre château, et vous nous retrouverez tous encore ce printemps. Je loue fort ma chère nièce de ne vous point quitter... Je vous conjure de me mander l'état d'une santé où je prends tant d'intérêt par toutes sortes de raisons.

Mme de Sévigné envoya encore une deuxième lettre en Bourgogne pendant le mois d'octobre, le 29, cette fois-ci à la comtesse de Guitaut, veuve du comte de Guitaut qui était décédé en 1685 :

J'avais compté par mes doigts, et il me semblait, Madame, que vous deviez être arrivée. Je me préparais à l'envoyer demander chez vous, lorsqu'une très honnête personne, m'abordant dans nos Filles bleues, m'a nommé votre nom et, comme inspirée, m'a dit précisément ce que je voulais savoir. Vous voilà donc dans votre beau château, avec vos jolis enfants, votre chapitre, vos chanoines, et du blé dans vos greniers, avec [lequel] vous ne laisserez peut-être pas de crier famine. Mais pourtant ce sera votre faute si vous n'en faites de l'argent, car il se vend cher partout.

Cependant, Madame, il n'y a jour que je ne vous regrette, surtout le matin à notre messe, où je me trouvais heureuse de vous voir un moment et d'être à deux pas de vous.

Un mois plus tard, en novembre 1692, Mme de Sévigné, restée sans réponse de sa voisine de Bourgogne, reprit la plume pour demander la raison de ce silence :

Je vous ai écrit un petit billet, ma chère Madame, pour vous demander des nouvelles de votre santé, et comme vous

---

1. A Paris, il y avait à l'époque deux académies qui offraient aux jeunes nobles une éducation dans les sciences et les arts. Le petit-fils de Bussy avait seize ans en 1692.

vous trouviez dans votre château. Vous ne m'avez point
répondu, et je sais par la demoiselle qui demeure chez vous
que vous avez eu de grands maux de tête. Cette excuse est
trop bonne, et je souhaite que vous ne l'ayez plus, et qu'avec
une bonté digne d'une Mme de Guitaut qui règne dans notre
pays, et de l'idée que j'ai de son mérite, vous vouliez bien,
par charité, vous mêler d'écouter ce que vous dira Hébert,
mon receveur, et M. Boucard, mon ancien juge, sur la
manière dont ledit Hébert me doit payer 1 200 livres et plus,
qu'il me doit de l'année 91, et toute l'année 92... Quand vous
aurez jugé, je vous ferai mes remerciements, et vous deman-
derai mille pardons.

Mme de Sévigné déplorait sans doute les maux de tête de la
comtesse de Guitaut, mais elle ne lui épargnait pourtant pas le
moindre détail des difficultés dont souffraient ses domaines
bourguignons de Bourbilly et de Sauvignon. Sa correspondance avec cette dame s'intensifia jusqu'à devenir par
moments hebdomadaire. On connaît vingt-quatre lettres
envoyées à Mme de Guitaut dans une période de seize mois,
d'octobre 1692 à février 1694. Bien qu'enrobée de compliments
excessifs, et saupoudrée de commérages parisiens ou de nouvelles ecclésiastiques soigneusement choisies pour plaire à la
destinataire, cette correspondance traitait avant tout d'affaires. On remarquera que tant que le comte de Guitaut vécut,
c'est à lui que Mme de Sévigné adressa ses lettres, tout en ne
manquant jamais d'envoyer ses amitiés à la comtesse. C'est
avec le comte que Mme de Sévigné avait ri, bu et conversé, la
comtesse se sentant peut-être plus à l'aise dans la chapelle,
dans la chambre d'enfants ou parmi les livres de comptes que
dans la bibliothèque ou le salon.

Les lettres que Mme de Sévigné écrivit à Mme de Guitaut,
dans les années 1692-1694, débordent de remerciements pour
d'anciennes faveurs et de nouvelles requêtes :

    « *Je suis tout à vous, Madame, et vous demande toujours*
mille pardons, sans jamais cesser de vous accabler de mes
misérables affaires. »
    « *N'êtes-vous pas trop bonne, ma chère Madame, de vous*
charger de tout ce tracas ? » « *Sont-ce toujours ces maux de*
tête ? Je vous plains, et j'ai un vrai scrupule de vous
importuner de mes affaires. » « *Mais tout de bon, n'êtes-*
vous point la meilleure et la plus charitable personne du
monde ? car il y a de la charité à me tirer de l'embarras où je
suis. » « *N'êtes-vous point trop bonne de vouloir bien, avec*
votre tête malade, entendre parler de toutes mes affaires ? »

« *Bon Dieu, que je suis incapable d'approcher, à cent lieues près, de votre habileté !* » « *Je vous admire de vouloir bien joindre encore mes affaires aux vôtres.* » « *Je mets toutes mes espérances en vous.* »

A la lecture des lettres que Mme de Sévigné échangea avec Mme de Guitaut, on découvre la charmante marquise sous un jour moins favorable que d'habitude. Si elle semble ici exploiter son amie, tout ce qu'on peut dire pour sa défense, c'est qu'elle se sentait elle-même désemparée et désespérée, la gêne pécuniaire étant un « état assez ennuyeux dans la bonne ville où je suis », écrivait-elle amèrement fin 1692 à sa correspondante de Bourgogne. Très éloignée de ses domaines, dont les bénéfices constituaient une bonne part de ses revenus annuels, Mme de Sévigné se trouvait dans la situation particulièrement difficile du propriétaire qui vit hors de ses terres. Il lui fallait absolument quelqu'un sur place, surtout en temps de crise agricole, pour l'aider à s'occuper du personnel, de la supervision et de l'encaissement. Ce quelqu'un, elle l'avait trouvé en Mme de Guitaut, et c'est pourquoi elle n'était pas prête à la lâcher.

Mme de Sévigné savait se cramponner comme le lierre. Elle s'était d'abord solidement agrippée à son oncle le Bien Bon pour profiter de ses conseils et de son aide en affaires. En Bretagne, plus récemment, c'était à l'abbé Charrier qu'elle s'était étroitement attachée. Et maintenant, c'est à la comtesse de Guitaut, en Bourgogne, qu'elle allait s'accrocher.

En janvier 1693, elle chargeait Mme de Guitaut de presser son agent de recouvrement, pour qu'il

envoie, *tout le plus tôt* qu'il pourra, *le plus* qu'il pourra, *car j'en ai un besoin extrême.*

Je vous assure qu'il semble que tous les intérêts des princes soient de faire la guerre ; rien ne se tourne du côté de la paix. Ainsi, Madame, vendons nos grains, dès que les intendants nous le permettront[1]. *Tout le monde me le conseille ; je vous l'ai mandé. Il est présentement question de le pouvoir ; n'y perdons point de temps, dès que nous le pourrons.*

Quand Mme de Sévigné écrivit le mercredi 3 juin 1693 à Mme de Guitaut, cela n'avait pour une fois rien à voir avec les

---

1. Comme le pays était en guerre et que les récoltes étaient mauvaises, le gouvernement avait pris des mesures pour empêcher le prix du grain de trop s'élever.

affaires. C'était une réponse à un message de condoléances de la comtesse :

> *Je vous ai laissée dans votre silence, Madame, respectant et ménageant cette bonne tête, et sachant seulement de vos nouvelles. Vous ne pouviez rompre ce silence, ma chère Madame, dans une occasion qui me fût plus sensible.*

L'occasion si importante pour Mme de Sévigné était la mort, survenue le 24 mai, de Mme de La Fayette. « Vous saviez tout le mérite de Mme de La Fayette, écrivait Mme de Sévigné dans sa réponse, ou par vous, ou par moi, ou par vos amis. Sur cela, vous n'en pouviez trop croire. Elle était digne d'être de vos amies, et je me trouvais trop heureuse d'être aimée d'elle depuis un temps très considérable... »

Le 24 janvier 1692, Mme de La Fayette avait en effet écrit à Mme de Sévigné : « Croyez, ma très chère, que vous êtes la personne du monde que j'ai le plus véritablement aimée. »

« Jamais nous n'avions eu le moindre nuage dans notre amitié », poursuivait la lettre de Mme de Sévigné à Mme de Guitaut :

> *La longue habitude ne m'avait point accoutumée à son mérite ; ce goût était toujours vif et nouveau. Je lui rendais beaucoup de soins, par le mouvement de mon cœur, sans que la bienséance où l'amitié nous engage y eût aucune part. J'étais assurée aussi que je faisais sa plus tendre consolation et, depuis quarante ans, c'était la même chose ; cette date est violente, mais elle fonde bien aussi la vérité de notre liaison. Ses infirmités, depuis deux ans, étaient devenues extrêmes. Je la défendais toujours, car on disait qu'elle était folle de ne vouloir point sortir. Elle avait une tristesse mortelle : quelle folie encore ! n'est-elle pas la plus heureuse femme du monde ? Elle en convenait aussi, mais je disais à ces personnes, si précipitées dans leurs jugements : « Mme de La Fayette n'est pas folle », et je m'en tenais là. Hélas ! Madame, la pauvre femme n'est présentement que trop justifiée ; il a fallu qu'elle soit morte pour faire voir qu'elle avait raison et de ne point sortir et d'être triste. Elle avait un rein tout consommé et une pierre dedans, et l'autre pullulant ; on ne sort guère en cet état. Elle avait deux polypes dans le cœur, et la pointe du cœur flétrie ; n'était-ce pas assez pour avoir ces désolations dont elle se plaignait ? Elle avait les boyaux durs et pleins de vents, comme un ballon, et une colique dont elle se plaignait toujours. Voilà*

l'état de cette pauvre femme, qui disait : « On trouvera un jour... » tout ce qu'on a trouvé.

Autrement dit, il avait fallu une autopsie pour prouver au monde que Mme de La Fayette n'était pas hypocondriaque.

« Ainsi, Madame, concluait Mme de Sévigné, elle a eu raison pendant sa vie, elle a eu raison après sa mort, et jamais elle n'a été sans cette divine raison, qui était sa qualité principale. »

Le printemps de 1693 fut une saison de deuil et de profond chagrin pour Mme de Sévigné. La mort de Mme de La Fayette en mai avait été précédée par celle du comte de Bussy-Rabutin en avril. Mme de Sévigné eut à supporter ces deux cruelles disparitions, sans compter Mme de Lavardin qui, inconsciente depuis le printemps 1691, était aussi perdue pour elle. Hormis sa proche famille et celle des Coulanges, c'étaient là les trois personnes que Mme de Sévigné avait le plus fréquentées et le plus aimées.

L'année 1693 réservait bien des malheurs à Mme de Sévigné : un autre coup du sort l'attendait cet été-là, lorsqu'une tempête de grêle anéantit ses récoltes en Bourgogne et endommagea son château de Bourbilly. « Qui croirait qu'au 7e de juillet, quand il a tant plu toute l'année, on ne fût pas en sûreté, et qu'il vînt une espèce de chose qui vous emporte tous vos grains, qui brise votre paille, qui emporte vos foins, qui casse et renverse les vitres et les couvertures de votre vieux château. »

C'est à Mme de Guitaut que Mme de Sévigné se plaignait ainsi le 24 juillet, concluant par ces lignes : « Si je ne reçois rien à Noël ni à la Saint-Jean qui vient, je serai dans une extrême, mais je vous dis extrême, incommodité, mais je la souffrirai quand Mme de Guitaut m'aura dit qu'il faut que cela soit ainsi. »

L'été 1693 donna lieu à un deuil national et à une célébration qui firent provisoirement passer au second plan les problèmes personnels. « Mon Dieu ! Madame, commençait la lettre de Mme de Sévigné en date du 7 août, que de morts, que de blessés, que [de] visites de consolation à faire, et que ce combat, qui fut dit d'abord comme un avantage qui nous avait coûté trop cher, est devenu enfin une grande victoire ! » Mme de Sévigné faisait allusion à la bataille de Neerwinden, dans le Brabant. Le maréchal de Luxembourg y avait battu les forces de coalition commandées par le prince d'Orange et l'électeur de Bavière. Elle poursuivait :

> *Nous avons tant de canons, tant de timbales, tant de drapeaux, tant d'étendards, tant de prisonniers, que jamais aucune bataille rangée ni gagnée, depuis cinquante ans, n'a fait voir tant de marques de victoire. L'armée du prince d'Orange n'est plus en corps, elle est par pelotons en divers endroits, et M. de Luxembourg peut, s'il veut, marcher vers Bruxelles sans que personne l'en empêche. Enfin, Madame, tout est en mouvement. Nous tremblons pour le marquis de Grignan, qui est en Allemagne, où l'on ne doute pas que Monseigneur ne veuille donner une grande bataille.*

Le régiment du marquis ne participa en fait pas à la campagne, cet été-là, mais Mme de Sévigné ne pouvait qu'être soulagée de voir l'année 1693 toucher à sa fin, et 1694 arriver. « En voilà encore une, ma chère Madame, que je vois commencer », écrivait-elle à Mme de Guitaut, le premier jour de l'année 1694.

> *Je me souhaite, à moi toute la première, toutes les grâces dont j'ai un extrême besoin pour aimer Dieu plus que toutes choses, persuadée qu'il n'y a que cela de bon, et dédaignant de désirer autre chose. Et pour venir à vous, car encore faut-il bien que je pense à vous, je vous souhaite, Madame, la continuation des grâces que vous avez, et l'augmentation, parce qu'on n'en saurait trop avoir.*

Mais, pour Mme de Sévigné, 1694 ne se profilait guère sous un jour meilleur que l'année précédente. Elle fut ébranlée à la nouvelle qu'une taxe serait perçue sur ses domaines de Bourgogne par le curé autoritaire de Bourbilly. « Je reçois, Madame, un arrêt du conseil d'en haut de M. l'abbé Tribolet », écrivait-elle indignée le 2 février à Mme de Guitaut,

> *qui me taxe à donner aux pauvres de mes villages vingt boisseaux de blé par mois ; il ne dit point jusqu'à la récolte, mais je le suppose, car ce serait une étrange chose et me mettrait quasi au nombre de ceux à qui je donnerais si cela durait toujours. Il m'assure que si j'en appelle à votre tribunal, je n'en serai pas quitte à meilleur marché ; cela ne m'empêche point d'y avoir recours et de m'y soumettre entièrement. Voyez donc, ma chère Madame, si une personne qui n'est pas trop bien payée de son bien, qui n'est pas sans dette, et qui a peine à trouver le bout de l'année, doit obéir aveuglément à monsieur notre curé... vous n'avez, ma chère Madame, qu'à ordonner et dire ce que vous voulez que je donne par mois, et ce sera une chose faite. Sans me vanter, j'ai de petites charités d'obligation en ce pays-ci,*

> *mais il n'importe, vous n'avez qu'à prononcer, et vous serez*
> *promptement obéie ; voilà toute la réponse que je ferai à*
> *mon curé.*

Mme de Guitaut rendit sa sentence et Mme de Sévigné déclara humblement s'y soumettre le 12 février :

> *Que je vous obéis de bon cœur, Madame, et que je suis*
> *touchée des histoires que vous me contez de ces pauvres*
> *gens qui meurent de faim ! On pourrait vous en conter de*
> *plus pitoyables encore*[1]*, et en plus grande quantité, mais il*
> *faut s'attacher principalement à ceux que nous pouvons et*
> *devons secourir, et comme il n'est pas aisé de vivre*
> *d'espérance dans ces pressants besoins, je vous envoie un*
> *billet pour Lapierre*[2]*, qui donnera à monsieur notre curé, à*
> *qui j'écris, vingt boisseaux de blé et de seigle, c'est-à-dire*
> *moitié l'un, moitié l'autre.*

Le 25 février, elle sollicitait à nouveau piteusement les bons offices de Mme de Guitaut, lui demandant de s'assurer que son fermier et son agent, qu'elle qualifiait de « vilains qui m'ont fait enrager », allaient bien lui faire parvenir l'argent qu'ils lui devaient. « Et je ne puis pas même attendre jusqu'à Pâques, insistait-elle, car mes besoins sont aussi pressants que ceux des pauvres à qui je donne du blé... Enfin, Madame, ayez pitié de moi, consolez-moi au moins, exhortez-moi au jeûne, afin de diminuer mes besoins. »

Pendant environ seize mois, d'octobre 1692 à février 1694, Mme de Sévigné écrivit uniquement à Mme de Guitaut. Si l'on excepte ces deux douzaines de lettres qui traitaient surtout des problèmes agricoles et financiers de Bourbilly, l'hôtel Carnavalet est enveloppé de silence, et le peu qu'on peut apercevoir de la vie qui s'y déroulait nous est transmis par cette série de lettres.

Puis, tout à coup, le 29 mars 1694, la correspondance entre Mme de Sévigné et Mme de Grignan se rétablit. Après avoir passé trois ans et trois mois à Paris, Mme de Grignan retourna en Provence, accompagnée de sa fille Pauline et d'une importante suite. Elle allait rejoindre son mari qui l'avait

---

1. La situation était encore plus critique à Paris qu'en province, si l'on en croit une lettre que Mme de Sévigné écrivit à Mme de Guitaut en novembre 1693 : « Si j'étais en Bretagne, ou en Provence, ou à Epoisses, je vous assure, Madame, que je me garderais bien de venir ici. »
2. Lapierre était chargé par Mme de Sévigné d'affermer le domaine de Bourbilly.

précédée [1]. Entre la mère et la fille, cette séparation allait être la neuvième et dernière. Elle serait brève.

Mme de Sévigné écrivit à sa fille le jour même de son départ de Paris, mais cette lettre ne figure pas dans la collection trouvée à Grignan. La première qui soit conservée est datée du « lundi 29 mars [1694] » et commence ainsi :

> *Je vous écrivis vendredi, ma chère bonne ; nous adressâmes notre paquet à Briare. Je vous parlais uniquement de ma tristesse et du mal que m'avait fait, malgré moi, notre séparation ; comme cette maison me faisait peur, que tout me blessait, et que, si je n'avais l'espérance de vous aller voir dans un moment (car c'est un moment), je craindrais fort pour cette belle santé que vous aimez tant. Je n'eusse pas pu vous parler d'autre chose, et, dans ce sentiment, je reçus hier au soir votre lettre de Nemours, qui me paraissait la première, et je ne trouvais point dans son style cette nuance, si naturelle, de faire d'abord un peu de mention de ce qu'on a souffert en se quittant. Monsieur le Chevalier s'en aperçut aussi, et comme nous en étions là, votre paquet du Plessis nous tomba entre les mains, et nous y trouvâmes justement ce que nous souhaitions. Vous n'oubliez rien, ma bonne, de tout ce qui peut faire plaisir ; vous faites voir tant d'amitiés qu'en vous aimant plus que toutes les choses du monde, on trouve encore qu'on ne vous aime pas assez ; je vous remercie de me faire voir des sentiments qui sont si capables de me charmer. Je suivrai votre conseil, ma chère bonne ; je suivrai ce que j'aime, et je ne suis plus occupée que de me ranger pour partir au commencement de mai. Monsieur le Chevalier voudrait que ce fût plus tôt, mais en vérité je ne le puis sans une agitation qui m'ôterait toute la douceur de mon départ. Laissez-moi donc faire. Vous savez que je ne manque pas de courage pour vous aller trouver.*

Les nouvelles de Paris couvrent des pages et des pages de cette lettre :

> *Je dînai samedi chez l'abbé Pelletier... M. du Coudray y était... Je dînai hier chez la duchesse du Lude ; elle me dit bien des douceurs pour vous... M. de Chaulnes est revenu... Mme de Chaulnes et Rochon reviendront dans huit jours. Je*

---

1. Pendant les trois ans du séjour à Paris de la famille Grignan, le comte s'était sans doute rendu plusieurs fois en Provence pour y accomplir différentes tâches qui incombaient à sa charge. Le journal de Dangeau mentionne qu'il avait présidé l'assemblée de Lambesc en automne 1692, et avait reçu du roi une gratification de 12 000 francs. « Le Roi a donné 12 000 francs de gratifications à M. le comte de Grignan [...] qui a très bien servi cette année. »

fus, après le dîner, chez Mme de Verneuil, qui est enfin arrivée, et chez l'abbé Arnauld, où étaient M. et Mme de Pomponne, Mme de Vins, Mlle Félicité et M. du Coudray.

« Je vous plains, ma bonne, poursuivait la lettre, d'avoir quitté votre Marquis[1], c'est cela qui est un adieu ! je croyais qu'il dût aller à Grignan. Monsieur le Chevalier fait si bien qu'il aura la somme qu'il souhaite à point nommé. Ma chère Pauline, je baise vos belles joues ; vous avez laissé ici une réputation que jamais personne n'a eue si universelle. »

Mme de Sévigné terminait bien sûr par un gentil mot pour sa fille : « Vous êtes notre âme, ma chère bonne ; nous ne saurions vivre sans vous. »

Dix jours plus tard[2], elle écrivit :

Pour moi, ma bonne, je ne veux plus du tout m'attrister et me chaîner. *Je trouve que vous avez fort bien fait de partir ; vous aviez une raison que vous avez oubliée et qui nous fermait la bouche. Et puis vous allez pour voir M. de Grignan ; vous courez à lui, ma bonne, et nous courrons après vous. Je ne suis plus occupée que de finir les petites affaires dont je suis embarrassée, et à me disposer insensiblement à partir dans le commencement de mai. Vous voyez bien, ma bonne, qu'il n'y a point de temps où je puisse prendre le loisir de vous regretter, cela retarderait mon départ ! Quand je sens quelque tristesse, en regardant votre appartement ou en rentrant dans ma chambre, quand je suis blessée de ne plus voir, de ne plus entendre cette aimable femme qui remplit tout, qui éclaire tout, qui paraît si nécessaire à la société, que j'aime si naturellement, je chasse cette première pensée, et la seconde est de sentir une véritable douceur de penser que je m'en vais la trouver, que je ne fais plus rien que dans cette vue. Voilà, ma chère bonne, l'état où je suis.*

Pâques tombait le 11 avril en 1694. Mme de Sévigné craignait que Mme de Grignan trouvât difficile d'observer convenablement le carême pendant son voyage. « Je voudrais bien que vous eussiez trouvé partout la permission de manger des œufs frais[3], je crains les carpes et les arêtes », écrivait-elle le 31 mars. Elle poursuivait :

1. Le marquis de Grignan s'était rendu de Paris à Besançon pour rassembler son régiment qui devait rejoindre l'armée du maréchal de Lorges en mai.
2. Une interruption de dix jours à ce point de la correspondance est improbable. On estime que treize lettres ont été perdues, parmi celles que Mme de Sévigné écrivit pendant cette courte séparation en 1694.
3. C'est l'évêque local qui accordait les dispenses alimentaires.

> *Corbinelli est ravi que vous aimiez son livre*[1] *; que ne vous dit-il point de l'adoration qu'il a pour vous ? Je lui dis toujours que vous le souhaitez à Grignan. Il a dîné gras avec Monsieur le Chevalier ; c'était un levraut de Bâville. Moi, j'avais un poisson noble, et je donne quelquefois à dîner, non pas proprement comme M. du Coudray, mais trop bien pour une personne grêlée.*

Dans sa lettre du 19 avril, Mme de Sévigné commençait par s'informer des déplacements de M. de Grignan, qui avait été obligé de quitter son château pour aller patrouiller sur la côte. Une flotte anglo-hollandaise avait soudainement fait son apparition en Méditerranée, menaçant la Provence.

> *Je crois que présentement, ma chère bonne, je ne me tromperai pas quand je vous croirai à portée de pouvoir embrasser M. de Grignan pour moi. Le miracle que le ciel vient de faire pour dissiper cette flotte, si bien concertée avec les troupes côté des montagnes pour dévorer la Provence, me persuade que M. de Grignan est revenu dans son château, où il a trouvé assurément une très bonne compagnie.*
>
> *Ce n'est que d'aujourd'hui que Monsieur le Chevalier a bien voulu me dire tout ouvertement que nous partirions ensemble ; j'en ai eu une véritable joie, et je me dispose avec plaisir à faire ce voyage comme je l'ai imaginé. Sans lui, je vous assure que je ne l'aurais pas entrepris ; je connais les périls d'aller seule. Voilà un billet de Corbinelli : il a bien du regret à moi, et je lui dis, comme vous me disiez : « Qui m'aime me suive. » J'envoie mille choses à mon fils pour briller à Nantes*[2].

« Nous admirons, ma bonne », écrivit Mme de Sévigné le 21 avril,

> *votre destinée de faire un voyage si bien placé pour voir M. de Grignan dans un temps où cette seule raison vous servait d'excuse, et que vous ne l'ayez pas encore envisagé... vous savez l'ordre que nous avons donné pour nos litières, et comme nous avons un pied en l'air. Vous me donnez une grande joie en me parlant de celle que vous avez, et de*

---

1. Le livre de Corbinelli, *les Anciens Historiens latins réduits en maximes*, venait d'être publié.
2. Charles de Sévigné avait été nommé lieutenant du roi pour la région de Nantes en 1692.

l'amitié que vous avez pour moi ; si elle ressemble à celle que j'ai pour vous, ah ! ma bonne, que j'ai sujet d'être contente ! Embrassez pour moi M. de Grignan, si vous le pouvez.

Le 25 avril, Mme de Sévigné écrivit à la comtesse de Guitaut pour lui expliquer qu'elle ne pouvait accepter son invitation de faire halte à Epoisses dans son voyage vers la Provence :

Hélas ! ma chère Madame, par mon goût, je passerais bien volontiers à Epoisses, et j'y ferais un long séjour avant que de sentir le moindre ennui, et je ne mettrais qu'au second rang le plaisir d'être payée du terme de la Saint-Jean. Mais voici mes engagements : je suis liée avec M. le chevalier de Grignan, qui n'est point parti avec ma fille, pour m'attendre, parce que je ne pouvais partir qu'au commencement de mai ; elle crut que cette liaison assurait mon voyage à Grignan et que je n'aurais jamais le courage de partir toute seule. Cette pensée est d'une personne qui me souhaite, et comme j'aime aussi cette campagne de Grignan, et le château, et le pays, et le repos qu'on y trouve, je me suis résolue d'aller me mettre à couvert pour quelque temps, jusqu'à ce que l'orage qui nous accable ici de toutes parts soit un peu passé[1]. J'ai perdu mes deux premières amies, Mme de La Fayette et Mme de Lavardin ; j'en laisse encore ici que j'aime et que j'estime, mais comme ce n'est pas à ce degré, et qu'elles en ont d'autres que moi, je les quitte avec un regret supportable. Pour le chevalier de Grignan, il est sur le point de manger du pain de feuilles et de fougères, n'ayant au monde qu'une pension de menin[2], qu'on ne lui paie plus ; son parti n'est pas difficile à prendre. Nous faisons donc venir deux litières de Lyon, et avec des gens à cheval et sa chaise roulante, nous partons le 8ᵉ de mai. Et voilà, ma chère Madame, une trop bonne raison pour n'aller point à Epoisses.

Mme de Sévigné avait espéré se trouver dans sa litière en route pour la Provence, le 10 mai, date à laquelle elle écrivit à sa fille sa dernière lettre de Paris :

---

1. Allusion à la famine et à la maladie qui ravagèrent la population de Paris en 1694.
2. Le chevalier avait été *menin*, membre de la suite du dauphin. Il avait dû abandonner cette fonction à cause de sa goutte articulaire. Mme de Sévigné semble toutefois oublier qu'il recevait encore une pension de l'évêché d'Evreux.

Cela est infâme de n'être pas partie samedi. Une messe du lendemain, voilà une belle raison ! c'est pourtant celle de Monsieur le Chevalier... C'est donc le lundi ? Mme de Coulanges et d'autres amies se font un honneur de nous arrêter, parce que je suis enrouée. Je suis donc demeurée tout le jour chez elle, avec toutes mes amies, qui ne me veulent point quitter que je ne sois pendue, et enfin je la serai demain matin et ne guérirai que quand je ne parlerai plus. Vous voyez bien, par tout ce que je vous dis, ma chère bonne, que j'ai toujours ce voyage dans la tête... Vous aurez donc un cabinet de la Chine, il vous en coûtera peu. Il est plus grand et plus beau que celui que vous approuvez. Vos hardes ne faisaient que diminuer de prix ; vos deux cabinets sont hors de mode, et estimés tous ensemble au-dessous de cinq cents livres ; il a fallu encore deux cents francs, pour faire les sept que vaut le cabinet... Enfin, ma bonne, je serai ravie que vous en soyez contente.

En vérité, c'est une chose étrange que de partir et de se déménager comme nous faisons. On se fait pitié à soi-même ; on n'a plus rien, mais on est trop heureuse de vous aller voir, de vous aller embrasser, et de quitter un lieu où tout le monde va mourir si la sécheresse continue encore huit jours...

55.

« A Grignan, [mardi] 20e juillet 1694 », porte pour en-tête la lettre par laquelle Mme de Sévigné informait la comtesse de Guitaut de son arrivée en Provence :

Je suis plus près de vous ici, Madame, que je n'étais à Paris ; il faut cependant que cette lettre y retourne pour aller sûrement à vous. Je partis le 11e de mai, j'arrivai à Lyon le onzième jour, je m'y reposai trois jours, je m'embarquai sur le Rhône, et je trouvai le lendemain, sur le bord de ce beau fleuve, ma fille et M. de Grignan, qui me reçurent si bien et m'amenèrent dans un pays si différent de celui que je quittais et où j'avais passé, que je crus être dans un château enchanté. Enfin, Madame, jugez-en, puisqu'on n'y voit ni misère, ni famine, ni maladies, ni pauvres. On croit être dans un autre monde, mais on ne laisse pas de se souvenir

*de ses amies, et comme, dans ce vilain monde que j'ai quitté,
il est toujours question d'argent, et que j'ai assigné celui qui
me doit revenir de mon terme de la Saint-Jean à des gens à
qui je dois des arrérages qui sont attendus avec impatience
dans le mois de juillet, je mande à M. Boucard de m'envoyer
1 391 livres que mon fermier me doit, parce qu'il m'a payé
2 009 livres à Noël ; ainsi il ne me doit plus que ce que je
vous dis[1]. Si la chose est sans difficulté, comme elle doit
être, il ne vous importunera point et m'enverra mon argent
par Dijon. S'il a quelque chose à dire, je le renvoie à vous,
ma chère Madame, et vous demande à genoux de juger et de
décider... Ainsi, ma chère Madame, assemblez votre conseil.*

*Je vous ai mandé, Madame, comme j'étais arrivée ici fort
heureusement. Je crois vous avoir dit aussi l'aimable vie
que j'y fais : un chapitre et une tribune dont il ne tiendrait
qu'à moi de faire des merveilles[2] ; une liberté qui fait que
j'ai toujours trois heures pour le moins à lire et à faire ce
que je veux. Quand je rentre dans la société, je trouve ma
fille et sa fille, M. le chevalier de Grignan, M. le marquis de
La Garde d'une piété et d'un commerce admirables, Monsieur de Carcassonne et Monsieur d'Arles[3] dans deux ou
trois jours ; un beau château, un bel air, de belles terrasses,
une trop bonne chère. Madame, cette vie est trop douce, et
les jours s'écoulent trop tôt, et l'on ne fait point de
pénitence.*

*Je ne vous dis point de nouvelles ; vous en savez comme
nous. Pour moi, je n'en sais jamais à Paris, mais dans les
provinces on lit tout, on sait tout. Ma fille vous estime et
vous honore, et moi, ma chère Madame, je vous embrasse et
vous demande mille pardons, et vous conjure d'avoir pitié
de mes pauvres affaires.*

Il ne fait aucun doute que Mme de Sévigné n'attendit pas
jusqu'au 5 juillet pour écrire à M. de Coulanges, mais c'est cette
date que porte la première lettre conservée qu'elle adressa de
Grignan à son cher cousin. Les autres manquent. Dans sa lettre
du 23 juin, M. de Coulanges s'était plaint que Mme de Sévigné
se montrait lente à répondre, mais elle avait certainement écrit
plus d'une fois à son cousin et à sa femme depuis son départ de

1. La location des terres de Bourbilly coûtait 3 400 livres par an au fermier.
Les 2 009 livres avaient été payées pour 1694.
2. Au haut de la paroi gauche de l'église collégiale du Saint-Sauveur qui se
trouve adossée à la base du château de Grignan, il y a une tribune accessible
directement depuis le château au moyen d'un escalier qui descend de la
terrasse construite sur le toit de l'église.
3. L'évêque de Carcassonne et l'archevêque d'Arles.

Paris début mai [1]. Si l'on en juge d'après les dates des lettres de Coulanges à Mme de Sévigné, dont il existe des copies, la correspondance était assidue, avec deux ou trois lettres par mois. Si tant de lettres manquent parmi celles qu'écrivit Mme de Sévigné aux Coulanges en 1694-1696, ce n'est certainement pas parce que les Coulanges les jetaient au panier. Ils disaient souvent combien ils appréciaient chacune de ses pages : « Tout devient or entre vos mains », disait Mme de Coulanges de l'art épistolaire de sa cousine. L'explication la plus plausible de ces disparitions, c'est que des amis demandaient à prendre connaissance de ces délicieuses lettres, les empruntaient aux Coulanges et oubliaient de les rendre. Mme de Sévigné n'avait certainement pas attendu le 5 juillet pour donner aux Coulanges des nouvelles de son voyage et de son arrivée à Grignan le 26 ou le 27 mai. Sa très courte lettre du 5 juillet fait allusion à la maladie prolongée de Mme de Coulanges.

> *Vous me faites respirer en me disant que Mme de Coulanges est bien mieux ; sa dernière lettre m'avait tellement affligée que je n'en pouvais plus.*
> *M. de Grignan est vers Nice avec un gros corps de troupes, pour repousser en cas d'alarme cette flotte si mal reçue à Brest [2]. Vous savez comme MM. les lieutenants généraux des provinces sont présentement lieutenants généraux des armées ; cela les charme et les ruine. Nous avons toujours ici quelqu'un qui passe et joue à l'hombre. On lit, on est dans sa chambre. Enfin, les jours passent. Notre petite troupe vous aime et vous embrasse.*

La collection comprend plusieurs lettres adressées par les Coulanges à Mme de Sévigné en juillet et août 1694, mais la première réponse de Mme de Sévigné date du 9 septembre :

> *J'ai reçu plusieurs de vos lettres, mon cher cousin ; il n'y en a point de perdues. Ce serait grand dommage ; elles ont toutes leur mérite particulier et font la joie de toute notre société. Ce que vous mettez pour adresse sur la dernière, en disant adieu à tous ceux que vous nommez, ne vous a brouillé avec personne : Au château royal de Grignan.*

1. En date du 24 mai, Coulanges fait d'ailleurs mention d'une lettre que Mme de Sévigné lui avait écrite de Moulins, alors qu'elle se rendait à Grignan.
2. L'amiral Russell avait conduit la flotte anglaise en Méditerranée, afin de rejoindre les escadres espagnoles et de protéger Barcelone, menacée par une flotte française placée sous les ordres du maréchal de Noailles.

Cette adresse frappe et donne tout au moins le plaisir de croire que, dans le nombre de toutes les beautés dont votre imagination est remplie, celle de ce château, qui n'est pas commune, y conserve toujours sa place, et c'est un de ses plus beaux titres. Il faut que je vous en parle un peu, puisque vous l'aimez. Ce vilain degré par où l'on montait dans la seconde cour, à la honte des Adhémar, est entièrement renversé et fait place au plus agréable qu'on puisse imaginer ; je ne dis point grand ni magnifique, parce que, ma fille n'ayant pas voulu jeter tous les appartements par terre, il a fallu se réduire à un certain espace, où l'on a fait un chef-d'œuvre. Le vestibule est beau, et l'on y peut manger fort à son aise. On y monte par un grand perron. Les armes de Grignan sont sur la porte ; vous les aimez, c'est pourquoi je vous en parle. Les appartements des prélats [1], dont vous ne connaissez que le salon, sont meublés fort honnêtement, et l'usage que nous en faisons est très délicieux. Mais puisque nous y sommes, parlons un peu de la cruelle et continuelle chère que l'on y fait, surtout en ce temps-ci. Ce ne sont pourtant que les mêmes choses qu'on mange partout. Des perdreaux, cela est commun, mais il n'est pas commun qu'ils soient tous comme lorsque à Paris chacun les approche de son nez en faisant une certaine mine, et criant : « Ah ! quel fumet ! sentez un peu. » Nous supprimons tous ces étonnements. Ces perdreaux sont tous nourris de thym, de marjolaine, et de tout ce qui fait le parfum de nos sachets ; il n'y a point à choisir. J'en dis autant de nos cailles grasses, dont il faut que la cuisse se sépare du corps à la première semonce (elle n'y manque jamais), et des tourterelles, toutes parfaites aussi. Pour les melons, les figues et les muscats, c'est une chose étrange : si nous voulions, par quelque bizarre fantaisie, trouver un mauvais melon, nous serions obligés de le faire venir de Paris ; il ne s'en trouve point ici. Les figues blanches et sucrées, les muscats comme des grains d'ambre que l'on peut croquer, et qui vous feraient fort bien tourner la tête si vous en mangiez sans mesure, parce que c'est comme si l'on buvait à petits traits du plus exquis vin de Saint-Laurent. Mon cher cousin, quelle vie !

Ce style de vie était bien somptueux, peut-être même trop somptueux, se disait-elle parfois. Bien sûr, elle fut ravie, en mai 1694, de retrouver sa fille adorée et sa chère petite-fille dans le magnifique château haut perché de Grignan, mais elle ne s'en souciait pas moins des moyens de maintenir pareil train de vie.

1. La transformation de l'aile du Prélat, commencée en 1688, n'était pas terminée lorsque Coulanges avait fait halte au château en 1691.

Les émoluments que le comte de Grignan recevait de l'Etat et de la province pour ses services s'étaient avérés lamentablement insuffisants par rapport aux dépenses qu'il avait à supporter en tant que lieutenant général gouvernant la Province. Grignan n'avait jamais été assez chanceux pour bénéficier par faveur royale d'une nomination à un poste lucratif à la cour. Au début des années 1690, il ne pouvait plus se permettre de faire une apparition dans sa capitale d'Aix et se voyait contraint de passer l'hiver dans son château. Il aurait pu renoncer à sa charge et vivre modestement comme simple gentilhomme sur les revenus de ses vastes domaines, mais le service du monarque et de la province était une tradition dans la famille Grignan, et il continuait à les servir tous deux avec zèle et constance, en bonne partie à ses frais. *Noblesse oblige*, telle était la devise des grands seigneurs, espèce d'ailleurs vouée à la disparition aussi sûrement que le dinosaure.

Grâce aux allocations occasionnelles du Trésor royal, le comte aurait peut-être réussi à maintenir quelque temps son mode de vie seigneurial, si Julie-Françoise de Grignan, la plus jeune des deux filles qu'il avait eues de sa première femme, n'était venue réclamer la somme que lui avait léguée sa mère. Avec les intérêts composés pendant des années, le montant avait plus que doublé, passant de quelque 60 000 livres à plus de 120 000. En 1694, Julie-Françoise, ou plutôt Mme de Vibraye, car elle s'était mariée, avait mené l'affaire à son dénouement en réclamant une restitution immédiate. Le comte de Grignan ne pouvait pas espérer réunir pareille somme. Il était au bord de la ruine. Pour sauver la maison de Grignan, il ne restait plus qu'à vendre ce nom prestigieux au plus offrant : le marquis devrait faire un mariage d'intérêt.

Il y avait des années qu'on cherchait sans succès une riche partenaire pour l'héritier des Grignan. Des amis aussi fidèles que les Lamoignon, les Oraison, les d'Ormesson ou les Lavardin ne voulaient pas donner leurs filles et leur argent au fils d'une famille en train de se noyer dans un océan de dettes. Dans une lettre qu'elle écrivit de Paris à sa fille en 1694, Mme de Sévigné dressait la liste des fiancées possibles pour le marquis, et elle se voyait obligée de les éliminer l'une après l'autre, « et à moins que, par un miracle, concluait-elle, il ne se fît un prodige qui changeât les pierres en pain, comme par exemple la vente d'une terre, je ne crois pas qu'il y ait à balancer entre ce qui soutient votre fils et votre maison ou ce qui achèvera de vous accabler ».

Comme il ne fallait plus compter trouver une fiancée riche

dans les rangs de la noblesse d'épée (la vieille noblesse) ni même dans ceux de la noblesse de robe (les familles parlementaires et judiciaires plus récemment anoblies), les Grignan se trouvaient face à un dilemme : il leur fallait choisir entre la noblesse sans fortune ou la fortune sans noblesse. On ne pouvait faire autrement que d'accepter la fille d'un riche financier comme future marquise de Grignan. S'il y avait à choisir entre le sang et l'or, le chevalier de Grignan s'exprimait nettement « pour l'or », si l'on en croit la lettre du 21 avril de Mme de Sévigné.

De l'or, c'est ce qu'avait à offrir un fermier général extraordinairement riche de Montpellier. En désespoir de cause, ravalant leur orgueil, les Grignan acceptèrent d'unir le marquis à la fille de ce financier, Anne-Marguerite de Saint-Amans. Elle devait apporter une dot de 400 000 livres, dont 300 000, payées comptant à la signature du contrat de mariage, serviraient à rembourser les dettes les plus pressantes de son futur beau-père.

Ce projet fit naturellement jaser. Philippe-Emmanuel de Coulanges écrivit de Paris en juin 1694 pour exhorter sa cousine, Mme de Grignan, à ne pas prêter attention aux commérages. « Faites, faites votre mariage ; vous avez raison, et le public a tort et très grand tort... » Coulanges semblait être le seul membre de la famille qui se souvînt encore de ses origines bourgeoises. Peut-être cherchait-il à rappeler à Mme de Sévigné que les Rabutin s'étaient pareillement désolés de voir un héritier de leur ancienne lignée chevaleresque épouser la fille d'un fermier général parvenu du nom de Coulanges : aucun Rabutin n'avait daigné signer le contrat de mariage. « Voulez-vous mettre le public dans son tort ? » Alors, conseillait Coulanges à Mme de Grignan dans sa lettre du 28 juin :

> Faites-vous donner une si bonne et grosse somme en argent comptant, que vous vous mettiez à votre aise : un gros mariage justifiera votre procédé... Consolez-vous d'une mésalliance et par le doux repos de n'avoir plus de créanciers dans le séjour de beaux, grands et magnifiques châteaux qui ne doivent rien à personne, et par la satisfaction de donner quelquefois dans le superflu, qui me paraît le plus grand bonheur de la vie...

Coulanges ne mâchait pas ses mots : il avait parlé sans hésiter de mésalliance, expression à laquelle les Grignan devraient bien s'accoutumer. Si la fiancée était assez riche, insistait le petit Coulanges, peu importait ce qu'en disaient ou en pensaient les gens.

« Je crois que rien ne peut plus empêcher que nous ne fassions notre mariage, écrivait Mme de Sévigné à Mme de Coulanges le 17 novembre, tout, enfin, est réglé. Il me paraît que tous les acteurs nécessaires à cette cérémonie s'assembleront de tous côtés entre ci et quinze jours... »

L'affaire se régla encore plus rapidement que prévu. Le jour suivant, 18 novembre 1694, le contrat de mariage fut signé à Paris par le père de la fiancée et par le représentant légal du père du marquis. C'est la maladie qui avait empêché le comte de Grignan de se rendre à Paris. « M. de Grignan a eu des étourdissements qui nous ont fait peur, à cause de l'horrible chute qu'il a faite[1], écrivait Mme de Sévigné à Mme de Coulanges le 17 novembre ; ce fut un miracle qu'il n'eût pas la tête cassée et, le vingt-unième jour, il eut les vapeurs que je vous dis, mais on nous assure que ce n'est rien. »

En date du 19 novembre, Mme de Coulanges informait Mme de Sévigné que son mari venait de publier, quatre jours plus tôt, un recueil de ses vers. Mme de Coulanges commentait malicieusement : « Il paraît dans le monde un livre imprimé de ses chansons et, à la tête de ce livre, un éloge admirable de sa personne. On dit qu'il est né pour les choses solides et pour les frivoles ; on montre les preuves des dernières. » Elle était heureuse, disait-elle à Mme de Sévigné, de penser à eux tous qui se réjouissaient à Grignan du mariage du marquis :

M. l'abbé de Marsillac me dit hier des biens infinis de M. et de Mme de Saint-Amans et de Mme la marquise de Grignan leur fille... dit que ce sont les plus honnêtes gens qu'il est possible et qu'ils vous ont élevé un chef-d'œuvre.

En décembre, Mme de Sévigné écrivit à la comtesse de Guitaut pour lui annoncer le prochain mariage, consacrant pourtant comme d'habitude les premières pages de sa lettre à des appels à l'aide pour la gestion de Bourbilly :

Il y a près d'un an que l'on parle d'un mariage pour le marquis de Grignan ; c'est la fille d'un fermier général, nommé Saint-Amans. Vous ne doutez pas qu'il ne soit fort riche ; il avait une commission à Marseille pour les vivres. Sa fille aînée a dix-huit ans, jolie, aimable, sage, bien élevée,

---

1. Le comte de Grignan avait fait une chute dans un escalier, à Sorgues, au nord d'Avignon, et s'était cassé le nez.

raisonnable au dernier point. Il donne quatre cent mille francs comptant à cette personne, beaucoup plus dans l'avenir ; il n'a qu'une autre fille. On a cru qu'un tel parti serait bon pour soutenir les grandeurs de la maison, qui n'est pas sans dettes, principalement celles de Mme de Vibraye, fille du premier mariage, qui presse fort... Ils ont fait le contrat à Paris, où le père était allé ; il l'a signé, et le Lieutenant civil, qui avait une bonne procuration. Le père et le contrat sont ici ; sa femme et sa fille s'y sont rendues de Montpellier, et enfin, Madame, après avoir vu et admiré pour plus de cinquante mille francs de linge, d'habits, de dentelles et pierreries, qu'il donne encore fort honnêtement, après huit ou dix jours de séjour ici pour faire connaissance, le Marquis et cette fille seront mariés dimanche, 2e jour de l'année 95. Voilà, Madame, comme nous passons cet hiver, sans être sortis de notre château, où l'on a seulement les deux prélats et M. de Montmor[1], qui a commencé toute cette affaire. Je vais vous faire perdre un quart d'heure de votre temps, Madame, pour lire cette longue lettre, et vous apprendre de quelle manière il a plu à la Providence de disposer de l'établissement de cette maison et de notre séjour en ce pays.

Le dimanche 2 janvier 1695, dans l'église collégiale adossée à la base du château, remplie pour l'occasion d'une nombreuse assistance, l'évêque de Carcassonne célébra le mariage de son neveu le marquis de Grignan avec Anne-Marguerite de Saint-Amans.

Vingt signatures furent apposées sur le certificat de mariage en plus de celles des mariés. Davantage de gens encore avaient signé le contrat la veille des noces.

Il est regrettable que soient perdues les lettres de Mme de Sévigné qui décrivaient le mariage et les festivités qui l'accompagnèrent. Adressées aux Coulanges, ces missives ont dû faire le tour de Paris, et peut-être aussi de Versailles, puis disparaître. Les réponses des Coulanges et leurs commentaires nous donnent une idée du contenu de ces lettres et nous font brûler de connaître les originaux. Le 14 janvier, Mme de Coulanges écrivait ainsi à Mme de Sévigné : « Je vous remercie, mon amie, de m'avoir appris la conclusion de votre roman, car tout ce que vous me mandez est romanesque. L'héroïne est charmante ; le héros, nous le connaissons. » Il est curieux de trouver

---

1. Jean-Louis de Montmor, comte de Mesnil, intendant des galères à Marseille et vieil ami des Grignan, avait été en contact avec Saint-Amans, fermier général dans la région. C'est Montmor qui avait eu l'idée de ce mariage.

des mots tels que « romantique », « héros » ou « héroïne »
sous la plume de quelqu'un qui était au courant des circonstances purement pratiques de ce mariage : un homme et une
femme qui ne s'étaient rencontrés qu'une fois le contrat de
mariage signé et qui ne se connaissaient guère que depuis une
semaine au moment des fiançailles. Mais il faut bien voir que
Mme de Sévigné était incorrigiblement romantique : influen-
cée par les romans qu'elle avait dévorés et par les pièces de
théâtre qu'elle avait vues ou lues, elle était systématiquement
attirée par l'aspect romantique ou dramatique de la vie réelle.
Pour elle, le prince de Conti et Mlle de Blois vivaient « comme
dans les romans... », le chevalier de Grignan était « ...beau
comme le héros d'un roman ». Les contes de la princesse de
Tarente lui plaisaient par « un style romanesque ». Mme de
Sévigné avait naturellement tendance à embellir la réalité et à
se réfugier dans l'imaginaire, aussi n'avait-elle aucune peine à
glorifier une mésalliance choquante. En décrivant les cérémonies et la pompe déployée à cette occasion, elle a pu se laisser
enivrer par le son et l'écho de ses propres paroles. Sa description romanesque du mariage visait peut-être moins à tromper
les Coulanges qu'à s'illusionner elle-même. Connaissant le
penchant de son amie, Mme de Coulanges jouait le jeu[1].

Elle avait raconté les festivités du mariage, disait encore sa
lettre du 14 janvier, à :

> *Mme de Chaulnes qui est arrivée en très bonne santé, et*
> *qui n'en dit pas moins : « Jésus Dieu ! ils sont donc*
> *mariés » que si elle n'en avait jamais entendu parler. M. de*
> *Coulanges n'habite plus que la cour. On ne dira pas qu'il est*
> *mené par l'intérêt, quelque pays qu'il habite ; c'est toujours*
> *son plaisir qui le gouverne, et il est heureux : en faut-il*
> *davantage ?*

1. Dans *Mme de Sévigné and the Problem of Reality and Appearances*, Robert
Nicholich remarque : « Il est évident que Mme de Sévigné voyait la réalité en
termes de drame et de poésie, sous l'aspect fantastique de la littérature
d'aventure qu'elle dévorait. Elle en fait d'ailleurs elle-même franchement
l'aveu. Le stade suivant fut de voir pratiquement en chacun un héros ou une
héroïne (...) Pour elle, la limite entre l'imaginaire et la réalité s'annulait
aisément. » Elle se laissait volontiers aller à ses fantasmes, voyant des formes
grotesques, moines et nonnes en robes noires et blanches, ou hommes noirs
tapis dans les bois de Bretagne au clair de lune. Quand elle désirait voir
quelqu'un d'éloigné, elle concevait qu'il pourrait venir porté par un coup de
vent. Elle parle à plusieurs reprises de « l'hippogriffe », un animal fabuleux,
mi-cheval, mi-oiseau, sur lequel on pourrait voler de Bretagne en Provence, ou
vice versa. Elle imaginait aussi une paire de jumelles magiques, dont un côté
lui permettrait d'éloigner les gens qu'elle voulait éviter, tandis que l'autre
rapprocherait ceux qu'elle désirait avoir auprès d'elle.

A cette lettre, M. de Coulanges, apparemment de retour de Versailles, au moins provisoirement, ajoutait plusieurs pages, dont ces lignes :

Mon Dieu ! les bonnes lettres que les vôtres, ma très aimable gouvernante, et que les détails me font plaisir ! J'ai vu toutes vos noces comme si j'y avais assisté. J'ai vu ce beau château illuminé, toute la compagnie qui le remplissait, les belles hardes et tous les ajustements de la mariée, ces trois tables somptueusement servies dans la galerie, tous les appartements richement meublés et éclairés ; j'ai même entendu la musique. En un mot, par vos détails aimables, je n'ai rien perdu, et ils m'ont tiré de la peine où j'étais de voir les tables servies dans la galerie en ce temps-ci ; j'en trouvais la séance bien froide, mais les deux cheminées dont vous me parlez m'ont réchauffé l'imagination, et je me suis trouvé à ce festin nuptial sans autre incommodité que d'y avoir trop mangé, car jamais je ne fis meilleure chère. Vous vous êtes en vérité acquittée des détails à merveille, mais qui m'apprendra si véritablement nous avons une marquise de Grignan, et si nous pouvons espérer des neveux dignes de leurs ancêtres ? Qu'on m'assure au moins que la première nuit des noces du Marquis ne ressembla point à la première nuit des noces de monsieur son père, et je me le tiendrai pour dit. Pour moi, je fais toujours la même vie, ma très aimable Marquise, tantôt à Versailles et tantôt à Paris et toujours en bonne compagnie.

Le 3 février, Mme de Sévigné répondit à la lettre commune des Coulanges, terminant par une réprimande à l'intention de son cousin :

Vous avez très bien imaginé toutes les magnificences champêtres de notre noce. Tout le monde a pris sa part des louanges que vous donnez, mais nous ne savons ce que vous voulez dire d'une première nuit de noces. Hélas ! que vous êtes grossier ! J'ai été charmée de l'air et de la modestie de cette soirée ; je l'ai mandé à Mme de Coulanges. On mène la mariée dans son appartement ; on porte sa toilette, son linge, ses cornettes. Elle se décoiffe, on la déshabille, elle se met au lit. Nous ne savons qui va ni qui vient dans cette chambre ; chacun va se coucher. On se lève le lendemain ; on ne va point chez les mariés. Ils se lèvent de leur côté ; ils s'habillent. On ne leur fait point de sottes questions : « Etes-vous mon gendre ? êtes-vous ma belle-fille ? » Ils sont ce qu'ils sont. On ne propose aucune sorte de déjeuner ;

chacun fait et mange ce qu'il veut. Tout est dans le silence et dans la modestie. Il n'y a point de mauvaise contenance, point d'embarras, point de méchantes plaisanteries, et voilà ce que je n'avais jamais vu, et ce que je trouve la plus honnête et la plus jolie chose du monde[1].

« Nous sommes encore dans des visites de noces », poursuivait Mme de Sévigné dans cette même lettre, un mois après la cérémonie :

Des Mmes de Brancas, des Mmes de Buous, dames de conséquence qu'on avait priées de ne point venir ont rompu des glaces, ont pensé tomber dessous, ont été en péril de leur vie pour venir faire un compliment ; voilà comme on aime en ce pays. En fait-on de même à Paris ?

Mme de Chaulnes me mande que je suis trop heureuse d'être ici avec un beau soleil ; elle croit que tous nos jours sont filés d'or et de soie. Hélas ! mon cousin, nous avons cent fois plus de froid ici qu'à Paris. Nous sommes exposés à tous les vents. C'est le vent du midi, c'est la bise, c'est le diable, c'est à qui nous insultera ; ils se battent entre eux pour avoir l'honneur de nous renfermer dans nos chambres. Toutes nos rivières sont prises : le Rhône, ce Rhône si furieux, n'y résiste pas. Nos écritoires sont gelées ; nos plumes ne sont plus conduites par nos doigts, qui sont transis. Nous ne respirons que de la neige ; nos montagnes sont charmantes dans leur excès d'horreur. Je souhaite tous les jours un peintre pour bien représenter l'étendue de toutes ces épouvantables beautés. Voilà où nous en sommes. Contez un peu cela à notre duchesse de Chaulnes, qui nous croit dans des prairies, avec des parasols, nous promenant à l'ombre des orangers.

Le froid me glace et me fait tomber la plume des mains. Où êtes-vous ? à Saint-Martin, à Meudon, à Bâville[2] *? Quel est le bienheureux endroit qui possède l'aimable et jeune Coulanges ? Je viens de dire pis que pendre de l'avarice à Mme de Coulanges. Les richesses que laisse Mme de Meckelbourg me donnent une joie extrême de penser que je mourrai sans aucun argent comptant, mais aussi sans*

---

1. Mme de Sévigné préférait apparemment les coutumes nuptiales de Provence, qu'elle trouvait beaucoup plus dignes que celles de Bretagne ou de Paris.
2. L'abbaye de Saint-Martin appartenait au cardinal de Bouillon. Meudon était le grand domaine de Mme de Louvois, qu'elle échangea par la suite avec le roi contre celui de Choisy. Bâville était la propriété de campagne des Lamoignon en Ile-de-France.

dettes [1] ; *c'est tout ce que je demande à Dieu, et c'est assez pour une chrétienne.*

56.

Sans la correspondance de Mme de Sévigné avec les Coulanges, nous aurions perdu de vue le château de Grignan et tous ses habitants au milieu des années 1690. Maintenant que le comte de Bussy-Rabutin, Mme de La Fayette et Mme de Lavardin étaient morts, Mme de Sévigné n'écrivait pratiquement plus qu'à son cousin et à sa femme. S'il lui fallait se contenter de ces deux seuls correspondants, elle n'aurait pu cependant espérer un couple plus réputé pour ses talents épistolaires et son esprit brillant. Il n'y a pas l'ombre d'un doute que Mme de Sévigné resta en contact avec son fils et, probablement, avec sa belle-fille. Mais, contrairement à Mme de Grignan, ils n'avaient pas l'habitude de conserver ses missives.

La lettre du 12 février de Mme de Coulanges était, expliquait-elle, écrite de la main de son nouveau secrétaire, M. de Coulanges en personne : « J'essaie un secrétaire nouveau, commençait-elle, mandez-moi si vous lisez bien son écriture. » On parlait dans toute la ville des dîners magnifiques que donnait le duc de Chaulnes, annonçait-elle. « J'étais du premier, et pour le second, j'y envoyai mon fils, qui s'appelle M. de Coulanges : à mesure qu'il me vient des années, les siennes diminuent, de façon que je me trouve encore bien vieille pour être sa mère. » Sa mauvaise santé ne s'améliorait pas. Elle souffrait d'une colique que tous les docteurs consultés ne parvenaient pas à guérir : « Je n'aime point à la voir courir d'empirique en empirique », écrivait son mari. « Je suis arri-

---

1. « Ah ! ne me parlez point de Mme de Meckelbourg ; je la renonce », s'exclamait Mme de Sévigné dans sa lettre à Mme de Coulanges, en réponse à l'annonce de la mort de cette amie d'autrefois immensément riche : « Comment peut-on, par rapport à Dieu et même à l'humanité, garder tant d'or, tant d'argent, tant de meubles, tant de pierreries, au milieu de l'extrême misère des pauvres dont on était accablé dans ces derniers temps ? »

vée à un tel excès de délicatesse, expliquait Mme de Coulanges, que la vue d'un bon dîner me fait malade », ajoutant plus loin : « Je trouve qu'il faut de grandes raisons pour quitter son lit. » « Je serais consolée du petit secrétaire que vous avez perdu, répondit Mme de Sévigné à Mme de Coulanges le 22 février, si celui que vous avez pris en sa place était capable de s'attacher entièrement à votre service. Son écriture est fort belle, son style est bon, mais de la façon que j'en ai ouï parler, il vous manquera à tout moment. Il est libertin ; je sais même que souvent il couche à la ville[1]. Après cela, mon amie, vous en userez comme vous voudrez. Je vous conseille de le prendre à l'essai... »

En février, Mme de Sévigné se plaignait toujours du temps provençal : « ...un froid extrême et de la neige en grand volume comme vous savez, et puis de la gelée par dessus, et puis de la neige encore, et du verglas, et enfin nous avons été cent fois pis qu'à Paris. » C'est peut-être le mauvais temps et une série de désagréables symptômes de ménopause chez Mme de Grignan qui déprimèrent la marquise de Sévigné, d'habitude si exubérante : « Je finis, mon aimable, écrivait-elle au dernier paragraphe de sa lettre à Coulanges, je n'ai point de jolis détails à mettre à leur aise sur ma feuille. Je gagnerais beaucoup que le vent emportât cette lettre. »

La correspondance avec les Coulanges s'interrompt ici pour deux mois, au moins du côté de Mme de Sévigné. On ne connaît aucune lettre d'elle entre le 22 février et le 26 avril.

« Quand vous m'écrivez, mon aimable cousin, j'en ai une joie sensible », commençait sa lettre du 26 avril :

> Vos lettres sont agréables comme vous ; on les lit avec un plaisir qui se répand partout. On aime à vous entendre, on vous approuve, on vous admire, chacun selon le degré de chaleur qu'il a pour vous. Quand vous ne m'écrivez pas, je ne gronde point, je ne boude point, je dis : « Mon cousin est dans quelque palais enchanté. Mon cousin n'est point à lui. On aura sans doute enlevé mon pauvre cousin. » Et j'attends avec patience le retour de votre souvenir sans jamais douter de votre amitié, car le moyen que vous ne m'aimiez pas ? c'est la première chose que vous avez faite quand vous avez commencé d'ouvrir les yeux, et c'est moi aussi qui ai commencé la mode de vous aimer et de vous

---

1. M. de Coulanges passait souvent la nuit dans l'hôtel parisien de Mme de Louvois, ainsi que dans les différents châteaux qu'elle possédait à la campagne. C'était une plaisanterie de famille que de dire que Mme de Louvois était sa seconde femme.

trouver aimable ; une amitié si bien conditionnée ne craint point les injures du temps. Il nous paraît que ce temps, qui fait tant de mal en passant sur la tête des autres, ne vous en fait aucun. Vous ne connaissez plus rien à votre baptistaire ; vous êtes persuadé qu'on a fait une très grosse erreur à la date de l'année. Le chevalier de Grignan dit qu'on a mis sur le sien tout ce qu'on a ôté du vôtre, et il a raison ; c'est ainsi qu'il faut compter son âge. Pour moi, que rien n'avertit encore du nombre de mes années, je suis quelquefois surprise de ma santé. Je suis guérie de mille petites incommodités que j'avais autrefois. Non seulement j'avance doucement comme une tortue, mais je suis prête à croire que je vais comme une écrevisse. Cependant je fais des efforts pour n'être point la dupe de ces trompeuses apparences et, dans quelques années, je vous conseillerai d'en faire autant.

La lettre suivante de Mme de Sévigné à son cousin est datée du 28 mai :

J'ai reçu vos deux lettres de Chaulnes, mon cher cousin. Nous y avons trouvé des couplets dont nous sommes charmés ; nous les avons chantés avec un plaisir extrême, et plus d'une personne vous le dira, car il ne faut pas que vous ignoriez le bon goût que nous conservons ici pour ce que vous faites. Vous allez en avant pour la gaieté et pour l'agrément de votre esprit, et en reculant contre le baptistaire. C'est tout ce qui se peut souhaiter, et c'est ce qui fonde bien naturellement l'envie qu'on a de vous avoir partout. Avec qui n'êtes-vous pas bon ? Avec qui ne vous accommodez-vous point ?

Le 28 mai, le terrible hiver étant enfin passé, le printemps provençal réchauffait Mme de Sévigné :

Nous avons eu ici un commencement de printemps admirable, mais depuis deux jours la pluie, qu'on n'aime point ici, s'est tellement répandue comme en Bretagne et à Paris qu'on nous accuse d'avoir apporté cette mode ; elle interrompt nos promenades, mais elle ne fait pas taire nos rossignols. Enfin, mon cher cousin, les jours vont trop vite. Nous nous passons du grand bruit et du grand monde ; la compagnie cependant ne vous déplairait pas, et si jamais un coup de vent vous rejette dans ce royal château... Mais c'est une vision ; il faut espérer de nous revoir ailleurs d'une manière plus naturelle et plus vraisemblable ; nous avons encore un été à nous écrire.

La dernière ligne laisse entendre que Mme de Sévigné et les Grignan projetaient de passer l'été à Grignan et de se rendre à Paris à l'automne. Mme de Grignan ajouta un post-scriptum à cette lettre de sa mère :

> *Je vois avec plaisir, dans vos lettres à ma mère, le souvenir qui vous reste de notre rocher. Les épithètes dont vous l'honorez sont des monuments éternels à la gloire des Adhémar ; si leur château mérite dans votre esprit un rang entre tout ce que vous voyez de châteaux magnifiques, superbes et singuliers, rien ne saurait être pour lui un si grand éloge. Il est plus beau que vous ne l'avez vu, et si on avait l'espérance de vous y revoir, il n'y aurait plus rien à désirer.*

Mme de Sévigné s'ennuyait aussi de son cousin. Elle eût aimé sa visite à Grignan ; en juin, elle le pressait de venir les rejoindre :

> *Oui, mon enfant, je suis dans cette chambre, dans ce beau cabinet, où vous m'avez vue entourée de toutes ces belles vues[1]. M. de Grignan est allé faire un tour vers ces côtes ; son absence se fait sentir dans ce château. Nous pensions y avoir Monsieur de Carcassonne ; il n'arrivera que dans deux ou trois jours... Vous êtes fort aimé de tous les habitants de ce château. Vous savez la vie qu'on y fait, quelle bonne chère, quelle société, quelle liberté. Les jours passent trop vite ; c'est ce qui me tue de toutes les manières. Si vous allez à Vichy, vous ne sauriez vous dispenser de venir à Grignan.*

Le 5 juin, Mme de Sévigné écrivit à son ami Philippe Moulceau, président de la cour d'assises de Montpellier, pour lui reprocher son silence et sa négligence :

> *J'ai dessein, Monsieur, de vous faire un procès. Voici comme je m'y prends ; je veux que vous le jugiez vous-même. Il y a plus d'un an que je suis ici avec ma fille, pour qui je n'ai pas changé de goût. Depuis ce temps vous avez entendu parler, sans doute, du mariage du marquis de Grignan avec Mlle de Saint-Amans. Vous l'avez vue assez souvent à*

---

1. L'appartement de la tour sud-ouest de la façade François Ier, que l'on montre aujourd'hui au château de Grignan comme étant celui de Mme de Sévigné, est probablement celui qui fut construit spécialement pour elle à l'époque de sa première visite, en 1672.

Montpellier pour connaître sa personne ; vous avez entendu parler aussi des grands biens de monsieur son père. Vous n'avez point ignoré que ce mariage s'est fait avec un assez grand bruit dans ce château que vous connaissez. Je suppose que vous n'avez point oublié ce temps où commença la véritable estime que nous avons toujours conservée pour vous. Sur cela, je mesure vos sentiments par les miens et je juge que, ne vous ayant point oublié, vous ne devez pas aussi nous avoir oubliées. J'y joins même M. de Grignan, dont les dates sont encore plus anciennes que les nôtres. Je rassemble toutes ces choses et, de tous côtés, je me trouve offensée. Je m'en plains ici. Je m'en plains à vos amis. Je m'en plains à notre cher Corbinelli, confident jaloux et témoin de toute l'estime et l'amitié que nous avons pour vous. Et, enfin, je m'en plains à vous-même, Monsieur. D'où vient ce silence ? Est-ce de l'oubli ? Est-ce une parfaite indifférence ? Je sais que vous êtes en fort bonne santé. Que voulez-vous que je pense ? A quoi ressemble votre conduite ? Donnez-y un nom, Monsieur. Voilà le procès en état d'être jugé. Jugez-le ; je consens, comme vous voyez, que vous soyez juge et partie.

Cette lettre, retrouvée dans les papiers de Moulceau, est signée « Marquise de Sévigné » et porte ce post-scriptum : « Ma fille est de moitié de cette lettre et n'est pas moins touchée que moi de vos froideurs. »

« C'est bien gagner son procès, Monsieur, que de le perdre comme vous faites », écrivait Mme de Sévigné le 29 juin à Moulceau, après avoir reçu la réponse à sa lettre du 5 juin :

Je ne puis m'empêcher de vous dire, malgré le dessein que je vois que vous avez de rompre tout commerce avec le monde, que votre style, que nous avons reconnu et retrouvé avec ces mêmes agréments, nous a fait une sorte de plaisir que nous n'avions pas senti depuis votre silence. Nous avons lu et relu plusieurs fois votre lettre, ma fille et moi ; elle est délicieuse, et vous n'avez peut-être pas senti ce qu'elle vaut. Que vous êtes heureux, Monsieur, de conserver cette sorte d'esprit avec le sérieux et la solidité de la dévotion !... Il nous a pris une si grande envie d'avoir encore une fois l'honneur et le plaisir de vous revoir dans ce château que ma fille ne comprend pas qu'ayant de la santé, vous n'ayez point eu la pensée de nous venir voir, et que même vous ne puissiez y venir encore cet automne.

Quand l'automne arriva, un invité n'aurait toutefois plus été aussi bienvenu. C'est du moins ce que suggère la lettre que

Mme de Sévigné adressa le 6 août à Coulanges. En premier lieu, la campagne de Flandres arrivait à son dénouement. L'armée française, sous le commandement personnel du monarque, assiégeait la forteresse de Namur, à la jonction de la Meuse et de la Sambre. « Mais, mon Dieu, que de sang répandu à Namur ! commençait la lettre de Mme de Sévigné : Que de pleurs ! Que de veuves et de mères affligées ! Notre Allemagne est assez paisible ; c'est elle qui fait nos principales inquiétudes. » (C'était en Allemagne que se trouvaient le marquis et son régiment Grignan.)

« Adieu, mon cher cousin », concluait-elle dans sa lettre à Coulanges :

> *Ne vous avais-je pas promis que ma lettre serait bien plate ? On a quelquefois des chagrins, et l'on sait pourquoi ; j'en parle à Mme de Coulanges. Je vous fais les amitiés de ma fille ; vous l'avez parfaitement divertie par vos chansons et votre causerie, car votre lettre est une vraie conversation. J'ai arrosé tous les appartements de vos souvenirs ; ils ont été reçus et rendus avec empressement. Je vous embrasse, mon aimable cousin, et je vous exhorte à vivre toujours délicieusement en l'honneur de la polygamie qui, au lieu d'être un cas pendable pour vous, fait tout le bonheur et le plaisir de votre vie.*

« On a quelquefois des chagrins, et l'on sait pourquoi... » Les « chagrins » dont elle parle ici et qu'elle avait déjà mentionnés à Mme de Coulanges dans une lettre disparue étaient dus aussi bien à la dégradation de la santé de Mme de Grignan qu'à la détérioration des relations avec M. de Saint-Amans. Les difficultés traversées par Mme de Grignan, alors âgée de quarante-neuf ans, étaient dues à la ménopause ; celles que causait Saint-Amans avaient trait à certaines clauses du contrat de mariage. La lettre que Mme de Sévigné écrivit à son fils Charles en date du 20 septembre révèle les tensions :

> *Vous voilà donc à nos pauvres Rochers[1], mes chers enfants, et vous y trouvez une douceur et une tranquillité exempte de tous devoirs et de toute fatigue, qui fait respirer notre chère petite marquise. Mon Dieu, que vous me peignez bien son état et son extrême délicatesse ! J'en suis sensiblement touchée, et j'entre si tendrement dans toutes vos pensées que j'en ai le cœur serré et les larmes aux yeux...*

---

1. « Pauvres Rochers » : peut-être parce qu'elle avait le sentiment qu'elle n'y retournerait plus jamais.

Mais je veux croire que cette chère personne, bien conservée, durera autant que les autres.

Vous me faites justice quand vous me dites que vous craignez de m'attendrir en me contant l'état de votre âme ; n'en doutez pas, et que je n'y sois infiniment sensible. J'espère que cette réponse vous trouvera dans un état plus tranquille et plus heureux. Vous me paraissez loin de penser à Paris pour notre marquise ; vous ne voyez que Bourbon pour le printemps. Conduisez-moi toujours dans tous vos desseins, et ne me laissez rien ignorer de tout ce qui vous touche.

Pour la santé de votre pauvre sœur, elle n'est point du tout bonne. Ce n'est plus de sa perte de sang ; elle est passée. Mais elle ne s'en remet point. Elle est toujours changée à n'être pas reconnaissable, parce que son estomac ne se rétablit point et qu'elle ne profite d'aucune nourriture, et cela vient du mauvais état de son foie, dont vous savez qu'il y a longtemps qu'elle se plaint. Ce mal est si capital que, pour moi, j'en suis dans une véritable peine. On pourrait faire quelques remèdes à ce foie, mais ils sont contraires à la perte de sang, qu'on craint toujours qui ne revienne et qui a causé le mauvais effet de cette partie affligée. Ainsi ces deux maux, dont les remèdes sont contraires, font un état qui fait beaucoup de pitié. On espère que le temps rétablira ce désordre. Je le souhaite, et si ce bonheur arrive, nous irons promptement à Paris. Voilà le point où nous en sommes et qu'il faut démêler, et dont je vous instruirai très fidèlement.

Cette langueur fait aussi qu'on ne parle point encore du retour des guerriers. Cependant je ne doute pas que l'affaire ne se fasse ; elle est trop engagée.

« L'affaire » en question était celle de Pauline et du marquis de Simiane, « le guerrier » qui devait rentrer du front d'un moment à l'autre, maintenant que l'automne s'installait. Les Grignan et les Simiane étaient voisins et vivaient en bons termes depuis des générations. Le château des Simiane, à Valréas, ne se trouvait qu'à quelques kilomètres de Grignan. Mme de Grignan étant si mal, le mariage serait célébré sans joie

et même, si nous allions à Paris, on partirait deux jours après, pour éviter l'air d'une noce et les visites dont on ne veut concevoir aucune : chat échaudé, *etc.*

Pour les chagrins de M. de Saint-Amans, dont il a fait grand bruit à Paris, ils étaient fondés sur ce que ma fille ayant véritablement prouvé, par des mémoires qu'elle nous a fait voir à tous, qu'elle avait payé à son fils neuf mille francs sur dix qu'elle lui a promis et ne lui en ayant par conséquent envoyé que mille, M. de Saint-Amans a dit qu'on le trompait, qu'on voulait tout prendre sur lui et qu'il ne donnerait plus rien du tout... et que c'était à Monsieur le Marquis à chercher son secours de ce côté-là. Vous jugez bien que quand ce côté-là a payé, cela peut jeter quelques petits chagrins, mais cela s'est passé. M. de Saint-Amans a songé en lui-même qu'il ne lui serait pas bon d'être brouillé avec ma fille. Ainsi il est venu ici, plus doux qu'un mouton, ne demandant qu'à plaire et à ramener sa fille à Paris, ce qu'il a fait, quoiqu'en bonne justice elle dût nous attendre. Mais l'avantage d'être logée avec son mari dans cette belle maison de M. de Saint-Amans, d'y être bien meublée, bien nourrie pour rien, a fait consentir sans balancer à la laisser aller jouir de tous ces avantages, mais ce n'a pas été sans larmes que nous l'avons vue partir, car elle est fort aimable, et elle était si fondue en pleurs en nous disant adieu qu'il ne semblait pas que ce fût elle qui partît pour aller commencer une vie agréable au milieu de l'abondance. Elle avait pris beaucoup de goût à notre société. Elle partit le premier de ce mois avec son père.

Les *Mémoires* du duc de Saint-Simon proposent une version toute différente de cette histoire. On y voit la pauvre petite marquise abandonnée et mélancolique à Grignan, au printemps de 1695, une fois son mari parti rejoindre son régiment. D'après Saint-Simon, la comtesse de Grignan fit la vie dure à sa belle-fille, ne cessant de l'humilier en public :

Mme de Grignan, en la présentant au monde, en faisait ses excuses, et, avec ses minauderies en radoucissant ses petits yeux, disait qu'il fallait bien de temps en temps du fumier sur les meilleures terres. Elle se savait un gré infini de ce bon mot, qu'avec raison chacun trouva impertinent, quand on a fait un mariage, et le dire entre bas et haut devant sa belle-fille. Saint-Amans, son père, qui se prêtait à tout pour leurs dettes, l'apprit enfin, et s'en trouva si offensé, qu'il ferma le robinet.

Entre ces deux versions, il est difficile d'établir la vérité. On sait que Saint-Simon portait un regard malveillant sur Mme de Grignan à cause de l'inimitié qui régnait entre sa belle-sœur, la duchesse de Brissac, et la comtesse, mais il est également bien connu que Mme de Sévigné était aveugle aux défauts de sa fille.

Quoi qu'il en soit, M. de Saint-Amans semble avoir eu raison d'emmener sa fille avec lui à Paris, en septembre, plutôt que de la laisser faire le voyage avec sa belle-mère. Celle-ci connut en effet une rechute le mois suivant, comme l'annonçait accablée Mme de Sévigné le 15 octobre à Coulanges :

Je viens d'écrire à notre duc et à notre duchesse de Chaulnes, mais je vous dispense de lire mes lettres ; elles ne valent rien du tout.

Ce que vous pourriez faire de mieux pour moi, mon aimable cousin, ce serait de nous envoyer, par quelque subtil enchantement, tout le sens, toute la force, toute la santé, toute la joie que vous avez de trop, pour en faire une transfusion dans la machine de ma fille. Il y a trois mois qu'elle est accablée d'une sorte de maladie qu'on dit qui n'est point dangereuse et que je trouve la plus triste et la plus effrayante de toutes celles qu'on peut avoir. Je vous avoue, mon cher cousin, que je m'en meurs et que je ne suis pas la maîtresse de soutenir toutes les mauvaises nuits qu'elle me fait passer. Enfin, son dernier état a été si violent qu'il en a fallu venir à une saignée du bras, étrange remède qui fait répandre du sang quand il n'y en a déjà que trop de répandu ! c'est brûler la bougie par les deux bouts. C'est ce qu'elle nous disait, car au milieu de son extrême faiblesse et de son changement, rien n'est égal à son courage et à sa patience.

Si nous pouvions reprendre des forces, nous prendrions bien vite le chemin de Paris ; c'est ce que nous souhaitons, et alors nous vous présenterions la marquise de Grignan, que vous deviez déjà commencer de connaître sur la parole de M. le duc de Chaulnes, qui a fort galamment forcé sa porte et qui en a fait un fort joli portrait. Cependant, mon cher cousin, conservez-nous une sorte d'amitié, quelque indignes que nous en soyons par notre tristesse. Il faut aimer ses amis avec leurs défauts ; c'en est un grand que d'être malade. Dieu vous en préserve, mon aimable ! J'écris à Mme de Coulanges sur le même ton plaintif qui ne me quitte point, car le moyen de n'être pas aussi malade par l'esprit que l'est, dans sa personne, cette Comtesse que je vois tous les jours devant mes yeux ? Mme de Coulanges est bien heureuse d'être hors d'affaire[1]. Il me semble que les mères ne devraient pas vivre assez longtemps pour voir leurs filles dans de pareils embarras ; je m'en plains respectueusement à la Providence.

La jeune marquise de Grignan devait être présentée à la cour et à la société parisienne par sa belle-mère et son beau-père dès

1. Mme de Coulanges n'avait pas eu d'enfants.

leur arrivée dans la capitale. En attendant, la jeune femme vécut apparemment dans l'isolement, craignant de fréquenter des gens que les Grignan pourraient désapprouver et ne possédant pas de relations dans le cercle aristocratique de ses beaux-parents. « On parle fort ici de la solitude de Mme la marquise de Grignan, écrivit Mme de Coulanges le 28 octobre à Mme de Sévigné. On dit que sa vie n'est pas soutenable parce qu'il ne faut voir personne, ou voir bonne compagnie ; vous voyez combien votre retour et celui de sa belle-mère sont nécessaires. »

La première semaine de novembre 1695, le marquis de Grignan rejoignit sa femme dans l'élégant hôtel de M. de Saint-Amans, rue des Vieilles-Haudriettes. Il se dépêcha d'aller rendre visite à sa cousine Mme de Coulanges, qui en informa Mme de Sévigné le 7 novembre :

> *M. le marquis de Grignan m'est venu voir. Il est assuré-ment moins gras qu'il n'était, je lui en ai fait des compliments très sincères. Madame sa femme me fit l'honneur de venir ici hier ; je la trouvai si considérablement embellie qu'elle me parut une autre personne que celle que j'avais vue. C'est qu'elle est engraissée, et qu'elle a bien meilleur visage, de beaux yeux si brillants que j'en fus éblouie.*

Le lendemain, Mme de Coulanges écrivit encore une autre lettre à Mme de Sévigné, pour l'exhorter une fois de plus à revenir à Paris avec les Grignan :

> *Votre retour est nécessaire à bien des choses, dont le changement d'air est une des principales pour Mme de Grignan. Madame sa belle-fille est trop abandonnée ici. Le retour de M. de Sévigné qui approche. Que de raisons, ma très belle, pour nous revenir voir !*

La « belle Providence » de Mme de Sévigné en décida autrement. L'état de Mme de Grignan empira au lieu de s'améliorer. Il était hors de question d'entreprendre le long et pénible voyage de Grignan à Paris. De plus, le marquis de Simiane, fiancé de Pauline, était revenu des Flandres et le contrat de mariage avait été signé. La cérémonie devait avoir lieu à Grignan avant fin novembre.

On ne connaît que deux lettres de Mme de Sévigné qui décrivent les noces de sa petite-fille. La première, en date du 14 novembre, était destinée à son vieil ami le marquis de Pomponne, qui la conserva dans ses papiers comme toutes les lettres qu'elle lui avait écrites. La première phrase fait allusion à la mort du fils aîné du marquis en 1693 et à la maladie de Mme de Grignan.

> *Que j'aurais de choses à vous dire, Monsieur, si je voulais repasser sur tous les sujets de tristesse que vous avez eus de votre côté et moi du mien! Le respect, la crainte de renouveler vos peines, et plus que tout la confiance que vous connaissez mon cœur et comme il est sensible à tout ce qui vous touche, m'a retenue dans un silence que je crois que vous avez entendu. Je le romps aujourd'hui, Monsieur, parce que M. de Grignan ne trouve pas que le mariage d'une fille mérite d'en écrire à un ministre comme vous, et ma fille ne pouvant encore vous écrire de sa main et n'osant en prendre une autre que la mienne, je me trouve insensiblement le secrétaire de l'un et de l'autre. Je sais que vous aimez Mlle de Grignan. Elle n'oserait changer de nom sans que vous en soyez informé; celui de Simiane n'est pas inconnu.*

La noce, poursuivait-elle, aurait lieu au château familial « mais elle se fera sans bruit et sans aucune cérémonie, et comme il convient à l'état de faiblesse où ma fille est encore » : la célébration eut lieu le 29 novembre dans l'église du Saint-Sauveur à Grignan. C'est l'oncle de la mariée, l'archevêque d'Arles, qui officiait. D'après une lettre de Mme de Coulanges datée du 23 décembre, Mme de Grignan n'avait pas été à même d'assister au mariage de sa fille : « Vous me donnez une grande idée de sa faiblesse par me conter qu'elle ne put se faire porter à la chapelle pour voir marier sa chère Pauline. »

La deuxième lettre que Mme de Sévigné écrivit à propos de ce mariage est adressée à Philippe Moulceau à Montpellier :

> *J'ai pris pour moi les compliments qui me sont dus, Monsieur, sur le mariage de Mme de Simiane, qui ne sont proprement que d'avoir extrêmement approuvé ce que ma fille a disposé dans son bon esprit il y a fort longtemps. Jamais rien ne saurait être mieux assorti. Tout y est noble, commode et avantageux pour une fille de la maison de Grignan qui a trouvé un homme et une famille qui comptent pour tout son mérite, sa personne et son nom, et rien du tout le bien, et c'est uniquement ce qui se compte dans tous les autres pays. Ainsi on a profité avec plaisir d'un sentiment si rare et si noble.*

C'était un bon mariage pour une fille qui n'était pas héritière. Bien mieux : il s'agissait, rareté des raretés en Europe à l'époque, d'un mariage d'amour.

57.

L'assemblée des communes de Provence devait se réunir du 9 au 20 décembre 1695. Le comte de Grignan se rendit donc à Lambesc pour prononcer le discours inaugural, comme l'exigeait la tradition. Sa belle-mère se trouvait à ses côtés tandis que le carrosse franchissait le fossé sur le pont-levis et s'élançait sur la route raide et sinueuse qui descendait du château au village de Grignan, et de là jusque dans la vallée. La comtesse de Grignan, trop faible et trop malade pour assister au mariage de sa fille le 29 novembre, n'avait pu envisager d'accompagner son mari. Elle se sentait pourtant légèrement mieux, et son état s'était sans doute quelque peu amélioré, sinon sa mère ne l'aurait pas abandonnée pour le plaisir d'une excursion.

Il est fort possible que Mme de Sévigné ait estimé avoir besoin de petites vacances ou d'un changement de décor après avoir passé les six derniers mois clouée au chevet de sa fille. Il se peut aussi que le comte de Grignan ou les docteurs appelés en consultation au château aient jugé utile de séparer la fille de la mère une semaine ou deux pour relâcher la tension, tout comme en 1672, lors d'une précédente visite en Provence de Mme de Sévigné. Dans le passé, une bonne partie des frottements entre les deux femmes avait eu pour origine l'extrême anxiété dont faisait preuve Mme de Sévigné à propos de la santé de sa fille. En 1695, Mme de Grignan étant gravement malade, il est possible que la sollicitude de sa mère l'ait à nouveau agacée. Dans cette situation critique, la relation harmonieuse qu'elles avaient su développer les dernières années était peut-être menacée du fait que Mme de Grignan se sentait harcelée par sa mère.

On ne connaît que deux lettres écrites par Mme de Sévigné à sa fille pendant son absence de deux semaines en décembre 1695. Celle qui porte pour en-tête « A Lambesc, dimanche [11 décembre 1695], à 11 heures du soir » n'était cependant pas véritablement la première, car Mme de Sévigné y fait allusion à d'autres messages : « Je voudrais que mes lettres vous eussent divertie. » Lorsqu'on connaît le rythme habituel de la correspondance que Mme de Sévigné entretenait avec sa fille, il paraît évident que bon nombre de lettres de cette période ont disparu. « Je pars demain à six heures du matin, ma très aimable, commence la lettre du 11 décembre : Tous mes jours sont comptés. Je n'en serai qu'un dans cette belle ville, et deux à Aix. » Marseille faisait partie de son itinéraire, pas seulement parce qu'elle y avait des amis, mais aussi parce que, depuis sa visite en 1672, elle en gardait le souvenir d'une ville d'une « beauté singulière ». Les deux jours réservés à Aix devaient lui permettre de rendre visite à l'aînée de ses petites-filles, Marie-Blanche de Grignan, au couvent de la Visitation. Les archives du monastère mentionnent cette visite de la petite-fille de la sainte fondatrice de l'ordre. « On me regrette ici. M. de Grignan s'accommode assez bien de moi. Saint-Bonnet est parti, il y a quatre heures, pour la cour [1] », poursuivait Mme de Sévigné dans sa lettre du 11 décembre, écrite de Lambesc, la veille de son départ pour Marseille.

Puis elle se plaignit que sa fille ne lui parlât point d'elle suffisamment : elle avait pensé qu'elle lui ferait porter des nouvelles par Martillac [2]... Elle espérait que ses lettres l'auraient divertie... Sollery [3] lui raconterait la vie fastueuse qu'ils avaient eue. Le jour même, elle devait se rendre à un grand dîner chez l'archevêque.

Elle affirmait qu'elle serait encore plus heureuse de la revoir qu'elle l'avait été de la quitter, ce qui en dit long sur la nature de la séparation. Heureusement, après quelques jours de vacances, Mme de Sévigné pouvait plaisanter sur ce qui avait probablement été un moment délicat.

En véritable touriste, Mme de Sévigné avait envoyé une lettre de Marseille à Mme de Coulanges, comme le prouve la réponse de celle-ci, datée du 23 décembre, à Paris : « La jolie chose de dater une lettre de Marseille ! La jolie chose de se porter assez bien pour faire des voyages ! La jolie chose d'être toujours aimable comme vous êtes ! » Et Mme de Coulanges se plaignait d'avoir été trompée, trompée car Mme de Sévigné ne devait pas retourner à Paris. Elle le savait de source bien informée...

---

1. Henri de Saint-Bonnet, capitaine de la garde du gouverneur, était parti pour Versailles afin d'annoncer la décision prise par l'assemblée de verser une contribution de 700 000 livres au Trésor royal.
2. Dame de compagnie et intendante de la comtesse de Grignan.
3. Boniface Sollery, gentilhomme d'Avignon, était également officier de la garde du gouverneur et servait souvent de messager pour Versailles.

Il est permis de croire que Mme de Sévigné et le comte de Grignan étaient de retour au château à Noël, mais aucune lettre n'est là pour le confirmer. La lettre suivante de Mme de Sévigné dont nous ayons gardé la trace est adressée à Philippe Moulceau, en date du 10 janvier 1696, à Grignan. Le message de Moulceau n'a pas été retrouvé à Grignan, mais nous savons par la réponse de Mme de Sévigné qu'il avait écrit pour présenter ses vœux de Nouvel An à ses amis du château et pour souhaiter longue vie et bonne santé à Mme de Sévigné. La réponse de cette dernière est empreinte d'une mélancolie inattendue à ce moment de l'année. L'élan qui anime ses lettres de Lambesc est ici absent. On peut seulement en déduire qu'à son retour elle trouva Mme de Grignan dans un état précaire. Le rétablissement tant espéré ne s'était pas produit. Mme de Sévigné abandonna-t-elle alors tout espoir que sa fille se remît un jour ? Elle semblait aussi avoir perdu le cœur et le goût de vivre irrésistibles qui l'habitaient autrefois. Elle écrivait à Moulceau, le 10 janvier :

> *Pour moi, je ne suis plus bonne à rien. J'ai fait mon rôle et, par mon goût, je ne souhaiterais une si longue vie ; il est rare que la fin et la lie n'en soit humiliante. Nous sommes heureux que ce soit la volonté de Dieu qui la règle, comme toutes les choses de ce monde : tout est mieux entre ses mains qu'entre les nôtres.*

Un coup d'œil sur la chronologie suggère que ces réflexions morbides à propos de la vieillesse pouvaient être inspirées à Mme de Sévigné par l'imminence de son soixante-dixième anniversaire, le 5 février 1696, à moins d'un mois du jour où elle écrivait cette lettre désabusée à Moulceau.

Deux semaines plus tard, elle reprit la plume pour lui adresser quelques maigres lignes, peut-être une douzaine sur moins d'une page. Elle paraissait alors prise de panique. Mme de Grignan connaissait apparemment une rechute. Certaines complications avaient dû se produire.

> *J'ai répondu, Monsieur, à votre dernière lettre au commencement de cette année. Ce billet est donc uniquement pour vous supplier de faire lire ces consultations sur l'état de ma fille à M. Barbeyrac[1], le prier qu'il augmente, s'il se*

---

1. Charles Barbeyrac était le docteur le plus célèbre de Montpellier, connu depuis longtemps pour ses compétences médicales. Des médecins avaient été appelés à Grignan. Ce sont les rapports de leurs consultations qui étaient transmis à Barbeyrac.

peut, son application ordinaire pour nous donner son avis, que nous estimons beaucoup, de nous l'envoyer le plus promptement qu'il sera possible. Voilà, Monsieur, ce que je demande à votre cœur, qui sans doute n'a pas oublié combien le mien est tendre et sensible à ce qui touche ma fille. Et, dans une occasion si importante, je croirais vous offenser si je vous faisais la moindre excuse et le moindre compliment.

Moulceau et Barbeyrac durent se dépêcher de rendre le service demandé, si l'on en croit la lettre suivante de Mme de Sévigné, aussi enjouée que la précédente était sombre, et adressée à Moulceau environ dix jours plus tard, le 4 février :

Je ne me suis point trompée, Monsieur, quand j'ai cru que vous seriez touché de ma peine et que vous feriez toute la diligence possible pour la soulager. Votre ordonnance de M. Barbeyrac et votre lettre ont eu des ailes, comme vous le souhaitiez, et il semble que cette petite fièvre, qui paraissait si lente, en ait eu aussi pour fuir aux approches seulement du nom de M. Barbeyrac. Tout de bon, Monsieur, il y a du miracle à un si prompt changement, et je ne saurais douter que vos souhaits et vos prières n'y aient contribué. Jugez de ma reconnaissance par leur effet. Ma fille est de moitié de tout ce que je vous dis ici ; elle vous fait mille remerciements et vous conjure d'en faire beaucoup à M. Barbeyrac. Nous sommes trop heureuses de n'avoir plus qu'à prendre patience, et de la rhubarbe[1], dont elle se trouve tout à fait bien. Nous ne doutons pas que dans cet état de repos, M. Barbeyrac n'approuve ce remède, avec un régime qui est quelquefois le meilleur de tous. Remerciez Dieu, Monsieur, et pour vous, et pour nous, car nous ne saurions douter que vous ne soyez intéressé dans cette reconnaissance, et puis, Monsieur, jetez les yeux sur tous les habitants de ce château, et jugez de leurs sentiments pour vous.

« Vous n'êtes pas encore quitte de nous », écrivit Mme de Sévigné le 29 février à Moulceau :

Monsieur, il est plus aisé de n'avoir aucun commerce avec vous que de cesser celui que j'ai remis sur pied, quelque petit qu'il puisse être. Je trouve que l'honnêteté m'oblige à

---

1. On pensait que la rhubarbe, venue de Chine par la Perse, contenait deux substances, l'une purgative, l'autre astringente. C'était un remède universel, prescrit surtout contre la dysenterie.

vous dire que nous sommes bien fâchées que, dans le temps que nous sommes si malades (car je parle toujours au pluriel), vous ayez pris la liberté d'être malade aussi. Nous trouvons aussi que nous devons pour le moins à la rhubarbe, à qui nous croyons avoir tant d'obligations, la justice de [ne] la pas laisser condamner sans l'entendre ; c'est ce que je fais dans le mémoire que j'envoie à M. Barbeyrac. Par modestie, je n'y mets pas votre nom, mais par l'amitié que je conserve pour vous, Monsieur, et par celle que je me flatte que vous avez encore pour nous, je ne le ferme point, et tout librement je vous conjure de vouloir bien le lire et le faire entendre à M. Barbeyrac, car je n'écris pas méthodiquement et c'est vous seul qui pourrez l'expliquer. Ayez donc cette charité, Monsieur. Vous ne chercherez pas bien loin pour trouver dans votre cœur toute la bonté qui nous est nécessaire pour vous faire excuser de pareilles libertés.

Voici une troisième raison de vous écrire. Il faut bien que je vous envoie une lettre que j'ai enfin escroquée à la philosophie de notre cher Corbinelli. Il m'a redonné le nom de scélérat *que j'avais oublié[1], et que vous méritez si bien. Adieu donc, illustre* scélérat. *Jamais une telle qualité n'a été si parfaitement estimée et de la mère et de la fille, qu'elle l'est en vous.*

Grâce à la rhubarbe et à l'amélioration de la santé de sa fille, Mme de Sévigné avait retrouvé le sens de l'humour, du moins le prétendait-elle.

La correspondance avec Coulanges prit un rythme soutenu en février et en mars. On connaît trois lettres que celui-ci écrivit à ses cousines de Grignan en février, et deux en mars, la première le 14 et la deuxième le 19. La première, fort longue, décrivait les activités sociales à Paris pendant le carême, et passait en revue une série de mariages à la cour et dans la capitale.

La lettre du 19 mars commence ainsi :

Voilà le chapitre des mariages fini ; c'est maintenant celui des morts qui commence. Mme de Guise partit de ce monde samedi sur le midi[2]... Le Roi la vit deux heures avant

---

1. Le surnom de « scélérat » donné au juriste éminent était une vieille plaisanterie entre les trois amis.
2. En raison de son sang bourbon, la duchesse de Guise aurait eu le droit de se faire ensevelir dans la crypte royale de l'abbaye de Saint-Denis, mais elle avait demandé à être enterrée au couvent des Carmélites.

qu'elle mourût... Le pauvre Blanchefort y est mort avec un
courage non pareil ; c'est une grande perte pour sa maison,
mais particulièrement pour sa mère, qui mourra de dou-
leur, si tant est qu'on en meure, et Mme du Plessis-Bellière
mourra de la mort de sa fille... Mais qui mourut hier bien
subitement ? ce fut M. de Saint-Géran. Il s'était confessé
mercredi dans l'intention d'achever hier son jubilé. Il jeûna
vendredi et samedi à cet effet et, hier matin, sans mal ni
douleur, il s'en alla à Saint-Paul, sa paroisse ; comme il
était dans le confessionnal, il tomba tout d'un coup.

La chronique mortuaire de Coulanges était sans fin, mais
c'est la mort du jeune Blanchefort, fils d'anciens amis, que
Mme de Sévigné ressentit comme un choc. Elle y réagit avec
une vive émotion, qui éclate dans sa réponse à Coulanges, le
29 mars 1696 :

> *Toutes choses cessantes, je pleure et je jette les hauts cris*
> *de la mort de Blanchefort, cet aimable garçon, tout parfait,*
> *qu'on donnait pour exemple à tous nos jeunes gens. Une*
> *réputation toute faite, une valeur reconnue et digne de son*
> *nom, une humeur admirable pour lui (car la mauvaise*
> *humeur tourmente), bonne pour ses amis, bonne pour sa*
> *famille ; sensible à la tendresse de madame sa mère, de*
> *madame sa grand-mère, les aimant, les honorant, connais-*
> *sant leur mérite, prenant plaisir à leur faire sentir sa*
> *reconnaissance, et à les payer par là de l'excès de leur*
> *amitié, un bon sens avec une jolie figure, point enivré de sa*
> *jeunesse comme le sont tous les jeunes gens, qui semblent*
> *avoir le diable au corps, — et cet aimable garçon disparaît*
> *en un moment, comme une fleur que le vent emporte, sans*
> *guerre, sans occasion, sans mauvais air ! Mon cher cousin,*
> *où peut-on trouver des paroles pour dire ce que l'on pense de*
> *la douleur de ces deux mères, et pour leur faire entendre ce*
> *que nous pensons ici ? Nous ne songeons pas à leur écrire,*
> *mais si dans quelque occasion vous trouvez le moment de*
> *nommer ma fille et moi et MM. de Grignan, voilà nos*
> *sentiments sur cette perte irréparable.*

Dans sa réponse, Mme de Sévigné ne faisait que brièvement
allusion aux nombreux autres décès annoncés par Coulanges :

> *Je fais la révérence à la sainte et modeste sépulture de*
> *Mme de Guise, dont le renoncement à celle des rois ses aïeux*
> *mérite une couronne éternelle. Je trouve M. de Saint-Géran*
> *trop heureux, et vous aussi d'avoir à consoler madame sa*
> *femme ; dites-lui pour nous tout ce que vous trouverez à*

propos. Et pour Mme de Miramion, cette mère de l'Eglise, ce
sera une perte publique[1]*.*

Adieu, mon cher cousin. Je ne saurais changer de ton.
Vous avez fait votre jubilé. Le charmant voyage de Saint-
Martin a suivi de près le sac et la cendre dont vous me
parliez. Les délices dont M. et Mme de Marsan jouissent
présentement méritent bien que vous les voyiez quelquefois
et que vous les mettiez dans votre hotte[2]*. Et moi, je mérite*
d'être dans celle où vous mettez ceux qui vous aiment, mais
je crains que vous n'ayez point de hotte pour ces derniers.

Le 29 mars 1696, quand, après avoir signé et cacheté ce message à Coulanges, Mme de Sévigné posa sa plume, elle ne pouvait se douter qu'elle ne la reprendrait plus et que cette lettre serait sa dernière.

Une semaine plus tard, le 6 avril 1696, pendant la Semaine sainte, elle se sentit excitée et fébrile. Elle se mit au lit dans son appartement du deuxième étage, dans la tour qui terminait au sud-ouest la façade François Ier du château. Ses fenêtres s'ouvraient sur la vallée verdoyante, loin au-dessous, et au-delà sur les contreforts des Alpes, cette « belle vue » dont son appartement était « entouré », ainsi qu'elle l'avait écrit à Coulanges.

Cinq jours plus tard, le 11 avril, un prêtre de l'église collégiale du Saint-Sauveur attenante au château fut appelé pour administrer l'extrême-onction.

Le 17 avril, au douzième jour de sa maladie, s'éteignit Marie de Rabutin-Chantal, marquise de Sévigné.

Le 18 avril, revêtu d'un linceul de brocart bleu, le corps fut placé dans un cercueil de plomb pour être enseveli dans la crypte souterraine de la famille Grignan, à gauche de l'autel principal de l'église du Saint-Sauveur, à l'ombre du château. Le linceul de brocart bleu dans lequel Mme de Sévigné fut enterrée force à penser que les coutumes funéraires provença-les furent observées : le cercueil devait être ouvert et le corps paré d'ornements. La défunte s'était pourtant vivement récriée contre ces coutumes dans une lettre adressée à sa fille le 13 décembre 1688 :

---

1. En 1648, alors qu'elle était une jeune, riche et jolie veuve, Mme de Miramion avait été enlevée par le comte de Bussy-Rabutin qui se méprenait sur l'accueil qu'elle réservait à ses avances matrimoniales. Elle avait en effet choisi de consacrer sa vie à son salut.

2. « J'ai mis dans ma hotte toute la maisonnée d'Armagnac », avait-il écrit en date du 31 décembre 1694.

Mon Dieu! ma chère fille, que vos femmes sont sottes,
vivantes et mortes! Vous me faites horreur de cette fon-
tange. Quelle profanation! cela sent le paganisme. Quelle
sottise! oh! mon enfant, cela me dégoûterait bien de mourir
en Provence. Il faudrait du moins que vous me donnassiez
votre parole qu'on n'irait point chercher une coiffeuse en
même temps qu'un plombier.

L'enterrement et le service funèbre eurent lieu le 18 avril
1696, le lendemain de la mort de Mme de Sévigné. C'est là un
fait certain, établi grâce au registre paroissial de l'église du
Saint-Sauveur et au certificat mortuaire signé par le vicaire.
Mais là s'arrête la certitude. Le reste est conjecture. On
suppose ainsi que la messe de Requiem fut célébrée par l'un
des prélats de la famille Grignan, l'évêque de Carcassonne ou
l'archevêque d'Arles, et que la proche famille était présente : le
comte de Grignan, le chevalier de Grignan, le marquis de La
Garde, Pauline de Simiane et son mari, tous portant le deuil, et
tous occupant leurs places sur la tribune, au sommet de la
paroi gauche de la chapelle. Toute la famille, à l'exception
probable de la comtesse de Grignan, fille de la défunte.

58.

Est-ce par une conspiration du silence qu'aucune nouvelle ne
filtra de la chambre de la malade pendant les douze jours qui
précédèrent la mort de Mme de Sévigné? Et si conspiration il y
eut, qui donc la trama, et dans quel but? La famille avait-elle
quelque chose à cacher? La légende s'entend à envelopper de
mystère le trépas des grands personnages. La mort de Mme de
Sévigné en est un parfait exemple, et dans ce cas la famille a
puissamment contribué à faire planer l'incertitude. Les biographes, les essayistes et les auteurs de monographies tentent
depuis trois siècles de percer la brume qui enveloppa cette
chambre de la tour de Grignan pendant la semaine de Pâques
1696. Dès le 2 mai, Mme de Coulanges s'étonnait de ce silence
et se plaignait du peu de nouvelles communiquées à Paris :

« J'ignore tous les détails de cette funeste maladie ; je les cherche avec un empressement qui fait voir que je ne songe point à me ménager. »

Les quelques lettres conservées ne nous éclairent pas beaucoup sur la nature ou le développement de la maladie qui frappa si soudainement Mme de Sévigné. Il ne s'agissait pas de la variole, bien que le bruit en courût pendant un siècle et demi, sans doute à la suite d'une confusion avec la mort de Mme de Grignan, survenue en 1705, et qu'on peut en effet attribuer à cette maladie qui fut la plus redoutée et la plus répandue du xviie siècle. Aucune honte n'y était d'ailleurs liée. Si Mme de Sévigné était morte de cette maladie, il n'y aurait pas eu là sujet à dissimulation. Le xviie siècle était une époque où l'on attachait une grande importance au spectacle de la mort, spécialement lorsqu'il était édifiant. Mme de Sévigné avait d'ailleurs elle-même longuement décrit la mort de son oncle Saint-Aubin, concluant : « Voilà comme l'on meurt en ce quartier-là. » Si l'on tient compte de cette attitude, la réserve de la comtesse de Grignan à propos de la mort de sa mère paraît encore plus curieuse.

La tradition familiale voulait que la cause de la mort de Mme de Sévigné fût « une fièvre continue », diagnostic également prononcé pour le cardinal de Retz et l'abbé de Coulanges, parmi tant d'autres. C'était l'expression qu'on utilisait en France au xviie siècle pour désigner toute maladie infectieuse que le corps médical n'était pas à même de diagnostiquer. Ce terme recouvrait donc toutes les affections virales ou bactériennes que la pathologie de l'époque ne savait pas désigner d'un nom précis. Dans le cas de Mme de Sévigné, on suppose qu'il s'agissait d'une forme de grippe ou de pneumonie. C'est ce que pensait sa famille, si l'on en croit le chevalier Perrin, éditeur de la première édition autorisée des *Lettres* de Mme de Sévigné. Perrin devait ses informations sur la maladie et le décès, ainsi que l'autorisation de publier les lettres, à son amie Pauline de Simiane.

D'après Perrin, c'est-à-dire d'après Pauline, petite-fille de Mme de Sévigné, l'infection frappa à un moment où la résistance de la marquise était faible. C'est l'idée qu'il développe dans sa préface aux quatre premiers volumes des *Lettres*, publiés en 1734.

> *Elle ne pouvait craindre six mois durant, comme elle fit, pour les jours de sa fille, sans que cela prît beaucoup sur sa santé. Se relevant les nuits pour aller voir si sa fille*

dormait, elle s'oubliait elle-même pour ne songer qu'à l'état de Mme de Grignan. Excédée enfin de soins et de fatigues, elle tomba malade le 6 avril d'une fièvre continue...

Non seulement les nuits sans sommeil et les longues veilles au chevet de sa fille avaient miné la robuste santé de Mme de Sévigné, mais sa volonté de vivre avait été sapée par l'angoisse et par la crainte dévorante qu'elle risquait de survivre à sa fille. Cette pensée était devenue sa grande terreur.

En avril 1696, Mme de Grignan était convalescente mais encore trop faible pour prendre la plume, si bien que la responsabilité d'annoncer le décès de Mme de Sévigné à son fils Charles en Bretagne et aux Coulanges à Paris échut à Pauline de Simiane, elle-même trop ébranlée par cette perte pour faire plus que de dicter à un secrétaire. Les lettres de Pauline à Charles et aux Coulanges ne nous sont pas connues. Seule a été conservée la réponse de Coulanges, en date du 25 avril, de Paris :

Bien loin de trouver mauvais, Madame, que vous ne m'ayez point écrit de votre main, je suis fort surpris que seulement vous ayez songé à moi dans une occasion aussi cruelle et aussi funeste que celle où nous nous trouvons. Mon Dieu! Madame, quel coup pour tous tant que nous sommes! quant à moi, je me perds dans la pensée que je ne verrai plus cette pauvre cousine, à qui j'ai été si tendrement attaché depuis que je suis au monde, et qui m'avait rendu cet attachement par une si tendre et si constante amitié. Si vous voyiez, Madame, tout ce qui se passe ici, vous connaîtriez encore plus le mérite de madame votre grand-mère, car jamais il n'y en eut de plus reconnu que le sien, et le public lui rend, avec des regrets infinis, tout l'honneur qui lui est dû.

En effet, même le duc de Saint-Simon, critique si souvent impitoyable, rendit hommage à Mme de Sévigné dans ses *Mémoires*[1].

Mme de Sévigné, si aimable et de si excellente compagnie, mourut quelque temps après à Grignan chez sa fille, qui était son idole et qui le méritait médiocrement. J'étais fort des amis du jeune marquis de Grignan, son petit-fils. Cette femme, par son aisance, ses grâces naturelles, la douceur de son esprit, en donnait par sa conversation à qui n'en avait

1. Les *Mémoires* de Saint-Simon ne furent publiés qu'au XIXᵉ siècle.

pas, extrêmement bonne d'ailleurs, et savait extrêmement de toutes sortes de choses, sans vouloir jamais paraître savoir rien.

La lettre que Coulanges adressa à Pauline en date du 25 avril se poursuit ainsi :

> *Mme de Coulanges est dans une désolation qu'on ne peut vous exprimer, et si grande que je crains qu'elle n'en tombe bien malade. Depuis le jour qu'on nous annonça la cruelle maladie, qui à la fin nous l'a enlevée, nous avons perdu toute sorte de repos. Mme la duchesse de Chaulnes s'en meurt ; la pauvre Mme de La Troche... Enfin nous nous rassemblons pour pleurer et pour regretter ce que nous avons perdu, et parmi nos douleurs, l'inquiétude où nous sommes encore pour la santé de madame votre mère n'est pas une des moindres. Ne m'écrivez point, mais ordonnez seulement au moindre de vos gens de nous mander de vos nouvelles... Je n'écrirai de longtemps à madame votre mère, de peur d'augmenter sa douleur par mes lettres... Je ne ferai pas sitôt voir votre lettre à Mme de Coulanges, mais je ne manquerai pas de lui dire que vous ne l'oubliez pas ; j'ose vous assurer que c'est une justice que vous lui devez par tous les sentiments qu'elle a pour vous. Trouvez bon que je fasse ici de très tristes compliments à M. de Simiane, à M. le chevalier de Grignan, et à M. de La Garde. Quelle scène, bon Dieu ! dans ce royal château, et que je suis en peine encore de la pauvre Mlle de Martillac, qui s'est si bien acquittée de tous les devoirs de la bonne et tendre amitié !*

Lettre par lettre, morceau par morceau, l'histoire se reconstitue. Ce message de Coulanges nous apprend que c'est Mlle de Martillac, dame de compagnie de la comtesse, qui se chargea des soins à la malade. C'est elle, et non Mme de Grignan, qui servit d'infirmière à Mme de Sévigné pendant les derniers jours de sa vie. Le comte de Grignan se présenta souvent au chevet de sa belle-mère, comme l'indiquent d'autres lettres. Pauline de Simiane fit certainement la navette entre le château voisin de Simiane, à Valréas, et Grignan pour rendre visite à sa chère et affectueuse grand-mère. Est-il possible que Mme de Grignan ne fît pas la moindre apparition dans cette chambre de malade ? Est-ce son absence que la famille trouva embarrassante et s'efforça de cacher ?

Le comte de Grignan, en tout cas, se montra attentionné, grimpant jour après jour les marches qui menaient à l'appartement de la tour, comme l'indique sa réponse du 7 mai à une lettre de condoléances du marquis de Pomponne. Le message du comte est extrêmement bref, une douzaine de lignes environ, dont voici les plus importantes :

> *En vérité, Monsieur, toutes les personnes qui étaient attachées à Mme de Sévigné par les liens du sang et de l'amitié sont bien à plaindre, et surtout celles qui ont pu connaître dans les dernières journées de sa vie toute l'étendue de son mérite et de sa solide vertu. J'aurai l'honneur quelque jour de vous conter des détails sur cela, qui attireront votre admiration.*

Le comte de Grignan ne fait ici qu'à peine allusion à la touchante agonie à laquelle il avait assisté. Il en dit davantage le 28 mai dans sa lettre à Moulceau :

> *Vous comprenez mieux que personne, Monsieur, la grandeur de la perte que nous venons de faire et ma juste douleur. Le mérite distingué de Mme de Sévigné vous était parfaitement connu. Ce n'est pas seulement une belle-mère que je perds ; c'est une amie tendre et solide, une société délicieuse. Mais ce qui est encore plus digne de notre admiration que de nos regrets, c'est une femme forte[1]. Elle a envisagé, dès les premiers jours de sa maladie, la mort, avec une fermeté et une soumission étonnantes. / Cette femme si tendre et si faible pour tout ce qu'elle aimait n'a trouvé que du courage et de la religion, quand elle a cru ne devoir songer qu'à elle. Nous avons dû remarquer, par l'usage qu'elle a su faire des bonnes provisions qu'elle avait amassées, de quelle utilité et de quelle importance il est de se remplir l'esprit de bonnes choses, et de ces saintes lectures pour lesquelles Mme de Sévigné avait une avidité surprenante. / Je vous rends compte de tous ces détails, Monsieur, parce qu'ils conviennent à vos sentiments et à l'amitié que vous aviez pour celle que nous pleurons.*

Voilà donc enfin le rapport détaillé de la mort exemplaire si chère au XVIIᵉ siècle. Il avait fallu un mois à M. de Grignan pour retrouver son équilibre et écrire cette lettre à Moulceau, la plus révélatrice de toutes.

Dix jours après l'enterrement, la comtesse de Grignan se décida enfin à écrire à Philippe Moulceau pour répondre à sa lettre de condoléances, mais elle se montra bien plus réservée

1. Autre référence à la femme forte du livre des *Proverbes*.

et avare de détails que son mari. Sa lettre, l'une des rares qui nous soient connues d'elle, porte la date du 28 avril :

> *Votre politesse ne doit point craindre, Monsieur, de renouveler ma douleur, en me parlant de la douloureuse perte que j'ai faite. C'est un objet que mon esprit ne perd pas de vue, et qu'il trouve si vivement gravé dans mon cœur que rien ne peut ni l'augmenter, ni le diminuer... Vous perdez une amie d'un mérite et d'une fidélité incomparables ; rien n'est plus digne de vos regrets. Et moi, Monsieur, que ne perdé-je point ! Quelles perfections ne réunissait-elle point pour être, à mon égard, par différents caractères, plus chère et plus précieuse ! Une perte si complète et si irréparable ne porte pas à chercher de consolation ailleurs que dans l'amertume des larmes et des gémissements. Je n'ai point la force de lever les yeux assez haut pour trouver le lieu d'où doit venir le secours ; je ne puis encore tourner mes regards qu'autour de moi, et je n'y vois plus cette personne qui m'a comblée de biens, qui n'a eu d'attention qu'à me donner tous les jours de nouvelles marques de son tendre attachement, avec l'agrément de la société. Il est bien vrai, Monsieur, il faut une force plus qu'humaine pour soutenir une si cruelle séparation et tant de privation. J'étais bien loin d'y être préparée : la parfaite santé dont je la voyais jouir, un an de maladie qui m'a mise cent fois en péril m'avaient ôté l'idée que l'ordre de la nature pût avoir lieu à mon égard. Je me flattais, je me flattais de ne jamais souffrir un si grand mal ; je le souffre, et le sens dans toute sa rigueur.*

La lettre que Mme de Grignan écrivit le 15 juillet à Pomponne pour le remercier de sa sympathie ne nous apprend pas grand-chose de plus que celle qu'elle avait adressée à Moulceau :

> *Vous connaissez, Monsieur, dans toute son étendue le malheur qui m'est arrivé. Vous savez quel tendre attachement, quelle intime union, quels liens ont été brisés. Il ne se peut sentir de plus cruelle séparation ; elle m'étonne comme le premier jour, et me paraît, s'il se peut, plus dure, plus amère. Mon esprit appuie présentement davantage sur chaque circonstance, et il semble que les pointes de la douleur me pénètrent plus vivement. Une perte si complète et si irréparable ne porte pas à chercher de soulagement que dans les larmes et les regrets. Je n'ai point la force de lever les yeux assez haut pour trouver de plus solides consolations. Je ne puis encore tourner mes regards qu'autour de*

moi et m'occuper de ce que je n'y vois plus. Et comment s'accoutumer à la privation d'une personne à qui je dois tout, qui m'a comblée de biens.

La lettre à Pomponne est en partie une répétition des phrases de circonstance adressées à Moulceau le 28 avril. Il est frappant de constater que la comtesse de Grignan, lorsqu'elle écrit à ces deux amis intimes de la famille, se montre bien plus impersonnelle et abstraite que son mari. C'est le comte qui parle avec sensibilité et émotion des derniers jours de Mme de Sévigné. Mme de Grignan se contente d'effleurer le sujet, tandis que le comte parle en homme qui se trouvait au chevet de sa belle-mère, à portée de sa voix, de son regard et de ses bras. La comtesse semble s'exprimer machinalement, comme si elle se trouvait loin du lieu du drame. Elle se limite à des généralités, des banalités, des platitudes sur le deuil et le chagrin.

Ces lettres à Moulceau et Pomponne ont largement contribué à convaincre de nombreux sévignistes éminents (y compris Gérard-Gailly, l'un des plus connus de ce siècle) que si Mme de Grignan omit de révéler les dernières paroles échangées avec sa mère le 17 avril, ce n'est pas qu'elle s'y refusât, mais bien qu'il n'y avait rien à révéler : il n'y aurait pas eu de dernières paroles, pas d'ultime entretien entre les deux femmes. Mme de Grignan n'aurait pas pu décrire avec émotion les derniers jours de Mme de Sévigné, tout simplement parce qu'elle n'aurait pas été présente dans la chambre de sa mère lorsque celle-ci rendit le dernier soupir. La comtesse se trouvait-elle à la tribune de l'église du Saint-Sauveur le jour de l'enterrement ? C'est là une question très controversée.

Et si non, pourquoi ? Les interprétations sont nombreuses, les hypothèses succèdent aux conjectures. Philippe de Dangeau se trouve peut-être dans le vrai avec ces quelques lignes de son *Journal*, rédigées le 26 avril 1696 :

J'appris la mort de Mme de Sévigné, qui était à Grignan avec madame sa fille, et sa fille elle-même est fort malade, et on lui cache la mort de sa mère.

Seule une grave maladie peut expliquer de façon naturelle et acceptable que la fille se soit tenue à l'écart de la chambre mortuaire et de l'enterrement de sa mère, spécialement quand il s'agit d'une mère aussi dévouée que Mme de Sévigné.

On se demande pourtant si même un château aussi vaste que Grignan permettait de garder secrète une maladie mortelle et un décès qui se produisaient sur place. Comment aurait-on pu cacher ou taire le va-et-vient des médecins, des prêtres et des prélats, des amis et de la famille, des croque-morts et des coiffeurs, des traiteurs s'affairant au repas de funérailles ? Mme de Grignan n'aurait-elle pas fait demander pour qui sonnait le glas ? Ou avait-on donné l'ordre de ne pas faire tinter les cloches ?

Mais de telles précautions paraissent exagérées quand on sait que Mme de Grignan n'était plus dans un état critique. Elle était peut-être encore anémique et apathique, mais s'approchait de la guérison. Qu'aucune des lettres échangées entre Mme de Sévigné et les Coulanges à la fin de l'hiver et au début du printemps 1696 ne fasse même mention de la santé de Mme de Grignan est en soi une preuve qu'elle était convalescente et hors de danger. Pas de nouvelles, bonnes nouvelles : l'interprétation n'est pas aventureuse quand on sait que Mme de Sévigné s'inquiétait au moindre toussotement de Mme de Grignan. C'est d'ailleurs l'opinion de Gérard-Gailly, éditeur de l'édition de 1953 des *Lettres* de Mme de Sévigné dans la collection de la Pléiade.

Un mois seulement après la mort de sa mère, à la mi-mai 1696, un visiteur déclarait trouver la comtesse en bonne voie de guérison. Les archives du ministère de la Marine contiennent une lettre adressée le 15 mai par le comte d'Estrées à son supérieur, le comte de Pontchartrain. D'Estrées y raconte sa visite à Grignan, lors de son voyage vers Toulon :

> *J'ai passé à Grignan, comme j'ai eu l'honneur de vous le dire, où j'ai encore trouvé tout le monde dans l'affliction de la mort de Mme de Sévigné. Mme de Grignan en paraît extrêmement touchée, mais quoiqu'elle soit très abattue par la douleur et par une aussi longue maladie que la sienne, je ne l'ai pas cependant trouvée aussi changée qu'on me l'avait dit avant que d'arriver, et je suis persuadé qu'elle se remettrait dans un air moins subtil que celui où elle est, qui à mon avis est très contraire à son mal [...]*

« Un air moins subtil... » signifiait sans doute l'air de Paris. A Grignan, vu l'amélioration de l'état de la comtesse, on parlait en effet dès juin 1696 d'un voyage dans la capitale, comme le prouvent les lettres des Coulanges qui expriment leur joie à la nouvelle de la guérison de Mme de Grignan et à l'idée de recevoir bientôt sa visite. Mme de Coulanges se dit pourtant désolée : « Je ne puis m'empêcher d'être vivement touchée que cette joie [la santé recouvrée de la comtesse] n'ait point été sentie par une personne qui en eût été si digne. »

La rumeur d'une grave maladie de Mme de Grignan n'aurait pu parvenir à l'oreille de Dangeau à Paris en avril 1696 sans s'être d'abord largement répandue en Provence. Pour cela, il fallait que la comtesse se fût mise au lit, comme il convenait à une invalide. Elle n'aurait donc pu se montrer ni au chevet de sa mère ni à son enterrement.

Et si Mme de Grignan n'était pas gravement malade en avril 1696, comment expliquer cette absence ? Une théorie affirme qu'elle ne se trouvait pas à Grignan à ce moment-là.

Au milieu du xixᵉ siècle, le bruit courait qu'elle se serait trouvée en visite chez le marquis de La Garde, au château La Garde-Adhémar où elle se rendait quelquefois pour un changement d'air et de décor. Cette rumeur fut lancée par l'abbé Nadal qui, en 1858, publia une brochure intitulée *Essai historique sur les Adhémar et sur Mme de Sévigné.* Il y affirmait que le comte de Grignan avait conduit sa femme au domaine voisin de son cousin afin de lui épargner le tourment d'assister aux derniers instants de sa mère : « Son mari ne voulut pas qu'elle fût témoin d'une scène aussi déchirante, disait l'abbé, il l'avait conduite au château de La Garde, où on lui cacha durant quelques jours le malheur dont elle venait d'être frappée. » L'abbé Nadal produisit même un témoin : un vieillard qui se rappelait que, dans sa jeunesse, un autre vieillard lui avait dit que la comtesse ne se trouvait pas à Grignan pendant la maladie de Mme de Sévigné et que les cloches n'avaient pas sonné pour l'enterrement [1].

En 1860, la découverte d'une lettre adressée en 1737 par le baron de Guillibert [2], habitant d'Orange, à une amie de Bretagne vint ajouter de l'huile sur le feu des conjectures. Dans son message, occasionné par la publication, cette année-là, des deux derniers volumes des *Lettres* de Mme de Sévigné éditées par Perrin, le baron donne l'image choquante d'une mère et d'une fille en profond désaccord, irrémédiablement brouillées. « Personne n'ignore dans le pays, affirmait le gentilhomme provençal, que ces deux dames s'indemnisaient bien par

1. L'abbé Nadal remarquait justement que la lettre de la comtesse à Pomponne était envoyée de La Garde. Mais cette lettre est datée du 15 juillet, soit trois mois après la mort de Mme de Sévigné.
2. Baron Guillibert, « Lettre inédite d'un gentilhomme provençal à une dame de Rennes en 1737 au sujet de Mme de Sévigné et du Chevalier de Perrin » in *Bulletin historique et philologique,* 1909.

l'aigreur de leur discours de toutes les douceurs qu'elles mêlaient à tort et à travers dans leurs écrits. »

Au dire de cette plume empoisonnée, la discorde entre elles était à ce point notoire que même la mort n'aurait pu les réconcilier :

> *Mme de Sévigné étant morte de maladie à Grignan, on ne put venir à bout de faire voir ces deux dames logées sous le même toit, la mère persistant jusqu'à son dernier soupir à dire qu'elle recevrait bien sa fille si elle venait la voir, et la fille qu'elle irait voir sa mère si sa mère demandait à la voir.*

Le venin de ses attaques fait du baron un témoin peu fiable. Quarante ans après l'événement, il n'a pas pardonné au comte de Grignan d'avoir pris d'assaut la citadelle d'Orange, à la tête des troupes royales. Il voit en Mme de Sévigné une Parisienne hautaine et lui reproche ses mots d'esprit aux dépens des Bretons et des Provençaux.

Le regretté Jean Cordelier, l'un des plus brillants sévignistes de tous les temps, à la fois biographe et essayiste dans son *Madame de Sévigné par elle-même*, était d'avis que c'était Mme de Sévigné en personne qui avait interdit l'entrée de sa chambre à sa chère, trop chère fille. Sachant qu'elle allait mourir, elle fit le sacrifice suprême de se refuser ce qu'elle avait de plus cher au monde, la présence de sa fille, afin de se préparer à comparaître devant son Créateur. Une lecture attentive des *Lettres* vient largement appuyer cette théorie de Cordelier. Selon ses propres dires, Mme de Sévigné se vit à deux reprises refuser l'absolution parce que, de l'avis des prêtres, son affection excessive pour sa fille laissait dans son cœur trop peu de place à l'amour du Seigneur et Sauveur. La théorie augustinienne, que Mme de Sévigné connaissait fort bien, souligne que l'amour pour la créature ne doit pas se développer au point de troubler l'amour pour le créateur. Face à la mort, le premier sacrifice auquel Mme de Sévigné se sentait appelée était celui de son « idole ». Elle avait d'ailleurs elle-même avoué que le pieux Arnauld d'Andilly l'avait appelée « une jolie païenne » à cause de son « idolâtrie » pour sa fille. La nécrologie de Saint-Simon, déjà citée dans ce chapitre, emploie ce même mot d'idolâtrie pour désigner l'affection excessive que Mme de Sévigné entretenait à l'égard de sa fille. En 1675, Mme de Sévigné avait écrit à sa fille :

> *Vous riez, ma bonne, de la pauvre amitié ; vous trouvez qu'on lui fait trop d'honneur de la prendre pour un*

empêchement à la dévotion. Il ne lui appartient pas d'être un obstacle au salut. Il suffit qu'elle remplisse tout le cœur pour être condamnée, et quoi que ce puisse être qui nous occupe de cette sorte, c'est plus qu'il n'en faut pour ne pas être en état de communier.

A la lumière de la théorie de Cordelier, les lettres que le comte de Grignan écrivit au marquis de Pomponne et à Moulceau, tous deux dévots, prennent un sens nouveau et demandent à être relues : le comte décrit ce qui était considéré comme une mort exemplaire : « Cette femme si tendre et si faible pour tout ce qu'elle aimait, avait-il écrit à Moulceau, n'a trouvé que du courage et de la religion, quand elle a cru ne devoir songer qu'à elle. » Ce sont presque ces mêmes mots que Mme de Sévigné avait utilisés en 1671, pour relater qu'Arnauld d'Andilly, le père de Pomponne, l'avait avertie que son « idolâtrie » de sa fille était « dangereuse » et « criminelle » et qu'elle « était folle de ne point songer à [se] convertir ».

Si elle avait finalement trouvé tant de courage et de résignation, c'est qu'elle avait vu sa fille échapper à la mort et qu'elle-même s'en irait avant la comtesse. La grâce de Dieu lui épargnant d'avoir à vivre sans sa fille, Mme de Sévigné se sentait capable de mourir sans elle. Dans la préface à son édition des *Lettres*, le chevalier Perrin, porte-parole de la tradition de la famille Grignan, se montre catégorique :

> Les grands sentiments de religion qui lui firent demander et recevoir les derniers sacrements le cinquième jour de sa maladie ne permettent pas de douter qu'en faisant à Dieu le sacrifice de sa vie, elle n'ait fait encore celui de sa tendresse même.

Perrin sous-entend qu'elle s'était défaite de ses attaches terrestres pour se tourner vers Dieu. Elle avait été longuement déchirée, comme elle disait, entre « l'amour du Créateur » et « l'amour d'une créature ». Au dernier moment, son âme immortelle l'emporta même sur sa fille[1].

C'était une mort édifiante selon les normes de l'époque, mais inévitablement traumatisante pour Mme de Grignan, qui fut peut-être même humiliée de se voir exclue de la chambre

---

1. De tels gestes de renoncement n'étaient pas sans exemple au XVIIᵉ siècle. Dans *la Princesse de Clèves* de Mme de La Fayette, la princesse, Mme de Chartres, « se tourna de l'autre côté... s ans vouloir l'écouter lui parler davantage... Elle vécut encore deux jours pendant lesquels elle ne voulut pas revoir sa fille, qui était la seule chose à qui elle se sentait attachée ».

mortuaire tandis que le dernier baiser et la bénédiction maternelle lui étaient refusés.

59.

Après les lamentations, les affaires légales et financières attendaient les héritiers.

Le 2 juillet 1696, Jean Le Camus, lieutenant civil à Paris, écrivit une lettre à la comtesse de Grignan :

> *Je ne sais, Madame, si vous aviez quelque connaissance que Mme de Sévigné m'eût laissé, après qu'elle fut partie, une cassette cachetée de ses armes. Elle ne m'écrivit point, et je compris facilement que c'était pour les mêmes raisons et aux mêmes conditions qu'elle m'avait bien voulu confier la même cassette, lorsqu'elle fit un voyage précédent. La principale condition était que vous en fissiez l'usage convenable, en cas que monsieur votre frère voulût avoir des prétentions contre vous. Une demoiselle de Mme de Sévigné ayant dit à monsieur votre frère que j'avais une cassette, je lui ai expliqué l'intention de madame votre mère, et en même temps il m'a signé un écrit dont je vous envoie une copie.*

Mme de Sévigné n'avait pas fait de testament ni prévu de legs, pour la bonne raison qu'elle s'était déjà défaite de tous ses biens, les répartissant entre ses enfants à l'époque de leurs mariages respectifs, et ne se réservant que l'usufruit à vie de plusieurs domaines. La lettre de Camus laisse entendre qu'elle craignait que Charles, au cas où il trouverait le partage injuste, pourrait le contester.

Si vraiment elle entretenait de telles craintes, c'est qu'elle connaissait mal son fils et lui faisait une grave injustice. La lettre qu'il écrivit à sa sœur, l'une des deux seules de sa main qui nous soit entièrement conservée, le montre bien :

> *Et présentement que je suis sur mon terrain, je n'ai besoin que de savoir ce que vous ordonnerez de cet argent, si vous*

voulez qu'on vous l'envoie, ou si vous voulez qu'on en dispose à Paris, soit pour vous le garder, soit pour le donner à quelqu'un ; vous serez obéie dans le moment.

Comme, à la mort de leur mère, sa sœur se trouvait en Provence et ne pouvait ou ne voulait pas se rendre à Paris, c'est à Charles qu'il incomba de régler les affaires de Mme de Sévigné dans la capitale. Il lui fallut liquider les meubles qui restaient, licencier le personnel réduit du Carnavalet et remettre l'hôtel à ses propriétaires :

J'ai trouvé, dans les papiers de ma mère, un papier qui s'adresse à vous et à M. de Grignan, et qui n'est point signé... Ma mère m'a toujours fait un secret sur ce qui s'était passé entre vous depuis l'accommodement qu'elle eut la bonté de faire en faveur de mon mariage. Je n'ai jamais été bien connu d'elle sur ce sujet ; elle m'a quelquefois soupçonné d'intérêt et de jalousie contre vous pour toutes les marques d'amitié qu'elle vous a données. J'ai présentement le plaisir de donner des preuves authentiques des véritables sentiments de mon cœur. Monsieur le Lieutenant civil a été témoin des premiers mouvements, qui sont toujours les plus naturels. Je suis très content de ce que ma mère a fait pour moi pendant que j'étais dans la gendarmerie et à la cour. J'ai encore devant les yeux tout ce qu'elle a fait pour mon mariage, auquel je dois tout le bonheur de ma vie. Je vois toutes les obligations longues et solides que nous lui avons : ce sont là les mêmes paroles dont vous vous servez dans votre lettre. Tout le reste ne m'a jamais donné la moindre émotion. Quand il serait vrai qu'il y aurait eu dans son cœur quelque chose de plus tendre pour vous que pour moi, croyez-vous, en bonne foi, ma très chère sœur, que je puisse trouver mauvais qu'on vous trouve plus aimable que moi... Jouissez tranquillement de ce que vous tenez de la bonté et de l'amitié de ma mère. Quand j'y pourrais donner atteinte, ce qui me fait horreur à penser, et que j'en aurais des moyens aussi présents qu'ils seraient difficiles à trouver, je me regarderais comme un monstre si j'en pouvais avoir la moindre intention. Les trois quarts de ma course pour le moins sont passés. Je n'ai point d'enfants, et vous m'en avez fait que j'aime tendrement... Je ne souhaite point d'avoir plus que je n'ai ; grâce à vous et à un ministre, je suis assez bien dans mon état. Si je pouvais souhaiter d'être plus riche, ce serait par rapport à vous et à vos enfants... Adieu, ma très chère et très aimable sœur. N'est-ce pas une consolation pour nous, en nous aimant tendrement par

> *inclination, comme nous faisons, que nous obéissions à la
> meilleure et à la plus aimable de toutes les mères.*

En 1703, trouvant la solitude des Rochers insuffisante,
Charles de Sévigné renonça à son poste de lieutenant du roi en
Bretagne ainsi qu'à toutes ses obligations mondaines. Avec sa
femme, aussi dévote que lui, il se rendit à Paris pour s'établir
au faubourg Saint-Jacques, proche de l'église Saint-Jacques-
du-Haut-Pas et du séminaire Saint-Magloire, et depuis longtemps peuplé de dévots. Sa mère n'en aurait pas été très
étonnée. De tout temps elle avait remarqué ses « tendances
d'anachorète ». En 1713, il mourut en odeur de sainteté, après
avoir passé ses dernières années dans une cellule du séminaire
Saint-Magloire.

Homme de parole, Charles légua comme il l'avait promis sa
fortune à l'un des enfants de sa sœur. C'est Pauline de Simiane
qui hérita de tous les biens terrestres de son oncle. Le neveu de
Charles, le marquis de Grignan, avait trouvé la mort en 1704, à
l'âge de trente-trois ans, dans les bras de sa femme. C'est la
variole qui l'emporta, alors que la marquise de Grignan s'était
rendue en toute hâte de Paris à Thionville, en Alsace, pour
venir le soigner. Le duc de Saint-Simon, généralement avare de
compliments pour ses contemporains, en prodigua au marquis
de Grignan. Dans ses *Mémoires* de l'année 1704, il écrivait :

> *Je perdis un ami avec qui j'avais été élevé, et qui était un
> très galant homme et qui promettait fort : c'était le fils
> unique du comte de Grignan et de cette Mme de Grignan si
> adorée dans les* Lettres *de Mme de Sévigné, sa mère, dont
> cette éternelle répétition est tout le défaut... [le Marquis] qui
> s'était fort distingué à la bataille d'Hochstedt[1], mourut au
> commencement d'octobre, à Thionville ; on dit que ce fut de
> la petite vérole. Il avait un régiment, était brigadier, et sur le
> point d'avancer. Sa veuve, qui n'eut point d'enfants, était
> une sainte, mais la plus triste et la plus silencieuse que je vis
> jamais. Elle s'enferma dans sa maison, où elle passa le reste
> de sa vie, peut-être une vingtaine d'années, sans en sortir
> que pour aller à l'église, et sans voir qui que ce fût.*

Quoi qu'en dise Saint-Simon, elle voyait peut-être de temps à
autre Pauline de Simiane, seul membre de la famille Grignan à
l'avoir considérée avec bienveillance pendant les mois difficiles

---

1. Michel Chamillart avait écrit au chevalier de Grignan pour lui dire que le
roi avait été charmé du courage dont avait fait preuve le marquis à Hochstedt
et avait l'intention de le nommer maréchal de camp.

qu'elle avait passés au château de Grignan, peu après son mariage en 1695, lorsque son mari était parti au front. Quoi qu'il en soit, c'est à Pauline qu'elle légua la magnifique bibliothèque qu'elle avait accumulée pendant son veuvage, consacré à la prière et à la lecture. Les belles-sœurs purent se voir pendant les années que Pauline passa à Paris, tandis que son mari était au service du duc d'Orléans, jusqu'en 1715, comme premier gentilhomme de la chambre ducale, à la cour du Palais royal.

La comtesse de Grignan ne pouvait survivre longtemps à son fils. Celui-ci était mort sans enfant après neuf ans de mariage, emportant avec lui le nom de Grignan. Son décès condamnait à la disparition la lignée des Grignan. Cette ancienne et illustre maison était destinée à s'effacer de la surface de la terre[1]. Ce fils unique avait été l'orgueil et la joie de la famille. Ses parents avaient concentré tous leurs espoirs sur lui, ils s'étaient ruinés pour lui. D'immenses sacrifices avaient été consentis pour favoriser sa carrière, pour lui acheter son régiment et en faire le meilleur de l'armée. A défaut de son père, ce serait lui, avait-on espéré, qui gagnerait la faveur du roi et reconstituerait la fortune des Grignan. La dot de sa femme aurait dû renflouer la famille. Lui mort, il fallait rembourser cette dot. Mme de Grignan avait consacré sa vie à la perpétuation de la lignée et du nom qu'elle portait. Dans ce but, de grossesse en grossesse et de fausse couche en fausse couche, elle avait sacrifié sa santé, sa jeunesse et sa beauté.

Après la mort du marquis, elle traîna encore quelques mois, dix, exactement, et parvint même à paraître au côté de son mari lors de la réception officielle offerte au comte de Toulouse[2], venu en Provence inspecter les ports de la Méditerranée.

A la fin de cette tournée d'inspection, la comtesse de Grignan fut atteinte de la variole, la maladie qui avait emporté son fils, et elle y succomba tout comme lui. Le 13 août 1705, à l'âge de cinquante-neuf ans, elle rendit le dernier soupir à Marseille, où elle avait vécu avec le comte depuis fin 1696.

Ne pouvant plus se permettre le train de vie seigneurial de leur château ou de leur capitale d'Aix-en-Provence, les Grignan s'étaient résignés à l'humiliation finale et, abandonnant leur

---

1. Dans une dernière tentative pour perpétuer le nom familial, on persuada le chevalier de Grignan, âgé de soixante-trois ans, d'épouser Mlle d'Oraison. On espérait qu'ils parviendraient à engendrer un héritier pour remplacer celui qui était mort à Thionville, mais l'effort ne porta pas de fruit.
2. Le comte de Toulouse était le fils de Louis XIV par Mme de Montespan, légitimé par son père comme tant d'autres bâtards royaux.

château, s'étaient réfugiés à Marseille dans un quelconque hôtel particulier d'une rue qui porte aujourd'hui leur nom.

Le nid d'aigle de Grignan resta vide, déserté, rempli de silence. L'orchestre dont le comte de Grignan avait été si fier fut licencié, tout comme la cinquantaine de serviteurs en livrée. Ce qui retentissait aux oreilles du comte et de la comtesse de Grignan, tandis que leur voiture descendait les lacets de la pente raide qui menait du sommet rocheux jusqu'au village et au fond de la vallée, c'était un requiem pour la maison de Grignan. Pour un Grignan, perdre un membre n'aurait pas été plus douloureux que de se savoir coupé de l'édifice construit autrefois, dans la nuit des temps, par ses ancêtres. Abandonnant cet ancien bâtiment au vent, à la poussière et à la désuétude, les Grignan savaient qu'ils y laissaient leurs lares et leurs pénates, le sanctuaire de leurs dieux et esprits tutélaires, avec d'innombrables générations de leurs aïeux reposant dans la crypte souterraine de l'église du Saint-Sauveur.

Malgré la précipitation dans laquelle ils avaient abandonné les hauteurs de Grignan pour redescendre dans le monde, le comte et la comtesse s'accordèrent un dernier sursaut de gloire. Ils se préparèrent à vider leur porte-monnaie ou, s'il était déjà vide, à emprunter en engageant leur dernier domaine libre d'hypothèques, à supposer qu'il leur en restât un, pour financer un dernier coup d'éclat en l'honneur du duc de Berry et du duc de Bourgogne, fils de France (fils du dauphin, petits-fils du Grand Monarque), qu'on attendait aux confins de la Provence, le 3 mars 1701. Le comte de Grignan, accompagné d'une suite de deux cents gentilshommes provençaux, attendit les visiteurs royaux à Beaucaire. Il leur offrit à boire et à manger, organisa pour eux des bals grandioses, des réceptions et des galas d'opéra à Aix, Toulon, Marseille et Lambesc, le tout presque entièrement à ses frais. Jusqu'à la fin de sa vie, le comte de Grignan servit le roi et le pays dans un complet désintéressement, sans se soucier de l'indifférence d'un monarque qui le laissait sombrer dans la ruine. En 1707, deux ans après la mort de sa femme, il joua un rôle de premier plan dans la défaite de l'armée austro-piémontaise qui menaçait d'occuper la Provence entière avec ses quarante mille hommes. Le maréchal de Tessé avait averti le roi qu'à moins d'un miracle tout était perdu. Le miracle fut l'œuvre gracieuse de Grignan, alors âgé de soixante-quinze ans, qui leva une troupe mélangée de nobles, de bourgeois, d'ouvriers et de villageois pour renforcer les cadres du maréchal. Le comte lui-même, à cheval, passa huit heures d'affilée au cœur de la bataille sans mettre pied à terre.

Dépourvu de ressources sinon d'honneur, Grignan vécut encore sept ans au service de son roi et de sa province, se dépensant physiquement et financièrement à leur profit, remplissant noblement ses fonctions de gouverneur et de lieutenant général. A la fin décembre 1714, alors qu'il avait quatre-vingt-deux ans et déclinait rapidement, il se rendit à Lambesc pour ouvrir l'assemblée des communes de Provence, comme il en avait l'habitude depuis bientôt cinquante ans. L'assemblée terminée, le gouverneur partit pour Marseille le 30 décembre. A mi-chemin, il tomba si malade qu'il fallut le porter dans une cabane de paysans à Saint-Pons, au bord de l'Arc, où il rendit l'âme pendant la nuit. Il mourut sans avoir vu l'aube de 1715, année de la mort de son roi (à l'âge de soixante-dix-sept ans, dans la soixante-douzième année de son règne).

Dans ses *Mémoires* de l'année 1714, le duc de Saint-Simon rend justice au dernier des Grignan :

> *Le comte de Grignan, seul lieutenant général et commandant de Provence et chevalier de l'Ordre, gendre de Mme de Sévigné, qui en parle dans ses lettres, mourut à quatre-vingt-trois ans dans une hôtellerie, allant de Lambesc à Marseille. C'était un grand homme, fort bien fait, laid, qui sentait fort ce qu'il était, fort honnête homme, fort poli, fort noble, en tout fort obligeant, et universellement estimé, aimé et respecté en Provence, où, à force de manger et de n'être point aidé, il se ruina. Il ne lui restait que deux filles : Mme de Vibraye, fille de la sœur de la duchesse de Montausier, que les mauvais traitements de la dernière Mme de Grignan Sévigné forcèrent à un mariage fort inégal, et qui fut toujours brouillée avec eux ; et Mme de Simiane, fille de la Sévigné, adorée de sa mère comme elle l'était de la sienne. Elle avait épousé Simiane par amour réciproque. Il avait peu servi, et il était premier gentilhomme de la chambre de M. le duc d'Orléans, léger emploi alors, mais qui par l'événement lui valut la lieutenance générale de Provence, dont le Roi n'avait disposé lorsqu'il mourut*[1].

En 1705, la mort de Mme de Grignan ne passa pas inaperçue du duc de Saint-Simon, malheureusement pour l'image que la comtesse laisse à la postérité :

1. Le duc d'Orléans, devenu régent du jeune Louis XV en 1715, nomma le marquis de Simiane comme successeur de son beau-père en tant que lieutenant général de Provence.

Mme de Grignan, beauté vieille et précieuse dont j'ai suffisamment parlé, mourut à Marseille bien peu après, et quoi qu'en ait dit Mme de Sévigné, dans ses lettres, fut peu regrettée de son mari, de sa famille et des Provençaux.

Il faut toutefois se rappeler que Saint-Simon n'est pas infaillible. On a peine à croire que Mme de Grignan fut « peu regrettée » par sa fille Pauline, chérie de sa mère tout autant que Mme de Grignan l'avait été de la sienne propre.

Le marquis de Simiane, mari de Pauline, prenant la succession de son beau-père comme lieutenant général de Provence en 1715, ne lui survécut que de trois ans et mourut en 1718 à l'âge de quarante-sept ans.

En 1720, sa veuve Pauline quitta Paris pour s'établir à Aix-en-Provence où elle resta jusqu'à sa mort en 1737. Elle avait eu trois filles. L'aînée s'était faite nonne ; la deuxième était mariée au marquis de Vence et la cadette au marquis de Castellane-Esparron. Avec la mort de Pauline de Simiane, en 1737, se termine la saga du petit cercle de famille immortalisé par les *Lettres* de Mme de Sévigné [1].

Le petit Coulanges, qui faisait partie des intimes, sinon de la famille immédiate, mourut vingt et un ans avant Pauline de Simiane. Coulanges ne fut pas oublié par Saint-Simon. Sa mort, en 1716, inspira même au duc l'un de ses plus délicieux portraits, largement abrégé ici. « Le monde perdit aussi Coulanges », disent les *Mémoires* à la fin d'une longue liste de décès, rendant hommage à cet homme qui avait

les charmes de la table sans la moindre ivrognerie ni aucune autre débauche. L'enjouement des parties dont il faisait tout le plaisir, l'agrément des voyages, surtout la sûreté du commerce, et la bonté d'une âme incapable de mal, mais qui n'aimait guère aussi que pour son plaisir, le firent rechercher toute sa vie, et lui donnèrent plus de considération qu'il n'en devait attendre de sa futilité. Il alla plus d'une fois en Bretagne, même à Rome avec le duc de Chaulnes, et fit d'autres voyages avec ses amis, jamais ne dit mal ni fit mal à personne, et fut avec estime et amitié l'amusement et les délices de l'élite de son temps, jusqu'à quatre-vingt-deux ans, dans une santé parfaite de tête et de corps, qu'il mourut assez promptement. Sa femme, qui avait plus d'esprit que lui et qui l'avait plus solide, eut aussi

---

1. Les descendants des deux filles Simiane sont seuls à pouvoir se prétendre aujourd'hui postérité directe de la célèbre épistolière.

quantité d'amis à la ville et à la cour, où elle ne mettait jamais le pied. Ils vivaient ensemble dans une grande union, mais avec les dissonances qui en faisaient le sel et qui réjouissaient toutes leurs sociétés... Elle l'a survécu bien des années [1]. Elle avait été fort jolie, mais toujours sage et considérée...

En 1737, la maison de Grignan s'étant éteinte, le château fut vendu. Au milieu du XVIIIe siècle, Nicholas du Muy, fils de l'acheteur, rendit hommage à la réputation croissante de Mme de Sévigné, enterrée dans l'église au pied de son château, en faisant apposer une dalle de marbre ornée d'asphodèles et de fleurs de lys à l'endroit où elle reposait.

Mme de Sévigné ne devait pourtant pas reposer en paix. En 1793, quatre ans après la prise de la Bastille, dans un excès révolutionnaire qui n'est pas sans exemples, un groupe de villageois conduit par un juge de paix et un notaire fit irruption dans la crypte et ouvrit les cercueils, y compris celui de Mme de Sévigné, sous prétexte de récupérer le plomb et d'autres métaux dont on avait grand besoin pour les canons des armées de la République. Il ne pouvait toutefois y avoir d'excuse pour la profanation des corps. Les ossements des différents cercueils furent en effet jetés sans façon dans une fosse commune.

Des morceaux du linceul de brocart bleu dont on avait enveloppé le corps de Mme de Sévigné près de cent ans plus tôt furent emportés comme souvenir. On peut encore en voir deux, l'un sous verre au musée Carnavalet, et l'autre à la bibliothèque de la Sorbonne. Une boucle de cheveux fut dérobée par le maçon qui avait descellé la dalle de marbre ornée du nom de Mme de Sévigné, à l'entrée de la crypte. Le notaire reçut un fragment de côte qu'il exhiba en médaillon. Le juge de paix s'appropria une dent qu'il fit monter sur une bague en or. On dit aussi qu'il scia un morceau du crâne pour le faire analyser par un célèbre phrénologue du nom de Gall.

Ainsi se termine la triste histoire des restes de Mme de Sévigné [2]. Son héritage littéraire connut un destin plus heureux.

1. Mme de Coulanges souffrit de sa mauvaise santé jusqu'à un âge avancé. Elle mourut en 1723.
2. Le château de Grignan, tout comme l'église, fut saccagé en 1793. Les fenêtres et les miroirs furent brisés, les tuiles du toit et de la terrasse arrachées, les portraits des aristocrates détestés de la famille Grignan défigurés, sauf celui de Mme de Sévigné. A la fin du XIXe siècle, un nouvel acheteur entreprit de restaurer ce monument historique, et fit procéder à une reconstitution pas entièrement fidèle à l'original. De nos jours, le château est ouvert au public.

60.

En 1696, quelques mois après sa mort, Mme de Sévigné fit son entrée dans le monde de la littérature. Cinq de ses lettres furent publiées dans les *Mémoires* du comte de Bussy-Rabutin, édités par le fils de ce dernier, Amé-Nicolas. En 1697, *les Lettres de Messire Roger de Rabutin, comte de Bussy* furent éditées et publiées par ce même fils. Deux des quatre volumes en étaient consacrés à la correspondance entre le comte et sa cousine préférée, Mme de Sévigné. Les quelque cent lettres de la marquise furent celles qui éveillèrent l'enthousiasme du public et l'approbation de la critique au point de suggérer la publication d'autres écrits de cette plume de talent.

C'est peut-être en 1715, après la mort de son père, le comte de Grignan, que Pauline de Simiane se mit à envisager la publication des milliers de lettres échangées entre Mme de Sévigné et Mme de Grignan pendant les vingt-cinq ans de leurs diverses séparations. Ces lettres, réunies en liasses et empilées dans des coffres ou des boîtes, étaient en train de moisir et de jaunir, que ce soit au château de Grignan ou dans la maison de Pauline à Aix-en-Provence, ou encore à Mazargues, une propriété des Grignan près de Marseille.

Il est possible et même probable que ce fut le cousin et ami de Pauline, l'abbé Celse de Bussy, plutôt que son frère Amé-Nicolas de Rabutin, qui se fit envoyer des originaux ou des copies des lettres qui formaient cette énorme masse de correspondance. C'est une possibilité, non une certitude, car ici encore il n'y a pas de faits incontestables auxquels se référer, et nous en sommes à nouveau réduits aux conjectures [1]. On sait que quelques lettres au moins furent envoyées, la première liasse en comprenant cent trente-sept. Si son cousin les

---

1. L'éditeur de la Pléiade Gérard-Gailly est convaincu que c'est avec l'abbé Celse que Pauline collabora à la publication des lettres de sa grand-mère, tandis que Roger Duchêne, également éditeur de la Pléiade, penche pour Amé-Nicolas.

trouvait intéressantes, ce dont elle était persuadée, Pauline s'engageait à « chercher d'autres lettres », même s'il fallait pour cela « plaindre ses veilles ».

L'abbé Celse de Bussy se déclara ravi des échantillons reçus et en réclama d'autres. Pauline donna suite en expédiant une cinquantaine de nouvelles lettres. Lorsqu'ils se rencontrèrent à Paris, l'année suivante, les deux cousins décidèrent de repousser la préparation de l'édition. L'œuvre de Mme de Sévigné, estimaient-ils, méritait mieux qu'un choix aussi limité. A son retour en Provence, Pauline devait envoyer de nouvelles lettres en Bourgogne.

Lorsqu'en 1720 elle déménagea à Aix, elle engagea un secrétaire qui devait reproduire un plus grand nombre encore des lettres de Mme de Sévigné à Mme de Grignan. Il y eut ainsi des centaines de copies, d'une écriture difficile à déchiffrer, et dont aucune ne portait la date, seul le jour de la semaine ou le mois étant indiqué, mais non l'année. Amé-Nicolas mourut en 1719. C'est donc avec son frère, l'abbé Celse, que Pauline partagea sans doute ce paquet de lettres.

Si tel est bien le cas, c'est lui qui dut les remettre à un éditeur, soit personnellement, soit par l'intermédiaire d'amis littéraires à qui il les communiqua. Quels que soient les coupables, et le jeune Voltaire figure parmi les suspects, c'est en 1725 que parut le premier volume consacré entièrement aux lettres de Mme de Sévigné, sous le titre *Lettres choisies de Mme la marquise de Sévigné à Mme de Grignan sa fille qui contiennent beaucoup de particularités de l'histoire de Louis XIV.* Ce mince volume de soixante-quinze pages in-octavo ne portait ni les noms de l'éditeur et de l'imprimeur, ni le lieu de publication. Les vingt-huit lettres qu'il contenait avaient apparemment été choisies surtout pour les anecdotes qu'elles racontaient sur la cour du Roi-Soleil. On y trouve entre autres des descriptions du suicide de Vatel, de la mort de Turenne, de la déclaration de guerre contre la Hollande, et du passage du Rhin.

Ce premier fascicule connut un tel succès qu'il fut rapidement suivi, en 1726, d'une édition en deux volumes donnant un meilleur aperçu de l'art de Mme de Sévigné et de la correspondance entre la mère et la fille. Intitulés *Lettres de Marie de Rabutin-Chantal, marquise de Sévigné, à Mme la comtesse de Grignan, sa fille,* les deux volumes contenaient cent trente-huit lettres en tout. Ils furent réimprimés par deux fois avant la fin de l'année. Pauline fit de son mieux pour jeter le doute sur l'authenticité de cette version non autorisée de l'œuvre de sa grand-mère. Elle chercha à faire interdire la distribution. Sa requête fut refusée, les autorités estimant qu'il ne s'était produit aucune violation propre à justifier une telle intervention. L'édition clandestine des *Lettres* continua à se vendre à un rythme soutenu. La distribution s'était d'ailleurs poursuivie secrètement pendant la controverse, si l'on en croit la rumeur parisienne. Le public avait découvert un nouveau génie et n'était pas prêt à s'en laisser priver. Un article du *Journal de Trévoux* mentionne que le public lettré était depuis longtemps à l'affût des lettres de Mme de Sévigné. « Mais enfin, après une assez longue attente, commentait le *Journal* en 1726, le public a eu satisfaction, et il est arrivé à l'égard de ces lettres si longtemps cachées ce qui arrive ordinairement à ces sortes de manuscrits précieux que la curiosité publique couche en joue ; elles ont échappé à la fin. »

Si le public réserva un accueil enthousiaste à cette publication non autorisée des *Lettres* de Mme de Sévigné, Pauline de Simiane s'irrita à tel point de ce produit de la presse clandestine qu'elle décida de mettre elle-même sur le marché une édition autorisée. Elle choisit comme éditeur un ami personnel, le chevalier Denis-Marius Perrin, son concitoyen d'Aix, qui jouissait d'une très bonne réputation littéraire.

Mais il s'avéra que le matériel excitant, fascinant et stimulant que Pauline remettait à Perrin s'entourait d'un cordon d'interdits. En premier lieu, rien ne devait être imprimé d'embarrassant ou d'humiliant pour les vivants ni rien de méprisant ou d'ironique envers les morts, surtout pas envers ceux dont des descendants qui vivaient encore en Provence pourraient faire des reproches à Pauline.

Pauline indiqua ensuite à Perrin qu'elle n'accepterait aucune mention des disputes entre la mère et la fille ni aucune atteinte à la vie privée de ses parents. Les conversations à cœur ouvert entre la mère et la fille ne devaient pas non plus devenir la proie du public. Il fallait biffer toutes les indiscrétions : références aux règles de Mme de Grignan, exhortations de Mme de Sévigné à la continence ou à des précautions telles que des lits, ou, mieux, des chambres séparées.

Mais surtout, la ruine de la famille Grignan devait être tenue secrète. Il ne fallait pas mentionner les stratagèmes sordides, les expédients ignobles auxquels cette noble famille avait eu recours pour échapper aux fournisseurs qui réclamaient leur dû, ou pour conjurer les procès, la faillite, la disgrâce publique et le déshonneur. Il fallait taire la gêne et les humiliations de l'année 1690, que Mme de Sévigné avait appelée « l'année des grandes infamies ».

Telles étaient les principales injonctions faites à Perrin, mais ce n'étaient pas les seules. La grand-mère de Pauline avait eu le goût des pointes d'humour tantôt salées, tantôt effrontées. Pauline aurait sans doute ri autrefois d'un penchant pour les histoires osées, scabreuses ou extravagantes qu'elle voyait d'un mauvais œil maintenant qu'elle devenait de plus en plus prude et dévote. Il fallait donc supprimer toute référence aux incartades érotiques de Charles, à ses démêlés avec une maladie vénérienne qui, pour avoir été transmise par une duchesse, n'en était pas moins virulente. Pauline voulait faire reconnaître le génie épistolaire de sa grand-mère mais sans dévoiler les secrets de famille.

Dernier tabou : toute référence aux tendances religieuses aberrantes de Mme de Sévigné devait être évitée[1].

Entre tous ces interdits, Perrin n'avait plus guère de marge de manœuvre. Il accepta même la condition posée par Pauline, qui voulait que l'immense collection de lettres qu'elle lui confiait soit restituée une fois le travail terminé. Elle avait l'intention de détruire les lettres originales de sa grand-mère avec celles de sa mère. Elle ne voulait pas prendre le risque de les voir tomber ensuite dans de mauvaises mains, craignant de s'exposer à l'ultime opprobre. Le vaisseau des Grignan avait fait naufrage, mais Pauline voulait être certaine qu'on se le représenterait toujours en train de s'enfoncer tous pavillons au vent.

Les quatre premiers volumes de l'édition autorisée de Perrin comprenaient quatre cent deux lettres. Ils furent publiés à Paris en 1734 sous le titre *Recueil des lettres de Mme la marquise de Sévigné à Mme la comtesse de Grignan, sa fille.* En dépit de ses bonnes intentions, Perrin n'avait pas réussi à éliminer tout ce qui déplaisait à Pauline, laquelle ne manqua pas d'exprimer son mécontentement. A la suite de la publication, elle se trouva submergée de courrier. « Des millions de lettres » se déversaient sur elle, se lamentait-elle : « Je n'en puis plus ». La

---

1. Mme de Sévigné avait semblé sympathiser avec le jansénisme qui devait son nom à Cornelius Jansen, théologien hollandais. Jansen avait fondé sa doctrine sur celle de saint Augustin, l'âme devant être convertie à Dieu par la grâce divine. Le but premier du jansénisme était un retour à une plus grande piété personnelle. Il entra en conflit avec l'Eglise parce qu'il prônait le dogme de la prédestination, critiquait la communion trop fréquente et attaquait les jésuites.

534 L'amour d'une mère

plupart contenant des commentaires réprobateurs ou malveillants.

Pauline décida donc d'éliminer tout risque de révélation future des secrets de famille. Les lettres de Mme de Grignan à Mme de Sévigné furent extraites des coffres où elles reposaient depuis trente ans ou davantage, puis jetées au feu.

Est-ce seulement par souci de garder les secrets de famille que Pauline détruisit les lettres de Mme de Grignan ? Ou cherchait-elle surtout à épargner à sa mère le jugement de la postérité ? Ce pourrait être le cas si les lettres de Mme de Grignan faisaient preuve de cette humeur noire, de cette langue caustique et hautaine, de cette froide réserve que lui ont reprochées Mme de Sévigné, Saint-Simon, et des générations de sévignistes à leur suite. De toute façon, on ne peut que regretter cette perte. La comtesse de Grignan n'avait ni la verve de sa mère, ni son flair, ni son génie, mais, même sans tenir compte des éloges extravagants que Mme de Sévigné, toujours partiale, réservait au talent épistolaire de sa fille, il faut reconnaître qu'elle écrivait extrêmement bien, comme le prouvent les quelques lettres qui ont été conservées d'elle. On regrette avant tout que le dialogue soit perdu, car la correspondance était en fait une « conversation », comme l'avait déclaré à plusieurs reprises Mme de Sévigné, pour qui perdre une lettre voulait dire « perdre le fil d'une conversation ». Comme seules les lettres de Mme de Sévigné ont survécu, c'est d'un monologue que le monde a hérité, et non du dialogue recherché dans la correspondance. Dans tous ces volumes, le solo auquel s'adonne Mme de Sévigné est clair, délicat, irrésistible. Sa voix était assurément la plus belle des deux. Et pourtant, on se surprend à tourner sans fin les pages, à s'efforcer sans cesse de percevoir ne serait-ce que l'écho des mots de Mme de Grignan.

Après avoir jeté au feu les lettres de sa mère, Pauline de Simiane demanda à Perrin de lui rendre la correspondance de Mme de Sévigné qu'elle lui avait confiée et de renoncer à poursuivre la publication.

Ayant pris l'engagement envers ses éditeurs de fournir les deux derniers volumes d'une collection de six, Perrin résista aux assauts de sa protectrice et refusa poliment mais fermement de satisfaire à sa demande. Il ne pouvait ou ne voulait laisser son édition imparfaite, tout en regrettant d'avoir jamais entrepris cette tâche.

Trois ans plus tard, en avril 1737, les deux derniers volumes du *Recueil des lettres de Mme la marquise de Sévigné* sortirent de presse, avec deux cent douze lettres. Que ce soit moral ou non de sa part — la question est souvent débattue dans les cercles académiques — Perrin défia Pauline de Simiane, qui l'avait chargé de ce travail, et sauva ainsi un chef-d'œuvre de l'oubli.

Il est peu probable que Pauline de Simiane, qui mourut le 3 juillet 1737, ait eu le temps de recevoir et de lire ces deux derniers volumes des lettres toujours plus célèbres de sa grand-mère. Elle ne vécut pas assez longtemps pour détruire les originaux mais, sur son lit de mort, arracha à son gendre, le marquis de Castellane-Esparron, la promesse de prendre en charge la destruction avant de mourir à son tour.

Année après année, Perrin reçut de nouvelles lettres de Mme de Sévigné, destinées à d'autres correspondants qu'à sa fille, par exemple aux Coulanges, au cardinal de Retz, à Mme de La Fayette ou au duc de La Rochefoucauld. Certaines étaient encore inédites. En 1751, il les publia en un volume de cinq cents pages.

En 1754, dix-sept ans après la mort de Pauline de Simiane, Perrin produisit une nouvelle édition des *Lettres de Mme de Sévigné*, forte de sept cent soixante-dix lettres et de huit volumes. Maintenant que la petite-fille de Mme de Sévigné était dans la tombe, le chevalier Perrin jouissait d'une plus grande liberté d'action. Il rétablit donc certains passages condamnés par la pruderie de sa protectrice. Cette édition reflète pourtant les scrupules et le sens des convenances propres à Perrin. Les baisers que Mme de Sévigné appliquait sur « les belles joues et la belle gorge » de Mme de Grignan furent ainsi biffés par le chevalier qui les trouvait trop ardents. Perrin imposa donc sa propre censure, omettant certains passages, en abrégeant ou en corrigeant d'autres à son goût, altérant le vocabulaire, l'orthographe et la syntaxe selon ses normes littéraires personnelles. Trouvant la formule « ma bonne » peu élégante et archaïque, il la remplaça arbitrairement, neuf fois sur dix, par « mon enfant » ou « ma fille ».

Ce n'est qu'à la fin du xixe siècle, lorsqu'il fut possible de faire la comparaison avec les quelques originaux conservés et avec des copies conformes, qu'on se rendit compte à quel point Perrin avait expurgé et dénaturé les lettres de Mme de Sévigné. Sa seule excuse, douteuse, était que « si Mme de Sévigné avait prévu que ses lettres seraient un jour imprimées, il est à présumer qu'elle... aurait mis et plus d'art et plus de soin » dans leur composition et aurait « eu le temps d'y mettre la dernière main ». Perrin semble vouloir nous rappeler que Mme de Sévigné avait explicitement demandé au comte de Bussy d'apporter à ses lettres les finitions qu'il trouverait nécessaires, lorsque celui-ci désirait en faire figurer quelques-unes dans les *Mémoires* qu'il s'apprêtait à envoyer au roi. Perrin aurait dû se souvenir que Bussy avait refusé en déclarant que Le Brun n'aurait jamais accepté de retoucher un Titien.

Perrin mourut sans avoir pu cueillir les fruits de sa longue entreprise. Il s'éteignit en février 1754, à l'âge de soixante et onze ans, quelques semaines après avoir donné son accord final à l'impression du manuscrit.

A partir de 1754, les éditions des *Lettres* de Mme de Sévigné se multiplièrent. La popularité rencontrée par les nombreux volumes de la correspondance incitait les gens à fouiller leurs tiroirs et leurs archives dans l'espoir de découvrir d'autres joyaux de cette plume.

En 1756, les lettres de la marquise au président Moulceau apparurent au grand jour, dans leur état original, et furent publiées sans altération du texte.

En 1784, près d'un demi-siècle après le décès de Pauline de Simiane, son gendre, le marquis de Castellane-Esparron, se souvint sur son lit de mort d'avoir promis de détruire les originaux des lettres de Mme de Sévigné. Peu désireux sans doute de s'en charger lui-même, le vieil homme appela son jeune cousin, le comte de Castellane-Saint-Maurice, et lui remit la précieuse liasse pour qu'il la brûlât en sa présence. Le jeune homme se récria, horrifié à l'idée d'un pareil acte de vandalisme. Alors que l'auteur des lettres était mort depuis près d'un siècle, il était difficile à un représentant de la cinquième génération d'admettre un souci de discrétion qui exigeait la destruction d'un chef-d'œuvre reconnu.

Le marquis insista, soulignant que tant que les originaux subsisteraient, des secrets de famille jusqu'alors bien gardés risquaient d'être dévoilés. La lignée des Grignan s'était éteinte, mais son nom était glorieux. Il ne souffrirait pas de le voir sali par des révélations indiscrètes tirées des lettres. « J'ai donné ma parole d'honneur, dit le mourant, que cette correspondance périrait avec moi. » Le bûcher fut allumé. L'autodafé eut lieu au chevet du vieillard.

L'acte était accompli, la promesse tenue. En décrivant cette scène, le séviginiste Gérard-Gailly avait le sentiment que c'était là, et seulement là, qu'avait cessé de battre ce qui était le véritable cœur de Mme de Sévigné, bien plus que l'organe enterré avec son corps en 1696.

En 1790 à Rouen, puis en 1801 à Paris, parurent des éditions en dix volumes de la correspondance de Mme de Sévigné, comprenant toutes les lettres connues à l'époque.

L'édition de 1806 est importante parce qu'elle est la première à classer les lettres dans l'ordre chronologique. Auparavant, elles étaient groupées selon le nom du correspondant auquel elles étaient destinées, avec une section pour les lettres à la comtesse de Grignan, une autre pour celles qui s'adressaient à Bussy, et ainsi de suite.

En 1814, un véritable trésor fut découvert et rapidement publié : soixante-sept lettres que Mme de Sévigné avait envoyées au comte et à la comtesse de Guitaut, toutes de sa propre main, et conservées au château des Guitaut à Epoisses en Bourgogne.

La dernière édition entièrement fondée sur celle de Perrin fut publiée par Nicolas Monmerqué en 1818-1819. Elle est considérée comme la première édition « moderne » des *Lettres* de Mme de Sévigné, en raison de sa présentation critique. Monmerqué tenta en effet d'évaluer l'authenticité des différents textes de Perrin à sa disposition.

L'année suivante, en 1820, Monmerqué connut une joie rarement accordée à un savant. Du château de Grosbois, en Bourgogne, arriva un volumineux manuscrit adressé à l'auteur de la dernière édition de Mme de Sévigné. C'était un volume relié en cuir, intitulé *Lettres de Mme de Sévigné*, et qui datait sans aucun doute du milieu du xviiie siècle. Le marquis de Grosbois l'avait trouvé dans la bibliothèque de son château, parmi d'autres documents et papiers du xviiie siècle. Au connaisseur qu'était Monmerqué, il apparut vite que l'in-folio de Grosbois contenait des copies d'originaux non trahies par la censure et les corrections de Perrin.

C'est à partir de ce manuscrit que Monmerqué rédigea l'œuvre monumentale qui parut en 1862 sous le titre *Lettres de Mme de Sévigné, de sa famille et de ses amis*. C'est Hachette qui la publiait pour inaugurer la collection des « Grands écrivains de la France », remarquable compliment de la part des milieux littéraires français à l'égard d'une femme qui n'était pas même un écrivain professionnel et qui n'avait pas produit d'œuvre à proprement parler. Cette grande édition se composait de quatorze gros volumes. En plus de la totalité des lettres connues à l'époque, elle contenait aussi un chapitre biographique rédigé par Paul Mesnard, ainsi que des notes bibliographiques et lexicographiques, et tous les appendices appropriés.

En 1873, l'in-folio de Grosbois et l'édition des « Grands écrivains de la France » perdirent soudain de leur validité.

L'histoire véridique du manuscrit de Capmas et de la façon dont il émergea au grand jour dépasse la fiction. En janvier

1872, à Semur-en-Auxois, en Bourgogne, la bibliothèque d'une famille du lieu, autrefois prospère, fut vendue aux enchères. Un antiquaire de Dijon acheta, parmi bien d'autres articles, six volumes in-folio de manuscrits. La reliure en cuir portait sur la tranche les mots *Lettres de la marquise de Sévigné* repoussés en or. Exposés dans une vitrine de Dijon, ces volumes attirèrent l'attention de Charles Capmas, membre de la faculté de droit de l'université de Dijon. La question ne relevant pas de sa compétence, Capmas consulta des spécialistes de Mme de Sévigné pour apprendre qu'il avait fait la découverte du siècle, littérairement s'entend.

Pour les sévignistes du xixe siècle, la découverte du manuscrit de Capmas eut la même importance que la mise au jour de Pompéi et d'Herculanum pour les archéologues du xviiie. Les recherches des philologues ont révélé que le manuscrit de Capmas était une copie d'originaux envoyée par Pauline de Simiane à son cousin de Bourgogne, sans doute entre 1715 et 1720, à l'époque où ils projetaient de préparer et de publier leur propre édition des lettres de la grand-mère de Pauline. Le manuscrit de Grosbois, quant à lui, n'était qu'une copie hâtive et fautive de celui de Capmas.

En 1876, sous le titre *Lettres inédites de Mme de Sévigné*, Charles Capmas publia deux volumes d'extraits du manuscrit, mais ce n'est qu'en 1953, avec l'édition de la Pléiade en trois volumes des *Lettres de Mme de Sévigné*, préparée par Gérard-Gailly, que la découverte de Capmas fut pleinement exploitée. Pour la première fois, grâce à ce manuscrit, le livre nous restitue Mme de Sévigné sous son aspect véritable. Enfin nous entendons le son de sa propre voix exprimer sa pensée dans des expressions bien à elle, avec toute la verve et la vigueur qui faisaient son originalité. Perrin ne s'était pas contenté de sauter les passages que lui-même ou Pauline de Simiane jugeaient inconvenants, indélicats ou même inélégants. Il avait aussi pris des libertés avec le style et la syntaxe, et Monmerqué avait suivi. Leurs omissions et leurs coupures avaient souvent dénaturé des phrases ou créé des lacunes dans le texte. Les lettres du manuscrit de Capmas, au contraire, ont échappé à la censure, aux altérations et aux coupures. Grâce à elles, la marquise apparaît enfin dans toute la vivacité et le piquant de son humour, et l'on découvre pleinement son attitude faussement simple et hautement sophistiquée. Ce n'est pourtant pas partout qu'elle est vraiment elle-même dans les nouvelles éditions. Elle n'a pu être entièrement rendue à la vie. Le manuscrit de Capmas ne contient que trois cent dix-neuf lettres, soit moins de la moitié de la correspondance avec Mme de Grignan. Pour l'autre moitié, on doit se contenter de Perrin et d'une image déformée de Mme de Sévigné.

Le sévigniste Roger Duchêne accomplit un effort méritoire pour la sauver de l'étreinte fatale de Perrin. Son édition de la *Correspondance*, entièrement annotée, publiée en trois volumes par la Pléiade dans les années 70, assemble très habilement les pièces du puzzle formé par les différents textes, et offre au lecteur un choix de différentes versions.

Heureusement, la personnalité de Mme de Sévigné est si forte et si vibrante que ni les mutilations de Perrin ni les corrections de Monmerqué ne parviennent à l'effacer ou à la ternir vraiment. Partout où on la laisse s'exprimer librement, elle éblouit et enchante le lecteur moderne autant que ses contemporains. A l'image de sa personne, sa prose est bouillonnante, effervescente, irrésistible. Elle nous fait pénétrer dans sa vie : son « personnage évolue, se transforme », dira Virginia Woolf, « elle semble être vivante, et infatigable ». Le monde qu'elle immortalisa pour nous dans ses lettres reste aussi animé, aussi pittoresque et excitant qu'au jour où elle les rédigea. Ses ducs et ses duchesses, ses couturières et ses dramaturges, ses maîtres d'hôtel et ses maréchaux, ses muletiers et jardiniers, bien que depuis longtemps réduits en poussière, vivent à jamais dans sa prose enthousiaste, aussi réels, aussi proches et chers à nos cœurs que les personnages de nos romans préférés.

Pour la plupart, les noms des gentilshommes et des courtisans du règne du Roi-Soleil sont oubliés, sauf ceux que décrivit la plume magique de Mme de Sévigné. Versailles est un monument dressé à la gloire du siècle de Louis XIV, mais ce sont les lettres de Mme de Sévigné qui lui restituent le fourmillement de ses occupants et le ramènent ainsi à la vie.

Elle a créé — ou plutôt décrit — un monde que le lecteur ne quitte pas sans regret. Arriver à la dernière lettre de la correspondance est un choc : « Toutes choses cessantes, je pleure et je jette les hauts cris de la mort de Blanchefort, cet aimable garçon. » Heureusement, à condition d'avoir du temps devant soi et la dernière édition mise à jour sous la main, on peut se renfoncer dans son fauteuil ou son hamac, et recommencer depuis le début : « Il me semblait qu'on m'arrachait le cœur et l'âme, et en effet, quelle rude séparation ! »

En 1917, André Gide se dit fort contrarié d'apprendre que l'édition des *Lettres* de Mme de Sévigné qu'il lisait n'était pas digne de foi. Une édition vraiment fidèle n'existera peut-être jamais, à moins que ne soit un jour découverte la deuxième moitié du manuscrit de Capmas, avec les copies des trois cents autres lettres de la correspondance, ce qui, bien que fort improbable, n'est pas entièrement exclu. En attendant, nous prenons Mme de Sévigné comme elle nous vient, certes pas toujours dans l'original étincelant, mais du moins dans une version acceptable qui contient encore une dose extraordinaire de charme et de fascination. Personne n'est jamais parvenu à la gloire littéraire par un chemin plus tortueux et plus hasardeux que Marie de Rabutin-Chantal, marquise de Sévigné.

Portrait de Mme de Sévigné
par
la comtesse de La Fayette

Tous ceux qui se mêlent de peindre les belles, se tuënt de les embellir pour leur plaire, et n'oseroient leur dire un seul mot de leurs défauts. Pour moi[1]*, Madame, graces au privilège d'*inconnu *dont je jouis auprès de vous, je m'en vais vous peindre bien hardiment, et vous dire vos vérités tout à mon aise, sans crainte de m'attirer votre colère. Je suis au désespoir de n'en avoir que d'agréables à vous conter; car ce me seroit un grand plaisir, si, après vous avoir reproché mille défauts, je me voyois cet hiver aussi bien reçû de vous, que mille gens qui n'ont fait toute leur vie que vous importuner de loüanges... Vous pouvez juger que si je vous suis inconnu, vous ne m'êtes pas inconnuë, et qu'il faut que j'aie eu plus d'une fois l'honneur de vous voir et de vous entendre, pour avoir démêlé ce qui fait en vous cet agrément, dont tout le monde est surpris. Mais je veux*

1. Ce portrait de Mme de Sévigné par Mme de La Fayette parut en 1659, signé « un inconnu », dans un recueil d'une personnalité littéraire mineure de l'époque. Il fut reproduit en 1734 dans l'édition du chevalier de Perrin des *Lettres* de Mme de Sévigné. Le masculin « inconnu » cherche à tromper sur l'identité possible de l'auteur.

encore vous faire voir, Madame, que je ne connois pas
moins les qualitez solides qui sont en vous, que je fais les
agréables, dont on est touché. Votre âme est grande, noble,
propre à dispenser des trésors, et incapable de s'abaisser
aux soins d'en amasser. Vous êtes sensible à la gloire et à
l'ambition, et vous ne l'êtes pas moins aux plaisirs : vous
paroissez née pour eux, et il semble qu'ils soient faits pour
vous. Enfin, la joye est l'état véritable de votre âme, et le
chagrin vous est plus contraire qu'à qui que ce soit. Vous
êtes naturellement tendre et passionnée ; mais, à la honte de
notre sexe, cette tendresse vous a été iutile, et vous l'avez
renfermée dans le vôtre, en la donnant à madame de la
Fayette. Ha ! Madame, s'il y avoit quelqu'un au monde assez
heureux pour que vous ne l'eussiez pas trouvé indigne du
trésor dont elle joüit, et qu'il n'eût pas tout mis en usage
pour le posséder, il mériteroit de souffrir seul toutes les
disgraces à quoi l'amour peut soumettre tous ceux qui
vivent sous son empire. Quel bonheur d'être le maître d'un
cœur comme le vôtre, dont les sentiments fussent expliqués
par cet esprit galant que les Dieux vous ont donné ! Votre
cœur, Madame, est sans doute un bien qui ne se peut
mériter ; jamais il n'y en eut un si généreux, si bien fait et si
fidèle. Il y a des gens qui vous soupçonnent de ne le montrer
pas toujours tel qu'il est ; mais, au contraire, vous êtes si
accoutumée à n'y rien sentir qui ne vous soit honorable, que
même vous y laissez voir quelquefois, ce que la prudence
vous obligeroit de cacher. Vous êtes la plus civile et la plus
obligeante personne qui ait jamais été ; et par un air libre et
doux, qui est dans toutes vos actions, les plus simples
complimens de bienséance paroissent en votre bouche des
protestations d'amitié ; et tous les gens qui sortent d'auprès
de vous s'en vont persuadés de votre estime et de votre
bienveillance, sans qu'ils se puissent dire à eux-mêmes
quelle marque vous leur avez donnée de l'un et de l'autre.
Enfin, vous avez reçu des graces du Ciel qui n'ont jamais été
données qu'à vous, et le monde vous est obligé de lui être
venu montrer mille agréables qualitez, qui jusqu'ici lui
avoient été inconnues. Je ne veux point m'embarquer à vous
les dépeindre toutes, car je romprois le dessein que j'ai fait
de ne vous accabler pas de loüanges ; et de plus, Madame,
pour vous en donner qui fussent dignes de vous, et dignes de
paroitre, il faudroit être votre amant, et je n'ai pas l'hon-
neur de l'être.

BIBLIOGRAPHIE

Cette bibliographie ne mentionne que les éditions les plus importantes des *Lettres* de Mme de Sévigné. On y trouve également les quelques livres ou articles mentionnés dans le texte ainsi que ceux qui, sans être cités, ont joué un rôle essentiel dans la rédaction de cette biographie.

Premières éditions des lettres de Mme de Sévigné à Mme de Grignan

Lettres choisies de Mme la marquise de Sévigné à Mme de Grignan sa fille qui contiennent beaucoup de particularités de l'histoire de Louis XIV, éditeur et lieu de publication inconnus, 1725.

Lettres de Marie Rabutin-Chantal, Marquise de Sévigné, à Mme la comtesse de Grignan, sa fille, éditeur et lieu de publication inconnus, 1726.

Lettres de Marie Rabutin-Chantal, marquise de Sévigné, à Mme la comtesse de Grignan, sa fille, La Haye, 1726.

Recueil des lettres de Mme la marquise de Sévigné à Mme la comtesse de Grignan, sa fille (publ. par le chevalier de Perrin), Paris : Vols. I-IV, 1734 ; Vols. V et VI, 1737.

Premières éditions de la correspondance entre Mme de Sévigné et le comte de Bussy-Rabutin

Mémoires de Messire Roger de Rabutin, Comte de Bussy, Paris, 1696.

Les Lettres de Messire Roger de Rabutin, Comte de Bussy, Paris, 1697.

Lettres de Mme de Sévigné au comte de Bussy-Rabutin, Amsterdam et Paris, 1775.

Autre correspondance

Recueil de lettres choisies pour servir de suite aux lettres de Mme de Sévigné à Mme de Grignan, sa fille, Paris, 1751.

Lettres de Mme de Sévigné à Monsieur de Pomponne, Amsterdam, 1756.

Lettres nouvelles ou nouvellement recouvrées de la marquise de Sévigné et de la marquise de Simiane, sa petite-fille, Paris, 1773.

Lettres inédites de Mme de Sévigné, Paris, 1814.

Editions modernes des lettres de Mme de Sévigné

Lettres de Mme de Sévigné, de sa famille et de ses amis (Les Grands écrivains de la France), Paris, 1862-1868.

Lettres inédites de Mme de Sévigné à Mme de Grignan, sa fille, extraites d'un ancien manuscrit, publiées pour la première fois, annotées et précédées d'une introduction par Charles Capmas, Paris, 1876.

Lettres. Edition nouvelle, comportant de nombreux fragments inédits et restitutions de textes, établie avec une introduction, des notes et un index, par Gérard-Gailly, Paris, 1953-1957.

Correspondance de Mme de Sévigné (publ. par Roger Duchêne), Paris, 1972-1978.

Œuvres contemporaines

Bussy, Roger de Rabutin, comte de. *L'Histoire amoureuse des Gaules*, Liège, 1665.

Coulanges, P. E. de. *Recueil de chansons choisies*, Paris, 1694.

— . *Mémoires*. Paris, 1820.

La fayette, Marie Madeleine Pioche de la Vergne, comtesse de. *Correspondance*, Paris, 1942.

— . *La Princesse de Clèves*, Paris, 1678.

La guette, Mme de. *Mémoires*, Paris, 1856.

Loret, Jean. *La Muse historique, ou recueil des lettres en vers contenant les nouvelles du temps, écrites à Son Altesse Mademoiselle de Longueville, depuis duchesse de Nemours* (1650-1665), Paris, 1857-1891.

ORMESSON, Olivier Lefèvre de. *Journal,* Paris, 1861.

POMPONNE, Arnauld de. *Mémoires dans la collection Petitot des mémoires relatifs à l'histoire de France,* Paris, 1824.

RETZ, P., cardinal de. *Mémoires.* Paris, 1956.

ROCHEFOUCAULD, F., duc de La. *Œuvres complètes.* Paris, 1964.

ROUVROY, Louis de, duc de Saint-Simon. *Mémoires de Saint-Simon,* Paris, 1879-1928.

TALLEMANT DES RÉAUX, Gédéon. *Les historiettes de Tallemant des Réaux,* Paris, 1932-1934.

VISCONTI, Primi. *Mémoires sur la cour de Louis XIV,* Paris, 1906.

VOLTAIRE, François Marie Arouet, dit. *Siècle de Louis XIV* (1751), Paris, 1914.

Livres

ADAM, Antoine. *Histoire de la littérature française au XVIIe siècle,* Paris, 1948-1956.

ALDIS, Janet. *The Queen of Letter-Writers.* Londres et New York, 1907.

ALLENTUCH, Harriet R. *Madame de Sévigné : A Portrait in Letters,* Baltimore, 1963.

AUBENAS, J. *Histoire de Mme de Sévigné, de sa famille et de ses amis,* Paris, 1842.

BABOU, Hippolyte. *Les Amoureux de Mme de Sévigné ; les femmes vertueuses du grand siècle,* Paris, 1862.

BAILLY, Auguste. *Madame de Sévigné,* Paris, 1955.

BENICHOU, Paul. *Morales du grand siècle,* Paris, 1948.

CELARIÉ, Henriette. *Madame de Sévigné, sa famille, et ses amis,* Paris, 1925.

CORDELIER, Jean. *Mme de Sévigné par elle-même,* Paris, 1967.

DUCHÊNE, Roger. *Mme de Sévigné* (collection « Les Ecrivains devant Dieu »), Paris, 1968.

— . *Madame de Sévigné et la lettre d'amour,* Paris, 1970.

FAGUET, Emile. *Dix-septième siècle : études littéraires,* Paris, 1903.

— . *Madame de Sévigné,* Paris, 1910.

FITZGERALD, Edward. *Dictionary of Madame de Sévigné,* Londres, 1914.

GAZIER, Augustin. *Jeanne de Chantal,* Paris, 1915.

GÉRARD-GAILLY, Emile. *L'Enfance et la jeunesse heureuses de Mme de Sévigné (réfutation d'une légende),* Paris, 1926.

— . *Les Sept Couches de Mme de Grignan; Les Sept Fiancées de Charles de Sévigné,* Paris, 1936.

JANET, Paul. *Les Lettres de Mme de Grignan,* Paris, 1895.

LEMOINE, Jean et H. Bourde de la Rogerie. *Madame de Sévigné aux Rochers; Le Livre de comptes de l'abbé Rahuel,* Rennes, 1930.

LEWIS, W. H. *The Splendid Century : Life in the France of Louis XIV,* New York, 1954.

MASSON, Frédéric. *Le Marquis de Grignan,* Paris, 1882.

MONGRÉDIEN, Georges. *La vie quotidienne sous Louis XIV,* Paris, 1948.

MONTIGNY, Maurice. *En voyageant avec Mme de Sévigné,* Paris, sans date.

MURBACH, Janet M. *Le vrai visage de la comtesse de Grignan.* Toulouse, 1939.

NICHOLICH, R. *Madame de Sévigné and the Problem of Reality and Appearances.* Microfilm, Michigan State University, 1965.

ORIEUX, Jean. *Bussy-Rabutin,* Paris, 1958.

PROUST, Marcel. *A la recherche du temps perdu,* Paris, 1954.

RICHARD, A. *Les défauts de la comtesse de Grignan,* Paris, 1895.

SAPORTA, Gaston, marquis de. *La famille de Madame de Sévigné en Provence,* Paris, 1889.

SAINTE-BEUVE, Charles Augustin. *Causeries du Lundi,* Paris, 1850.

— . *Portraits de femmes,* Paris, 1869.

SAINT-RENÉ, Taillandier, Mme. *Mme de Sévigné et sa fille,* Paris, 1938.

TILLEY, Arthur. *Madame de Sévigné : Some Aspects of Her Life and Character,* Cambridge, 1936.

VOLTAIRE, François Marie Arouet, dit. *Siècle de Louis XIV,* Paris, 1914.

WALCKENAER, Charles A., baron de. *Mémoires touchant la vie et les écrits de Marie de Rabutin-Chantal, dame de Bourbilly, marquise de Sévigné,* Paris, 1845-1852.

WILDER, Thornton. *The Bridge of San Luis Rey,* New York, 1928.

WILHELM, Jacques. *La Vie quotidienne au Marais au XVIIe siècle,* Paris, 1966.

WOOLF, Virginia. *The Death of the Moth,* New York, 1942.

Articles et revues

CORDELIER, Jean. « Madame de Sévigné seule devant la mort », 3ᵉ Colloque de Marseille, Revue *Marseille*, nᵒ 95, 4ᵉ trimestre 1973.

DUCHÊNE, R. « Les Provençaux de Mme de Sévigné », 3ᵉ Colloque de Marseille.

GERARD, M. « Les médecins dans la correspondance de Mme de Sévigné », 3ᵉ Colloque de Marseille.

MAGNE, B. « Humanisme et culture féminine au XVIIᵉ siècle », 3ᵉ Colloque de Marseille.

MONTGOLFIER, B. de et M. GALLET. « L'Hôtel Carnavalet, ses bâtiments, sa décoration sculptée, ses hôtes », *Bulletin du musée Carnavalet*, nᵒˢ 1 et 2, 1974.

RAT, Maurice. « N'est-on pas sévère pour Madame de Grignan ? », *Figaro littéraire*, 22 mai 1954.

WILHELM, J. « Les portraits de Mme de Sévigné », *Bulletin du musée Carnavalet*, 1967.

REMERCIEMENTS

Je profite de cette opportunité pour remercier à nouveau le comte de Ternay de son cordial accueil aux Rochers, son manoir breton, et de sa générosité à me faire partager l'histoire de cette demeure depuis qu'elle est devenue, au début du XVIIIe siècle, propriété de sa famille. Le comte ne fut pas seulement mon cicerone mais mon chauffeur, car il me promena dans sa Jeep lorsque la pluie nous empêcha de parcourir ces imposantes allées bordées d'arbres, conçues et plantées sous le regard de Mme de Sévigné et parfaitement entretenues depuis lors par les ancêtres de mon hôte et par mon hôte lui-même. Cette page me donne aussi l'occasion d'exprimer ma gratitude au comte Jean de Guitaut qui vint tout spécialement au château d'Epoisses pour m'y recevoir et me montrer la chambre de Mme de Sévigné (où elle logea en tant qu'invitée des Guitaut durant ses nombreux séjours en Bourgogne) ainsi que la salle des archives, où se trouve la collection la plus vaste des holographes concernant Mme de Sévigné. Au professeur René Duchêne, le plus grand séviginiste de notre génération, je redis ici ma reconnaissance pour le rendez-vous si gentiment accordé en 1978 à Aix-en-Provence, où j'ai pu bénéficier de son avis d'expert sur différents points de mon étude.

Je voudrais aussi dire combien j'ai apprécié l'aide que m'a apportée l'équipe du musée Carnavalet, non seulement dans mes recherches sur ce lieu, mais aussi sur les différentes demeures qu'avait habitées Mme de Sévigné auparavant, dans le Marais. Je dois beaucoup à un certain nombre de personnes en France et aux Etats-Unis pour le soutien qu'elles m'ont manifesté au cours des cinq à six années de travail que cette biographie a nécessitées. Mme Odier-Lesourd, anciennement documentaliste à l'Office français des relations publiques, a passé au peigne fin les catalogues de la Bibliothèque nationale pour me fournir des magazines et articles de journaux sur Mme de Sévigné. Elle s'est même donné la peine de les photocopier et de me les envoyer au Texas. A Paris, Mme Jocelyne Cutright se chargea d'assembler les illustrations pour ce livre, en trouvant ce que je lui réclamais et en me l'envoyant à Dallas pour la reproduction photographique. A la Fondren Library Of Southern Methodist University, à Dallas, Miss Anne Bailey, responsable des publications périodiques, me fut d'une aide considérable dans des recherches variées. Et, à la bibliothèque de Dallas, le bureau des prêts interbibliothèques fit merveille en me retrouvant des titres rares à travers les Etats-Unis. Je dois remercier encore le Dr Harold W. Kimmerling de Dallas pour les courageux efforts accomplis à étudier du point de vue médical des cas de patients depuis bien longtemps retournés à la terre ; pour avoir déchiffré à l'aide de techniques contemporaines les symptômes des maladies qui les emportèrent jadis. J'ai aussi eu le privilège de rencontrer le Dr Jerry Lewis dont l'analyse psychiatrique m'a permis de mieux saisir la relation complexe et souvent houleuse entre Mme de Sévigné et sa fille.

Les derniers mots de ces remerciements répéteront ceux qui figurent en préface de The Queen's Necklace, *publié en 1961. Ils restent toujours aussi vrais : « Mes plus sincères remerciements vont à mon éditeur, Mr. Robert Gottlieb, pour ses précieux conseils et son extraordinaire compréhension. »*

Achevé d'imprimer en septembre 1984
sur presse CAMERON,
dans les ateliers de la S.E.P.C.
à Saint-Amand-Montrond (Cher)
pour Julliard,
éditeur à Paris

N° d'Édition : 4730. N° d'Impression : 1067-720.
Dépôt légal : octobre 1984

Imprimé en France